Shan Xi Cai Zheng Nian Jian 2008

经济科学出版社

山西财政年鉴 2008

郑建国 主编

2007年1月24日，山西省政府召开全省财政体制改革动员会，动员部署全省财政体制改革，安排规范非税收入及加强政府性基金的管理工作。时任山西省省长于幼军（中）出席会议并作重要讲话

2007年1月25日，全省财政工作会议在太原召开。省政府常务副省长范堆相出席会议并作重要讲话。省人大副主任薛军出席会议

2007 年 1 月，山西省省委常委、常务副省长薛延忠到财政厅调研

山西省财政厅厅长郑建国（前排左一）在山西省和顺县中小企业调研

山西省财政厅副厅长张秋明（左五）在晋中市调研粮食直补工作

山西省财政厅副厅长石常明在忻州市调研九年制义务教育工作

山西省财政厅副厅长王亚就煤炭可持续发展基金征收问题接受记者采访

山西省财政厅纪检组组长岳盛林在农村调研

山西省财政厅副厅长胡双明在襄汾县大邓乡镇卫生院调研农村合作医疗工作

山西省财政厅总会计师武涛在临汾市平阳机械厂财务室调研企业会计制度实施情况

山西省财政厅党组成员，省属地方金融类企业监事会主席高向新在山西省财政厅派驻省属地方金融类企业监事会揭牌暨进驻仪式上讲话

山西省财政厅副巡视员崔春香（左三）在中小企业调研

山西省财政厅副巡视员牛成毅（左六）在和顺县指导财政扶贫工作

山西省财政厅举办全系统法制专题培训班，提高全体干部的法制意识和执法水平

山西省财政厅举办财政系统创建青年文明号工作十周年总结表彰推进会，进一步推进系统精神文明建设

2007年，山西省财政厅圆满完成省政府下达的各项目标责任制工作任务（图为省财政厅领导向考评组汇报工作）

前　　言

2007年是山西省“十一五”规划深入实施、重点推进的关键之年，也是山西省2003年以来本届政府的最后一年。五年来，中共山西省委、山西省政府坚持以邓小平理论和“三个代表”重要思想为指导，深入贯彻落实科学发展观，全面推进小康社会建设，全省经济社会实现了持续、快速、协调发展。五年全省国内生产总值年均增长13.6%，人均生产总值年均增长13%，城镇居民人均可支配收入和农民人均纯收入年均增长13.2%和11.3%，城镇登记失业率和居民消费价格总水平年均涨幅分别控制在4%和3%以内。其中，2007年全省国内生产总值达到5 696.2亿元，按可比价格计算，比上年增长14.2%，规模以上工业销售收入7 825.4亿元，比上年增长36.3%，城镇居民人均可支配收入11 565元，比上年增长15.3%，农村居民人均纯收入3 665.7元，比上年增长15.2%。

山西经济的持续快速发展，为山西财政发展奠定了良好基础。五年来，山西各级财政部门围绕中心，服务大局，不断创新理财思路，科学推进理财实践，在做大做优财政收入蛋糕上下工夫，在调整优化财政支出结构上做文章，在规范提升财政管理水平上求突破，在健全完善公共财政体系上见实效，财政改革与发展取得了显著成绩。财政收支规模实现跨越式增长。全省财政总收入由2002年的292.4亿元增加到2007年的1 200亿元，年均递增32.6%，一般预算收入由150.8亿元增加到597.6亿元，年均递增31.7%，在全国的排位大幅前移；全省财政一般预算支出由334.3亿元增加到1 042.6亿元，年均递增25.5%。财政保障和改善民生成效显著。山西财政持续加大对“三农”、教育、医疗卫生、社会保障等民生领域的投入力度，建立了保障和改善民生的长效机制。2003年在全国率先免征农业特产税；2005 年比国家要求提前一年免征农业税及附加；2006 年比国家要求提前一年为晋西北和太行山革命老区县所有农村中小学生免除学杂费；农村义务教育经费保障机制和城乡社会救助体系不断完善；企业退休人员基本养老金及城市和农村低保等多项社会保障补助标准数次提高；新型农村合作医疗覆盖到全省大部分农村，城乡医疗救助覆盖全省。基层财政困难得到明显缓解。县级财政实力明显增强，全省一般预算收入超亿元县由 2002 年的 9 个增加到 79 个，县级人均财力由 2002 年的 1.2 万元增加到约 3.2 万元；五年全省累计消化赤字约 10 亿元，赤字县减少 40 多个。公共财政改革全面深化。部门预算改革稳步推进，政府收支分类改革顺利实施，国库集中收付制度改革逐步深化，非税收入管理进一步规范，行政事业单位国有资产管理进一步加强，政府采购规模不断扩大，2007 年全省政府采购规模达 68 亿元，比 2002 年增长 4.7 倍。省本级预算周转金由 2002 年的 4.4 亿元增加到 13.6 亿元，财政调控能力明显增强。法治财政建设迈出坚实步伐，干部队伍建设取得新进展。

为全面、客观地反映 2007 年全省财政改革与发展历程，进一步全面总结 2003 年以来五年来山西财政改革与发展取得的成绩和经验，《山西财政年鉴》编委会及编辑部的同仁们本着尊重历史、客观公正的原则，从重要财经文献、领导专题讲话、山西省财政工作概况、山西省财政厅直属单位及社团组织工作概况、山西省各市财政工作概况、山西省财政系统人员情况、山西财政大事记、财经统计资料等八个篇章全面客观地反映一年来全省和财政工作情况。由于编写人员水平有限，本年鉴难免存在一些问题和不足，因此，衷心希望各界人士赐教指正，以使我们编纂的年鉴一年比一年更好。

在本年鉴的编纂和出版过程中，中共山西省财政厅党组、山西省财政厅各处（室，局）、厅属各单位、各市财政局、经济科学出版社，河北科技大学张荣、齐新对我们的工作给予了大力支持，在此表示诚挚谢意。

《山西财政年鉴》编辑部

2008 年 5 月

目　　录

第一篇　重要财经文献

第二篇　领导专题讲话

第三篇　山西省财政工作概况

第四篇　山西省财政厅直属单位及社团组织工作概况

第五篇　山西省各市财政工作概况

第六篇　山西省财政系统人员情况

第七篇　山西省财政厅 2007 年大事记

附录　财经统计资料

Preface

The year 2007 is a critical year of fully implementing the Eleventh Five-Year Plan. It is also the last year for the present government since 2003. During the five years, Shanxi Provincial Committee of the CPC and Shanxi Provincial People's Government, following the guidance of Deng Xiaoping Theory and the important thought of Three Represents, thoroughly applied the Scientific Outlook on Development and strived for building a moderately prosperous society in all respects and ensured comprehensive, balanced and rapid development in social economy. The provincial GDP increased 13. 6% , the per capita GDP 13% , urban per capita disposable income 13. 2% and rural per capita net income 11. 3% annually. In addition, the rise in registered unemployment rate in urban areas and the general consumption expense were confined less than 4% and 3% respectively. In 2007, the provincial GDP amounted to 5 696. 2 billion yuan, which was 14. 2% more than that of last year in terms of comparable prices. The industry sales income of large-scale industrial enterprises reached 7 825. 4 billion yuan, increasing by 36. 3%. And urban per capita disposable income increased to 11 565 yuan, increasing 15. 3% ; rural per capita net income to 3 665. 7 yuan, increasing 15. 2%.

The fast-growing economy provides the foundation for ensuring fast yet steady financial development. During the five years, the financial departments at all levels, focusing on the central task and serving the overall interests, made great contributions to the financial reform and development by constantly innovating ideas of financial management, promoting scientific financial practice, optimizing the financial income, adjusting and optimizing the financial expenditure structure, regulating and improving the financial management level, and perfecting public finance system. As a result, the scale of financial income and expenses realized leapfrog development. For example, the provincial total financial revenue reached from 292. 4 billion yuan in 2002 to 1 200 billion yuan in 2007, annually rising by 32. 6% ; the general budget revenue reached from 150. 8 billion yuan to 597. 6 billion yuan, annually rising by 31. 7% , therefore its financial revenue rank moved sharply upward on the national list. In addition, the financial budget expenses increased rapidly, from 334. 3 billion yuan to 1 042. 6 billion yuan, annually rising by 25. 5%. At the same time, the provincial government gained outstanding achievements in inputting finance and improving people's livelihood. Shanxi Financial Department increased the amount of investment in people's livelihood, such as "agriculture, country and farmer", education, medicine, social security, and agriculture and thus established long-effect mechanism to ensure and improve livelihood.

In 2003, the provincial government took the lead in alleviating agricultural specialty tax, canceling agricultural tax in 2005 (a year earlier than the national requirements), exempting the tuition and miscellaneous fees of all the primary and secondary school students in the northwest Shanxi and revolutionary rural areas of Taihang Mountain in 2006 (a year earlier than the national requirements). Besides, the security mechanism of compulsory education outlay in rural areas and the urban-rural social security system keep to be perfected; many compensation fees of social security, such as the basic retirement pension of enterprises and the urban and rural basic security, have been increased a couple of times; the new rural cooperation medical system covered most parts of rural areas, and the urban and rural medical rescue system covered the whole province. What's more, the fiscal difficulties at the basic level was rapidly and effectively relieved.

The county-level finance got strengthened by the following facts: the number of counties whose general budget revenue exceeded a billion yuan increased from 9 in 2002 to 79 this year; the county-level financial strength per capita increased from 12 000 yuan in 2002 to 32 000 yuan this year; during the five years, the provincial cumulative deficit was reduced to about 10 billion yuan, the number of counties with deficit reduced more than 40. In addition, the reform of public financial system was deepened in all aspects; steady progress was made in the reform of department budget; the classified fiscal administrative system below the provincial level was smoothly implemented; the reform of finance state treasury payment system was deepened; non-tax revenue management was further regulated; the management of national assets in administrative unit was strenghthened; the purchase scale was enhanced, especially in 2007, the purchase scale amounted to 68 billion yuan, 4.7 times more than that in 2002. The provincial public finance-budgetary revolving fund increased from 4.4 billion yuan in 2002 to 13.6 billion yuan, which shows the fiscal regulation ability was strongly strengthened. At the same time, the construction of legal public finance and cadre contingent made new progress.

To be more objective and more comprehensive to show the provincial reform and development in finance in 2007, the editorial committee of Finance Year Book of Shanxi and all the colleagues of Editorial Board made great efforts to give readers an overall description of the whole year financial achievements in Shanxi Province, covering eight aspects: Major Financial Papers, Special Speech of Officials, Financial Work Survey, Units and Organizations Survey, Financial Work Survey Of Cities, Financial System Personnel Information, Financial Chronicle of Events and Financial Statistics Source. Of course, because of the limitation of the compiling ability, the book is likely to have problems and shortcomings. We sincerely welcome people from all walks of life point out the mistakes so that they can be corrected to perfect the book year after year.

At last, many thanks should be given to the support of Department of Finance of Shanxi Province, its bureaus, divisions, and sections, the Municipality Financial Bureaus, the Economic Science Press, Zhang Rong and Qi Xin of Hebei University of Science and Technology.

Finance Year Book of Shanxi Newsroom

2008.5

Contents

Part One Major Financial Papers

Part Two Special Speech of Officials

Part Three Financial Work Survey

Part Four Units and Organizations Survey

Part Five Financial Work Survey Of Cities

Part Six Financial System Personnel Information

Part Seven Financial Chronicle of Events

Appendix Financial statistics source

第一篇

重要财经文献

在全省经济工作会议上的讲话

中共山西省委书记　张宝顺

（2007 年 12 月 26 日）

同志们：

这次全省经济工作会议的主要任务是，认真贯彻党的十七大精神和中央经济工作会议精神，总结我省 2007 年经济工作，分析当前经济形势和环境，安排部署 2008 年经济工作。

一、关于今年经济工作情况和当前经济形势

今年是迎接十七大、学习宣传贯彻十七大，全面实施“十一五”规划的重要一年。一年来，在党中央、国务院的正确领导下，全省上下深入贯彻落实科学发展观，认真贯彻中央大政方针，全面落实省第九次党代表大会的部署，深入推进经济结构调整和经济发展方式转变，加强节能减排和生态环境保护，加大改革开放力度，以改善民生为重点推进社会建设，全省呈现经济较快增长、结构不断优化、效益继续提高、民生明显改善的良好态势，各项事业迈出坚实步伐。一是经济平稳较快发展。预计全年地区生产总值完成 5 600 亿元，同比增长 14%，增幅连续 7 年保持两位数；财政总收入可完成 1 200 亿元以上，同口径增长 29.9%，其中一般预算收入 595.7 亿元，同口径增长 29.8%。规模以上工业利润和利税分别增长 45% 和 38%；工业经济效益指数达到 189%，创历史最好水平。二是节能减排成效明显。一大批落后产能被淘汰，依法关闭相关企业 690 户。二氧化硫和化学需氧量排放分别削减 9 万吨和 1.26 万吨，可完成年度任务。11 个重点城市空气质量二级以上天数累计可达 3 110 天，增长 15%，超额完成全年任务。11 个重点城市中有 10 个市可提前实现“十一五”空气质量改善目标，达到三级环境空气质量标准。三是经济增长协调性趋好。预计全年固定资产投资增长 26%，投资结构得到优化，以技术改造为主的内涵效益型投资比重上升，煤化工、装备制造等产业投资增速高达 50%，超过煤焦等传统工业增幅 30 个百分点，新产品产值增长 42%，超过工业总产值增幅 8 个百分点。旅游业继续快速发展。教育、文化体育与传媒、社会保障和就业、医疗卫生等方面的财政投入大幅增加。预计社会消费品零售总额完成 1 735.2 亿元，增长 18%，加快 4 个百分点。四是社会主义新农村建设扎实推进。首批 1 098 个试点村 90% 以上形成“一村一品”主导产业，80% 以上完成村庄规划和“四化四改”任务，70% 以上完成社会事业“五个一工程”建设任务；今年确定的 2 000 个重点推进村 70% 以上完成上述任务；着力实施新农村现代流通网络工程。预计粮食产量 103.7 亿公斤，为历史上第五个超过百亿公斤年份。“两区”开发力度加大，扶贫工作取得新进展。五是对外开放再上新台阶。与商务部成功举办首届中国（太原）国际煤炭与能源新产业博览会，组

织了“珠洽会”等招商引资活动。预计利用外资17.04亿美元，是去年的3.6倍，超过“十五”时期总和；外贸进出口总额达108亿美元，增长63%，首次突破100亿美元。六是重点领域改革深入推进。煤炭工业可持续发展政策措施试点开局良好，资源资产化和资本化管理全面施行，国企改革特别是分离企业办社会取得明显成效。实施公务员工资改革。水利、公路、铁路和机场建设取得重大进展，省会城市面貌明显改观，其他城市改造建设力度加大。七是城乡群众得到更多实惠。预计城镇居民人均可支配收入和农民人均纯收入分别增长14%、12%，增幅创近年来新高。新增就业岗位43.8万个，9月底前实现零就业家庭“消零”目标。对农民和城镇低收入居民实施多项补贴，“两免一补”、贫困学生资助、农村低保、“新农合”、城镇居民基本医保等制度不断完善，最近又提高6项社会保障标准。煤矿棚户区改造和采煤沉陷区治理取得新进展。省委、省政府向群众承诺的12件实事全面完成。可以说，今年是科学发展观更加深入人心的一年，是发展的协调性进一步增强的一年，是人民群众得到更多实惠的一年，是落实省第九次党代表大会部署迈出坚实步伐的一年。

在经济全球化深入发展、科技进步日新月异的背景下，在区域经济一体化进程不断加快的形势下，在国内外经济联系和互动日益密切的环境中，我们必须以开阔视野、全局眼光和战略思维谋划发展，增强做好经济工作的预见性、系统性和主动性。

从面临的机遇看：第一，能源资源市场需求旺盛。全球工业化、现代化加速推进，能源资源需求刚性越来越大，石油价格持续上涨，而新能源和替代产品离大规模商业使用还有较长的路要走，能源资源供求矛盾日益突出，煤炭市场预期良好，有利于我省传统支柱产业稳定发展。第二，世界经济增长态势、国内区域经济一体化步伐加快有利于我省扩大对外开放。据有关国际组织预测，明年美国、欧元区和日本的经济增速有所回落，世界经济贸易量也将有所下降，但世界经济增速仍将处于4.8%左右的较高水平。特别是经济增长动力更趋多元，中国、印度、俄罗斯等国家经济持续快速增长，对世界经济增长的贡献率明显提高。国内发达地区、中部省份和周边省份发展势头强劲，区域经济一体化方兴未艾，有利于我省更好地利用国际国内两个市场、两种资源。第三，新兴产业发展环境更加有利。国家从政策导向上明确支持现代服务业、装备制造业、高新技术产业和现代能源原材料产业的发展，节能减排力度不断加大，加之消费结构的升级换代，有利于我省产业结构的调整特别是新兴产业的发展，尤其是明年北京举办奥运会，为我省发展壮大旅游业和第三产业提供了难得的机遇。第四，投入增长的利好因素较多。一是新一轮国际与国内发达地区产业和生产要素转移步伐加快，有利于我们发挥比较优势，引进战略投资者；二是国务院批复设立山西能源产业投资基金，首期规模100亿元，放大效应在300亿元以上；三是煤炭可持续发展基金今年开征，每年将稳定在100亿元以上；四是我省金融机构存贷差高达4 500多亿元，只要有好的投资环境和产业引导，相当一部分会转化为建设投资；五是中南部铁路大通道、太钢500万吨特种钢项目、兴县资源型经济综合开发示范基地等有望得到国家批复建设，将带动大量资金投入。第五，国家扶持更加有力。去年以来，国家批准太原、大同、阳泉、长治等城市享受振兴东北老工业基地政策，批准50多个贫困县享受西部大开发政策，确定山西为全国唯一的煤炭工业可持续发展政策措施试点省份，批准商务部和我省举办年度性的煤博会，在太原建设中国煤炭交易市场，最近又批准山西为生态省建设试点和发展循环经济试点省份，这些政策、资金、平台的效应会不断释放出来。

从面临的挑战看：一是产业结构优化升级任务紧迫。由于资源环境生态方面的制约，我省煤焦冶电等传统支柱产业在外延上难有大的扩张。新兴产业虽然发展势头良好，但总量较小，增幅也低于传统产业。去年第三产业占全省 GDP 的 36.4%，比全国平均水平低 3 个百分点，今年也难有大的改观。服务业内部结构优化进展缓慢，排在前面的依然是交通运输、仓储、邮政等传统行业，信息传输计算机服务和软件业、金融业、租赁和商务服务业、科学研究技术服务业仅占到 18.3%。二是节能减排任务艰巨。"十一五"规划要求，全省万元 GDP 能耗五年下降 25%，年均下降 5.6%，从实际完成情况看，2006 年降幅为 2%，虽高于全国平均水平（1.33%），但仅完成年度任务的 35%，万元 GDP 能耗绝对量仍排全国第 27 位（不包括西藏），今年节能指标可以完成，但难以弥补去年落下的进度。同时我省高耗能、高污染产业的发展冲动很大，近年来新上马的项目中，能源原材料仍占相当比重，具有稀释作用的服务业、高新技术产业等一时上不来，节能减排的产业基础不牢靠。近年节能减排主要是通过淘汰落后产能实现的，今后淘汰落后产能难度将进一步加大。在 GDP 总量和人均 GDP 提前实现翻两番目标的情况下，只有加快节能减排进度，才能真正做到既"快"又"好"。三是增加农民收入难度加大。我省农民人均纯收入较低，2006 年为 3 180.9 元，比全国平均水平低 11.3%，在中部排倒数第 2 位，2007 年前三个季度农民人均现金收入比全国平均水平低 26%。全省农业综合生产能力低、农业经济效益低、农业产业化水平低，农民家庭经营基础薄弱，农业内部和外部增收难度都很大。四是解决"四矿"问题任重道远。煤炭工业可持续发展政策措施试点起步较好，但落实好六个方面的任务还有大量工作要做。采煤沉陷区和煤矿棚户区还有 200 多万群众需要安置，煤炭安全生产形势依然严峻。五是涉及群众切身利益的一些问题亟待解决。农村教育、卫生、文化、科技等事业发展滞后，城乡群众上学、看病、住房等方面还面临许多困难，就业岗位总量缺口较大、结构性矛盾突出。在土地征用、城市拆迁、企业改制等方面还存在侵害群众利益的问题。今年以来食品、住房等价格上涨较快，明年在多种因素的作用下，物价上涨压力仍很大，将对群众特别是低收入群众的生活造成较大影响。六是经济增长的拉动有待增强。今年前三个季度，我省全社会固定资产投资占全国总量比重仅为 1.8%，城镇以上投资增速为 25.5%，低于全国平均水平 0.9 个百分点。与中部和周边省份相比，城镇投资总量及增速均居末位，投资总量仅相当于各省的一半左右，增速一般低几个百分点，最多的低 23.7 个百分点。我省属典型的投资拉动型经济，投资规模和增速在低位徘徊，将直接影响到今后几年的发展后劲。

胡锦涛总书记和温家宝总理在中央经济工作会议上的重要讲话，深入分析了国内经济形势和国际经济环境，深刻阐述了做好经济工作需要处理好的一系列重大问题，明确提出了明年经济工作的指导思想、总体要求和主要任务，我们要认真学习、深刻领会，特别是要在以下五个方面深化认识、统一思想。

一要在把握大局上深化认识、统一思想。准确把握国内外经济形势和发展特征，深入研究我省经济社会发展的阶段性特征和内在规律，既要看到发展环境总体有利，发展趋势总体向好的有利条件，又要看到面临的挑战和风险，强化机遇意识和忧患意识，全面把握总书记和总理在讲话中提出的五个重大问题、四个指导原则和八个方面的主要任务，着眼大局思考问题，立足大局推进发展，服务大局发挥优势，科学谋划明年经济工作。

二要在把握新要求、新理念上深化认识、统一思想。总书记和总理在讲话中提出一系列新论断、新观点、新要求，具有很强的针对性和指导性。如“三个转变”，是对科学发展观的进一步丰富和发展，是对经济社会发展规律探索实践的最新成果；“好字优先、好中求快、又好又快”，使经济工作的着力点更加明确；“两大经济政策（稳健的财政政策、从紧的货币政策）”，“两个提高（逐步提高居民收入在国民收入分配中的比重、提高劳动报酬在初次分配中的比重）”，完善了促进科学发展的政策体系，标志着中央驾驭经济社会发展全局的能力达到新水平。我们要把这些精神贯彻到具体工作中，体现到走出“四条路子”、实现“三个跨越”的实践中，不断提升发展理念，完善发展思路，以新的思想境界开创科学发展新局面。

三要在落实宏观调控政策措施、保持经济平稳较快健康发展上深化认识、统一思想。党中央、国务院在加强和改善宏观调控上作出一系列重要部署。落实宏观调控的政策措施，既是重大的经济问题，也是重要的政治问题；既是发展问题；也是民生问题；既是服务全国发展大局的需要，也是解决山西经济生活中深层次矛盾和问题的需要。我们要把宏观调控作为优化产业结构、转变发展方式的重要契机，按照控总量、稳物价、调结构、促平衡的要求，围绕“两个防止”的首要任务（防止经济增长由偏快转为过热、防止价格由结构性上涨演变为明显通货膨胀），正确处理“好”与“快”、“保”与“压”、“调控”与“发展”之间的关系，坚定不移地把中央关于宏观调控的决策部署落到实处。

四要在以人为本、关注民生上深化认识、统一思想。坚持把解决人民群众最关心、最直接、最现实的利益问题作为包括经济工作在内的一切工作的出发点和落脚点，把提高城乡居民收入作为经济工作的重点环节，把改善民生作为和谐山西建设的重要内容，更好地把经济建设与社会建设结合起来，把推动发展与改善民生结合起来，把财力更多地投向民生领域，把精力更多地放在解决群众反映强烈的突出问题上，不断增强发展的普惠性和公共服务的均衡性，不断提高群众幸福指数，确保广大群众共享改革发展成果。

五要在用好政策机遇上深化认识、统一思想。中央对中西部地区、资源型地区的发展高度重视，有许多重要部署和政策与我省直接相关。一是导向性的内容，如“加快振兴装备制造业”，“坚决淘汰钢铁、有色、煤炭、电力、化工、建材等行业落后生产能力”，“对中西部地区社会事业发展和扶贫开发工作给予更大支持”，“吸引生产要素流向中西部”，“帮助资源枯竭地区加快经济转型，促进资源型城市可持续发展”等。二是政策性的内容，如“加快出台和实施有利于节能减排的价格、财税、金融等激励政策”，“财政超收收入要向中西部地区倾斜”，“加大对欠发达地区财政转移支付力度”，“重大项目布局要充分考虑支持中西部发展”，“健全促进能源资源节约和生态环境保护的价格形成机制”等。三是机遇性的内容，如天津滨海新区为距我省最近的改革开放新区，正式写入十七大报告，为我省扩大开放提供了新的机遇。我们要研究和用好这些政策和机遇，争取更多重大项目在我省布局，为加快建设新基地新山西提供有力支撑。

二、关于明年经济工作的总体要求和主要任务

明年经济工作的总体要求是：全面贯彻党的十七大精神，深入贯彻落实科学发展

观，按照中央经济工作会议和省第九次党代表大会的部署，坚持走出“四条路子”、实现“三个跨越”，加快推进新型工业化、特色城镇化和农业现代化，着力实施“五大惠民工程”，加大改革开放力度，更加注重发展新兴产业，更加注重加强节能减排和生态环境保护，更加注重科技创新和人才机制创新，更加注重统筹城乡发展，更加注重促进全面创业和社会和谐，推动发展由资源依赖型向创新驱动型转变，实现经济社会又好又快发展。省委、省政府经过研究，初步考虑明年经济社会发展的主要目标是：在优化结构、提高效益、降低消耗、保护环境的基础上，地区生产总值增长10%，第三产业比重下降趋势得到有效遏制，固定资产投资增长24%，财政总收入、一般预算收入分别增长17%和19%；单位生产总值能耗下降5.6%，二氧化硫、化学需氧量排放分别下降4.5%和3.6%；城镇登记失业率控制在4.5%以内；城镇居民人均可支配收入和农民人均纯收入分别增长12%和8%以上，居民消费价格总水平涨幅在4.7%以内。

这里要强调四点：一是地区生产总值增速定为10%，是有把握实现的，也是留有余地的。2000年到2006年全省生产总值年均增长12.9%，今年预计为14%。即使以年均10%的速度增长，人口自然增长率按年均5‰估算，仍可提前5年实现人均GDP翻两番目标。确定10%的增速，就是要引导各地把心思和精力更多地用在“好”字上，更加注重发展的质量和效益，真正做到好字优先。二是强调遏制第三产业比重下降的趋势，旨在加快服务业的发展，加快产业结构优化升级。三是固定资产投资增速不能过低，否则发展不充分的问题难以解决，但也不能盲目追求速度，目前确定的这个速度是综合考虑各种因素提出的。四是上述指标既有预期性、导向性的，又有约束性的，总体上与“十一五”规划相一致，对前者要因地制宜，对后者要不折不扣地完成。

做好明年的经济工作，首先要认真贯彻落实中央关于宏观调控的政策措施，重点抓好以下几方面的工作。一要在优化结构的基础上加大投资力度。中央经济工作会议强调，控制投资过快增长，要坚持区别对待、有保有压，加大对经济社会发展薄弱环节、重点领域和中西部地区的支持力度。从今年1～10月各省区市固定资产投资情况看，中部的安徽排全国第一，增长50.9%，周边的河南、内蒙古增幅均在30%以上，东部的江苏、山东保持较高增速，吉林经济规模和人口规模与我省相近，今年完成投资4 000亿元，增长43%，明年计划完成5 500亿元。我省实现“十一五”规划目标，大约需要完成16 000亿元的投资，到今年9月，实际完成3 951.2亿元，占到24.7%，进度明显滞后。我们不是盲目追求投资增长，简单与兄弟省、区、市进行比较，但是无论从中部崛起和全国竞相发展的态势看，还是从实现我们的规划目标看，我省都必须保持一定的投资规模和增长速度。同时要正确认识产业结构、投资结构和投资增速、发展增速之间的互动关系，不优化产业结构和投资结构，在目前情况下投资不可能有大的增长，即使过快增长也是走老路。因此说，在投资问题上不能简单化、概念化，而要在优化产业结构和转变发展方式的基础上，在坚决控制高耗能、高排放和产能过剩行业盲目投资和重复建设的同时，围绕发展新兴产业引进和建设一批大项目，培育新的经济增长点，大幅度增加社会保障、卫生、教育、住房保障等方面的财政投入，加大对农业和农村发展、自主创新、能源资源节约、生态环境保护以及重大基础设施项目等重点领域的投入力度，切实扩大内需，通过优化投资结构带动产业结构的优化，促进经济又好又快发展，走上良性发展的轨道。二要继续为全国建设搞好能源服务。加强与国家电网的协调，加快办理企业自备电厂、资源综合利用小电厂上网的有关事宜，按照市场经济的规则，妥善处理好各方面的利益关切，引导帮助企业解决实际问题，继续加大输电的比重。三要促进房地产行业健康发展。大力调整住房供应结构，健全廉租住房制度，加大廉租住房建设力度，做到明年年底前符合廉租住房租赁补贴条件的住房困难家庭，基本做到应保尽保，同时加强经济适用住房的建设和管理，增加中低价位、中小户型普通商品住房供应，加大限价商品房供应规模，通过多种措施抑制房价过快上涨。对违法违规房地产开发企业实施一定期限的市场禁入，控制从银行贷款和资本市场融资；依法严厉查处囤积土地和房源、虚假交易、捂盘惜售等行为，遏制投机购房，控制投资性购房。

四要有效控制物价总水平过快上涨。加强粮食、食用植物油、肉类等基本生活必需品和其他紧缺商品的生产，完善储备体系，及时组织调运，确保货源充足，市场不断档；加强价格监测和市场监管，完善市场供应和价格应急预案，防范少数商品价格异常波动向更大范围传导；完善和落实对低收入群众的补助政策，有效降低价格上涨对低收入群众生活的影响。

山西正处于转型、跨越、崛起的关键时期，产业结构调整的关键时期，破解经济社会生活中深层次矛盾和问题的关键时期。通过近几年的努力，我省的发展思路更加清晰，“十一五”规划全面实施，一系列重点工作和重大工程陆续展开和上马，保障科学发展、和谐发展的体制机制逐步健全，又好又快发展的基础更加扎实、条件明显改善，特别是全省四级党委和市县乡人大、政府及县政协换届圆满成功，省人大、省政府、省政协即将进行换届，为经济社会发展提供了坚强的组织保障，加之明年是全面贯彻党的十七大精神的第一年，是全面落实省第九次党代表大会战略部署和实施“十一五”规划的关键之年，全省经济工作要在以下七个方面取得重大进展。

第一，深化产业结构调整，在发展新兴产业上取得重大进展。

我省产业结构调整已经从以改造提升传统产业为主的阶段进入以发展新兴产业为主的新阶段。作出这样的判断：一是我们客观上具备了以发展新兴产业为主的基础和条件。目前传统产业改造提升取得明显成效，能源原材料基地的地位得到加强，我们可以在巩固传统优势的同时把主要精力集中到发展新兴产业上；全省经济实力明显增强，我们有能力承受淘汰落后产能对经济增长带来的影响，解决多年来想解决而又难以解决的问题；国家倡导建设生态文明，实行严格的节能减排政策，遏制高耗能、高排放行业过快增长，发展新兴产业不仅是顺应国内外发展大势的必然选择，更是提升山西可持续发展能力的紧迫任务。二是发展新兴产业是破解发展难题、实现又好又快发展的必然选择和根本途径。只有加快新兴产业的发展，才能促进山西产业的整体优化和全面升级，提高抵御市场风险的能力，才能加快经济发展方式的转变，实现节能减排目标，才能开发更多的就业岗位，有效缓解就业紧张状况，增加城乡居民收入。如果说，过去结构调整的成效主要体现在传统产业的改造升级上，今后结构调整的成效则应主要体现在新兴产业的发展壮大上，进而建立起新型、多元、稳固的现代产业体系。

加快发展新兴产业，必须从“再造、提升、加速”三个层面着力推进。所谓再造，就是对具有传统优势、现在潜力仍然很大的产业，全面加以创新，使之成为新的支柱产业。装备制造业以其高附加值和对地区经济发展的巨大带动作用，始终是发展的重头戏。全国装备制造业发展很快，东北地区和一些中西部省份装备制造业取得重大突破，我们必须增强发展装备制造业的紧迫感。要加快太原南方重汽项目的建设步伐，早日形成生产能力、不断提升配套能力，带动装备制造业整体水平的提升，使山西在全国汽车产业布局中占有一席之地；要依托重点企业和重点工程，用现代产业链条和集群理念整合和提升煤机设备产业，形成煤机成套设备供应体系；要发挥重型机械制造的比较优势，以发展关键性的重大项目为突破口，提升我省重型装备的竞争力；要适应节能减排的要求，积极发展环保产业，开发环保类设备和产品，拓展省内外市场；要以钕铁硼磁性材料、纳米粉体材料、新型墙体材料等为重点，促进材料产业在产品质量、加工深度、开拓市场等方面取得新突破。所谓提升，就是对依托能源资源优势发展起来的新兴产业，加大扶持力度，提升整体水平。最近省政府咨询委员会对发展煤化工问题进行了专题论证，专家们认为，山西在发展煤化工方面具有资源优势和技术条件，将煤化工作为发展重点，是立足山西省情，准确把握国际原油、煤炭和煤化工发展趋势作出的战略选择。鉴于山西环境污染问题比较突出，水资源缺乏，煤化工要实施“绿色发展战略”，从技术路线、清洁生产、项目布局等环节入手，降低环境风险和安全风险。因此，要坚持以“肥、醇、炔、苯、油”为主导，按照规模化、大型化、一体化、基地化的现代煤化工产业发展模式，调整产业组织结构，建立开放式循环经济体系，强化技术支撑，重点在粗苯精加工、甲醇及下游产品开发、焦油深加工等方面寻求突破，积极探索煤基多联产、煤基合成油、煤制天然气的技术模式和示范项目，确立绿色、节能、大型化和精细化的产品路线，走出山西特色的煤化工道路。要抓住明年北京举办奥运会的机遇，进一步从外延和内涵上拓展旅游业的发展空间。山西旅游的基本特点是，可品味的东西很多，可消费的东西太少，就旅游抓旅游多，行业间融合互动少，导致旅游业综合效益较低。要大视野谋划、大手笔推进，打破行政区划的限制，统筹“行、住、食、游、购、娱”六大要素，整合旅游资源，充实旅游内涵，打造旅游精品，开发旅游产品，促进旅游业与文化等产业的有机结合和互促互动，让旅游者既流连忘返，又乐意消费，加快实现旅游资源大省向旅游经济强省的转变。要依托高校、开发区的创新优势和军工企业的独特优势，推进高新技术产业向自主研发制造延伸，在一些重点产品上取得突破，使高新技术产业逐步成为全省经济的亮点。要立足我省原料优势和产业基础，重视食品工业发展，力争在乳制品、饮料酒、食醋等加工制造上取得新突破。所谓加速，就是对效益好、污染少、带动就业能力强的服务业，全面加速发展，提高在国民经济中的比重和分量。省委、省政府强调要遏制第三产业比重下降趋势，靠什么来支撑和保证，要认真研究、加以明确，一项一项落到实处。要坚持市场化、产业化、社会化方向，在继续发展商贸服务、社区服务等生活性服务业的同时，加快发展金融保险、证券债券、现代物流、综合运输、研发设计、信息服务、科技服务、商务服务等生产性服务业，促进现代服务业与制造业协调发展。完善文化产业政策，运用电子出版、数字影视、网络传媒等现代技术大力发展文化创意、文化博览、动漫游戏和数字传输等新兴文化产业，改造提升传统文化产业，不断提高文化产业总体实力。重点城市更要把发展服务业放在优先位置，有条件的要逐步建立以服务业为主的产业结构。

加快发展新兴产业，必须切实抓好增强自主创新能力这个中心环节。要加快建立以企业为主体、市场为导向、产学研相结合的技术创新体系，引导和支持创新要素向企业汇集，鼓励企业集聚科技人才、加强技术研发、创立自主品牌。要深化科技管理体制改革，优化科技资源配置，完善鼓励技术创新和科技成果产业化的法制保障、政策体系、激励机制和市场环境，促进科技成果向现实生产力转变。要选择优势领域和重点环节提高自主创新能力，力争在煤化工、煤层气、焦炉煤气综合利用和清洁生产工艺以及铝、镁、不锈钢深加工等技术的研发和产业化上取得突破。要加快信息化与工业化的有机融合，充分发挥信息化对降低消耗，减少污染，提高劳动生产率、经济效益和产业竞争力方面的倍增和催化作用，加大对信息化的政策引导和投入力度，提升全省的科技创新水平。

加快发展新兴产业，必须落实强有力的推进措施。一要加强组织协调，完善宏观引导和动态管理，研究制订重点产业的发展规划，帮助企业解决具体困难和问题，特别要在政策咨询、行政审批和技术攻关、招才引智等方面为企业提供优质服务。二要制订相关扶持政策，从市场准入、土地调配、资源审批、资金扶持、财政贴息、利税价格等方面制订扶持新兴产业发展的政策体系，防止因为煤焦经济市场好、见效快而放松新兴产业的发展。三要抓好重点项目，对科技含量高、辐射带动性强的战略项目，不论所有制性质，不论企业大小，不论本地外地投资者，谁有潜力就扶持谁做大做强。同时，实施大企业大集团战略，推进产业间、企业间的横向联合和一体化发展，培育产业集群，发挥重点企业对新兴产业的整合带动作用。四要强化考核奖惩，把新兴产业的发展情况作为考核落实科学发展观、正确政绩观的重要内容，作为考核地区经济社会发展的重要指标，对新兴产业发展好的要给予褒奖，对差距较大的要加以鞭策。明年适当时候，省委、省政府将召开全省新兴产业发展推进会，完善思路政策，加大推进力度。

要按照科学发展、和谐发展和发展现代能源原材料产业的要求，进一步改造提升传统支柱产业，增创传统产业新优势。山西是煤炭大省，煤炭问题既是经济问题，也是政治和社会问题，对我们来说始终是一个大课题、大文章。煤炭的问题解决不好，我省经济就不可能在稳固的基础上实现又好又快发展，领导干部就难以集中精力推进改革发展，难以有条不紊地开展工作，山西在国内外也难以有一个良好形象。为此，煤炭产业要坚持走规模化、集团化、洁净化、内涵式、可持续发展道路，在五个方面取得新进展新成效：一是进一步提高产业集中度，继续打好“三大战役”，按照资源有偿使用和关小、改中、上大的思路，推进煤炭资源的整合，加快重点煤炭基地建设。二是进一步深化内部挖潜。大力推行机械化采煤方式，淘汰落后采煤方式，发展大型安全高效矿井，建设更多的现代化煤炭企业。对煤炭的机械化开采，要分年度提出目标任务，努力做到30万吨以上的煤矿到2010年绝大多数采用机械化开采。这样不仅可以提高效能，而且可以从根本上提升煤炭安全生产水平。同时，加强煤炭洗选处理和加工转化，重视煤层气、煤矸石、矿井水等伴生资源的开发利用，提高资源利用率和综合效益。三是进一步实施多元化经营战略，依托我省煤炭企业在资金、技术、管理等方面的优势，重视发展非煤产业，进军第二、第三产业，到省外国外投资创业，通过煤炭企业的结构调整促进全省产业结构的优化。四是进一步深化煤炭企业管理体制改革，鼓励国有大型煤炭企业兼并整合和托管中小煤矿，不能托管的要提高集约化管理水平，杜绝层层转包、粗放式经营。五是进一步推动煤炭安全生产形势稳定好转。最近发生的“12·5”特大煤矿事故，使105个生命消逝、105个家庭破碎，再次给我们敲响了警钟。洪洞县瑞之源煤矿表面上“六证”齐全，实际上“五毒”俱全，安全隐患很多，是一系列恶劣行径结出的恶果，说明工作中还有许多漏洞，安全生产的基础还不够巩固。今年1~11月，我省煤炭安全生产形势明显好转，百万吨死亡率降到0.624，但仅这一事故就使百万吨死亡率上升到0.8左右。我省作为煤炭基地，为国家建设作出重大贡献，这一点值得我们自豪。但如果工作不落实，事故频发，煤炭就会成为山西“带血”的标签。要深刻吸取“12·5”事故的教训，消除侥幸麻痹心理，以对党和人民高度负责的精神，深入开展煤矿安全生产专项整治行动，严肃查处“两越两超”问题（越层、越界开采，超能力、超定员生产），认真落实安全生产责任制，严肃查处事故背后的失职渎职行为特别是官煤勾结、权钱交易等腐败问题，实现反腐倡廉和安全生产的互促互动。各产煤县（市、区）党政主要领导对本地煤矿每天有多少人在井下、产多少吨煤要做到心中有数，对存在隐患的煤矿要做到心中有数，对各项安全生产措施和责任的落实情况要做到心中有数，否则就应该食不甘味、寝不安席。要把能否保证煤炭安全生产作为评价和使用市县党政领导干部的重要条件，对不能有效防范治理煤炭安全生产事故，或者在事故发生后不能迅速到现场处置、不能妥善应对的，要采取组织措施；对由于人为因素、监管不力造成煤矿事故尤其是重特大责任事故的要加大追究力度；对扑下身子抓安全生产成效明显的领导干部，要大力表彰并提拔重用，一定要培养一大批重视和善于抓煤炭安全生产的领导干部。焦炭产业要坚持规模化、精细化、低污染的发展方向，严格控制产能总量，防止落后产能死灰复燃，把节能减排降污作为生存之本；加大化工产品回收力度，向化工制造业延伸产业链条，变废为宝、化短为长；健全联盟制度，完善交易平台和价格形成机制，提高在国际国内市场的话语权。冶金产业要大力促进产品结构的优化升级，一方面减少普钢，一方面发展硅钢、优质合金钢以及镁铝合金等；在搞好产能置换等工作的基础上，力争太钢500万吨特种钢项目早日上马，进一步提升太钢的国际竞争力；加快上下游产业的融合，在深加工上下工夫，提高产品附加值，使冶金行业的效益更多地体现在加工转化上。电力产业要加快新型化改造，关闭不符合国家产业政策和环保要求的机组，建设大型坑口电站，发展高参数、大容量、高效率、环保节水机组，发展热电联产、煤矸石洗中煤煤层气发电、风电等新型电力，加强电力需求侧管理，支持晋东南到华中特高压输电线路建设，拓宽省外用电市场。

第二，加快转变经济发展方式，在节能减排和生态环境建设上取得重大进展。

坚持把节能减排作为促进科学发展的重要抓手，把调整存量与优化增量结合起来，把打持久战与打攻坚战结合起来，把行政推动与市场调节结合起来，加快形成节约能源资源、保护生态环境的产业结构、增长方式、消费模式，建设具有山西特点的资源节约型、环境友好型社会。

一要继续加大淘汰落后产能的力度，为优质产业发展腾出空间。按照到“十一五”末关停淘汰落后钢铁、小火电、水泥、焦炭、电石、铁合金的目标任务，排定后三年淘汰落后产能的时间表，特别是要把淘汰落后与新上项目有机结合起来，以更有利于节能减排的比例实行产能和排污量置换。通过淘汰落后产能，取得优化产业结构、推进节能减排、转变增长方式“一石多鸟”的效果。

二要抓好重点行业领域的治理，加强重点工程建设。加快污染防治设施的建设，重点行业要在明年6月底前完成，所有工业企业要在明年年底完成。建设和完善覆盖全省的空气质量自动监测系统、重点河段水质监测系统、企业污染源自动监控系统，加强对企业节能减排的监督考核，使其真正发挥作用。深入推进“蓝天碧水工程”和造林绿化工程，对城市污染严重的企业要下决心搬迁，强化水源地保护，做好水土流失、综合治理和生态修复工作。

三要完善政策措施，加大执法力度。更加注重运用法律政策手段促进节能减排，完善节能环保法律法规和激励约束政策，制订和实施市场准入标准、强制性能效标准和环保标准，建立健全能源审计和清洁生产审核制度，采取“以奖代补”的政策奖励节能减排任务完成好的企业。建立更加有效的环保管理和执法监督机制，扭转“资源低价、环境无价”的状况，促进环境成本内部化，严肃惩处破坏资源、污染环境的单位、企业和个人。严格重大投资项目的节能评估和环保审核，推进节能环保工作的制度化、法制化、规范化。要强化各级政府节能减排的管理责任，强化企业节能减排的社会责任，大力引导商业和民用节能，深入开展节能减排全民行动。加快制订节能减排统计、监测和考核“三个体系”的实施办法，严格执行节能减排问责制、一票否决制和区域限批、定期公布等制度。

四要大力发展循环经济，让循环经济成为我省的主导型经济。抓住国家将我省确定为循环经济试点省的机遇，以能源原材料产业为重点，狠抓资源开采、资源消耗、废物产生、社会消费四个环节，建立资源循环利用体系，使巨量废弃物转化为新的宝贵资源，把资源环境压力转化为新的发展动力。要以循环经济理念改造传统产业、提升新兴产业，研究探索把循环经济嵌入各个产业经济的途径、形式和措施，大力推广节能降耗和保护环境的新设备、新技术、新工艺，构筑循环经济的有效运行模式。要制订发展循环经济的规划体系，明确奋斗目标、工作进度和保障措施，充分发挥政府的主导作用、企业的主体作用和各类开发区的主力作用，培育一批循环经济示范企业、示范园区、示范社区和示范市县。要加快制订《山西省循环经济发展促进条例》，形成相应的价格、财税、金融政策，在全社会普及循环经济知识，培育生态道德观念，将企业层面的“小循环”、园区层面的“中循环”和社会层面的“大循环”有机结合起来，创新山西的产业形态。

第三，切实加强“三农”工作，在发展高效特色农业和社会主义新农村建设上取得重大进展。

尽管农业在我省经济总量中的比重较小，但事关占全省人口近三分之二农民的生计，事关改革发展稳定的大局。省委、省政府决定在实施新型工业化、特色城镇化双轮驱动战略的基础上，把农业现代化提到战略层面，实现“三化”协调推进。各级党委和政府要牢记胡锦涛总书记的重要指示，做到粮食安全的警钟要始终长鸣，巩固农业基础的弦要始终绷紧，解决好“三农”问题作为全党工作重中之重的要求要始终坚持，切实加强农业基础建设，不断开创“三农”工作新局面。

一要发展高效特色农业，提高农业产业化水平。山西农牧产品种类较多、特色明显，是一大优势，但特而小、特而散、特而弱、特而无名的问题比较突出。要把发展高效特色农业，提高农业的规模化、标准化、集约化、产业化水平，作为发展现代农业的突破口来抓，在三个方面实现较大突破：一是要在提高农民组织化程度上实现突破。加快发展农民专业合作组织，最大限度地把农民吸纳进各类专业合作组织中，引导农民走向市场，更好地加快农业科技推广应用，健全农业服务支撑体系，优化农产品产业结构和区域布局，发展一村一品、一乡一品，推动优势农产品基地建设，提高农民抵御市场风险的能力，提升农业经济效益。二是要在发展畜牧业上实现突破。充分发挥牧草和饲料优势，大力发展标准化规模养殖小区，狠抓优质畜产品基地县建设，扩大畜牧业养殖规模，推进畜产品加工转化，显著提高畜牧业在农业产值和农民收入中的比重。三是要在培育农业产业化龙头企业上实现突破。要整合特色农产品生产、加工、经营资源，健全公司+基地+农户的机制，培育一批规模较大、产品附加值高、市场竞争力强、带动范围广的农产品加工龙头企业，打造一批叫响全国的知名品牌。

二要千方百计挖掘潜力、拓宽渠道，促进农民增收。在大力挖掘农业内部增收潜力的同时，加快发展农村第二、第三产业，发展乡镇企业，壮大县域经济，实现农村劳动力就近转移就业与发展乡镇企业、民营经济的有机统一。特别要依托资源优势，着眼于为大工业配套和服务，积极发展农村商贸、物流、餐饮、交通运输、农家旅游等第三产业。省内外的经验证明，劳务收入是农民最为便捷的收入来源，在农民收入中的比重逐年加大。要像帮助城市“零就业”家庭解决就业困难那样，帮助有条件的农户至少转移一个富余劳动力外出打工创收，实现农村劳务输出“消零”目标，把城乡“两消零”作为一项战略举措，建立动态管理机制和考核机制，务必抓实抓好抓到位。同时，重视解决农民工工资拖欠、社保不落实以及子女上学困难等实际问题，千方百计关爱农民工，维护农民工合法权益。

三要着眼于形成城乡经济社会发展一体化新格局，扎实推进新农村建设和“两区”开发。推进城乡发展规划、产业布局、基础设施、公共服务、劳动就业、社会管理等方面的一体化进程，促进城乡市场开放统一、生产要素有序流动、经济社会协调发展。全面落实全省新农村建设推进会的各项部署，一方面要继续抓好新农村建设试点村、重点村和重点县的工作，培育好新农村建设的排头兵；另一方面要统筹考虑整个农村地区的产业规划、项目摆布、资金投放和村容村貌整治，重视抓好工作难度大、工作进展慢的村的工作，使新农村建设协调推进，使广大农民普遍受益。加强农业基础设施建设，狠抓小型农田水利建设，大力发展节水灌溉，加强耕地保护和土壤改良，加快推进农业机械化。加大沼气等农村节能环保设施的推广力度，更好地解决农民做饭、取暖、照明问题，从根本上改善农民生产生活条件。要加快“两区”开发项目的实施，有关部门要给予倾斜支持，确保早日见效。继续抓好整村推进、扶贫移民、劳动力培训转移、机关定点扶贫等扶贫开发重点工作，造福于贫困地区和贫困群众。

四要进一步加大农业投入力度，构建以工补农、以城带乡的长效机制。保证财政支农资金稳定增长，明年财政支农资金投入的增量要明显高于今年，政府固定资产投资用于农村的增量要明显高于今年，政府土地出让收入用于农村建设的增量要明显高于今年，加快构建强化农业基础的长效机制。要认真落实支持粮食、生猪、奶业、油料发展的各项扶持政策，稳定和促进粮食等主要农产品的生产，切实抓好“米袋子”和“菜篮子”。推动城市交通、物流、商贸和公共服务向农村延伸，引导社会资金投入农村建设，推广以企帮村、以矿帮村的典型经验，探索资源价款、煤炭可持续发展基金等用于新农村建设的措施和办法，重视农业方面的招商引资。要加大支农资金整合力度，扩大支农资金整合试点范围，围绕改善农村基础设施、解决农村民生问题，每年集中力量办成几件大事。

第四，继续深化改革开放，在完善体制机制、提高开放水平上取得重大进展。

坚持以改革的办法和开放的思路解决前进中的问题，凡是不符合科学发展观要求的，凡是不符合人民愿望和时代要求的，都要抓紧改革、大胆创新，着力构建充满活力、富有效率、更加开放、有利于科学发展的体制机制，形成我省参与国内外经济合作和竞争的新优势。

要扎实搞好煤炭工业可持续发展政策措施试点，确保在三年内完成试点任务，为我省可持续发展趟出路子，为全国提供成熟的经验。切实用好煤炭可持续发展基金，按照规定用途、依托具体项目，在重点产煤地区规划建设一批重大生态工程、接替产业工程和安全生产工程，注重发挥基金的撬动作用，带动外资和民间资金参与重点项目建设，实现生态效益、经济效益和社会效益的统一。进一步推进煤炭资源整合和有偿使用，健全和完善资源价格形成机制，建立健全资源有偿使用制度和生态环境补偿机制。运作好山西能源产业基金，使其发挥良好经济社会效应。要继续深化国有企业改革，完善国有资产管理体制和监管方式，推进投资主体多元化，建立健全公司法人治理结构、投资风险控制机制和内部监督管理机制，妥善解决国有企业产权置换、职工身份转换不到位和关闭破产企业债务清理、职工安置不到位等问题，加快推进主辅分离、辅业改制和分离企业办社会职能，企业所办中小学校和公安机构要彻底移交当地政府。同时，鼓励、支持和引导非公有制经济快速发展，形成各种所有制经济平等竞争、相互促进的新格局。要统筹推进金融、财税、投资等体制改革，加快组建晋商银行，成立煤炭保险公司，扩大资本市场融资和企业债券融资，引进境内外金融单位在我省设立分支机构，提高金融业的规模、实力和服务水平；加快推进省直管县等财政体制改革，优化转移支付结构，增强基层政府提供公共服务的财政保障能力；深化行政管理体制改革，加快转变政府职能，推进依法行政，优化发展环境，增强政府的执行力和公信力。

要巩固和发展对外开放的良好势头，精心组织面向国内外的招商引资活动，创新利用外资方式，推进企业之间的务实合作和区域间的战略合作，引导和鼓励外资更多地投向新兴产业、节能环保产业、现代服务业、先进制造业和重大基础设施，充分发挥外资对推进结构调整、转变发展方式的积极作用。要扩大对外贸易，稳定、巩固和发展传统市场，积极开拓新兴市场，扩大机电、电子等高新技术产品出口，大力发展服务贸易，积极开展对外能源互利合作，增加先进技术、关键设备和重要原材料进口，优化进出口商品结构。要积极参与国际经贸合作，深化与周边省份、中部省份和国内各经济区的交流合作。明年太原至石家庄高速铁路客运专线和京津城际铁路均要通车，将大大缩短我省与京津地区的距离，要及早研究制订我省借助首都经济圈和天津滨海新区发展优势的具体规划，加快融入环渤海经济区步伐。

煤博会是我省举办的唯一的国家级、国际性展会，是我们扩大对外开放、加强交流合作、促进科学发展的重要窗口和平台。要认真总结首届煤博会的经验和教训，提早谋划、充分准备、精心打造，确保把第二届煤博会办得更好，确保今后一年比一年办得好、影响大，使之成为山西的响亮名片。一要提高组织服务水平，以现代理念和先进技术，以国际性会展的标准，做好各项组织筹备工作，提供一流服务，当好东道主。二要扩大交流合作内涵，立足煤炭与能源新产业，辐射经济文化多个层面，扩大交流领域，丰富会展内涵，拓展合作项目，促进我省全方位对外开放和交流合作。三要扩大招商引资成效，做好招商引资项目筛选、协商、对接等前期工作，按照产业发展政策，提升招商引资、招才引智水平，提高履约率。四要增强宣传展示效果，围绕山西独特的自然人文资源和巨大的发展潜力，以多种形式、从多个角度搞好宣传推介工作，让更多的人了解山西、走进山西，让晋商故里更好地走向世界。

第五，加快推进特色城镇化，在城市建

设和管理上取得重大进展。

抓紧编制和实施全省主体功能区规划，按照规划合理化、布局集群化、土地利用集约化、面貌特色化的要求，增强城市和区域规划的先导性、科学性和权威性，促进大中小城市和小城镇协调发展，建设更多宜居城市。

一要抓好太原经济圈这个重点。太原市要进一步加大领导力度和投入力度，争取再用两年时间，使城市面貌有一个大的改观。要借鉴武汉城市圈、长株潭城市群等区域经济一体化的有益做法，加快太原经济圈建设步伐，制订发展规划，明确经济圈的具体内涵，加强组织协调，尽快取得实质性进展。太原经济圈的相关县（市、区），要以省城为中心进行功能区定位，调整产业布局，共同形成集群发展效应。

二要抓好资源型城市转型这个难点。最近，国务院常务会议专题研究了资源型城市尤其是资源枯竭型城市的发展问题。我们要抓住政策机遇，加快资源型城市转型步伐，建立资源开发补偿机制和衰退产业援助机制，大力发展接续产业和替代产业，实现产业可持续发展与城市转型发展相结合，优化产业结构与改善人居环境相结合，强化生活型、文化型、服务型功能，加快采煤沉陷区治理和煤矿棚户区改造，增强资源型城市发展的活力和后劲。大同、阳泉要率先制订整体转型规划和非煤产业发展规划，在资源型城市转型上趟出一条路子。

三要抓好县城和中心镇这个关键。抓好公共交通、集中供热供气、污水和垃圾处理等市政公用基础设施建设，鼓励和吸引社会资金进入城镇基础设施和社会事业建设运营领域，健全县城服务体系。有一些省所有县均建起了污水处理厂，我省要作出规划、扎实推进，加快实现县县有污水处理厂的目标。以突出特色、服务农民为中心，加强中心镇建设。按照区域集中化、工厂园区化、产业科技化、设施现代化的方向，加快乡镇企业向城镇、向园区集中，推动产业集聚，提升城镇实力。

第六，着眼长远发展，在基础设施建设上要取得重大进展。

我省基础设施建设已由单项突破进入整体推进、全面提升的新阶段，要着眼“十一五”乃至更长时期发展，加强与国家部委的工作协调和政策对接，加强组织协调工作，形成基础设施重大项目建设一批、储备一批、有序衔接、相互配套的良好态势。

一要加快建设综合运输体系。我省产品大进大出，交通与经济发展极为密切，必须加快建设立体型、互补式综合运输体系，提高运输能力和运输效率。扎实推进高速公路、干线公路、县乡公路、扶贫旅游公路和通村公路建设，明年全省高速公里通车里程要达到 2 000 公里左右、出省口要达到 10 个，31 条出省干线公路要达二级以上。在加快公路建设进度的同时，要重视公路的养护和管理，加大治超力度，减少堵塞，确保畅通。高度重视铁路建设，太原到石家庄高速铁路确保明年年底建成通车，太中银铁路要加快建设进度，继续推进南同蒲复线、运三线、太古岚线等铁路项目建设，中南部铁路大通道项目要争取早日开工。抓好空港建设，优化空港布局，如期完成太原机场改扩建任务，推进吕梁机场建设。

二要加快实施兴水战略。抓紧建设已开工的 20 项应急水源工程，国家批复立项但尚未开工的项目要及早开工建设，其他项目要抓紧前期工作，争取早日批复。引黄北干工程要加快立项工作，争取明年开工建设。要统筹做好水资源的保护、开发、利用和节约工作，坚持增水、节水、保水、引水多管齐下，建立全省地下水实时监测系统，严格控制地下水超采，完善水价格体系，使全省水环境不断好转，保障群众生活和经济发展用水。

三要建设好重大社会公益性项目。重大社会公益性项目是一个城市和地区发展水平的重要标志。要把建设重大公益性项目，作为增强发展协调性和改善民生的重要举措。抓好已确定的公益性项目建设，研究确定一批新的项目，使之与提高城市建设管理水平相结合，与山西深厚的历史文化资源相匹配，努力满足人民群众日益增长的文化需求，大幅度提升山西的整体形象。

第七，加强和谐山西建设，在改善民生上取得重大进展。

不久前召开的和谐山西建设推进会，对加快和谐山西建设作出全面部署，作出实施“五大惠民工程”、落实“四项保障措施”的重大决策，这既是贯彻党的十七大精神的重要举措，也是破解走出欠发达地区构建和谐社会路子这一课题的重大步骤，关键是要抓好落实。下面，强调两个问题：

第一个问题，加紧实施“五大惠民工程”。“五大惠民工程”涉及人民群众最关心、最直接、最现实的利益问题，涉及每个人的切身利益，目的是要使全省人民学有所教、劳有所得、病有所医、老有所养、住有所居。要认真落实建立测评考核体系、加强基层基础、加大社会建设投入、建立干部下访制度等四项保障和推进措施，把各项任务细化、量化到责任单位和责任人，特别是要把各项资金包括市县的配套资金落实到位，一项一项列出推进时间表，一步一步加强督促检查，落实情况要向全社会公布，扎扎实实把“五大惠民工程”落到实处，让全省人民真切感受到给他们生活带来的新实惠、新变化。

这里还要强调一下发展职业教育的问题。职业教育是面向群众、服务生产的教育，对提高城乡劳动者素质、促进劳动力就业具有重要作用。近年来我省职业教育快速健康发展，规模迅速扩大，服务经济社会发展的能力明显增强。但是，职业教育仍是我省教育事业的薄弱环节，还不能满足建设国家新型能源和工业基地的要求。“十一五”期间，仅煤炭、机械制造、建筑等产业即需要高级技工近30万人，目前我省各类中等职业学校招生能力缺口在20万人左右。因此，要努力推动职业教育实现跨越式发展，在政府加大投入的同时，加快建立行业、企业和学校共同参与的机制，推进集团化办学，努力让没能考取高中、大学的应届毕业生都能接受职业教育，掌握就业本领。加强职业学校校舍设施、实训基地、教师队伍等基础建设，以就业为导向，优化专业设置、课程设置，实现人才培养与岗位需求的零距离对接，为经济社会发展提供人才保证和技术支持。

第二个问题，高度重视提高城乡居民收入。收入分配不仅反映了社会再生产的过程和结果，而且对各类生产要素的合理配置和经济的健康发展有明显的导向作用。近年来我省经济总量和财政总收入持续快速增长，但收入分配中存在两个较为突出的问题：一是城乡居民收入增长滞后于经济和财政收入增长，在国民收入分配中的比重持续下降，劳动报酬占GDP的比重明显偏低。五年来，城乡居民收入增速与经济增速的最大差幅均在10个百分点以上，与财政收入增速的差幅更大。2006年，我省劳动者报酬占GDP的比重从2002年的53.5%下滑到36.1%，下降了15.8个百分点，比全国水平低4.5个百分点，在省区市中居第28位，在中部及周边省份均居末位，比中部最高的湖南低10.57个百分点。二是职工工资水平增长与企业盈利增长脱节，国民收入分配向资本所有者倾斜，企业利润的大幅增加相当程度上是以职工低收入为代价的，一定意义上存在“利润侵蚀工资”现象。从2002年到2006年，我省职工工资现价增长率分别为15.2%、14.7%、20.6%、20.9%和17.0%，同期规模以上工业企业利润分别增长

68.9%、117.0%、80.5%、7.2%和34.8%。形成这样的分配格局，一方面是由于我省一产弱、二产重、三产层次低且发展慢的产业结构特性在很大程度上影响着收入分配；另一方面反映出我省近年来在分配格局上存在向政府和企业倾斜的趋势，我省政府、企业、个人三者之间利益格局，由2001年的11.5∶36.5∶52.0演变为2006年的15.2∶48.7∶36.1。这种分配格局虽然有助于企业经济效益的提高和公共事业的发展，但也会导致国民收入分配的公平性降低，收入差距加大，不利于转变"低消费、高投资"的传统增长格局。坚持发展为了人民、发展依靠人民、发展成果由人民共享，既是党的宗旨和政治立场，又要有实实在在的政策措施。这次中央强调提高"两个比重"，即切实提高居民收入在国民收入分配中的比重，提高劳动报酬在初次分配中的比重，具有重大意义，对我们是深刻的启示和有力的鞭策。山西既有经济欠发达的问题，又有分配结构不合理的问题，这两个问题交织在一起，要统筹加以解决。解决欠发达问题非一朝一夕之功，优化分配结构要抓紧加以推进。一要逐步提高劳动者报酬在国民收入分配中的比重，及时颁布企业工资指导线、劳动力市场工资指导价位和行业人工成本信息，建立企业职工工资正常增长机制和支付保障机制，建立资本利益与劳动利益的平衡关系；二要加快企业收入分配制度改革，完善按要素分配制度，引导企业建立分配形式灵活、激励手段多样的薪酬制度，使不同就业身份人员的收入在企业内部都具有合理性、公正性；三要采取多种措施提高低收入者的收入水平，适时提高最低工资标准，从制度上解决好拖欠农民工工资问题；四要发挥政府在再分配方面的调节功能，重视财政转移支付对实现社会公平的基础性作用，改革财政和税收体制，充分运用财政和税收工具调节收入分配格局，扩大和完善社会保障体系。总之，要采取切实措施，使人民群众的收入和消费水平有明显提高。

三、关于为又好又快发展提供有力保障

明年经济工作任务很重，各级各部门要结合实际，明确思路，较变作风，狠抓落实，确保取得实实在在的成效。

第一，健全科学发展的体制机制。在多大程度上做到科学发展，是衡量一个地方、一个领导班子、一个领导干部工作水平和成效的根本标尺。各级领导干部要努力做到：科学发展的理念要更加牢固，按照科学发展观的要求去谋划和推进工作，着力转变不适应不符合科学发展观的思想观念，把科学发展观作为一种思想境界和领导方法运用到各项工作中；科学发展的行动要更加自觉，从各地各部门实际出发，完善保证"好字优先、好中求快、又好又快"的政策措施，深入研究实现"三个转变"的具体途径，更加自觉地以转变发展方式支撑发展，以全面创新驱动发展，以新兴产业带动发展，以改革开放保证发展，增强发展的科学性、协调性和普惠性；科学发展的考核要更加有效，落实好经济社会发展综合考核指标体系、体现科学发展观要求的领导干部综合考评办法、构建和谐社会主要工作及指标考评方案三大考评体系，体现发展导向、用人导向和作风导向的有机统一；科学发展的氛围要更加浓厚，引深宣传教育，推广好的典型，使科学发展观入心入脑，转化为广大干部群众的思想共识和自觉行动，把全社会的积极性引导到科学发展上来。

第二，建设一支过硬的干部队伍。我省干部队伍总体上是好的，但在一些干部中还存在着为政不勤、行为不端、作风不实的问题，使好的政策措施落实不到基层，在群众中造成不好的影响，务必高度重视，认真纠正，特别是要着力解决四个问题：一要解决不敏锐的问题。对关系党和政府形象的敏感

问题，对改革发展稳定的重大问题，对涉及群众切身利益的突出问题，要从政治和全局的高度认识和把握，在第一时间作出反应，以最有效的措施妥善处置，切忌反应迟钝、行动迟缓，使小矛盾演化为大事端。今年发生在部分地区的“黑砖窑”事件，折射出一些干部对人民利益和基本人权麻木不仁、漠然处之，令人震惊；介休“10·17”事件中，当地党政主要领导未采取得力措施，也未及时赶赴现场，丧失了化解矛盾的时机，导致事态升级。每个领导干部都应从中吸取教训，使自己警觉起来、敏锐起来、成熟起来。二要解决不干事的问题。切实增强党性意识、责任意识，以迎难而上的魄力、力争上游的志气，每项工作都要有抓手、有突破，多干利发展、利长远、利百姓的大事、实事和好事，加快地方发展，增进人民福祉，不能得过且过、按部就班，不能想法挺多、说法挺多，而办法很少、成效甚微，不能把精力消耗在文山会海和各种应酬中，更不能脱离工作岗位。对那些敢抓敢管，敢于触及矛盾的干部，要撑腰做主，给予鼓励和支持。三要解决不踏实的问题。正确对待名、位、权和个人荣辱得失，牢记组织重托和人民期望，切实把心思和精力放在工作上，反对心浮气躁、作风漂浮、热衷于表面文章，反对过多地考虑个人的进退留转，甚至不惜丧失人格跑官要官。四要解决不干净的问题。在社会主义市场经济体制还不完善的形势下，腐败现象在许多领域易发多发，这对领导干部的政治操守和从政品格是严峻的考验，近期查处的王月喜、苗元礼等典型案件给我们以新的深刻警示。领导干部要牢记自己的身份和责任，讲党性、重品行、作表率，从政要有品格，用权要讲原则，做人要重形象，始终谦虚谨慎，自觉接受监督，经得起权力、金钱、美色的考验，把人民赋予的权力真正用于为人民谋利益。

第三，形成全民创业的生动局面。创业是发展之源、富民之本、和谐之基。全民创业是加快地区发展、解决就业问题的有效途径，是推动思想观念解放、增强社会发展活力的必由之路。浙江等发达地区通过创业实现就业的人数占全省就业总量的90%以上。而我省全民创业的动力不强、环境不优、氛围不浓，要认真学习借鉴发达地区的创业精神和创业经验，大力提倡和推动全民创业。要强化创业政策，健全创业服务体系，加强技能培训和信息服务，为创业者提供便捷的金融服务，认真解决中小企业和农民贷款难的问题，加大对大学生自主创业和发展高新技术企业的扶持力度，使创业者在起步阶段得到宝贵支持，使更多的劳动者成为创业者；要培育创业主体，鼓励多种形式的劳务创业、能人创业、集群创业、知识创业，鼓励农村党员干部带头创业，吸引外来人员、外出务工者回乡创业，壮大创业群体，拓宽创业领域，提升创业层次，以创业带动就业，以创业提高群众收入，以创业增强社会活力；要发展培育创业文化，弘扬敢为人先、开拓创新、务实进取的创业精神，树立“人人可以成才”、“人人可以创业”的理念，形成自主创业、艰苦创业、和谐创业的社会风尚。

第四，营造和谐稳定的社会环境。各级党委要总揽全局、协调各方，支持政府依法行政，充分发挥人大、政协的职能作用，调动工会、共青团、妇联等人民团体的积极性，把各方面的智慧和力量凝聚到转型、跨越、崛起上来。要加强社会建设和管理，强化基层政府和执法管理机构的工作，乡镇一级要把工作重点放到提供公共服务、加强农村社会管理上。要深入开展文明和谐创建活动，总结精神文明建设与和谐文化建设有机结合、相互促进的有效途径，推广典型经验，最大限度地减少不和谐因素，最大限度地增加和谐因素。需要特别指出的是，山西是首都近邻，明年北京奥运会期间，外国友人来晋观光旅游将明显增多，这是展示山西改革发展成就、扩大山西影响的良机，同时也对我们保持社会和谐稳定提出新的更高要求。奥运会期间，要切实发挥北京“护城河”的作用，扎实做好信访工作，有效预防和控制进京上访问题，不给首都添麻烦；加强安全生产，加强对爆炸物品的管理，落实社会治安综合治理各项措施，深入开展“四打四整治”斗争，不发生重特大事故和恶性案件；做好对来晋境外人员的服务和管理工作，不发生涉外敏感性事件。

现在正值岁末年初，各地各部门要在完成今年各项任务、谋划明年工作的同时，高度重视、切实关心人民群众的生产生活问题，走访慰问困难群众，解决困难群众的基本生活问题，安排好元旦、春节期间的各项工作，确保广大群众过一个欢乐、祥和、文明的节日。这里特别要强调一下做好关心灾区群众生产生活的工作。今年受极端气候影响，我省部分市县遭受洪涝、风雹、干旱、低温冷冻等灾害，受灾人口达 1 433 万人，是近年来灾情最为严重的一年。特别是一些房屋倒塌的灾民，生活更为困难。中央和省里已向灾区拨付 2.56 亿元救灾资金以及价值 3 000 万元的救灾物资。现在冬至已过，“两节”将临，灾民可以说到了最困难、最需要帮助的时候。受灾严重的市县领导要立军令状，确保群众有饭吃、有衣穿、有房住、能喝上干净水，能够温暖过冬，过年能吃上饺子。要加强督促检查，确保救灾钱物及时发放到最需要救助的灾民手中，绝不允许截留、迟滞救灾钱物。对违法违纪行为要坚决查处，对好的典型要大力宣传。抽调机关干部深入灾区，进村入户访贫问寒，对群众的口粮、衣被、饮用水、居住等问题，一件一件地认真核实、抓紧解决，对特殊困难户要给予重点帮扶。重灾县的党政领导干部要和灾民一起过年，体现党和政府的温暖，营造欢乐祥和的气氛。同时要及早谋划明年开春的种子、化肥等生产资料供应，帮助灾民重建损毁的房屋以及道路、桥梁等基础设施，积极组织劳务输出，以有效措施和过细工作解决好灾民的生产生活问题。

同志们，发展机遇难得，发展任务艰巨。我们要认清肩负的使命，更加紧密地团结在以胡锦涛同志为总书记的党中央周围，高举中国特色社会主义伟大旗帜，深入贯彻落实科学发展观，坚定信心，埋头苦干，奋力推进转型、跨越、崛起，进一步开创全省科学发展、社会和谐的新局面。

在全省经济工作会议上的讲话

山西省代省长　孟学农

（2007 年 12 月 26 日）

同志们：

这次会议是省委、省政府学习贯彻党的十七大精神、中央经济工作会议精神，总结今年工作、安排部署明年工作任务的一次重要会议。上午，宝顺同志作了重要讲话，全面分析了当前我省经济形势，明确提出了明年经济工作的总体思路和目标任务，我们要很好地贯彻落实。下面，我就今年的经济情况和明年经济工作的具体部署，讲两个问题。

一、2007 年全省经济工作情况

今年以来，全省上下认真贯彻落实科学发展观和党中央、国务院各项方针政策，根据省委走出“四条路子”、实现“三个跨越”的发展思路，按照“十一五”规划和去年经济工作会议部署，狠抓落实，开拓进取，全省经济继续保持较快增长，经济发展的质量和协调性提高，各项社会事业全面发展，经济社会初步步入了又好又快发展的轨道。

（一）认真落实国家宏观调控政策，经济发展质量和协调性提高，速度加快

一年来，我省针对省情，坚持有保有压，加大结构调整力度，努力改变粗放型经济发展方式，制订和实施了能源、重要原材料和装备制造业等行业的发展规划和产业政策；实施煤炭零增长、焦炭负增长方案，加强了对煤炭和焦炭产能产量的调控；淘汰煤炭、焦化、冶金、电力等传统产业的落后生产能力；严格控制高能耗高污染产业的过快增长；适度控制“两高一资”产品的出口；大力发展新兴产业、现代农业，推动全省经济健康发展。一是经济保持较快增长。初步核算，预计全年全省地区生产总值达 5 600 亿元，同比增长 14% 左右，高于去年 2.2 个百分点，高出年初目标 4 个百分点。农业生产稳定，全年粮食总产量达到 103.7 亿公斤，成为历史上第五个突破百亿公斤的丰收年。工业生产较快增长。预计全省规模以上工业企业增加值同比增长 22%，主要工业品继续保持较快增长势头。二是经济质量效益提高。财政收入继续保持快速增长。预计全年全省财政总收入 1 200 亿元，同比增长 14.5%，一般预算收入 595.7 亿元，同比增长 2.1%。工业企业效益大幅提高。预计全省规模以上工业企业实现利润、利税分别增长 45%、38%，工业综合经济效益指数再创历史新高。居民收入较快增加。预计全年全省城镇居民人均可支配收入增长 14% 以上，农民人均纯收入增长 12%。三是经济增长动力趋于协调。投资、消费、出口对经济增长拉动的协调性逐步增强。预计全年全社会固定资产投资增长 26%，完成年度目标；社会消费品零售总额增长 18%，高于年度目标任务 4 个百分点；海关进出口总额增长 63%，高出目标任务 50 个百分点以上。

（二）积极推进重点领域改革、重大项目建设，全省各项工作呈现新局面

一是启动煤炭工业可持续发展政策措施试点工作。作为全国唯一的试点省份，在3年多工作的基础上，我省的总体实施方案经国家批准正式实施，统筹推进各项工作，煤炭可持续发展基金从第二季度起全面开始征收。二是国有企业改革继续推进。改制搞活企业93户，完成主辅分离企业110户。三是一批重点项目启动建设，基础设施不断完善。一批大型矿井改扩建、安全技术改造、大型煤炭洗选、电源点、高速公路和铁路项目顺利推进。全年新修高速公路137公里，村村通水泥（油）路1万多公里。针对我省水资源匮乏的现状，实施以水资源的合理开发、高效利用、全面节约和有效保护为重点的兴水战略，20项应急水源工程相继开工建设。“两区”开发项目继续深入推进。国有重点煤矿采煤沉陷区治理和棚户区改造工程总体进展良好。四是积极推进节能减排工作，资源环境状况得到改善。全面实施《山西省节能减排综合性工作方案》，推动节能减排。预计全年全省规模以上工业万元增加值能耗在2006年下降3.36%的基础上再下降5.6%，且11个市均呈现下降态势。预计全省11个重点城市二级以上天数累计达到3 110天，超过省“十一五”规划确定的2010年达到2 940天的目标；预计全年二氧化硫削减约9万吨，化学需氧量削减约1.26万吨，可完成年度目标任务。五是珠洽会、煤博会成功举办，为我省对外合作交流搭建新的平台。组团参加了在河南郑州举办的第二届“中国中部投资贸易博览会”，山西珠三角（广州）投资合作洽谈会取得预期成果，成功举办了首届中国（太原）国际煤炭与新能源产业博览会，这些都有力地推动了我省对外开放进程。利用外资取得重大进展，预计全年实际利用外资17.04亿美元。

（三）加大和谐山西的建设力度，民生继续得到有效改善

今年以来，省委、省政府始终把建设和谐山西作为一项重要工作来抓，开展了全省建设和谐山西督查调研，针对一些地方和领域存在的问题，采取了相关措施；为交流经验、推动工作，召开了和谐山西建设推进会，提出实施“五大惠民工程”、强化“四项保障措施”；出台了构建社会主义和谐社会的考核指标体系；在全省范围内提高了六项社会保障标准。实施积极的就业政策，预计全年全省新增就业岗位43.8万个，城镇失业登记率可控制在4%之内，完成全年目标任务。社会事业和社会保障体系建设得到加强。截至11月底，全省教育、文化体育和传媒、社会保障和就业、医疗卫生支出同比分别增长34.75%、71.03%、30.67%、50.14%，均快于一般预算支出增速。

在肯定成绩的同时，也要清醒地认识到，我省经济社会发展中还存在一些突出问题和深层次矛盾，主要有：加快科学发展的迫切愿望与思想解放不够、观念转变滞后之间的矛盾；提升经济总量与产业结构、投资结构失衡之间的矛盾；生态环境容量有限与高耗能高污染产业突出之间的矛盾；经济增长迅速与社会发展相对滞后之间的矛盾；主要由投资拉动经济增长与消费出口拉动不足之间的矛盾；注重招商引资和依靠政府资金扶持与省内金融资金和民间资金利用不够之间的矛盾，等等。对此，我们必须高度重视并采取切实有效的措施认真加以解决。

二、2008年全省经济工作重点和主要任务

明年是全面贯彻落实党的十七大精神，在中国特色社会主义旗帜指引下，沿着中国特色社会主义道路奋勇前进的开局之年，是全面推进“十一五”规划各项重大战略部

署、承前启后的关键之年，也是政府换届之年。我们要切实做好明年的经济工作，努力开创各项工作新局面。

2008年全省经济工作的总体要求是：全面贯彻党的十七大精神，深入贯彻落实科学发展观，按照中央经济工作会议和省第九次党代表大会的部署，坚持走出“四条路子”、实现“三个跨越”，加快推进新型工业化、特色城镇化和农业现代化，着力实施“五大惠民工程”，更加注重发展新兴产业，更加注重加强节能减排和生态环境保护，更加注重推进改革开放和科技创新，更加注重统筹城乡发展，更加注重促进全面创业和社会和谐，推动发展由资源依赖型向创新驱动型转变，实现经济社会又好又快发展。

2008年我省经济社会发展的主要预期目标是：在优化结构，提高效益，降低消耗，保护环境的基础上，地区生产总值增长10%，其中工业增加值增长16%；全社会固定资产投资增长24%；社会消费品零售总额增长15%；外贸进出口总额增长10%，实际利用外资增长20%；财政总收入、一般预算收入分别增长17%、19%。

以上是指导性指标，明年重点要在转变经济发展方式、提高经济发展质量、增强发展协调性上下工夫，确保完成以下约束性指标：服务业增幅高于地区生产总值增幅；研发投入占全省生产总值的比例达到1%；万元生产总值综合能耗下降5.6%；二氧化硫削减6.6万吨，化学需氧量削减1.4万吨；居民消费价格涨幅控制在4.7%以内；城镇居民人均可支配收入增长12%以上，农民人均纯收入增长8%以上；城镇新增就业岗位45万个，转移农村剩余劳动力30万人，城镇登记失业率控制在4%以内；新型农村合作医疗实现全覆盖并提高财政补助水平；农村再解决20万人口的温饱问题；农村义务教育保障水平进一步提高，城市义务教育阶段免费教育全面实施；人口自然增长率控制在6‰以内。

在新的历史起点上，以十七大精神统领经济社会发展全局，深入贯彻落实科学发展观，按照省委的总体部署，以更宽广的视野、从更高的层次上谋划和推进山西经济社会又好又快发展的思路举措，要进一步把握山西发展的阶段性特征：山西是煤炭经济强省，依托丰富的煤炭资源，紧抓煤炭工业可持续发展政策措施试点的机遇，积极淘汰落后产能，着力转变单纯生产和输出煤炭的发展路径，推动煤炭及相关的焦炭、冶金、电力等产业加快精深加工、延伸产业链、提高附加值，探索走出煤炭工业内涵发展、集约发展、高效发展、安全发展、和谐发展的新路，煤炭经济在全国的重要地位得到巩固拓展。山西是文化旅游大省，五千年绵延不绝的历史传承给山西留下丰厚的三晋文化积淀和得天独厚的旅游人文资源，与具有北方特征和“表里山河”特性的旅游自然资源相得益彰，丰富的旅游文化资源转化为产业优势和经济优势的大文章正在破题。山西是绿色转型重省，多年来能源重化工基地和老工业基地的开发建设，在保障全国能源供应、促进山西经济增长的同时，也留下了污染严重、能耗较高、生态环境逐步恶化等问题，资源型地区转型和加快建设生态文明的任务迫切而且艰巨。

当前，从山西作为煤炭经济强省、文化旅游大省、绿色转型重省的区域定位出发，在全面推进“十一五”规划的基础上，必须把转变经济发展方式作为破解山西经济社会深层次矛盾和问题的必由之路，作为加快推进工业化、现代化进程的根本选择。转变经济发展方式是关系国民经济全局紧迫而重大的战略任务，是党中央、国务院在探索和把握我国经济发展规律的基础上提出的重要方针，是根据现阶段我国经济发展的实际而提出的重大战略，是推动我国经济社会发展必须坚持的正确方向。在明年的经济工作中，必须坚持走中国特色新型工业化道路，加快转变经济发展方式，着力推进“三个转变”，即促进经济增长由主要依靠投资、出口拉动向依靠消费、投资、出口协调拉动转变，由主要依靠第二产业带动向依靠第一、第二、第三产业协同带动转变，由主要依靠增加物质资源消耗向主要依靠科技进步、劳动者素质提高、管理创新转变；必须认真贯彻落实中央经济工作会议精神，按照控总量、稳物价、调结构、促平衡的基调，加强和改善宏观调控；必须坚持稳中求进、好字优先，更加注重提高经济发展质量、优化经济结构、提高经济效益，增强经济发展的协调性；逐步形成速度质量效益相协调、消费投资出口相协调、人口资源环境相协调的新格局。

从我省实际出发，在全面推进基础上，2008 年要重点实施“四大攻坚”、强化“四大支撑”、建设和谐山西。

攻坚之一：以发展服务业为突破口，着力促进产业结构调整和优化升级。

产业结构调整和优化升级是进一步促进经济质量提高的必由之路。我省实践证明，结构矛盾已上升为经济发展的主要矛盾。解决这个问题的总思路就是巩固加强第一产业，夯实基础地位；改造提升第二产业，增强整体竞争力；加快发展第三产业，提高在国民经济中的比重，最终促进三次产业协调快速发展。重点在培育壮大新兴产业上下工夫，力争又好又快的发展中形成现代产业体系和多元支柱产业格局。在新兴产业上，要抓住国家鼓励参与军工企业股份制改造的政策机遇，加强军地合作，同时积极引进省外国外知名企业，重点突破重型汽车整车和煤机成套设备两大产品门类，巩固提升重型机械等优势产品，提高我省装备制造业的生产能力和产业水平。根据国家的产业政策，结合我省的资源分布和环境容量，找准发展的着力点，充分利用我省富集的焦炉煤气、煤层气和高硫低质煤，发展具有山西特色的高技术、高效益、低污染的现代煤化工。发挥资源优势，大力发展新材料产业。这些产业的发展，要着力“整合资源、改革重组、创新管理”，省委、省政府已经作出了具体部署，关键是要推动落实。下面重点讲一下服务业。

发展服务业不仅是产业结构优化升级的客观需要，而且是节能减排的内在要求，也是扩大就业、增加地方财力的现实选择，其发展水平已经成为衡量现代社会经济发达程度的重要标志。从国内外发展实践来看，一个国家或地区的产业结构基本都是遵循着从以第一产业为主，到以第二产业、第三产业为主的格局演变趋势。我国提出，到 2020 年基本实现经济结构向以服务经济为主转变，服务业增加值占国内生产总值的比重超过 50%。按照这一要求，我省从 2006 年的 36.4% 到 2020 年达到 50% 以上，需要年均提高 1 个百分点。从能耗和污染排放水平来看，与第二产业相比较，服务业单位产值能耗较小。2006 年，我省第二产业和服务业万元增加值能耗分别为 4.23 吨标煤、0.49 吨标煤，第二产业万元增加值能耗是服务业的 8 倍多。按今年全省 GDP 增长 14%，未来 3 年年均增长 10% 测算，若服务业比重每年提高 1 个百分点，第二产业比重相应地下降 1 个百分点，则共可减少能耗 940 万吨标煤，相当于“十一五”时期全省节能任务的 17% 多。即使从 2008 年起按 3 年计算，也可以减少能耗 737.8 万吨标煤。服务业相对于第二产业的污染排放来说更是微乎其微。据测算，服务业比重每上升 1 个百分点，第二产业比重下降 1 个百分点，二氧化硫的排放量会减少 3 万吨。从就业状况来看，2006 年我省第二产业、服务业从业人员占全社会从业人员的比重分别为 26.6% 和 32.4%，万元增加值提供的就业岗位分别为 0.15 人和 0.29 人。这就意味着我省服务业占 GDP 的比重提高 1 个百分点，第二产业所占比重降低 1 个百分点，可增加就业岗位约 6.7 万个，相当于我省今年城镇新增就业岗位目标任务的 1/6。随着 GDP 的增大，服务业对第二产业就业的替代效应也会进一步放大。从税收情况来看，同样数量的税收，若是第二产业税收，留给地方的不足四成；若是服务业税收，地方留成部分则在一半以上。正是特殊、畸重的产业结构使我省成为中西部地区 18 个省区中唯一一个财政净上交省份，去年净上交 135 亿元，今年估计在 200 亿元以上。

近年来，我省服务业虽然有了一定程度的发展，但总体上还处于起步阶段，仍是国民经济的薄弱产业。目前，全球服务业占 GDP 的比重为 60% 以上，发达国家达到 70% 以上，发展中国家平均水平也达到 43%。2006 年，我省仅为 36.4%，不仅低于上述比例，而且比全国平均水平还低 3 个百分点，在中部 6 省排第 4 位。此外，我省的服务业还存在着现代服务业比重低等结构不合理现象。因此，转变经济发展方式、推动产业结构优化升级的突破口就是大力发展服务业。要树立常抓不懈、持之以恒的信心和信念，坚决搞好这场攻坚。

一是强化组织领导，科学规划引导。成立服务业发展领导小组，指导和协调我省服务业发展的重大问题。根据服务业非公经济占主体、中小企业居多数的特点，针对我省服务业比重偏低、结构不合理、功能不完善的现状，制订完善全省服务业发展总体规划和重点服务业专项规划。制订出台促进服务业发展的实施意见和统计考核体系，加大在对各市考核的 44 项指标体系中服务业的权重，引导各地大力发展服务业。力争全省服务业占 GDP 的比重未来 3 年每年提高 1 个百分点。

二是降低产业准入门槛，引进市场竞争。进一步打破市场分割和地区封锁，破除所有制歧视和行业垄断，建立公开、平等、规范的服务业准入制度。在法律政策允许的前提下，鼓励和支持省内民营企业、国内大企业和跨国公司以多种形式投资我省服务业；降低对省内外企业业务规模、注册资金的要求，放宽对其业务品种、业务对象和经营区域的限制。

三是统筹各类服务业发展，优化服务业结构。要充分利用国内外先进技术、资金、管理、人才和新型业态，加快交通运输、宾馆餐饮、文化娱乐、商贸流通业等传统服务业的改造升级；大力发展信息、科技、金融、商务等生产性服务业，细化深化专业分工，推动企业研发产业化、物流社会化；积极发展物业服务、社区服务、家政服务、保洁服务、保安服务和社会化养老服务等新兴服务业。

四是制订鼓励政策，加大扶持力度。设立服务业发展专项引导资金，重点支持一批带动力强的服务业项目。支持有条件的服务企业组建大型企业集团，做大做强；完善城市用地结构，合理确定服务业用地的比例，对列入鼓励类的服务业在供地安排上给予倾斜；完善价格政策，改变目前对服务业实行歧视性价格的现状，对鼓励类的服务业加快实行与工业用电、用水、用气、用热同价政策。

五是充分发挥比较优势，重点发展文化旅游业和现代物流业。旅游业是朝阳产业，资源消耗小、环境污染少、带动效应大。山西是华夏文明的重要发祥地，具有深厚的文化底蕴，拥有丰富的旅游资源特别是人文旅游资源。未来我省就是要用文化产业嫁接旅游业，推进文化搭台、旅游唱戏，将文化底蕴融入到旅游业发展中，变资源优势为产业优势、经济优势。这在市场经济条件下空间更广阔、影响更深远、效益更明显。在此基础上，旅游业发展要做好以下几点：首先，进一步完善旅游基础设施。建设完善重要旅游景点与支线机场、高速公路、干线公路便捷通道，实施任何一个重要景点到最近机场或省辖市“一小时通达”工程。推进旅游景区景点的环保卫生、供水供电等设施建设。其次，加大对旅游业的投入。在这方面，政府要投入必要的财政性资金，以引导更多的社会资金；鼓励旅游企业进入资本市场，积极争取证券化融资；充分利用外资，引进战略投资者和调动民间资金。第三，规范市场秩序和企业行为。加强市场监管，切实解决脏、乱、差问题，严厉打击各种欺诈行为，创优旅游环境，保护旅游消费者的合法权益，塑造良好的旅游目的地形象。第四，实施品牌战略。明年要抓住北京举办奥运会的有利时机，积极开展“赛在北京、游在山西”主题旅游活动。精心打造宗教古建、晋商文化、寻根祭祖、沿黄风情、太行风光、红色经典等旅游精品，发展多层次旅游市场。积极推进旅游企业由传统经营向复合型经营转变，充分发挥品牌旅行社的龙头作用，在产品设计、营销手段等方面引入新理念，实现新发展。加大与北京、西安等特大型旅游城市及周边省份大型旅行社的合作，构建区域旅游客源互换合作新机制，吸引更多的人来我省观光旅游、休闲度假。

现代物流就是指原材料、产成品从起点至终点伴随相关信息有效流动的全过程，是将运输、仓储、装卸、加工、整理、通关、配送与信息、管理等方面有机结合，形成完整的供应链，为用户提供多功能、一体化的综合性服务。现代物流是除劳动生产率和科技进步之外利润的第三源泉。无论从宏观层面还是从微观层面来看，发展物流业都有非常重要的意义，它尤其有利于经济发展方式的转变。2006 年，我国物流费用占 GDP 的比重为 18.3%，我省由于产业结构的原因物流费用所占比重在 20% 以上，而发达国家的水平一般在 7% 左右。总体来看，我省的物流形态还比较落后，仅停留在提供简单的运输和仓储服务上。差距大意味着发展潜力也大。如果我省的物流费用占 GDP 的比例降低 1 个百分点，就意味着每年将增加 50 亿元的利税。我省发展现代物流业在我省有诸多有利的条件：其一，国家产业政策的支持，尤其是在促进中部崛起的战略中，提出鼓励中部地区建设综合交通运输体系和网络；其二，区位优势明显，承东启西、连南接北，紧靠京津唐，又是环渤海到大西北通道的必经之地，是北方物流大通道的重要节点；其三，基础交通条件良好，全省铁路、公路密度较高，省会太原对地级市实现了 3 小时高速通达，除太原外，长治、运城、大同机场全部通航；其四，货源充足，2006 年我省货运量高居全国第二位，达到 14.4 亿吨，尤其是大宗物资居多，仅出省煤炭、焦炭、钢铁就达到 6 亿吨之多。因此，我们要抓住机遇，发挥区位优势，依托能源原材料，积极发展现代物流业，形成大市场、大流通的物流格局。

首先，要统筹航空、铁路、公路发展，进一步完善综合交通运输体系和网络。在完成太原机场改造的基础上，争取国家有关部门的支持，开通更多的国内外航线；推进以新建石太快客专线、太中银铁路和以吕梁兴县为起点，途经我省吕梁、临汾、长治等市县，最终到达山东港口的中南部货运大通道为主的铁路建设；在加快建设忻州—阜平、忻州—保德、太原—佳县、太原—古交等高速公路的同时，要着重畅通高速公路东出省口。配套建设国省干线和县乡、乡村公路。其次，制订现代物流发展战略规划。各相关部门要站在全局的高度，摒弃门户之见、利益之争，相互配合、通力协作，制订相互配套、合理布局、可操作性强的战略规划。依托交通干线和网络，建立以太原为中心、以大同和侯马为主要节点的物流格局。重点发展太原、大同、运城、侯马、晋城五大物流园区。以中国太原煤炭交易中心、煤炭物流园区为平台，重点构建现代煤炭物流体系。同步推进焦炭、钢材、化工、农副产品等专业物流发展。第三，加强对发展现代物流业的政策性支持。按照物流业发展的现实需要，给予物流业土地、贷款、税收及政府引导资金等相关扶持政策。支持重点物流企业采取资产重组、专业化改造等方式，做大做强。鼓励大型连锁企业和制造业企业的配送中心为社会提供物流服务，推进传统批发经营形式创新。

攻坚之二：以发展循环经济为主要途径，着力推进传统产业改造提升。

长期以来，根据资源禀赋和全国生产力布局的要求，我省形成了以煤炭、焦炭、冶金、电力等传统产业为主的产业结构。未来随着产业结构调整的深入推进，传统产业在全省经济总量中的比重会逐步下降，但在一定时期内其主体地位不会改变。为此，按照科学发展观的要求，使其走上科技含量高、经济效益好、资源消耗低、环境污染少、人力资源优势得到充分发挥的新型工业化道路，将是我们经济工作的一个主要着力点。

一方面，要加大用高新技术和先进适用技术来提升传统产业的力度，着力推动煤炭、焦炭、冶金和电力行业的新型化进程。煤炭行业，要重点实施生态修复、环境治理、资源整合、安全生产和转产转型五大工程，扎实推进煤炭工业可持续发展。国家决定在我省实施煤炭工业可持续发展政策措施试点，是对我省的信任与支持。我们决不能辜负期望，要根据国家的《试点意见》精神，积极探索、大胆试验，在思路上要有新突破，在工作上要有新举措。我们的试点工作要针对直接的产煤区，但也要注意覆盖全省，用足用活相关政策，并根据实际情况创新试点政策。因为我省本身就是一个产煤省份，要将推进煤炭工业可持续发展与推进全省经济社会可持续发展紧密结合起来。根据这一思路，完善、细化已有的各专项规划，分类筛选项目，集中力量建设一批重大而有影响的项目。要切实加强煤炭可持续发展基金征收、使用、监督三大环节的工作，征好用好基金。按照“规划先行、统筹安排、分级管理、专款专用、集中支付”的原则和5∶3∶2的比例，实施跨区域生态环境治理，支持资源经济转型和重点接替产业发展，解决因采煤引起的社会问题等五大工程。基金凡是用于经营性项目的，要全部实行贴息入股或投资入股的方式；用于非经营性项目的，要严格程序、公开透明。在控制煤炭生产总量的前提下，依托晋北、晋中、晋东三大国家级煤炭基地，做大做强煤炭企业集团，在焦煤、动力煤、无烟煤等主要煤种逐步发展形成规模、效益、竞争力世界一流的煤炭企业。在提高产业集中度的同时，要大力提高采煤的机械化程度，提高煤炭的洗选比例，延长产业链，提高附加值。

焦炭行业，要严格控制产能，原则上不再新上一个项目。实施关小上大，等量或减量置换现有污染严重、效益低下的落后产能。鼓励采用先进技术，提高资源利用效率，减少污染排放。冶金行业，要在实现不锈钢达产达效的同时，采取产能置换的办法，大力发展特种钢；积极发展精深加工；加快兼并重组、上下游一体化建设步伐，提高竞争力。电力行业，要在实现700万千瓦装机投产的基础上，按照国家批准的规划，新开工电力装机900万千瓦，建设一批具有空冷、脱硫除尘设备的大型坑口电厂，新上一批符合节约资源和循环经济要求的煤矸石发电厂，形成一批主要解决城市居民集中供热、大面积减少污染源的热电联供电厂。对所有传统产业的新建项目都要提高准入门槛，严格控制高耗能、高污染项目的过快增长；同时要根据企业经济规模、行业先进水平，科学合理确定新上项目规模，防止先建后拆现象的发生。

另一方面，尤为重要的是要用循环经济

模式改造、重塑传统产业。煤炭、焦炭、冶金、电力等传统产业的高速发展不仅有力地支撑了我省经济的快速增长，也为全国的现代化建设作出了重要贡献，但这些产业本身所具有的高投入、高消耗、高污染特征，特别是由于传统生产模式从资源到产品再到废弃物排放单向流动经济的局限性，使得在创造大量物质财富的同时，也以惊人的速度吞噬着资源、污染着环境、破坏着生态。仅从排放的废弃物来看，目前我省煤矸石堆放量约10亿吨，占全国总量将近1/3，每年还在以5 000万吨的速度增加；每年生产焦炭排空的焦炉煤气约100亿立方米，与国家投资1 400亿元建设的西气东输的输气量基本相当；电厂粉煤灰年排放量达2 000万吨以上；冶炼矿渣年产生量1 000万吨以上；矿井废水高达5亿吨。所有这些不仅严重制约着传统产业本身的可持续发展，而且严重制约着我省经济健康发展。这就要求我们必须转换发展思路，创新发展模式。传统生产模式下的废弃物，在以“资源—产品—废弃物—再生资源”为特征的循环经济中，绝大多数都具有较高的利用价值，都可作为再生产的资源。比如，煤矸石可以发电，粉煤灰可以制砖，矿井废水可以回收利用，废钢渣可以生产水泥，焦炉煤气可以发展甲醇、合成氨、二甲醚等化工产品。发展循环经济不仅可以减少污染，而且可以实现废弃物的资源化、再利用，有着良好的经济效益，对企业和社会是双赢。我省废弃物排放量大，说明发展循环经济的空间大。

今后，要把发展循环经济作为转变经济发展方式，建设国家新型能源和工业基地，改造传统产业的主要途径之一。应坚持“加强领导、规划先行、健全机制、狠抓重点、政策引导、技术推动、加大投入、全民行动”的方针，综合运用经济、法律、行政、技术的手段，全力加以推进。一是制订完善相关规划。以循环经济的理念重新审视和完善我省经济社会发展有关思路和规划。制订并实施以改造和对接传统产业为主的循环经济总体发展规划、细化完善相关政策措施，从省域经济的角度，按照资源合理配置、能量合理流转、产业科学耦合和符合环境容量的原则，坚持规模经济与循环经济的内在统一，布局全省循环经济发展的推进方向、重点领域和重大项目，做到既循环又经济。编制实施煤炭、焦炭、冶金、电力、化工、建材等重点行业的循环经济推进计划。各市、县和大中型企业也要制订循环经济发展规划。

二是扎实推进试点工作。最近国家批准我省为全国循环经济试点省，要按照要求加紧做好相关工作，确保试点工作的顺利开展。积极做好国家和省级循环经济试点企业、园区、社区和市县的工作。目前我省先后有6个企业列为国家循环经济试点单位，省里确定了30个试点企业、10个试点园区、11个试点社区、11个试点县和2个试点市。各试点单位要抓紧制订完善各自的发展循环经济工作方案，明确发展目标、发展方向和具体措施，加快推进，在此基础上，要推进全省工业产值排序前100位和100户污染较重的非工业企业发展循环经济，以此带动全省循环型农业、循环型工业、循环型服务业、循环型社会发展。

三是重点推进利用废水、废气、废渣发展循环经济。目前，各地对煤矸石、煤矿瓦斯（煤层气）、焦炉煤气和粉煤灰的综合利用比较重视，已经开始付诸行动，并且有的已经取得良好效益，要继续深入推进。这里着重讲一下废水利用问题。我省是一个严重缺水的省份，水资源短缺已经成为经济社会发展重大的制约因素。许多重大项目由于缺水而无法上马，电力、煤化工等重点产业也常常因受到水的制约而得不到国家的支持。因此，省委、省政府决定实施“兴水战略”，争取国家支持上马引黄北干工程，提倡全社会节水。所有这些都是非常重要的，是带有全局性的战略举措。解决水资源短缺另一个战略途径就是废水回收利用。据估算，目前我省约有5亿吨的矿井废水、5亿吨的城市生活污水、4亿吨的工业废水，合计我省至少每年有14亿吨废水，这些废水的回收利用率都很低。如果全省废水回收利用率提高30%～50%，就会增加4亿～7亿吨的可利用的中水，相当于全省工业用水量的30%～40%。这些水完全可以用于工业、农业、生态等行业和领域，替代宝贵的地下水资源。希望各有关部门、各市县要很好地研究解决废水回收利用问题。我省还是一个废渣大省，要高度重视矿渣中的钢渣、镁渣循环利用，生产特种水泥、新型建材。要通过科技创新、技术综合集成、产业化应用技术为重点变废为宝，提升开发和应用水平。

四是采取鼓励和限制两类政策促进循环经济发展。要研究出台相关政策法规，建立资金支持机制，加强技术研发和推广应用，加大宣传力度，提高全民意识，推动循环经济发展。新上马项目原则上要求企业自身或通过与其他企业的协作，必须同步推出循环经济方案。现有项目都要全面对接循环经济，逐步提高循环利用率。对此，可给予财政性资金支持、税收优惠、电价优惠、同等条件优先供地、政府优先采购循环经济产品等政策措施，为企业发展循环经济提供动力；反之，要建立倒逼机制，实施资源价格累进、环保收费累进等限制性经济措施。为进一步推动此项工作的开展，省政府将于明年召开全省发展循环经济会议，进行专题部署，并对发展好的地方和企业予以表彰。

攻坚之三：以节能减排为切入点，着力推进生态文明建设。

节能减排是转变经济发展方式、促进科学发展的有效抓手。我省是资源大省，也是污染大省，能耗高、污染重在很大程度上是根源于产业结构不合理。节能减排的根本途径就是调整优化产业结构，大力发展循环经济。反过来，节能减排工作搞好了，各产业在原有的基础上普遍能耗降低、污染减少、素质提高，而且具有这些特征的产业在整个国民经济中的比重提高了，那么产业结构也就实现了优化升级。因此，产业结构调整和优化升级与节能减排有着根本的联系，相辅相成、相互促进。

省委、省政府十分重视节能减排工作，近年来采取了切实有力的措施，取得了初步成效，但形势仍不容乐观，任务还相当艰巨。我省二氧化硫、粉尘、化学需氧量（COD）排放总量均位居各省前列。尤其是炼焦产生的苯并芘，作为一种强致癌物，排放量高居全国首位，对人民群众的健康构成严重威胁。按照国家的要求，我省在“十一五”末主要污染物二氧化硫和化学需氧量（COD）应分别净削减14%和13%，再考虑到新上项目产生新的污染这一增量部分，按照“十一五”全省GDP增加70%计算，假定所有新上的项目与过去相比均采用了新技术，新增污染保守估计也在30%。以上两部分合计，我省在“十一五”期间污染总量必须减少45%左右，才能完成国家下达给我省的目标。那么，全省的污染治理如何加大力度呢？我们首先应分析污染的基本分布状况，这就是：第一部分，工业中污染最严重的10%的落后产能，却贡献了20%的污染；第二部分，污染次严重的10%的产能，提供了15%的污染；第三部分，尽管不属于落后产能的范畴，但是其工艺却相对落后，约占工业产能的50%，其排污的贡献率是55%；第四部分，30%的科技含量比较高、资源消耗少、污染排放少的先进产能，排放的污染只占污染总量的10%。如果将污染最严重的10%的落后产能全部淘汰，可以削减20%的污染；对污染次严重的产能采取基本淘汰、个别改造的办法，使其减少污染排放10%左右；对处于中端的50%产能进行全方位的改造、提升，通过三年左右的努力，可能会减少一半的污染排放，即25%；三部分合计可以达到55%。如果做到这一点，我省将超额完成国家任务10个百分点，这也是我们应该做的，因为我省的污染状况重于全国。节能情况也基本相同，目前我省万元GDP能耗水平同“十五”末一样仍排在全国第27位，“十一五”节能5 450万吨标煤，才能完成下降25%的目标任务。我省能耗分布状况是，煤炭、化工、焦炭、建材、冶金、电力六大产业能耗占规模以上工业能耗总量的比重为97.4%；全省年耗能8万吨标煤以上的“双百户”重点耗能企业（含国家级重点企业86户）能耗占到全社会能耗总量的65%左右；落后产业的能耗为1 100万吨标煤，相当于“十一五”节能降耗总量的1/5。因此，推进节能减排工作，必须有针对性地采取措施，突出重点、分类推进。

一是坚决淘汰落后产能。加大对钢铁、小火电、水泥、焦炭、电石、铁合金等行业落后生产能力淘汰步伐，淘汰高耗能、高污染行业的落后生产设备和工艺装置。各市县要按属地原则，列出淘汰取缔落后产能名单，并排出时间表，制订淘汰落后产能分地区、分年度工作方案，将淘汰任务细化落实到每一个关停淘汰企业及其具体设备，确保按时完成淘汰任务。同时，在行业和地区产能、能耗、环境容量允许的情况下，给予等量或减量置换的项目支持。

二是实施重点改造工程。治污减排方面，要继续推进“蓝天碧水”、造林绿化工程。实施“3+1”战略，重点推进省会太原和临汾、大同、阳泉3个污染严重城市的污染防治，太原要通过治理扬尘、扩大集中供热面积和市内省属企业加大污染治理以及搬迁力度，使全市空气质量状况进一步好转；另外3个城市要根据各自市情，采取切实有效的措施，力争在全国重点监控的污染严重城市的排名中退后位次。其他城市也要保持清醒头脑，加大治理污染的力度，有些城市的污染程度可能比上述城市还严重，由于没有进入国家重点监控的城市行列，因此没有成为焦点。行业层面，突出焦炭、电力为主的六大传统行业污染治理。电力行业的二氧化硫排放量占全省工业排放总量的40%左右，明年做到电厂90%以上安装脱硫除尘设备，并确保设备正常运行，实现80%的脱硫效果。焦炭行业的污染物综合排放量最大，要研究实施负压操作、干熄焦和清洁炼焦技术，减少污染尤其是苯并芘排放量。节能方面，要在继续抓好工业领域的燃煤工业锅炉（窑炉）改造、余热余压等余能利用、煤层气、焦炉煤气综合开发利用、资源综合利用环保型电厂、新型墙材节能、可再生能源开发利用、电机系统节能改造等七大节能工程的同时，启动实施第一产业、第三产业以及社会领域农村沼气工程、商贸流通节能工程、机关节能工程等重点节能工程。抓好煤炭、化工、焦炭、建材、冶金、电力重点行业节能工作。积极推进包括86户列入国家“千户”重点企业在内的“双百”重点耗能企业节能。同时，要积极推进新能源、可再生能源发展，在生物质、太阳能、风能、地热能利用上取得新突破。

三是探索创新节能减排的思路和机制。研究推行发电权交易，实行按边际成本上网竞价，逐年削减小火电机组发电上网小时数。积极推行合同能源管理制度，为企业实施节能改造提供诊断、设计、融资、改造、运行、管理一条龙服务。继续推行排污权交易，探索实施节能指标交易制度。要扭转在治污方面政府积极、企业消极的被动局面，用经济办法推动排污企业治理污染。按照“谁污染、谁治理，谁污染、谁付费”的原则，要么排污企业自己治理所排放的污染；

要么，排污企业交纳足够的污染治理费用，由政府组织集中治理。

积极探索利用清洁发展机制（CDM），最大限度地吸引和利用国外资金、技术，削减污染和发展循环经济。我省利用清洁发展机制（CDM）的二氧化碳、一氧化碳和氮氧化合物等相关资源比较丰富；加上合理利用煤层气被列为清洁发展机制（CDM）项目，作为煤层气赋存大省，空间更加广阔。为此，要在摸清可利用资源的基础上，制订全省利用清洁发展机制（CDM）规划、与外商谈判合作细则，切实推动这项工作的开展。

四是完善和落实节能减排责任制。要确立企业节能减排的主体地位，形成有利于节能减排的体制和机制。按照国家统一部署，建立科学、完整、统一的节能减排统计、监测和考核体系，并将完成情况纳入各地经济社会发展综合评价体系，作为政府领导班子和领导干部综合考核评价的重要依据，作为国有企业业绩考核的重要内容之一，实行问责制和“一票否决”制。对考核等级为完成或超额完成的，给予表彰奖励。对考核等级为未完成的，取消地方政府领导和重点企业领导当年评先选优的资格，市县政府要向省政府做出书面报告，提出限期整改措施；整改不到位的，由监察部门依据有关规定追究该地区有关责任人的责任；同时对该地区和企业新建高耗能项目实行限批。要把节能评估、环境评价作为新上项目的强制性措施，提高节能环保准入门槛。实行新开工项目管理的部门联动机制和项目审批问责制。完善节能减排法律法规体系，切实解决“违法成本低、守法成本高”的问题，用法律的办法和手段促进节能减排。

节能减排是经济社会发展的硬性约束指标。“十一五”期间，在2005年的基础上，全省单位GDP能耗下降25%、二氧化硫总量下降14%、化学需氧量（COD）总量下降13%的目标，是省委、省政府向党中央、国务院立下的军令状，更是向全省人民作出的庄严承诺，要综合运用各种手段，采取一切必要的措施，务求完成预定目标，向党中央、国务院和全省人民交一份满意的答卷。

攻坚之四：以增强农业和农村经济发展活力为依托，大力推进社会主义新农村建设。

农业丰则基础强，农民富则国家盛，农村稳则社会安。农业、农村、农民工作始终是我们工作的重中之重，必须高度重视解决好“三农”问题，加强农业的基础地位，走中国特色农业现代化道路。

一是大力发展现代农业，提高农业综合生产能力。发展现代农业，繁荣农村经济，是建设社会主义新农村的首要任务。首先，要继续推进雁门关生态畜牧经济区、东西两山干果杂粮经济区、中南部无公害果菜经济区农业三大经济区建设，着力抓好农业综合生产能力建设工程等“六大产业提升工程”，强化政策支撑体系等“六大支撑服务体系”。其次，要用工业理念谋划发展农业，推进农业产业化。目前乙醇作为替代石油能源的快速发展，推动国际国内玉米市场价格不断攀升。要抓住这一机遇，发挥我省玉米种植得天独厚的优势，扩大玉米种植面积，发展玉米经济。龙头企业是农业产业化的中心环节，要大力培育发展龙头企业，带动建成一批农副产品、农畜产品加工基地，着力打造特色产业链条，不断提高农业的规模化、组织化、集约化和产业化水平。实施规模健康养殖，发展高效设施农业，进一步完善农产品质量标准体系，大力发展绿色无公害农产品、原产地农产品和有机农产品，不断提升农产品的品质。加强农产品品牌建设，大力发展现代流通方式，推进农产品营销。拓宽农业发展思路，依托区位或旅游资源优势，积极发展观光农业、自助采摘农业等新兴经营形态，多渠道增加农民收入。第三，要大力培育“有文化、懂技术、会经营”的新型农民，为发展现代农业提供人才支撑。积极开展农业生产技能和市场经济知识培训，发展种植养殖业专业农户，培育农产品流通经纪人及其组织。加快发展农村职业技术教育、成人教育，鼓励农林专业院校学生毕业后到农村发展。

二是统筹城乡发展，构建“以工促农、以城带乡”的长效机制。要把农业补贴与农技推广结合起来，启动和扩大先进实用物化农业技术补贴，严格落实并制订出台切实有效的系列惠农支农政策。切实落实“三个继续高于”和“一个主要用于”的投入政策，增加对“三农”的投入。研究推进支农资金整合的办法，提高支农资金的使用效率。坚持以工促农、以城带乡，立足省情，积极探索“以煤补农”、“以企帮村”的新途径。统筹城乡发展要重在发展规划、产业布局、基础设施、公共服务、劳动就业和社会管理上下工夫，优化城乡经济、空间、人口和生态结构，优化土地、劳动力、资金和技术等资源配置，优化教育、文化、卫生、交通和水利等公共资源布局，建立覆盖城乡的社会保障制度，形成城乡经济社会发展一体化新格局。继续推进农村饮水工程解困工程，明年全省再解决200万农村人口的饮水安全问题。进一步做好扶贫工作。创新扶贫方式，坚持以产业开发为龙头，变“输血式”扶贫为“造血式”扶贫，加大对重点贫困县的扶持力度，尤其要以“两区”开发为重点，加快推进全省贫困地区脱贫致富。

三是扎实推进新农村建设。逐步扩大新农村试点范围。加强农业和农村基础设施建设，改善农业和农村发展条件。大力实施“兴水战略”，在继续推进已开工项目的同时，再新开工应急水源工程10处，切实加强农田水利基本建设。加强农村交通、能源、通信等方面的建设。完成以沼气为主的能源建设15万户。进一步巩固和提高退耕还林还草成果。继续推进特色城镇化进程，推动农村人口有序转移。以促进农民增收为核心，积极发展农村经济，实现乡镇企业再飞跃，壮大县域经济。充分调动和发挥广大农民建设新农村的主体作用和积极性，在发展生产的基础上，做好建设规划，逐步改善村容村貌。

四是大力推进特色城镇化，解决“三农”问题，既在“三农”本身，又在“三农”之外。这就要加快特色城镇化进程。要结合编制和实施全省主体功能区规划，按照统筹城乡、布局合理、节约土地、功能完善、以大带小的原则，促进大中小城市和小城镇协调发展。重点抓好太原经济圈建设，抓紧资源型城市转型，抓好以县城为主体的中心城镇建设，力争在各类城镇建设和发展上取得新突破，推动农村人口有序转移。

总之，2008年的“四大攻坚”就是以发展服务业为突破口，以循环经济为主要途径，以节能减排为切入点，以增强农业和农村经济发展活力为依托，促进产业结构调整、改造、升级，引导社会资源优化配置，逐步实现传统产业和新兴产业的协调发展，以共创新基地、新山西的美好未来。

为有效实施“四大攻坚”，要着力强化深化改革、扩大开放、人才强省和科技创新“四大支撑”：

改革开放是新时期最鲜明的时代特点，是我国改革开放近30年来经济发展的基本动力；人才资源是第一资源，是推动经济社会发展的根本动力和关键因素；科学技术是第一生产力，也是经济发展的主要因素。而这四个方面，都是实施“四大攻坚”的重要支撑和动力。但就我省的实际情况而言，又都较为薄弱。因此，我们必须下大力气强化推进。

——以深化改革作支撑。首先，要深化行政管理体制改革。进一步转变政府职能，更加注重履行社会管理和公共服务职能，健全政府职责体系。进一步优化政府机构设置，结合我省实际，针对煤炭、交通、投资、文化等突出领域，研究实行大部门体制。其次，要深化农村综合改革。稳定和完善农村土地承包关系，坚持依法自愿有偿的原则，健全土地承包经营权流转市场。结合农业产业化经营，鼓励有条件的地方推进土地适度规模化和集约化经营。积极稳妥地推进乡镇机构改革。针对水资源短缺而农业用水占大头的现实，推进水权制度改革，探索建立水权分配、登记、转让制度。从山西实际出发，加快推进农村集体林权制度改革。第三，要深化国有企业改革。坚持两个“毫不动摇”，发展多种所有制经济。加快推进国有重点煤炭企业办社会职能分离工作，适时启动分离地方国有煤炭企业办社会职能。深化国有企业公司制股份制改革，健全现代企业制度。加快建立国有资本经营预算制度，完善各类国有资产管理体制和制度。以现代产权制度为基础，大力发展混合所有制经济。第四，要加大财税价格改革力度。按照统一部署，全面实施新的企业所得税法，统一内外资企业所得税；改革资源税制度，变从量计征为从价计征。完善省直管县财政管理体制改革试点，健全地方财政管理体制。建立和完善公共财政体系，推进公共服务均等化。规范财政转移支付，增强基层政府提供公共服务的能力。加强粮油肉蛋等生活基本必需品的生产供给，完善储备体系，确保供应不断档。加强对价格的预警监测，防止价格由结构性上涨演变为明显的通货膨胀。着眼转变经济发展方式的大局，积极推进煤炭、焦炭等行业建立反映市场供求关系、资源稀缺程度、环境损害成本的生产要素和资源价格形成机制。第五，要加大金融创新。进一步深化农村金融体制改革和创新，深化农村信用社改革，推进村镇银行试点，推动农业发展银行拓宽业务范围，积极发展农业保险。深化城市商业银行、城市信用社改革。集中力量推进晋商银行组建工作，争取明年一季度挂牌营业。积极引进外资银行、保险公司来晋设立分支机构。大力发展资本市场，提高直接融资比例，鼓励优秀企业上市发行股票，鼓励企业利用债券融资。

这里想突出强调一下，明年要很好地研究如何利用好现有金融机构存款和民间资金的问题。目前，我省金融机构存贷差高达4 500多亿元，在整个中西部地区名列前茅。扣除法定准备金，可用的存差2 000多亿元。这与我省全年投资总和差不多。但由于项目和信用问题，这些来之于我省的资金，却用在了东部为主的其他地区，形成了典型的极化效应。与此同时，我省的民间资金也比较充裕。一方面，我们以十分优惠的政策和比较高的成本在招商引资，而另一方面我省自己的资金在源源不断地流到省外。面对这样的问题，我们不能责怪银行等金融机构和民营企业家，而应该由我们做深刻的反思，为什么这些宝贵的资金没能留在山西，用于我们的经济发展？有关部门要深入研究解决这一问题的办法，至少有这样几条：其一，在产业政策上，放开有关行业和领域的准入限制，除国家明确规定属于限制的领域外，其他包括公共事业在内的行业和领域全部放开；其二，在政策支持上，对民营企业要一视同仁地给予国民待遇，所有招商引资的优惠政策都可以用在民营资本上，包括贷款、土地、运力、电价等给予支持，尤其鼓励其投向服务业、循环经济、节能减排、现代农业等我省经济社会急需发展的行业和领域，并给予贴息入股政策支持；其三，在发展环境上，强化诚信意识，建立完善企业信用系统、贷款担保体系，创优金融环境，让银行贷款贷得放心；其四，在项目储备上，要建立完善全省重大项目库，拿出更多效益好、能赚钱的项目，吸引省内金融机构和我省的民营企业家。

——以扩大开放作支撑。要利用好中国（太原）国际煤炭与能源新产业博览会等对外开放的平台，努力走出内陆省份对外开放的路子。继续加大招商引资力度，在此基础上，创新利用外资方式，优化利用外资结构，提高利用外资质量，鼓励外资投向服务业、高新技术产业等新兴产业，投向基础设施建设、现代农业等领域，投向循环经济、节能减排等环节。抓住以现代服务业以及高端制造和研发环节转移为主要特征的新一轮世界产业转移的历史机遇，在承接加工贸易、制造业转移的基础上，大力发展服务外包。积极转变外贸增长方式，调整进出口结构，逐步提高机电产品等附加值高的产品出口比重。鼓励企业"走出去"，我们的优势企业要眼睛向外，及早对国内国际市场进行战略布局。坚持对国外和省外开放相结合。加强与东部沿海等地区的合作。根据区位、能源供应和货源流向，尤其是要采取切实有效措施，加快融入环渤海经济圈。实施借港出海战略，继续加强与天津港、秦皇岛港的合作；建设中南部货运大通道，打通第三出海口。巩固沪、港、珠招商成果，着重在提高合同兑现率、资金到位率、项目开工率上下工夫。认真摸清招商引资项目底数，点对点地跟踪服务，在符合国家产业政策的前提下，全力以赴加快推进。

——以人才强省作支撑。我省是人力资源小省，人才的总量、结构和素质还不能适应经济社会又好又快发展的需要，特别是高层次领军人才、高技能专门人才和高级企业经营管理人才短缺且竞争力不强，培养和吸纳拔尖创新人才、适用人才、复合人才的能力相对较弱。当前，随着工业化、信息化、城镇化、市场化、国际化深入发展，人才问题更成为山西科学发展、社会和谐的"瓶颈"和"短板"。我们必须全面把握人才工作规律，大力实施人才强省战略，紧紧抓住培养、吸引、使用三个环节，统筹抓好以高层次人才和高技能人才为重点的各类人才队伍建设，充分发挥市场配置人才的基础性作用，激发各类人才创造活力和创业热情，为全省经济快速发展和社会全面进步提供有力的人才保证和智力支持。一要进一步改进完善和认真落实好实施人才强省战略的各项政策措施。进一步加大人才开发资金投入，努力建立以财政投入为基础，企业、社会多元化的人才开发资金投入机制。健全完善以培养、评价、使用、流动、激励、保障为主要内容的人才政策体系。二要加快推进以高层次、高技能人才为重点的各类人才队伍建设，大力培养一批自主创新的高层次人才和中青年高级专家，加强企业经营管理人才、农村适用人才、社会工作人才和文化人才队伍的建设与发展。特别是要与建立现代企业制度、完善法人治理结构相适应，加强引导、教育与培训，加快提升我省的企业家队伍水平。三要加快人才资源配置的市场化进程，发挥好产业和项目对人才的吸附效应，利用项目建设打造有利于各类人才创新创业、施展才华的事业平台。同时，制订政策措施，引导和鼓励各类人才向"两区"等欠发达地区流动。四要坚持把招商引资和招才引智有机结合起来，充分发挥柔性引才机制作用，采取团队、核心人才带动、高技术项目开发等引进方式，以高新技术园区、工业园区、循环经济园区和留学人员创业园区为主要载体，畅通人才引进的"绿色通道"，积极引进我省发展服务业、现代农业、循环经济和节能减排等方面紧缺急需的高层次人才。五要建立面向全社会各类人才的管理制度，消除人才流动中的城乡、区域、部门、行业、身份、所有制限制，加快推进事业单位人事制度改革，全面推行人员聘用制度和岗位管理制度，加快形成人尽其才、才尽其用、充满生机与活力的人才发展环境，努力在全社会倡导形成"尊重劳动、尊重知识、尊重人才、尊重创造”氛围。

——以科技创新作支撑。要认真落实国家《中长期科学和技术发展规划纲要》，落实省科技大会精神，实施我省《关于加快推进科技进步和创新的决定》，加快建设创新体系。加快构建以企业为主体、市场为导向、产学研相结合、省市县联动的地区技术创新体系，强化企业在科技活动中的主体地位和作用。加大各级政府对科技的投入力度，发挥产业科技支撑引领作用，围绕推进新型工业化、特色城镇化、农业现代化，转变经济发展方式；围绕改造提升传统产业、培育壮大新兴产业、发展加强薄弱产业，推进产业结构调整和优化升级；围绕发展循环经济、节能减排，加强能源资源节约和生态环境保护，增强可持续发展能力，积极开展科技创新，尤其是对其中的关键技术、共性技术，要列为重大专项给予支持，组织科研联合攻关；对已有科技成果的转化，列为高新技术产业化项目加以扶持。进一步营造鼓励创新的环境，建设高素质的科技队伍。这里想强调指出，在加强原始创新、集成创新的同时，应结合我省省情，充分发挥后发优势，推进高新技术和先进适用技术的引进消化吸收基础上的再创新，尤其要把这一思路贯彻到传统产业的改造升级方面。例如，跳汰技术在洗煤方面虽然是属于先进适用技术，它的应用可多产生 5% 的洗精煤，按全省 50% 的洗选率计算，每年可多生产 1 500 万吨洗精煤，净增效益约 50 亿元。

同志们：2008 年经济工作任务是繁重的，转变经济发展方式既是当务之急，也是长远大计。发展的根本目的不是追求一个好看的 GDP 数字，而是增加百姓福祉。在抓好经济工作的同时，必须十分重视以改善民生为重点的社会建设。要坚持以人为本，弘扬公平正义，着力解决人民群众最关心、最直接、最现实的利益问题，努力使全体人民学有所教、劳有所得、病有所医、老有所养、住有所居，形成一个各尽所能、各得其所而又和谐相处的社会。

一要实施“五大惠民工程”，强化“四项保障措施”。坚持把教育放在优先发展的战略位置，抓好教育均衡发展工程，加大政府对教育的投入，促进各类各层次教育协调发展。实施积极的就业政策，抓好创业就业工程，全面加强就业服务体系建设，有效增加就业岗位。大力发展城乡医疗卫生事业，抓好医疗健康工程，进一步解决群众看病难、看病贵的问题。坚持广覆盖、保基本、多层次、可持续的方针，抓好社会保障工程，加快建立覆盖城乡居民的社会保障体系。抓好住房安居工程，多渠道解决群众住房困难，重点发展面向中低收入家庭的廉租房、经济适用房等保障性住房，增加中低价位、中小户型普通商品房供应，努力实现群众住有所居。对此，要通过加强测评考核、加强基层基础工作、加大投入力度、实行干部下访等制度和措施加以保障和推进。

二要进一步提高城乡困难群体生活水平，建立城乡弱势群体扶持体系。各级党委和政府要在推进公共财政均等化的前提下，更加关注关心困难群众生活，千方百计地解决好困难群众的生产生活问题，提高农村低保救助比例，实现城乡救助比例均等化，使扶持城乡弱势群体的政策措施制度化、规范化。在省委、省政府已出台的城乡救助 12 个文件的基础上，从医疗、就业、养老、住房等方面进一步完善、细化、深化，建立健全全省弱势群体扶持体系。年底，各市县要落实好省政府关于提高六项社会保障标准的决定：从 2007 年 11 月份起，将全省城市居民最低生活保障月标准和人均月补差标准提高 10 元；将农村低保标准从每年人均补助 360 元提高至 432 元；将省级对农村五保对象供养补贴标准由每人每年 1 000 元提高至 1 200 元；提高失业保险金标准 40 元；将企业离退休（职）人员的冬季取暖补贴标准由每人每年80元提高为700元；对高校学生今年后4个月按照每生每月30元的标准进行伙食补助。对今年灾情比较严重的地区，要进一步检查救灾工作的落实情况，要确保受灾群众安全、温暖、祥和地度过春节。省市县要组织检查组，凡工作不负责、不落实的，要追究有关责任人责任。

三要完善社会管理，维护社会安定团结。完善有效的社会管理是社会和谐的重要保证。要健全党委领导、政府负责、社会协同、公众参与的社会管理格局，健全基层社会管理体制。坚持以人为本，创新社会管理理念和管理方式，在服务中实施管理，在管理中实现服务，最大限度地激发社会创造活力，最大限度地增加和谐因素，最大限度地减少不和谐因素。加强社会治安综合治理工作，建立健全社会预警机制、突发事件应急机制和社会动员机制。完善信访制度，有效预防和化解各类社会矛盾。

安全是社会和谐的重要前提。要下大气力重点加强煤矿生产安全和道路交通安全，推动全省安全生产形势明显好转。我省是个煤炭大省，搞好煤矿安全至关重要。最近，临汾洪洞县“12·5”特大瓦斯爆炸事故，影响极其恶劣，损失特别巨大，教训十分惨痛。这说明我们的煤矿安全管理存在重大隐患、制度安排存在重大漏洞。各地要认真总结吸取此次事故的惨痛教训，举一反三，站在为人民服务、替人民负责的高度，增强做好安全工作的紧迫感和责任感。首先，在全省范围内开展严厉打击私挖滥采、超层越界开采、超能力超定员开采等违法非法行为的治理整顿活动。各市县对本地煤矿安全隐患进行全面彻底、地毯式的排查。对发现的违法非法行为要依法严惩。实行重奖举报制度，对群众举报煤矿存在重大安全隐患、违法非法行为的，一经查实，对举报人予以重奖，对存在安全问题和违法非法行为的煤矿进行严惩。其次，要完善管理体制和监管机制。进一步强化安全意识，做到安全警钟长鸣；严格落实安全责任，做到责任到人；运用高科技手段，建立健全瓦斯监控系统和对各种违法非法行为的监测监控体系，实行全过程监管。实行问责制，对有失职渎职行为的公务人员要严厉追究，决不姑息手软。第三，要研究寻求治本之策、建立长效机制。充分发挥国有重点煤矿的带动、示范作用，加快推进煤炭资源整合、企业重组、股份制改造和托管工作，加大资源整合力度，关小上大，提高采煤规模准入门槛，建设安全高效一流的大型煤炭生产企业，提高综采等机械化水平和生产力水平，提高管理水平，提高安全水平。各市、县要尽快编制完成整合重组方案并上报省政府批准实施，2010年底前全部实施到位。资源整合实质是利益调整，要保证现有合法矿的存量利益，采用股份制或经济补偿的办法加以推进；对整合重组进入煤炭大集团公司的企业，要在原企业所在地设立子公司并登记注册，税收上缴、各种基金收取仍保持重组前格局不变。到“十一五”末，全省在继续压减煤矿数量的基础上，形成2～3个亿吨级生产能力的特大型煤炭集团公司、3～5个5 000万吨级以上生产能力的大型煤炭集团公司，大集团控股经营的煤炭产量占到全省总产量的70%以上。同时，要把安全生产和整顿规范煤炭产、运、销秩序有机结合起来，利用好煤炭产量监控系统和煤炭销售票等有效管理手段，对煤炭生产、运输、经营、消费各环节进行全过程监管，切断私挖滥采、超能力生产等非法违法煤炭进入流通的渠道，确保煤矿安全生产事故起数和伤亡人数明显下降，防止重特大事故发生，有效保障人民群众生命财产安全。

大力推进超限超载治理工作。与煤矿安全相比，交通事故单次死亡人数虽然较少，但总量却十分惊人。2006年全省交通事故死亡人数达3 413人，是煤矿事故死亡人数的7倍多。其中，由于超限超载引发事故的死亡人数达到520人，占全部交通事故死亡人数的近1/6，导致几百个家庭悲剧。为此，要以治理超限超载为突破口，大力强化交通安全。坚持“抓综治、保畅通、保安全、为人民”的总体要求，对高速公路、国省干线、农村公路实行无缝隙、拉网式集中治理超限超载综合行动。各市县要切实加强本辖区的治理超限超载工作，确保超限超载车不出市、不出县，同时狠抓源头治理，对非法改装车辆生产厂家以及非法装货场站，要依法取缔。确保治理行动不走过场，取得实实在在的成效。此外，要继续加强消防安全、食品安全以及易燃易爆品管理。

综上所述，根据省委的总体要求，省政府对2008年经济工作的具体部署就是：强化“四大支撑”，着力推进“四大攻坚”，并要扎实改善民生、建设和谐山西。

同志们，做好明年的经济工作，对于我省加快科学发展、构建和谐山西意义重大。让我们紧密地团结在以胡锦涛同志为总书记的党中央周围，在省委的正确领导下，高举中国特色社会主义伟大旗帜，深入贯彻落实科学发展观，全面贯彻党的十七大精神，求真务实，锐意进取，扎实工作，努力推动全省经济社会又好又快发展，夺取全面建设小康社会的新胜利！

政府工作报告

——在山西省第十届人民代表大会第五次会议上

山西省省长　于幼军

2007年1月29日

各位代表:

现在，我代表省人民政府向大会作报告，请各位代表审议，并请各位政协委员和其他列席人员提出意见。

一、2006年工作回顾

2006年是我省实施国民经济和社会发展第十一个五年规划的第一年，在中共山西省委的正确领导和省人大、省政协的有力监督和支持下，省政府坚持以邓小平理论和“三个代表”重要思想为指导，按照科学发展观和构建社会主义和谐社会战略思想的要求，全力抓好“十一五”规划的开局、布局工作，全省经济社会发展取得新的进步。

经济平稳较快增长。全年地区生产总值完成4 746.5亿元，增长11.8%；规模以上工业增加值完成2 086.2亿元，增长18.3%；全年粮食总产107.3亿公斤，是我省历史上第四个突破百亿公斤的丰收年；全省财政总收入1 048亿元，一般预算收入583.1亿元，分别增长38.2%和58.3%，扣除资源探矿权、采矿权收入，财政总收入和一般预算收入分别为887.3亿元和422.4亿元，同口径增长20.3%和21.4%；全社会固定资产投资2 321.5亿元，增长25%；全社会消费品零售总额1 613.4亿元，增长15.2%；居民消费价格总水平涨幅为2%。

社会事业全面发展。人口自然增长率为5.75‰；城镇登记失业率为3.2%；高中阶段毛入学率达到69%，高等教育毛入学率达到23%，分别提高5.28个和1个百分点；城镇基本社会保障覆盖率达到72%。

科学技术持续进步。全年专利申请数2 824项，每10万人专利申请数达到8.4项，接近“十一五”末8.5项的规划目标；新型工业化水平达37%，提高4个百分点。

资源环境得到有效治理保护。预计全年二氧化硫和化学需氧量减排5.4万吨和1.07万吨，分别下降3.56%和2.77%，首次出现经济较快增长，污染物排放总量下降；煤矿采区回采率达到58%，万元地区生产总值平均耗水量下降13.3%。

人民生活水平稳步提高。城镇居民人均可支配收入达到10 027.7元，增长12.5%；农民人均纯收入达到3 180.9元，增长10%。

这里，我向大会郑重报告，经过全省人民的共同努力，省十届人大四次会议通过的新的地区经济社会发展指标体系，除能耗指标外全部完成！年初省人民政府向全省人民承诺办好的十二件实事全部兑现！全省“十一五”发展实现良好开局！

一年来，我们主要抓了以下几方面工作。

（一）认真贯彻落实中央宏观调控政策，实现经济平稳、健康、较快发展

我们自觉从省情出发，坚决贯彻中央宏

观调控政策。以实施煤炭行业资源整合、提高产业集中度和整体素质的“三大战役”为突破口和重点，加快推进转变经济增长方式。“第一战役”在前年依法关闭4 876个非法采煤矿点的基础上，去年又关闭了3 500个死灰复燃和新发现的非法矿点。启动实施“第二战役”，淘汰关闭1 363个生产方式落后、安全隐患较大、年产9万吨以下的小煤矿。经过第一、第二战役，全省采煤矿点从原来的9 000多个压缩到3 200个左右，非法及小煤矿事故发生率由多年占全省煤矿事故的75%下降到24%，煤炭工业销售收入增长10.1%，利税增长30.5%。焦炭行业在遏制改良焦、土焦死灰复燃的同时，加大淘汰小机焦的力度，大机焦产量占焦炭总量的比重达76.4%，规划新上了一批焦炉煤气回收、煤焦油深加工等化产回收项目。全省煤炭开采和焦炭生产“多、小、散、乱、差”的局面已初步扭转。自觉调控煤炭、焦炭的产能产量，坚决淘汰煤炭、焦化、冶金、电力等传统工业中的落后产能，并通过资源整合、技术改造以及新上一批好项目等途径，推进传统优势产业提高技术水平和整体素质，新型工业化水平进一步提高。促进固定资产投资结构进一步优化，第一产业投资增长24.8%，第二产业增长20%，第三产业增长33.4%；第二产业中煤焦铁等传统产业投资增速大幅回落，新兴支柱产业和农业、农村以及生态环境建设投资大幅增加，用于“三农”、社会事业和生态环境治理的财政支出分别比上年增长17.1%、19.9%、15.6%。全省经济呈现增长速度较快、效益较好、物价水平较低、发展活力和后劲增强的良好态势。

（二）围绕“十一五”规划，抓紧实施支柱产业和重大项目的战略布局

省政府出台优化产业结构、培育优势产业的实施意见，制订并实施培育发展八大支柱产业的产业规划和产业政策。在大力改造提升煤炭、焦炭、冶金、电力四大传统产业的同时，积极培育现代煤化工业、装备制造业、材料工业和旅游产业四个新的支柱产业。大力推进煤炭工业的集约、内涵发展，规划布局一批大型矿井改扩建、安全技术改造、大型煤炭洗选项目。优化电力工业布局，规划建设一批技术起点较高的燃煤电厂、热电联供和煤矸石发电项目。大力推进冶金工业的产业延伸，太钢不锈钢、鲁能晋北铝业、关铝精炼铝、银光镁业镁合金铸件等一批重大项目建成投产。煤化工业围绕“肥、醇、炔、苯、油”五条发展主线，新上了一批大型煤化工项目。全力推进重型汽车和煤机成套两大产品突破，一批装备制造业项目投产或部分投产。材料工业布局和新上了一批新型干法水泥、浮法玻璃、陶瓷等新材料项目。旅游业以打造国际国内旅游目的地为目标，在全省范围整治旅游景区的环境和秩序，加快旅游基础设施建设，全年旅游总收入达428.4亿元，增长46.7%。为加快形成山西经济发展的支柱产业，打造山西经济的主力舰队，启动实施培育“三个企业方阵”的大企业、大集团战略和规划，列入“三个企业方阵”的77户企业正在规划建设一批重大项目。

（三）高度重视“三农”工作，城乡、区域协调发展取得新成效

坚持把“三农”工作摆在重中之重的地位，扎实推进社会主义新农村建设。启动实施革命老区和贫困山区开发战略，编制并实施“两区”产业开发、交通建设、社会事业、生态建设与环境保护等专项规划，重点扶持新上448个产业项目，投资规模近3 000亿元，其中70%的项目动工建设。制订了全省社会主义新农村建设规划，启动1 098个村试点工作。把发展产业、增加农民收入作为新农村建设的中心任务，大力推进区域化、规模化种养和产业化经营，列入农业产业化龙头企业方阵的33家企业，有

50多个项目开工建设。同时，帮助试点村整治村容村貌，实现村道硬化、村庄绿化、街灯亮化和环境净化，资助农户使用沼气。加强农民技能培训，加快转移农村富余劳动力，全年培训农民112万人，转移41万人。移民搬迁5万人，又有20万贫困人口解决温饱。

积极推进城镇化进程，努力提高城市建设管理水平。省政府作出加强城镇建设工作决定，出台加快市政公用事业改革与发展的意见和市政公用事业特许经营管理办法，并召开会议动员部署，各地城市高起点编制或修编城市建设规划，加快改造老城区、建设新城区，城市污水垃圾处理能力和集中供热、绿化水平有了新的提高，城镇化进程明显加快。

加快城乡基础设施建设步伐。顺利实施太原机场改扩建工程。侯马—禹门口高速公路和龙门黄河大桥建成通车。国省干线公路新改建986公里，12个干线路网改造项目全部开工。新修村村通水泥（油）路2.2万公里，89%的建制村通客车。启动农村饮水安全工程，解决了4 277个自然村、200万人的饮水安全问题。大力推动农村商品流通市场建设，实施“万村千乡”市场工程和新农村现代流通网络工程，建成连锁便民店3 710个。

（四）高度重视可持续发展，资源环境保护和节能降耗工作得到加强

省政府研究制订并启动实施节能降耗、发展循环经济和建设节约型社会的规划，重点在煤炭、焦化、化工、建材、冶金、电力六大行业和200个高耗能企业推行节能措施。启动实施“蓝天碧水”工程，加大力度治理工业污染源，全省污染物排放总量有所下降，11个重点城市空气质量二级以上天数累计达到2 707天，比去年增加8.7%。认真组织实施国家重点生态建设项目，启动身边增绿六大造林绿化工程，完成植树造林515万亩，绿化步伐明显加快。严格保护耕地，努力节约用地，加大土地复垦力度，实现耕地占补平衡。积极推进矿产资源的有偿使用，认真组织“两权”价款收入，促进了矿产资源规模开发和集约利用。

（五）实施科教兴省和人才强省战略，各项社会事业全面发展

坚持把教育放在优先发展地位。积极推动农村中小学布局调整和寄宿制学校建设。免除晋西北和太行山革命老区54个县（市、区）农村义务教育阶段学生学杂费，建设标准化操场1 082个。继续推进“义务教育水平提升工程”和“农村现代远程教育工程”，扩大中等职业教育规模，重点大学建设取得新进展，高等教育办学质量进一步提高。大同大学正式挂牌。积极推动科技进步，开展重点领域的关键技术攻关，在国家镁合金基地建设中取得突破。荣获国家自然科学二等奖1项，实现了我省此奖项零的突破。继续实施人才强省战略，广泛开展人才对外交流与合作。积极推进医疗卫生体制改革，加强县乡村三级卫生网络建设，改扩建一批乡镇卫生院及社区医疗机构，群众看病难、看病贵有所缓解。新型农村合作医疗试点扩大到56个县（市、区），覆盖农村人口53.7%，参合率达到86%。建立农村医疗救助制度，23.47万农村困难群众得到救助。加强对食品药品卫生安全的监管，努力保障人民群众健康安全。推出了《乔家大院》、《一把酸枣》、《立秋》等文化艺术精品，丰富群众精神文化生活。广泛开展群众性体育活动。着手在太原规划建设国际会展中心、体育中心、科技馆、图书馆、大剧院、地质博物馆等重大文体设施。加强流动人口计划生育管理服务，对31.2万农村计划生育家庭落实奖励扶助政策。152处文物列为国家重点保护单位，总数达272处，居全国第一。广播电视、通讯、互联网进一步发展。妇女、儿童、民族、宗教、外事、对

台、气象、档案、地震、测绘、史志、参事、老龄、残疾人、红十字会、国防动员、民兵预备役建设、人民防空等各项工作都取得了新成绩。

（六）注重解决民生问题，和谐社会建设稳步推进

各级政府努力加强劳动就业和社会保障工作，认真落实就业再就业政策，大力发展劳动密集型产业、中小企业和城镇集体经济，积极鼓励灵活就业，全省城镇新增就业岗位42.4万个，下岗失业人员再就业16.6万人。继续扩大城镇企业养老保险、失业保险、医疗保险、工伤保险，积极推进农村养老保险。114个农业县初步建立农村低保制度，75万农村特困人口纳入低保范围，10.25万农村五保户实现应保尽保。调整公务员和事业单位人员工资，提高企业离休人员和退休职工养老金，提高职工最低工资标准和煤炭企业井下职工补助标准，较大幅度提高各类优抚对象的相关待遇。基本清理完政府项目拖欠工程款和拖欠农民工工资。认真组织实施棚户区改造、沉陷区治理和安康居住工程，全省棚户区改造开工建筑面积144万平方米，完成计划的151.5%，有5.2万人住进新楼房；沉陷区治理开工建筑面积226万平方米，维修加固和货币补偿141万平方米，使25万职工及家属受益；安康居住工程竣工面积655.2万平方米，完成全年计划的131%，20.4万人改善了住房条件。

（七）在更深层次和更广领域推进改革开放，增强了经济社会发展的动力和活力

加快推进新一轮国企改革。按照发展壮大一批、转制搞活一批、关闭破产一批的思路，省政府出台并实施“1+13”国企改革系列配套文件。明确了推进国有经济布局和经济结构的战略性调整、推进国有企业产权结构多元化、建立健全现代企业制度、实施主辅分离和剥离企业办社会职能的新一轮省属企业改革任务。省国企改革领导组全部批复了省国资委监管的33户企业和有改革任务的34个部门下属企业的总体改制方案，今年全面推进实施。省属监管国企的资产总额、净资产、销售收入、利润实现较大幅度增长，四项指标均跃升全国前6位。积极推进股权分置改革和企业股票上市及再融资工作，22家上市公司已有19家完成股权分置改革，大同煤业、潞安环能A股成功上市，太钢集团顺利实施了定向增发；进一步深化投融资体制改革，研究制订了调整规范省市县三级财政体制和在35个国家重点扶贫开发县实行“省直管县”试点的改革方案，今年在全省实施。深化农村综合改革，长治市及10个县区的乡镇机构改革试点稳步推进。

全方位扩大对外开放。省委、省政府出台进一步扩大对外开放的决定并召开会议动员部署。大力整治优化投资环境，全面开放投资领域，全方位扩大对外交流合作。招商引资实现历史性突破，成功举办沪港大型招商活动，签订合同协议项目578个，合同和协议引进资金3 807亿元人民币；新批准设立外商投资企业150个，增长76.5%；实际利用外资13.5亿美元，增长2.36倍，其中纳入国家统计口径的4.7亿美元，增长71.5%。对外贸易稳步增长，出口结构优化，外贸进出口总额达到66.3亿美元，增长19.5%，机电产品、高新技术产品出口有较大增长。

在加快推进改革开放的同时，我们积极争取国家实施中部崛起战略的政策支持。太原、大同、阳泉、长治被列入国家老工业基地政策支持范围，晋西北、太行山革命老区50个县享受西部大开发政策。国务院批准我省为全国唯一的煤炭工业可持续发展政策措施试点，批准在我省进行做实基本养老保险个人账户试点，批准在太原建设中国煤炭交易市场，初步确定将我省列入全国第二批

循环经济试点省份。此外，还争取了国务院有关部委局对我省一批重大建设项目和资金的支持。所有这些重大政策和改革开放举措的实施，将给山西的发展注入强劲的动力。

（八）坚持依法行政，进一步加强社会主义民主法制和精神文明建设

按照建设和谐社会的要求，加强社会主义民主法制建设，促进社会公平正义，推动社会建设与经济建设、政治建设、文化建设协调发展。认真执行省人大及其常委会的各项决议，积极支持省政协参政议政及开展各项工作。认真办理人大代表、政协委员的建议和提案，做到了事事有回音、件件有着落。坚持向人大报告工作制度和重大事项向政协及各民主党派通报制度，涉及人民群众切身利益的重要决策主动征询群众和社会各界的意见，努力做到民主科学决策。建立省长与人大代表"直通车"制度，人大代表给省长来信建议要求事项全部办理。坚持依法治省，高度重视政府法制工作，深入贯彻实施《行政许可法》，全年共制订政府规章16件，提请省人大制订地方性法规8件。围绕建设"平安三晋"，加强社会治安综合治理，严厉打击各类刑事犯罪和经济犯罪活动。全面落实政府系统党风廉政建设责任制，切实加强行政监察和审计工作，严肃查处各类违法违纪案件。切实加强机关效能建设，省政府就改进机关作风、优化政务环境、全面提高政府公信力和执行力作出决定，制订行政机关及其工作人员行政过错责任追究暂行办法，并召开全省政府系统干部大会动员部署。全省共查处行政效能投诉案件291件，对195人进行了责任追究，行政效能和机关作风有了明显改进。在全省广泛开展爱国主义、集体主义和以"八荣八耻"为主要内容的社会主义荣辱观教育，大力开展政风行风评议和争当人民满意公务员活动，精神文明建设取得积极成效。

各位代表，回顾总结去年的工作，省政府在努力完成全年经济社会发展各项目标任务，实现"十一五"发展良好开局的同时，围绕我省转变经济增长方式、调整优化产业结构、整治改善生态环境、推进地区和城乡协调发展、推进改革开放和政府自身建设等经济社会发展全局的一系列重大战略问题，组织开展深入细致的调查研究，相继推出深入实施煤炭行业"三大战役"、建设节约型社会、培育八大支柱产业、壮大"三个企业方阵"、新一轮省属国企改革、对外开放、"两区"开发、社会主义新农村建设、推进城镇化、蓝天碧水工程、造林绿化工程、棚户区改造和沉陷区治理工程、行政效能建设等十三项重大战略举措的布局。随着这些重大战略举措布局的逐步落实，特别是一批正在规划建设的重大产业项目、重大基础设施项目的全面铺开，我省经济增长方式将发生明显转变，经济结构将进一步优化，区域竞争力将大大提升，人民生活水平和生活质量将明显提高，经济与社会、人与自然、城市与农村等各个方面的发展将更加协调，山西经济社会将加快转入科学发展的轨道。

过去一年成绩的取得，是党中央、国务院正确领导和关心支持的结果，是全省人民在省委的领导下，同心同德、拼搏进取的结果。在此，我代表省人民政府，向辛勤工作在各条战线上的广大工人、农民、知识分子、干部，向驻晋解放军指战员、武警官兵和公安干警，向各民主党派、各人民团体，向所有关心、支持山西发展的海内外各界朋友，表示衷心的感谢和崇高的敬意！

各位代表，随着"十一五"一系列重大战略布局的展开，山西经济社会发展展现出美好前景，但同时也面临严峻的挑战和繁重的任务，需要解决一系列深层次的矛盾和问题：一是粗放型经济增长方式亟待转变，节能降耗的任务艰巨；二是生态环境治理的形势严峻，一些地区生态恶化的局面尚未好

转；三是产业结构性矛盾尚未有效缓解，尤其是淘汰传统产业落后产能的任务繁重；四是自主创新能力不足，技术进步尚未成为经济发展的重要推动力量；五是影响和谐社会建设的困难和问题还很多，农民增收困难，城乡居民就业、教育、医疗和社会保障等问题还没有得到很好解决；六是一些地区经济发展环境不够好，服务承诺和行政效能监察及过错责任追究尚未真正到位等。所有这些，都需要我们在新的一年里努力认真加以解决。

需要特别报告的是，去年尽管我省煤矿安全事故起数和死亡人数有所下降，煤炭生产百万吨死亡率由上年的0.98人下降到0.8人，大大低于全国平均水平，但煤矿重特大安全事故没有得到有效遏制，去年7月、11月连续发生多起重特大事故，给人民群众生命财产造成严重损失。单位地区生产总值能耗预计未能完成省政府年初在省人民代表大会上提出的预期目标。作为政府主要负责人，我对此应负领导不力的责任，深感内疚。今年一定要采取更加切实有效的措施，务求取得积极成效。

实践告诉我们，在山西这样一个相对落后的省份，要加快科学发展，构建社会主义和谐社会，必须坚持以科学发展观统领全局，努力实现经济社会好中求快、又好又快发展；必须坚持解放思想、实事求是，正确分析把握省情，努力探索发展规律，把党和国家的大政方针与山西的具体实际紧密结合起来，创造性地开展工作；必须坚持以经济建设为中心，以技术创新和科技进步为支撑，大力推动经济结构调整和经济增长方式转变；必须坚持深化改革、创新体制机制，扩大对外开放，把激活内力与借助外力结合起来；必须坚持把维护和实现人民群众的利益作为政府工作的出发点和落脚点，不断提高城乡居民生活水平，使人民群众共享改革发展的成果；必须提高各级政府的公信力和执行力，努力为全省经济社会发展创造良好环境。我们坚信，只要全省上下励精图治，锐意进取，更加勤奋扎实地工作，就一定能够战胜前进道路上的艰难险阻，把“十一五”规划的宏伟蓝图变为壮丽的现实！

二、2007年经济社会发展的目标任务

今年是深入贯彻落实科学发展观、推进社会主义和谐社会建设的重要之年，是“十一五”经济社会发展在去年开局布局基础上全面推进和重点突破之年。做好今年的工作，对于保持我省经济社会发展良好势头，迎接党的十七大的胜利召开具有十分重要的意义。政府工作的总体要求是：高举邓小平理论和“三个代表”重要思想伟大旗帜，全面落实科学发展观，加快构建社会主义和谐社会，按省第九次党代表大会提出的走出“四条路子”、实现“三个跨越”的思路，全面推进、重点突破，在加快发展新的支柱产业和新兴产业，调整优化经济结构上下工夫；在提升科技创新能力，推进节能降耗和治理生态环境，转变经济增长方式上下工夫；在统筹城乡和区域协调发展，提高群众生活水平上下工夫；在继续深化改革，全面扩大开放上下工夫；在发展社会事业，更加注重民生，促进社会和谐上下工夫；在转变政府职能，加强政府自身建设，优化发展环境上下工夫，推动全省经济社会加快转入科学发展的轨道，努力实现经济社会又好又快发展，以优异成绩迎接党的十七大胜利召开。

按照我省新的地区经济社会发展指标体系，今年全省经济社会发展的主要预期目标是：地区生产总值增长10%，固定资产投资增长26%，工业增加值增长16%，财政总收入、一般预算收入分别增长16%和18%（不含“两权”收入，按同口径计算），单位地区生产总值能耗下降5.6%，

二氧化硫、化学需氧量排放量分别下降5.94%和3.25%，城镇登记失业率控制在4%以内，城镇居民人均可支配收入和农民人均纯收入分别增长12%和8%，社会消费品零售总额增长14%，居民消费价格总水平涨幅控制在3%以内，进出口总额增长10%，人口自然增长率控制在6‰以内。

今年我省经济社会发展的指导思想和目标任务的基本着眼点是实现好中求快、又好又快的发展。要在进一步转变经济增长方式，进一步优化经济结构，进一步节能降耗、改善生态环境，进一步协调城市与农村、经济与社会以及全省各地区发展，进一步增强科技创新能力，进一步提高城乡居民收入、人民生活水平的基础上，争取较快、健康和可持续的发展速度，确保五个方面四十四项经济社会发展指标全面完成。

为实现好中求快、又好又快发展的战略意图和目标，我们要认真贯彻并善于运用国家宏观调控政策，紧密结合山西实际，自觉以科学发展观指导推动经济社会发展，扎实抓好以下几方面工作：

（一）加快建设社会主义新农村，全力推进“两区”开发

大力发展现代农业，拓宽农民增收渠道。改善农业生产条件，完善农业科技服务体系，努力提高农业水利化、机械化和信息化水平，提高土地产出率、资源利用率和劳动生产率，提高农业素质、效益和竞争力，加快传统农业向现代农业的转变。引导帮助农民调整优化种养结构，按照社会化大生产的思路，推进种植业和养殖业走标准化、规模化和产业化发展道路，努力发展绿色高效优质农业，提高农业比较效益。按照工业化的思路，同步配套发展农产品生产、加工、储运和销售，努力构建农业产业化体系。继续加强雁门关生态畜牧经济区、中南部无公害果菜经济区和东西两山杂粮干果经济区建设。抓好发展农业产业化龙头企业、发展农产品加工业和建立完善农产品销售组织及服务网络三个关键环节。继续扶持一批特色农畜产品基地和农畜产品加工企业。加快建设农产品流通设施，继续推进“万村千乡”市场工程和农村现代网络工程，规划建设若干规模较大并以信息、网络技术装备起来的农产品批发市场。引导鼓励农民创办合作经济组织和行业协会，以农业组织化促进现代农业发展。继续实施农民工转移培训工程，提高农民科技文化素质，鼓励发展中介服务组织，提高劳务输出的组织化程度。

积极探索“以工补农”、“以城带乡”的体制机制。强化财政支农资金的稳定增长机制，各级财政新增经济社会事业发展资金60%以上投向农业和农村，在矿产有偿使用收入、煤炭可持续发展基金和地方电力建设等专项基金中，安排较大比例用于农村基础设施建设、农业综合生产能力和新农村建设以及生态环境治理。继续完善对农业和农民的直接补贴政策，支持县级政府将各部门下达的支农资金捆绑使用，提高支农资金使用效益。大力发展县域经济，积极推进城乡一体化进程，推动城市交通、物流、商贸和公共服务业向农村延伸，认真组织党政机关和企事业单位对口帮扶新农村建设。今年在继续搞好去年1 098个新农村建设试点村的基础上，新增2 000个新农村建设重点推进村，按照中央20字方针要求，全面推进发展生产、整治村容村貌、普及使用沼气等。加快推进农村信息化建设，在全省2.8万个行政村实施开通移动电话、农村网络文化站和有线电视三项信息化工程。

完善农村统分结合的双层经营体制，积极探索适应社会主义市场经济的农村集体经济有效实现形式。大力发展各种形式的股份合作和专业合作经济组织，鼓励有条件的农村利用自身资源和资产，与社会企业合资合作兴办工矿物流商贸企业，增加集体收入，逐步解决目前不少农村集体经济成为“空

壳”甚至债台高筑的问题，增强基层组织为农民服务的能力。

坚定不移地推进革命老区和山区扶贫开发，积极争取国家对“两区”基础设施、社会事业等方面的政策和资金支持，扎实推动“两区”各县（区）列入省规划的大多数产业项目开工建设或建成投产，一批水利、交通等基础设施和社会事业项目动工建设。继续抓好移民搬迁、整村推进、培训转移、产业扶贫四大扶贫工程，今年新解决20万人的温饱问题。

各位代表，“三农”工作是我们全部工作的重中之重。我们一定要带着对地区发展的高度责任感和对农民的深厚感情，把农业的基础打牢，把农村的事情办好，帮助农民把生产生活安排好，一定要使“两区”开发和社会主义新农村建设收到富民强县的实效！

（二）加快转变经济增长方式，努力提高经济增长质量和效益，建设山川秀美的新山西

继续实施煤炭行业“三大战役”，推动煤炭工业走集约发展、内涵发展、综合高效发展和文明安全发展的道路。巩固“第一战役”成果，强化有关部门和各级政府的监管责任，采取群众举报、社会监督、航空拍摄等有效方式，及时发现并严厉打击非法采煤矿点，坚决不让私挖滥采死灰复燃。上半年基本完成整合资源、淘汰关闭生产方式落后、安全隐患较大、产能9万吨以下小煤矿的“第二战役”。在此基础上，启动实施“第三战役”，在全省范围引导支持煤炭大企业联合、兼并、收购、重组或托管中小煤矿，整合资源，产能置换，新上一批现代化大型矿井。引导推动地方国有或民营中小煤炭企业以股份制形式联合重组，淘汰关闭落后的小矿井，发展采用先进综采设备的大型矿井。在全省煤矿安装使用省、市、县管理部门和煤炭企业、矿井五级联网的煤矿瓦斯监测监控系统、煤矿产量监控系统、井下人员考勤定位系统等。自觉严格调控煤炭焦炭的产能、产量，维持煤炭、焦炭市场供需平衡。

下大力气淘汰落后生产能力。在继续开展煤炭、焦化行业清理整顿的同时，省、市、县三级政府制订和实施本地区淘汰关闭小钢铁、小火电、小水泥以及不符合国家产业政策的电石、铁合金等落后生产能力的实施方案，坚持“关小”与“上大”同步实施，淘汰落后与技术改造、新上技术先进的项目相结合。引导、支持、帮助拟淘汰企业转产、技改或新上符合国家产业政策、符合省市发展规划和环保要求、技术起点较高的产业项目。

大力发展循环经济，促进全社会节能降耗。要以列入国家循环经济试点省为契机，在循环型工业、循环型农业、循环型服务业、循环型生态园区和循环型社会五个领域铺开试点。推动产业园区循环经济发展模式，引导支持企业使用先进的节能降耗和清洁生产技术，在清洁能源生产、煤化工深加工和煤矸石、煤层气、焦炉煤气利用及工业固体废弃物再生利用等方面取得突破。认真落实我省资源节约型社会行动纲要，进一步完善法规政策，建立健全促进节能降耗的体制机制，完善相关的监测、计量、统计和考核制度。加快建立大中城市居民供热、供气、供水、供电分户计量的收费制度，实行地区和重点企业资源消耗半年公布制度，加强对高耗能企业的监管。确保实现今年单位地区生产总值能耗下降5.6%，工业增加值能耗下降6.5%的目标。

认真执行土地利用总体规划，严格保护耕地，努力盘活存量土地，千方百计节约城乡建设用地，优先保障基础设施重点工程和产业发展重点项目以及社会事业项目的建设用地。加强测绘工作，加大地质灾害治理及地质环境恢复力度。

继续认真实施“蓝天碧水”工程。督促推动全省有关行业限期安装脱硫除尘、污水处理等环保设施和在线监测设备，坚决制止不符合环保要求标准的建设项目，对不能达标排放的单位限期治理，达不到标准要求的停产整治、依法关闭。实行地区环境容量监管制度，对超过污染物总量控制指标、生态破坏严重的地区，停止审批污染严重的建设项目。认真抓好汾河流域环境整治，加快沿线污水处理厂及配套管网建设；抓好城市环境综合整治，在大中城市及10万人以上的县城加快建设热电联产、集中供热以及集中供气项目，提高城市集中供热、供气率；在城市交通、生产、生活等领域推广使用清洁燃料；加快建设城市污水处理和垃圾无害化处理设施。认真实施汾河、桑干河、滹沱河源头治理保护工程。启动建设覆盖全省各县（市、区）的空气质量自动监测系统和重点河段水质监测系统，提高区域环境安全应急处置能力。

继续认真组织实施植树造林工程。在抓好退耕还林、京津风沙源治理等国家重点生态工程的同时，全面推动去年启动的绿化造林六大工程。今年全面完成高速公路和一级公路的植树任务，完成多数铁路沿线和二级、三级公路的绿化。启动推进以城郊森林公园为重点的环城绿化带工程、以矿区植被恢复为重点的厂矿绿化工程和城市建成区绿化工程。结合新农村建设，绿化2 000个村镇。全年植树造林400万~500万亩。

各位代表，转变经济增长方式、治理生态环境，是一项繁重艰巨而又十分紧迫的任务，难免遇到阻力和困难，牺牲一些眼前利益和局部利益。但换来的是山西人民的长远利益、整体利益和根本利益，是山西经济社会的可持续发展，是三晋大地的蓝天碧水和秀美山川。我们一定要统一思想，坚定信心，锲而不舍，攻坚克难，务求取得人民满意的实效！

（三）加快调整优化经济结构，不断提升全省经济的整体素质和发展后劲

加快调整优化三次产业结构，大力发展服务业。运用现代经营方式和信息技术，改造提升商贸、旅游、餐饮、住宿等传统服务业。完善城市商业网络，在主要城市规划和动工建设大型购物城、高档商业步行街和宾馆餐厅，发展连锁经营，稳健发展房地产业。积极发展现代物流业、金融服务业、通信和网络服务业、科技服务业以及工程咨询、资产评估、设计、法律、会计、质量认证等中介服务业。规划建设若干物流园区，启动建设中国（太原）煤炭交易中心和若干工业原材料批发市场。以改革开放和市场经济的思路手段促进文化产业大发展，积极发展体育、会展和社区服务等新兴服务业。

继续大力推进传统支柱产业的改造升级。进一步提高煤炭和焦化工业的集中度，在淘汰落后、产能置换的基础上，建设一批现代化大型矿井和焦化一体的大项目。提升冶金工业的技术水平，调整优化产品结构。优化电源结构布局，按规划建设一批坑口和煤矸石电厂，积极争取在煤层气、焦炉煤气、风能、水力和生物质能发电等新能源领域动工建设一批项目。大力推进电网建设，支持配合晋东南特高压电网等一批输电网络动工建设。

大力培育新兴支柱产业。高起点、高标准规划发展煤化工业，新上一批煤化工大型项目，争取建设为国家重要的煤化工业基地。整合现有资源，集中力量发展装备制造业整机产品、成套产品和系列产品，力争在重型汽车和煤机成套设备的生产制造上取得实质性进展；立足资源优势和产业基础，大力发展镁铝合金、钕铁硼磁性材料和新型建材等材料工业。制订完善全省旅游产业发展规划和重点景区、重点项目规划，着力打造晋北宗教古建、晋中晋商民俗、晋南寻根觅祖三条精品线路及若干重点景区，重点搞好

五台山和平遥古城的保护整治工程。吸引社会投资开发旅游景区，鼓励支持国内外大旅行社来晋开展旅游业务，开展“奥运北京、大运山西”旅游促销活动。同时，抓紧新上一批电子通讯、生物制药和食品加工以及文化产业等新兴产业的大项目、好项目。充分发挥“三个企业方阵”在结构调整中的主力带动作用，积极推进大企业与国际国内大公司实施战略联盟与强强联合。坚持质量立省、品牌兴晋战略，着力培育一批具有自主知识产权、产业带动性强的知名品牌，提升我省支柱产业的质量、水平和拓展市场能力，增强企业市场竞争力。

技术创新和科技进步是调整优化经济结构和转变经济增长方式的中心环节和重要支撑力量。要在全省大力营造有利于技术创新和科技进步的政策环境和文化氛围。有效整合全省科技资源，围绕培育支柱产业和发展新兴产业的关键技术开展研发，促进科研成果产业化。以提高企业自主创新能力为核心，加强企业技术开发中心建设，列入“三个企业方阵”的大企业加快建立、完善研发中心，政府支持、依托企业建设若干重点实验室和工程技术中心。培育一批科技型中小企业，推进科技产业园区建设，鼓励企业与高等院校、科研单位通过多种方式建立科技合作关系。深化科技体制改革，落实科研院所改革政策，建立健全以企业为主体、以市场为导向、产学研结合的地区科技创新体系。充分发挥人才在科技创新中的重要作用，努力创造人尽其才、优秀人才脱颖而出的体制机制和政策环境。加强科普工作，增强全社会科技创新意识。

各位代表，调整优化经济结构要落实到项目上。今年是优化产业结构、促进产业大发展的项目攻坚年和建设年。全省上下要全力以赴，促成一批重大产业项目建成投产，增强全省经济实力和发展后劲，为经济社会又好又快发展奠定坚实基础。

（四）加快基础设施建设，提高城市建设管理水平

致力于从根本上扭转山西水资源日趋短缺、水供给日趋紧张、水环境日趋恶化的严峻局面，在全省实施以水资源合理开发、高效利用、全面节约和有效保护为重点的兴水战略，全力做好这篇润泽三晋人民、福荫子孙后代的大文章。在去年广泛深入调查研究的基础上，启动实施应急水源工程建设、农田水利灌溉、水土保持淤地坝、农村饮水安全、城乡节水和水源保护等六大水利建设工程。陆续开工建设一批大中型水库和引水工程，新建一批小型水库和拦蓄水工程，改造修复一批病险水库，竣工完成横泉水库、汾河二库和张峰水库枢纽工程。继续实施大中型灌区续建配套和节水改造工程，新建一批节水灌溉园区和集雨灌溉工程，推广滴灌、管灌、渗灌等节水灌溉技术，使全省有效灌溉面积今年增加100万亩，到“十一五”末，实现全省农村人口人均1亩水浇地的目标。规划建设10 000座淤地坝，增加沟坝地80万亩，置换荒坡地退耕还林。在全社会推广节约用水，大幅度增加中水回用。继续完善引黄南线工程，努力增加用水量，有效降低运行成本。积极争取国家批准建设引黄北线工程。探索建立水资源保护和合理开发利用的体制机制，全面推行水资源有偿使用制度，以价格杠杆和行政手段遏制严重超采地下水，实行工农业用水和居民生活用水的阶梯式水价，促进全社会节约利用水资源。

继续大力发展交通事业。动工建设大同等地的运煤专用公路，筹划新建晋东南运煤铁路通道。力争年内建成离石—军渡等3条高速公路，开工建设忻州—阜平等高速公路。新改建国省干线公路1 300公里、县乡公路4 000公里。加强公路养护管理，狠抓道路运输安全和治理超限超载工作。配合支持石太高速客运专线和太中银铁路建设，积

极推进南同蒲、邯长线等铁路改造项目，搞好全省支线铁路的规划建设。抓紧太原机场改扩建工程建设，确保2008年上半年全面竣工。启动筹建五台山机场和运城机场改扩建工程。积极推进城镇化进程，努力提高城市建设管理水平，提升山西城市的品位和形象。加快各城市、县域城镇体系规划和城市总体规划修编及调整工作。按照以人为本、生态文明的理念，统筹推进各城市旧城改造和新区开发，精心规划、设计、建设若干亮点片区和精品建筑。加快太原经济圈的规划建设，推进太原与榆次在城市规划建设、电信、金融、公共交通等方面的"同城化"。以改革开放和市场经济的思路谋划城市建设经营和管理，深化体制机制改革，全面推开城市供水、供气、供热、公交、污水和垃圾处理的特许经营和合理收费，在园林绿化、城市保洁等行业引进竞争机制，加快城市基础设施建设步伐。引导规范房地产业健康发展，调整住房供应结构，构建多层次住房保障体系，建设一批安居房和廉租房，并保证用于解决困难群众的住房问题。继续搞好矿山棚户区改造、矿山沉陷区治理，启动实施农村地质灾害治理工程。

各位代表，水资源短缺、交通基础薄弱、城市建设落后影响了人民生活质量，制约了我省经济社会发展。我们要本着对历史、对人民高度负责的态度，着力解决好这些事关山西经济社会发展全局、事关三晋人民长远和根本利益的重大问题，从根本上改善发展条件，提高人民生活质量，保障经济社会永续发展！

（五）加快发展社会事业，促进经济社会协调发展

继续优先发展教育事业。增加各级财政对教育的投入，建立健全义务教育经费保障机制，继续搞好"两免一补"，在全省免除农村义务教育阶段学生学杂费，妥善解决城市困难家庭和农民工子女接受义务教育的问题。继续调整完善农村中小学布局和师资配置，抓好农村寄宿制学校建设。深化改革高等教育体制机制和教学方法，努力提高办学质量，培养创新型人才。加快发展职业教育和继续教育，调整高中阶段教育结构，扩大中等职业学校的招生规模。支持民办教育发展，规范民办学校的办学行为。加强中小学安全管理。规范学校收费行为，减轻学生负担。

努力提高人民健康水平，进一步缓解人民群众看病难、看病贵。完善公共卫生和医疗服务体系，提高重大疾病的防控水平和救治能力。继续推进新型农村合作医疗制度，进一步扩大覆盖面。加快城市社区卫生服务机构建设，积极构建以社区卫生服务为基础的新型城市卫生服务体系。以乡镇卫生院建设为重点，加快推进县乡村三级医疗卫生机构的达标建设。加强食品药品和医疗市场监管，确保食品药品安全。积极推进医疗卫生体制改革，继续实施医疗机构药品和医疗器械网上竞价采购，减轻人民群众医药费用负担。大力开展爱国卫生运动，加强红十字会工作。全面加强人口和计划生育工作，建立流动人口计划生育综合管理服务机制，稳定低生育水平，提高出生人口素质。

积极发展文化事业。继续实施文化强省战略，推进文化体制改革，努力繁荣哲学社会科学、新闻出版、广播影视和其他文化艺术，加快发展文化事业和文化产业，着力打造一批文化精品，不断满足人民群众精神文化需求。扶持发展民办文化，加强对文物、非物质文化遗产和民间艺术的保护。积极开展群众性体育活动，努力提高竞技体育水平。把文化体育设施纳入城乡建设总体规划，在省城太原动工建设国际会展中心、体育中心、大剧院、图书馆、科技馆、地质博物馆等大型骨干文体设施，加快县文化馆、图书馆、体育场馆和乡镇文化站、村文化室、体育场馆等农村公共文化体育设施建设。

认真实施人才强省战略。切实加强高层次人才培养、选拔、使用，加强实用型、技能型人才培养，开发利用好现有人才资源，促进人才的合理流动和市场化配置。加大招才引智力度，不断拓宽渠道，吸引各类人才来晋服务。

（六）加快建设和谐山西，把改善民生放在更加突出位置

进一步扩大就业。认真落实各项就业再就业政策，实施“中小企业成长工程”，大力发展就业吸纳能力强的劳动密集型产业、中小企业和服务业。加强职业培训，提高劳动者的就业技能，重点做好下岗失业人员再就业工作，积极帮助零就业家庭和就业困难人员就业，做好高校毕业生和退伍转业军人就业工作。

努力完善社会保障体系。认真搞好做实企业养老保险个人账户试点工作，稳妥推进基本养老金计发改革。开展事业单位养老保险制度改革试点，探索建立新型农村社会养老保险制度。完善城镇职工基本医疗保险制度，尽快使养老保险、医疗保险、公伤保险覆盖到各种所有制企业，城镇社会保障覆盖率达到75%。进一步完善城乡低保、城乡特困群众医疗救助、贫困家庭子女就学资助、五保户供养等社会救助制度，保障困难群众基本生活。

继续完善收入分配制度。提高劳动因素在分配中的比重，努力增加城乡居民收入，特别是中低收入者的收入，引导各类企业在提高效益的基础上，增加职工工资。加强对企业落实最低工资制度的检查监督，健全防止拖欠农民工工资的长效机制，切实维护劳动者合法权益。统筹解决好企业离退休人员、城市低保对象以及各类优抚对象的福利待遇。在实施新的公务员基本工资制度的同时，清理规范并实施统一的机关公务员奖金和津贴补贴制度。改革事业单位分配制度，建立与岗位职责、工作业绩、实际贡献紧密联系和鼓励创新创造的分配激励机制。

切实加强安全生产工作。各级政府和广大企业都要牢固树立“以人为本、珍重生命”的理念，强化安全生产责任意识，提高安全生产监管水平，从基础工作抓起，从关键环节入手，致力于从源头上消除安全生产隐患。在抓好非煤矿山、危险化学品、民用爆炸物品、烟花爆竹、交通、防火等安全监管的同时，突出抓好煤矿安全生产，有效防止重特大事故的发生，保障人民群众生命财产安全。各级安全生产监督部门必须进一步完善安全生产体制机制，加大监管执法力度，确保各项基础性管理措施落到实处。凡发生重特大安全事故，必须依法依纪严肃追究有关人员的失职、渎职责任和法律责任，追究矿主、业主的法律责任和经济责任。

各位代表，做好上述几项工作，对维护增进人民利益，建设和谐山西至关重要，我们一定殚精竭虑，全力以赴，务求取得新的进展和成效！

（七）加快推进改革开放，增强发展的动力和活力

全面启动煤炭可持续发展试点。按照中央批准的试点方案，统筹推进管理体制、资源开发、安全生产、环境治理、煤矿转产和煤炭城市转型等各项工作，建立起职责明确、相互协调、务实高效的行业管理体制和监管机制；建立完善煤矿安全生产长效机制、生态环境恢复补偿机制和煤炭企业转产、煤炭城市转型发展机制，促进山西煤炭工业步入资源回采率高、安全有保障、环境污染少、经济效益好、全面协调和可持续的发展道路。

稳步推进财政管理体制改革。按财力和事权相协调、保证各级财政随着经济发展共同增长的基础上往县区一级倾斜的思路和原则，调整省、市、县（区）三级税收共享收入范围和分享比例，规范各级财政收支行为，充实县区一级财政实力，调动市、县发

展经济、增加财政收入的积极性。对35个国家扶贫开发重点县实行“省直管县”财政管理体制改革试点。改进和加强非税收入管理，对各类政府性基金、专项资金和行政性收费等，严格实行“收支两条线”管理。加强规范行政事业性单位的国有资产管理。

深化国有企业改革。按照“三个一批”的改革发展思路，全面推进省属国有企业产权制度改革和国有经济布局与结构的战略性调整。积极推进国有优势企业按照现代产权制度和企业制度的要求，引进战略合作伙伴，实现产权股权多元化，努力争取上市融资；积极推进一批一般性竞争领域的国有企业出让股权产权，实现民营化；对资不抵债或亏损严重、扭亏无望的企业实施关闭破产，清理注销名存实亡的企业。与此同时，基本完成省属国企辅业分离改制和分离办社会职能的任务。

在加快推进国企改革发展的同时，积极鼓励支持民营企业的发展，为非公有经济加快发展创造良好的环境条件，充分发挥民营企业在各个领域的生力军作用。

深化投融资体制改革。改善政府投资管理模式，建立健全政府投资重大项目的决策咨询和论证的各项制度。建立能源产业投资基金，募集社会资金支持发展能源资源产业重大项目。引导支持国有商业银行、股份制银行和政策性银行，全面正确落实国家宏观调控政策，合理调整信贷结构，优化审批程序，更好服务支持地方经济发展。完善地方金融体系，深化城市商业银行、城市信用社、农村信用社等地方金融机构改革，建立法人治理结构完善、资本充足、内控严密、运营安全、服务和效益良好的现代金融企业。在整合地方金融资源、吸收民间资本的基础上探索建立晋商银行。深化农村金融改革，建立以农业银行、农业发展银行和农村信用社为主体、各商业银行广泛参与的“三农”金融支持体系。支持信用担保体系建设，建立完善各级信用担保机构，为中小企业融资提供有效服务。

深化农村改革。进一步扩大农村综合改革试点，改革乡镇行政管理体制，科学设置乡镇机构和事业单位，建立精干高效的农村行政管理体制；以增强基层财政保障能力为重点，加快县乡财政体制改革，建立促进农村义务教育发展的经费保障机制。继续推进粮食流通体制改革，加强粮食宏观调控和市场监管。启动实施集体林权制度改革，在坚持林地集体所有的前提下，农民享有对山林林木的所有权、受益权、继承权，调动农民营造和管护山林的积极性。

积极扩大对外开放。优化进出口商品结构，鼓励机电产品、高新技术产品出口和劳务输出，引进传统产业改造提升和新型产业培育所需的关键技术和设备。进一步开放投资领域，向外资、民企全面开放水源工程、高速公路、收费公路、铁路支线以及城市公共设施建设和公共服务领域，鼓励外资、民企兴办医院、学校、文化和体育事业。

努力提高引进外资的质量和水平。围绕调整经济结构、培育支柱产业和新兴产业、治理生态环境和发展社会事业的需要，积极主动地开展招商引资。认真扎实抓好招商签约项目的落实，争取大部分项目建成达效。积极实施“走出去”战略，支持有条件的企业开展对外承包工程、劳务合作和境外投资。组织精干队伍到发达国家、地区招商引资，努力办好首届“中国（太原）国际煤炭与能源新产业博览会”，组织企业参加中部崛起博览会等大型招商引资活动，力求招商引资有更大突破。

各位代表，改革滞后、开放不足，是制约山西经济社会发展的主要矛盾和重要因素。我们一定要解放思想，更新观念，开阔视野，进一步深化改革，扩大开放，为山西发展增添强大动力！

（八）加强社会主义民主法制和精神文明建设，努力提高政府公信力和执行力

积极推进社会主义民主政治建设。政府主动向人大及其常委会报告工作，自觉接受人大的法律监督和工作监督；密切同人民政协、各民主党派、工商联、无党派人士和各人民团体的联系，充分发挥其政治协商、民主监督、参政议政作用。进一步完善省长与人大代表“直通车”和政协委员接待日制度，认真办理人大代表、政协委员的建议、批评、意见和提案，拓宽与群众沟通协商渠道。积极支持人民法院、检察院依法履行职责，充分发挥工会、共青团、妇联等群团组织团结带领各自联系的群众参加经济建设、政治建设、社会建设、文化建设的积极作用。继续做好民族、宗教、侨务、外事等工作。努力扩大基层民主，完善基层群众自治组织和企事业单位民主管理制度，扩大政务公开、村务公开和厂务公开的范围和内容，保障人民群众的选举权、知情权、参与权和监督权。在省、市政府及主要部门建立新闻发言人制度，定期向社会公布政府工作情况，增加政府工作的透明度。

进一步加快依法治省步伐。认真贯彻《依法行政实施纲要》，深入开展“五五”普法教育，努力增强公民的法制观念和依法维权、依法办事的自觉性。搞好法律援助工作，维护妇女、儿童、残疾人和社会弱势群体的合法权益。全面落实社会治安综合治理责任制，加强对重点地区和突出治安问题的整治，严厉打击各类刑事犯罪活动，加强国家安全工作，努力建设“平安三晋”。加强基层派出所、司法所和基层法庭的基础建设，强化信访和矛盾排查调处工作，畅通群众诉求渠道，努力把社会矛盾化解在基层。在征地拆迁、企业改制重组和实施破产中注重依法规范行政，做好耐心细致的思想工作，努力维护农民、居民、职工的合法权益，维护社会稳定。建立预防和处置各种突发事件的工作机制，提高政府应急管理水平。加强社会信用体系建设，加大整顿和规范市场经济秩序的力度，打击各种假、冒、伪、劣等商业欺诈行为，提高全社会诚信水平。

加强社会主义精神文明建设。在全社会树立中国特色社会主义的共同理想，努力构建社会核心价值体系，建设和谐文化。大力弘扬以爱国主义为核心的民族精神和以改革创新为核心的时代精神，继承和弘扬伟大的太行精神。深入开展以“八荣八耻”为主要内容的社会主义荣辱观教育，建立完善与社会主义市场经济相适应的社会公德、职业道德、家庭美德和个人品德等思想道德体系。加强全民素质教育，培养公民高尚人格，建立和谐的人际关系。普及科学知识，反对封建迷信，打击“黄、赌、毒”，倡导文明健康的生活方式。深入开展“双拥”工作，搞好国防教育和国防后备力量建设。

切实加强政府自身建设，努力建设勤政为民、依法行政、务实高效、清正廉洁的政府。着力完善民主科学决策的体制机制，建立健全重大决策调查研究、集体决策、专家咨询、社会公示与听证、决策评估以及决策反馈纠偏机制和重大决策失误责任追究制度。加强政府法制工作。按照行政决策、执行、监督既相对分离制约、又协调高效运转的原则，建立权责明确、行为规范、监督有力、协调高效的行政管理体制，保证各级行政管理机关及工作人员严格按照法定权限和程序行使职权、履行职责，提高各级政府和广大公务员依法行政和执法水平。进一步深化行政审批制度改革，减少审批事项，简化审批环节，规范审批程序，提高审批的质量和效率。坚决改变一些政务大厅“只挂号、不看病”的现象，真正做到“一站式”服务。加强行政效能监察，在各级政府机关全面落实首办负责制、服务承诺制、限时办结制、行政过错责任追究制，严肃查处和追究

各种行政不作为和乱作为的行为，优化政务环境，提高政府公信力和执行力。认真贯彻党中央、国务院和省委关于反腐倡廉的各项规定，全面落实政府系统党风廉政建设责任制，加强审计、监察工作，建立健全惩治和预防腐败体系，坚决纠正损害群众利益的各种不正之风，切实树立起人民政府勤政、为民、廉洁的良好形象。各级政府和全体公务员要认真践行胡锦涛同志最近在中纪委七次全会上倡导的勤奋好学、学以致用，心系群众、服务人民，真抓实干、务求实效，艰苦奋斗、勤俭节约，顾全大局、令行禁止，发扬民主、团结共事，秉公用权、廉洁从政，生活正派、情趣健康等八个方面良好风气。各级领导干部要带头身体力行全心全意为人民服务的宗旨，时刻谨记胡锦涛同志“权为民所用、情为民所系、利为民所谋”的教诲，常怀民苦我忧、民贫我愧、民富我喜、民乐我乐之心，自觉把以民为根本、敬民如父母的从政理念贯穿到政府工作的所有方面和各个环节，谋地区发展殚精竭虑，为百姓造福鞠躬尽瘁！以自己勤政为民、严于律己的实际行动取信于民！

各位代表，省委、省政府决定今年继续围绕人民群众关心的热点难点问题，办好十二件实事：一是努力缓解人民群众看病难、看病贵，完成221所乡镇卫生院改扩建工程，新型农村合作医疗制度扩大覆盖到80%的县（市、区），在全省市、县（区）全面推行城市医疗救助制度，医院药品价格平均下降30%左右。二是改善边远贫困地区学校办学条件，支持300所农村寄宿制小学配置暖气。三是关心帮助农村特困群众生活，75万农村低保对象年人均补助360元，17.4万农村五保对象实行按标施保。四是加强企业职工养老和工伤保险，提高企业退休人员基本养老金标准，基本实现所有煤矿、非煤矿山企业包括农民工在内的职工参加工伤保险。五是改善农村生产、生活条件，发展农村沼气20万户，解决200万农村人口饮水安全问题，修建通村水泥（油）路1万公里，具备条件的建制村全部通公路。六是改善城镇困难居民住房状况，建设安康工程住房500万平方米，6万户困难居民搬进新居，各市建设一批廉租房改善特困居民住房困难。七是继续实施国有重点煤矿棚户区改造和沉陷区治理，国有重点煤矿新建住宅200万平方米，让3.3万户、9.3万人住进新居；采煤沉陷区治理新建住宅200万平方米，让3.3万户、11万人住进新居。八是实施农村地质灾害治理，对采矿主体灭失地因采矿造成的村庄塌陷、房屋损坏的200个地质灾害村进行集中治理，让4.8万户、17万农民住上新建和安全的住房。九是帮助农民就业和脱贫致富，培训农民100万人，转移农村富余劳动力30万人，搬迁移民5万人。十是继续实施“万村千乡市场工程”，发展连锁农家店2 000家。十一是实施“双千双百惠农工程”，支持“三农”贷款1 000亿元以上，为农民提供信贷服务超过300万户，支持1 000个带动农民增收的龙头企业，扶持300个农民专业合作社。十二是改善生态环境，全省11个重点城市环境空气质量二级以上天数增长4%，二氧化硫、化学需氧量排放量分别下降5.94%和3.25%。

各位代表，今年政府的工作任务极其繁重，我们要把今年作为狠抓落实年和作风建设年。广大政府公务员特别是各级领导干部要在转变作风、狠抓落实这八个字上下真工夫、硬工夫，苦干加巧干，干出成效来。要大兴调查研究、解决实际问题之风。对事关本地区经济社会科学发展全局性、根本性的问题，对今年新推出的重大战略举措，各级政府的领导成员要按照各自的职责分工，认真深入地调查研究，拿出针对性、指导性和可操作性强的方案，提交党委、政府决策后全力组织实施。力戒领导工作只停留在提出口号、指标和思路的层面上，停留在会议、文件的原则要求和一般号召上，不认真深入研究如何操作落实，拿不出推进工作具体对策措施的浮华之风。要大兴多谋善断、求真务实之风。各级政府要坚持重实际、讲实话、办实事、鼓实劲、出实招、求实效，善于抓住重点和关键，全力实施突破，有效推进工作。切实减少文山会海和不必要的应酬接待，取消各种徒有形式、难见实效的检查、评比、验收活动，腾出时间、集中精力、心无旁骛地抓工作的推动和落实。要大兴雷厉风行、真抓实干之风。对政府的重大事项和重要工作部署一经法定程序作出决策，政府各部门、各单位及下级政府必须雷厉风行、快捷高效、坚决贯彻落实，不允许中间梗塞，拖延推诿，变形走样，切实做到言必信、行必果，确保政令畅通。

各位代表，我们已经实现了“十一五”发展的良好开局，新的形势催人奋进，新的目标鼓舞人心。让我们更加紧密地团结在以胡锦涛同志为总书记的党中央周围，在中共山西省委的正确领导下，坚持以科学发展观和构建社会主义和谐社会战略思想统领经济社会发展全局，锐意进取、励精图治，奋力推进今年全省经济社会实现又好又快发展！

在全省财政工作会议上的讲话

山西省常务副省长　**范堆相**

（2007年1月25日）

同志们：

昨天，我们刚刚结束全省财政体制改革动员会议，今天接着召开全省财政工作会议，对去年的财政工作进行总结，对今后一个时期的工作进行研究部署。上午，建国同志作了工作报告，我完全同意。各地要认真贯彻，抓好落实。

过去的一年，全省财政部门紧紧围绕省委、省政府确定的重点工作任务，充分发挥职能作用，认真组织收入，合理安排支出，全面加强管理，各方面工作都取得了很大的成绩。财政收入在较高平台上继续保持快速增长，总收入突破千亿元大关，完成1 048.01亿元，增长38.24%（剔除“两权”收入，完成887.31亿元，增长20.3%）。其中一般预算收入突破500亿元，完成583.08亿元，增长58.3%（剔除“两权”收入，完成422.38亿元，同口径增长21.4%）。一般预算收入增幅高于财政总收入增幅1.09个百分点，非税收入规模和增量占一般预算收入比重分别比上年下降4.09个和6.65个百分点，表明我省地方财政实力进一步得到增强。全省一般预算支出执行911.96亿元，增长36.37%，比上年增支243.21亿元。在支出规模扩大的同时，支出结构不断优化。十二件实事所需资金全部落实，财政支出更多地向“三农”、向基层、向社会事业、向弱势困难群体、向促进可持续发展倾斜，省委、省政府确定的重点工作得到有效的资金保障，广大人民群众的公共需求不断得到满足。同时，我们积极推进财政改革，出台《关于调整规范省市县财政体制和在35个国家重点扶贫开发县实行“省直管县”财政改革试点的意见》，今年起全面实施；开展支农资金整合试点，11个试点县整合资金4.3亿元，受到了财政部的充分肯定，并在全国财政工作会议上交流经验。在全省广大财政干部职工的积极努力之下，我们圆满完成了各项工作任务，依法理财、科学理财和民主理财水平得到进一步的提高。对财政部门的工作，省委、省政府是满意的。在此，我代表省委、省政府，向大家表示衷心的感谢和亲切的慰问！

我们把时间往前推一推，回顾一下这些年财政工作走过的路子。2000年的时候，全省财政总收入不足200亿元，各级财政普遍困难，财政支出的重点是保工资、保运转，日子过得可以说是捉襟见肘，很多事情是想办但心有余而力不足。慢慢的，随着经济结构战略性调整的持续推进，随着整个市场形势的逐步好转，随着改革开放的不断深化，国民经济发展有了很大的起色，财政收入每年都有比较大幅度的增长，我们不仅可以有效地保工资、保运转，而且可以办一些过去想办但无力办的事：农业税免了，农业补贴实施了，生态环境建设全面推开了，城乡社会救助体系基本建立起来了，社会保障覆盖面越来越大了，广大人民群众特别是弱势困难群体得到了较多的实惠，越来越明显地感受到了党和政府的关怀。现在全省财政总收入已经过了千亿大关，今年财政收入有望继续增长，再加上规范非税收入管理，总的来看，今后财政集聚的资金会越来越宽裕，政府宏观调控的能力会越来越强。

现在，随着“十一五”规划布局的基本形成，我省已进入到全面推进、重点突破的关键阶段，各方面对财政资金的需求很大。怎样花好用好财政资金，更好地支持促进全省经济社会的全面协调可持续发展，是对财政部门科学理财水平的重要考验。我们要抓住当前财政收入持续增长、调控能力明显增强的有利机遇，立足又好又快发展的战略全局，统筹兼顾，突出重点，集中财力办大事，切实加强薄弱环节和薄弱领域建设。

一、切实加大“三农”投入，着力统筹城乡协调发展

这些年，全省农业取得了长足的发展，农民生活有了很大的改善，农村面貌发生了巨大的变化，但相比城市，农村发展明显滞后，“三农”仍然是整个经济社会发展最最薄弱的环节。2006 年，全省城镇居民人均可支配收入有望突破万元，而农民人均纯收入仅有 3 190 元，城乡居民收入比例达到 3.13∶1，3 个农民的收入抵不上一个城镇居民的收入，收入差距达到历史最高。不仅如此，农村的基础设施、公共事业、社会保障都很落后，很多困难和问题主要依靠他们自己去解决、去克服。现在，随着经济社会的不断发展，特别是财力的不断增强，我们已经初步具备了工业反哺农业、城市带动农村的条件，必须尽全力支持“三农”发展。省委、省政府对此下了很大决心，出台了一系列的惠农政策。从对种粮农民实行直接补贴政策到全部取消农业税，从连续六年实施农村人畜饮水解困工程到启动新一轮饮水安全工程，从村村通公路到实施村村通广播电视、通客车工程，从在农村中小学实行“一费制”到实行“两免一补”政策再到今年启动农村义务教育经费保障体制改革，从临时性救济到经常性救助再到全面建立农村低保制度，这些都让农民得到了实实在在的利益。但要看到，这才刚刚起了步。要真正统筹城乡协调发展，进而实现城乡一体化，还需要付出长期的、艰苦不懈的努力。我们一定要从落实科学发展观、构建和谐社会战略思想的高度，更加自觉地把“三农”置于重中之重的地位，以现代农业建设、“两区”开发、新农村建设试点和农村社会事业发展为重点，切实加大对“三农”的投入，努力推进城乡协调发展。增加投入的重点是要强化支农资金的稳定增长机制。从今年开始，省级财政新增经济社会事业发展资金 60% 以上投向农业和农村。拿出粮食风险基金的一半以上对种粮农民进行直补，今年新增对种植小杂粮的补贴。此外，还要在矿产资源有偿使用收入及煤炭综合补偿基金中切块专项用于农村基础设施、农业综合生产能力和生态环境建设，在地方电力建设专项资金中切块用于农村电网改造和农村沼气建设补贴。这是省委、省政府为支持“三农”做出的又一重大决策，我们要认真抓好贯彻落实，同时要积极探索以工补农的新机制。

这里，我再强调一下支农资金整合的问题。根据财政部的安排和省委常委会关于整合支农资金的意见，2006 年我们选择石楼、清徐、大同县、阳泉郊区、潞城、陵川、山阴、寿阳、代县、古县、万荣等 11 个县，开展以县为主的支农资金整合试点，在不改变资金管理渠道和用途的前提下，由县级政府按规划、按项目把分散在各涉农部门的支农资金相对集中使用。这样可以有效改变支农资金投放分散、平均用力，项目建设成效不明显的状况。目前试点取得了积极的进展，集中力量办大事的效应开始显现出来。应该说，整合资金是今后财政支出改革的一个重要方向，要坚定不移地推进资金整合。当前的首要任务是继续抓好试点工作。第一，要积极稳妥地逐步扩大试点。在省级继续抓好11个试点的基础上，各市也可以选择一些有代表性的县开展试点，通过试点进一步发现问题，完善制度，统一思想，为全面推开积累经验。第二，要考虑从源头上相对集中资金。支农资金分散与现行体制有着很大的关系。在支农资金项下，涉及农业、林业、水利、中小企业、气象、农机、扶贫7个部门和省农科院，小项有350项，再加上部门内部、部门之间缺乏统筹综合，资金分散是在所难免的。今年省财政厅把农口主要部门的资金进行了合并，水利部门合并成六个大项目，林业部门六个大项目，农业部门八个大项目，农机部门三个大项目，农科院五个大项目，可以集中5.2亿元，占到支农资金预算的将近一半。有关部门要顾全大局，积极支持。市、县财政在安排项目时，也要考虑适当合并小项。第三，其他涉农资金也要相对集中安排使用。安排教育、卫生、交通、建设等方面的支出，要统筹兼顾，突出重点，特别是2 000个新农村建设试点村，今年安排预算时要优先考虑。

二、切实加大对中小企业的支持，大力推进中小企业发展

中小企业作为市场经济最具活力的部分，在促进竞争、抑制垄断等方面，特别是在创造就业机会方面发挥着十分重要的作用。像美国自20世纪90年代以来新创造的就业岗位85%来自中小企业，日本就业岗位的81%由中小企业提供。但中小企业由于规模小，抗御市场风险的能力不强，在市场竞争中很多时候处于不利地位。基于中小企业在经济社会发展中的重要性和特殊性，各国都把支持中小企业发展作为一个重大战略，我们国家也出台了《中小企业促进法》，从政策、资金等方面给予很多的支持。现在，全省中小企业已发展到近70万家，全省地区生产总值的一半、税收的1/3、出口交货值的60%、全社会消费零售额的85%、就业岗位的40%，都是中小企业创造的。目前中小企业发展遇到的最大障碍是融资难，这已经成为关系经济社会发展全局的一个重大问题。

我们的中小企业融资难既有其普遍性，又有其特殊性。其普遍性在于，中小企业融资难是一个世界性的经济现象。与大型企业相比，中小企业存续的变数大、风险大，负债能力有限，信息透明度低，资金需求量小频高，融资的成本和代价较高，这种先天的缺陷或不足注定了中小企业融资难成为一个世界性的经济现象。其特殊性在于，我们的中小企业融资难发生的背景是一个发育很不充分的金融市场。现有的金融体系是以国有商业银行为主导的，资本市场、票据市场、应收账款融资、保理、租赁等面向中小企业客户的融资工具及其市场极其落后。而国有商业银行正处在转型之中，远没有实现完全意义上的市场化和商业化，面向中小企业的服务产品很少。社会信用体系缺失，一些企业借改制之机逃废银行债务，银行不愿意向中小企业贷款，中小企业事实上被排除在银行的信贷对象之外。解决这个问题需要政府、银行、企业等各方面的共同努力。从政府的角度来说，除了加快信用体系建设，构建良好的金融生态环境之外，还要对中小企业提供必要的支持。最重要的是加快建设全省性的中小企业信用担保体系。这几年，我们在这方面做了很多工作，省级、11个市和经济条件较好的20个县成立了政策性担保机构，为1 500多户中小企业提供了总额超过20亿元的贷款及其他信用担保服务。下一步要加快建设，争取经济实力比较强的县都有担保机构，形成全省性的、比较完善的中小企业信用担保体系。要增加中小企业信用担保专项资金，提高担保机构的资本金规模和风险防范能力，增强担保能力。此外，还要采用贴息、激励和政府采购等手段，支持中小企业发展。

三、切实加大社会事业和社会保障投入，努力满足人民群众日益增长的公共需求

现在我们已经进入到全面建设小康社会的新阶段。这一时期，我们面临的主要矛盾虽然还是人民日益增长的物质文化生活需要与落后的社会生产力之间的矛盾，但表现形式已经发生了重大变化：过去我们要解决的主要是吃、穿、用、住等私人产品问题，现在则是教育、医疗、社会保障、生态环境等方面的公共需求。作为财政部门，必须适应这种变化，积极调整支出结构，推进公共财政建设，更好地满足人民群众日益增长的公共需求，让人民群众共享改革发展的成果。

从这些年的情况看，教育也好，医疗也好，社会保障也好，都有很大的发展。但必须看到，这是在一个比较低水平基础上的发展，我们还有很多的历史欠账要逐步弥补，同时人民群众的需求仍然在不断增长，面临的任务和压力越来越大。在教育方面，据不完全统计，仅高校建设、九年制义务教育、兑现中小学教师工资三项，就有近50亿元的历史欠账。2006年，全省教育支出120亿元，占到全省地区生产总值（大数4 750亿元）的2.5%，低于全国2.8%的水平。按国家提出的财政性教育经费占GDP 4%的目标，我们还有很大的差距。在医疗卫生方面，资源配置很不合理，城镇占有超过70%的医疗卫生资源，而人口比重超过60%的农村只占有不到30%。更重要的是，医疗卫生体制很不合理，看病贵和上学贵一起，成为人民群众最关注的热点难点。去年省调查总队在全省大中城市开展了构建和谐山西问卷调查，调查结果显示，在接受调查的家庭中，教育和看病花费占到年总花费的42.16%，其中用于子女上学花费5 620.2元，占到31.06%；看病花费2 008.1元，占到11.09%。教育、医疗费用过快增长，已经成为城乡群众的沉重负担。在社会保障方面，还存在着覆盖面不宽、保障标准不高、历史欠账较多等问题。像企业养老保险，2005年年底参加人数为286万人，不到城镇人口的30%。企业离退休人员养老金标准为每月652元，大大低于在职职工收入。更让人担忧的是，由于企业养老保险实行的是现收现付制度，个人账户上的207亿元已全部发放出去，实际上处于虚账运行状态。做实个人账户，需要拿出一笔不小的资金来填补这个窟窿。其他像城镇医疗保险，只覆盖全省城镇人口的不到30%；新型合作农村医疗的覆盖面虽然达到了50%，但标准还不高，每人每年50元，只能对大病适当补助一点；农村低保制度刚刚建立，很多地方每人每年只能补助100多元。总的来说，我们的社会事业发展、社会保障体系建设存在很多的不足和问题，面临的形势越来越紧迫。我们必须对此有一个清醒的认识和把握，加快建设公共财政，切实加大社会事业和社会保障投入，努力满足人民群众日益增长的公共需求。在教育方面，重点是建立义务教育经费的长效保障机制，把免除农村义务教育阶段学生学杂费政策扎扎实实地落到实处。在医疗卫生方面，重点是改善农村医疗卫生条件，加强社区卫生服务机构建设，积极推进医疗卫生体制改革。在社会保障方面，要认真搞好做实养老保险个人账户工作，开展事业单位养老保险制度改革试点，探索建立新型农村社会养老保险制度，扩大城镇职工医疗保险覆盖面，进一步加强社会救助体系建设，逐步建立起与经济社会发展相适应的、比较完善的社会保障制度框架。

同志们，山西经济社会发展正处在一个

重要的关口。搞好新形势下的财政工作，意义重大，任务艰巨。我们要坚持以贯彻科学发展观和构建和谐社会战略思想为统领，认真贯彻落实省委、省政府的重大决策部署，立足全局，科学谋划，开拓进取，扎实工作，努力把全省财政工作提高到一个新水平，为促进全省经济社会又好又快发展做出积极的贡献！

全面贯彻落实科学发展观
努力推动财政事业又好又快发展

——在全省财政工作会议上的讲话

山西省财政厅厅长　**郑建国**

（2007年1月25日）

同志们：

这次会议的主要任务是：贯彻落实中央和我省经济工作会议及全国财政工作会议精神，回顾总结2006年全省财政工作，安排部署2007年全省财政收支计划和工作重点，团结动员全省广大财政干部职工以科学发展观为统领，不断加快财政改革发展步伐，进一步提升财政支持全省经济社会又好又快发展的能力。省委、省政府对这次会议非常重视，会前分别听取了我厅工作汇报，充分肯定了过去一年的财政工作，对2007年的财政工作作了重要指示。昨天下午，省政府还专门召开了全省财政体制改革动员大会，于幼军省长作了重要讲话。省委常委、常务副省长薛延忠在听取我厅关于会议筹备情况汇报时，对过去一年全省财政工作取得的成绩给予了充分肯定，对全省财政系统广大干部职工的辛勤工作表示感谢，并要求财政部门在今年的工作中紧紧围绕省委、省政府的决策部署，扎实工作，突出重点，努力完成好全年工作任务，为全省经济社会事业发展做出新的贡献。今天下午，范堆相常务副省长还将亲临会议看望大家并作重要讲话。下面，我结合贯彻落实省领导指示精神及本次会议的主题讲几点意见，供同志们参考。

一、2006年全省财政工作任务圆满完成，“十一五”财政发展开局良好

2006年是“十一五”规划的开局之年。一年来，在省委、省政府的正确领导下，全省各级财政部门以科学发展观为统领，认真贯彻落实中央和我省的各项决策部署，紧紧围绕年初确定的“抢抓发展机遇、促进协调发展、提高收入质量、优化支出结构、深化财政改革、加强资金监管”的工作思路，开拓创新，真抓实干，全省财政工作取得了令人欣喜的好成绩。财政总收入完成1 048.01亿元，增长38.2%（剔除“两权”收入完成887.31亿元，增长20.3%），首次突破千亿元大关；一般预算收入完成583.08亿元，增长58.3%（剔除“两权”收入完成422.38亿元，增长21.4%），财政实力进一步增强；全省一般预算支出执行911.96亿元，增长36.4%，支出结构进一步优化。在财政收支总量再创新高的同时，全省财政部门坚持民主、科学、为民、依法的理财理念，以务实的作风、扎实的工作，促进了全省经济社会各项事业的健康协调发展。

（一）增强服务大局意识，积极围绕支持建设和谐山西谋划财政工作

财政作为政府履行职能和加强宏观调控

的物质基础、体制保障和政策手段，在构建社会主义和谐社会进程中责任重大、任务艰巨。过去的一年，我们紧紧围绕我省“十一五”规划提出的构建充满活力、富裕文明、和谐稳定、山川秀美的新山西的发展目标，努力增强工作的自觉性和主动性，以高度的使命感和责任感积极谋划财政工作，服务全省发展大局，支持建设和谐山西。去年，我们在全省财政工作指导思想中明确提出将“支持我省新型能源和工业基地、社会主义新农村及和谐社会建设”作为全省财政工作的着力点，在总体思路中又将“抢抓发展机遇、促进协调发展”作为全年财政工作的首要任务，将财政工作的立足点和着眼点放在了服务全省经济社会发展大局上。在安排 2006 年财政预算时，我们认真贯彻落实中央和省委、省政府的各项决策部署，将“全面落实科学发展观，统筹经济社会协调发展，维护社会稳定，促进社会公平”作为预算安排的重要原则，细算账服务大局，巧理财统筹发展，各项重点支出得到有力保障，“十二件实事”所需资金全部落实到位，财政资金更多地向“三农”倾斜、向困难群体倾斜、向社会公益事业倾斜、向基层倾斜，切实将维护和谐、促进和谐、发展和谐落实在公共财政建设的实践中。去年，省财政不断加大支出结构调整力度，积极筹措和整合产业发展资金 4 亿元、国有企业改革专项资金 3 亿元、山老区发展专项资金 9 亿元，将省委、省政府确定的“集中财力办大事”的理财方针落在了实处。积极向国家有关部委反映我省发展进程中遇到的困难和问题，大力争取中央政策、资金支持，我省水资源补偿费和电源基地建设基金两项政策的延续得到财政部批准；积极争取煤炭工业可持续发展试点政策，研究拟定了煤炭工业可持续发展基金等三项经济政策实施办法；与相关部门共同努力，全年争取中央专项资金 158.86 亿元，比 2005 年增加 30.7 亿元，有力地促进了我省经济社会各项事业发展。

（二）发挥宏观调控职能，努力促进全省经济平稳较快发展

促进经济结构调整和经济增长方式转变。积极筹措和整合产业发展专项资金，重点支持我省“八大支柱产业”改造提升和发展壮大，推进我省传统产业新型化、新兴产业规模化；支持煤炭工业打好“三大战役”，促进了全省煤炭资源整合；拨付电源基地建设基金和农网还贷资金 5.48 亿元，支持了我省电力事业的发展；认真落实中央支持企业研发、高新技术企业发展、高科技产品出口等税收政策，进一步加大科技投入力度，重点支持了科技攻关、科技成果转化推广、科研院所中试基地及科技基础条件平台建设，有力地促进了我省科技创新能力的提高和经济增长方式的转变。

推进国有企业改革。积极参与国有企业改革大调研，牵头和配合有关部门完成了《省属国有企业改革专项资金管理办法》等 13 个国有企业改革配套文件，完成了省属 679 户国有企业做强做大、改制破产方案的审定工作；支持了 25 户企业破产改制，完成和基本完成了中央下放及省属企业分离办社会工作，共移交机构 249 个，涉及职工 2.4 万人；积极推进省属国有企业实施主辅分离和辅业改制，完成分离和改制的企业达 283 户。

支持生态环境综合整治。省财政下达资金 31 亿元，在继续推进京津风沙源治理、天然林保护、退耕还林等国家重点生态工程的基础上，着力支持了以六大造林工程、“蓝天碧水工程”为重点的生态环境综合整治及全省环境监测能力建设，促进了我省生态环境的改善；按照《京都议定书》提出的温室总体减排合作机制，积极争取清洁发展机制项目，促进我省循环经济发展；积极加强与全球环境基金等国际组织的合作，

2006年获得全球环境基金赠款4 000多万美元，重点支持了防止土地退化、生物多样性保护等项目建设，拓宽了我省生态环境综合整治领域。

积极完善省市县三级信用担保体系。全省11个市和40个县成立了政策性担保机构；全省各级各类信用担保机构共为1 500多户中小企业提供贷款及其他信用担保服务20亿元，其中，省担保公司提供担保9.6亿元；积极搭建地方中小企业信用与担保信息化工作平台，为全省各级中小企业融资提供了更为便捷的服务。

大力支持扩大对外开放。积极筹措外贸发展促进资金和中小企业国际市场开拓资金，鼓励、扶持和引导我省企业参与国际竞争；支持开展以沪港招商会为重点的各项招商引资活动，继续对太原至香港航线给予补贴，支持实施海外人才集聚工程，促进了全省对外开放事业的发展。

（三）完善支出保障体系，切实维护人民群众切身利益

各级财政部门坚持以人为本、促进和谐的理念，财政资金更多地投向公共服务领域，进一步增强了公共财政保障能力。

2006年，省财政积极调整支出结构，下达各类补助资金54亿元，支持兑现了省政府年初承诺的“十二件实事”：提前一年为晋西北和太行山革命老区54个困难县的175.86万名农村中小学生免除了全年学杂费；新建改建城镇中小学标准操场1 082个；新型农村合作医疗改革试点县由25个扩大到56个，覆盖农村人口的53.7%，农民参合率达到86%，高于全国平均水平6个百分点；全面建立农村医疗救助制度，23.47万名农村困难群众得到救助；全省66万名农村特困群众和10.2万名“五保”对象享受到财政扶助；新增就业岗位42.4万个，引导性培训农民112万人，转移农村富余劳动力41万人；解决了全省2 070个自然村76万人的饮水安全问题；帮助山区农村移民搬迁5万人，20万贫困人口实现脱贫；棚户区改造开工建筑面积达144万平方米，沉陷区治理开工新建房屋150万平方米，维修加固工程完成2万多户；支持完成村村通水泥（油）路工程1万余公里；推进“万村千乡”工程，建成连锁便民店3 710个。

与此同时，认真落实中央调整收入分配政策，调整了公务员和事业单位人员工资，提高了企业离退休人员基本养老金标准、各类优抚对象抚恤和生活补助标准及城市低保对象补助标准；努力筹措资金，加大转移支付力度，确保了调整收入分配政策的及时兑现；研究起草并向财政部上报了规范公务员津贴补贴工作方案，为规范津贴补贴奠定了基础。加大对城市义务教育支持力度，对全省13.1万名义务教育阶段城市低保户子女免除学杂费和免费提供教科书；认真落实国家助学贷款政策，为25所高校的3万名贫困学生发放国家助学贷款1.43亿元，比上年增加7 000余万元。支持县乡文化馆和图书馆条件改善，支持打造文艺精品，《立秋》、《一把酸枣》同时入选国家十大舞台艺术精品工程。支持疾病预防控制体系建设，城市医疗救助试点由26个县扩大到所有县（市、区）；全省做实企业职工养老保险个人账户试点改革进展顺利。

（四）落实支农惠农政策，大力支持社会主义新农村建设

进一步加大支农投入力度，着力从农业生产、农村基础设施及农村公益事业发展等方面全力推进新农村建设。省财政全年用于“三农”方面的支出达51.57亿元，比上年增长69.9%，增加21.22亿元。安排专项资金2亿元，支持了1 098个新农村建设试点村开展新农村建设规划及道路、绿化、沼气和安全饮水设施建设。支持粮食生产和农村经济发展，拨付资金7亿元，及时兑现对种粮农民直接补贴等“四项补贴”政策，

对13个产粮大县进行以奖代补，全省粮食产量达到105亿公斤，为历史上第四个高产年；拨付资金5.5亿元，支持了以中低产田改造为重点的土地治理项目建设，扶持了以产业化龙头企业做大做强和高效种植、养殖基地建设为重点的农业产业化项目建设；积极支持“两区”县产业化项目开发，对“两区”199个农业产业化项目进行贴息补助，加快了“两区”开发建设步伐；加大对信用联社的政策性扶持，增强了农村信用社对农业生产的信贷支持能力。加大支农资金整合力度，选择11个县开展支农资金整合试点，整合资金4.3亿元，将支农资金整合范围扩大到产业结构调整、基础设施建设、扶贫开发和农村社会事业发展等多个领域，有力地推动了新农村建设，得到了财政部和省委、省政府的充分肯定。

（五）支持县乡财政发展，不断增强基层政府公共服务能力

近年来，省厅认真落实省委、省政府关于促进县域经济发展、缓解县乡财政困难的一系列决策部署，努力完善以一般转移支付为主、奖励补助政策为补充的缓解县乡财政困难的政策体系，坚持做到“三个倾斜”，即在财力分配、支出安排和政策制订上向基层倾斜，不断增强基层政府公共服务能力。2006年，在认真调查研究的基础上，制订出台了调整规范省市县财政体制的改革方案，通过增量调节调整各级财政的利益关系，降低省市收入分成比例，充实和增强县级财政实力，充分调动基层政府发展经济、组织收入、加强支出管理的积极性。同时，省财政不断加大转移支付力度，2006年共下达省对市县各类转移支付资金124.54亿元，比上年增长46%，进一步增强了县级财力，较好地保证了各项调资政策的落实到位和县乡政权正常运转，巩固了农村税费改革成果。此外，省财政还通过豁免债务、降低县级财政专项资金配套比例等措施，减轻县级财政负担，如取消了扶贫工作重点县的农业综合开发项目配套资金，降低了其他市县的配套资金比例，核减了县级2003～2009年到期农业综合开发土地治理项目债务1.1亿元。上述措施的积极实施，使县级财政实力明显增强，全省县级财政收入实现较快增长，县级财政总收入占全省财政总收入的比重由2003年的56.6%提高到2006年的66.1%，财政总收入超10亿元的县（市、区）达20个。

（六）全面加强财政管理，积极提升科学化、规范化、法制化理财水平

加大征管力度，狠抓收入组织。加强了对主要经济税源走势的分析预测，坚持并完善了财税库联席会议制度和财政收入监控报告制度，财政收入组织工作和分析监控水平不断提高；与税务部门联合开展重点税源调查，加大了对契税、耕地占用税、高收入者个人所得税等地方税种及非税收入的征管力度，促进了地方财力的增加。

规范支出管理，不断丰富科学理财手段。加大投资评审力度，全年评审预决算项目220个，评审金额167.69亿元，审减资金7.55亿元；评审国债项目4 512个，检查项目总投资958亿元；创新财政支出方式，推行了良种补贴购种合同与代金券双重管理办法并在部分市县推行“一卡通”，确保了粮食直补资金及时足额兑现到农民手中；综合运用多种手段，积极发挥财政资金“四两拨千斤”的作用，对小型农田水利设施建设实行“民办公助”试点，对农业产业化龙头企业实行投资参股经营，对环保建设等项目实行以奖代补，对企业技术改造项目实行贷款贴息，吸引和带动社会投资，放大了财政资金使用效应。

深化财政改革，努力创新财政管理模式。引深部门预算改革，公用经费定额逐步细化，实物费用定额改革稳步推进，市县部门预算改革步伐进一步加快；实施政府收支

分类改革，促进了财政预算的公开和透明；引深国库集中支付制度改革，省级116个部门的910个预算单位、市级90%的部门和30%的县（市、区）实行了国库集中支付；引深政府采购制度改革，公务车辆定点维修纳入政府采购范围，空调器、电视机协议供货工作顺利起步，省级全年采购金额达9.7亿元，比上年增长36.6%。

加强财政监督，努力规范财经运行秩序。进一步完善了事前审核、事中监控和事后检查的财政监督机制，监管能力得到提升。严格会计师事务所和资产评估机构设立和监管，对68家不符合设立条件的会计师事务所进行了限期整改；继续开展《会计法》和《注册会计师法》执行情况检查，对违规的59户会计师事务所依法给予行政处罚；对21户企业会计信息质量进行了检查，查出企业会计核算不实违规金额192.7亿元，补缴税款1.1亿元；以治理政府采购领域商业贿赂工作为重点，扎实推进了治理商业贿赂专项工作。

一年来，我们在财政法制、行政效能、政风行风建设、党风廉政建设和干部队伍建设等方面也取得了新的成绩。贯彻执行《财政部门全面推进依法行政依法理财实施意见》，全面启动"五五"财政法制宣传教育规划，实行了财政重大决策法律咨询论证审核制度，推行了行政执法责任制，财政法制建设步伐不断加快。按照省政府《关于改进机关作风优化政务环境全面提高政府公信力和执行力的决定》，制订并实施了首办负责制、限时办结制、服务承诺制和行政过错追究制。加大财政新闻宣传力度，推行了新闻发布会制度，举办了财政"十五"成就展。制订了《山西省财政厅关于建立健全惩治和预防腐败体系实施意见》，探索建立反腐倡廉教育长效机制。成功举办全省财政系统处级领导干部清华大学培训班及其他各类培训班37期，培训干部5 548人次，财政干部队伍整体素质不断提高。

同志们：过去的一年，全省财政工作取得了来之不易的好成绩，这是省委、省政府科学决策、正确领导的结果，是我省经济发展总量扩大、活力增强、质量提高的结果，也是全省广大财政干部团结协作、奋力拼搏的结果。在此，我代表厅党组向一直关心支持财政工作的各级领导和为财政事业发展无私奉献的广大财政干部职工表示衷心的感谢！并特别向长期战斗在基层财政战线的县区财政局长和广大基层财政干部致以崇高的敬意！

成绩属于过去，做好新时期的财政工作，我们还必须保持清醒的头脑，切实看到目前财政运行中存在的矛盾和问题。如：财政收入对煤炭及相关行业依赖性依然较大，财源结构单一状况尚未有效改变；个别税种征管和非税收入征缴有待加强；财政刚性支出增多，财政预算面临收入增长放缓而支出基数不断增长的双重压力，收支矛盾依然突出；社会转型期各种风险呈现向财政转移和积聚的趋势，防范和化解财政风险的任务非常艰巨等。对此，我们必须高度重视，切实采取措施，努力加以解决。

二、全面贯彻落实中央和我省各项工作部署，努力推动2007年全省财政工作迈上新的台阶

2007年是深入贯彻落实科学发展观、加快构建社会主义和谐社会的重要一年，也是积极推进"十一五"规划深入实施的关键之年。做好今年的财政工作，对进一步巩固和保持经济社会各项事业健康协调发展的良好势头具有十分重要的意义。综合分析今年的财政经济形势，可以概括为"挑战与机遇并存、压力与动力同在"。"挑战"，是指国家继续实施以货币、财政"双稳健"政策为核心的宏观调控政策对产业结构重型化特征明显的我省仍将产生较大约束性影响，特别是淘汰落后产能、取消煤焦铁出口退税等因素将对我省宏观经济总量的持续扩大和财政收入的稳定增长构成挑战；“机遇”，是指中部地区崛起战略实施、煤炭工业可持续发展试点和煤炭资源有偿使用试点三项政策措施将为我省提升经济发展水平、增强财政可持续发展能力创造难得的发展机遇。“压力”，是指支持新农村建设、促进“两区”开发、推动新型工业化和特色城镇化双轮驱动战略实施及加快社会事业发展将对财政提出更多的资金需求，各级财政将面临更大的支出压力；“动力”，是指“八大支柱”产业加快发展、煤炭工业“三大战役”深入推进、科技创新水平不断提升和招商引资力度进一步加大将为我省转变经济增长方式、调整优化财源结构提供积极动力。新的形势对我们提出了新的更高的要求，我们只有切实增强做好财政工作的责任感和使命感，积极将财政改革与发展放在宏观经济形势的大背景中加以谋划和推进，才能确保财政事业的持续健康快速发展。

贯彻中央和我省经济工作会议精神，落实全国财政工作会议工作部署，综合考虑今年财政经济发展的各种因素，2007 年全省财政工作总的指导思想是：以邓小平理论和“三个代表”重要思想为指导，认真贯彻党的十六届六中全会及省九次党代会精神，坚持以科学发展观统领财政工作全局，发挥财政宏观调控作用，调整优化财政收支结构，增强公共财政保障能力，推动经济结构调整和经济增长方式转变，支持和谐社会建设，维护人民群众切身利益；深化财政改革，完善财政体制，推进依法理财，严格预算约束，坚持勤俭节约，强化财政监督，规范财经秩序，促进全省经济社会各项事业实现又好又快发展，以财政工作的新业绩迎接党的十七大胜利召开！

贯彻上述指导思想以及《国务院关于编制 2007 年中央预算和地方预算的通知》精神，综合考虑影响今年财政收支的各种因素，2007 年全省财政总收入计划安排 1 080 亿元，增长 3. 1%，剔除“两权”收入同口径增长 16%。其中，一般预算收入安排 548. 7 亿元，剔除“两权”收入同口径增长 18%；上划中央收入 531. 3 亿元，增长 14. 3%。分系统情况为：国税系统 636 亿元，增长 15. 4%；地税系统 281 亿元，增长 15. 2%；财政系统 163 亿元，剔除“两权”收入同口径增长 22. 6%。以上收入计划只是一个指导性的指标，各级一定要按照实事求是、量力而行、留有余地的原则安排本地区的财政收支预算，反对在收入增长速度上盲目攀比；要严格执行《预算法》，不得编制赤字预算。

为确保今年全省财政预算任务的圆满完成，2007 年我省财政工作要“狠抓‘六个着力’、实现‘三个促进’、力求‘三个突破’”：

（一）着力发挥财政宏观调控职能，促进经济又好又快发展

积极筹措并用好产业发展资金，沿着“三个路径”深入推进产业结构调整。今年是省政府确定的优化产业结构、促进产业大发展的项目攻坚年、建设年，各级财政部门要按照省九次党代会提出的“改造提升传统支柱产业、培育壮大新的支柱产业、积极发展具有潜力的新兴产业”三个路径的要求，充分发挥产业发展资金的支持带动作用，通过贷款贴息、资本金入股和注入少量启动资金等方式，以“八大支柱产业”、“三个企业方阵”为重点，集中支持一批重大产业项目；要积极研究制订扶持重点产业项目的政策措施，配合有关部门认真做好项目申报工作，切实把符合国家和我省产业政策、符合环境保护评价要求、有助于推动产业结构升级和优化的项目列入扶持范围；充分运用财税政策，在改造提升传统服务业的同时，推动以现代物流、金融服务及知识密

集型中介服务为主的现代生产型服务业加快发展，提升文化、体育、会展和社区服务等新兴服务业发展水平，促进我省产业结构调整战略的深入实施和我省财源结构的不断优化。

支持深化国有企业改革，大力促进全省国有经济布局调整和优化。按照“三个一批”（发展壮大一批、转制搞活一批、关闭破产一批）的国企改革工作思路，认真落实省政府制订的深化国企改革的一系列配套政策，积极参与省属企业产权制度改革，促进我省国有企业实现产权股权结构多元化。管好用好国企改革专项资金，继续做好省属企业政策性关闭破产工作，全面完成分离办社会和“主辅分离、辅业改制”任务，选择部分企业开展国有资本经营预算试点，支持国有大中型企业改制搞活。

支持科技创新、节能降耗和发展循环经济，积极促进经济增长方式转变。加大科技投入力度，对列入我省“三个方阵”的大企业建立研发中心并达到相关技术标准的予以奖励补助，对围绕支持“八大支柱产业”，在发展循环经济、节能降耗和产学研相结合方面取得突出成效的企业、学校、科研单位予以奖励补助，实现由原来单纯“补项目”向“以奖代补”转变，推进科技创新投入体系多元化。对国家级、省级高新技术开发区和经济技术开发区基础设施项目继续给予贷款贴息，充分发挥开发区对产业结构调整的带动作用。各级财政部门要充分发挥税政管理职能，加大税收政策宣传普及力度，提升市场主体用好国家现行税收优惠政策的能力，通过税率优惠、税收减免、加速折旧等政策手段，支持发展循环经济，促进经济增长方式转变。

完善中小企业信用担保体系，积极发挥信用担保对经济发展的促进作用。各级财政要加大对担保体系建设的支持力度，主动建立并逐年扩充中小企业信用担保专项资金，用于对中小企业担保机构的资本金注入和风险防范，不断增强我省中小企业信用担保机构担保能力；积极完善全省中小企业信用担保体系，鼓励担保机构与金融机构开展互惠合作，加大省市县三级担保机构多方位的联动担保力度，创新担保方式，扩大担保范围，提升融资能力，加快中小企业发展步伐。

支持招商引资，促进我省进一步扩大对外开放。加大利用国际金融组织贷款和外国政府贷款的工作力度，支持做好沪港招商签约项目的落实工作，鼓励各类招商引资、招才引智平台建设，支持参加“中部崛起博览会”和办好“中国（太原）国际煤炭与能源新产业博览会”，鼓励企业“走出去”参与国际竞争，提升我省外经贸发展水平。

（二）着力调整财政支出结构，促进社会主义和谐社会建设

各级财政部门要进一步调整和优化财政支出结构，推动公共资源配置更多地向群众直接受益的方面倾斜，解决好涉及群众切身利益的问题，努力改善民生、促进民和。

健全义务教育经费保障机制。按照中央要求，今年将全面实施农村义务教育经费保障机制改革，主要包括在全省范围免除农村义务教育阶段学生学杂费，努力提高农村中小学公用经费保障水平，建立农村中小学危房改造长效机制，巩固和完善农村中小学教师工资保障机制。为落实好这项政策，省财政一是从财政体制上给予了保证，使县级有能力承担相应的责任；二是省财政还承担了地方负担部分的大头，一般县按省市县5∶2∶3负担，扶贫工作重点县按7∶2∶1负担，各市县要按照已确定的负担比例，足额安排相关资金，切实将义务教育经费保障机制落实到位，对所有农村中小学生免除学杂费，继续对农村义务教育阶段家庭经济困难学生免费提供教科书、补助寄宿生生活费。同时，力争于今年年底前全面

完成全省农村中小学现代远程教育工程，支持贫困地区300所农村寄宿制小学配置暖气设施，促进农村中小学办学条件的进一步改善。积极完善城市义务教育经费保障机制和高校、中等职业教育贫困学生资助政策，进一步支持高校重点学科建设和职业教育发展。

改善公共文化体育设施。加大对公益性文化体育事业的投入，通过财政补助的方式引导社会投资，支持县文化馆、图书馆和乡镇文化站、村文化室和体育健身场馆等农村公共文化体育设施建设，建立布局合理的县、乡（镇）、村三级文化体育设施体系，支持山西体育中心、山西大剧院、图书馆、科技馆等大型骨干文体设施建设，继续实施“送书下乡工程”和“文化信息资源共享工程”，不断满足人民群众参加文体活动的需要。

落实再就业政策和完善城乡社会救助体系。认真落实岗位补贴、保险补贴和税费减免等各项就业、再就业扶持政策，加大对困难企业职工再就业的支持力度，重点解决城镇零就业家庭的就业困难问题；多渠道筹措社会保障资金，逐步做实企业职工基本养老保险个人账户，提高企业退休人员基本养老金标准，进一步扩大城镇社会保险覆盖面，稳步推进事业单位养老保障制度改革试点，完善农村“五保户”供养、农村低保、灾民补助等社会救助制度，建立健全城乡社会救助体系。

支持医疗卫生事业发展。扩大新型农村合作医疗改革范围，确保覆盖80%以上的县（市、区），加快建立和实施农村医疗救助制度；支持乡镇卫生院改造达标，推进对村卫生室建设以奖代补试点工作，巩固和健全县、乡、村三级医疗卫生服务网络，改善农民医疗保障条件；加快社区卫生服务体系建设，促进社区提高公共卫生服务能力。

加大支持生态建设与环境保护投入力度。在继续推进退耕还林、京津风沙源治理等国家重点生态工程的同时，大力支持“蓝天碧水工程”和身边增绿六大工程；加快建设覆盖全省的空气质量自动监测系统和重点河段水质监测系统，建立全省重点污染源自动监控网络系统，提升我省环境监测水平；推进国有重点煤矿棚户区改造和采煤沉陷区治理，努力改善矿区群众的住房条件；支持农村地质灾害治理，帮助200个地质灾害村17万农民住上安全住房。

支持政法能力建设和安全生产工作。各级要不断加大政法投入，随着财力增加逐步将县级政法部门公用经费保障标准落实到位，并重点向基层法庭和基层派出所、司法所倾斜，切实增强政法部门的执法办案能力；管好用好安全生产风险抵押金等安全生产资金，促进煤矿等重点领域提高安全生产监控管理水平，积极创造和谐稳定的社会环境。

（三）着力支持新农村建设和“两区”开发，促进城乡统筹发展

认真落实中央1号文件精神，积极贯彻“工业反哺农业、城市支持农村和多予少取放活”的方针，按照新农村建设的总体要求，认真落实各项支农惠农政策，大力发展现代农业，促进城乡统筹发展。

进一步加大支农投入，加快新农村建设步伐。继续强化财政支农资金稳定增长机制，调整支出结构，重点支持农业、农村基础设施和农村社会事业。省级财政新增经济社会事业发展资金的60%以上要投向农业和农村，矿产有偿使用收入、煤炭工业可持续发展基金和地方电力专项基金的较大部分用于农村基础设施、农业综合生产能力和新农村建设。积极支持去年确定的1 000个新农村建设试点村和今年新增的2 000个新农村建设重点推进村搞好建设规划、道路硬化、沼气普及。继续落实粮食直补等四项补贴政策，今年再将1 000万亩优质小杂粮纳

入直补范围，同时要进一步完善补贴办法，全面推行“一卡通”，确保补贴资金及时足额到位，增加农民种粮收益。继续支持村村通公路工程建设，支持“万村千乡”市场工程，方便农民群众生产生活；支持推进农村安全饮水工程，今年再解决200万人的饮水安全问题；支持普及推广沼气，使列入试点和重点推进的3 000个村的沼气用户占到适宜农户总数的80%以上，将各级政府资助建设的沼气用户增加到20万户，逐步使农民群众“走上平坦路，喝上干净水，用上清洁气”。

积极整合财政支农资金，支持发展现代农业。进一步加大支农资金整合力度，各县要认真研究制订集中使用支农资金的具体办法和措施，将分别由各部门下达的支农资金“捆绑”使用，集中财力支持发展现代农业。大力支持中低产田改造和耕地能力建设，推进实施水源建设、农田水利灌溉和城乡节水等六大水利建设工程，以“民办公助”机制引导和鼓励农民兴修水利和节水灌溉设施，促进农业生产条件改善。积极扶持农业产业化龙头企业加快发展，推进农民专业合作经济组织、农产品批发市场和农业生态项目建设，完善农产品流通网络和农业信息服务平台，推进种植业、养殖业走专业化、规模化和产业化发展道路，发展高效优质农业，加快构建农业产业化体系；综合运用税收、补助、参股、贴息等手段，吸引带动社会力量投资建设现代化农业。

支持推进“两区”开发建设，帮助贫困农民脱贫致富。今年是我省革命老区和贫困山区新一轮扶贫开发的关键之年，省财政将在“十一五”期间每年安排9亿元支持“两区”开发，主要用于“两区”产业开发项目启动、贴息及“两区”行政村文化体育活动场所建设、寄宿制学校改造。各市县的主要任务是抓好项目审核等工作，确保列入“两区”开发的项目开工建设。继续支持移民搬迁、整村推进、培训转移、产业扶贫四大扶贫工程，将财政扶贫资金80%切块到县管理，充分调动各县谋划项目、落实项目的积极性。

继续做好农村综合改革试点工作。按照中央和省政府的安排，选择试点积极开展化解乡级债务工作，探索建立符合我省实际的农民负担监督管理、乡镇和村级财务管理机制；以转变政府职能为重点，通过以奖代补办法，支持推进全省乡镇机构改革，减少行政和事业编制人员，健全减轻农民负担的长效机制。大力支持农村信用社改革，充分发挥农村信用社支农主力军的作用；努力争取使我省列入国家农业政策性保险试点。

（四）着力完善财政体制，在增强基层政府财政保障能力上求突破

建设和谐社会，需要各级政府提供强有力的公共服务保障，而当前基层政府公共服务能力偏弱的问题直接影响着和谐社会建设的深入推进。为进一步缓解基层财政困难，增强基层政府财政保障能力，省政府决定从今年1月起实施新的财政体制。这次体制改革是自2002年以来我省又一次大幅度的财政体制调整，是省委、省政府针对当前财政体制运行中存在的突出矛盾和问题，按照贯彻落实科学发展观、构建社会主义和谐社会总体要求做出的重大决策，充分表明省委、省政府致力缓解基层财政困难，努力提高基层政府公共服务能力的决心。11月28日，张宝顺书记对财政体制调整方案做出重要批示：此项改革对促进县域经济发展、“两区”开发、新农村建设是有力支持，也是行政管理体制的重要改革。各市县一定要高度重视这次财政体制调整工作，切实增强大局意识、政治意识、责任意识和纪律意识，把思想和行动统一到省委、省政府的决策上来，统一到张宝顺书记的重要批示和昨天下午于幼军省长的讲话精神上来，坚决克服本位主义思想，认真做好体制调整的各项工

作。在此，我再强调三点：

一是各市要抓紧做好市对县财政体制调整方案的设计和数据测算工作，在今年3月底前向省政府上报体制调整方案，确保上半年市对县财政体制全面运行；要不折不扣地贯彻执行省政府关于财政体制调整的各项要求，严禁弄虚作假，特别是在制订市对县财政体制调整方案时，要切实落实好财力向县级倾斜的要求，按照全省统一规定划分市县收入范围，合理确定对县区的体制补助（或上解）及定额财力补助，凡按原体制规定未参与县级税收收入分享的市，改革后原则上仍不得参与县级收入分享，确因市级以上企业收入基数下放对市级财力增长影响较大的，必须经省政府批准方可适当参与县级收入分享；要指导所属县区科学测算体制调整后的财力情况，积极安排好今年预算。

二是各县要切实增强对此次财政体制调整重要性的认识，按照全省统一部署，积极完成好体制调整的各项工作任务。新体制运行后，县级财力将得到增强，省厅将全面清理各种资金配套政策，进一步强化县级支出责任，对应该由县级办的事将完全交由县级财政安排预算，各县要充分把握此次体制调整对促进县域经济发展、缓解县级财政困难带来的有利机遇，统筹安排好体制调整后新增加的财力，进一步调整优化财源结构，严格控制财政供养人员，积极消化财政赤字，提高财政运行质量，切实增强统筹经济社会发展的能力。

三是各级财政部门要密切关注新体制运行情况，加强沟通协调，及时发现和解决运行中出现的各类问题，确保新体制的顺利运转。

此外，配合新体制运行，省财政将继续落实“三奖一补”政策，进一步完善县级增收节支激励约束机制，对县级保持平衡和消化赤字予以奖励，对享受转移支付的新增赤字县按照一定比例扣减转移支付，并坚持“增人不增转移支付、减人不减转移支付”的原则安排省对县级一般转移支付，鼓励和调动县级增收节支的积极性。

（五）着力规范收入分配秩序、加强中介机构监管，在强化财政管理薄弱环节上求突破

认真做好清理规范公务员津贴补贴工作。从省级来讲，当前要抓紧拟定规范公务员津贴补贴方案的实施细则，待中央批复我省方案后即能尽快实施，确保在并省直机关公务员津贴补贴规范工作及时启动。各市也要及早动手，提前做好信息搜集、数据测算等相关准备工作，待全省方案实施后，及时起草制订本市清理规范公务员津贴补贴工作方案，并于5月底前将方案上报省财政厅、省人事厅备案，市直需要提高津贴补贴水平的，应同时将市直方案报省财政厅、省人事厅审批。各市要高度重视此次清理规范公务员津贴补贴工作，认真落实“一把手”负责制，确保全省清理规范公务员津贴补贴工作的顺利推进。各级各部门要加强公务员工资、津贴补贴和财务管理，规范津贴补贴后，一律不准自行新设津贴补贴项目，一律不准自行提高津贴补贴标准和扩大实施范围，一律不准自行扩大有关经费开支范围和提高开支标准发放津贴补贴、奖金福利、有价证券和实物。各级要加大监督检查力度，严肃查处各种违纪行为，确保清理规范工作取得成效。

深入推进非税收入管理改革。创新非税收入管理机制，统一政府非税收入的征收管理，探索建立科学规范的非税收入管理模式，努力在制度建设、机构建设等方面取得突破；不断增强政府对非税收入的调控能力，将纳入财政综合预算的政府非税收入实行统筹安排，集中财力办大事；建立健全政府非税收入征管激励约束机制，督促征收部门依法履行职责，确保非税收入应收尽收。今年此项工作的主要任务是抓紧制订加强和

规范非税收入管理的总体方案和具体措施，制订相关的政策、制度和办法，尽快启动和推进非税收入管理改革，加快建立全面、真实、透明和规范的非税收入管理体系。

积极加强行政事业单位国有资产管理。认真开展全省行政事业单位资产清查，制订出台《山西省行政事业单位国有资产管理暂行办法》等制度，对行政事业单位出租、出借国有资产及事业单位利用国有资产对外投资、担保等行为进行清理整顿，抓好事业单位改制和行政事业单位所属经济实体脱钩改制中的资产管理工作；在建立和完善部门资产购置计划审批制度的基础上，研究建立资产管理与预算管理有机结合的管理机制，加快建立行政事业单位国有资产动态监管信息系统，不断完善行政事业单位国有资产管理体制。

进一步加大对会计师事务所等中介机构的监管力度。积极查处重大违规违纪案件，严厉打击会计造假等扰乱经济秩序的行为，树立政府监管权威。今年要重点对会计师事务所和资产评估机构进行整顿，切实做到“三个坚决清理”，即：对达不到设立条件、不具备继续执业资格的事务所和执业人员坚决清理；对只招揽业务不重视内部治理，只重视经济效益不重视执业质量，严重丧失职业道德出具虚假报告的事务所和执业人员坚决清理；对恶意压价、诋毁同行、乱挂牌乱设分支机构，严重扰乱执业环境的事务所坚决清理。对出具虚假报告的事务所发现一家撤销一家，对相关注册会计师和注册资产评估师要吊销证书，并在五年内不得重新注册执业。通过上述措施，努力规范中介服务行业秩序，支持建设诚信山西。

（六）着力推进法治财政建设，在进一步提升依法理财能力上求突破

加强财政法制建设方面：认真贯彻执行国务院、财政部全面推行依法行政的有关要求，出台我省《财政部门全面推进依法行政依法理财实施方案》，大力推行行政执法责任制，促进财政干部依法行政；认真做好修订《山西省会计管理条例》的立法提请工作，严格落实规范性文件前置审查制度，深入实施“五五”财政法制宣传教育规划，推进法治财政建设。

严格依法治税方面：进一步加强对财政收入形势的分析预测，充分认识和提前预判影响财政增收的各种因素，积极采取针对性措施，确保财政收入的稳定增长；要坚持依法治税，进一步加大对煤矿企业所得税、房地产税收等收入薄弱环节的征管力度，组织开展房地产开发企业土地增值税清算征缴，确保应收尽收，通过充分挖掘地方税收增收潜力，弥补政策性减收造成的影响，不断做大做优财政“蛋糕”。

深化财政改革方面：进一步推进税制改革，积极做好企业所得税两法合并基础性工作，研究落实实施增值税改革和城镇土地使用税、车船税政策调整的具体方案及配套措施。继续推进部门预算改革，逐步建立预算定额与实物资产相结合的定额标准体系；按照政府收支分类改革要求，积极组织开展省直部门项目支出按经济分类编制预算试点工作；加强金财工程建设，提高预算编制执行效率；加快市县部门预算改革步伐，逐步扩大“乡财县管乡用”改革试点范围。推进国库集中支付制度改革，省级要在今年扩大到所有基层预算单位，市级所有部门和一半以上的县要实行国库集中支付。引深政府采购制度改革，扩大政府范围，做好会议、出差定点接待的招标工作，研究我省节能产品、绿色环保产品政府采购实施办法。

强化财政监督方面：切实将财政监督作为财政管理的必要环节和有机组成部分，纳入财政运行制度安排和程序设计，逐步实现对财政资金运行全过程动态监控；紧紧围绕收入监督、支出监督、内部监督和会计监督四条主线，完善监管制度，提高监管质量；

充分发挥财政监督专职机构的职能作用，积极利用财监组机构建制升格这一契机，进一步提升财政监督工作水平；充分发挥财监组就地监管的优势，积极强化财监组与驻地各市财政部门监督检查机构的沟通联系，切实增强两支队伍的监督合力。加强会计监督和会计基础工作建设，不断提高会计信息质量。改革和创新财政投资评审机制，提高评审工作效率和质量；不断健全财政支出绩效评价指标体系，扩大绩效评价领域，逐步建立投资评审、绩效评价、预算编制三位一体、有机结合的部门预算管理机制。

强化预算约束方面：按照建立节约型社会、节约型政府的要求，严格财政支出管理，硬化预算约束，切实解决预算追加频繁的问题，坚决维护预算的严肃性；结合我省实际制订省本级机关会议费、差旅费管理办法和省内公务接待管理规定，明确开支标准和开支范围；各级财政部门要带头厉行节约，严格执行公务接待标准，公务宴请不得追求高档次、高消费；优化资源配置，实现资源共享，降低行政成本；严格控制购车费、出国考察费等一般性支出，坚决杜绝各种铺张浪费行为，勤俭办一切事业。

三、切实提高贯彻落实科学发展观的能力，努力推动全省财政事业实现又好又快发展

科学发展观是以胡锦涛同志为总书记的党中央，坚持以邓小平理论和“三个代表”重要思想为指导，从新世纪新阶段我国发展全局出发提出的重大战略思想。当前，坚持以科学发展观统领经济社会发展全局，把科学发展的要求真正体现到改革发展的各项工作中，使经济社会发展切实转入以人为本、全面协调可持续发展的轨道，迫切需要各级领导干部不断深化对科学发展观的认识，不断提高贯彻落实科学发展观的能力。就我们财政部门而言，切实提高广大财政干部贯彻落实科学发展观的能力，就是要牢固树立以人为本、好中求快、全面协调、可持续发展的理念，坚持科学理财、民主理财、依法理财，努力推动财政事业实现又好又快发展。

第一，实现财政又好又快发展，必须深刻领会“又好又快”的科学内涵。

实现国民经济发展从“又快又好”向“又好又快”转变，传递了中央更加重视经济增长质量的信号，折射出全面贯彻落实科学发展观的本质要求。坚持又好又快发展，就是要把提高经济增长的质量和效益放在更加突出的位置，切实优化经济结构，大力转变经济增长方式，将经济增长的速度建立在经济效益好、群众实惠多，资源消耗少、环境质量高，经济波动小、增长步伐稳的基础上，防止大起大落，努力推动经济增长转入科学发展的轨道。各级财政部门要准确把握又好又快发展的科学内涵，充分认识又好又快发展的总体要求对于我省加快科学发展、建设和谐山西的重要意义，切实把科学发展、和谐发展的理念融入思想深处，转变为谋划思路、推进工作、干事创业的具体实践。在今后的工作中，我们要更加注重财政收入增长与全省经济发展相协调；更加注重财源结构建设与全省经济结构调整相协调；更加注重财政收入总量与财政收入结构相协调；更加注重优化财政支出结构与统筹城乡发展相协调；更加注重深化财政改革与完善市场经济体制相协调；更加注重加强财政管理与优化政务环境相协调，努力实现全省财政事业的又好又快发展。

第二，实现财政又好又快发展，必须努力实践“利国利民”的理财宗旨。

财政上涉国计，下系民生。各级财政部门必须把理财为国、用财为民作为一切工作的出发点和落脚点，讲大局、谋大事，无论是制订政策、完善体制还是安排预算，都必须从全省经济社会协调发展的全局出发，在统筹安排里体现重点，于利益协调中化解矛盾，紧握财政工作的主动权，提高财政工作的前瞻性，紧紧围绕中央和省委、省政府的重大决策部署，为全省经济社会各项事业发展提供强有力的资金保障和政策支持。要切实强化财政宏观调控职能，把支持经济又好又快发展作为当前工作的突出任务，做大做优经济“蛋糕”。同时，要坚持有所为有所不为，加快财政从营利性、经营性领域退出的步伐，建立更加适应社会主义市场经济体制要求、更加符合广大人民群众利益的财政支出模式，将更多的财政资金投向社会公共事业领域，把财力保障的重点与人民群众的切身福祉紧密结合在一起，全面正确地履行资源配置和收入分配职能，积极完善“以人为本、共享和谐”的公共财政支出体系，更加关注民生、关注基层、关注困难群众，最大程度地满足广大人民群众的公共需要，切实将“利国利民”的理财宗旨体现在财政收支管理的方方面面，努力推进和谐山西建设。

第三，实现财政又好又快发展，必须切实增强“敢破敢立”的创新精神。

创新是事业发展的永恒动力。经济社会发展的复杂形势使财政工作不断面临新的课题和新的挑战，需要各级财政部门不断增强开拓创新的意识，从经济社会发展变化的现实出发，立足实际，着眼长远，努力突破束缚财政事业发展的种种障碍，积极谋划财政工作的未来。各级财政部门要在实际工作中勇于破除大包大揽的思维模式，积极树立符合市场经济体制要求的理财思路；勇于破除唯书、唯上、唯经验的工作套路，始终坚持与时俱进、不断进取的工作理念；勇于破除只算财政收支账的惯性思维，不断增强财政工作算政治账、发展账的大局意识；勇于破除只重财政资金分配的传统思维，逐步提升综合运用资金、政策、贴息、担保等多种财政手段促进发展的能力，在“破”、“立”中求超越，在创新中求突破，不断推动财政事业又好又快发展。同时，要把增强创新意识和勇于探索实践紧密结合起来，将开拓创新的思想转化为实践探索的行动，大力推进财政体制、管理机制和工作制度等方面的创新实践，把新的聚财思路、新的理财模式、新的用财手段付诸行动，在实践中查找问题、在实践中总结经验、在实践中探寻规律、在实践中掌握方法，以行之有效、切合财政实际的新点子、新办法推动财政管理水平的不断提高。

第四，实现财政又好又快发展，必须大力培养“有德有为”的财政干部。

财政干部队伍是推动财政事业发展的主力军和重要力量。财政事业的又好又快发展离不开一支品行好、作风正、素质高、有作为的干部队伍。这里讲的品行好、作风正就是要“有德”，素质高、有作为就是要“有为”。培养“有德有为”的财政干部就是要紧紧围绕提高贯彻落实科学发展观能力这一目标，对财政干部进行全方位的教育培养。这两年我们在干部队伍建设方面取得了一定的成绩，广大财政干部学历层次逐步提高、综合素质不断提升、工作作风日益改进，在近年来的全省政风行风评议工作中，财政系统多次排名第一，社会各界对财政部门的理解度、认可度明显增强。这些成绩是全省财政系统多年来辛勤工作、共同努力的结果，成绩来之不易，必须倍加珍惜。今年，是省政府确定的狠抓落实年和作风建设年，我们要按照省政府的安排部署，以加强作风建设为重点，全面推进财政干部队伍建设。要加强党性教育，提高政治理论素质，增强贯彻执行党的方针政策的自觉性和主动性；要狠抓党风廉政建设，认真落实党风廉政建设责任制，积极开展廉政教育，严格执行领导干部廉洁自律规定，加强对权力运行的制约和监督，建立健全教育、制度、监督并重的惩治和预防腐败体系，增强财政干部拒腐防变的意识和能力；要培养务实作风，坚持重实际、讲实话、办实事、求实效，注重调查研究，多深入基层、多深入实际，多为基层出主意、想办法，解决实际困难；要营造团结氛围，引导同志之间在人格上互相尊重、互相信任，在感情上互相沟通、互相交流，在工作上互相支持、互相补位，团结干事，携手共进；要加强干部培训，积极创新干部教育培训工作思路，不断增强培训的针对性、实效性和科学性，努力提高干部教育培训质量，使财政干部在培训中增长才干、提升能力；要提高行政效能，认真落实和完善首办负责制、限时办结制、服务承诺制、行政不作为和过错责任追究制等制度，狠抓政风行风建设，大力引深政务公开工作，不断加大治理商业贿赂工作力度，切实提高财政部门政务运转效率，努力把财政部门建设成为上级放心、部门信任、群众满意的政府机关。

同志们：今年财政工作的要求和任务已经明确。让我们在省委、省政府的正确领导下，以科学发展观统领财政工作全局，着力在创新观念、开拓思路上有新突破，在促进发展、服务和谐上有新举措，在规范管理、深化改革上有新成效，团结一致，扎实工作，努力完成各项财政工作任务，推动全省经济社会各项事业又好又快发展，以财政工作的新姿态、新面貌、新业绩迎接党的十七大胜利召开！

关于2006年全省和省本级预算执行情况及2007年全省和省本级预算草案的报告

——在山西省第十届人民代表大会第五次会议上

山西省财政厅厅长　郑建国

（2007年1月29日）

各位代表：

受省人民政府委托，我向大会提出2006年全省和省本级预算执行情况及2007年全省和省本级预算草案的报告，请予审议，并请省政协委员和各位列席人员提出意见。

一、2006年全省和省本级预算执行情况

2006年，在省委、省政府的正确领导下，全省上下坚持以邓小平理论和“三个代表”重要思想为指导，认真贯彻党的十六大以来的各项方针政策，积极落实省十届人大四次会议通过的各项决议，坚持以科学发展观统领全局，按照“十一五”规划的总体部署，认真落实宏观调控政策，深入推进经济结构调整，大力发展各项社会事业，积极扩大对外开放，着力构建和谐山西，实现了“十一五”发展的良好开局。全省及省本级预算执行良好。

（一）全省和省本级预算变动情况

2006年全省和省本级预算经省十届人大四次会议审查通过之后，各市县人民代表大会相继批准了本级预算。省政府于2006年7月汇总各市县的预算报送省十届人大常委会备案。在预算执行中，根据财政部追加、追减专项指标和各级预算调整情况，全省和省本级预算作了相应变动。2006年全省一般预算收入为409.57亿元，与备案预算一致；因中央专项拨款及其他补助增加203.44亿元，各级用当年超收及上年净结余安排支出111.51亿元，全省一般预算支出由665.28亿元变动为980.23亿元。省本级一般预算收入为140.04亿元，与备案预算一致；因中央专项拨款及其他补助增加203.44亿元，列收列支的探矿权、采矿权使用费及价款收入（简称“两权”收入，下同）等专项收入超收及上下级结算增加财力59.88亿元，对各市专款及转移支付补助增加相应减少省级支出147.18亿元，省本级一般预算支出由179.3亿元变动为295.44亿元。

（二）全省和省本级预算执行情况

2006年全省一般预算收入完成583.08亿元，为预算的142.4%（剔除“两权”收入完成422.38亿元，同口径为预算的108.7%），增收214.73亿元，同口径增长21.4%；一般预算支出执行911.96亿元，为变动预算的93%，增支243.21亿元，增长36.4%。省本级一般预算收入完成201.04亿元，为预算的143.6%（剔除“两权”收入完成125.02亿元，同口径为预算的104.9%），增收75.5亿元，同口径增长17.2%；一般预算支出执行264.65亿元，为变动预算的89.6%，增支53.1亿元，增

长25.1%。根据2006年全省和省本级预算执行情况，全省可实现当年收支平衡，省本级略有结余，部分市县可消化一部分赤字。

2006年全省政府性基金收入完成146.5亿元，为预算的123.6%，增长8.7%；基金支出执行121.38亿元，为预算的61.6%，增长0.3%。省本级政府性基金收入完成85.47亿元，为预算的109.9%，下降2.9%；支出执行69.76亿元，为预算的67.5%，下降9.2%。政府性基金支出执行进度较低的主要原因：一是引黄二期工程投资方案正与全省“六大水利工程”总体规划进行进一步的比选、对接、论证，具体方案尚未最终确定；二是公路客货运附加费支出项目未按计划进度实施。

上述预算执行数字在全省决算汇总后，还会有些变化，具体结果待各级决算编制完毕后再向省人大常委会报告。

总的来看，2006年全省财政总收入和一般预算收入均实现跨越式增长，分别突破千亿元和500亿元大关，财政总收入达到1 048.01亿元；财政支出总量持续扩大，支出结构进一步优化，重点支出得到有力保障，“十二件实事”所需资金全部落实到位，全省财政预算执行取得了比预期要好的成绩。这是省委、省政府正确领导和省人大监督支持的结果，是全省上下聚精会神搞建设、全力以赴促发展的结果，是我省经济发展总量扩大、活力增强、质量提高的结果，全省各级财政部门为此也做了大量卓有成效的工作。

1. 发挥宏观调控职能，积极促进全省经济平稳较快发展。一是大力促进产业结构调整和经济增长方式转变。积极筹措和整合产业发展资金，重点用于支持我省“八大支柱产业”改造提升和发展壮大，推进我省传统产业新型化、新兴产业规模化；支持煤炭工业实施“三大战役”，促进全省煤炭资源整合；拨付电源基地建设基金和农网还贷资金5.48亿元，支持了我省电力事业的发展；认真落实支持企业研发、高新技术企业发展、高科技产品出口等税收政策，进一步加大科技投入力度，重点支持了科技攻关、重点科技成果转化推广、科研院所中试验基地及科技基础条件平台建设，有力地促进了我省科技创新能力的提高和经济增长方式的转变。二是大力推进国有企业改革。积极参与国有企业改革大调研，牵头和配合有关部门完成了《省属国有企业改革专项资金管理办法》等13个国有企业改革配套文件，完成了省属679户国有企业做强做大、改制破产框架方案的审定工作；积极筹措和整合国有企业改革专项资金10.88亿元，支持了25户企业破产改制，完成和基本完成了中央下放及省属企业分离办社会工作，移交机构249个，涉及职工2.4万人；积极推进省属国有企业实施主辅分离和辅业改制，完成分离和改制的企业达283户。三是大力支持生态环境建设。省财政下达资金31亿元，在继续推进京津风沙源治理、天然林保护、退耕还林等国家重点生态工程建设的基础上，着力支持以六大造林工程、“蓝天碧水工程”为重点的生态环境综合整治及全省环境监测能力建设，促进了我省生态环境的改善；积极加强与全球环境基金等国际组织的合作，2006年获得全球环境基金赠款4 000多万美元，重点开展了防止土地退化、生物多样性保护等项目建设，拓宽了我省生态环境综合整治领域。四是大力推进中小企业信用担保体系建设。全省11个市和40个县成立了政策性担保机构，省市县三级信用担保体系不断完善；全省各级各类信用担保机构共为1 500多户中小企业提供贷款及其他信用担保服务20亿元。五是大力支持扩大对外开放。积极筹措外贸发展促进资金和中小企业国际市场开拓资金，鼓励、扶持和引导我省企业参与国际竞争，支持开展以沪港招商会为重点的各项招商引资活动，促进了全省对外开放事业的发展。六是大力争取中央政策、资金支持。在与相关部门的共同努力下，国家批准我省为全国唯一煤炭工业可持续发展试点省，批准我省继续征收水资源补偿费和电源基地建设基金；全年共争取中央专项资金 158.86 亿元，比 2005 年增加 30.7 亿元，促进了我省经济社会各项事业的发展。

2. 落实支农惠农政策，大力支持社会主义新农村建设。进一步加大财政支农投入，着力建立健全财政支农资金稳定增长机制，省财政全年用于“三农”方面的支出达 51.57 亿元，比上年增长 69.9%，增加 21.22 亿元。其中：安排专项资金 2 亿元，用于 1 098 个新农村建设试点村开展新农村建设规划及道路、绿化、沼气、安全饮水设施建设；拨付资金 7 亿元，兑现落实了对种粮农民直接补贴、良种补贴、农机具购置补贴和生产资料增支综合补贴政策，对我省 13 个产粮大县进行了奖励，稳定了粮食生产能力；拨付农业综合开发资金 4.9 亿元，支持了以粮食主产区中低产田改造为重点的土地治理项目建设，扶持了以产业化龙头企业做大做强和高效种植、养殖基地建设为重点的农业产业化项目建设。拨付资金 4.78 亿元，比国家规定提前一年为晋西北和太行山革命老区 54 个困难县的 175.86 万名农村中小学生免除了学杂费，继续对农村经济困难家庭中小学生实行“两免一补”，促进了农村中小学布局调整、校舍维修改造和寄宿制学校建设；拨付资金 1.5 亿元，支持部分乡镇卫生院改造达标，全面建立农村医疗救助制度，23.47 万名农村困难群众得到救助，新型农村合作医疗改革试点县由 25 个扩大到 56 个，覆盖农村人口 53.7%，农民参合率达到 86%，高于全国平均水平 6 个百分点，缓解了农村群众“看病难、看病贵”问题。拨付扶贫资金 6.4 亿元，在扶持贫困地区发展农业产业化的同时，帮助山区农村移民搬迁 5 万人，300 个自然村实施整村推进，培训农民 112 万人，转移农村富余劳动力 41 万人，20 万贫困人口实现脱贫。推进了村村通水泥（油）路工程，解决了全省4 277 个自然村 200 万人的饮水安全问题；同时，积极筹措山老区发展专项资金 9 亿元，用于 59 个“两区”县产业化项目开发，2006 年对“两区”199 个农业产业化项目给予了贴息补助，促进了“两区”开发建设。

3. 完善支出保障体系，切实维护人民群众切身利益。认真落实中央调整收入分配政策。进一步提高了企业离退休人员基本养老金标准、各类优抚对象抚恤和生活补助标准及城市低保对象补助标准，筹措资金，加大对市县的财政转移支付力度，严格督促检查，确保了这次调整收入分配政策的及时兑现。促进教科文卫事业发展。2006 年全省教科文卫支出 184.87 亿元，比上年增长 19.8%；进一步加大了对城市义务教育支持力度，对 13.1 万名义务教育阶段城市低保户子女免除学杂费和免费提供教科书，新建改建 1 082 个城镇中小学标准操场；认真落实国家助学贷款政策，为 25 所高校的 3 万多名贫困学生发放国家助学贷款 1.43 亿元，比上年增加 7 000 万元。加大对重点学科和重点实验室支持力度，促进了我省科研能力的提升。支持县乡文化馆和图书室条件改善，支持打造文艺精品，《立秋》、《一把酸枣》同时入选国家十大舞台艺术精品工程。支持地方病等疾病预防控制和医院设备改造更新，城市医疗救助试点由 26 个县扩大到所有县（市、区），提高了公共卫生服务能力。推进就业和社会保障体系建设，全省社会保障支出执行 54.4 亿元，支持了以 12 项社会救助制度为主要内容的社会保障体系建设，全省 86 万城市低保对象、75 万农村特困群众和 10.25 万农村“五保户”享受到财政扶助，下岗职工基本实现了出中心向失业保险并轨，99.17万企业离退休人员基本养老金得到按时足额发放，全省新增就业岗位42.4万个，做实企业职工养老保险个人账户试点改革进展顺利。支持棚户区改造和采煤沉陷区治理，下达补助资金15.88亿元，全省棚户区改造开工建筑面积达144万平方米，沉陷区治理开工新建房屋150万平方米，维修加固工程完成2万多户，进一步改善了矿区群众的居住条件。

4. 支持县乡财政发展，不断增强基层政府公共服务能力。认真落实省委、省政府关于促进县域经济发展、缓解县乡财政困难的一系列决策部署，努力完善以一般转移支付为主，奖励补助为补充的缓解县乡财政困难的政策体系，坚持在财力分配、支出安排上向基层倾斜，努力提升基层政府公共服务能力。在认真调查研究的基础上，制订出台了调整规范省市县三级财政体制的改革方案，改革的主要内容是降低省市收入分成比例，进一步增强县级财力，进而更加有效地调动县级发展经济、增加收入的积极性，新体制于今年1月开始在全省实施。进一步规范转移支付办法，加大财政转移支付力度，全年共下达省对市县各类转移支付资金124.54亿元，比上年增长41.5%，其中：一般性转移支付38.17亿元，增长39.1%；调整工资转移支付55.82亿元，增长56.9%，农村税费改革转移支付19.52亿元，增长24.7%，较好地保证了各项调资政策落实到位和乡村两级政权正常运转及农村中小学经费的需要；认真落实“三奖一补”政策，下达对县级奖补资金5.95亿元，增长39.8%，调动了县级发展经济、增收节支的积极性。此外，免除了原由扶贫工作重点县负担的农业综合开发配套资金，降低了其他市县的配套比例；核减了县级2003～2009年到期农业综合开发土地治理项目财政有偿资金债务1.1亿元。上述政策的实施，使县级财政实力明显增强，县级财政总收入占全省财政总收入的比重由2003年的56.6%提高到2006年的66.1%，财政总收入超10亿元的县（市、区）达20个。

5. 全面加强财政管理，努力提升理财水平。一是强化征管，大力组织收入。加强了对主要经济税源走势的分析预测，完善了财税库联席会议制度和财政收入监控报告制度；与税务部门联合开展了重点税源调查，加大了对契税、耕地占用税、高收入者个人所得税等地方税种的征管，促进了地方财力的增加；严格非税收入管理，规范非税收入收缴程序，促进了非税收入的科学征缴。二是规范支出管理，不断丰富科学理财手段。推行了良种补贴购种合同与代金券双重管理办法并在部分市县推行“一卡通”，确保了粮食直补资金及时足额兑现到农民手中；对农业产业化龙头企业实行投资参股经营，对环保建设等实行以奖代补，对企业技术改造项目实行贷款贴息，吸引和带动社会投资，放大了财政资金使用效应。三是推进法治财政建设，努力提高依法理财水平。制订了《山西省财政厅全面推进依法行政依法理财实施方案》，全面启动“五五”财政法制宣传教育规划，实行了财政重大决策法律咨询论证审核制度，推行了行政执法责任制，财政法制建设步伐不断加快。四是深化财政改革，努力创新财政管理模式。引深部门预算改革，逐步细化了公用经费定额，实物费用定额改革稳步推进；引深国库集中支付制度改革，省级116个部门的910个预算单位全部纳入了改革范围，市级90%的部门和全省30%的县（市、区）实行了国库集中支付制度；引深政府采购制度改革，公务车辆定点维修纳入政府采购范围，空调器、电视机协议供货工作顺利起步。五是加强财政监督，规范财经运行秩序。不断完善财政监督机制，严格会计师事务所和资产评估机构的设立，加大对《会计法》和《注册会计师法》执行情况的检查力度，扎实推进治理商业贿赂工作，促进了财经秩序的不断规范。

总的来看，2006年全省财政改革与发展取得了可喜的成绩，但我们也清醒地认识到，目前财政运行中仍然存在不少矛盾和问题。如：财政收入对煤炭及相关行业依赖性依然较大，财源结构单一状况尚未根本改变；个别税种征管和非税收入征缴还存在一些薄弱环节；财政硬性增支因素增多，财政预算面临收入增长放缓而支出基数逐年增大的双重压力，财政收支矛盾依然突出；社会转型期各种风险呈现向财政转移和积聚的趋势，防范和化解财政风险的任务非常艰巨等。对此，我们将高度重视，采取针对性措施，努力加以解决。

二、2007年全省和省本级预算草案

2007年是深入贯彻落实科学发展观、加快构建社会主义和谐社会的重要一年，也是积极推进"十一五"规划深入实施的关键之年。安排好2007年财政收支预算，对于进一步巩固和保持经济社会各项事业健康协调发展的良好势头，加快科学发展，建设和谐山西具有十分重要的意义。按照《国务院关于编制2007年中央预算和地方预算的通知》精神，贯彻省委、省政府的重大决策部署，综合考虑今年财政经济发展的各种因素，2007年全省财政预算安排总的指导思想是：以邓小平理论和"三个代表"重要思想为指导，认真贯彻党的十六届六中全会及省九次党代会精神，坚持以科学发展观统领财政工作全局，发挥财政宏观调控作用，调整优化财政收支结构，增强公共财政保障能力，推动经济结构调整和经济增长方式转变，支持和谐社会建设，维护人民群众切身利益；深化财政改革，完善财政体制，推进依法理财，严格预算约束，坚持勤俭节约，强化财政监督，规范财经秩序，促进全省经济社会各项事业实现又好又快发展，以财政改革发展的新业绩迎接党的十七大胜利召开！

贯彻上述指导思想，2007年全省和省本级预算草案如下（按照新的政府收支分类科目编列）：

全省一般预算收入548.7亿元（剔除"两权"收入后为498.7亿元），同比增长18%；一般预算支出805亿元，比2006年向省人大常委会备案预算同口径增长21.9%，与当年地方可用财力一致。全省一般预算支出的主要项目安排情况是：一般公共服务169.7亿元，增长21.3%；公共安全54.4亿元，增长23.8%；教育163.3亿元，增长23.7%；科学技术10.1亿元，增长24%；社会保障和就业126.1亿元，增长21.6%；医疗卫生39亿元，增长22.3%；环境保护21.5亿元，增长23.3%；城乡社区事务40.3亿元，增长17.3%；农林水事务50亿元，增长23.2%；工业商业金融等事务27.5亿元，增长3.8%；其他支出77.9亿元，增长19.1%。上述全省预算草案为省代编预算，待市县人代会开过之后，我们将汇总各级人民代表大会批准的预算，再加上上年结转支出，一并报省十届人大常委会备案。

省本级一般预算收入135.93亿元，剔除"两权"收入及省与市县财政体制调整因素，同口径比上年增长13.5%。省本级一般预算支出安排176.49亿元，比2006年向省人大常委会备案预算同口径增长13.8%。省本级主要支出项目安排情况是：一般公共服务安排45.99亿元，同口径增长11.7%；公共安全安排11.68亿元，增长23.5%；教育安排17.97亿元，同口径增长22.3%；科学技术安排3.29亿元，增长17.6%；社会保障和就业安排31.27亿元，同口径增长26.1%；医疗卫生安排8.04亿元，增长37.6%；农林水事务安排13.73亿元，增长20.8%。

2007年全省政府性基金收入安排150.2

亿元，基金支出安排147亿元。省本级政府性基金收入安排76.13亿元，基金支出安排73.98亿元。

在编制上述预算草案时，着重考虑了以下几项主要因素：一是全省一般预算收入增幅略高于“十一五”规划确定的增长15%的指导性指标，体现了稳中求进的原则，贯彻了“好中求快”的发展要求；二是充分考虑了政策性增减收因素的影响，如煤炭可持续发展基金的征收和提取、税前列支工资标准提高等减收因素以及城镇土地使用税标准提高等增收因素；三是落实法定增长比例要求，严格依法安排农业、教育、科技等支出；四是按照构建和谐社会的要求，对“三农”、社会保障、环境保护等事关人民群众切身利益的支出，重点予以保障；五是省财政新增经济社会事业发展资金的大部分投向农业和农村；六是严格控制一般性支出，艰苦奋斗，厉行节约，勤俭办一切事业。应该说，这样安排2007年财政预算是积极稳妥的，也是务实可行的。

三、全面贯彻落实科学发展观，开拓创新，扎实工作，努力完成2007年财政预算任务

（一）着力支持经济又好又快发展，努力做大做优财政经济“蛋糕”

积极筹措并用好产业发展资金，以“八大支柱产业”、“三个企业方阵”为重点，集中支持一批重大产业项目；充分运用财税政策，在改造提升传统服务业的同时，推动以现代物流、金融服务及知识密集型中介服务为主的现代生产型服务业加快发展，提升文化、体育、会展和社区服务等新兴服务业发展水平，促进我省产业结构调整战略的深入实施；对国家级、省级高新技术开发区和经济技术开发区基础设施项目给予贷款贴息，充分发挥开发区对产业结构升级的带动作用。深化国有企业改革，积极参与省属企业产权制度改革，认真落实省政府制订的深化国企改革的一系列配套政策，管好用好国企改革专项资金，全面完成分离办社会和“主辅分离、辅业改制”任务，继续做好省属企业政策性关闭破产工作，促进国有大中型企业改制搞活。积极推进煤炭“三大战役”深入实施，支持煤炭资源整合和高效利用；发挥税政管理职能，运用税率优惠、税收减免、加速折旧、提高计税工资税前扣除标准等政策手段，支持发展循环经济，推动资源节约利用，促进经济增长方式转变。加快完善全省中小企业信用担保体系，建立并逐年扩充中小企业信用担保专项资金，不断增强我省中小企业信用担保机构担保能力；鼓励担保机构与金融机构开展多方位的联动互惠合作，创新担保方式，扩大担保范围，提升融资能力，加快中小企业发展。做好沪港招商签约项目的落实工作，支持参加“中部崛起博览会”和办好“中国（太原）国际煤炭与能源新产业博览会”，提升我省对外开放水平。

（二）着力支持社会事业发展，努力改善民生、促进民和

调整财政支出结构，优化公共资源配置，努力维护人民群众切身利益。加大教育投入力度，建立健全义务教育经费保障机制，今年对所有农村义务教育阶段中小学生免除学杂费，继续对农村、进城务工贫困家庭及城市低保户子女实行义务教育“两免一补”政策；力争于今年年底前全面完成农村中小学现代远程教育工程，促进农村中小学办学条件的进一步改善；完善高校和中等职业教育贫困学生资助政策，促进高校重点学科建设和职业教育发展。加大对公益性文化体育事业的投入，推进县文化馆、图书馆和乡镇文化站、村文化室等农村公共文化体育设施建设，建立布局合理的县、乡（镇）、村三级文化体育设施体系，支持山西体育中心、大剧院、图书馆新馆、科技馆

等社会事业发展重点工程建设，继续实施“送书下乡工程”和“文化信息资源共享工程”，不断满足人民群众参加文体活动的需要。落实再就业政策和完善城乡社会救助体系，认真落实岗位补贴、保险补贴和税费减免等各项就业、再就业扶持政策，重点解决城镇零就业家庭的就业困难问题；多渠道筹措社会保障资金，逐步做实企业职工基本养老保险个人账户，进一步扩大城镇社会保险覆盖面，稳步推进事业单位养老保障制度改革试点，完善农村“五保户”供养、农村低保、灾民补助等社会救助制度，建立健全城乡社会救助体系。扩大新型农村合作医疗改革范围，确保覆盖80%以上的县（市、区）；支持乡镇卫生院改造达标，推进对村卫生室建设以奖代补试点工作，巩固和健全县、乡、村三级医疗卫生服务网络；加快社区卫生服务体系建设，促进社区提高公共卫生服务能力。在继续推进“植树造林工程”和“蓝天碧水工程”的基础上，积极建设覆盖全省的空气质量自动监测系统、地下水监测系统和重点河段水质监测系统，建立全省重点污染源自动监控网络系统，提升我省环境监测水平；推进国有重点煤矿棚户区改造和采煤沉陷区治理，努力改善矿区群众的住房条件；支持农村地质灾害治理，帮助200个地质灾害村17万农民住上安全住房。不断增强政法部门的执法办案能力，提高煤矿等重点领域的安全生产监控管理水平，创造和谐稳定的社会环境。

（三）着力加大财政支持“三农”力度，全面推进社会主义新农村建设

积极贯彻“工业反哺农业、城市支持农村和多予少取放活”的方针，按照新农村建设的总体要求，认真落实各项支农惠农政策。进一步加大支农投入，完善支农政策。继续强化财政支农资金稳定增长机制，调整支出结构，重点支持农业、农村基础设施和农村社会事业。省级财政新增经济社会事业发展资金的60%以上投向农业和农村，矿产有偿使用收入、煤炭工业可持续发展基金和地方电力专项基金的较大部分用于农村基础设施、农业综合生产能力和新农村建设，积极支持去年确定的1 000个新农村建设试点村和今年新增的2 000个新农村建设重点推进村搞好建设规划、道路硬化、沼气普及。继续落实粮食直补、良种补贴、农机具购置补贴和农业综合补贴政策，完善补贴办法，全面推行“一卡通”，确保补贴资金及时足额到位，增加农民种粮收益。积极整合财政支农资金，支持发展现代农业。认真落实中央1号文件精神，加大资金整合力度，集中财力支持发展现代农业，扶持农业产业化龙头企业加快发展，推进农民专业合作经济组织、农产品批发市场和农业生态项目建设，完善农产品流通网络和农业信息服务平台，推进种植业、养殖业走专业化、规模化和产业化发展道路，发展高效优质农业，加快构建农业产业化体系；综合运用税收、参股、贴息等手段，吸引带动社会力量投资建设现代农业；加大中低产田改造和耕地能力建设投入，支持实施水源建设、农田水利灌溉、水土保持淤地坝等六大水利建设工程，引导和鼓励农民兴修小型农田水利设施；推进农村安全饮水工程，今年再解决200万人的饮水安全问题。支持推进“两区”开发建设，帮助贫困农民脱贫致富。积极调整支出结构，筹措山老区发展专项资金，支持落实“两区”开发产业和基础设施及社会事业发展项目；继续支持移民搬迁、整村推进、培训转移、产业扶贫四大扶贫工程，加快贫困农民脱贫致富步伐。继续做好农村综合改革试点工作，按照中央和省政府的安排，积极开展化解乡级债务试点工作，探索建立符合我省实际的农民负担监督管理、乡镇和村级财务管理机制，以转变政府职能为重点，通过以奖代补办法，推进全省乡镇机构改革，减少行政事业人员，健全

减轻农民负担的长效机制。同时要大力支持农村信用社改革，充分发挥农村信用社支农主力军的作用；努力争取使我省列入国家农业政策性保险试点，以给予保费补贴的方式鼓励农民参加农业保险。

（四）着力调整完善财政体制，切实增强县级财政实力

从今年开始，实行新的财政体制，调整税收共享收入范围和分享比例，适当调减省市留成比例，通过增量调节，充实和增强县级财政实力，努力实现财权事权的统一，充分调动县级发展经济、增收节支的积极性。建立增收返还机制，鼓励县级多收多得，对35个国家扶贫开发重点县实行“省直管县”财政管理体制改革试点。继续落实“三奖一补”政策，进一步完善县级财政增收节支激励约束机制，对县级保持平衡和消化赤字予以奖励，对享受转移支付的新增赤字县按照一定比例扣减转移支付，并坚持“增人不增转移支付、减人不减转移支付”的原则安排省对县级一般转移支付，鼓励县级积极控制和减少财政供养人员，促进县级减轻财政负担、消化财政赤字，提高县级统筹发展的能力。

（五）着力提高财政管理水平，积极提升依法理财能力

认真贯彻执行国务院《全面推进依法行政实施纲要》和《财政部门全面推进依法行政依法理财实施意见》，努力营造依法行政、依法理财的良好氛围。继续推进部门预算改革，逐步建立预算定额与实物资产相结合的定额标准体系；按照政府收支分类改革要求，积极组织开展省直部门项目支出按经济分类编制预算试点工作；加快市县部门预算改革，扩大试点范围。推进国库集中支付制度改革，省级要逐步扩大到所有基层预算单位，市级部门要全部纳入，一半以上的县也要实行此项改革。规范政府采购行为，扩大政府采购范围，重点做好会议、出差定点接待的招标工作。深入推进非税收入收缴管理制度改革，抓紧制订加强和规范非税收入管理的总体方案和具体措施，加快建立全面、真实、透明和规范的非税收入管理体系。认真开展全省行政事业单位资产清查，对行政事业单位出租、出借国有资产及事业单位利用国有资产对外投资、担保等行为进行清理整顿，切实加强行政事业单位国有资产管理。认真做好清理公务员津贴补贴工作，努力规范收入分配秩序。进一步提升财政监管水平，不断完善事前审核、事中监控和事后检查的财政监督机制，继续加大投资评审和绩效评价工作力度，不断健全财政支出绩效评价指标体系；进一步强化对会计师事务所等中介机构的监管，通过查处重大违规违纪案件，严厉打击会计造假和扰乱财经秩序的行为，为建设诚信山西营造良好环境。按照建立节约型社会、节约型政府的要求，严格财政支出管理，硬化预算约束，切实解决预算追加频繁的问题；结合我省实际制订省本级机关会议费、差旅费管理办法，明确开支标准和开支范围，进一步完善公务接待制度；严格控制一般性支出，减少行政经费开支，降低行政成本，坚决杜绝各种铺张浪费行为，厉行节约，勤俭办一切事业。

各位代表：加快科学发展，构建和谐山西，我们面临着艰巨而繁重的任务。在今后的工作中，我们将继续把理财为国、用财为民作为一切工作的出发点和落脚点，讲大局、谋大事，紧紧围绕中央和省委、省政府的重大决策部署制订政策、完善体制、安排预算，为全省经济社会事业发展提供强有力的资金保障和政策支持。今年，对省政府向社会承诺继续办好人民群众关心的“十二件实事”，我们将积极调整支出结构，努力筹措资金，确保如期完成。

各位代表：2007 年是我省改革与发展

的关键之年。让我们在省委、省政府的正确领导下，在省人大的监督支持下，全面贯彻落实科学发展观，着力在创新观念、开拓思路上有新突破，在促进发展、服务和谐上有新举措，在规范管理、深化改革上有新成效，确保2007年财政预算任务的圆满完成，为推动全省经济社会各项事业的又好又快发展做出新的贡献！

山西省第十届人民代表大会财政经济委员会关于2006年全省和省本级预算执行情况与2007年全省和省本级预算草案的审查报告

——山西省第十届人民代表大会第五次会议主席团第二次会议通过

山西省人大财政经济委员会副主任委员　**魏德卿**

（2007年1月3日）

主席团：

山西省第十届人民代表大会第五次会议，审议了省人民政府提出的《关于2006年全省和省本级预算执行情况及2007年全省和省本级预算草案的报告》，审议了2007年省本级预算草案，专题审议了省水利厅部门预算草案。财政经济委员会在会前初审的基础上，结合各代表团的意见作了进一步审查。现将审查结果报告如下：

一、根据省人民政府提出的2006年预算执行情况的报告，全省一般预算收入完成583.08亿元，为预算的142.4%，扣除“两权”收入，完成422.38亿元，同口径增长21.4%；一般预算支出执行911.96亿元，为变动预算的93%，增长36.4%。省本级一般预算收入完成201.04亿元，为预算的143.6%，扣除“两权”收入，完成125.02亿元，同口径增长17.2%；一般预算支出执行264.65亿元，为预算的89.6%，增长25.1%。

财政经济委员会认为，2006年，全省各级人民政府及财税部门坚持以科学发展观为指导，认真落实稳健的财政政策。加强宏观调控，推进公共财政建设，严格依法理财，财政收入继续保持较大幅度增长；财政支出结构进一步优化，重点支出的保障力度明显加大；财政管理体制改革继续深化，县乡财政困难的局面有所缓减。省十届人大四次会议确定的预算任务顺利完成。

但是，公共财政建设的任务仍很艰巨，受经济结构和部分产品价格波动等影响，财政收入持续快速增长的基础还不够稳固；财政监管能力有待进一步加强，部门预算编制的科学性和规范性有待提高；一些单位违反财经纪律、铺张浪费、不合理使用财政资金的现象还时有发生。对上述问题，要高度重视，采取有效措施，认真加以解决。

二、根据省人民政府提出的2007年全省和省本级预算草案的报告，全省一般预算收入548.7亿元，同口径增长18%；一般预算支出805亿元，同口径增长21.9%。省本级一般预算收入135.93亿元，同口径增长13.5%；一般预算支出176.49亿元，同口径增长13.8%。

财政经济委员会认为，省人民政府提出的2007年全省和省本级预算草案，符合中央及全省经济工作会议精神，体现了科学发展观和构建和谐社会的总体要求。收入预算安排与经济发展相适应；支出预算安排统筹兼顾、重点突出、积极稳妥，加大了对农业、教育、科技、卫生、文化、社会保障、环境保护等公共事业的投入。报告提出的保证预算任务完成的各项政策措施积极可行。财政经济委员会建议本次代表大会批准省人民政府提出的2007年省本级预算草案，批准《关于2006年全省和省本级预算执行情况及2007年全省和省本级预算草案的报告》。

本次会议对省水利厅部门预算草案进行了专题审议。财政经济委员会认为，水资源短缺和水环境恶化，严重制约了我省经济社会的发展。水利设施建设和水源有效保护，已成为全省人民关注的重点。2007年的省水利厅部门预算，较好地体现了我省水利事业发展的要求，支持了新水源工程、淤坝地改造工程、水源地保护工程等基本建设，符合我省的客观实际。但长期以来，我省仍存在水利设施建设资金投入不足、水资源流失严重的问题。为此，省人民政府应给予高度重视，要集中财力，多元投入，加强水利设施建设；要加大地下水资源的保护力度，合理开发利用地表水；要认真研究和理顺水资源管理体制，加大水资源有偿使用的改革力度，为全省经济社会协调发展提供保障。

三、2007年是全面实施“十一五”规划的重要一年，各级财税部门要认真贯彻落实科学发展观和构建社会主义和谐社会的要求，加快公共财政体系建设，着力促进经济社会又好又快发展。为此，财政经济委员会提出以下建议：

1. 深入研究财政政策，促进经济社会的和谐发展。要综合运用财政贴息、适当补助、转移支付等财政政策，优化公共资源配置，推进经济结构调整和增长方式转变。要结合我省特点，建立鼓励能源利用、资源节约和环境保护的财政政策体系。要建立和完善提高企业科技创新能力的财政激励机制，支持企业科技进步。要继续整合财政资金，创新财政投入方式，引导社会资金投向公共产品和服务领域。要规范收入分配秩序，规范国有大型企业经营管理者收入，使管理者与职工收入保持合理比例。要进一步规范省对市县转移支付办法，增加一般转移支付的规模，促进区域间的协调发展。

2. 强化收入征管力度，提高资金使用效益。坚持依法治税，充分利用现代信息管理技术，完善税源监控体系，加强对重点税种、行业和企业的税收征管，要依法纠正有税不收和随意减税、免税的行为。加强对非税收入的管理，编制非税收入预算，规范征管秩序，清理违规收费项目，解决一些行业存在的乱收费问题。要稳步推进省对市县的财政体制改革，完善财政资金分配、使用和监督管理机制，促进预算管理的法制化、科学化和规范化。要进一步加大财政专项资金的整合力度，合理调整专项资金使用方向，杜绝截留、挤占、挪用现象发生。加强对“两权”价款收入、“两区”建设基金、扶贫资金和煤炭可持续发展基金的使用管理，做到严格制度、专款专用、公开透明。要积极探索财政支出绩效评价和绩效审计工作，不断提高财政资金使用效益。

3. 继续加大“三农”资金投入，推进社会主义新农村建设。要建立和完善“三农”资金稳定增长的机制，逐步提高“三农”支出占财政总支出的比重。要着眼于农业生产和农村的长远发展，大力支持农业技术推广、农民专业合作组织发展，发展现代农业。加快推进农村基础设施建设，改善农村办学条件，健全农村医疗服务体系，提高农民生活质量。继续整合支农资金，支持农村移民搬迁、整村推进、培训转移、产业扶贫等工程。促进农业增效和农民增收，推进农村的和谐文明发展。

4. 进一步优化支出结构，加快公共财政建设步伐。要建立和完善财政资金分配与国家宏观政策、政府施政目标紧密结合的预算机制。要优化公共资源配置，着力支持社会事业发展。财政支出要重点投向教育、科技、就业再就业服务、社会救助、城乡居民最低生活保障、资源节约和生态环境保护等方面。要支持公共卫生体系建设，巩固和健全县、乡、村三级医疗卫生服务网络，加快城市社区卫生服务体系建设，为城乡居民提供安全、有效、方便、低廉的公共卫生和基本医疗服务。

5. 严格预算约束，提高依法理财、科学理财、民主理财的水平。要认真贯彻落实监督法、预算法和山西省预算监督条例等法律法规，继续完善部门预算编制制度。部门的各项收入都要编入预算，实行统一集中支付，确保预算的完整性。要严格执行人民代表大会批准的预算，强化预算约束，控制预算追加，减少随意性，提高部门预算执行的科学性和严肃性。要按照依法行政、依法理财和政务公开的要求，完善财政信息公开制度，增强预算透明度，自觉接受人大和社会公众的监督。

山西省第十届人民代表大会第五次会议关于山西省2006年全省和省本级预算执行情况及2007年全省和省本级预算的决议

——山西省第十届人民代表大会第五次会议通过

（2007年2月3日）

山西省第十届人民代表大会第五次会议经过审查并根据山西省人民代表大会财政经济委员会的审查报告，决定批准省人民政府提出的2007年省本级预算，批准《关于2006年全省和省本级预算执行情况及2007年全省和省本级预算草案的报告》。会议同意山西省人民代表大会财政经济委员会在审查报告中提出的建议。

关于2006年山西省省本级财政决算和2007年上半年全省预算执行情况的报告

——在山西省第十届人民代表大会常务委员会第三十一次会议上

山西省财政厅厅长　郑建国

（2007年7月25日）

主任、各位副主任、秘书长、各位委员：

受省人民政府委托，我向本次会议报告2006年省本级财政决算和2007年上半年全省预算执行情况，请予审议。

一、2006年省本级财政决算情况

今年1月份，省人民政府提请省十届人大五次会议审议通过了《关于2006年全省和省本级预算执行情况及2007年全省和省本级预算草案的报告》，当时报告的2006年省本级预算执行数为财政月报数。决算清理期间，一些项目的收支有所变化。省本级收入完成数由201.04亿元变动为201.34亿元，主要是清理期入库企业所得税0.3亿元；省本级支出执行数由264.65亿元变动为264.77亿元，主要是按规定列支了部分财政暂付款。具体情况如下：

（一）当年收入完成情况

2006年省本级一般预算收入完成201.34亿元，为变动预算（下同）的143.8%（剔除“两权”收入，同口径为预算的105.1%），超收61.3亿元（剔除“两权”收入超收6.08亿元），比上年决算数（同口径，下同）增长60.4%，增收75.83亿元（剔除“两权”收入增收18.6亿元）。主要收入项目的完成情况是：工商税收86.69亿元，为预算的101.3%，增长16.1%；企业收入（包括企业所得税、国有资产经营收益、国有企业计划亏损补贴和所得税退税）18.26亿元，为预算的113%，增长31.4%；专项收入85.64亿元，为预算的306.1%，增长326.5%，主要是“两权”收入增收57.19亿元及排污费增收1.03亿元所致；其他收入10.75亿元，为预算的104.1%，增长0.6%。此外，2006年纳入省本级预算的政府性基金收入完成85.47亿元，为预算的109.9%。

（二）当年支出执行情况

2006年省本级一般预算支出执行264.77亿元，为变动预算的83%，比上年增长25.1%（同口径，下同），增支53.18亿元。主要支出项目的执行情况是：基本建设支出43.67亿元，为预算的91.7%，增长13.9%；科技三项费用支出1.99亿元，为预算的90.1%，增长24.4%；支农支出（包括农业支出、林业支出以及水利和气象支出）6.33亿元，为预算的83.2%，增长14.7%；教育支出16.24亿元，为预算的85.7%，增长21%；科学支出1.36亿元，为预算的96.5%，增长16.7%；医疗卫生支出6.38亿元，为预算的74.5%，增长35.8%；社会保障补助支出27.89亿元，为预算的71.4%，增长14.9%；行政管理费支出7.09亿元，为预算的95.1%，增长25.8%；公检法司（含武警）支出13.01亿元，为预算的98%，增长39%；政策性补贴支出9.81亿元，为预算的69.4%，增长54.8%；专项支出73.21亿元，为预算的93.8%，增长127.4%，主要是“两权”收入增加相应增加支出40.57亿元。此外，纳入省本级预算的政府性基金支出69.76亿元，为预算的62%，下降9.2%，减支7.04亿元，主要是引黄二期建设工程及公路客货运附加费支出项目未定所致。

（三）中央通过2006年财政结算增加我省补助情况

在中央与地方财政决算结算期间，我省多次向财政部反映经济社会发展中的问题及财政面临的困难，请求中央财政予以支持，得到了财政部的理解和帮助。中央财政对我省增加决算补助4.93亿元，其中：一般转移支付补助1.58亿元；卷烟税收结算返还补助0.2亿元；消费税和增值税税收返还补差补助1.14亿元；受灾地区财力补助0.25亿元；机动财力补助0.43亿元；财政系统自身建设补助0.13亿元；山西采煤沉陷区治理补助1亿元；煤炭城市塌陷补助0.12亿元；其他补助0.08亿元。根据结算规定减少我省补助0.56亿元，其中：中、农、建行以及进出口银行转贷的外国政府贷款扣款专项上解0.35亿元；农村基金会、城市信用社等专项借款扣款专项上解0.13亿元；企业所得税返还地方负担专项上解0.08亿元。增减相抵，净增加对我省的决算补助4.37亿元。根据现行财政体制和市、县财政实际情况，中央增加的补助向市、县分配后，净增加省级结余3.16亿元。

（四）当年收支平衡情况

2006年省本级财政收入总计为658.2亿元，其中：一般预算收入201.34亿元，中央税收返还71.75亿元，所得税基数返还11.86亿元，中央专项补助150.54亿元，增发国债补助20.69亿元，转移支付补助69.47亿元，历年调整工资补助63.84亿元，其他补助16.05亿元，市县上解收入17.86亿元，上年结余收入32.8亿元，调入资金2亿元。省本级支出总计为596.12亿元。其中：当年一般预算支出264.77亿元，拨付市县税收返还44.72亿元，调整体制基数返还市县16.65亿元，补助市县专项资金106.77亿元，省对市县转移支付90.87亿元，调整工资补助市县支出55.82亿元，补助市县其他支出5.31亿元，上解中央支出9.21亿元，增设预算周转金2亿元。收支相抵，滚存结余为62.08亿元，扣除按规定结转今年使用的支出53.91亿元、中央通过结算增加的专项补助及军矿下划补助2.21亿元后，省级可统筹安排的净结余为5.96亿元。省政府将根据今年省本级预算执行中的新增因素研究提出2006年省本级净结余的安排意见，报省人大常委会备案。

总的来看，2006年，全省各级财政部门认真贯彻中央和省委、省政府的重大决策部署，积极落实省十届人大四次会议通过的各项决议，坚持以科学发展观统领财政工作全局，按照“十一五”规划的总体部署，积极完善和强化公共财政职能，着力提高依法聚财、科学用财、高效理财水平，全省及省本级财政预算执行情况良好。全省财政总收入和一般预算收入均实现跨越式增长，分别突破千亿元和500亿元大关；财政支出总量持续扩大，支出结构进一步优化，“十二件实事”所需资金全部落实到位，事关促进经济发展、构建和谐山西、维护群众利益等方面的重点支出得到有力保障，全省财政“十一五”规划开局良好，这是省委、省政府正确领导和省人大监督支持的结果，是我省经济总量扩大、活力增强、质量提高的结果，更是全省上下聚精会神搞建设、全力以赴促发展的结果。

二、今年上半年全省预算执行情况

今年以来，在省委、省政府的正确领导下，全省上下以科学发展观为统领，按照省九次党代会提出的走出“四条路子”、实现“三个跨越”的发展思路，深入推进经济结构调整，不断加大改革开放力度，重点推进节能减排、科技创新和循环经济发展，努力转变经济增长方式，不断推动我省经济实现又好又快发展。与此同时，全省各级财政部门认真贯彻落实省九次党代会和省十届人大五次会议精神，坚持科学理财、民主理财、依法理财，改革创新，真抓实干，充分发挥宏观调控职能，着力保障重点支出需要，财政改革与发展取得了新的成绩，全省预算执行情况良好，为加快全省经济社会事业发展步伐奠定了良好的基础。

上半年，全省财政总收入累计完成617.16亿元，为年度计划的57.1%，比上年同期增长25.7%（剔除“两权”收入，下同），增收124.48亿元。其中，一般预算收入完成306.73亿元，为年度预算的58%，增长26.4%，增收62.22亿元。全省一般预算支出累计执行379亿元，为年度预算的39%，比上年同期增长41.9%，增支111.82亿元。

综合分析上半年全省财政收支形势，呈现出以下四个特点：

一是财政收入增势平稳，均衡性进一步增强。上半年，与全省经济运行形势相适应，财政收入保持了平稳增长的良好势头，全省财政总收入和一般预算收入剔除“两权”收入后分别增长25.7%和26.4%，月份之间增幅波动较小，收入组织的均衡性进一步增强，各月进度除2月份因春节放假略低于序时进度1个百分点外，其余月份均保持了高于序时进度2个百分点左右的水平。

二是主体税种增势强劲，成为财政增收的主要来源。上半年，与经济发展关系密切的增值税、营业税、企业所得税、个人所得税和资源税等主体税种增幅均在20%以上，累计增收104.4亿元，占财政总收入增量的83.9%，比上年同期高出8.3个百分点，反映出我省财政收入结构的进一步优化，体现了国民经济持续快速增长及企业经济效益提高所带来的积极成效。

三是县级收入增长迅速，财政实力进一步增强。今年以来，随着新财政体制的顺利实施及县域经济发展步伐的不断加快，我省县级财政收入增长迅速，按自然口径计算，上半年全省县级一般预算收入增幅达到54.7%，较上年同期提高39.7个百分点，特别是“两区”县一般预算收入增长75.1%。县级一般预算收入占全省一般预算收入的比重相应提高，达到44.7%，高于上年同期8.61个百分点，财政体制调整的积极成效明显显现，县级财政实力进一步增强。

四是财政支出结构不断优化，重点支出得到较好保障。今年以来，全省各级财政部门积极统筹财力，科学安排支出，财政支出结构进一步优化，重点支出保持较快增长，教育、农林水事务、社会保障和就业、医疗卫生、环境保护等方面的支出分别增长35.6%、38.5%、74.5%、31.6%和61.1%，支出增量达65.17亿元，占一般预算支出增量的58.3%。与此同时，财政资金更多地投向基层、投向民生，新农村建设试点稳步推进，粮食直补、良种补贴、农机具购置补贴和农业综合补贴政策落实到位；社会保障体系和城乡救助体系进一步完善，全省87.4万名城市低保对象、75万名农村低保对象和13.8万名“五保”对象得到财政扶助；农村义务教育经费保障机制改革深入实施，对所有义务教育阶段农村中小学生免除学杂费，受助学生达433.88万名，公用经费比上年增长60%；新型农村合作医疗扩大到99个县，农民参合率达到87%，农村医疗救助体系进一步完善；"蓝天碧水工程"和植树造林工程深入实施，矿山棚户区改造和矿山沉陷区治理加快推进，六大水利建设工程和农村地质灾害治理工程顺利启动。

今年以来，我们在认真执行财政预算、严格财政收支管理的同时，努力强化财政宏观调控职能，不断加大财政改革与发展步伐，狠抓重点工作的落实与推进，较好地促进了全省经济社会各项事业的健康协调发展。争取中央政策支持取得新进展，经与有关部门的共同努力，水资源补偿费和电源基地建设基金两项政策延续、我省部分地区和城市比照执行西部大开发及振兴东北地区等老工业基地优惠政策、煤炭工业可持续发展试点三项经济政策均得到国家批准，煤炭可持续发展基金政策顺利实施；新财政体制运行平稳，基层财政实力明显增强；清理规范在并省直机关公务员津贴补贴工作进展顺利，行政事业单位资产清查有序推进；依法理财进程不断加快，财政管理规范化、制度化、科学化水平进一步提高，公共财政建设取得可喜成效。

总体而言，上半年全省财政收支执行情况是比较好的，但我们也清醒地看到目前财政运行中还存在一些不容忽视的问题：一是财政收入中煤炭及相关行业提供的收入比重依然较大，财源结构单一状况尚未有效改变，财政可持续发展的基础还不牢固；二是节能减排降耗、淘汰落后产能和遏制生产安全事故的压力增大，对经济增长的刚性约束增强，对财政收入的影响不容忽视；三是社会事业发展不断增长的资金需求与我省可用财力之间的现实矛盾十分突出，财政支出压力增大，预算安排、执行和平衡的难度进一步加大，调整和优化支出结构的任务更加艰巨；四是支出进度较慢，"资金等项目"的问题较为突出，一些部门和单位的项目管理质量与效率急需进一步提高；五是预算约束软化问题依然严重，有的部门不能严格按预算办事，花钱大手大脚，铺张浪费的现象还比较严重，等等。对此，我们将高度重视，认真研究，努力解决。特别是对审计部门提出的2006年省本级预算执行和其他财政收支有关问题，我们将认真贯彻落实温家宝总理前不久对中央预算执行审计查出问题整改意见的指示精神，按照本次人大常委会的相关决议要求，从加强制度建设、完善体制机制、强化监督管理三个方面入手，认真抓好整改工作，切实在整改中加强财政预算管理的薄弱环节，提高预算编制和财政管理的规范性、科学性，维护预算的权威性、严肃性，不断提高预算执行质量和效率。

三、2007年下半年财政工作重点

为圆满完成全年预算任务，促进全省经济社会平稳协调健康发展，下半年，我们将继续按照省十届人大五次会议各项决议要求，认真落实今年财政预算报告的总体工作部署，深入推进各项财政工作健康有序开展，并在此基础上重点做好以下七方面的工作：

一是支持节能减排。制订出台《山西省节能减排资金管理办法》和《山西省淘汰落后产能补偿资金管理办法》，积极筹措专项资金，抓紧建立淘汰落后产能退出机制；积极支持全省重点污染源监控体系建设，在全省800家重点工业污染源企业安装废气、废水监控设备，从源头上控制污染物排放；大力支持重点节能改造工程项目建设、节能监察监测能力建设和新型节能产品推广应用，完善节能减排奖励补助政策，推进节能、节水、节地、节材和资源综合利用，切实以节能减排工作的实际效果推动我省经济增长方式的转变。

二是狠抓"基金"征管。认真落实煤炭可持续发展基金政策，制订出台分区域的煤炭品质调节系数，完善原煤外运出省口的查验补征标准，继续加大煤炭可持续发展基金征收管理力度，确保基金应收尽收、高效使用；认真做好我省煤炭转产发展资金和矿山环境恢复治理保证金两项政策实施的前期准备工作，为两项政策顺利实施奠定良好基础。

三是加快支出进度。切实加强与相关部门的联系与沟通，努力解决“资金等项目”问题，在积极督促各部门按计划上报项目的同时，切实做到项目一经确定及时拨付资金，坚决杜绝和严肃查处无故拖延资金、延误工程进度的行为；全力确保“十二件实事”及省政府确定的重点工作资金需要，特别是对救灾等应急支出和与人民群众生产生活密切相关的重点支出，要全力保证资金的及时足额到位，必要时要采取提前下达预算或预拨资金的方式确保所需。

四是深化财政改革。建立省对市级一般转移支付制度，及时发现、研究解决新体制运行中出现的新问题，确保新体制的正常运转，稳步推进省以下财政体制改革，积极指导各市规范市对县财政体制；深入推进非税收入管理改革，加快建立全面、真实、透明和规范的非税收入管理体系，力争在今年四季度启动实施；继续推进部门预算改革和国库集中支付制度改革，进一步扩大政府采购规模和范围；积极推行公务卡管理制度改革，抓紧启动省直单位公务卡的推广应用试点工作。

五是强化财政管理。深入开展全省行政事业单位资产清查工作，进一步完善资产管理制度体系，尽快出台《山西省行政事业单位国有资产管理暂行办法》；继续推进清理规范公务员津贴补贴工作，及时批复各市本级津贴补贴工作方案，指导、督促各市做好所属县（市、区）的津贴补贴规范工作；严格津贴补贴管理，会同省纪委等部门开展津贴补贴发放情况专项检查，严肃查处各种违规违纪行为。强化会计师事务所和资产评估机构的执业监管，努力规范中介服务行业秩序，支持建设诚信山西。

六是狠抓增收节支。下半年，节能减排、财政体制改革、清理规范公务员津贴补贴、实施大中专家庭经济困难学生资助政策和重点工程建设等新增支出较多，社会各界要求增加支出的呼声不断增加，财政收支矛盾将更加突出。为此，我们要进一步加强组织收入工作力度，充分把握车船税改革以及城镇土地使用税、焦煤资源税税额提高的有利机遇，加强包括煤炭可持续发展基金在内的各项收入的征管，堵塞收入漏洞，确保应收尽收；要严格预算管理，加强资金监管，严格控制会议费、招待费、差旅费、购车费、出国考察费等一般性支出，坚决杜绝各种铺张浪费行为，努力维护预算的权威性和严肃性。

七是加强作风建设。深入贯彻胡锦涛总书记在中央党校重要讲话中提出的“四个一定要”的指示精神，认真落实省委、省政府关于“作风建设年、狠抓落实年”的各项部署，积极转变工作作风，全力狠抓工作落实，切实提高工作效率，以科学、规范、依法、高效的理财行为，确保全年财政工作任务的圆满完成。

主任、各位副主任、秘书长、各位委员：

2007年是我省“十一五”规划全面推进，重点突破的关键之年，改革与发展的任务十分繁重。我们将在省委、省政府的正确领导和省人大及其常委会的监督支持下，全面贯彻落实科学发展观，改革创新求进取，科学理财促和谐，着力在夯实财政收入基础、提高财政收入质量上做文章，在优化财政支出结构、增强财政保障能力上下工夫，在提升财政管理水平、完善公共财政职能上求突破，努力推动各项财政工作迈上新的台阶，为圆满完成省十届人大五次会议批准的财政预算和各项财政工作任务而努力奋斗！

2007年山西国民经济和社会发展统计公报*

山西省统计局

（2008年3月24日）

2007年，山西人民在省委、省政府的领导下，全面落实科学发展观，坚持走出“四条路子”、实现“三个跨越”，加快推进经济结构调整和经济发展方式转变，国民经济呈现出“增长较快、结构优化、活力增强、效益提高”的良好发展态势，各项社会事业加快发展，民生继续得到有效改善，经济社会又好又快发展迈出重要步伐。

一、综合

初步核算，全年全省地区生产总值5 696.2亿元，比上年增长14.2%。其中，第一产业增加值313.0亿元，增长0.1%；第二产业增加值3 394.7亿元，增长17.9%；第三产业增加值1 988.5亿元，增长10.5%。第三产业中，金融保险业增加值157.4亿元，增长9.1%；批发零售及住宿餐饮业增加值476.4亿元，增长10.8%；房地产业增加值133.4亿元，增长6.9%。人均地区生产总值16 835元，按2007年平均汇率计算达到2 213美元。

第一、第二和第三产业增加值占全省生产总值的比重分别为5.5%、59.6%和34.9%。与上年相比，第二产业比重提高1.8个百分点，其中工业增加值占生产总值的比重达到54.4%，提高2.1个百分点。

居民消费价格比上年上涨4.6%，其中食品价格上涨13.1%。商品零售价格上涨4.2%。固定资产投资价格上涨4.1%。工业品出厂价格上涨7.4%。原材料、燃料、动力购进价格上涨5.3%。农产品生产价格上涨13.0%。房屋销售价格上涨4.2%，其中新建商品住宅价格上涨4.6%，二手住宅价格上涨5.6%。

年末全省就业人员1 595.7万人，其中城镇就业人员512.8万人。城镇新增就业人员45.3万人，完成全年目标（40万人）的112.5%。下岗再就业人数达到19.5万人，其中就业困难对象再就业人数5.6万人。年末城镇登记失业率3.24%，控制在了4%的目标范围之内。

注：

1. 本公报部分数据为初步统计数据。
2. 地区生产总值、各产业增加值绝对数按现价计算，增长速度按可比价计算。
3. 部分数据因四舍五入的原因，存在与分项合计不等的情况。
4. 规模以上工业企业是指年主营业务收入500万元及以上的全部法人工业企业；限额以上批发零售企业是指年销售额2 000万元及以上批发企业和年销售额500万元及以上零售企业。
5. 邮电业务总量完成额按2000年不变价格计算。
6. 馆藏图书计量单位历年均为“千册”。
7. 万元国内生产总值能源消耗、主要污染物排放量有关数据将由有关部门进一步核实后公布。

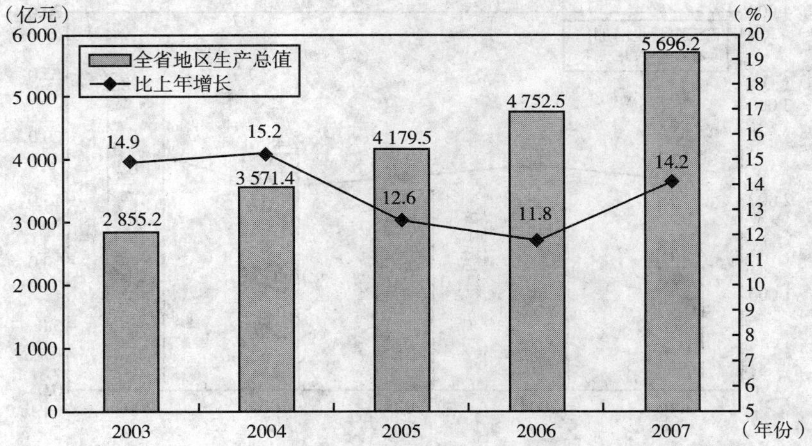

图 1　2003～2007 年全省地区生产总值及其增长速度

二、农业

全年全省农作物种植面积 385.1 万公顷，比上年增加 2.8 万公顷，增长 0.7%。其中，粮食种植面积 317.3 万公顷，增长 1.6%；油料种植面积 22.0 万公顷，减少 2.5%；棉花种植面积 10.4 万公顷，减少 4.7%。在粮食种植面积中，玉米种植面积 131.5 万公顷，增长 7.3%；小麦种植面积 71.2 万公顷，减少 2.9%。

全年粮食总产量 1 037.1 万吨，比上年减产 3.4%，为我省历史上的第 5 个高产年。其中，玉米 670.4 万吨，增产 3.5%；小麦 220.2 万吨，减产 12.9%。

表 1　2007 年主要农产品产量及其增长速度

单位：万吨

产品名称	产　量	比上年增长(%)
粮　食	1 037.1	－3.4
其中：夏粮	222.3	－13.0
秋　粮	814.8	－0.4
油　料	18.0	－6.4
棉　花	11.5	－2.3
甜　菜	21.1	107.8
蔬　菜	909.4	3.5
水　果	279.3	2.5

全年全省肉类总产量 58.1 万吨，比上年增长 4.2%。其中，猪肉增长 7.1%，牛肉增长 3.6%，羊肉增长 3.8%。水产品产量 4.5 万吨，增长 4.1%。完成造林合格面积 29.2 万公顷，减少 15.0%。

三、工业和建筑业

全年全部工业增加值 3 098.2 亿元，比上年增长 19.1%。规模以上工业增加值增长 21.0%；产品销售率 98.04%。

表 2　2007 年规模以上工业增加值及其增长速度

单位：亿元

指　标	增加值	比上年增长(%)
规模以上工业	2 682.0	21.0
其中：轻工业	137.3	15.3
重工业	2 544.8	21.3
其中：国有及国有控股企业	1 423.5	19.5
其中：集体企业	146.0	18.5
股份制企业	1 896.0	22.4
外商及港澳台投资企业	138.8	26.6
其中：私营企业	409.6	22.4

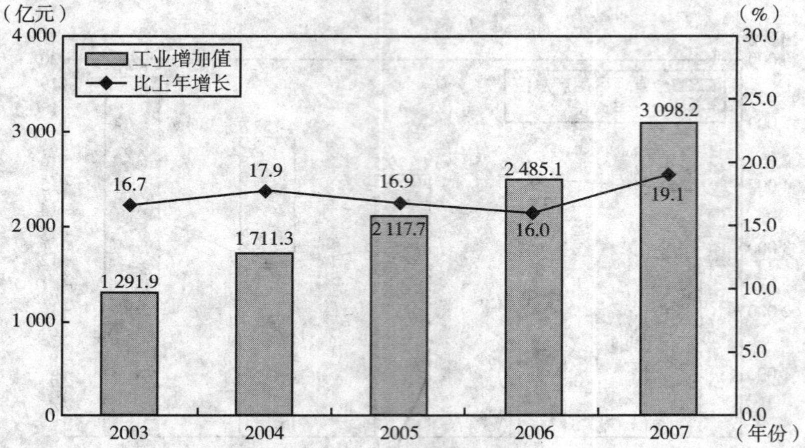

图2　2003～2007年工业增加值及其增长速度

规模以上工业企业原煤产量比上年增长9.5%（全社会产量6.3亿吨，增长8.4%），洗煤增长17.7%，焦炭增长13.4%，生铁增长13.4%，粗钢增长28.2%，钢材增长25.1%，原铝增长41.6%，氧化铝增长19.3%，发电量增长15.1%。

表3　2007年主要工业产品产量及其增长速度（规模以上工业）

产品名称	单位	产量	比上年增长(%)
原煤	万吨	57 057	9.5
洗煤	万吨	30 445	17.7
白酒	千升	90 987	4.6
软饮料	万吨	34.8	25.4
液体乳	万吨	47.7	66.6
纱	万吨	8.5	-19.7
布	万米	18 681	-26.4
丝	吨	61	-25.5
机制纸及纸板	万吨	33.6	-7.4
焦炭	万吨	9 723	13.4
其中：机焦	万吨	9 443	13.6
硫酸(折100%)	万吨	59.7	-3.8
化肥(折100%)	万吨	367	21.6
合成洗涤剂	万吨	15.4	-7.7
化学纤维	吨	43 522	63.1
水泥	万吨	2 263	4.2
平板玻璃	万重量箱	972	19.4
生铁	万吨	3 427	13.4
粗钢	万吨	2 503	28.2
钢材	万吨	2 093	25.1
原铝	万吨	105.8	41.6
氧化铝	万吨	306	19.3
卷烟	亿支	140	7.7
发电量	亿千瓦小时	1 735	15.1

规模以上工业销售收入7 825.4亿元，比上年增长36.3%。其中，四大传统支柱产业实现销售收入6 369.1亿元，增长39.1%，煤炭、焦炭、冶金和电力分别实现销售收入2 256.2亿元、1 039.3亿元、2 336.9亿元和736.7亿元，分别增长31.6%、46.4%、50.9%和22.0%；四大新兴产业中，煤化工业、装备制造业和材料工业分别实现销售收入560.4亿元、556.5亿元和395.5亿元，分别增长38.6%、23.3%和27.7%。

规模以上工业实现利税1 126.5亿元，比上年增长37.8%；实现利润536.0亿元，增长44.4%，其中国有及国有控股企业实现利润311.5亿元，增长31.2%。规模以上工业亏损企业亏损额32.0亿元，下降18.9%，其中国有及国有控股亏损企业亏损额14.2亿元，下降3.8%。

表 4 2007 年规模以上工业企业实现利润及其增长速度 单位：亿元

指 标	利润总额	比上年增长(%)
规模以上工业	536.0	44.4
其中：国有及国有控股企业	311.5	31.2
其中：集体企业	26.9	7.1
股份制企业	350.8	43.7
外商及港澳台投资企业	43.7	59.4
其中：私营企业	53.5	96.8

全年全省建筑业实现增加值 296.5 亿元，比上年增长 12.6%。具有建筑业资质等级的总承包和专业承包建筑业企业实现利润总额 10.8 亿元，增长 13.0%；上缴税金 31.7 亿元，增长 4.0%。

四、固定资产投资

全年全社会固定资产投资 2 927.2 亿元，比上年增长 26.1%。分城乡看，城镇投资 2 665.9 亿元，增长 25.7%；农村投资 261.2 亿元，增长 30.6%。

在城镇投资中，第一产业投资 48.2 亿元，比上年增长 36.4%；第二产业投资 1 544.9 亿元，增长 20.3%；第三产业投资 1 072.8 亿元，增长 33.9%。国有及国有控股投资 1 506.5 亿元，增长 13.7%。

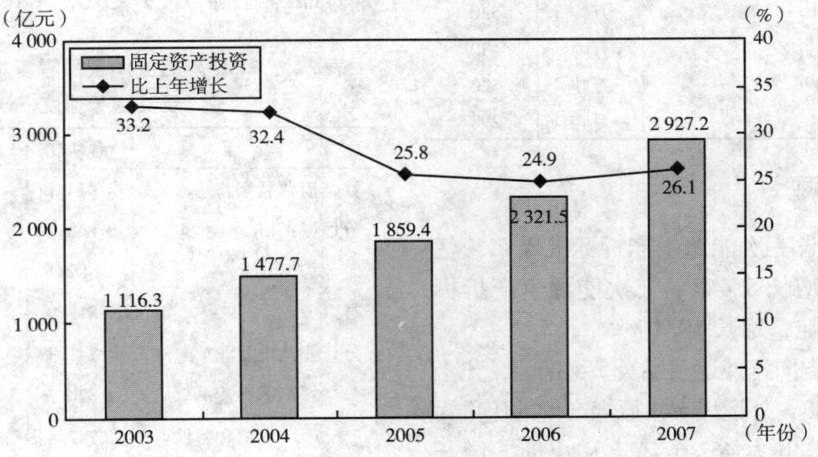

图 3 2003～2007 年全社会固定资产投资及其增长速度

表 5 2007 年分行业城镇固定资产投资及其增长速度 单位：亿元

行 业	投资额	比上年增长（%）
总 计	2 665.9	25.7
农、林、牧、渔业	48.2	36.4
采矿业	379.4	18.0
制造业	734.9	14.5
电力、燃气及水的生产和供应业	421.4	33.8
建筑业	9.2	44.3
交通运输、仓储和邮政业	290.3	20.2
信息传输、计算机服务和软件业	48.1	19.5
批发和零售业	42.3	19.2

续表

行 业	投资额	比上年增长（%）
住宿和餐饮业	22.3	46.2
金融业	0.3	-49.7
房地产业	369.8	49.4
租赁和商务服务业	2.0	14.6
科学研究、技术服务和地质勘查业	2.5	-50.2
水利、环境和公共设施管理业	181.6	58.2
居民服务和其他服务业	3.0	140.2
教 育	43.5	5.6
卫生、社会保障和社会福利业	9.4	-6.0
文化、体育和娱乐业	13.6	-1.1
公共管理和社会组织	44.0	34.1

房地产开发投资258.9亿元，比上年增长24.1%。商品住宅投资190.3亿元，增长22.1%，其中经济适用住房投资28.0亿元，增长35.8%。

城镇固定资产投资建成投产项目3 741个，项目建成投产率为57.5%；新增固定资产1 541.2亿元，固定资产交付使用率为57.8%。

表6　2007年固定资产投资新增主要生产能力

指　标	单　位	绝对数
发电机组容量	万千瓦	410
11万伏及以上输电线路长度	公里	1 847
高速公路	公里	137
焦　炭	万吨	1 330
粗　钢	万吨	540
生　铁	万吨	430
热轧钢材	万吨	520
水　泥	万吨	290

五、能源

全年全省一次能源生产折标准煤5.4亿吨，比上年增长8.4%；二次能源生产折标准煤3.0亿吨，增长10.1%。

全年全省向省外运输煤炭5.4亿吨，比上年增长15.0%，外运煤炭占原煤产量的比重为85.1%；输送电力462.6亿千瓦小时，增长7.0%，外输电量占发电量的比重为26.3%；向省外运输焦炭6 984.0万吨，增长11.1%，外运焦炭占焦炭产量的比重为70.6%。

城镇投资中，能源工业投资完成861.7亿元，比上年增长25.7%。其中煤炭工业投资363.4亿元，增长18.9%；焦炭工业投资89.3亿元，增长19.9%；电力工业投资385.9亿元，增长29.9%。

六、国内贸易

全年全省社会消费品零售总额1 914.1亿元，比上年增长18.6%。分地域看，城市消费品零售额1 248.1亿元，增长19.0%；县消费品零售额352.1亿元，增长18.2%；县以下消费品零售额313.9亿元，增长17.5%。

表7　2007年社会消费品零售总额及其增长速度　单位：亿元

指　标	绝对数	比上年增长(%)
社会消费品零售总额	1 914.1	18.6
分地域：市	1 248.1	19.0
县	352.1	18.2
县以下	313.9	17.5
分行业：批发业	241.3	18.0
零售业	1 370.7	18.3
住宿和餐饮业	242.4	23.5
其他	59.6	10.5

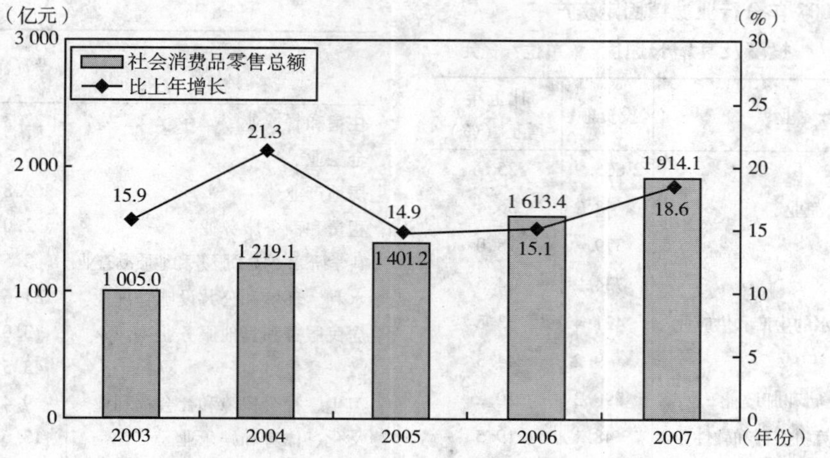

图4　2003～2007年社会消费品零售总额及其增长速度

表 8　2007 年限额以上批发零售业零售额及其增长速度　单位：亿元

指　标	绝对数	比上年增长(%)
汽车类	119.9	22.7
石油及制品类	182.8	31.1
文化办公用品类	2.1	25.9
通讯器材类	4.5	24.5
家用电器和音像器材类	40.0	24.1
中西药品类	15.3	25.0
日用品类	9.2	20.6
家具类	1.8	20.1
食品、饮料、烟酒类	63.5	25.3
服装类	43.2	23.1
化妆品类	4.0	18.3
金银珠宝类	7.7	19.4

七、对外经济

全年全省海关进出口总额 115.7 亿美元，比上年增长 74.6%。其中出口 65.3 亿美元，增长 57.8%，进口 50.4 亿美元，增长 102.5%。

表 9　2007 年海关进出口总额及其增长速度　单位：万美元

指　标	绝对数	比上年增长(%)
进出口总额	1 157 047	74.6
出口额	653 296	57.8
其中：一般贸易	467 366	36.1
加工贸易	183 701	161.5
其中：机电产品	106 174	19.7
高新技术产品	19 328	0.3
其中：国有企业	356 650	83.4
外商投资企业	89 881	34.6
进口额	503 751	102.5
其中：一般贸易	320 529	70.5
加工贸易	162 891	284.7
其中：机电产品	96 523	10.1
高新技术产品	19 437	28.2
其中：国有企业	382 128	131.3
外商投资企业	58 129	28.3
出口大于进口	149 545	—

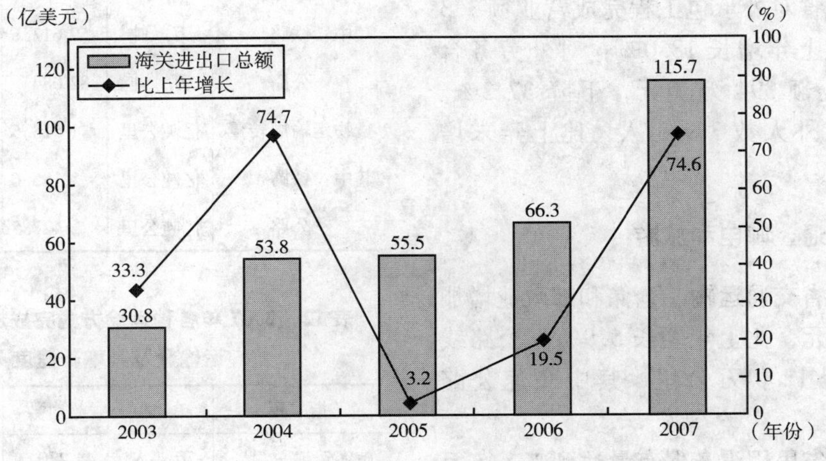

图 5　2003 ~ 2007 年海关进出口总额及其增长速度

全年出口煤炭 505.6 万吨，比上年下降 7.0%，出口金额 3.8 亿美元，增长 8.1%；出口焦炭 872.8 万吨，增长 8.7%，出口金额 17.8 亿美元，增长 57.7%；出口金属镁 17.4 万吨，增长 7.6%，出口金额 4.3 亿美元，增长 43.8%；出口机电产品 10.6 亿美元，增长 19.7%；出口高新技术产品 1.9 亿美元，增长 0.3%。

全年进口铁矿砂及其精矿 892.4 万吨，比上年增长 18.9%，进口金额 8.1 亿美元，增长64.5%；进口机电产品9.7亿美元，增长10.1%；进口高新技术产品1.9亿美元，增长28.3%。

全年与我省有贸易往来的国家和地区达到190个，比上年增加16个。其中进出口在1 000万美元以上的国家和地区54个。

表10　　2007年对主要国家和地区进出口情况　　单位：万美元

国家和地区	出口额	比上年增长%	进口额	比上年增长%
美　国	94 488	39.9	28 293	193.5
日　本	83 166	73.2	30 944	39.8
韩　国	69 648	44.2	10 858	117.6
意大利	38 946	84.1	4 094	114.4
印　度	38 906	172.9	37 275	41.7
比利时	29 407	2.3	572	64.2
中国台湾	25 935	229.8	12 548	157.7
荷　兰	23 301	29.5	3 520	115.5
德　国	7 797	-1.6	35 079	5.3
澳大利亚	6 738	43.7	54 525	57.6

全年全省新设立外商直接投资企业152家，比上年增长1.3%。实际使用外商直接投资金额22.6亿美元，其中纳入商务部口径统计的为13.4亿美元，增长184.5%。

全年全省对外承包工程完成营业额3.3亿美元，比上年增长18.0%；对外劳务合作完成营业额394万美元，下降37.3%。年末全省在外人数3 945人，比上年末增长50.0%。

八、交通、邮电和旅游

全年全省交通运输、仓储和邮政业增加值429.7亿元，比上年增长5.9%。公路线路年末里程12.0万公里，其中高速公路1 893公里。

年末全省民用汽车保有量达到173.5万辆（包括三轮汽车和低速货车29.1万辆），比上年末增长19.2%，其中私人汽车121.4万辆，增长25.2%。本年新注册汽车22.6万辆，比上年增长15.7%。年末轿车保有量60.2万辆，比上年末增长29.7%，其中私人轿车45.9万辆，增长36.6%。

表11　2007年各种运输方式完成货物运输量及其增长速度

指　标	单　位	绝对数	比上年增长(%)
货物运输总量	万　吨	141 727.4	7.3
其中：铁路	万　吨	59 613.6	11.5
公路	万　吨	82 084	4.6
货物运输周转量	亿吨公里	1 613.5	5.4
其中：铁路	亿吨公里	1 185.6	5.2
公路	亿吨公里	427.5	6.1

表12　2007年各种运输方式完成旅客运输量及其增长速度

指　标	单　位	绝对数	比上年增长(%)
旅客运输总量	万　人	44 270.3	4
其中：铁路	万　人	4 181.8	11.2
公路	万　人	39 632	3.2
旅客运输周转量	亿人公里	373.9	1.9
其中：铁路	亿人公里	122.5	11
公路	亿人公里	207.1	9.2

全年全省完成邮电业务总量440.6亿元，比上年增长32.3%。其中，邮政业务总量27.2亿元，增长18.5%；电信业务总量413.4亿元，增长33.3%。新增局用交换机24.9万门，总容量达到687.5万门。固定电话用户年末达到859.0万户。其中，城市电话用户561.5万户，农村电话用户297.5万户。新增移动电话用户430.7万户，年末达到1 420.4万户。年末全省固定及移动电话用户总数达到2 279.4万户，比上年末增加404.4万户。电话普及率达到67.2部/百人，其中固定电话和移动电话普及率分别达到25.3部/百人和41.9部/百人。全省宽带接入用户达到166.4万户，增长30.1%。

全年全省接待海外旅游者73.8万人次，接待国内旅游者8 529.3万人次，分别增长28.6%和13.5%；旅游外汇收入2.2亿美元，国内旅游收入563.7亿元，旅游总收入581.6亿元，分别增长35.0%、35.9%和35.8%。

九、财政、金融、证券和保险

全年全省财政总收入1 200.0亿元，同口径比上年增长30.5%。一般预算收入597.6亿元，增长31.4%。其中，税收收入430.2亿元，增长30.3%，增值税、营业税、资源税、企业所得税和个人所得税五大税种共计完成税收371.9亿元，分别增长23.0%、27.7%、26.9%、60.4%和32.1%。

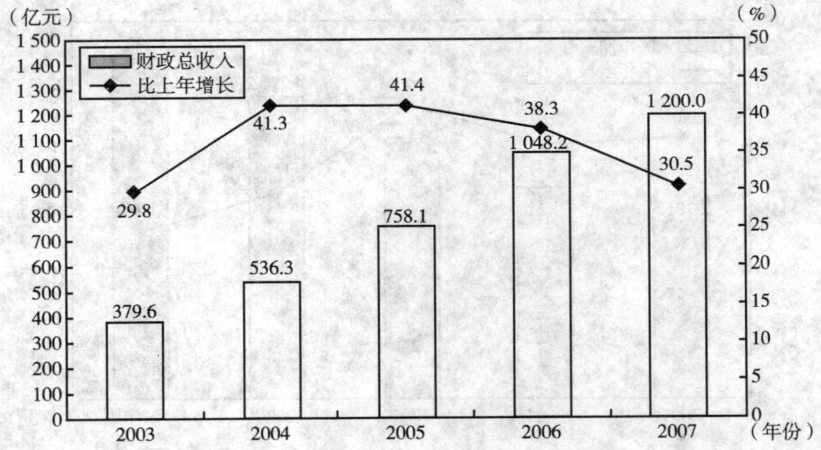

图6　2003～2007年财政总收入及其增长速度

一般预算支出执行1 042.6亿元，比上年增长14.3%。其中农林水事务支出增长32.8%，教育支出增长30.0%，科学技术支出增长76.0%，社会保障和就业支出增长34.5%，医疗卫生支出增长44.1%，环境保护支出增长36.5%，文化体育与传媒支出增长72.2%，城乡社区事务和公共安全支出分别增长36.9%和26.9%。

年末全省金融机构本外币各项存款余额10 111.9亿元，比上年末增长16.8%。各项贷款余额5 514.2亿元，增长13.0%。人民币消费贷款156.9亿元，下降8.4%，其中个人住房贷款113.2亿元，增长6.1%。全年累计现金收入20 950.5亿元，累计现金支出21 144.2亿元，货币净投放193.7亿元。

年末全省农村金融合作机构（农村信用社、农村合作银行、农村商业银行）人民币贷款余额1 099.0亿元，增长18.0%。

表13　2007年金融机构本外币存贷款及其增长速度　单位：亿元

指　标	年末数	比上年末增长(%)
各项存款余额	10 111.9	16.8
其中：企事业单位存款	2 685.9	17.8
城乡居民储蓄存款	5 462.2	12.7
其中：人民币	5 422.4	13.1
各项贷款余额	5 514.2	13.0
其中：短期贷款	2 683.7	16.2
中长期贷款	2 329.9	13.2

全年山西辖区证券市场各类证券成交额10 042.8亿元，比上年增长4.8倍。其中股票成交额8 771.1亿元，增长4.8倍；基金成交额122.1亿元，增长1.3倍；债券成交额2.8亿元，下降81.7%。年末股票市场累计开户数94.3万户，比上年末增长46.8%。

全年全省保费收入180.4亿元，比上年增长27.9%。其中，寿险业务保费收入121.0亿元，增长27.8%；健康险和意外伤害险业务保费收入9.6亿元，增长12.9%；财产险业务保费收入49.8亿元，增长31.6%。支付各类赔款及给付52.5亿元，增长107.9%。其中，寿险业务给付26.2亿元，增长380.8%；健康险和意外伤害险业务赔款及给付2.9亿元，增长7.4%；财产险业务赔款23.4亿元，增长36.8%。

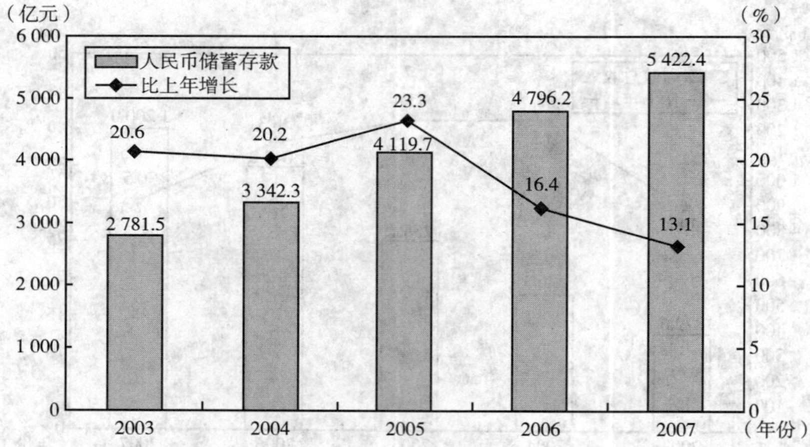

图7　2003～2007年城乡居民人民币储蓄存款余额及其增长速度

十、教育和科学技术

年末全省高等院校达到75所。全省高等教育毛入学率达到24%，高中阶段毛入学率达到76%。全省独立设置的成人高等学校在校学生1.9万人，成人中等专业学校在校学生2.6万人，成人技术培训学校培训结业的职工和农民分别为59.5万人次和113.0万人次。全年扫盲班结业1.1万人。

表14　2007年各类教育发展情况

单位：万人

指　标	招　生	在校生	毕业生
研究生	0.64	1.66	0.41
普通高等教育	16.76	48.45	13.21
中等职业教育	25.45	62.28	16.56
普通高中	26.09	77.08	23.17
初　中	57.93	187.55	60.40
普通小学	53.54	333.43	57.96
特殊教育	0.14	0.87	0.06
学前教育	36.50	62.81	27.99

全年有165个项目列入国家各类科技计划，获得国家资助2.8亿元。全年共取得341项科技成果，获得国家科技奖励5项，其中国家技术发明二等奖1项，国家自然科学二等奖1项，国家科技进步二等奖3项。全年全省共受理各项专利申请3 333件，比上年增长18.0%。全省技术市场共签订技术合同476份，成交金额8.6亿元。认定国家级企业（集团）技术中心15家。

全年全省16个省级以上经济技术开发区和高新技术开发区科工贸总收入1 606.0亿元，比上年增长32.0%；区内生产总值445.0亿元，增长20.0%；税收收入41.0亿元，增长36.6%；进出口总额10.2亿美元，增长36.3%。

年末全省共有省、市、县产品质量监督检验所82个，国家检测中心2个，省授权行业建立的检验所（站）35个，监督抽查了652家企业36类725种产品和商品。全省共有法定计量技术机构107个，全年完成强制检定计量器具40万台（件）。全省有气象台站121个。全省有专业综合地震台站10个，省级地震台网中心1个。全年小震活动275次，最大震级3.5级。全年全省编制专题地图20幅。

十一、文化、卫生和体育

年末全省共有艺术表演团体159个，文化馆119个，博物馆86个。广播电台8座，电视台10座，广播电视台107座。有线电视用户341.3万户，有线数字电视用户64.4万户。广播人口覆盖率92.2%，电视人口覆盖率96.5%。全省共有公共图书馆122个，馆藏图书8 114.1千册。年末全省共有档案馆131个，已开放各类档案120.4万卷（件）。全省报纸出版21.1亿份，各类杂志出版199种、5 448万册，各类图书出版1 945种、11 759.4万册。全年生产故事影片15部，生产电视剧18部458集。《喜耕田的故事》、《夜袭》、《江北好人》、《走西口》、《傅山进京》、《山村母亲》、《飞狐》等大批优秀文艺作品涌现出来。在全国第十届精神文明建设“五个一工程”奖评选中，《一把酸枣》、《乔家大院》、《八路军》、《国家干部》等一批作品获奖，话剧《立秋》获特等奖，并获“文华大奖”。蒋韵的《心爱的树》、葛水平的《喊山》获第四届鲁迅文学奖，电影《生死托付》获2007年度华表奖，晋剧《傅山进京》、京剧《走西口》获第十届中国戏剧优秀剧目奖。

年末全省共有卫生机构（含诊所）10 036个，其中妇幼保健院（所、站）148个。医院和卫生院床位10.4万张。卫生技术人员14.8万人。全省共有99个县（市、区）开展了新型农村合作医疗试点工作，1 831万农民参加了合作医疗，参合率87.5%。

全年我省运动员在国内重大比赛中获金牌23枚、银牌26枚、铜牌30枚。全省体育彩票销售额5.1亿元。

十二、人口、人民生活和社会保障

据2007年人口抽样调查，年末全省总人口为3 392.58万人，比上年末增加18.03万人。全年全省出生人口38.26万人，人口出生率为11.31‰；死亡人口20.23万人，死亡率为5.98‰；自然增长率为5.33‰。出生人口性别比为112.05。

表15　　2007年人口数及其构成 单位：万人

指　标	年末数	比重（%）
全省总人口	3 392.58	100
其中：城镇	1 493.75	44.03
乡村	1 898.83	55.97
其中：男性	1 735.34	51.15
女性	1 657.24	48.85
其中：0～14岁	666.45	19.64
15～64岁	2 477.3	73.02
65岁及以上	248.83	7.34

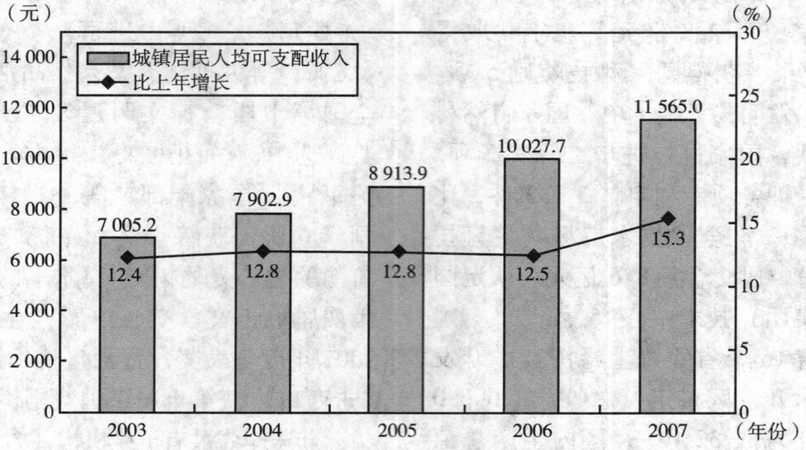

图 8　2003～2007 年城镇居民人均可支配收入及其增长速度

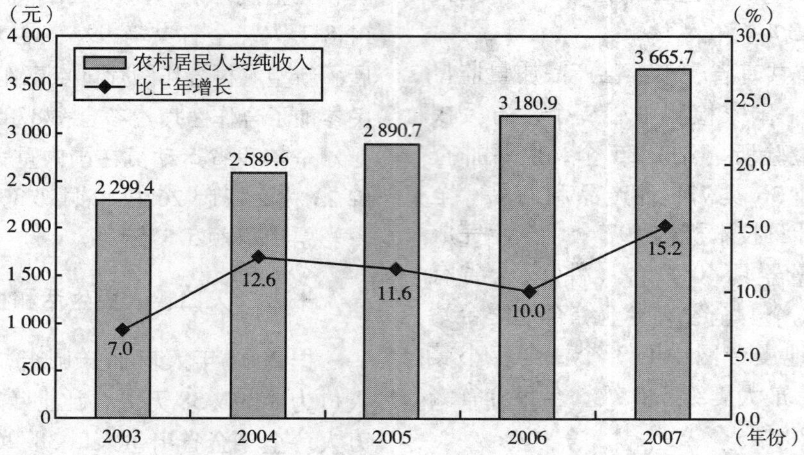

图 9　2003～2007 年农村居民人均纯收入及其增长速度

全年城镇居民人均可支配收入为 11 565.0 元，比上年增长 15.3%；城镇居民人均消费性支出 8 101.8 元，增长 13.0%。农村居民人均纯收入 3 665.7 元，增长 15.2%；农村居民人均生活消费支出 2 682.6 元，增长 19.1%。城镇占调查总户数 20% 的低收入家庭人均可支配收入 4 998.9 元，增长 18.6%；农村占人口 20% 的低收入者收入 1 337.5 元，增长 12.0%。城镇居民家庭恩格尔系数（即居民家庭食品消费支出占家庭消费支出的比重）32.1%，农村居民家庭恩格尔系数 38.5%。城镇单位在岗职工平均工资 21 525 元，增长 17.6%。

年末参加城镇基本养老保险人数为 506.3 万人。参加城镇基本医疗保险的人数为 460.6 万人。参加失业保险的人数为 299.0 万人。参加工伤保险的人数为 229.1 万人，其中参保农民工 86.3 万人。参加生育保险的人数为 104.4 万人。

全年全省共有 89.9 万城镇居民得到政府最低生活保障，比上年增加 3.0 万人；共发放低保资金 10.2 亿元，增加 2.1 亿元。

年末全省各类收养性社会福利单位床位

1.97 万张，收养各类人员 1.29 万人。城镇建立各种社区服务设施 1 834 个，其中综合性社区服务中心 242 个。全年销售社会福利彩票 15.7 亿元，筹集社会福利资金 5.5 亿元，直接接收社会捐赠款 3 760.7 万元。

十三、资源、环境和安全生产

全年全省实际建设占用耕地 5 473.3 公顷。生态退耕 1 620.0 公顷，因农业结构调整减少耕地 26.7 公顷。土地整理复垦开发补充耕地 6 266.7 公顷。当年净减少耕地 853.3 公顷。

全年全省水资源总量 98.3 亿立方米，比上年增长 11.0%；人均水资源 289.6 立方米，增长 10.3%。全年平均降水量 546.8 毫米，增长 14.4%。年末全省 7 座大型水库蓄水总量 5.4 亿立方米，比上年末增加 1.6 亿立方米。全年总用水量 4.6 亿立方米，比上年增长 3.1%。其中，工业用水增长 5.5%，农业用水增长 39.0%。年末全省农村饮水安全未达标人口 824 万人，当年解决农村饮水安全人口 200 万人。

全年全省新增自然保护区 1 个，总数达到 46 个，其中国家级 5 个，自然保护区面积达到 113.3 万公顷，占全省国土面积的 7.3%；新增国家级生态示范区 3 个，总数达到 11 个。

全年全省 11 个重点城市环境空气质量Ⅱ级以上天数总计达到 3362 天，比上年增加 655 天，增长 24.2%。

黄河、海河两流域山西段监测的 103 个断面的地表水环境，符合Ⅰ－Ⅲ类水质标准的断面占 16.5%；符合Ⅳ－Ⅴ类水质标准的断面占 21.4%；劣于Ⅴ类水质标准的断面占 62.1%。

年末全省城市污水日处理能力达 161.5 万立方米，比上年增长 4.2%；城市污水处理率达到 63.3%，提高 3.3 个百分点；城市生活垃圾无害化处理率达到 35.3%，提高 10.9 个百分点；集中供热面积 17 317.4 万平方米，增长 13.4%，集中供热普及率达到 65.1%，提高 7.3 个百分点。

全年全省各类自然灾害造成直接经济损失 116.6 亿元，比上年上升 46.3%。全年农业直接经济损失 86.3 亿元，农作物受灾面积 286.6 万公顷，上升 32.7%。其中，绝收 73.4 万公顷，上升 66.5%。全年发生森林火灾 45 起，因森林火灾造成受害森林面积 892.2 公顷，下降 48.0%。

全年全省生产安全事故死亡 3 702 人，比上年下降 11.5%。煤矿百万吨死亡人数为 0.748 人，下降 0.097%。全年共发生道路交通事故 9 077 起，造成 3 062 人死亡、1.05 万人受伤，直接财产损失 3 860 万元，均比上年有所下降。

第二篇

领导专题讲话

继往开来　勇于创新
扎实推进部门预算改革工作

——在2007年省级部门预算安排会议上的讲话

山西省财政厅厅长　**郑建国**

（2007年3月5日）

春节刚过，年味犹在，我们把大家请来召开这次会议，目的就是要向大家通报2007年省本级财政收支预算安排情况，及时批复2007年省本级部门预算，以便于各部门早作安排、及早落实，切实加快预算执行进度，推进各项事业又好又快地发展。下面我就2006年全省财政收支预算执行情况和2007年省本级收支预算安排情况向大家作一简要通报，并就切实加强部门预算管理工作讲几点意见。

一、2006年全省财政收支预算执行情况

2006年是"十一五"规划的开局之年。一年来，在省委、省政府的正确领导下，全省上下认真贯彻党的十六届五中、六中全会及省第九次党代会精神，以科学发展观为统领，全面实施"十一五"规划，认真落实宏观调控政策，着力深化改革开放，加大工作推进力度，全省经济呈现出增长较快、效益较好、物价较低、活力增强的良好态势，"十一五"开局良好。与此同时，全省各级财政部门紧紧围绕省委、省政府的决策部署，不断增强财政宏观调控职能作用，完善公共财政制度，着力深化财政改革，财政工作也呈现出收入持续稳定增长，重点支出保障良好，财政改革有所突破的新局面。

2006年全省财政总收入完成1 048.01亿元，为年度计划的120.11%，增收289.89亿元，增长38.2%，剔除"两权"收入，同口径增收149.48亿元，增长20.3%。其中：一般预算收入完成583.08亿元，增收214.73亿元，为年度预算的142.4%，剔除"两权"收入，同口径增收74.32亿元，增长21.4%；上划中央收入完成464.93亿元，为年度计划的100.4%，增收75.16亿元，增长19.3%。省级一般预算收入完成201.04亿元，为年度预算的143.6%，剔除"两权"收入，同口径增收18.34亿元，增长17.2%。

全省一般预算支出执行911.96亿元，为年度预算的93%，增长36.4%。其中，省级一般预算支出执行264.65亿元，为年度预算的89.6%，增长25.1%。各项重点支出执行良好，较好地保障了经济建设和社会各项事业发展的需要。

2006年全省财政收入实现了持续快速增长，主要得益于三个方面：一是全省经济总量的扩大和经济增长质量的提高。一年来，在省委、省政府的正确领导下，全省各级各部门以科学发展观为指导，积极支持以煤炭行业资源整合、提高煤炭产业集中度和整体素质为核心的"三大战役"，加快推进经济增长方式的转变；积极培育"八大支柱产业”和“三大企业方阵”，加快推进产业结构调整；大力促进农业生产和农民增收，加快“两区”开发，扎实推进新农村建设；积极推进改革开放，创新优化发展环境，全省经济总量和规模迅速扩大，经济增长的质量和效益明显提高，为全省财政收入平稳较快增长奠定了扎实的基础。二是煤炭、电力、有色金属、机械等行业价格持续上涨，拉动了税收收入的快速增长。三是受煤炭资源有偿使用制度改革政策性影响，全省“两权”收入大幅增加，拉动了全省财政收入的快速增长。

2006 年全省预算执行虽然取得了可喜的成绩，但我们也清醒地看到，财政经济运行当中收支矛盾依然十分突出，主要表现在：一是财源结构单一的状况尚未得到根本改变，财政收入增长对煤炭及相关产业的依赖度仍然很大，财政增收的基础尚不牢固；受煤炭及相关产业投资新开工项目的影响，全国煤炭、焦炭等行业产能过剩已逐步显现，煤炭、焦炭等传统支柱产业对全省经济增长和财政增收的拉动力趋弱，特别是作为我省主体税种的增值税 2006 年仅增长 15.72%，为 2000 年以来的最低增速，增幅出现较大回落；一些政策性因素及煤炭资源整合政策的实施，也影响了我省煤炭行业税收收入的稳定增长。二是财政支出面临的压力十分突出，刚性支出因素不断增多，如全面实施农村义务教育经费保障机制改革、农村医疗制度改革，做实基本养老保险个人账户、国有企业分离办社会、新农村建设、“两区”开发、生态建设和环境保护，等等，这些都需要增加财政支出，财政收支平衡难度较大，需要与可能之间的矛盾仍然会长期存在下去，作为我们搞部门预算和财务管理的同志，一定要居安思危，未雨绸缪，牢固树立过紧日子的思想，严禁铺张浪费，勤俭办一切事业。

二、2007 年省级财政收支预算安排情况

（一）省级预算安排原则及收支预算安排情况

今年是深入贯彻落实科学发展观、加快构建社会主义和谐社会的重要一年，也是“十一五”规划深入实施的关键之年。贯彻中央和全省经济工作会议精神，落实全国财政工作会议工作部署，综合考虑今年财政经济发展的各种因素，2007 年全省财政工作总的指导思想是：以邓小平理论和“三个代表”重要思想为指导，认真贯彻党的十六届六中全会及省九次党代会精神，坚持以科学发展观统领财政工作全局，发挥财政宏观调控作用，调整优化财政收支结构，增强公共财政保障能力，推动经济结构调整和经济增长方式转变，支持和谐社会建设，维护人民群众切身利益；深化财政改革，完善财政体制，推进依法理财，严格预算约束，坚持勤俭节约，强化财政监督，规范财经秩序，促进全省经济社会各项事业实现又好又快发展，以财政工作的新业绩迎接党的十七大胜利召开！

贯彻全省财政工作的指导思想及国务院《关于编制 2007 年中央预算和地方预算的通知》（国发［2006］37 号）精神，2007 年全省财政收支计划安排遵循了以下五项原则：一是积极稳妥的原则。财政收入的安排同国民经济发展相适应，保持了适当的增长速度；二是有保有压的原则。合理安排财政支出，按照“一要吃饭、二要建设”的方针，调整和优化财政支出结构，在兼顾一般的同时，保障“三农”、社保、教育、科学、卫生、环境保护和生态建设等重点支出需要，严格控制一般性支出的增长，不断提高财政资金使用效益；三是收支平衡的原则。坚持量入为出，既体现实际需要，又考虑财力可能，努力增收节支，做到财政收支平衡，不编列赤字预算；四是进一步深化财

政体制改革和预算管理制度改革的原则；五是预算内外收支统管、财力综合运用的原则。

按照新的财政体制测算，2007 年省级一般预算收入安排 135.93 亿元，剔除两权收入及省与市县财政体制调整因素，同口径比上年增长 13.5%。上述收入连同中央税收返还收入 29.12 亿元、中央所得税基数返还 11.86 亿元、中央转移支付及其他补助 28.47 亿元、调入资金 2.16 亿元、市县上解 13.11 亿元，再扣除上解中央支出 8.51 亿元、省对市县转移支付及体制返还 35.66 亿元后，2007 年省级当年可用财力为 176.48 亿元，比 2006 年的 154.78 亿元增加了 21.7 亿元，同口径增长 13.8%。

（二）2007 年省级一般预算支出具体安排情况

按照《2007 年省级部门预算编制方案》及省政府常务会议确定的预算编制原则和支出政策，2007 年省级一般预算支出安排 176.48 亿元，与省级可用财力一致。

具体安排情况是：

1. 基本支出安排 63.08 亿元，比 2006 年备案预算（下同）增加 10.27 亿元，增长 19.4%。

2. 项目支出安排 113.4 亿元，增加 11.44 亿元，增长 11.2%。项目支出的增加，主要是根据中央及省委、省政府确定的支出政策以及法律法规有明确要求增加的支出，同时还考虑了经济与社会发展需要。增支的主要方向是：

——教育、农业、科技等法律法规规定的专项支出增加 2.35 亿元；

——农村特困群众救助、做实基本养老保险个人账户、城市低保等社会保障支出增加 3.4 亿元；

——“两区”行政村体育活动场地建设、“两区”文化活动场所建设、“两区”寄宿制学校改造等“两区”开发支出增加 1.74 亿元；

——社会主义新农村建设试点村、重点村专项支出增加 1 亿元；

——社会事业发展重点工程建设经费增加 3 亿元；

——省级（国家级）经济技术开发区基础设施项目贷款贴息、“万村千乡”工程建设、能源产业博览会、基本建设支出、环保系统能力建设、支持企业自主创新和科技研发等经济建设支出增加 2.49 亿元；

——社区公共卫生补助、新型农村医疗试点扩点、乡镇卫生院设备购置、备战全国第十一届运动会等卫生、体育支出增加 1.46 亿元；

——省级和贫困县警察着装提标，警衔津贴提标，监狱、劳教人民警察值勤岗位津贴等公共安全支出增加 4 217 万元；

此外，2007 年根据“两权”收入计划，相应安排支出 13.5 亿元，主要包括：探矿找矿支出 2 亿元、建立地勘基金 3 亿元、安全饮水工程资金 1 亿元、新农村街巷硬化等经费 2.5 亿元、六大造林绿化工程资金 3.55 亿元、六大水利工程建设资金 1 亿元、人畜饮水工程扶贫资金 3 000 万元和水电工程扶贫资金 600 万元。另外，村村通公路工程补助、国有煤矿采煤沉陷区治理和已经灭失煤矿农村沉陷村治理以及国有重点煤矿棚户区改造等资金从历年结余的“两权”收入中解决。

按照政府收支分类改革后的新科目口径，一般预算中重点科目支出的安排情况是：

——一般公共服务安排 46 亿元，同口径增加 5.61 亿元，增长 11.8%。

——国防安排 0.4 亿元，增加 229 万元，增长 6.1%。

——公共安全安排 11.68 亿元，增加 2.23 亿元，增长 23.5%。

——教育安排 17.97 亿元，连同转移支付中安排的农村中小学义务教育经费保障机制经费1.6亿元，同口径增加3.58亿元，增长22.3%。

——科学技术安排3.29亿元，增加4 918万元，增长17.6%。

——文化体育与传媒安排3.51亿元，增加7 844万元，增长28.7%。

——社会保障和就业安排31.27亿元，增加5.32亿元，增长20.5%，扣除中央补助社保转移支付省级留用部分5.62亿元后，同口径增长26.1%。

——医疗卫生安排8.04亿元，增加2.2亿元，增长37.6%。

——环境保护安排2.9亿元，其中：经费拨款安排5 631万元，增加2 572万元，增长84.1%。

——城乡社区事务安排0.61亿元，增加2 502万元，增长69.9%。

——农林水事务安排13.73亿元，增加2.36亿元，增长20.8%。

——交通运输安排4.92亿元，增加229万元。

——工业商业金融等事务安排9.48亿元，增加5 037万元，增长5.6%。

三、部门预算改革中需要改进的一些问题

大家知道，我省的部门预算改革起步于2000年，算是比较早的，这一改革的最终目标就是要使预算管理工作与新形势下公共财政体制相适应，逐步走向规范化、制度化和科学化，进而提高预算资金分配和使用的规范性、安全性和有效性。经过我们多年的共同努力，我省的部门预算改革已取得了明显成效，主要体现在三个方面：一是部门预算编制的责任主体更加明确，部门预算管理理念逐步增强，部门预算管理水平也得到了切实提高；二是实现了“一个部门一本预算”、自下而上逐级编制预算的改革目标，初步建立了国家宏观政策与部门履行职能相结合的预算分配机制；三是形成了较为规范和公开的预算编制程序和方法，预算编制的透明度和预算执行的到位率不断提高。由于部门预算改革是一项新生事物，既没有完整的理论作指导，也没有成熟的经验可供借鉴，我们只能是边探索、边实践、边完善，就现阶段财政部对地方完善和推进部门预算改革的要求来看，我们的部门预算改革还有不完善、不到位的问题，归纳起来也是三个方面，应该引起我们的高度重视：

一是基本支出还没有完全按照预算编制政策来安排。一些部门基本支出上报编制预算人数与编制内实有人数及财政供养人员信息系统人数出入较大，存在弄虚作假、虚报冒领的现象；预算人员工资与实际发放工资不符；小汽车编制内实有数与申报燃修费预算的车辆数不符；有些单位存在严重超编和燃修费严重超支的问题；有的单位将没有政策依据的奖金、加班费等列入支出，随意扩大个人补贴执行范围；财政负担的自收自支单位转为全额单位后未按要求降低工资水平等情况也不同程度的存在，这些都严重影响到预算编制的准确性。

二是部分项目支出安排缺乏科学性、合理性。从2007年预算项目审核的情况看，现在还有一些部门的项目预算安排重点不突出，有些项目已经安排了多年，名不副实；有些项目则是政策执行已经或即将到期，需要进行认真清理；还有一些项目则是雷同的、明显属于重复要钱的项目；还有些部门项目支出五花八门、名目繁多，项目交叉重复和分配使用分散；还有些项目支出缺乏必要的评估论证，没有根据轻重缓急来安排。由于各部门项目支出预算安排就先天不足，从而导致了项目支出执行进度缓慢，资金使用效益低下，结余结转资金数额较大，在一定程度上已影响到了预算的执行和资金效益的发挥。

三是政府收支分类改革科目使用不准确。从2007年1月1日起实施的政府收支分类改革，是新中国成立以来财政分类统计体系最为重大的一次调整，同时，也是我国预算管理制度的一次深刻变革。虽然我厅在2006年就对省级财务人员进行了集中培训，并对2006年预算进行了新旧科目数据转换，但大家对新科目熟练掌握和使用还有一个过程，2007年预算编制中功能分类科目使用不正确、经济分类不准确的现象较为普遍。首先是跨部门、跨类级错误使用功能科目的现象非常多，有些单位随意更改我们在2006年数据转换中确定的科目，导致年度数据对比混乱；其次经济分类不准确，有些单位把所有支出全部列入经济分类的“其他支出”科目，而不是根据各项支出的具体用途及测算过程，合理划分到“工资福利支出”、“商品和服务支出”、“对个人和家庭的补助”、“其他资本性支出”等，导致经济分类基本没有参考价值。在审核汇总部门预算时，我们的同志把大量的时间和精力花费在了修改科目上，这实在是不应该的事情。

以上问题希望能够引起大家的足够重视，并在以后的工作中努力加以改进，共同推进部门预算改革。

四、切实加强部门预算管理的几点意见

针对上述存在的问题，结合部门预算改革的现状，我想就切实加强部门预算管理工作再讲几点意见，供大家在工作中参考：

（一）要牢固树立过紧日子的思想，保证重点支出，严格预算约束

前面提到，2006年我省财政总收入首次突破了千亿元大关，2007年预算安排的收入增幅也是不低的，但省级可用财力仅增加了21.7亿元，增加的数额十分有限，财政面临的支出压力是相当大的：一是为进一步缓解基层财政困难，增强基层政府财政保障能力，省政府决定从今年1月起实施新的财政体制，省级分享税种由原来的六税减为五税，分享比例由原来的35%降为30%，省级财政收入的增量是相对减少的趋势。二是根据省政府的要求，省级财政新增经济社会事业发展资金的60%以上要投向农业和农村。三是根据国家和我省政策，省级财政安排的政策性支出越来越多，包括支持深化国有企业改革，支持科技创新、节能降耗和发展循环经济，建立农村义务教育经费保障机制，落实再就业政策和完善城乡社会救助体系，支持医疗卫生事业发展，加大支持生态建设与环境保护投入力度，支持新农村建设和“两区”开发，等等。可以看出，省级财政将面临着收入增长放缓而支出基数不断增长的双重压力，收支矛盾依然十分突出，应该讲我们现在还没有到可以敞开口子花钱的时候。于幼军省长在不同场合多次讲道：各部门都要精打细算、厉行节约，严格控制一般性支出，严格预算约束，勤俭办一切事业。要力戒“未富先奢”，反对铺张浪费，节省一般政务、会务活动开支，严格控制和减少各种会议、接待费；要把“好钢用在刀刃上”，集中财力加强农村及社会事业等薄弱环节，解决社会公益事业设施落后等历史欠账问题，努力提高城乡居民和公务员收入水平，提高离退休干部、工人和城乡各类困难群众的补贴和救济标准。

这些话真可谓是语重心长、寓意深远，我们一定要贯彻落实好于省长的讲话精神。部门预算编制仍然坚持从严从紧的原则，在确保党中央、国务院、省委、省政府确定的重点支出项目以外，其他各项支出必须从严从紧安排；坚决压缩一般性支出，优先保证重点支出；坚持有多少钱办多少事，牢固树立过紧日子的思想。除保证法定和政策规定的重点支出的增长外，要严格控制其他一般性的支出，严格控制基本支出的开支范围和开支标准，严格预算约束。今年，省财政将

结合我省实际，制订出台省本级机关会议费、差旅费及公务接待管理办法，明确开支标准和开支范围，令行禁止，努力降低行政成本。

（二）要及时批复预算，加快执行进度，支持各项事业又好又快发展

今天省级部门预算安排会议的召开，就标志着省财政已将部门预算批复到了各部门。各部门也要按照《预算法》的规定，在财政批复预算15日之内将预算批复到所属单位，各单位之间、各预算科目之间以及各项目之间不得随意调整。各部门还应严格按照中共山西省委办公厅、山西省人民政府办公厅《转发〈关于深化省级预算管理改革，增强预算约束力，提高资金使用效益的意见〉的通知》（晋办发［2004］27号）的要求，在财政批复部门预算后的30天内，向财政部门报送的专项资金分配计划不得低于总额的60%，60天内预算安排的全部专项资金使用计划应当报送完毕。预算下达后，各部门要及时督促所属单位报送用款计划，及时办理拨款手续，进一步加快预算执行进度。据统计，截至2006年底，省直国库集中支付单位和非国库集中支付单位财政拨款结余累计高达26.32亿元，这些资金也就是财政虽已下达了预算指标，但单位尚没有办理拨款或安排支出，实际上是一种资金的闲置。这其中既有项目工程已完成尚未来得及拨款的，也有项目资金的结余，情况比较复杂，为此，各部门都要对这部分结余资金进行彻底的清理，并提出清理意见，该收回财政的要收回，该抵顶下年拨款的要抵顶。我厅将制订财政拨款结余资金管理办法，进一步规范部门项目支出结余资金的管理。政府采购预算，也应由各部门在规定时间内上报详细的采购计划，实行严格的政府采购。总之，必须采取有效措施，加快预算执行进度，支持社会事业又好又快发展。

（三）要进一步规范政府非税收入管理，保证公务员津贴补贴改革方案顺利实施

加强和规范非税收入管理改革，是今年省委、省政府确定的重点工作。于幼军省长在今年1月召开的全省财政体制改革动员大会上，作了非常重要的讲话，他指出，加强和规范非税收入管理，已成为财政改革乃至整个行政体制改革的一项迫切任务，各级各部门必须统一思想认识，增强规范非税收入的紧迫感和责任感，切实改进和加强这项重要工作。为此，今年省财政将针对不同资金性质的各类政府非税收入特点，研究制订相应的财政管理的政策、制度和办法，实施分类规范管理；建立政府非税收入征管体系，改革现行分散征收、自主使用的非税收入管理办法，政府非税收入将由财政部门统一征收和归口管理；加强政府非税收入的收支分离和综合预算，对非税收入形成的财力统筹安排，实行彻底的收支脱钩管理；对非税收入项目全面清理，坚决取消没有法律、法规和国家政策依据，以及超范围和超标准的各种非税收入。今后任何单位和个人不得擅自设立和调整非税收入的项目、范围、标准；建立政府非税收入征管激励与约束机制，对超额完成政府非税收入年度计划和在政府非税收入管理工作中做出突出贡献的执收单位、代理银行以及举报违规违法行为的有功单位和个人，给予表彰和奖励。对不履行职责、应收不收、应罚不罚的要严肃追究单位领导和有关责任人的渎职责任。通过加强和规范非税收入管理，为进一步规范收入分配秩序，平衡部门和单位之间的收入分配水平，建立统一规范的公务员津补贴制度，提高公务员队伍整体收入水平打下可靠的基础。

按照省委、省政府的要求，我厅将在今年上半年完成研究制订方案、咨询论证的工作，提交省政府常务会议决策后，下半年在全省推开。推进非税收入改革是一项复杂的

工程，时间紧、任务重、政策性很强，各部门一定要按照省委、省政府的统一部署，高度重视，统一认识，加强领导，确保改革顺利推进、取得成效。

（四）要稳步推进“省直管县”财政改革试点工作

根据省政府《关于调整规范省市财政体制和在35个国家重点扶贫开发县实行“省直管县”财政改革试点的通知》（晋政发［2006］45号），从今年1月1日起，将在35个国家重点扶贫开发县实行“省直管县”财政管理体制改革试点。改革的主要内容就是要在收支划分、体制基数、税收返还、财政结算、资金调度、转移支付、专项补助等方面由省直接管理到县。据此，我厅已经制订了《关于对35个国家重点扶贫县实行省直管县财政体制改革暂行办法》（晋财预［2007］6号）和《关于实行“省直管县”改革后办理预算下达、资金拨付及财政结算有关事项的函》（晋财预函［2007］2号），明确要求我厅及我厅与各部门联合下达的对县级的各项补助资金，应尽可能测算、分配到县，涉及“省直管县”的补助，必须直接分配并下达到县。实行“省直管县”后，省财政对“省直管县”承担的责任将进一步加大，各部门在预算资金分配中，也要加大对“省直管县”的支持力度，给予必要的倾斜。各部门都要适应市管县到省管县的转变要求，切实做到各项预算管理工作快速及时、准确无误，项目补助一步到位，确保新体制的顺利运转。

（五）要继续推进基本支出管理的规范化和科学化，完善定员定额标准体系

今年省财政还将认真分析现行定额标准体系存在的问题和不足，依据省级部门履行职能情况、有关政策调整、物价水平和经济发展状况等因素，对定员定额标准体系进行调整和完善，不断提高预算编制的合理性、规范性和准确性。积极开展省级行政事业单位资产清查，研究建立资产管理与预算管理有机结合的管理机制，全面掌握预算单位人员、资产等基本情况，最终实现资产、实物费用定额和定员定额管理的有效衔接，从根本上提高基本支出预算的编制质量。

（六）要切实加强项目库建设，整合项目资金，探索编制滚动预算的途径

对项目支出实行项目库管理，应该说是部门预算改革的又一个重点，也是部门预算改革的基础环节，项目库建设好了，项目支出的安排才能够科学合理，预算才能实行滚动管理，为此，各部门单位必须高度重视项目库建设。一方面，各部门申报项目预算要有“天花板”，不能报“天书”。部门在编制项目预算前就要确定好本部门的资金需求重点，优先申报与部门履行职能紧密相关的项目，集中资金保重点项目支出需要。在细化项目预算编制的基础上，严格按照经济分类编制项目支出预算，提高项目支出预算的准确性。另一方面，也要加强对已安排项目的清理和申报项目的遴选、论证与审核管理工作，规范项目排序，做到科学合理。预算执行中申请追加的项目支出，除省委、省政府临时批办特殊事项外，必须全部纳入项目库管理，否则不予追加项目预算。随着项目库制度的建立与完善，既可以严格控制预算的频繁追加，又可保证年初预算和追加预算审核标准的一致性，从而将年初预算与预算调整有机结合起来，维护预算的严肃性和权威性。与此同时，还要加强项目清理工作，将已执行完毕的项目和过期项目及时从项目库中清理出去，实现动态管理。稳步推进预算支出的绩效考评试点，提高项目资金使用效益。

（七）要加强领导，精心组织，确保年度预算编制顺利完成

新的年度预算编制工作不久就要启动，各部门要在认真总结前几年预算编制成功经验的基础上，切实加强领导，精心组织，严

格按照部门预算编制要求推进各项工作；严格按照财政部门下达的“一下”控制数填报“二上”预算；进一步规范项目支出预算编制，细化项目支出预算，准确划分经济分类；不断提高预算编报的规范化程度，尽可能避免预算编制中的错报、漏报、填写信息不完全、口径理解错误等情况，认真做好政府采购预算的编制工作，凡是用财政性资金及其配套资金采购货物、工程和服务的支出都必须按要求编报政府采购预算。希望通过我们大家的共同努力，不断提高预算编报的质量和管理水平。

同志们，2007 年是我省财政经济改革与发展的关键之年，全面贯彻落实科学发展观，创新理财观念和思路，支持经济及社会事业又好又快地发展是我们的共同心愿和一致目标。让我们更加团结一致，密切协作，深化改革，加强管理，增收节支，为促进和谐社会建设和山西经济的振兴与发展做出新的、更大的贡献。

在山西省财政厅派出机构全体干部大会上的讲话

山西省财政厅厅长　**郑建国**

（2007年3月23日）

今天会议的主要任务，是宣布厅党组关于派出机构干部人事调整的决定，贯彻落实厅党组《关于切实加强财政派出机构干部队伍建设的实施意见》。

干部人事调整是干部队伍建设的重要内容，也是保持干部队伍凝聚力、创造力和战斗力的重要措施。近年来，厅党组始终高度重视财政干部队伍建设工作，坚持将培养好、使用好、管理好每一位财政干部作为保证财政事业健康发展的一项重要基础性工作来抓，积极为同志们成长进步创造平台与空间，适时地为同志们提高素质提供学习培训和轮岗交流的机会，有力地促进了全厅干部队伍的结构优化、素质提升和活力增强。2003年以来，我厅机关有7名同志由处级领导岗位走上了厅级领导岗位，39名同志走上了正副处级岗位。可以说，近年来我厅的干部培养选任工作力度是比较大的，成效也是明显的。在大力推进厅机关干部队伍建设的同时，厅党组也非常关心、重视财政派出机构公务员队伍建设。在深入调查研究的基础上，厅党组提出了一系列加强派出机构干部队伍建设的意见，并在去年形成了一套比较完善的实施方案。此次厅派出机构升格及相关干部人事调整，是厅党组落实财政派出机构干部队伍建设的重要内容和举措，充分表明了厅党组对财政监督检查工作的高度重视，体现了厅党组对广大财政监督检查干部的爱护与关心。

我厅驻省直和各市财政监察员机构成立于1996年。十多年来，厅派出机构的广大干部职工在厅党组的正确领导下，牢记使命、勤奋工作、无私奉献、开拓创新，紧紧围绕财政改革与发展的中心任务，积极构建科学合理、权责明确、运作规范的财政监督业务机制，不断加强财政监督与管理业务的紧密融合，实现了监督方式从集中性、临时性的事后检查逐步向事前审核、事中监控与事后专项检查相结合的积极转变，使财政监督检查工作迈上了规范化、制度化的发展轨道，监督检查机制不断完善、范围不断拓宽、力度不断加大、质量不断提高，各项财政监督检查工作取得了可喜的成绩，为维护我省财政经济的良好运行秩序做出了积极而重要的贡献，赢得了厅党组和全省广大财政干部以及社会各界的充分认可和肯定。借此机会，我代表厅党组对大家在工作中取得的成绩表示祝贺，并对大家的辛勤付出表示衷心的感谢！

回首过去，我厅派出机构建设走过了从无到有、从小到大的发展历程，派出机构干部队伍也在这一历程中不断得到发展壮大，逐渐成为财政监督工作的主力军和财政事业发展的重要力量。但是，随着财政工作特别是财政监督检查工作的深入推进，我厅派出机构在干部队伍建设方面也逐渐暴露出一些问题和薄弱环节。一是长期以来，我厅派出机构规格建制偏低，一定程度上制约了各派出机构监督检查职能的发挥和各项工作的深入开展；二是派出机构干部队伍结构不尽合理，呈现出年龄结构偏大、学历层次不高的问题；三是各市派出机构人员配备不够合理，绝大多数派出机构普遍存在人员不足的问题；四是有部分财政监督干部的政治业务素质不能很好地适应当前形势发展和财政监督检查工作的需要；等等。上述问题的存在，一定程度上影响了同志们工作的积极性，制约了财政监督职能的有效发挥，对财政监督检查工作的高质量开展也产生了一些不利影响。对这些现象和问题，厅党组高度重视，我曾在多次会议和有关场合反复强调要切实重视和推进派出机构干部队伍建设，并要求有关处室着手研究有针对性的解决方案。经过较长时期的深入调研，厅党组以派出机构的整体升格为切入点，研究制订了《关于切实加强财政派出机构干部队伍建设的实施意见》（以下简称《实施意见》），《实施意见》从五个方面就深入推进财政派出机构干部队伍建设工作进行了全面的安排和部署：一是认真做好机构升格后处级干部的选拔任用工作，进一步加强派出机构领导班子建设；二是对部分处以上领导干部进行异地交流，对领导职务与非领导职务进行轮岗交流；三是招考一批高学历、年轻化的公务员充实派出机构干部队伍（这项工作也已经开始启动，从今天开始将在全省范围内组织报名工作）；四是进一步加大派出机构干部的教育培训力度，努力提高派出机构干部的综合素质；五是探索和建立财政监督执法人员岗位资格管理制度，进一步完善内部竞争激励机制。《实施意见》是适应我厅派出机构的发展要求制订的，是与财政监督检查工作的发展方向相一致的，符合财政改革与发展对当前财政监督检查干部队伍建设提出的新任务、新要求。那么，这次派出机构的干部调整就是按照这个《实施意见》来进行的。具体工作中我们坚持了规范、公正、公平、公道的原则，认真落实《党政领导干部选拔任用工作条例》和省委关于选拔任用干部“三个规定”的各项要求，严格履行民主推荐、组织考察、充分酝酿、会议讨论、组织决定、组织谈话等程序，积极实行考察预告、任前公示、任职试用期制度等干部人事制度改革，努力把公正选人、民主选人和依法选人的要求落到实处。这次派出机构干部人事调整共涉及 26 名同志，占派出机构干部总数（69 人）的 38%，其中提任处长 9 人，提任调研员 3 人，提任副处长 6 人，提任副调研员 7 人，轮岗交流 6 人。总的来看，这次派出机构干部调整工作程序是严密的，进展是顺利的，提拔的同志都是在各方面比较优秀的，轮岗交流的同志也是厅党组出于工作需要反复考虑确定的。当然，就派出机构而言，尽管这次干部调整的面较大，但是受职数职位的限制，在厅党组确定的民主推荐范围内还有一些比较优秀的干部没有被提拔，尤其是在厅驻各市派出机构表现得较为明显，但这并不意味着厅党组对大家的工作和素质不认可，也不代表大家工作不努力、不出色。下一步，我们将继续做好派出机构干部选拔任用工作，努力构建有利于干部成长与进步的良性循环机制，努力把各方面素质过硬、想干事、能干事的优秀干部选拔到更加适合的岗位上来，与此同时，在政策和职数允许范围内为解决那些兢兢业业工作多年的老同志的待遇问题进一步做出积极努力。我希望同志们能够正确看待这次干部人事调整，坚决拥护厅党组的决定，以饱满的热情和积极的干劲投入到今后的财政监督检查工作之中，施展才华，建功立业，争取进步。

同志们，这次厅派出机构干部人事调整是厅党组加强派出机构建设的一项重要措施和关键环节，对今后财政派出机构干部队伍建设及财政监督检查工作的深入推进起着十分重要的作用，厅党组和全厅广大干部职工对升格后厅派出机构的各项工作充满期待、寄予厚望。借此机会，我代表厅党组对大家特别是新提拔干部提几点希望和要求，概括起来讲就是“四个务必”、“四个牢记”。

“四个务必”，就是务必在加强学习上下工夫、在增进团结上作表率、在作风锤炼上重务实、在工作方法上讲艺术。

务必在加强学习上下工夫，就是要坚持不懈地抓好学习，努力在学习中提高素质、增长才干。当前，建设学习型社会、建设学习型部门已成为一种时代要求，全面学习、终身学习已成为适应时代要求的必然选择。广大财政干部特别是领导干部肩负推动财政改革与发展的重任，加强学习更是显得尤为重要，尤为迫切。这次干部调整，我们一些同志的职务得到了提升，这说明这些同志具备了提拔的基本条件，但同时大家也要明确这样一个认识，那就是机构的升格、职务的提升并不意味着我们素质与才干的同步提升，并不代表我们能力与水平就完全胜任。相反，全新的岗位，更高的职务，要求我们在执政能力、领导能力、理财能力和行政能力等诸多方面都必须有新提高、新进步。因此，厅党组要求大家要在今后的工作中认真结合岗位职责要求和工作实际，静下心来、俯下身去，积极主动地有针对性地加强学习，在学习中提高素质、增长才干，以更好地胜任岗位要求。在去年秋季举办的处级干部清华大学培训班上，我曾经就学习问题向参加培训的同志们提出了“克服三种思想、做到三个端正”的总体要求。在这里，我把这一要求再提给大家，这就是要坚决克服忙而疏学、满而厌学、苦而怕学的思想，切实做到端正态度、勤于学习，端正学风、联系实际，端正目的、学以致用。要认识到职务意味着责任，领导意味着服务，权力意味着奉献，在机构升格、职务提升之后，每一位同志肩上的担子更重了，身上的责任更大了，组织的要求更高了，厅党组希望大家尽快在思想上、能力上、素质上实现与机构升格、职务提升相一致的转变，用更宽广的视野来分析问题，用更长远的眼光来把握未来，用更务实的态度来推动工作。为此，无论是领导干部还是一般干部都要切实增强主动学习和终身学习的意识，把学习看做是工作、生活的一部分，在繁忙的工作之余，始终做到坚持学习、勤于学习，把学习作为推动自我发展、做好本职工作的不竭动力，自觉在持之以恒的学习中提升能力、完善自我、超越自我。作为领导干部，尤其要增强带头学习的意识，自觉遵守学习制度，认真组织学习活动，争做学习的表率，积极引导和带动本单位全体同志共同营造重视学习、热爱学习的良好氛围，在学习中与同志们互帮互助、共促共进。

务必在团结上作表率，就是要坚持发扬民主，注重协调配合，带头珍惜好、维护好、实现好团结和谐的局面。众所周知，团结就是力量，团结才能干成事业，团结出干劲，团结出干部。我们讲建设社会主义和谐社会，和谐是方方面面的，一个地区、部门和单位的团结和谐是社会和谐的基础。从我厅派出机构的总体情况看，各单位领导班子和全体同志间的团结总体上还是不错的，大家在团结协作、相互配合、和谐共事等方面的认知和言行也都是比较到位的。正因如此，才形成了目前和谐、民主、团结的工作氛围。但是，我们也要看到，由于主观认识和同志们的个性差异，近年来，在我厅派出机构个别领导和个别干部身上不讲团结、不注重团结的现象还不同程度存在。我厅派出机构人员配备较少，多数派出机构只有四到五人，在这种人员配备情况下，任何一位干部尤其是领导干部在本单位搞不团结，都会极大地影响本单位的整体和谐和各项工作的顺利开展，特别是配备副处长的派出机构，班子只有 2 个人，团结方面稍微不注意就会出问题，就会波及并影响到整个单位的团结和谐。因此，我希望新提拔的同志特别是各单位的一把手一定要切实增强团结意识，从自身做起，讲求团结、善于团结、搞好团结，促进本单位的团结、和谐，使全体同志在目标上合心、在工作中合拍、在困难面前合力。如何搞好团结？我认为关键就是“八个字”——沟通、宽容、民主、公正。沟通，就是正副职之间、领导和群众之间要加强相互沟通，做到重大问题事先沟通，关键时刻及时沟通，意见不一致反复沟通，通过沟通增加信任、凝聚力量、实现和谐；宽容，就是要豁达大度，虚心接受别人对自己的建议和批评，就是要宽厚待人，以诚相待，多为别的同志着想，多进行换位思考；民主，就是要善于听取不同意见，善于集中集体智慧，努力在工作中做到群策群力、集思广益，特别是没有配备副职的地方，作为处长，一定要注意发扬民主作风，不要主观武断，更不能搞“一言堂”，一定要注重和发挥集体的合力；公正，就是要做到对同志一视同仁、公平公道，不搞团团伙伙，不分亲疏远近，做事情出以公心、不徇私情，坚持原则、秉公办事。在这里，我代表厅党组再次强调，绝不姑息迁就闹不团结的干部和班子，该批评的要批评，该教育的要教育，对经过批评教育仍不改进的，厅党组将进行组织调整。对一般干部来讲，能否积极配合、支持单位领导的工作，将是今后考核其是否具备提拔条件的主要因素。懂团结是大智慧，会团结是真本事。厅党组希望大家，同时也相信大家，能够在今后的工作中以新的认识、新的姿态和新的行动为维护我厅派出机构团结稳定的良好局面做出更大的贡献。

务必在作风锤炼上重务实，就是要始终保持求真务实的工作作风，讲实话、办实事、求实效。近年来，厅党组狠抓政风行风建设，大力引深政务公开工作，不断加强机关行政效能建设，特别是紧紧抓住共产党员保持先进性教育这一契机，用机制和纪律促进了干部作风和机关作风的转变，包括财政监督检查干部在内的全厅绝大多数干部职工在作风问题上是让厅党组放心的、满意的。但是，从方方面面的反映和厅党组了解掌握的情况看，还有少数一些干部在作风上还存在着不少问题，有些问题在我们在座的同志中间也有表现。如在个别同志身上还存在着得过且过、不思进取、工作推诿的消极现象；在个别干部当中还有作风漂浮、骄傲自满、衙门习气严重、服务意识淡薄；甚至个别同志在检查工作中和被检查单位拉拉扯扯，以权谋私等等，这些问题都影响了我厅的社会形象。作风建设是干部队伍建设的重要内容，我们党历来对作风问题十分重视。前不久，胡锦涛总书记在中纪委七次全会上专门就干部作风问题发表了重要讲话，从贯彻落实科学发展观、加强党的执政能力建设和先进性建设的战略高度，深刻阐述了加强领导干部作风建设的极端重要性和紧迫性，要求各级领导干部大力倡导八个方面的良好风气，为全党同志加强作风建设指明了方向。财政监督检查机构是财政部门与社会各界联系较多的一个单位，在座的各位特别是处级领导干部，在平时工作中表现出来的工作作风直接关系着财政部门的整体形象。厅党组希望大家特别是新提拔的同志在作风建设上要切实做到以下三点：一是要为人朴实、工作踏实。作为一名国家公务员，在群众眼中是你们都是“官”，尤其是领导干部，当什么样的官才能被大家所认可、所接受，才能有好的形象，我认为，关键就是要朴实无华、不失本色，说老实话、办老实事、做老实人、走正经路，始终做到对人民群众没有官气，对处内同志没有霸气，对被检查单位同志没有傲气，无论职务多高、权力多大，永葆公仆本色。二是要善于倾听，善待批评。作为领导干部要有敢于接受批评，广纳百家之言，善听各方意见，善于从一片颂扬声中听出不满和反对的声音，清醒地认识到工作中的不足；从婉转的话语、幽默的玩笑中听出言外之意、弦外之音，理解同志们善意的批评和提醒；从大家七嘴八舌的品评、议论乃至牢骚怪话中去粗取精、去伪存真，从中吸收合理成分，找出工作的差距和薄弱环节，切实加以改进，使工作越干越好。三是要是非分明，勇于负责。领导干部一定要敢于坚持原则，力戒“好人主义”。现在我们有些同志怕在干部考核和选任中丢选票，有时宁可得罪工作，也不得罪“同事”，宁伤原则，不伤感情；当同事工作中出现问题时，不是及时指出，而是视而不见，不是帮助解决，而是帮助遮掩，这些都是对工作、对同志极端不负责任的表现，长此以往，这样的领导干部必然会被大家所指责。因此，作为一名领导干部一定要分得清是非，对问题敢抓敢管，勇于负责，具备了这样的作风，我们才会得到大家的认可和尊重。

务必在工作方法上讲艺术，就是要在坚持原则的基础上，积极提升组织领导的艺术性和工作方式的技巧性。作为一名领导干部，调动和发挥好下属的工作积极性、主动性是做好工作的基本保证和必要条件，这就有一个领导艺术和工作方式方法的问题。从这次干部考察情况来看，个别处级领导干部在工作方式方法方面存在不少问题。对这一情况，厅党组在听取考察汇报时就进行了认真研究，认为有必要就这个问题给新提拔的同志们讲一讲、提个醒，帮助大家更好地做好组织领导工作。在此，我代表厅党组对大家提两点要求：一是要找准角色，摆正位置。要坚持集体领导下的个人分工负责制，正职要把方向、谋全局、敢放手，注重发挥领导班子和全体干部的整体功能，讲求领导艺术和方法，善于团结和调动副职以及全体同志的积极性；副职要摆正位置，当好参谋助手，在工作中做到到位不越位、奉公不奉迎、服从不盲从、补台不拆台，协助正职把本处各项工作做好。二是要讲求领导艺术，力戒急躁。一个好的领导干部不仅要敢干事，还要能干事，更要会干事，这就要求我们在工作中注重提高自身的修养和领导艺术。如何培养和提高领导艺术，没有固定的经验和模式可以照搬，不同的对象、不同的环境要求不同的领导艺术，培养好的领导艺术，完全要靠领导者个人自已的把握和发挥，在这里我只想建议大家从加强自身修养、注重言行做起，寻找与所处环境相适应的最佳结合点，努力用好的工作方法来激励他人，用好的工作态度来影响他人，用好的言谈举止来引导他人，用好的人格魅力来感染他人。要坚决克服工作中的急躁情绪，不断提高沉着应事、稳健做事的工作能力，坚持做到以积极的态度来对待工作，以真挚的感情来对待同志，使自已真正成为一名成熟的领导干部。

“四个牢记”，就是牢记《党章》、政治过硬，牢记使命、爱岗敬业，牢记宗旨、心系群众，牢记本色、勤政廉洁。

牢记《党章》，政治过硬，就是要认真学习贯彻《党章》要求，加强自身党性修养，提高思想政治素质。在座的同志们大部分是共产党员，学习《党章》、贯彻《党章》不仅是我们的责任与义务，更是我们增强党性修养、提高政治素质、做好各项工作的前提与基础。实践证明，财政改革的推进，财政事业的发展，必须始终毫不动摇地坚持讲政治，始终坚定不移地坚持党的领导，始终不折不扣地贯彻落实党的方针政策。这就要求我们财政干部以学习和贯彻《党章》要求为重点，不断加强党性锻炼，努力提高贯彻执行党和国家路线、方针、政策的主动性和自觉性。从派出机构的实际情况来看，广大财政监督干部的主流是讲政治讲大局的，厅党组是充分认可和肯定的，但是，也有个别同志政治意识淡薄，大局意识不强，学习政策、执行政策、落实政策的主动性、积极性不强，对政策的把握含糊不清、模棱两可；有个别同志缺乏大局观念，对厅党组的有关决定贯彻执行得不够坚定和及时，将局部利益和个人得失作为衡量工作价值的标准；还有个别同志在执法检查和作出处罚时坚持原则不够，把握政策不准，甚至怕得罪人。这些现象虽然在同志们身上不一定表现得十分明显和突出，但是仍然需要引起足够的重视。为此，希望同志们在今后工作中能够始终牢记《党章》要求，自觉加强党性锻炼，努力增强政治意识、大局意识，使自己在政治上变得更加成熟和坚定，切实把讲政治融入财政监督工作的全过程中，确保财政监督工作的正确方向。

牢记使命，爱岗敬业，就是要充分认识新时期财政监督检查工作赋予财政监督检查干部的崇高使命，以高度的敬业精神和工作责任感投身于财政监督检查事业。荀子说“凡百事之成也，必在敬之，其败也，必在慢之，故敬胜怠则吉，怠胜敬则灭”，这就是说事若有成，功在专注，敬业、勤勉是做好工作的基本保证。在座的同志大部分都是财政监督检查战线工作多年的老兵，大家的青春年华和智慧汗水都倾注在了财政事业这片沃土上，我相信大家对财政监督工作都充满了感情，都把自己的理想、抱负与财政事业紧紧捆绑在了一起。当前，财政工作在促进经济社会事业发展进程中的地位日益突出，作用日益重要，财政监督检查工作也相应迎来了难得的发展契机，这无疑为我们广大财政监督检查干部提供了一个施展才华的宽广平台和良好空间。我希望大家不要因为年龄的增长、工作经验的丰富而减弱工作的热情与激情，失去工作的干劲与动力，而应当在新的工作起点上一如既往、勇挑重担、不懈进取，争取更大的成绩，不辱新时期财政监督检查工作赋予大家的责任与使命。

牢记宗旨，心系群众，就是要按照立党为公、执政为民的要求，始终保持理财为民的公仆情怀，与人民群众同呼吸、共命运、心连心，切实做到权为民所用、情为民所系、利为民所谋。为民理财是财政工作的宗旨和原则，作为一名财政干部，要始终坚持“以民为根本、敬民如父母”的工作理念，始终将群众高兴不高兴、赞成不赞成、满意不满意作为衡量工作正确与否的重要标准，始终将与人民群众切身利益和根本利益的密切程度作为安排工作轻重缓急的重要依据，时刻把群众的冷暖安危挂在心上，想群众之所想，急群众之所急，努力为群众多办好事、实事。我们每一位同志都要坚持正确的政绩观和权力观，深刻认识到我们的肩上承负着人民群众的信任与重托，我们的手中掌握着人民赋予的权力与职责，我们来自于群众、植根于群众，维护着、实现着广大人民群众的切身利益，面对社会各界我们代表的是财政厅这个部门、这个集体，想问题、做决策、办事情都必须从财政厅这个全局出发，用我们理财为民的一言一行树立和维护好我厅文明行政、亲民为民的良好社会形象。

牢记本色，勤政廉洁，就是要始终保持勤勉奉献、清正廉洁的公仆本色，切实为人民掌好权用好权。俗话说，干部一要干活，二要干净；干活就是勤政，干净就是廉政。财政工作是党的工作的重要组成部分，每一位财政干部都要本着对党、对人民高度负责的精神，勤于思考、勤于实践、勤于工作，努力消除庸、懒、散等不良习惯，牢固树立雷厉风行、积极负责、乐于奉献、规范高效的工作作风，切实解决工作中存在的办事拖拉、效率低下、推诿扯皮等不良现象，努力在工作中勇于作为、有所作为。我们财政监督检查干部手握财政监督权，平时不可避免地会出现一些各种各样的诱惑，这就对大家提出了考验。能不能做到清廉自守，不仅事关个人的前途，而且事关党和政府的形象。

为此，厅党组要求大家务必要强化廉政意识和自律意识，以身作则，清廉自守，洁身自好，守身如玉，时时刻刻把握好自己，事事处处严格要求自己，淡泊名利，遏制私欲，不放松小事小节，不贪图小恩小惠，真正做到拒染不正之风，拒收不义之财，拒行不法之事，堂堂正正做人，干干净净做事，清清白白做官，切实将为民、务实、清廉的要求落到实处。

贯彻《党政领导干部选拔任用工作条例》和《山西省党政领导干部任职试用期实施办法》的有关要求，厅党组对此次新提拔的处级领导干部实行任职试用期制度，希望新任职的同志在一年的试用期内经受住组织的考验，在今后的工作中不辜负厅党组对大家的信任与期望。

同志们，新年度的各项工作已经全面展开，财政监督面临着更加繁重的工作任务，厅党组对大家今后的工作充满期待，寄予厚望，希望大家以这次机构升格和干部调整为契机，团结一致，扎实工作，在财政改革与发展的进程中尽情施展才华，用智慧与汗水为我省财政监督检查事业的发展和山西财政的振兴做出更大的贡献！

在全省县级公安机关公用经费保障标准落实工作电视电话会议上的讲话

山西省财政厅厅长　**郑建国**

（2007年5月17日）

县级公安机关公用经费保障是贯彻落实中央关于进一步加强和改进公安工作决定精神的具体措施，是近几年来从中央到地方都非常重视的一项工作。2003年，省财政围绕省委的实施意见，与省公安厅一道下发了《关于进一步加强全省公安机关经费保障的意见》（晋财行［2003］361号），2004年又制订了我省县级公安机关公用经费保障标准。各市县财政部门根据各自的实际情况，也积极采取措施贯彻落实县级公安机关公用经费保障标准。通过这几年的努力，基层公安机关的经费保障水平明显提高，办案装备、办公条件均得到了很大改善。今年是落实县级公安机关公用经费保障标准的第三年，按照全国的统一部署，也是要求达标的最后期限。各级财政部门应当高度重视，扎实推进相关工作，争取按时完成任务。下面，我讲几点意见。

一、关于山西省县级公安机关公用经费保障标准落实工作的进展情况

我省制订县级公安机关公用经费保障标准在全国来说是比较早的。县级公安机关公用经费保障标准的出台，使基层公安机关的经费保障有了一个可依据的基本标准。

两年来，我省各级财政部门根据自身的实际情况，制订措施，认真落实，在各级党委政府的支持下，在公安部门的配合下，为县级公安机关公用经费保障标准的落实做出了积极的努力。据统计，到2006年底，不包括交警在内，全省119个县级公安机关有42个达标，占全省县级机关的35%；完成目标任务50%但不足100%的有54个，占全省县级公安机关的46%；完成50%以下的有23个，占全省县级公安机关的19%。太原的尖草坪区、长治县、盂县、寿阳县、蒲县、沁水县、怀仁县7个县区安排公用经费超过了标准的30%以上；大同城区、阳泉城区不达标准的20%。

从目前的达标情况看，虽然各级财政部门做了大量的工作，但与制订县级公安机关公用经费保障标准时要求2005年就要达到标准的50%的要求有很大差距，达标工作不尽如人意。4月25日下午，公安部和财政部就县级公安机关公用经费保障标准落实情况联合召开了电视电话会议，会上通报了各省标准的落实情况。到2006年底，全国有1 864个县达标，占2 694个县的69.2%，有308个县达到标准的80%，四川、福建、辽宁全部达标，甘肃达标97%，湖北、河南、江西、重庆、天津达标90%。山西、黑龙江、陕西、云南、宁夏、新疆六个省区达标不到40%。我省的落实情况进度缓慢，落实情况最差，受到了批评。

在县级公安机关公用经费保障标准落实过程中，各级财政部门采取了很多措施。一是结合中央政法部门三年规划，省财政每年配套20%的资金，用于补助基层公安装备、办案和维修，2004～2006年，省财政直接补助基层公安机关各类资金近5 000万元，这还不包括省里统一负担的网络租赁费、新增干警服装费等资金。各市级财政部门也想方设法筹集资金解决基层公安机关的问题。全省公安支出的增长幅度高于其他部门，据统计，2006年全省公安支出为30.8亿元，比2005年增长22%，增支5.6亿元，其中：公用经费支出16.6亿元，比2005年增长32%，增支4亿元。这些资金有力地支持了基层公安机关的基础建设，提高了办案能力，同时也缓解了基层财政资金紧张的矛盾，为基层财政安排公安机关公用经费奠定了基础。二是规范一般转移支付制度，在省对县的一般转移支付中充分考虑基层公安机关公用经费达标这一因素，受惠县达到了87个。与此同时，我厅多次与省公安厅调查摸底，了解达标工作进展，协商解决办法。一方面下文督促，一方面向省政府反映，为标准落实提供了支持和保障。

二、落实县级公安机关公用经费保障标准工作中存在的问题

在县级公安机关公用经费标准落实工作中，虽然各级财政部门做了很多努力，但总体上看进展情况不好，还有一部分县落实的比较差，与全国各省的进展情况比，与中央和省委、省政府工作要求比还存在较大差距。分析存在问题的原因，主要有以下几个方面：

一是思想认识存在偏差，对落实标准重视不够。公安机关保障标准的制订，是贯彻落实中央和省委“关于进一步加强公安工作的决定”的一项重要举措，目的是要提高基层公安队伍的战斗力，为国家经济建设和人民安居乐业保驾护航。中央要求制订县级公安机关经费保障标准，就是因为基层公安机关经费不落实，影响了基层公安的办案和正常工作的开展，所以才采取了这种可以说是强制性的措施。有的人认为在目前的财政体制下由上级财政制订标准、基层财政拿钱是上级财政给基层财政压力，给基层财政增加负担；有的人认为省里制订的标准就应当省里拿钱。还有的人认为本地区财政供养的水平各部门之间应当平衡，其他部门没有标准，如果给公安兑现了标准，会和其他部门形成很大差距，其他部门会有意见。有些基层财政部门反映，我省制订的标准偏高，不切合基层财政的实际情况。事实上，省里在制订标准时曾经做了大量的调查，并根据当时县级财力情况，考虑长远发展，反复研究测算，制订了每人每年3.1万元、2.7万元、2.3万元、2万元共四档标准。这些问题的出现是有客观原因的，也是有一定道理的。但是中央的政策很明确，就是要优先保障基层政法部门的基本支出需要，尽快提高基层政法部门维护经济和社会稳定的能力。

二是基层财政部门存在“等靠要”的消极思想。客观上讲，我省经济欠发达，财政状况较差，特别是县级财政更加困难一些。于是有些基层财政部门就依赖上级财政的补助，有些县总是强调等财政状况好转后再考虑，等待观望。有一部分县年初预算只安排很少的办公经费，个别县到2006年安排公安公用经费仍不足人均1 000元。我省的标准是在三年前制订的，这几年基层财政的状况有了明显好转，省财政也加大了对财政困难县的转移支付力度，应该说达到标准是有基础的。但保障标准仍得不到很好落实，与基层财政的等待观望和重视不够有很大关系。

三是管理水平不高，或者说是管理思想存在偏差。保障标准的制订，不单单是一个简单的标准，它要求我们既要合理安排资金，保障资金的到位，又要对到位的资金使用进行监督管理，使有限的资金用在刀刃上。但有些基层部门仍停留在传统的管理方式上，重投入、轻管理，重要钱、轻花钱。一些基层财政部门不在年初预算中安排公用经费，而是在年度执行中机动调整，弱化了预算约束；一些基层财政部门不严格执行“收支两条线”和禁止罚没收入与预算支出挂钩的规定，收支挂钩、以收定支、以罚定支的现象依然存在，致使一些基层公安部门认为财政下达给部门的收入任务就是自己的收入，没有按照“收支两条线”的规定规范收入分配；一些地方财政部门默认公安部门制订罚没收入任务并坐支挪用，存在靠乱收费、乱罚款、乱摊派达标的现象，影响了执法的公平和公正；一些财政部门对已安排的资金缺乏效益考评和监督管理，致使本应用于公用经费的资金归还了基本建设欠账，购买了车辆等装备，挪用了资金。

三、切实做好县级公安机关公用经费保障标准落实工作，按期圆满完成达标任务

4 月 12 日，于幼军省长在公安厅和我厅上报的《关于解决县级公安机关经费保障的请示》上两次批示：“省财政督促各市、县保证落实，务求今年全部达到保障标准。”要求“两厅研究经费保障落实的措施，协调、督促各市、县，务求今年一定落实到位。”2007 年是县级公安机关公用经费标准落实的最后一年，从我省的实际情况看，任务还很重。最近我厅与公安厅共同下发了文件，对落实标准提出了具体的要求。下面，我就财政部门做好标准落实工作再强调几点。

（一）要进一步统一思想，提高认识，明确责任

基层公安机关公用经费标准的落实不仅仅是一个钱的问题，它是切实解决公安机关履行职能，保障国家机器正常运转，维护社会稳定、经济发展、人民群众安居乐业的一件大事。各级财政部门要进一步提高认识，不折不扣地执行中央和省里的有关规定。县级财政部门不能有“等、靠、要”的依赖思想，不要把希望寄托在上级财政身上。中央和省财政会进一步加大对基层公安的补助，但补助资金的重点依然是装备和基础设施建设，公用经费这一块主要由县级财政来保障，县级财政责无旁贷。会后，财政部门的负责同志要及时、主动向县委、县政府领导汇报，并做好相关工作。

（二）要进一步采取有力措施，确保保障标准落实到位

一是省财政将进一步加大对困难县的支持力度，对人均财力较低，财政确实困难且已尽力尽责仍不能达标的县（市、区），省财政将通过转移支付方式给予支持，在计算 2007 年县（区）一般转移支付时将把县级公安机关公用经费保障标准作为一项因素统筹考虑；各市财政部门也要压缩不必要的开支，调整支出结构，集中一定财力用于支持所属县（区）公安机关公用经费达标工作。各县（市、区）财政部门要将省、市下达的用于落实《经费保障标准》的资金不折不扣的及时、足额拨付公安机关，如发现有挪用现象，省财政将采取措施进行处罚。二是要建立责任制。省财政今年要将县级公安机关公用经费标准落实纳入与各市财政签订的目标责任制并作为一项重要指标进行考核。各市财政部门也要对所属县达标情况纳入考核范围，进行责任制考核。三是要定期督促检查。省厅将与公安厅一道，在下半年对各县的达标情况进行全面的督促检查，年底进行专项检查验收。各市财政也要对所属县的达标工作进行检查、指导，及时了解情况，解决工作中的重点、难点问题，保证顺利完成达标任务。

在这里，我要重点说一下已上划市级管理的城区公安分局的公用经费保障标准的落实问题。城区公安分局上划市级管理后，其经费保障由市级财政来负责，这一点非常明

确。城区公安分局经费虽然上划，但作为一个基层单位，仍然执行原来确定的公用经费保障标准，这一点也要明确。从调查摸底的情况看，上划的城区公安分局经费保障落实普遍很差，有一些还不达标准的20%，大同城区公安分局仅达到标准的10%。所以各市财政部门必须有清醒的认识，不要只考虑当时上划基数低等客观原因，要认真采取措施，积极筹措资金，保障落实到位。

（三）进一步强化管理

县级公安机关公用经费保障标准的落实不仅仅是资金问题，也是管理问题。一是强化管理意识。我省基层财政困难，所以加强资金的管理，向管理要资金，向管理要效益显得尤为重要。经费保障标准是基层公安机关维持基本运转的资金，保障标准落实了也并不意味着基层公安机关经费供求的矛盾就解决了，所以加强管理非常重要。各级财政部门必须在重视公安经费投入的同时重视公安部门收入和经费的管理。在切实落实保障标准的同时继续坚持勤俭节约、艰苦奋斗的精神，强化管理意识，提高管理水平。二是完善管理制度。各级财政部门要针对标准落实工作中出现的新情况、新问题建立和完善相关管理办法和制度，要协助公安机关建立内部资金使用管理办法，要提高资金使用效益。三是加强收支两条线的管理。各级财政部门要按照国务院［2001］93号文件规定和规范公安机关收支工作的要求，严格贯彻落实国家收支两条线管理精神，将公安机关行政性收费和罚没收入与部门支出彻底脱钩，建立收入上缴国库，支出统一核定，管理高效有序的收支两条线管理机制。核定部门支出预算时要按照优先保证运转，量力而行的原则，优先落实县级公安机关公用经费标准所需的经费，核定部门收入预算时要将公安机关各项罚没和行政性收费收入打足。督促公安机关在执收工作中既要做到不乱收乱罚，又要应收尽收，应缴尽缴，以保持公安机关罚没收缴行为的严肃性和规范性，保证国家财政费税收入足额收缴入库。四是建立激励约束机制。各级财政部门要在按照标准落实县级公安机关公用经费的同时，加强收入的追缴入库，经费使用的追踪问效和绩效考评，避免国家预算收入流失和减少不合理的支出，杜绝浪费，降低执法成本。五是加强监督检查。各级财政部门要进一步加强对本地区县级公安机关的标准落实工作的监督检查。对保障标准落实工作中出现的新问题、新情况，认真研究，及时解决，并将标准落实的监督检查工作制度化、规范化、经常化，保证县级公安机关公用经费标准落实工作稳步推进。六是关于交警公用经费标准问题。我省在制订保障标准时，是将县级公安部门和交警部门一并考虑的。从目前的实际情况看，由于交警的预算管理方式不同，经费保障也要与县级公安机关区别对待，要将县级公安机关和交警分开，分别足额落实到位。

同志们，县级公安机关经费保障工作已经进入攻坚阶段。各级财政部门要齐心协力，与公安部门密切配合，克服困难，迎头赶上，确保在年内全面完成县级公安机关公用经费保障标准的落实工作。

转变工作作风　狠抓工作落实
努力推动今年各项财政工作迈上新台阶

——在全厅干部职工大会上的讲话

山西省财政厅厅长　**郑建国**

(2007 年 5 月 21 日)

今年是全省上下深入贯彻落实省九次党代会精神，从广度和深度上进一步推进我省“十一五”规划顺利实施的关键之年。为了确保今年各项工作任务的顺利完成，省委、省政府将今年确定为“作风建设年、狠抓落实年”。于幼军省长在年初的政府工作报告中特别强调：“……今年政府的工作任务及其繁重，我们要把今年作为狠抓落实年和作风建设年。广大政府公务员特别是各级领导干部要在转变作风、狠抓落实这八个字上下真工夫、硬工夫，苦干加巧干，干出成效来。……”前不久，省委又作出了《关于加强作风建设狠抓工作落实的决定》，针对性地提出了涵盖作风建设方方面面的十五项要求，表明了省委、省政府加强作风建设、狠抓工作落实的信心和决心。今天，我们召开全厅干部大会，就是要全面贯彻落实省委、省政府近一个时期以来关于加强作风建设、狠抓工作落实的一系列决策部署，进一步统一思想，提高认识，动员大家切实增强转变工作作风、狠抓工作落实的责任感和紧迫感，努力在改进作风、落实工作、提高效能、依法行政等方面查不足、找差距，不断创优政务环境、夯实工作基础、提高工作效率，努力将财政部门建设成为作风过硬、高效优质、清正廉洁和人民满意的政府机关。下面，我结合贯彻落实省委《决定》精神，就我厅加强作风建设，狠抓工作落实讲两点意见：

一、增强主动意识，把进一步加强财政干部作风建设放在更加突出的位置常抓不懈、抓出成效

作风的好坏，影响着工作的绩效；作风的优劣，关系着事业的成败。今年 1 月 9 日胡锦涛总书记在中央纪委第七次全体会议上，着重强调要全面加强新形势下领导干部作风建设，在工作中要大力倡导八个方面的良好风气。这是党中央从党和人民事业兴衰成败的高度，从贯彻落实科学发展观、全面建设小康社会、构建社会主义和谐社会的高度提出的加强党的建设的一项重大战略任务。就财政部门而言，切实将转变机关作风与财政改革发展事业紧密结合，不断创优机关政务环境，不仅是响应中央和省委、省政府号召，着力提升财政部门形象的现实需要，更是以科学发展观为统领，努力推动财政事业健康快速发展的重要措施。不久前，厅党组中心组就我厅的作风建设进行了专题研究，深入学习领会了省委《关于加强作风建设狠抓工作落实的决定》和《向申纪岚同志学习的决定》两个文件精神，并对厅机关各处室各单位进一步加强作风建设进行了安排部署。大家要统一思想、提高认

识，坚决按照中央和省委、省政府的指示精神以及厅党组的统一安排，坚持两手抓，两手都要硬，切实把加强机关作风建设放在更加突出的位置加以推进，并且要常抓不懈，抓紧抓实，抓出成效。

（一）要加强一个“学”字，始终倡导勤奋好学之风

关于学习的问题，我曾在去年秋季举办的处级干部清华大学培训班以及年初全省财政工作会议和不久前全厅派出机构全体干部大会等不同的场合多次强调过，这是因为对于广大财政干部而言，学习不是一朝一夕的敷衍了事，更不是装点门面的形式主义，只有勤奋好学、学以致用才能坚持与时俱进，才能创造性地做好财政工作。持之以恒的学习是大家增长才干、提高素质的重要途径，是做好各项工作的重要基础，也是适应时代要求的必然选择。经济社会日新月异的发展促使财政工作不断发生新变化，各种新的问题、新的挑战接踵而至，广大财政干部特别是领导干部只有不断加强学习、全面提高自身素质，才能更好地肩负起推动财政改革与发展的重任。总的来看，我们多数干部对待学习的态度是认真的，能够在繁忙的工作之余积极主动地为自己加油充电，从提高政治理论修养、加强业务素质锻炼等多个方面开展各种形式的学习活动，对此，厅党组是满意的。但是，也有一部分同志借口工作忙不去学习或者敷衍了事，有的同志认为不学习照样能够干好工作，在学习时习惯于满足于一知半解、浅尝辄止，更有个别同志把工作之余的大量时间用在了休闲娱乐、应酬接待等方面，丝毫没有学习的积极性和主动性，完全忽视了学习对于一个干部成长的重要作用，这些错误的想法和做法是要不得的。无论是领导干部还是一般干部都要切实增强主动学习和终身学习的意识，把学习看做是工作、生活的一部分，把学习当做自己必须承担的职责和使命，把学习作为推动自我发展、做好本职工作的不竭动力，在繁忙的工作之余，始终做到坚持学习、勤于学习，自觉在持之以恒的学习中提升能力、完善自我、超越自我。大家要结合岗位职责和工作实际，静下心来、俯下身去，有针对性地加强对政治理论、方针政策和财经知识的学习积累，在学习中查找不足、争取更大进步。同时要着眼长远，认真思考我省财政改革与发展过程中遇到的各种问题，带着疑问在自己平日的知识储备中去寻求答案，切实把学习的体会和成果转化为谋划财政工作的思路、提升理财水平的措施和创新理财方式的本领。对于领导干部而言，不仅要通过勤而好学来不断提升自己的执政能力、领导能力和行政能力等诸多方面的素质，同时更要努力做学以致用、用有所成的表率。今后，厅党组要进一步完善中心组学习制度，坚持结合全省经济社会宏观形势和财政改革发展实际，每季度集中学习两次；人事教育处、机关党委等处室要结合财政工作需要，认真组织开展干部培训和专题知识讲座等活动，为全厅干部职工搭建增长知识、提高素质的学习平台；各处室、各单位要认真落实我厅各项学习制度，以每周二、五下午学习为重点，认真组织有内容、有质量的学习活动，积极营造处室内部重视学习、热爱学习的良好氛围。为切实加强学习型机关建设，我厅将在局域网开设“学习之窗”专栏，通过刊载干部职工读书学习心得，为大家提供交流学习体会的专门平台。此外，我厅还将把每年7月定为厅“读书学习月”，通过组织开展一系列专题学习活动，推动全厅学习活动的深入开展。

（二）要突出一个“实”字，始终奉行求真务实之风

实事求是是我们党思想路线的灵魂，体现在工作作风上就是要大力弘扬求真务实精神，这是衡量广大干部工作态度、工作方法、工作作风和工作成效的重要标志。在全

省上下紧抓中部崛起这一历史机遇，深入推进我省“十一五”规划顺利实施、着力构建和谐山西的关键时期，广大财政干部要以强烈的时代责任感和历史使命感，把求真务实的精神牢固树立起来，以求真务实的行动抓好各项工作。在求真务实上下工夫，需要多管齐下，对于财政干部来讲，当前尤其要做到以下三点：一是求财政职能之真，务支持经济又好又快发展之实。大家必须认识到，全省经济的又好又快发展，离不开财政各项职能的充分发挥；财政改革与发展的顺利推进，离不开经济整体环境的良好运行和经济效益的不断增长，两者相辅相成，互为促进。因此，广大财政干部要将对财政各项职能的充分认识转化为支持全省经济社会又好又快发展的实际行动。按照于幼军省长在政府工作报告中提出的抓好八项重点工作、努力在六个方面狠下工夫的工作部署以及年初全省财政工作会议确立的“狠抓‘六个着力’、实现‘三个促进’、力求‘三个突破’”的工作思路，充分发挥财政宏观调控职能，切实在资金保障、政策支持和优化财经环境等方面有所作为，通过各种渠道，积极筹措资金，妥善制订政策方案，引导、鼓励和支持重点项目建设。要按照“三个路径”的要求，以“八大支柱产业”、“三个企业方阵”为重点，将一批有助于推动产业结构升级和优化的项目列入财政扶持范围，不断促进我省产业结构调整战略的深入实施和财源结构的不断优化，为实现全省经济跨越式发展提供全方位的服务。二是求财政本质之真，务保障人民群众根本利益之实。公共财政取之于公众、用之于公众。只有惠及人民、服务群众的财政，才能真正体现公共财政以民为本的本质。不断强化公共财政职能，使财政支持的重点向社会公益性和社会保障事业上倾斜，努力在改善民生、维护民益、促进民和、确保民安上有所作为，是财政部门不可推卸的责任。大家要切实把解决民生问题放在各项工作的首位，努力做好事关人民群众日常生产生活的各项工作，下工夫在文化教育、医疗卫生、环境保护、社会救助等方面取得新进展。特别是对于今年省政府向社会承诺的“十二件实事”及下达我厅的九项重点工作任务，大家要全力以赴落实好，资金保障决不能拖、拉、延、扣，该提前预拨的要提前预拨，相关处室负责人要将这些工作作为今年工作的重中之重抓好办好，确保如期完成我厅承担的各项工作任务，让广大人民群众真正享受到财政改革与发展的成果。三是求财政工作之真，务调查研究、解决问题之实。财政工作务求实效，把财政工作的效果真正体现到经济社会的又好又快发展上来，体现到和谐山西的建设上来，要求我们财政干部必须察实情、办实事。察实情，就是要大兴调查研究之风。不论是领导同志还是一般干部，都要沉下身子、带着问题深入群众、深入基层、深入预算单位，了解和掌握实际情况，有针对性地做好相关工作。调查研究是作风建设的重要内容，我也在不同场合多次对大家提出过具体要求，但是我们也看到，一部分同志在对待调查研究这一问题上始终认识不高、重视不足，下到基层往往是听听汇报、看看材料，走马观花，蜻蜓点水，说是调查研究，其实是身下心不下、身入心未入，对这种不负责任、自欺欺人、于工作无益的调查研究，我们必须坚决杜绝。这里我要特别指出，此次大会结束后，厅党组决定由分管厅领导带队，相关处室参加，深入基层一线就今年各项重点工作的落实情况组织开展一系列的调查研究活动，在全厅掀起一个调查研究的活动高潮。希望大家充分准备，认真对待，切实做到此次下乡调研活动的时间长于以往，质量高于以往，效果好于以往，以实实在在的调研成果推动工作的深入开展。全厅干部要以此次调研活动为新起点，进一步增强调查研究的主动性和积极性，切实在加大调查研究的深度、广度和力度上下工夫，特别是领导干部要发挥好表率作用，厅级干部每年调研和深入基层的时间不得少于2个月，处级干部不得少于3个月，确保以高质量的调研成果服务于财政工作。办实事，就是要大兴解决实际问题之风。解决问题是我们发扬务实作风的核心内容。大家要发扬勤勉敬业、吃苦耐劳、甘于奉献的精神，少动嘴说、多跑腿做，坚持办实事、鼓实劲、出实招、求实效的工作作风，把握关键环节，狠抓工作重点，确保任务落实。要认真解决行政不作为、行政乱作为、办事拖拉、不督不办、相互推诿、敷衍塞责、政令不畅等问题，严肃查处有令不行、有禁不止的人和事。要深入推进“金财工程”建设，加快推广电子政务，切实减少文山会海和不必要的应酬接待，取消各种徒有形式、不见实效的检查、评比等活动，腾出时间和精力推动各项财政工作的顺利开展。

（三）要牢记一个“民”字，始终弘扬勤政为民之风

我们党的根基在人民、血脉在人民、力量在人民。始终保持党同人民群众的血肉联系，是我们党始终保持先进性，不断增强创造力、战斗力和凝聚力的重要保证，也是新形势下全力加强作风建设的重要内容。财政牵系百姓、源自人民，各项财政工作的顺利开展，离不开广大人民群众的鼎力支持。因此，广大财政干部要牢记一个“民”字，清醒地认识到自身的权力是人民赋予的，自身的工作是服务广大人民群众的，真正在感情上贴近群众，作风上深入群众，工作上着眼群众，始终坚持为人民服务的工作宗旨。近年来，我们狠抓政风行风建设，努力创优政务环境，机关作风有了明显改善，财政部门在多年的政风行风评议活动中始终名列前茅，去年又在50多个部门参加的评议中，获得了经济综合部门的第一名，受到了省政府的表彰，机关效能建设也受到了省效能建设领导组办公室的表扬，在人民群众中树立了良好的部门形象。但是我们也看到，仍然有个别同志，甚至是一些领导干部身上还存在衙门习气严重、服务意识淡薄等问题，对待来访群众或单位还有“门难进、脸难看、话难听、事难办”和“吃拿卡要”等现象的发生。对这些不良风气，我们必须坚决予以抵制和纠正。要积极完善政务公开制度，凡涉及人民群众切身利益的财政政策、年度预决算报告、事关省政府为人民群众办实事的重要财政支出，以及行政许可、审批、管理和服务等事项，都要通过适当方式向社会公开，接受社会各界和人民群众的监督。要认真落实厅领导和处室联系点制度、接待群众来信来访制度和厅领导接待日制度，方便干部职工及社会群众反映问题、寻求帮助。要切实加强全厅干部职工作风建设，引导和督促大家在日常工作生活中切实做到朴实无华、不失本色，始终做到对人民群众没有官气，对来我厅办事的同志没有傲气，永葆公仆本色，做一名被广大人民群众所认可、所接受的公务员，从而无愧于党和人民所赋予我们的权力，无愧于财政部门一直以来所保持的良好形象。

（四）要注重一个“和”字，始终发扬团结共事之风

众人划桨开大船，团结协作创伟业。切实发扬注重和谐、团结共事之风，是财政工作平稳有序开展的必要条件。财政部门讲团结，包含了两层意思：一是要加强财政部门内部的团结。众所周知，团结就是力量，团结才能干成事业。我们讲建设社会主义和谐社会，和谐是方方面面的，一个地区、部门和单位的团结和谐是社会和谐的基础。从我厅的总体情况看，各单位领导班子和全体同志间的团结总体上还是不错的，大家在团结协作、相互配合、和谐共事等方面的认知和言行也都是比较到位的。正因如此，才形成了目前和谐、民主、团结的工作氛围。但

是，我们也要看到，个别处室和单位、个别领导和干部不讲团结、不注重团结的现象还不同程度存在，因不能团结协作而导致工作延误的问题也时有发生。俗话说懂团结是大智慧、会团结是真本事，个别习惯于闹分歧、窝里斗的干部是既无智慧又无本事，这样的干部对我们财政事业的发展有百害而无一益。厅党组向来十分重视班子的团结问题，对经过批评教育仍不改进的班子和个人，厅党组将进行组织调整，绝不姑息迁就闹不团结的干部和班子。在前不久进行的厅派出机构干部人事调整中，对闹矛盾、不团结的班子，厅党组都没有予以提拔，这充分表明了厅党组致力维护班子团结的坚定决心。如何搞好团结协作是领导干部必须思考的一个问题，在这里，我代表厅领导班子向全厅广大干部郑重承诺：全体厅领导班子成员将在今后一如既往地认真落实厅党组集体领导下的分工负责制，严格执行民主集中制，胸怀全局、作风民主，严以律己、宽以待人，想问题、做决策、办事情都着眼于服务全省经济社会发展大局，都着眼于推动财政事业又好又快发展，都着眼于维护财政部门良好社会形象，以重视团结、狠抓团结、带头团结的实际行动，影响和带动全厅上下积极开创团结协作的新局面。同时，厅党组也希望各处室各单位的领导干部切实增强团结意识，班子正职要谋全局、敢放手，讲求领导艺术和方法，善于团结和调动副职以及全体同志的积极性，在团结上做好表率；副职要摆正位置，当好参谋助手，尽职不越权、补台不拆台，协助正职把本处室、本单位的各项工作做好。要坚决杜绝个人不服从组织安排，独断专行，自行其是的行为；坚决制止各种搞“小帮派”、“小圈子”、“小团体”的错误做法；坚决避免议而不决、决而不行、内耗严重等软弱涣散现象。希望大家在今后的工作中能够做到在目标上合心、在工作中合拍、在困难面前合力，心往一处想，劲往一处使，珍惜好、维护好、实现好团结和谐的局面，在全厅发扬团结共事之风，凝聚和谐工作之力，共同推进我们的财政工作取得新的成绩。二是要加强财政部门与兄弟单位的协作。在落实中央和省委、省政府的各项决策部署，全力推进和谐山西建设的进程中，在推动财政体制改革、加强财政资金管理等诸多工作领域，财政部门往往需要与相关兄弟单位积极配合、通力合作，才能圆满地完成各项工作任务。正所谓“独木难支、孤掌难鸣”，大家在加强财政部门自身建设、实现财政部门内部团结共事的同时，还需要高度重视和加强与相关部门的沟通协调，特别是对于省政府确定的各项重点工作任务，如新农村建设、“十二件实事”以及社会救助体系建设等等，我们必须与相关部门开展及时、有效、全方位的协作与配合，才能共同促进工作任务的如期完成。同时，在推进财政改革、出台财政政策之前，由于会涉及不同部门、不同群体的切身利益，难免会有一些不同的声音甚至是相抵触的行为。这就要求我们多做解释说明工作，加大政策宣传力度，努力征得各单位各部门的理解与支持，减轻财政工作阻力，为财政改革创造和谐宽松的环境，确保各项工作的深入推进。

（五）要保证一个“廉”字，始终坚持清正廉洁之风

张宝顺书记在省纪委二次全会的讲话中，对广大政府公务员特别是领导干部提出了从政要有品格、用权要讲原则、做人要重形象的要求。从财政部门来讲，落实宝顺书记的三点要求，就是要做到严明财政纪律、规范干部行为、坚持秉公用权，努力在财政工作实践中培养一支对组织负责、对事业尽责、对自身严格、对人民奉献的财政干部队伍。财政干部肩负着管理国家财产、配置公共资源的神圣使命和重要职责，掌握着一定的公共权力，在市场经济发展日益快速、各

种利益诱惑日益加剧的情况下，常常成为一些不法人员的公关对象。为此，大家一定要积极强化勤政廉政、清正严明的思想认识，廉洁自守、严格自律。要切实把党和人民赋予的权力用在为国聚财、为民理财的日常工作中，而不是渎权纳贿，谋求私利。大家要以胡锦涛总书记提出的八个方面的良好风气为标尺去衡量自己的一言一行、一举一动，不断增强自身党性修养、宗旨意识、领导水平和拒腐防变的能力。按照胡锦涛总书记提出的生活正派、情趣健康、讲操守、重品行的要求，淡泊名利，遏制私欲，不放松小事小节，不贪图小恩小惠，时时刻刻、事事处处把握好自己，防微杜渐，警钟长鸣，使廉洁自律真正成为一种习惯，成为一种操守，真正做到拒染不正之风，拒收不义之财，拒行不法之事，堂堂正正做人，干干净净做事，清清白白做官，切实将为民、务实、清廉的要求落到实处，努力做一名政治合格、作风优良、业务过硬、清正廉洁的财政干部，为全省财政事业的发展尽职尽责、贡献力量。

二、增强大局意识，在着力改善民生、促进经济社会协调发展中狠抓各项工作落实

空谈误国，实干兴邦，我们党多年来一直把狠抓落实、务求实效作为一项基本工作要求，作为党风、政风和领导干部作风建设的重要内容常抓不懈。广大财政干部肩负着为民理财的重任，更加需要大力弘扬狠抓落实的工作作风，在抓落实上下工夫，在抓落实上作表率，在抓落实上出成效，在抓落实中树形象。可以说，抓工作落实是我们广大财政干部的一种责任和义务，是执行中央和省委、省政府各项决策部署的基本要求，也是检验我们是否为民、务实、高效的重要标准。财政工作事关全省发展大局，涉及广大人民群众切身福祉，财政资金的及时足额到位，财政政策的适时研究制订，财政措施的合理正确运用都必须在着力改善民生、促进经济社会协调发展的工作落实中予以充分的体现。对于每一项财政工作，抓而不紧，等于不抓；抓而不实，等于没抓；不抓落实，再好的思路、再好的方案也只不过是空中楼阁。只有扎扎实实将工作落在实处，体现实效，解决实际问题，财政事业才会有不竭动力，构建和谐山西的伟大事业才能顺利推进。

（一）狠抓工作落实必须讲求“全局性”

广大财政干部在狠抓工作落实的过程中要学会着眼全局，这个全局，既是财政事业自身发展的全局，也是全省工作一盘棋的全局。大家要深刻认识到：一项财政工作的拖沓，可能会延缓一项财政改革的推进步伐；一笔财政资金的耽搁，可能会阻碍一项建设事业的顺利开展。因此，财政干部要看到抓紧抓实自身工作的特殊意义和重要性，带着全局性、战略性的眼光去认真对待自己承担的每一项具体工作。对于省政府分解到我厅的重点工作任务，我们已经明确列入今年的目标责任制考核内容中，大家要在深入调研的基础上尽快拿出具体的工作方案，全力以赴组织实施，将工作措施尽早落到实处。要严禁工作只提口号、思路，没有具体对策措施的浮滑之风，要提倡多谋善断、真抓实干、雷厉风行的务实之风，切实在履行职责、落实工作的过程中做到言必行、行必果，确保财政工作的成效如实显现。同时，广大财政干部特别是领导干部一定要善于抓大事、议大事、干大事。财政工作纷繁复杂，头绪众多，难免会出现精力分散、顾此失彼的问题，所以突出重点，抓住工作主要矛盾就显得尤其重要。大家在落实工作的过程中不要搞形式主义，不要“撒胡椒面”，表面上看每件事情都做了，实际上每件事情都没有做实、做深、做细，而是要力求突破难点，解决重点，抓好工作落实的核心环节和基础环节，进而带动财政工作全局，避免

工作落实中的盲目性，力求各项财政工作在落实中达到事半功倍的效果。要加大对工作落实的监督检查力度，围绕今年的目标责任制不断加大对各项财政工作特别是省政府分解到我厅的九项重点工作任务以及十二件实事等相关工作落实情况的督查力度，对于因工作态度消极拖拉而延误财政资金拨付、影响财政工作进度的，要发现一起严肃处理一起，决不姑息纵容。

（二）狠抓工作落实必须讲求“时效性”

有些同志在思想认识上存在这样一个误区：认为工作干了就可以，今天干和明天干一个样，早干晚干一个样。这种对待工作拖拖拉拉的想法是不可取的。财政工作关系重大，具有很强的经济性、社会性和群众性，必须在第一时间内把我们的工作想到位、做到位，才能充分发挥好财政职能作用，为全省经济社会各项事业的协调快速发展做出更大的贡献。因此，抓好工作落实，必须讲求工作的“时效性”，时效性强，我们才能抓住机遇、加快发展，时效性强，我们才能政令通畅、工作到位。当前，我省正面临着千载难逢的发展机遇，中部地区崛起战略、煤炭工业可持续发展试点、煤炭资源有偿使用试点等政策措施的实施及我省部分地区比照执行振兴东北地区等老工业基地和西部大开发的有关政策等因素，都为我省提升经济发展水平、增强财政可持续发展能力提供了难得的发展契机。机遇难得，稍纵即逝，每一位财政干部都要在机遇面前切实增强做好工作的责任感和紧迫感，以百折不挠、勇往直前的工作精神珍惜机遇，以只争朝夕、时不我待的工作态度抢抓机遇，以积极主动、奋力争先的工作干劲把握机遇，以无愧于时代和人民的工作业绩，在振兴财政、构建和谐山西的进程中有所作为。与此同时，财政部门要紧紧围绕建设高效政府机关的工作目标，深入推进机关效能建设，严格执行首办负责制和限时办结制等制度，规范机关办事程序，提高政务运转效率。要切实做到对已经研究决定的事情要说了就干，定了就办，不找借口，不等不靠，不推不拖，真正将事关广大人民群众切身利益的事情在第一时间办好办实；面对工作中出现的矛盾问题，要主动出击，及时化解，不能有“绕开矛盾找出路，逃避问题图轻松”的错误思维；面对落实中遇到的困难，要认真梳理，及早解决，特别是对于关乎人民群众生产生活问题的工作，要深入基层了解实际情况，多在群众中做政策宣传解释工作，力争迅速解决工作中出现的各种困难，把各项财政惠民工作落在实处，让广大人民群众切实感受到公共财政的温暖阳光。

（三）狠抓工作落实必须增强“质量”意识

我们在每年的目标责任制考核中都会发现，个别单位在落实工作的过程中达不到进度要求，完不成既定任务等现象时有发生。工作落实了，但不达标，这样的落实算不算落实？要我说，这样的落实不符合省委、省政府和厅党组对大家的要求，起码不能算落实的好、落实的到位。狠抓工作落实，前提是要高质量地完成好我们的本职工作，如果在落实工作的过程中对自己的要求不严格，干的走了样，不讲求工作质量，那么这样的落实我们不要也罢。为此，我们在干工作的时候要切实做到以下三点：一是要做到严谨细致，注重细节。财政工作关乎大局发展、关乎民生福祉，每个财政数据，每项财政决策，都体现着政策的严肃性，都涉及经济社会建设的方方面面，来不得丝毫的马虎大意。大家在抓工作落实的过程中既要有大刀阔斧的气魄，从大处着眼，看到全局，更要有耐心细致的特点，从小处着手，保证质量。俗话说：“天下大事必作于细，古今事业必成于实。”财政干部必须时刻准确把握上级的指示精神和政策要求，不折不扣地贯彻执行中央和省委、省政府的各项决策部署；在安排资金、制订政策、采取措施之前要通盘考虑、反复研究；在具体工作的实施过程中更要时刻以工作质量为先，坚持不解决问题不撒手，不摸清情况不放松，努力把各项财政工作落实到位。二是要做到积极主动，不畏难题。财政部门在支持构建和谐社会的过程中承担着繁重的任务，经济建设与社会发展的各个环节都对财政提出了越来越高的资金保障和政策支持要求。面对和谐社会建设中的各种难题和矛盾，财政部门必须切实增强工作的积极性和主动性，在困难面前不低头、不退缩，勇于承担责任，敢于迎难而上，通过合理调拨每笔财政资金，妥善实施每项财政政策来化解社会矛盾，增进社会和谐。大家要高标准、高质量地完成好各项本职工作，力争在促进经济社会统筹发展中，在加快经济社会各个领域薄弱环节的发展步伐中，在维护好、实现好、发展好人民群众根本利益中将财政工作的成效扎扎实实体现出来，让财政工作真正起到为国分忧、为民谋利、促进发展、促进和谐的作用。三是要做到持之以恒，一抓到底。工作目标一旦确定，工作任务一旦明确，大家要有那么一股韧劲，发扬愚公移山的精神，锲而不舍，一步一个脚印，一件一件地抓落实。要坚决反对那种抓而不紧，时紧时松的不良习气，杜绝借口客观、逃避责任的侥幸心理，在抓落实上大家要盯好结果，抓好过程，绝不能虎头蛇尾，更不能有头无尾，而是要一抓到底。

这里，我要着重强调一项重点工作：本月下旬，我省规范在并省直机关公务员津贴补贴各项政策将落实到位，为确保此项工作的顺利推进，我厅会同有关厅局将联合制发《关于严肃纪律确保规范公务员津贴补贴工作顺利进行的通知》，明确规定此次清理规范津贴补贴工作的纪律要求，根据规定，在此次清理规范后，一律不得违规发放津贴、补贴。不得以任何借口、任何名义、任何方式在国家和省统一的津贴补贴政策以外自行设立津贴、补贴等项目；不得擅自提高津贴补贴标准和扩大实施范围；不得擅自扩大有关经费开支范围和提高开支标准变相发放津贴补贴；不得发放有价证券和实物等。《通知》同时规定，对此次清理规范津贴补贴工作中发生的违规违纪问题一经查实，对主要领导、分管领导和直接责任人，将按照组织程序一律先予免职，并随后依据党纪政纪和有关法律予以追究责任。在此，我要求大家要切实提高思想认识，严格执行清理规范津贴补贴的各项纪律规定，坚决杜绝违规违纪行为的发生，以认真、规范、严格落实清理规范公务员津贴补贴政策的实际行动，推动此项工作的顺利进行。

（四）狠抓工作落实必须增强“创新”意识

我在年初全省财政工作会议上谈到干部队伍建设问题时曾强调，要切实增强广大财政干部“敢破敢立”的创新精神，努力推动财政事业的又好又快发展。这种开拓创新、求新求变的精神，在我们狠抓工作落实的过程中，同样要倡导、要发扬。当代财政工作者一定要力戒一成不变、死板教条的工作方式方法，针对工作中出现的新问题和新现象及时探寻新的应对措施，跟上时代发展的步伐，与时俱进，学会从全新的角度去思考工作，用灵活的方法去落实工作，否则，在落实科学发展观的新形势下，在建设新山西的新任务下，在推动财政改革发展大业的新挑战下，我们前进的步伐只会越来越缓慢，越来越被动。只有创新，才有动力，才有活力，才能发展。广大财政干部在具体落实工作的行动上要切忌死抠条文、钻死胡同，不能照抄照搬以往的做法，也不能生搬硬套一些条条框框和规章制度，而是要在学习调研的基础上切实把上级精神、文件规定与本地实际结合起来，把对上负责与对下负责结合起来，把工作业绩与群众利益结合起来，创造性地开展工作，在结合中出思路，在创新中出特色，在落实中出实绩。要坚决抵制个别干部身上存在的懒于学习新知，懒于研究思考，工作因循守旧，毫无探索创新的不良风气，把增强创新意识和狠抓工作落实紧密结合起来，将求新求变的思想转化为工作落实的行动，大胆尝试在财政体制、管理机制和工作制度等方面的创新型实践，把新的聚财思路、新的理财模式和新的用财手段在我们的工作落实中真正体现出来，并且通过实际工作的检验来查找问题、总结经验、探寻规律、掌握方法，以行之有效的新思路、新点子和新办法确保工作落实取得新的突破。

同志们，当前，全省上下已经掀起了加强作风建设、狠抓工作落实的活动高潮。为进一步转变广大财政干部作风，创优财政部门政务发展环境，促使各项财政工作扎扎实实落到实处，我厅结合省委《关于加强作风建设狠抓工作落实的决定》精神，先后制订了《山西省财政厅开展“三服务、三促进”作风建设活动实施意见》和《山西省财政厅加强作风建设狠抓工作落实的具体规定》，就加强理论学习、深入调查研究、提高行政效能、改进服务态度、狠抓工作落实、推行政务公开、厉行勤俭节约、强化监督检查等方面对全厅干部职工提出了具体的要求。希望各处室、各单位按照厅党组的统一安排部署，结合自身工作实际，抓紧制订有针对性的具体落实措施，切实从思想上真正认识加强作风建设、狠抓工作落实的重要性和紧迫性，从行动上积极采取加强作风建设，狠抓工作落实的各项措施。厅机关党委、人事教育处、办公室和纪检组、监察室要加强督促检查，注意用好的典型进行引导，发现差的单位和工作拖沓的要严肃批评。要采取多种措施，确保省委决定和我厅关于作风建设的各项具体规定贯彻落实到位，把强作风、促落实、扬正气、创实绩的积极成效充分体现到财政改革与发展的成果上来。

同志们，转变作风、狠抓落实，是一个问题的两个方面。转变作风是狠抓落实的前提和要求，狠抓落实是转变作风的结果和表现。认真学习胡锦涛总书记在中纪委第七次全体会议上的重要讲话精神，全面贯彻落实省委、省政府关于加强作风建设、狠抓工作落实的一系列决策部署，深入有效地在财政部门开展“作风建设年，狠抓落实年”活动，要求我们必须把转变作风与狠抓落实紧密结合起来，改进作风树形象，心无旁骛抓落实，切实把工作的重点放在端正作风导向、弘扬新风正气上，放在为群众办实事解难事上，把工作的成效体现在推动财政事业发展、服务和谐山西建设上，努力推动各项财政工作迈上一个新的台阶。希望大家从自身做起，认真规范自己的言行，切实把心思用在干事业上，把精力投入到抓落实中，摒弃一切不务实效的形式主义、官僚主义，以全新的姿态、踏实的工作为全省经济社会又好又快发展做出新的贡献！

在全省财政系统政风行风评议工作电视电话会议上的讲话

山西省财政厅厅长　**郑建国**

（2007年6月20日）

今天，我们召开全省财政系统民主评议政风行风工作电视电话会议，目的是贯彻落实省人民政府《关于深入开展民主评议政风行风工作的实施意见》，对全省财政系统民主评议工作进行安排部署。同时，对学习贯彻《中共中央纪委关于严格禁止利用职务上的便利谋取不正当利益的若干规定》和省纪委专题会议精神进行动员部署。下面，我讲三点意见。

一、肯定成绩，深化认识，进一步增强做好政风行风评议工作的责任感和使命感

深入开展政风行风建设，改进机关作风，优化政务环境，是加强政府部门自身建设，建设人民满意的政府机关的客观需要。近几年来，特别是2003年以来，全省各级财政部门按照省政府的工作部署，通过坚持不懈的努力，扎实有效地开展工作，全省财政系统的行评工作取得了明显成效，财政部门连续多年在参评部门和行业名列前茅，受到了省政府的通报表彰，吕梁市财政局、晋中市财政局和省中小企业信用担保公司也先后受到省政府的表彰。通过行风评议，在人民群众中树立了良好的部门形象，有力地促进了财政各项工作的进步。但是在肯定成绩的同时，也必须看到，我们的政风行风建设距离省委、省政府的要求和人民群众的期望还存在许多不足和差距。在工作作风、工作纪律、办事效率、服务态度等方面，还存在一些薄弱环节和亟待解决的问题。办事效率低、服务意识淡薄、廉洁自律意识不强、与服务单位拉拉扯扯的现象仍然存在，在个别干部身上表现的还比较突出。对这些问题，我们必须高度重视，切实采取有力措施加以解决。

今年是我省实施“十一五”规划，推进全省经济社会又好又快发展的关键之年。扎实做好全省财政系统的政风行风评议工作，对促进我省财政事业健康协调发展具有重要意义。各级财政部门要按照省委、省政府改进机关作风、狠抓工作落实的决策部署，充分认识在新形势下推进政风行风建设的极端重要性，切实做好政风行风评议工作。

（一）做好政风行风评议工作，是坚持党的根本宗旨和执政理念的需要

全心全意为人民服务，立党为公、执政为民，是我们党的根本宗旨和执政理念。坚持这一宗旨和理念，要求我们真正做到权为民所用、情为民所系、利为民所谋，着力解决群众最关心、最直接、最现实的突出问题。开展政风行风评议工作，目的就是要坚决纠正损害群众利益的不正之风，着力解决发生在群众身边的、严重损害群众利益的突出问题。这是党和政府维护人民群众切身利益、维护社会公正公平的重要举措，对于实现好、维护好、发展好人民群众的根本利益

具有重要意义。

（二）做好政风行风评议工作，是提高机关行政效能、促进依法行政的需要

建设廉洁、勤政、务实、高效的政府，是政府部门加强自身建设的重要目标，也是人民群众的热切期望。财政部门是政府宏观调控和经济管理职能部门，担负着为经济建设和社会发展筹集、配置和管理资金的重任，财政部门的工作作风关系到党和政府在人民群众中的形象。深入开展政风行风评议，让社会各界广泛参与，帮助我们查找问题，改进工作，有利于推进各级财政部门及工作人员进一步增强服务意识、转变工作作风，提高服务质量和办事效率；有利于监督财政部门及其工作人员，严格按照法定权限和程序行使权力，实现决策的科学化和民主化，实现依法行政、民主行政、科学行政、廉洁行政。这对于优化财政部门机关政务环境，促进我省财政事业又好又快发展具有重要意义。

（三）做好政风行风评议工作，是从源头上预防腐败、加强廉政建设的需要

部门和行业不正之风是滋生腐败的温床和土壤，加大治理和纠正不正之风的力度，是作风建设的必然要求。财政干部肩负着管理国家财产、配置公共资源的重要职责，掌握着一定的公共权力，在市场经济快速发展、各种利益诱惑日益加剧的情况下，容易成为一些不法人员的公关对象。各级财政部门要深刻认识部门和行业不正之风的严重危害性，把广泛深入地开展政风行风民主评议作为教育和引导广大财政干部自重自省、防微杜渐的一项基础性工作，切实放在更加突出的位置加以推进。

二、突出重点，真抓实干，着力解决财政部门在作风建设中存在的主要问题

根据省政府决定，参加今年政风行风评议活动的部门分为社会经济管理部门、执法监督部门和公共服务行业三大类，共 49 个行业和部门。财政部门参加社会经济管理部门类的评议，共 24 个部门。其中教育、卫生、公安、交通、建设等 14 个部门为重点评议部门，教育系统的学校、卫生系统的医院、公安系统的交警队和派出所、交通系统的收费站和超限检测站以及建设系统的供水、供气、供热、公交等单位为重点评议单位。财政部门虽然不属于重点评议部门，但是我们要切实搞好作风建设，巩固政风行风评议成果，继续取得新的成效，非下真工夫、硬工夫不可。各级财政部门务必要高度重视，根据省委、省政府加强作风建设，狠抓工作落实的决策部署和厅党组确定的行评工作方案，紧密结合财政工作实际，继续发扬真抓实干、奋勇争先的精神，周密部署，狠抓落实，努力将财政部门建设成为依法规范、高效优质、民主公开、清正廉洁、行政和人民满意的政府机关。

一要围绕促进财政事业发展抓评议。发展是我们党执政兴国的第一要务。开展民主评议政风行风工作，必须紧紧围绕科学发展这条主线，以民主评议促进重点工作的落实，促进财政事业的健康协调发展。近年来，我省财政事业发展较快，但财源结构单一、收支矛盾突出等一些问题还未得到根本转变，新的问题又不断出现，摆在我们面前的深化财政体制改革、防范和化解财政风险的任务十分艰巨。需要我们在财政各项工作中，求真务实，奋力进取，创造性地开展工作，努力完成我们肩负的重任。为此，在民主评议政风行风工作中，我们要把评议重点放在充分发挥财政宏观调控职能上，切实在资金保障、政策支持和优化财经环境等方面有所作为。重点评议省政府对今年财政工作要求的落实情况，不断促进我省产业结构深入调整，不断优化财源结构，为实现全省经济跨越式发展提供全方位的服务；重点评议维护人民群众根本利益的情况，把保障群众

利益作为财政工作的出发点和落脚点，不断强化公共财政职能，使财政支持的重点向社会公益性和社会保障事业上倾斜；重点评议切实解决民生问题的情况，把切实解决民生问题置于各项工作的首位，努力在改善民生、促进民和、确保民安上有所作为，下工夫在文化教育、医疗卫生、环境保护、社会救助等方面取得新进展；重点评议今年省政府向社会承诺的12件实事及下达我厅的9项重点工作任务的落实情况，资金保障做到不拖、不推、不延、不扣，如期完成承担的各项工作任务，让广大人民群众真正享受到财政改革与发展的成果；重点评议认真调查研究、切实解决财政工作中存在问题的情况，务求工作取得实效，把财政工作的效果真正体现在经济社会又好又快发展上，体现在和谐山西的建设上。

二要围绕改进工作作风抓评议。要保持和推进财政各项事业又好又快发展，加强干部作风建设至关重要。胡锦涛总书记在中纪委七次全会上，着重强调要全面加强新形势下领导干部作风建设，在工作中要大力倡导八个方面的良好风气。这是党中央提出的加强党的建设的一项重大战略任务。就财政部门而言，加强机关作风建设，切实改进工作作风，提高服务质量和工作水平，是按照省委、省政府的部署和要求，提升财政部门形象、推动财政事业又好又快发展的现实需要。近年来，我们狠抓政风行风建设，努力创优政务环境，机关作风有了明显改善，在人民群众中树立了良好的部门形象。但是我们也看到，仍然有个别同志，包括一些领导干部身上还存在衙门习气严重、服务意识淡薄等问题，对待来访群众或单位还存在"门难进、脸难看、话难听、事难办"和"吃拿卡要"等不良现象。对这些不良风气，必须坚决予以抵制和纠正。为此，我们要把评议工作的重点放在认真解决推诿扯皮、办事拖拉、敷衍塞责、政令不畅等问题上，严肃查处有令不行、有禁不止的人和事，加快推广电子政务，切实减少文山会海和不必要的应酬接待，取消各种徒有形式、不见实效的检查、评比等活动，腾出时间和精力做好本职工作。要把评议重点放在切实解决部分干部作风漂浮，搞形式主义，搞花架子等问题上，广大财政干部特别是领导干部要踏踏实实地俯下身子，带头深入基层，深入群众，少说、多听、多看、多想，认真开展调查研究，了解和掌握第一手资料，真正做到摸实情、鼓实劲、出实招，办实事、见实效，有针对性地做好相关工作，认真为群众、为企业和服务对象解决实际问题。要把评议重点放在切实解决严重损害群众利益的问题上，以雷厉风行的作风，扎实有效的工作，切实解决好发生在人民群众身边的问题，特别是那些群众最不满意、反映最强烈的严重损害群众利益的问题，让他们切实感受到政风行风评议带来的实际效果。各级财政部门要认真对照《规定》，扎实开展专项检查和清理纠正工作，切实解决个别干部收受有价证券，违反规定收送礼品、现金、支付凭证，以及工作时间炒股等方面的问题，严肃查处这方面的典型案件。财政部门党员干部要严格自查自纠，存在问题的要实事求是地讲清。在全省财政部门，绝不允许发生党员干部特别是领导干部严重违反《规定》的行为，对那些顶风违纪的反面典型，一定要抓住不放，严肃处理。

三要围绕提高行政效能抓评议。财政工作事关经济社会发展全局，具有很强的经济性、社会性和群众性。当前，中央关于中部地区崛起、煤炭工业可持续发展试点等重大决策部署，为我省提升经济发展水平、增强财政可持续发展能力提供了难得的发展机遇。在机遇面前，每一位财政干部都要切实增强做好工作的责任感和紧迫感，强化服务意识，改进服务态度，提高工作效率，在振兴财政、构建和谐山西的进程中做出自己应有的贡献。为此，财政部门的民主评议工作，要紧紧围绕建设务实、高效政府机关的工作目标，把评议重点放在深入推进机关效能建设上，严格执行首办负责制和限时办结制等制度，规范机关办事程序，提高政务运转效率。要重点评议进一步转变职能、改革行政审批制度、提高行政效率的情况，认真解决推诿扯皮、效率低下等问题；重点评议切实解决行政不作为、乱作为、有法不依、执法不严等问题的情况，着力推进依法行政，规范执法行为，正确履行职责，提高执法水平；重点评议财政干部切实提升服务理念、规范服务行为、提高服务质量和水平的情况，通过落实服务承诺制、"首问"、"首办"责任制、限时办结制、责任追究制等措施，真正为人民群众解决实际问题。通过民主评议，切实把提高行政效能放在更加突出的位置，进一步优化政务环境，将财政部门建设成为人民群众满意的政府机关。

四要围绕目标责任制任务的落实抓评议。严格目标责任制管理是圆满完成全年财政工作任务的一项重要措施，也是我们财政系统多年来常抓不懈的一项基础性工作。上个月，我们已经和各市财政局、厅机关各处室和厅属各单位签订了今年的工作目标责任制，目标责任制涵盖了省政府下达我厅的9项重点工作任务和省政府向人民群众承诺的12件实事以及年初全省财政工作会议确定的各项工作，当前的主要任务就是要全力以赴抓紧抓好各项目标任务的落实。现在全年时间即将过半，我们要以深入开展民主评议政风行风为契机，将各项目标责任制任务是否按时间、按进度、按要求落实作为一项重要评议内容，以评议促进目标责任制的落实，以目标责任制的落实促进民主评议工作的深入开展。各目标单位务必把完成目标责任制任务作为一把手工程来抓，摆到突出位置，列入重要议事日程。主要领导要亲自过问目标任务进展情况，做到以身作则，率先垂范，深入一线，亲自抓，负总责。要带头调查研究，带着重点、难点问题深入市县、预算单位、项目建设一线，不断完善解决问题的办法和措施。与以往相比，尽管今年的工作目标责任制内容进一步细化了，但具体到每个目标单位，每项工作任务，仍然还是比较粗线条的分解，还需要大家结合实际，进一步细化分解各项任务。各市财政局要与各县财政局、局内各科室、各直属单位签订责任制，将任务层层分解下去，落实到每个责任人；厅机关各处室、厅属各单位也要将工作目标细化、分解落实到分管责任人及承办人，并提出明确的时间进度要求和质量考核标准。通过任务分解真正在全省财政系统形成上下一心、目标统一、责任明确的工作机制。各目标单位要从6月份开始，按月对照每一项工作目标进行自查，随时掌握目标责任制任务的进展情况。通过自查及时将落下的工作赶上来，确保各项工作任务按时间、按进度、按要求完成。厅目标办要从6月份开始，对目标责任制任务的完成情况实行按月督查，及时了解掌握目标责任制任务的完成情况。对省政府向社会承诺的12件实事和下达我厅的9项重点工作任务、1项调研任务等重点目标任务要进行重点督查。省厅已经建立了对重点工作目标实行动态监控督查的机制，各市财政局也要建立健全相关机制，要通过严格督查，确保各项目标任务的圆满完成。总之，我们要通过民主评议，进一步推进目标责任制任务的落实，将民主评议行风的成效充分体现在各项财政工作任务的扎实推进中。

五要围绕突出问题在整改中抓评议。开展政风行风评议工作，民主评议是检验和评判我们行风状况的有效方法和重要手段，通过评议查找政风行风方面存在的问题，从而采取针对性的措施加以解决才是评议工作的目的。为此，各级财政部门要把问题的整改作为加强政风行风建设的关键，贯穿政风行风评议工作的全过程。要紧紧围绕转变作风、狠抓落实、提高行政效能这个中心，通过自我评议、行风调查、听证对话等活动，广泛征求意见和建议，深入查找本部门、本单位在行业作风建设方面存在的突出问题，剖析原因，寻找根源，着力整改。要坚持解决个性问题与解决共性问题相结合，坚持重点突破与整体推进相结合，坚持立足当前与着眼长远相结合，对过去经过政风行风评议已经得到解决的行风问题要进一步巩固扩大成果；对虽已整改，但效果还不理想、群众仍不满意的问题，要进一步完善措施，保证整改效果；对尚未整改的问题，要明确整改时限、责任单位和责任人，集中力量抓好整改。总之，要办实事、解难题，以问题的解决、作风的转变、政风行风明显的改进赢得群众的理解、信任和支持，树立财政部门在人民群众中的良好形象。

三、加强领导，周密部署，务求取得政风行风建设的新成效

当前，财政部门加快改革发展步伐，提升理财水平，支持全省经济社会又好又快发展的责任重大、任务艰巨。各级财政部门特别是领导干部要从财政工作全局出发，站在全面贯彻落实科学发展观的高度，全力提高依法行政、依法理财水平，把政风行风评议工作作为单位工作的重要内容，自觉摆正个人与集体、部门和全局的关系，摆正财政部门与人民群众的关系，把这次政风行风评议活动贯穿于各级财政工作的每个环节，使之成为全省财政系统广大干部职工的自觉行动，在抓落实上狠下工夫，务求取得实效。

首先，要加强领导，落实责任。各级财政部门要高度重视，切实加强领导，严格落实责任。要认真总结行评工作开展以来的好做法、好经验，进一步健全完善政风行风评议工作体制和机制。按照“谁主管，谁负责，下管一级”的原则，各级财政部门的“一把手”作为第一责任人，要对政风行风评议工作负总责，亲自抓。分管领导要具体抓，要对分管范围内的工作负全责。要继续把政风行风评议纳入工作目标责任制考核体系，把评议工作同业务工作、党风廉政建设、行政效能建设结合起来，统筹安排、认真考核、严格奖惩。要加强对下级单位政风行风建设工作的督促和指导，形成一级抓一级，一级带一级，一级对一级负责的责任制，使政风行风评议工作真正成为推进财政各项工作的动力。

第二，要讲究方法，注重实效。讲究方法、注重实效是我们搞好行风评议活动的根本原则。其实质就是要求大家认真把好评议的每一个环节，把思想工作做好，把组织工作做细，不搞花架子，不走过场，认真兑现对群众的承诺。同时，各级财政部门要把行风评议纳入推进财政改革、强化财政管理、提高行政效能的整体工作中，切不可为评议而评议，造成行风评议与业务工作的脱节。今年的政风行风评议工作时间紧，任务重，年底以前要考核兑现。因此，各级财政部门在本次会后就要立即行动起来，坚持高标准、严要求，结合各地实际，尽快制订和完善实施方案，迅速采取有效措施，深入、细致地开展好每一环节的工作。

第三，要狠抓落实，建立长效机制。一是要认真落实《实施方案》。《实施方案》对全省财政系统政风行风评议工作的指导思想、评议内容和重点、评议工作的组织实施、评议的方法步骤都作了明确规定，提出了具体要求，各级财政部门要按照《实施方案》的安排部署和当地行评办的工作要求，拿出具体的实施办法，一步一个脚印地抓好落实工作。二是要完善制度、强化管理。建立完善各项规章、制度，从机制、制度、管理上解决问题，是行风评议的出发点和落脚点。各级财政部门要把完善制度、强化管理作为一项根本措施贯穿于工作始终。通过健全完善制度，认真改进工作作风，提高工作效率，不断提高工作的规范化水平。三是要积极探索和建立促进政风行风建设的长效机制。要认真总结和巩固近年来开展政风行风评议的经验和成果，通过总结经验，创新工作机制，不断改进评议办法，建立较为完善的长效评议机制，把评议工作进一步纳入规范化、制度化的轨道，不断推进全省财政系统政风行风建设取得新成效。

同志们，我们正面临着加快发展的机遇与挑战，肩负着推进财政改革发展的繁重任务，搞好政风行风评议工作，对于我们抓住机遇，促进财政事业持续健康快速发展，支持和谐山西建设具有十分重要的意义。我们一定要把政风行风评议工作作为全面贯彻落实省委、省政府关于加强作风建设、狠抓工作落实的一系列决策部署的具体行动，切实增强责任感和使命感，真抓实干，扎实推进，努力将财政部门建设成为作风过硬、高效优质、清正廉洁和人民满意的政府机关，为促进全省经济社会又好又快发展做出新的贡献，以优异成绩迎接党的十七大胜利召开！

以过硬的法治能力
加速推进依法行政依法理财进程

——在全省财政法制专题培训班上的讲话

山西省财政厅厅长　**郑建国**

（2007 年 10 月 30 日）

刚刚闭幕的党的第十七次全国代表大会，是在我国改革发展关键阶段召开的一次十分重要的会议。大会审议批准了胡锦涛同志代表十六届中央委员会所作的重要报告，报告科学回答了在改革发展关键阶段我们党举什么旗、走什么路、以什么样的精神状态、朝着什么样的发展目标继续前进等重大问题，为我们继续推进党和国家事业发展指明了前进方向。学习党的十七大报告，切实把思想统一到党的十七大精神上来，是当前首要的政治任务。这次培训班的举办，是全省财政系统认真学习党的十七大报告，贯彻落实科学发展观，推进依法行政、依法理财，加快建设法治财政的重要举措；也是我们贯彻落实财政“五五”普法规划，提高财政干部法律素质，进一步加强财政干部队伍建设的一项重要行动。这次培训主要采取专题讲座的形式，分两期对各市财政局分管法制工作的领导、法制科长、法制骨干，厅机关全体公务员、厅属各单位负责人和厅驻各市财监处负责人进行集中脱产培训，重点辅导《中华人民共和国各级人民代表大会常务委员会监督法》、《中华人民共和国物权法》、《中华人民共和国行政复议法实施条例》和《山西省行政机关规范性文件制订程序暂行办法》（省政府第 190 号令）。我们希望通过举办这样高层次、高水平、高质量的培训班，促进全省财政干部不断加强法律知识学习，切实增强现代法治理念，进一步提升依法行政、依法理财的能力，在财政工作实践中更好地贯彻依法治国的基本方略。借此机会，我谈三点意见。

一、要从发展社会主义民主政治的高度看待依法理财工作

发展社会主义民主政治是我们党始终不渝的奋斗目标。发展社会主义民主，就要坚持国家一切权力属于人民，从各个层次、各个领域扩大公民有序政治参与，最广泛地动员和组织人民依法管理国家事务和社会事务，管理经济和文化事业；就要坚持依法治国基本方略，树立社会主义法治理念，实现国家各项工作法治化，保障公民合法权益。

财政是国家职能的重要组成部分，是一个国家强大、稳定、安全的重要保证，在推进中国特色社会主义事业建设过程中发挥着十分重要的作用，同时也是发展社会主义民主政治的重要支撑。

依法理财是财政工作的基本原则，是社会利益分配公开、公平、公正的客观需要，是保证人民依法管理国家事务和社会事务、管理经济和文化事业的内在要求。因此，可以说，依法理财既是财政振兴的必然路径，也是发展社会主义民主政治的重要基础；既是财政工作不可或缺的重要组成部分，也是发展社会主义民主政治的题中之义。推进依法理财，对加快社会主义民主政治的建设进程具有十分重要的现实意义。

从财政工作本身来看，推进依法理财进程，就是要不断扩大人民群众对财政收支的知情权、参与权、表达权和监督权，使财政决策更加科学化、民主化、规范化，理财行为更加公开、透明、公正，真正将财政工作纳入规范化轨道，更好地为民主建设服务，切实将依法治国的基本方略落实到财政改革与发展的实践中。因此，希望各级财政部门，特别是各级财政部门的领导高度重视依法理财工作，切实加强财政法制工作，努力健全财政法律法规规章制度体系，切实把依法理财的各项要求贯穿于财政工作的全过程。

二、要从建设法治财政的要求入手做好财政法制工作

市场经济是法治经济。在社会主义市场经济条件下，政府必须坚持依法行政，财政必须坚持依法理财。为此，2004 年和 2005 年国务院、财政部相继出台了《全面推进依法行政实施纲要》和《全面推进依法行政依法理财实施意见》，先后提出了用十年左右的时间建设法治政府、法治财政的目标，为财政改革和发展指明了方向。我们要吃透精神、狠抓落实，不断加快法治财政的建设步伐。

从长远看，一要在健全完善财政法规制度上下工夫，努力做到与社会主义市场经济发展相适应的公共财政法规体系基本建立，科学严密的财政立法程序基本形成，财政法律、法规和规范性文件之间相互配套，各项财政工作有章可循。二要在推进公共财政体制改革上下工夫，努力使地方政府间的财政分配关系规范，各级政府的财政收支责任明确，事权与财权统一，财政转移支付制度基本完善，公共财政收支体系基本形成，预算编制、执行、决算监督制度健全。三要在规范理财程序和行为上下工夫，尽早建立合法、科学、规范的理财程序，保证财政决策和预算管理等理财行为规范运作，财政机构设置和职能配备科学合理，财政调控体系运转灵活、制约有力。四要在财政监督上下工夫，不断健全科学严密的财政监督体系和财政资金使用绩效评价体系，建立完整规范的理财工作责任制和过错追究制，实现对政府财权全过程、全方位的有效监督，形成对理财过错的惩戒机制。五要在提高理财队伍素质上下工夫，努力促进财政部门工作人员特别是领导干部政治、业务和法律素质明显提高，依法理财能力和水平明显提高，努力使财政干部成长为一支政治强、作风硬、业务精的财政干部队伍。

从眼前看，财政法制工作要着力抓好以下四方面的工作：

一要努力做好财政普法工作。我省财政法制宣传教育经过四个五年普法规划的实施，基本实现了由提高法律意识向提高法律素质的转变。但是，与建设法治财政的目标要求相比仍然存在较大的差距。为此，我们必须按照财政“五五”法制宣传教育规划的要求，在巩固过去举办培训班、讲座、知识竞赛等形式的基础上，充分利用网络技术等现代传媒手段，通过以案说法等生动活泼、紧贴实际的形式，加大法律法规知识的宣传力度。要建立以各地财政法制机构为主导，以业务职能机构为依托的财政普法宣传教育网络格局，将财政法制宣传教育贯穿于干部队伍建设、财政业务工作的全过程，确保财政法制宣传教育工作落到实处、见到实效。

二要切实加强财政立法工作。健全完善的财政法律法规规章制度体系，是建设法治财政的基础。从现实情况看，目前存在的较为突出的问题主要有两个方面：一是由于受部门利益影响，一些地方法规、政府规章和部门的规范性文件存在违反《预算法》等财政法律法规，随意增开财政支出口子、肢解财政职能的现象；二是厅机关内部一些处室和单位制订的规范性文件，还个别存在越权、侵权、程序违法、内容矛盾等现象，影响了财政职能的有效发挥和财政部门的社会形象。为此，我们一方面要认真负责地做好地方法规、政府规章征求意见的答复工作，对省人大、省政府交办的法规、规章征求意见稿认真审核，依法提出修改建议或意见，努力维护国家财政法制的统一性、权威性和严肃性；另一方面对以财政部门自身名义制发的财政规范性文件，要严格按照《山西省行政机关规范性文件制订程序暂行办法》，做好前置审查和公布工作，做到有件必审、有件必公布，保证财政规范性文件的合法性、适当性和协调性，确保规范性文件的制发质量。

三要坚持严格执法。重点是通过贯彻落实行政执法责任制，规范财政执法行为，强化执法责任，推动财政部门由“权力本位”向“责任本位”转变。要认真贯彻《国务院办公厅关于推进行政执法责任制的若干意见》，健全和完善执法主体资格管理制度，规范财政机关委托执法行为，保证财政行政执法主体的合法性；严格依法行使财政执法权，在财政执法活动中坚决做到依法执法，严禁越权执法；切实增强执法程序意识，规范财政行政执法程序和标准，保护行政相对人的合法权益；坚持权责统一的理念，主动承担由财政行政执法产生的法律责任，树立严格执法、公正执法、文明执法的形象。要加强行政许可事项的管理，努力使财政行政许可事项的审批做到规范、简捷、便民、高效。严格按照财政行政处罚文书示范文本制发行政处罚文书，保证财政行政处罚文书的规范性和严肃性。

四要加强执法监督。近年来，国家相继出台了《行政复议法》、《行政处罚法》、《财政违法行为处罚处分条例》、《行政复议法实施条例》，财政部出台了《财政部行政执法过错责任追究办法》，我厅也制订出台了《山西省财政厅执法过错责任确定及追究办法》、《山西省财政厅行政执法评议考核办法》等制度，省市两级财政部门都相继建立了财政法制机构，可以说基本上具备了开展行政执法监督的条件。接下来的工作重点就是要贯彻落实好这些制度，开展案卷评查，开展评议考核，查处违法执法行为，推动建立有权必有责、用权受监督、违法要追究、侵权须赔偿的财政行政执法体制。

三、要从建设高素质理财队伍的现实出发参加好这次培训学习

建设与市场经济发展相适应的公共财政体制，实现依法行政、依法理财，必须培养一支具有法律意识和法律素质的高水平的财政干部队伍。

提高财政干部队伍的法律素质，学习是关键。我们党历来重视学习。胡锦涛同志曾指出：“不学习、不坚持学习、不刻苦学习，势必会落伍，势必难以胜任我们肩负的重要职责。”而且在这方面给我们做出了表率。党的十六大以来，中央政治局已进行了44次集体学习，平均每40天左右就集体学习一次，从不间断。在44次集体学习中多次涉及法律。这是一个清晰和强烈的信号，表明了党中央对坚持依法治国基本方略的高度重视，也是对党的各级领导干部践行社会主义法治理念的一个生动示范。所以，大家必须从建设高素质理财队伍的现实出发，参加好这次培训学习。

这次培训班要学习的内容都是去年以来国家出台的一些新的法律、法规和规章，都是与我们财政工作紧密联系的法律、法规，也是我们在日常工作和生活中必须遵照的法律和法规。如今年1月1日起施行的《中华人民共和国各级人民代表大会常务委员会监督法》，在明确人大常委会七个方面的监督职责中，就有审查和批准财政决算，听取和审议计划、预算和审计报告等职责。今年10月1日起施行的《中华人民共和国物权法》是我国第一部关于规范财产关系的基本法律制度，体现了建设中国特色社会主义的要求，反映了对改革成果的确认和保护，贯穿了人权与法治的精神，对于我们财政部门如何理清财政资金作为出资、投资、无偿划拨、有偿划拨的不同性质，如何区分国有资产的所有权、使用权的归属问题，进一步研究探讨财产收益分配、处置等相关的财政财务问题都具有深远意义。今年8月1日起施行的《中华人民共和国行政复议法实施条例》，对政府行政复议活动的各个方面作了进一步明确和规范，对于各级财政部门不断畅通财政行政复议渠道，严格财政行政复议案件受理程序，健全财政行政复议工作规程，贯彻“以人为本、复议为民”宗旨，构建社会主义和谐社会都具有现实意义。去年施行的《山西省行政机关规范性文件制订程序暂行办法》，建立了规范性文件前置审查制度，明确政府机关规范性文件的制订程序，要求“制订规范性文件，应当体现权利与义务统一的原则，要求公民法人和其他组织履行义务的，应当规定保障其权利实现的途径。”这是我省政府系统贯彻以人为本要求，规范政府行为的重要举措，对维护国家法制的统一、保障公民、法人和其他组织的合法权益都具有重要意义。学习这些法律法规规章，不仅是十分必要的，而且是非常及时的。另外，从我们这次聘请的授课专家学者来看，既是法律知识研究者，又是立法工作参与者，还是法制实务工作者；既有很高的理论造诣，又有很强的业务权威，还有很好的讲学水平。希望大家珍惜这次难得的学习机会，集中时间、集中精力，严谨、务实、高效地参加好这次培训。在此，我向大家提出三点要求：

第一，端正态度，勤于学习。学习没有捷径，不能一蹴而就。要想学有所得、学有所获、学有所成，必须静下心来，踏踏实实学、坚持不懈学。我们要充分珍惜和利用这次集中脱产培训的难得机会，下决心解决在平时的学习中做样子、摆架子、流于形式的问题，解决忙而疏学、满而厌学和懒而不学的问题，解决主动学习和自觉学习少的问题。要坚决杜绝把学习当成一种负担，用走过场的思想对待学习的错误做法。切实在这次培训中端正学习态度，真心实意去学，争取在有限的时间内，切实取得好的学习成效。

第二，结合实际，认真学习。学习尽管说没有什么捷径可寻，但要取得好的成效，还必须注意掌握好的学习方法。在这次培训学习中，我希望大家认真做好“两个结合”，即坚持学习理论和指导实践相结合，坚持提高政策理论水平和提高业务工作能力相结合。这“两个结合”同时也是这次培训课程设置和授课老师选择中坚持的基本原则。希望大家在培训中，紧密联系改革开放和现代化建设的实际，紧密联系本地区、本处室、本单位的实际，紧密联系自己的思想和工作实际，进一步加深对相关法律、法规的理解，不断提高法律素质和解决实际问题的能力。

第三，集中精力，潜心钻研。这次培训班时间不长，但学习任务不轻，对大家的要求也不低，培训结束时还要进行考试验收。希望大家集中精力，心无旁骛，潜心读书，深入研讨。时至年终，大家手头的工作都比较忙，我希望大家妥善调度，统筹兼顾，抽身日常事务，专心参加培训。在这方面，各市财政局和厅机关各处室、各单位的领导要以身作则，率先垂范，带好自己的队伍。厅法规税政处、办公室、机关党委和财专培训处，要认真做好培训期间的服务工作，努力提高服务质量和水平，为大家的培训学习创造良好的环境和条件。我们希望到培训结束时看到大家的学识增长了，能力提升了，相互之间的感情加深了，培训班加油站的作用发挥了。

同志们，培训学习是收获知识的驿站，是交流经验的平台，是提升能力的良机。在当前财政改革和发展任务都十分繁重的情况下，组织这样大规模、高水平的集中脱产培训很不容易。衷心希望大家充分利用这次难得的学习和“充电”机会，真正能够做到学有所成，学有所获，学有所用，为我省财政事业改革和发展做出新的、更大的贡献！

在全省落实提高部分社会保障标准工作会议上的讲话

山西省财政厅厅长　**郑建国**

（2007年11月30日）

今天省政府组织召开这次紧急会议，对调整提高我省部分社会保障标准工作进行统一安排部署，是落实和谐山西建设推进会精神的具体体现，也充分说明了省政府以人为本、心系民生，着眼人民群众共享改革发展成果的工作理念，为我们在年底及今后的工作中进一步维护和实现人民群众切身利益、加速推进和谐山西建设明确了目标、指明了方向。希望大家能够在会后认真落实好省政府关于此次提标工作的安排部署，进一步发挥财政职能作用，关注民生、维护民生、改善民生，努力推动我省民生事业发展，为和谐山西建设贡献更大的力量。下面，我对各级财政部门贯彻落实本次会议精神提两点要求：

一、要提高认识，切实做到"两个统一"

各级财政部门要把思想统一到宝顺书记在和谐山西建设推进会上的重要讲话和本次会议薛省长的重要讲话精神上来。宝顺书记在和谐山西建设推进会上指出，要加深对构建社会主义和谐社会重大战略思想的认识，按照十七大的要求，着眼于以人为本这个核心和人民群众求发展、求富裕、求健康、求公平、求安定的期待和愿望，结合我省实际，着力抓好"五大惠民工程"，认真落实"四项保障措施"，薛省长在刚才的讲话中也为我们详细阐述了落实社保提标工作对于促进和谐山西建设的重要意义。各级财政部门要将思想迅速统一到宝顺书记和薛省长的重要讲话精神上来，深刻认识到构建社会主义和谐社会是贯穿中国特色社会主义事业全过程的长期历史任务；提高社会保障标准是省政府落实省委要求，着力破解欠发达地区构建社会主义和谐社会这一重大课题的具体行动；加大社会保障工作力度是推进基本公共服务均等化、落实公共财政内在要求的重要体现，也是财政在和谐社会建设中的政策取向与发展方向。民生问题大于天，加快推进以改善民生为重点的和谐社会建设，是省委、省政府着眼于推动山西经济社会又好又快发展的重大决策部署，各级财政部门一定要站在新的起点上认真谋划加快推进和谐山西建设的各项工作，切实将宝顺书记与薛省长的讲话精神落实到保障民生的具体行动当中，按照省委、省政府对于发展民生事业、建设和谐山西的总体要求，用为民理财的实际行动认真贯彻落实好今天会议提出的工作要求，确保圆满完成这次社会保障提标工作任务。

各级财政部门要把行动统一到本次会议的各项工作部署上来。各级财政部门要及时调整支出结构，强化资金保障能力，切实将薛省长的讲话精神转化为维护和实现广大城乡低收入群体切身利益的实际行动，并在执行的过程中要做到落实坚决、态度积极、措施得当、成效显著。大家要切实按照本次会议的各项工作部署，把社会保障工作作为财政工作的重点加以谋划和推进，务必在落实的过程中吃透精神、不折不扣，把薛省长对大家的要求与财政工作实际紧密结合起来，找准财政在支持社保提标工作中的着力点，积极从资金与政策两个方面全力予以保障，确保各项措施不打折扣，体现实效；务必在落实的过程中高效有序、及时到位，积极加快资金支出进度，努力提高资金使用效益，力争在推进各项提标工作的过程中出效率、见效果，确保能在第一时间将资金拨付到位、将政策落实到位，扎扎实实地推动此次提标工作的顺利进行；务必要在落实的过程中加强协调、密切配合，这次省政府确定的社保提标工作，需要财政与民政、劳动等相关部门的紧密配合、积极协作才能实现。因此，大家在落实工作的过程中要加强与相关部门的沟通联系，协调配合各部门把各项工作引向深入。要准确定位财政在工作落实过程中的职能作用，重点确保财政资金的及时保障到位，为提标工作提供强有力的资金支持。

二、要狠抓落实，切实确保“三个到位”

一是要全力确保今年后两个月的提标资金保障到位。此次提高补助标准的社会保障项目都是直接关系人民群众特别是困难群众基本生活的重要支出。为切实做好此次提标政策落实工作，连日来，省财政厅会同省民政厅、省劳动和社会保障厅认真按照省委、省政府的要求，积极核实人数、测算数据、制订政策、筹措资金、追加预算，保证了大家在今天的会议上能够拿上政策、拿上资金，特别是对35个省直管县的资金我们也一并下达到位。可以说，省里在确保今年后两个月提标政策的落实上已做到了全力以赴，尽心尽力。但这些政策的最终落实关键还要靠市县的同志们，大家肩上的担子更重，责任更大，工作质量的高低更为关键。在此，我希望各市财政局的同志们在回去后，抓紧开展相关工作，尽快将会议精神向当地党委、政府进行汇报，向所属县区财政部门进行传达，安排部署好各项工作，使本地各级财政部门准确领会、认真落实提标政策，积极调整财政支出结构，特别是超收财力的安排使用要优先用于社保提标方面，努力在一周左右的时间内将今年后两个月的提标资金筹集安排到位，以高质量的资金保障工作确保相关资金的及时足额发放。

二是要全力确保明年提标资金预算安排到位。当前，各级财政部门已经开始编制明年的收支预算，省财政已按要求在明年的预算中足额安排了此次提标补助项目的资金，各市县财政部门也要积极行动，将此次提标新增的支出及早列入明年的预算盘子中，切实把相关资金在预算中打实打足。这里我要强调一点，这次提高部分社会保障补助标准，对各级造成了一定的支出压力，但是实事求是地讲，随着近年来全省经济形势的不断趋好，省对市县财政转移支付力度的不断加大，各级的财政实力均得到了很大程度的增强，加之今年我们开始实行新的财政体制，财力进一步向基层倾斜，使市县的财政状况得到了进一步的好转。可以说，对各市县的财力情况，省财政是清楚的，各市县是完全有能力负担这一新增支出、化解因此带来的支出压力的。因此，各地一定要提高认识，增强责任，切实破除“等、靠、要”的思想，在预算中足额安排包括此次提标在内的各项改善民生、促进民生相关支出，把我们理财为民的宗旨落到实处。

三是要确保提标政策落实过程中的监督检查到位。监督检查是确保财政资金合理高效使用的一项重要措施和有效手段。从前年开始，省财政每年都组织一次针对12项城乡社会救助体系建设资金安排使用情况的专项检查，在检查中我们感到大多数的市县在这些民生支出中重视程度是高的，安排情况是好的，拨付效率是快的，但是我们也发现有一小部分市县存在资金安排不足、资金拨付拖沓等问题，有个别地方甚至在预算中就完全没有进行相应的资金安排，这些现象和问题的存在，充分暴露出我们一些地方的财政部门落实省委、省政府决策部署的态度还不坚决，为民理财的意识比较淡薄，对公共财政建设方向和目标的认识还不够到位等问题。在此，我希望各级财政部门的同志们切实增强理财为民的宗旨意识和责任意识，高度重视民生支出，切实把这些事关人民群众切身利益的“养命钱”安排好、管理好、使用好，并积极提高资金拨付效率，凡是能预拨的尽量预拨，切实保证专款专用，及时到位，切不可因为我们财政部门自身的工作问题影响国家和省委、省政府民生政策落实的大局。今后，省财政将进一步加大对民生支出的监督检查工作力度，各市财政部门也要积极对本级和县级民生资金特别是这次提标资金使用情况进行认真的监督检查，确保相关资金足额安排、及时拨付、准确到位。

同志们，民生事业发展是和谐山西建设的重要内容，也是公共财政保障的重点领域。财政部门将以落实此次部分社会保障补助提标政策为新的起点，深入贯彻落实我省和谐山西建设推进会和本次会议精神，强化为民惠民理财举措，增强公共财政保障能力，以服务民生、促进和谐的实际行动为改善人民群众生活、推进和谐山西建设努力做出新贡献！

全面贯彻落实科学发展观
努力推动财政经建事业又好又快发展

——在全省财政经济建设工作会议上的讲话

山西省财政厅副厅长　**张秋明**

（2007 年 2 月 1 日）

一、认真总结 2006 年财政经济建设工作的基本经验，进一步增强做好 2007 年经建工作的信心和决心

（一）2006 年全省经济财政发展呈现“两高一低”的良好态势

2006 年是“十一五”的开局之年，我省财政经建部门在各级政府的领导下，按照年初全省经建工作会议确定的思路，扎实有效地开展“规范年”活动，认真贯彻落实宏观调控决策，着力深化改革，加强管理，做了大量卓有成效的工作，促进了全省财政经济呈现出“两高一低”的良好态势，即：经济增速高、财政增速高、通货膨胀低的态势。

经济增速高表现在：去年全省完成 GDP 4 750 亿元，比去年增长约 11.8%，全省规模以上工业企业预计完成增加值 2 100 亿元，增长 18%；实现销售收入 5 450 亿元、利税 770 亿元、利润 340 亿元，同比分别增长 22%、23% 和 32%，均超过年初确定的调控目标。全省规模以上工业增加值增量占全省 GDP 增量的 65%，对全省经济增长起到了较强带动作用。全省经济增长的速度和效益进一步提高，经济发展实现了“十一五”的良好开局。

财政增速高表现在：去年财政总收入完成 1 048.01 亿元，增长 38.24%，首次突破千亿元大关；财政总收入占 GDP 的比重首次突破 20%，说明经济增长质量提高；全省一般预算收入完成 583.08 亿元，增收 214.73 亿元，同口径增长 21.4%；一般预算支出执行 911.96 亿元，增支 243.21 亿元，增长 36.4%。省本级一般预算收入完成 201.04 亿元，增收 75.5 亿元，同口径增长 17.2%；一般预算支出执行 264.65 亿元，增长 25.1%。

通货膨胀低表现在：去年我省消费品零售总额增长 15%，比上年提高 1 个百分点，进出口总额增长 13%，比上年提高近 1 个百分点，居民消费价格上涨 1.9%，说明我省经济增长是总供需基本平衡基础上的高质量增长。

总的来看，在“十一五”规划的开篇之年，在国家各项宏观调控政策措施引导下，在省委、省政府正确领导下，我们经建系统以科学发展观为统领，以“规范年”活动为主线，着力推进各项工作，促进了全省经济财政工作呈现出“两高一低”的发展态势，取得了良好成绩。这是全省财政经济建设系统认真贯彻落实科学发展观和省委、省政府各项方针政策的结果，这是扎实推进财政经建“规范年”的活动的结果，这是同志们团结拼搏、锐意进取，努力工作、扎实推进的结果。在此，我谨代表财政厅党组向大家表示衷心的感谢和真诚的问候。

（二）2006年财政经建工作取得成绩及成功经验值得我们认真总结

1. 以开展“规范年”活动为主线，全面加强了队伍建设。2006年我们在全省11个市和省直22个部门中开展了“规范年”活动，一切从头开始，提出了明确目标和具体要求，把“规范年”活动的各项任务分解落实到具体工作当中，同时制订了经建工作考核办法，建立了科学民主的考核机制，以机制促规范，地市和各部门也都制订了具体的实施方案，掀起了“规范年”活动的新高潮，这种创新举措在省厅还是第一个。同时还引入市场机制，采取冠名、广告等多种方式，成功举办了全省首届财政经建“中国红·山茱萸”杯乒乓球大赛，集中展现了经建规范年活动取得的效果，展现了团结、拼搏、和谐、进取的财政经建精神。另外还举办了粮食、投资评审等培训，省直各部门也围绕“规范年”开展了各具特色的活动。通过开展“规范年”活动，大大促进了全省经建系统各项工作的规范、程序的规范、言行的规范，全系统精神面貌为之一新，作风更加扎实、制度更加完备、管理更加科学、决策更加民主、效率更加提高、人心更加齐聚、士气更加高昂，整个经建系统队伍建设进一步加强。

2. 以建设和完善“财政经建网”为抓手，创优了发展环境、提高了行政效能。目前的“财政经建网”，基本实现了通知通告、政策制度、项目申报、动态信息、领导讲话、调研报告等在第一时间上网公布，同时开通了财政经建论坛，为大家提供了一个交流社区和发表意见的平台，共同为经济建设出谋划策，年底网站的点击率已经达到7 000多人次，在全厅排第一名。今年建议搞一个外网，经建网或是评审网都可以。我也经常登录你们的网站，了解各市、各部门的动态，网站办得非常好，内容丰富、实用，而且更新及时。“财政经建网”的建设和完善，一方面优化了政务环境实行阳光作业，能够公开的事项全部在网上，以公开促公正，以公开促公平，以公开促政风行风，以公开促廉政建设，接受大家的监督；另一方面实施网上办公，节约了人、财、物等资源，省厅的文件、政策、公告等即时传达到了各市、县，各市、县和各部门的工作动态也即时上传到了省厅，大家在网上都可以看到，实现了资源共建、信息共享，大大提高了行政效率，得到了财政部的表扬。同时我认为也转变了我们的工作思路和工作方法，全面提高政府执行力、公信力。

3. 以调查研究和政策制订为支点，密切关注经济发展动态和省委、省政府所关心的大事，发挥了财政宏观调控职能。去年受国家宏观调控政策的影响，比如土地、环保、信贷、资源等等，我省经济社会发展的过程也是起伏跌宕，经济的发展波澜壮阔，省委、省政府的重大决策不断出台，比如：对外开放、招商引资、国企改革、产业发展、两区开发、棚户区改造、沉陷区治理、经济结构调整、中部崛起战略、特色城镇化、市政公用设施特许经营、蓝天碧水工程、资源整合、煤炭可持续发展改革试点、能源替代战略、水利规划、粮食安全、供销流通……我们都能围绕省委、省政府所关心的大事和经济社会发展中的热点、难点，主动琢磨问题，主动调查研究，参与了前期考察论证、中期讨论评价、后期政策制订等全过程，为省委、省政府的重大决策提供了有价值的参考意见，大部分被采纳，成为政策的重要组成部分，充分发挥了我们财政经建、社会发展、宏观调控、财力统筹、服务监督的职能作用。同时积极为政府出谋划策、分忧解难、缓解矛盾：提出了调整省级煤焦基金管理办法集中财力办大事的意见，得到了靳善忠副省长和于幼军省长的认可和批示；提出了清理收回省煤炭进出口公司历年欠缴政府性基金的意见，得到了于幼军省长的批示；提出了调整焦炭排污费征管体制的建议，得到了牛仁亮副省长的认可和批示；提出了加强煤炭总量控制进一步打击违法非法煤矿的意见，得到了省政府的采纳；提出了在煤炭资源整合过程中切实加强“两权价款”收入管理的建议得到了省政府的采纳；主动调整结构，挤出4.68亿元解决了历年由于煤炭资金政策调整后形成的政府投资缺口，维护了政府信誉，大大提升了财政经建系统的地位和形象。特别是煤炭可持续发展基金政策的研究制订，经历了整整一年多的时间，深入到了市、县、乡、村不同层次的煤炭企业，形成了煤炭体制、安全、转产、基金、环境五个课题的研究报告，并多次到国家有关部委汇报沟通情况，争取对山西有利的意见和政策，同时针对不同情况测算了多种可持续发展基金的征缴方案，提出了（1+5）一揽子政策，既维持了各市、各部门的既得利益，又体现了省委省政府集中财力办大事的要求，得到了省政府常务会的一次通过。

4. 以制度建设为基础，全面加强了预算管理，不断提高资金的使用效益。在繁忙的工作中，我们财政经建干部能够挤出时间，深入部门、单位和市、县，倾听大家的建议和意见，了解基层存在的问题，树立大局意识和全局观念，正确处理部门利益与政府利益的矛盾、局部利益与全局利益的矛盾，从加强制度建设着手，比如制订出台了煤炭安全生产费用提取使用管理办法、军粮网点设施维修改造补助资金管理暂行办法、粮食简易建筑和建仓贷款贴息资金管理暂行办法、调整和完善了省对市粮食风险基金补助包干办法、探矿权采矿权使用费及价款使用管理暂行办法、非法违法煤矿罚没收入管理办法、环保资金绩效评价与项目竣工验收管理办法……以此为突破口，建立了粮食直补和油价综合直补通道，建立了安全生产的长效机制，建立了“两权”价款收支管理体制，理顺了省发改委煤炭基建资金与财政预算内基建资金“并轨”后的管理体制，理顺了焦炭排污费征收管理体制；同时加强与审计的配合，借助审计的力量，解决了长期以来我们想解决而解决不了的问题，督促部门和单位加以整改，加强管理。同时经常不断地督促各市、各部门、各单位加快项目支出进度，做到了当年预算支出进度高于上年，当年预算结余低于上年，使财政资金尽早发挥效益，确保了省委、省政府重大项目的建设需要。

5. 以投资评审和绩效评价为武器，加大了资金监管力度。去年，我们对历年国债项目资金、工会送温暖资金、“村村通”公路资金、中小企业发展专项资金、挖潜改造专项资金、环保资金等进行了绩效评价，对军粮供应资金、粮食财务挂账、污水处理费、垃圾处理费、价格调控基金、两权收入等进行了专项核查；对省级基本建设项目预算进行评审，对存在的问题进行了通报，提出了整改意见，并把绩效考评结果、投资评审结果作为编制部门预算和安排专项资金的主要依据。各市财政投资评审机构也围绕本级财政重点工作，加大评价力度，进行审核把关，不仅节约了财政资金，而且促进了项目单位和建设单位规范管理、精细预算，可以说，去年无论是投资评审还是绩效考评，都是力度最大的一年，已经成为我们经济建设的重要组成部分，成为加强资金监管的有力武器。

二、进一步开拓创新、求真务实，全力做好经建“项目年”各项工作，确保打好打赢项目攻坚战

（一）山西经济社会发展中遇到的突出问题，给我们今年财政经建工作提出了新挑战

去年全省经济财政呈现“两高一低”的态势，发展的势头非常好。但也有一些长

期积淀下来的深层次矛盾、问题。制约着全省经济社会的可持续发展。我认为涉及经建工作的至少有以下三方面问题：

1. 产业结构调整难度越来越大，经济增长方式转变尚未根本好转。一方面，由于市场需求拉动和利益驱动，这几年我省煤炭、焦化、冶金、电力等传统产业超常规增长；而新的支柱产业和新兴产业尚在展开布局，正在起步，形成全省支柱产业结构单一化、初级化、重型化的特征，不仅没有根本改变，而且还在继续加重。另一方面，经济发展还主要依靠投资扩张、市场拉动，科技的带动不够，工艺水平较低、技术含量不高，经济增长方式粗放。这两个方面，又造成我省国有企业的比重不断上升，需要冷静地看待这些问题。

2. 全省经济社会发展受到生态、环境、土地、资源等方面的约束。大家可以看到，我省的耕地面积在逐步减少，受国家宏观调控的限制，土地审批越来越严格，占补平衡的矛盾越来越突出；全省水资源本来就匮乏，但我们的产业结构又是高耗水的项目，虽然花巨资引来了黄河水，但水质污染问题又难以解决；矿业秩序比较混乱，回采率很低，远远低于世界先进国家和地区，采煤造成的地下水系破坏，水土流失，大量的采空区和沉陷区，加上矿难，死人的事情经常发生，造成了恶劣的影响；我省虽然是能源大省，但限电拉闸的事情经常发生，能源问题也摆到了我们面前；生态环境的恶化没有能够得到很大改观，环境容量有限，新上项目受到严格的限制，污染物排放控制不住，空气、水污染事件还时有发生，特别是二级天数虽然增长了5%，说实话老百姓还是不太满意的。一些地方比如吕梁、临汾、忻州……这几年经济发展了，但污染加重了。这些问题都得逐步解决，但得由各级政府埋单，政府为老百姓创造的不光是GDP，还要有好的环境，这些问题如何解决值得我们深思。

3. 山西省的发展状况是能源消耗总量大、能源综合利用率低、经济效益差，成为制约山西省经济发展的另一因素。煤炭给山西带来直接而巨大的收益，但山西省能源消费一直以初级能源煤品燃料为主，低品位能源消费的比重明显偏大，并且能源消费结构的调整也比较缓慢。2006年的单位GDP能耗2.95吨标准煤/万元、单位GDP电耗2 264.2千瓦时/万元，单位工业增加值能耗6.57吨标准煤/万元，分别是全国水平的2.42倍、1.67倍和2.54倍。离“十一五”规划中确定到2010年实现全省万元地区生产总值综合能耗下降25%，年均下降5.6%的目标差距较大，节能降耗任务艰巨。

这些问题都与我们经建工作息息相关，制约和影响着山西经济社会向“又好又快”目标前进的步伐，对此，我们责无旁贷。

（二）省委、省政府以及厅党组已经确定的今年经济财政重要工作，对经建工作提出了明确的任务

去年召开的省九次党代会，是在全党上下深入贯彻落实科学发展观和构建社会主义和谐社会等一系列重大战略思想、国家实施中部地区崛起战略、我省“十一五”发展开局良好、改革开放和现代化建设进入新的发展时期召开的一次十分重要的会议。在这次会议上“转型、跨越、崛起”成为新的主题，“走出四条路子”、“实现三个跨越”的宏伟蓝图让人振奋。全省经济工作会议进一步落实党代会提出的各项要求，明确提出了今年全省经济工作的重要任务，就是坚定不移地推进经济增长方式的转变，扎实加快推进调整优化经济结构，大力推进生态建设和环境保护，加快社会主义新农村建设和“两区”开发进程。刚刚结束的财政工作会提出今年要狠抓“六个着力”，实现“三个

促进”，力求“三个突破”的任务，又对经济结构调整、节能、降耗、环保、技术创新等工作做了进一步的安排。这些任务和要求大多数都是围绕经济建设这个中心，围绕发展这个第一要务提出的，对此，我们各市、各部门一定要有一个清醒的认识，必须紧紧抓住中部崛起和国家把我省确定为全国唯一的煤炭工业可持续发展政策实施试点省份的战略机遇，开拓进取谋发展，埋头苦干抓落实，深入推进经济结构调整，加快新型工业化、特色城镇化进程，在培育优势产业、转变增长方式、统筹城乡发展、创新体制机制、扩大对外开放上实现新突破，在推进节能降耗减排和科技创新上下工夫。各市、各部门要很好地一定要进一步开拓创新、狠抓落实，努力走出能源基地和老工业基地创新发展的路子，走出资源型地区可持续发展的路子，走出欠发达地区构建社会主义和谐社会的路子，走出内陆省份对外开放的路子，实现煤炭大省向新型能源和煤化工大省的跨越，实现老工业基地向新型工业基地和精品原材料基地的跨越，实现自然人文资源大省向经济强省和文化强省的跨越。

同志们，今年将是“十一五”各项重大战略布局全面推进和重点突破之年。做好今年的经建工作，对推进社会主义和谐社会建设，保持我省经济社会发展的良好势头，迎接党的十七大胜利召开，都具有十分重要的意义。所以今年经建工作要按照“一条主线”、“五大任务”、“八项要求”来做：

一是体现了科学发展观的具体要求。发展是硬道理，发展是第一要务，发展必须是科学发展，科学发展是构建和谐社会的基础，没有雄厚的物质基础就没有社会的和谐。而抓发展必须抓项目，抓项目就是抓发展。这也符合经济发展的客观规律。项目是资金、技术、人才和生产资料等各种生产要素的聚合体，是优化资源配置、扩张集散效应的“发动机”，是经济发展的平台和载体。市场机制正是通过项目来优化资源配置、实现优胜劣汰的。市场引导项目，项目聚集要素；项目推动发展，发展创造财富，有项目才有效益，有效益才有发展，有发展才能富民强省。这才是改变我省落后面貌的必由之路。所有的发展目标和规划，都必须通过项目这个载体来实现。如果没有项目，不抓项目，加快发展就是一句空话。所以我们一定要一心一意谋发展，齐心协力抓项目，创新发展模式，提高项目质量，加快推进大项目建设，推动经济社会更好更快地发展。

二是搞好项目建设是经济社会又好又快发展的具体体现。“又好又快”发展，核心的内容是要做到速度、质量、效益相协调，消费、投资、出口相协调，人口、资源、环境相协调。我们“项目年”各项工作体现了这样的要求，比如：大力发展循环经济，加强资源节约和环境保护、节能降耗、技术创新、消费升级、投资方向等。如果能完成“项目年”的“五大任务”，做到“项目年”的“八大要求”，就能够促进经济社会又好又快发展。为此，各市、各部门必须树立强烈的机遇意识、忧患意识和责任意识，学会捕捉机遇，敢于抢抓机遇，善于用好机遇，坚持不懈抓好项目建设，千方百计实现加快我省经济发展又好又快发展这个目标。

三是搞好项目建设是集中财力办大事，提高财政资金使用效益的具体体现。新一届省委、省政府雄心壮志，想要彻底改变山西落后的面貌，增进山西老百姓的福祉，就必须集中财力上项目、办大事，走科学发展道路，财政部门就必须合理安排支出，确保社会各项事业的重点支出需要，为社会经济发展提供有力支撑。今年我们将继续按照省政府的要求，适当集中各部门分散的资金，加上全省煤炭可持续发展基金的上百亿，基本上可以保证省委、省政府确定的重点项目的资金需求。各市财政也要按照这一要求，集中财力办大事，把有限的钱花在刀刃上，不能再撒胡椒面。各市、各部门要咬定发展抓项目不放松，突出重点，统筹协调，抓产品、上项目、兴产业、壮企业，把财政资金更多地投入到一些对经济发展、产业调整有益的大项目上，投入到发展环保型、循环型、品牌型经济的大项目上，投入到和人民群众关系最直接、最现实的利益问题上，投入到发展社会事业、改善民生、促进民和、确保民安的项目上，投入到统筹城乡发展、区域发展的重点项目上，投入到加快发展现代农业，加快"两区"开发步伐、推进社会主义新农村建设的基础项目上，以项目带动创新，以创新带动经济和社会进步，实现我省经济社会和谐发展。同时要对各类项目进行追踪问效和绩效评价，严格落实责任制、考核制和追究制，避免资金的损失浪费。

三、为确保打好打赢"项目年"攻坚战，2007年财政经建工作必须做好"五个坚持"、"五个促进"

（一）坚持科学发展观，促进全省经济社会又好又快的发展

"又好又快"是中央经济工作会上提出的"六个必须"的第一条，"快"是对经济发展速度的强调，"好"是对经济发展质量和效益的要求。"又好又快"发展是全面落实科学发展观的本质要求。

"好"在"快"前，这不仅仅是一个文字顺序的变化，应该说还体现中国经济增长思路的一种变化，意味着中国经济发展将更加注重体现科学发展观的要求，重视发展质量和效益，把节约资源、保护环境、节约用地放在更突出的战略位置，并强化节能降耗和污染减排指标的约束。"好"在前而"快"在后，表明党和政府对经济规律的认识更加深刻、更趋准确，驾驭经济发展的能力更加成熟和科学。具体到我省，"又好又快"就是要做到"六个进一步"：经济增长方式进一步转变；经济结构进一步优化；经济增长的质量和效益进一步提高；节能降耗、污染减排、生态环境进一步改善；城市与农村、经济与社会，以及全省各地区的发展进一步协调；科技创新能力进一步增强；城乡居民收入、人民生活水平进一步提高。今年的经济建设工作必须牢牢把握好这一点。

（二）坚持公共财政理念，促进基本公共服务均等化

随着社会主义市场经济的不断完善，公共财政的理念已经深入人心，而且老百姓对公共财政的要求也越来越迫切。公共财政说到底就是要为市场和老百姓提供基础环境、公益事业、公共服务、公共产品等，加强和改善宏观调控，为经济发展创造公共服务环境和平台，取得了一定的成绩。优化资源配置，但随着市场体系的完善、科学发展观的落实和社会主义和谐社会的建设，各级财政要把更多财政资金投向公共服务领域，大力支持教育事业发展，大力支持医疗卫生事业发展，大力支持就业和社会保障工作，大力支持生态环境建设，促进基本公共服务均等化。

一是增加对公共服务领域和公共基础领域的投入。涉及经济建设部门就是：今年省级财政新增财力的60%要投向农业和农村；从矿产有偿使用收入及煤炭综合补偿基金中切块专用于农村基础设施建设、农业综合生产能力建设和新农村建设；从地方电力建设专项资金中切块用于农村电网改造和农用沼气的补贴；粮食风险基金的50%要用于对种粮农民的补贴，今年转增对1 000万亩优质小杂粮的补贴；老旧汽车更新资金要用于

对报废、更新车辆的补贴；中小企业发展资金要用于建设公共服务体系；还有环保资金、土地资金、矿产资源补偿费、交通、城建、价格调控资金等都要体现公共财政的要求，向公益性、公共性、基础性领域投入，不断加大对重点支出项目的保障力度，推进公共服务均等化，让大多数人受益。

二是在财政政策的制订上，也要体现公共财政的要求。坚持财政政策的公正性、普惠性，要符合市场经济公开、公平、公正的原则，使各类经济主体平等地享受国家支持，不断增强各级政府提供公共产品和公共服务的能力，特别是服务全局和跨地区的公共产品和公共服务能力，使公共服务尽可能做到公平和最优，促进区域经济协调发展。比如今年的财政转移支付就增加了对革命老区、贫困地区以及粮食主产区、矿产资源开发地区、生态保护任务较重地区的力度等。

三是合理划分各级政府的财权与事权，坚持财权与事权相统一、相匹配的原则。省财政主要承担省本级机关运行经费和提供全省性及跨市的公共产品和服务，以及调整国民经济结构、协调各市发展、实施宏观调控必需的支出。市县财政承担各自政权机关运转经费及本行政区域内的经济社会事业发展支出。义务教育、公共卫生、环境保护、社会治安、社会保障等服务支出以市县为主，省财政适当支持，实现事权和财力基本相匹配。我们也要以此为原则开展今年“项目年”的各项工作。

（三）坚持以经济建设为中心，促进经济增长方式转变

今年经济工作总的要求是好中求快、又好又快发展，做到这一点，必须坚持以经济建设为中心，全面推进、重点突破、狠抓落实、务求实效。

一是做好煤炭资源有偿使用制度改革与措施的有效衔接，依法打击关闭非法违法采煤矿，推动煤炭工业可持续发展试点走集约发展、内涵发展、绿色发展、综合高效发展和文明和谐发展的道路。

二是加快推进循环经济和节能降耗，加大环保治理和污染控制力度。支持发展清洁生产和循环经济，大力推进生态环境综合整治工作，在进一步加大环境保护投入的基础上，研究有利于资源节约和环境保护的具体财政政策措施，建立生态补偿机制，推进“蓝天碧水工程”和造林绿化工程，努力建设绿色山西，实现经济发展与资源、环境、生态相协调，走出资源型地区可持续发展的路子，加快建设资源节约型，环境友好型社会。

三是坚持完善科技创新体系，破除制约发展的观念性、体制性、机制性障碍，更多地通过增强自主创新能力，促进粗放式、被动性增长向集约式、稳健性增长转变，拓展和创新能源产业，培育多元支柱产业体系，提高新型工业化水平，加快特色城镇化进程，走能源基地和老工业基地创新发展的路子，使我省能源基地的地位得到巩固和提升，老工业基地增创新的优势。

（四）坚持投资评审和绩效评价，促进财政资金效益的提高

财政投资评审和绩效评价工作已经成为加强资金监管、提高资金效益的有效途径和有力武器。各级财政部门要更加重视财政投资评审工作，财政投资评审要为项目年服务。要按照朱部长的要求，适应新形势，调整工作目标和工作方向，调整政策和措施，为构建新型公共财政体制服务，为促进公共财政均等化服务，要为促进经济增长方式服务，要为财政内部预算制度改革服务。建立项目资金管理的“倒逼”机制，通过评审，及时发现政府投资项目资金使用中存在的各种问题，为财政部门加强项目资金的财政监督、规范建设单位的管理，提供重要依据。去年我们已经在一部分部门、地市开展了这

项工作，也取得了一些成效，今年我们要进一步扩大绩效评价试点范围，今年各市、各部门都要把这项工作搞起来，围绕投资的重点与热点开展专项检查工作，并将考核结果作为部门预算和安排项目的重要依据真正做到管好用好财政资金，提高财政资金的使用效益；做到以检查促管理，保证资金的安全、规范、有效。

（五）坚持创优发展环境，促进经建系统队伍建设

财政经建队伍建设是推动财政事业的又好又快发展的重要基础和保障。去年通过“规范年”活动，全省财政经建队伍得到了锻炼，但今年“项目年”的任务更重、责任更大。为此必须做到以下几点：

一是进一步加强政风行风建设。财政机关作为政府经济的综合职能部门，承担着为国理财、为政府分忧的重任，我们的一言一行、一举一动，都直接影响着党和政府的形象。因此更要树立正确的政绩观、坚决反对劳命伤财的“形象工程”和“政绩工程”；坚持勤俭节约的政治本色，崇尚简朴生活，节俭开展工作，办任何事情都要精打细算、厉行节约，坚决反对奢侈浪费；要提高行政效能，自上而下认真落实和完善首办负责制、限时办结制、服务承诺制、行政不作为和过错责任追究制等制度，狠抓政风行风建设，切实提高财政部门政务运转效率。

二是要大力弘扬求真务实之风。要增强工作的责任感和紧迫感，克服浮躁情绪，抛弃私心杂念，把心思用在干事业上，把精力投入到抓落实中，创造实实在在的工作成绩；要在攻艰克难上下工夫，敢于直面困难、正视矛盾，主动到条件艰苦、环境复杂、矛盾集中的地方去，研究办法、采取措施，努力打开工作的新局面；要在改革创新上下工夫。在深入调研、把握规律的基础上，研究新情况，拿出新办法，解决新问题，创造新业绩；要在抓好落实上下工夫。要察实情、讲实话、办实事、求实效。多深入基层、多深入实际，想办法、解决实际困难，紧扣现实研究政策，根据实情安排资金，将一切从实际出发落实在理财工作的每一个环节。

三是改进机关作风、优化政务环境。强化各级政府干部和公务员的诚信意识、大局意识、服务意识和效率意识，将诚信作为公务人员的政治品格和行政品格，努力使政府的各项决策和对人民的承诺言出必行，行必见效；站到全省全国发展大局的高度，以改革开放和市场经济的思路来审视各自的工作，创造性地、卓有成效地开展工作；深刻认识领导就是服务，管理就是服务，始终把服务放到首位，自觉实践以民为根本、敬民如父母的从政理念，切实做到“常怀为民之心、常思为民之策、常兴为民之举”，着眼于指引经济发展方向，创造良好经济发展环境，为经济主体和全社会成员提供优质的公共服务。

四是要狠抓廉政建设。严格执行各项廉政规定，增强财政干部拒腐防变的意识和能力。财政部门是财、权相对集中的部门，我们每一个财政工作者都要谨慎用权，要认识到权力本身就是一种责任，权力本身就是一副担子，责、权、利是一致的，要有权力，就得有责任，一定要慎权。这就要求我们一定要按照党和政府的要求，按照法律法规的要求，保持廉洁自律的形象，一定要注意把从政规则和市场交易规则区别开来，不能越线的东西，绝对不越线，真正做到拒腐防变、警钟长鸣。

最后，我想强调机构设置问题。目前省以下机构设置不尽相同，五花八门。希望各市要重视经建机构的设置，理顺关系，保证“项目年”各项任务的完成。

同志们，“十一五”是我国发展承前启后的重要战略机遇期，2007 年是“十一五”的攻坚之年，尤为关键。我们财政经建部门

必须紧紧抓住机遇，应对各种挑战，认真解决长期积累的突出矛盾和问题，突破发展的瓶颈制约和体制障碍，为今后几年的工作打下坚实基础。我们一定要有高度的历史责任感、强烈的忧患意识和宽广的世界眼光，立足科学发展，着力自主创新，完善体制机制，努力在资金保障上下工夫，在落实项目上下工夫，在科学管理上下工夫，不断提高财政的政策服务和资金保障能力，努力促进财政经建事业又好又快发展。

认清形势　创新发展
共谋财政评审新篇章

——在全省财政投资评审工作会议上的讲话

山西省财政厅副厅长　张秋明

（2007年4月29日）

前不久，财政部在广州召开了全国财政投资评审工作会议。会上，财政部朱志刚副部长做了重要讲话。他说，财政投资评审应该是财政工作的题中应有之义，是财政监管的重要环节和有效手段。他明确提出了今后财政投资评审工作的指导思想和主要任务：新时期的财政投资评审工作，要致力于为公共财政服务，为提供更多的公共产品、公共服务和均等化的目标服务，为建设社会主义新农村、改变农村的生产生活条件服务，为转变经济增长方式促进科学发展服务，为预算制度改革提高财政资金使用效率服务。朱志刚副部长的讲话，高屋建瓴，立意高远，视野开阔，揭示出了评审工作的发展规律，鲜明地点出了财政投资评审工作今后发展的方向和评审机构的职能定位，破解了困扰财政投资评审系统多年的认识困惑，并对今后评审事业的发展提出了明确要求。我们这次会议的主题，一是深入学习和贯彻朱志刚副部长的讲话精神，二是在认真总结我省评审工作取得的成绩和经验的基础上，提出下一步的发展思路。下面我讲三点意见，供大家思考和讨论。

一、全省财政投资评审工作成绩显著

从省财政厅投资评审中心正式挂牌算起，我省财政投资评审工作已经走过六年的时间。在这六年中，省及十一个市先后挂牌成立了财政投资评审机构，有近二十个县级财政部门的财政评审中心也相继挂牌，专职从事此项工作的在职和长期聘用人员已经达到300余人。各级评审机构以服务为宗旨，以质量为保证，紧紧围绕财政中心工作，对专项预算支出进行了行之有效的把关，为有效使用和节约财政资金，保证财政资金安全、高效运行做出了突破性的贡献。

（一）通过财政投资评审，节约了大量的财政资金

我省的财政投资评审涉及的行业包括基本建设、农业、林业、水利、教科文、科技三项费、社会保障、医疗卫生、外国政府贷款、各类政府性基金等，业务内容涵盖预、决算审核，专项检查，绩效评价等方面。以省财政厅投资评审中心为例，六年来累计评审项目5 534个，其中评审工程预、决算项目382个，评审金额429.17亿元，审定400.92亿元，净核减不合理资金28.25亿元，平均净核减率6.58%，专项核查项目5 152个，审核额达到1 050.98亿元，共核查出有问题资金近20亿元。截至2006年底，全省市、县级投资评审中心累计审核评审3 022个项目，累计送审金额228.21亿元，审定207.96亿元，净核减不合理资金20.25亿元。

各级财政投资评审中心在对预、决算资金审核审查中严格把关，投资评审成为财政监管工作的重要组成部分。省财政厅投资评审中心在对山西博物馆经费预算的评审中，4 300多万元的上报预算，审减资金近1 500万元，审减率达33%。大同市评审中心2005年度审减率在30%以上的项目就有13个，其中山西省规划展制作工程预算送审74.7万元，审减42.57万元，审减率高达56.99%。侯马市评审中心审核某地电缆工程竣工决算，送审204.8万元，审定150.3万元，直接核减额为54.5万元。事实证明，财政投资评审工作已成为财政监督的重要形式和手段，财政投资评审已成为维护财经纪律的重要措施。

（二）财政投资评审成为项目支出预算管理的重要措施和手段

同部门预算、国库集中支付、政府采购等改革一样，财政投资评审工作已经成为财政改革的一项重要内容，成为加强预算支出管理的一个重要措施和手段。各级财政评审机构通过自身的不懈努力，逐步建立起符合公共财政要求的“四先、四后”的运行机制，即“先评审、后编制；先评审、后拨付；先评审、后招标；先评审、后批复”。《省级单位财政国库管理制度改革试点资金支付管理办法》中，明确了工程类项目要实行先评审后拨付；《太原市市级建设资金财务管理办法》中规定：市财政根据建设资金计划及市财政投资评审中心审核意见，确定各项款额。市财政委托市财政投资评审中心，对市级建设项目的概（预）算、结算、决算实施评审监督，财政在下达预算拨款前，需经市财政投资评审中心评审；《晋城市市级政府工程类集中采购管理暂行办法》中规定，工程类采购项目先评审后采购。大同市中心近年来完成部门概、预算项目近300个，审核资金11.6亿元，审减1.5亿元，为实现财政资金的源头控制，从源头反腐败工作做出了积极的贡献。

（三）财政投资评审为政府投资决策服务发挥了切实作用，增强了财政在项目决策中的发言权

政府的投资决策包括确定项目和项目投资额，在这方面财政往往比较被动，对项目的立项原因，概、预算的提出与批复，往往是凭印象、凭汇报、凭批示办事拨款，自己心里没底。近年来，各地通过自己的评审实践，正在逐步扭转这种被动局面。如晋城市委、市政府对财政投资评审工作始终给予重视和支持，建立了先评后批的投资安排使用机制。凡未经评审的项目，会议不议，领导不批。太原市财政局在《太原市市级建设资金财务管理办法》中规定：使用财政性资金的建设单位，在初步设计和工程概算获得批准后，其主管部门要及时向同级财政部门提供初步设计的批准文件和项目概算，并按预算管理的要求，及时向财政部门报送项目年度预算，待财政部门委托评审机构审核确定后，作为安排项目年度预算的依据。

（四）通过投资评审规范了项目资金管理，逐步形成了部门加强项目资金管理的“倒逼”机制

财政投资评审通过运用“四算”评审和专项核查等技术手段，对预算支出各个环节进行严格的把关，及时发现主管部门和建设单位在项目管理和资金使用上存在的问题，强化财政投资项目的财政监管职能，增强财政部门在政府投资管理上的发言权，“倒逼”项目单位和建设单位加强项目管理，提高资金使用效益。如省中心连续三年对农业开发项目进行了专项核查，促使项目单位加强其项目申报、预算管理、财务管理以及绩效分析，每年申报的项目都有质的提高。运城市评审中心2006年的审减率从2005年的33%下降到17%，充分说明了项目单位虚报冒领、高套定额、重复计算工程

量、随意进行设计变更、招投标不规范、政出多门计算其他费用等问题得到了有效改进。同样，盐湖区评审中心的审减率由2005年的31%下降为2006年的13%，也是“倒逼”作用的直接体现。事实证明，过去那种宽打窄用，宁肯虚报、冒报不能真报的现象得到了一定扼制。

（五）通过提供优质的服务，赢得了项目单位的好评

各级评审中心在审核过程中，发挥评审人员的专业技术优势，对被评审单位和项目主动服务、主动咨询和提出合理化建议，受到了项目单位的好评，评审中不仅仅局限于量、价的审核，还同时对项目单位在工程建设、财务管理、内部控制、设计方案等方面提出合理化建议。如省评审中心在对兆光发电厂进行审核时，建议主管部门和项目单位调整优化设计和施工方案，既满足了功能需要，又节约了大量财政资金。晋中市评审中心在对疾控中心办公楼、党校报告厅等项目进行评审时，在审核量价合规性的同时，对技术方案的合理性和实用性提出了许多调整和优化建议，该增的增，该减的减，深得项目建设单位称赞。过去那种认为财政评审就是为增加核减量，为评审机构谋福利的错误认识得到了改变。

（六）完善评审制度，努力实现依法评审

财政投资评审工作在财政支出管理中发挥了重要作用，但评审事业要健康、稳定地发展还必须实现制度化、规范化，力争使财政评审工作有法可依，有章可循。全省各级评审机构在努力开展业务工作的同时，十分重视制度建设，初步的财政投资评审制度框架业已形成。省厅出台的《山西省财政投资评审操作暂行规定》以及省中心制订的《山西省财政投融资项目评审操作办法》等文件成为指导全省财政投资评审工作的规范性文件。各市根据自已当地情况因地制宜，也出台了相关的制度。如运城市制订了《政府性投资项目设计变更费用管理办法》、晋城市印发了《晋城市市级政府工程类集中采购管理暂行办法》、大同市出台了《大同市市本级项目支出预算管理办法》等。更为值得一提的是大同、晋城、运城、忻州、晋中五市以市政府正式文件确立了财政投资评审工作的地位，使当地的财政投资评审工作有了一定的法律地位。

（七）财政投资评审的质量内控明显提高

完善预算编制、执行的制衡机制，提高财政资金分配使用的规范、安全和有效性，是财政资金管理工作中的一项艰巨任务。评审工作的重要性日益显现，势必要求财政评审工作必须以科学规范的运作为核心，在提高评审质量上狠下工夫。为提高评审报告的质量，使评审结论更具有科学性，财政厅及时转发了财政部《财政投资评审质量控制办法》，省中心做了大量切实有效的工作：其一，连续四年开展评审报告质量评比活动，逐步完善了三级复核和专家会审等制度，建立了科学规范的操作规程，使中心出具的每一份评审报告业务部门满意、项目单位心服、施工企业信服。省中心在2006年又组织了全省财政投资评审系统的“三优”评比，对提升全省系统的质量意识起到了积极作用。其二，出台《关于编制基本建设项目投资评审工作底稿的通知》和《关于改进机关作风优化政务环境的若干规定的通知》等多部内部工作制度，推行了首办负责制、限时办结制、目标责任制、岗位责任制及责任过错追究制，为提高财政评审工作的公信力和执行力发挥了重要作用。大同市建立了再监督机制，即由局监督处抽一部分不同类型的项目复审，多环节控制质量，而对县一级的财政评审项目，采取交叉复审的方法，形成了一套更为扎实有效的质量控制体系。

二、新时期财政投资评审工作的再定位和再认识

党的十六届五中全会指出："深化投资体制改革，完善投资核准和备案制度，规范政府投资行为，健全政府投资决策责任制度"。加强财政投资评审工作，是促进规范政府投资行为，强化政府投资决策责任的重要措施。"十一五"时期是本世纪头二十年全面建设小康社会的关键时期，按照我省全面建设小康社会的总体规划和要求，今后全省各级财政用于城市基础设施和社会公益性项目的支出必将相对快速增长，因此迫切需要加强政府投资的管理和监督，这客观上给财政投资评审事业提供了更加广阔的空间和舞台，也要求财政投资评审工作只能加强、不能削弱，只能做好，不能做差。财政投资评审作为强化支出预算管理的重要手段，必将在财政各项改革中发挥更加积极的、不能替代的作用。因此全省各级财政部门一定要充分认识到评审工作的重要性，要从强化财政预算管理、提高财政资金使用的安全性、规范性和有效性的角度，不断创新和加强财政投资评审工作。在此，我想有必要再次谈谈认识上的问题：

（一）财政投资评审是财政管理体系的重要内容，是政府职能的重要体现

朱志刚副部长在部评审中心成立五周年寄语中指出："财政投资评审工作是强化财政支出管理、完善预算决策的内在本质要求，是财政职能的有机组成部分，是财政投资管理不可或缺的重要环节"，"财政部成立财政投资评审机构是社会主义市场经济体制下公共财政职能的创新和发展，是财政部门实施优化资源配置、实现财政项目预算管理科学化、规范化的重要举措"。朱部长从做好公共财政工作的角度，对市场经济条件下财政投资评审工作做出深刻论述，同时对财政评审的性质进行了确定，即财政投资评审是财政职能的组成部分，是财政部门一项行政性的管理工作。

我们说财政投资评审是一项财政部门的投资管理活动，其意义主要是在于计划与控制。结合到财政改革，它体现在：一是部门预算改革，在各部门编制的部门预算中，有相当部分是项目支出预算，通过对项目预算的评审，规范项目预算的审查程序，通过必不可少的政策和技术方面的规范性程序与方法，最终使项目资金管理减少盲目性、增强自觉性，减少财政不合理的支出。二是集中支付的改革，对建设项目的款项实行集中支付，通过投资评审，对项目建设资金是否应当拨付、何时拨付、拨付数额多少等进行审核，从而减少财政资金的滞留和浪费，提高财政资金使用效益，有利于规范财政资金运行，减少不必要的烦琐。三是政府采购的改革，《政府采购法》已将工程纳入政府采购的范围，这与普通的商品采购有很大的不同，需要各个方面的专业技术知识，而投资评审这方面的技术力量可与政府采购管理机构配合，逐步探索把工程的政府采购纳入到规范化轨道上来。这些管理工作，投资评审机构既有能力也有职责去实现。四是在目前逐步推广的财政绩效评价中，财政投资评审可以依靠自己的专业人才优势，参照通过实践建立起来的数据资源，科学地开展评价活动，这是目前财政其他机构所不具备的优势所在。

（二）财政投资评审为公共财政规范化、科学化管理提供重要的技术支持

财政投资评审是公共财政管理的一项重要技术手段，它服从服务于财政中心工作、服务于公共财政预算管理和财政监督管理。实现科学规范的财政管理，必须不断探索以一定的专业技术和相对量化规范为基础，以合理恰当的技术方法，全面提高财政管理的技术含量。财政投资评审机构在实践中逐步拥有了一大批行业中优秀的工程造价、项目

管理、财务审计等方面的专业技术人才，具备解决建设单位施工方案审查、施工图预算审查、招投标管理、合同管理、工程价款结算审查、财务管理等专业技术的能力。评审工作通过专业化的技术手段为公共预算管理各个环节提供科学客观的专业技术服务，克服了传统财政管理模式下因缺乏定量依据导致的决策随意、管理粗放、监督软化、效率低下等问题，减少甚至在某些方面杜绝了财政资金的损失和浪费。实现财政投资评审工作的科学化、规范化，使财政投资评审具有权威性，这既是为实现科学规范的项目预算管理提供技术支持和可靠依据所必需的，又是实现依法评审的基础。与此同时，财政评审越来越成为项目预算管理中一个必不可少的重要程序，评审事业越来越成为项目预算管理的一个专门的行业，项目预算管理对财政投资评审工作的依赖程度越来越大，这就要求财政投资评审工作一定要是规范的行业行为，让项目预算部门据此决策和核算时更加可靠、更有说服力。财政投资评审行业的规范化主要是通过健全评审工作制度和操作规程来实现，希望我省各级评审部门要注重加强这方面的工作。

（三）财政投资评审是完善财政监督管理机制的有效途径

对财政投资进行评审，是为适应市场经济发展的需要及政府职能改革的要求而随之形成的一种新的财政监督职能，它是监督财政资金使用和开展项目管理的重要手段，是新时期基本建设财务管理和专项财政资金管理的重要方式，是规范财政投资行为、加强投资管理的重要措施。加大财政监管力度，确保国家投资的有效使用，是建立公共财政体制的要求，也是我们面临的一项重要任务。从专业技术的角度，对财政投资项目进行审核和评价是融合规性和技术性为一体的监督，对于提高政府资金的使用效益具有重要督促监管作用。尤其是当前财政对具体投资项目特别是基本建设项目前期论证参与不太多的情况下，强化评审监督意义更为重大。从实践角度看，投资评审确实是一项富有成效的监督手段。以我省财政收入排名较低的忻州市为例，2002 年成立评审中心至今，评审财政投资 50 508.5 万元，审减出不合理投资 3 628 万元，这对于忻州市这样的财政穷市来讲，也是一个不小的数字，而对于其他经济发展较好、财政投资项目多、规模大的市，做好投资评审工作对节约财政资金、提高财政资金使用效益作用将更加明显。在过去的六年中，财政投资评审工作做出了不可磨灭的重大贡献，但也不同程度存在种种情况和问题，如评审范围问题、评审质量问题、评审规程问题、人员素质及机构设置不统一、要求不统一等问题，这些问题的解决都需要我们今后共同努力去实现。

三、对今后财政投资评审工作的几点要求

在全省财政工作会议上，郑建国厅长提出要“改革和创新财政投资评审机制，提高评审工作效率和质量；不断健全财政支出绩效评价指标体系，扩大绩效评价领域，逐步建立投资评审、绩效评价、预算编制三位一体、有机结合的部门预算管理机制”。在全国财政投资评审工作会结束之后，我厅专门召开了厅长办公会，专题研究我省财政投资评审工作，并形成了指导今后发展的六条意见。近日，我厅还出台了《关于加强财政投资评审工作的指导意见》。可以看出，厅党组对投资评审工作是非常重视并寄予厚望的。大家一定要深入学习朱志刚副部长的讲话精神，认真贯彻全省财政工作会议精神，积极落实《指导意见》的有关要求，开拓创新，与时俱进，努力开创我省财政投资评审工作的新局面。下面我讲几点具体要求：

一是要勤于思考，勇于创新。我们评审

工作当前要认真思考如何与本省的经济社会发展相结合，着力研究如何适应财政十一五规划的发展要求，紧扣经济建设和公共财政的中心工作，以有为求有位，不断发展壮大。财政评审工作既有很强的专业性、技术性，又有很强的政策性，必须从政策的角度审视资金使用效益。同时，财政评审工作又是一项新的业务，还有很大的发展空间，要求我们在掌握国家法律、法规、政策和有关专业技术的基础上，进行一些前瞻性的思考和研究，为今后的发展提供新的思路。我们思考和研究财政评审工作，要具有宏观的财政经济视野，要充分理解党中央、国务院的重大战略部署，充分考虑财政评审工作与其他财政管理工作的关联性，做到服从服务于大局，要深刻领会“三个代表”重要思想的精神实质，以科学发展观统领我们的各项工作，把党的重大战略决策落实到我们财政投资评审工作中。财政投资评审工作是一项政策性、务实性很强的工作，很多新思路和各项重大政策措施需要在实践中进行检验，并在实践中进行完善。因此，评审中心的同志们要善于在实践中分析问题，总结经验，不断在工作中提炼思路，改进管理，探索出一条行之有效的财政评审路子。在这方面，一是要在拓宽评审领域上进行创新，重点研究对政府性基金投资项目的审核，由于我省的特殊体制，省本级这部分项目尚处于财政评审监管之外。二是在评审机制上进行创新，如何制订评审计划并按计划进行评审，如何建立科学的财政内部审查监督工作流程，如何合理地科学地确定和运用评审结果，尚待深入研究和实践。三是在预算支出全过程评审上，如何真正实现“四先、四后”，评审工作的切入点在哪里，各市县工作重点不同，可能还有差别，应该因地制宜，大胆探索，逐步建立先评审、后编制，先评审、后采购（招标），先评审、后支付，先评审、后批复的科学理财制度。我想如果能在以上方面实现突破和创新，评审工作一定能创造一个崭新的局面。

二是要切实提高财政投资评审质量。质量是事业的生命。这里的质量包括两个方面的含义：一是客观公正，实事求是，经得起历史的检验。即要求所出具的评审结论和报告包括相关数据、分析、评价内容都必须以事实为基础，以定额等科学标准为依据，做到真实、准确。要经得起时间的检验，要接受社会监督，这是最基本的质量要求。而这一目标需要从人员、程序、手段、现代技术的应用、内控制度的完善等方面来保障。二是对政府投资决策和强化管理具有参考价值，这是更高层次的质量要求。财政投资评审的根本目的是要提高政府投资的管理水平，最大限度地发挥财政投资效益。我们不应满足于多审多少项目，多核减多少投资，而是应该通过评审为政府提供决策参考依据，提高财政资金的透明度和使用效益。因此，对于财政投资评审而言，通过对项目概、预、决算的评审，核减财政资金，节约财政支出固然重要，但不能仅仅局限于此。要重视“审”，更要重视“评”。要“评”出建议、“评”出措施和效益，实现“评”与“审”的有机结合，追求更高标准的评审质量。

三是要进一步加强财政投资评审队伍建设。建设一支政治坚定、业务精通、清正廉洁、作风优良的评审队伍，是财政投资评审事业发展壮大的前提和基础。财政评审工作政策性、技术性和专业性都比较强，需要有大量专业技术人才，加强队伍建设势在必行。这方面的工作可以从两个方面进行努力：一是引进优秀人才。通过公开招聘或招考录用等形式选拔一批政策性强、客观公正、有一技之长的专业技术人才充实到财政投资评审队伍中来，通过科学的用人机制，良好的工作环境使他们做到人尽其才、才尽其用。也可采用专家库的形式对优秀人才进行动态管理，使其招之即来，来则能用。二是加强培训。在科学技术飞速发展的今天，人员不进行知识更新势必会被淘汰。对业务人员进行培训是保证财政评审工作与时俱进的有效途径。评审中心要切实制订周密可行的培训计划，通过送出去、开展专题讲座、组织短期培训等形式，不断加强对在职人员的后续教育。同时要出台相关制度鼓励评审人员自觉学习，勤于钻研，营造积极向上的学习工作氛围。经济的全球化、竞争的日趋激烈、创新型、学习型社会的建立，评审事业的不断适应和不断发展，需要不同的特殊人才脱颖而出，不学习、不进步迟早会被飞速发展的社会和事业所抛弃。因此，从某种意义讲，学习、创新、有所突破是我们评审事业的关键所在。

四是要充分发挥财政投资评审作用，提高理财水平。近年来，我省财政投资评审工作取得的成绩是有目共睹的，在财政支出监管中的作用越来越重要，各级评审中心参与财政项目支出评审的范围和广度越来越大。但仍有财政资金的项目支出没有纳入评审范围，项目审核还处于粗放阶段，管理水平还在原地踏步，还没有学会运用专业审核来提高自己的理财水平。下一步一方面我们将通过制度约束来规范评审工作，达到应评尽评，应审尽审；另一方面也希望各市县的局长们转换观念，增加评审这个环节来把关，减轻压力和责任，有利于加强监管，有利于和谐工作。公共财政体制要求预算支出的科学化、规范化、高效化，而财政评审正是实现这个目标的有效手段。

五是继续加强全省财政评审系统的业务指导和联系，不断提高全省评审系统的业务水平。过去的一年，省财政厅投资评审中心就加强对全省财政评审系统的业务指导和联系做了一些工作，希望今后能继续加强这方面的工作，要多在评审业务方面加强指导和交流。当前的工作重点应该放在规范上，通过规范评审工作的方法、标准、程序等，达到同一个项目即使是不同的评审机构来做，结果要基本上一致这样一个目标；要研究如何依托网络技术实现信息、资源、人才共享。各市财政投资中心也要对市属县市评审中心的工作加强指导和联系，相互交流，共同提高，使我省的评审工作质量上一个新台阶。

六是机构建设问题。目前还尚未独立组建市级评审机构的市应抓紧组建。财政投资评审是服务于整个预算支出管理的一项工作，已远远超出成立之初做基本建设项目概预决算审核的范畴。实践证明，合署办公的评审机构发展不如独立的快，起到的作用也有所局限。有条件的县区也要尽快成立评审机构，已经成立的，要根据新形势财政投资评审工作加强力量、充实人员、落实经费。河南省今年要实现所有县区均成立评审中心，为什么？因为省政府充分认识到了这项工作的重要性。另外，我厅今年计划成立财政评审学会，做一些政策理论方面的研讨，交流指导全省的财政评审工作，扩大宣传，为评审工作的发展提供优质的软环境。

同志们，财政投资评审工作是一项新的事业，任重而道远，前景光明。希望各级财政部门高度重视，加强领导。全省财政评审战线的同志们一定要树立全心全意为人民服务的思想，登高远望，高瞻才能远瞩，要勤奋学习，清正廉洁，注重形象，要注意与财政各级部门的纵横向关系，要在公共财政改革和管理的实践中更好地发挥专业技术优势，不断强化和完善自己，与时俱进，开拓创新，求真务实，顽强拼搏，努力开创财政投资评审工作新局面，为财政预算管理发挥更大作用，做出新贡献。

在全省2007年上半年财政经建工作汇报暨下半年工作推进会上的讲话

山西省财政厅副厅长　**张秋明**

（2007年8月10日）

经济建设工作涉及国民经济的各个方面，政策性强，难度和复杂性也相当大。但是这几年来，财政经济建设工作迎难而上，一年一个新变化，一年一个新创新，取得了一个又一个新的成绩。去年提出“规范年”，今年提出了“项目年”，做了大量的工作，抓得非常紧，也非常实。各市、各部门的同志也非常辛苦，做了大量艰苦细致的工作。这次会议的主题也非常突出，就是要采取强有力的措施，围绕“项目年”的各项任务和要求，狠抓落实。下面，我谈几点意见：

一、上半年财政收支运行质量良好，各市、各部门财政经建工作起到一定的支撑作用

今年以来，在省委、省政府的正确领导下，全省上下认真贯彻落实科学发展观，紧紧围绕“八大支柱产业”、“三个企业方阵”和“三个路径”的战略目标，狠抓落实，推进结构调整，努力节能减排，积极转变增长方式，固定资产投资结构优化，生产增速平稳较快，消费需求明显加快，亏损企业扭亏增盈成效显现，效益进一步提高，国民经济运行呈现出质量效益同步提高、发展协调性进一步增强的良好势头。在此基础上，财政收入平稳趋快，支出结构优化，提高和改善民生的重点支出大幅增加，财政运行朝着又好又快发展方向迈出了新的坚实步伐。上半年我省财政总收入累计完成617.2亿元，为年度计划的57.1%，同比增长25.7%，增收124.5亿元，其中一般预算收入306.7亿元，为年度预算的58%，增长26.4%，增收62.2亿元。财政总收入和一般预算收入均提前超额完成过半任务。全省一般预算支出379亿元，占年度预算的39%，增长41.9%，增支111.8亿元。财政资金推动公共资源配置更多地向群众直接受益的方面倾斜，着力解决和发展好涉及群众切身利益的事业，努力改善民生、促进民和，为推进和谐社会建设更好更快发展提供了强大的财力保障。

上半年财政收支状况良好，运行质量提高，这与省级各部门、各市的财政经建工作是分不开的，大家都作出了很大贡献。

一是在大家的共同努力下，全省经济增长速度加快，为财政收入提供了稳定充足的来源。上半年我省GDP增速高于全国同期水平3.5个百分点，为财政收入增长奠定了坚实的基础。二是固定资产投资仍然保持了一定的增长态势，拉动了全省经济持续向前发展。三是县级收入形势总体良好，特别“两区”县财政收入增长强劲，带动作用明显加大。上半年，全省县级财政总收入和一般预算收入分别比上年同期增长34.5%和54.7%，增幅较上年同期提高16.4和39.7

个百分点。“两区”县一般预算收入完成36.9亿元，增长75.1%，大大高于全省县级平均水平，全省有92个县总收入突破亿元大关，亿元县比上年同期增加10个。

在财政支出方面，更加突出了公共财政的特点，重点支持了涉及广大群众切身利益的事业，支持促进民生、民和和谐社会的建设。比如，安排了5.12亿元用于新农村建设，支持推进1 000个新农村建设试点村和2 000个新农村建设重点推进村搞好建设规划、道路硬化、沼气普及等，安排了9.15亿元对种粮农民的补贴，切实帮助农民生产、就业和脱贫致富。安排1.2亿元用于环境保护和治理，吸引带动16.6亿元社会资金投入我省环境保护污染治理领域。下达专项资金1.92亿元支持实施林业六大工程，下达资金1.25亿元，支持棚户区改造和西山煤电及太原市、大同市城市棚户区改造等。另外，在科学、教育、文化、卫生、社保、低保、医疗、再就业等方面，财政也加大了投入。

总体来看，我们财政工作在向又好又快的方向发展。

二、客观分析和准确判断经济形势，正确认识存在的问题

在目前财政形势较好的情况下，我们更要客观地冷静地分析经济态势，要看到困扰经济财政发展的诸多潜在矛盾和问题仍然没有得到根本解决。如经济结构、增长方式、发展不平衡、资源环境刚性约束等。一是工业产值与投资双双回落，特别是投资拉动经济增长的后劲不足的问题。二是节能减排降耗、淘汰落后产能和遏制生产安全事故的压力增大，对经济增长的刚性约束增强。特别是部分市县受环保政策和安全生产事故影响，使下半年组织收入工作面临新的考验。如，吕梁市关闭81户严重污染的焦化企业和80户落后产能的生铁企业，运城河津市上半年关停10余座30万吨以下的焦化厂、6座200立方米炼铁炉等。三是物价涨幅逐步上扬，通胀压力进一步加大。食品类价格大幅上涨是今年以来物价走高的主要原因，其中农村物价水平涨幅达到4.2%，已经超过全年3%的预期目标。四是国家为缓解流动性过剩，采取加息、提高存款准备金率等适度从紧的货币政策，金融机构贷款规模会有缩小。五是支出进度缓慢，“资金等项目”的问题较为严重。上半年，在各级各部门共同努力下，全省一般预算支出进度达到38.97%，但是与预算任务和目标责任制要求进度相比，差距也十分明显，22个经建部门的项目支出不达进度，工作还存在不到位的问题。这一点必须引起各部门和各市的高度重视，不然的话，财政资金的效益无法发挥。

三、提高认识，狠抓落实，认真做好后四个月各项工作

（一）以“项目年”建设为统领，狠抓落实，务必完成今年财政经建工作的各项任务

今年是省委、省政府“作风建设年、狠抓落实年”。于幼军省长在年初的政府工作报告中特别强调：“今年政府的工作任务极其繁重，我们要把今年作为狠抓落实年和作风建设年。广大政府公务员特别是各级领导干部要在转变作风、狠抓落实这八个字上下真工夫、硬工夫，苦干加巧干，干出成效来。”省委又作出了《关于加强作风建设狠抓工作落实的决定》，针对性地提出了涵盖作风建设方方面面的十五项要求，表明了省委、省政府加强作风建设、狠抓工作落实的信心和决心。我们在年初全省财政经建工作会议上已就“财政经济建设项目年”的任务、要求、措施做了明确的安排，这是今年工作的纲领，大家一定要以此为统领，创造性地做好各自部门和市里的工作。重点是狠

抓落实，做到整体推进，按照“八项要求”，全面完成“五大任务”，促进我省经济社会又好又快发展。

（二）加快支出进度，尽早发挥效益

财政支出进度上不去，是一个老大难问题，这一点的责任应该在各部门，因为大家提报不上来项目，当然原因是多方面的，但是不能都讲特殊性，而要从全局出发，从全省人民的利益出发，采取硬措施来尽快确定项目。总的要求是按照“两办”的规定，加快支出进度。要严格目标责任制管理和考核，对那些无正当理由而又迟迟不报、久拖不决的项目，该通报的通报、该核减预算要核减预算，发挥责任制的考核效力，切实提高进度，尽早发挥资金效益。财政部门要在预算下达、计划申报和资金拨付等环节加大组织协调和督促落实的工作力度，转变作风，改进方法，提高效率，切实提高财政支出进度。专项支出要限期达到支出进度。各级掌握大额专项资金的发改委、经贸、交通、建设、国土、环保等主管部门，要在提高对项目计划审核工作效率的同时，及早向财政部门提交项目用款计划，各级财政部门要及时下达预算并保证资金拨付。主管部门要督促项目单位在预算指标下达后5个工作日内到财政部门领拨资金，各级财政部门要在9月底前要将所有专项支出预算全部下达，这个目标要作为各级财政工作目标责任制的重要内容予以考核。

（三）严格预算约束，勤俭节约，树立过紧日子的思想

每年的后几个月往往是财政支出比较集中的时间，所以，我们必须牢固树立过紧日子的思想，坚持一般性支出零增长，即使财力相对宽裕，也要精打细算、精心谋划，决不能有敞开口子花钱的思想；要以艰苦奋斗为荣、以骄奢淫逸为耻，坚决反对讲排场、摆阔气，花钱大手大脚和铺张浪费现象。

（四）以目标责任制考核为手段，推进今年任务的完成

今年我们将继续按照《全省财政经济建设年度工作考核暂行办法》，加强对各市、各部门财政经建工作的考核力度，从报告材料、项目申报、信息化管理、专项资金管理、预决算管理、会议和培训、其他专项工作等七方面认真考核，并将考核纳入我们的日常工作中，进行量化登记，提高工作质量，推动我们财政经建工作的全面升级。

同志们，我们一定要有高度的历史责任感、强烈的忧患意识和宽广的世界眼光，立足科学发展，着力自主创新，完善体制机制，努力在资金保障上下工夫，在落实项目上下工夫，在科学管理上下工夫，不断提高财政的政策服务和资金保障能力，努力促进财政经建事业又好又快发展。

加大投入力度　强化经费管理
构建农村义务教育经费保障新机制

——在全省农村义务教育经费保障机制改革电视电话会议上的讲话

山西省财政厅副厅长　**石常明**

（2007年1月23日）

“十一五”期间，我国将加快贯彻落实《中华人民共和国义务教育法》的步伐，不断创造条件，全面实施《中华人民共和国义务教育法》。这项决策对于我国建设小康社会、构建社会主义和谐社会具有基础性、先导性和全局性的重要作用，尤其是农村义务教育经费保障机制的全方位实施，对于建设社会主义新农村、解决“三农”问题更为重要。因此，必须从理顺经费渠道入手，建立起保障农村义务教育健康发展的长效机制。下面，我讲几点意见，供大家参考。

一、深刻理解农村义务教育经费保障体制改革的重大意义，将农村义务教育纳入公共财政的保障范围

农村义务教育经费保障机制改革，是党中央、国务院践行“三个代表”重要思想和执政为民理念的具体体现，在我国教育发展史上具有里程碑意义。农村义务教育的发展，必将促进我国城乡协调发展，推动和谐社会建设；必将为我国深入实施科教兴国战略和人才强国战略、推进农村综合改革提供强有力的支撑；也必将提升农村公共事业发展水平，促进社会主义新农村建设。可以说农村义务教育经费保障机制改革是一项使人民群众受益、广大师生期盼已久的民心工程、德政工程，是一件功在当代、利在千秋的大事。

农村义务教育作为公共产品，将其纳入公共财政保障范围，让每一个农村孩子都能享受平等的教育权利和教育机会，是各级财政部门义不容辞的责任。近年来，随着农村税费改革的深入推进和公共财政体制的不断完善，财政预算内对农村义务教育的投入已经成为农村义务教育经费来源的主渠道，农村中小学教师工资保障机制不断完善，农村中小学的收费和资金管理逐步规范，生均公用经费基本标准及预算内拨款标准，基本得到了落实，农村义务教育呈现良好的发展势头。但是，与新形势、新要求相比，目前在农村义务教育经费保障方面仍存在一些亟待解决的问题，主要表现在：财政投入总量不足，保障范围偏窄；资源配置不合理，城乡之间、区域之间办学水平差距过大；投入责任不明确，缺乏科学合理的经费分担机制。建立农村义务教育经费保障机制就是要从根本上彻底解决这一难题，因此，各市县财政部门一定要深刻认识、全面理解这项工作的重要意义和重要作用，以对人民负责的责任感和使命感来做好这项涉及面广、政策性强、要求严、时间紧的工作，保证我省农村义务教育经费保障改革顺利进行。

二、加大财政投入力度，确保各级分担资金足额到位

加大农村义务教育投入，是我国社会经济发展的需要，也是社会各界的共识。按照“明确各级责任、中央地方共担、加大财政投入、提高保障水平、分步组织实施”的原则，省级财政2007年用于农村义务教育保障机制改革的经费已全部落实，列入了预算，这是在今年我省财政体制调整，财力向县下移较多的前提下安排的，而且全部是新增加的经费，没有占用原有基数，也没有压缩其他教育资金。各市县务必要按照中央和我省级划分的经费分担责任，对应承担的保障机制改革资金进行认真的测算，并在今年预算中足额予以安排。需要强调的是，改革所需资金也要全部用新增经费安排，这笔账我们反复测算过，需要县级分担的资金仅占省市补助数额的十分之一左右，而且随着收入机制的增大，比例将越来越小。原来已经安排的资金不能抵顶，继续用于农村义务教育，以确保总体经费稳定增长。

第一，各市县要周密部署，统筹安排。按照中央部署，今年春季开学时，新机制的各项政策要落实，资金要到位。为了加强对这项工作的领导，省政府成立了全省农村义务教育经费保障机制改革领导小组及办公室。市、县两级也要尽快成立相应的领导机构，加强统筹协调，形成工作合力。各级财政部门要认真研究制订本地的改革方案和相关的配套文件。当前，要有针对性地指导基层和学校做好落实新机制的有关工作，做好在校学生、办学条件、教师数量、教育经费需求等基础数据的统计工作，抓好新学期免收中小学生学杂费、补助学校公用经费及财务管理等工作，对实施过程中遇到的问题要及时解决，确保新机制改革开好局。

第二，把握政策，落实资金。当前的首要任务是全面落实农村义务教育阶段中小学免除学杂费、补助公用和寄宿制学生生活补助经费，分担资金必须按时足额拨付到位，尽管各市县人代会在春季开学后才召开，但此项费用可采取预拨等方式予以保证，不得以中央和省级资金充作本级政府资金，原通过税费改革转移支付用于农村中小学的公用经费要足额拨付到位，并进入省级特设专户管理。关于专户开设和管理，我们在有关文件中已经明确规定，在此，还想强调一点，就是省市县三级所有农村义务教育经费保障资金必须进入专户，考核也将以专户资金为准。各级财政部门必须在开学前，按规定将应拨付的免学杂费资金、公用经费补助资金按在校生人数和规定的标准拨付到学校，保证学校的公用经费开支和学校正常运转。

三、细化预算编制，完善中小学预算管理

按照农村义务教育经费保障机制改革规定和农村义务教育“以县为主”管理体制的要求，各市县对农村中小学经费要实行“校财局管”，并建立健全农村中小学校预算编制制度，各项收支都要统一编入县级财政预算，并由县级财政部门按照财政国库管理制度办理资金支付。农村中小学预算编制制度要与农村义务教育经费保障机制改革同步推进。

按照中央的部署，我省近期将举办农村义务教育经费预算编制培训班，县级财政部门要在组织参加省培训班的基础上，做好本县农村中小学的预算编制培训工作，要培训到每一所农村中小学，培训的重点是农村中小学校长，这项工作2007年开始试编，2008年必须正式编制农村中小学经费预算，要清晰地反映学校所有收支项目，做到完整准确。

四、加强经费管理，提高资金使用效益

这项新机制改革，要求管理以县为主。财政部会同教育部等部门已经出台了加强

经费管理的相关文件，我厅也将会同教育部门出台相应的经费管理规定来指导和规范市县的经费管理。市县财政部门要以这次新机制改革为契机，积极推进部门预算改革和国库集中支付制度改革，建立健全财务规章制度，加强对财会人员的业务培训，全面提升财务管理水平，加强经费管理，提高资金使用效益，切实管好用好农村孩子的“读书钱”。

各级财政部门还要主动与教育部门建立有效的工作联系机制，互通情况，加强协作，齐抓共管。要提高农村义务教育经费筹集管理的透明度，及时将经费投入情况向同级人民代表大会报告，并向社会公布，接受社会监督。要认真配合教育、物价、审计、监察等有关部门，把农村义务教育经费保障作为财政监督工作的重点内容，加强对农村义务经费安排使用、贫困学生界定、中小学收费情况的监督检查，及时制止和纠正各种违反财政财务制度的行为，确保经费安全，使之发挥应有的效益。要广泛利用电视、广播、报刊、网络等各种宣传媒介，向全社会进行深入宣传，为改革营造良好的外围环境。

农村义务教育经费保障机制改革是一项庞大、系统、复杂的工程，更是一项影响深远、意义重大的工程，它关系到农村义务教育的健康发展，涉及广大农民群众的切身利益，我们一定要认真贯彻好、落实好中央精神，以对党和人民高度负责的态度，尽职尽责，扎实工作，把这项利国利民的大事办实办好，开创我省农村义务教育工作的新局面。

加强对地方金融企业财务监管　切实发挥财政部门在维护金融秩序中的作用

——在全省《金融企业财务规则》培训班上的讲话

山西省财政厅副厅长　**石常明**

（2007年4月13日）

随着金融体制的不断深化和对外开放，深入研究和规范地方财政在金融事务管理中地位和作用，构建公共财政框架下的地方金融风险防范、应急和化解机制，促进地方金融机构的健康发展，任重道远。经过一年多的努力，在反复征求金融企业、财政部门意见的基础上，财政部以部长令的形式发布了《金融企业财务规则》（第42号令）及《金融企业国有资本保值增值结果确认暂行办法》（第43号令），并分别自2007年1月1日和2007年3月1日起施行。《规则》对各级财政部门及金融企业财务管理任务和方式的进一步明确，既是财政部门履行金融企业财务监管职责的法规依据，又是金融企业依法自主经营的有力保障。《规则》的发布体现了财政部门加强金融财务监管、健全金融企业财务制度的要求，体现了进一步深化金融企业股份制改革、推动依法行政、依法理财的要求，体现了防范化解金融风险、维护金融稳定、维护社会经济秩序的要求。《规则》的实施，对促进金融企业财务管理走向规范化、科学化、法制化、信息化，对进一步规范金融企业财务行为，提高财政部门及金融企业的财务管理水平，具有十分重要的意义。

今天，我们召集各市财政局和有政府出资的担保公司以及省直地方金融机构负责金融财务管理工作和具体做业务的同志一起参加我们举办的首次业务培训，共同学习这两项规章制度，探讨强化财务管理工作的有效途径，在此，我简要介绍一下这两项规则的有关情况，并就贯彻执行规则谈几点意见。

（一）《金融企业财务规则》的出台具有重要意义

制订金融企业财务规则是《公司法》等法律、法规赋予财政部门的一项职责，是财政部门作为国民经济宏观管理部门，履行财政财务监管职责的具体体现。

第一，制订《规则》是推进现代企业制度建设、转变政府职能的需要。自1993年中央提出“建立现代企业制度”以来，我国现代企业制度建设有了长足的进步。现代企业制度不仅包括现代企业组织制度，还包括现代企业财务制度。为了完善现代企业制度，全面推进金融企业财务制度建设，需要制订与之相应的财务规则。随着市场经济的逐步建立，政府职能部门不宜直接管理企业的内部事务，而应当通过法律规范对企业在经济活动中涉及的财务行为进行指导和约束。因此，需要通过制订新规则，解决原有财务制度直接管理企业财务事项的“越位”以及新形势下对企业财务指导和服务“缺位”等问题。

第二，制订《规则》是防范金融风险

的需要。从近年来国有金融企业的股份制改革，以及金融企业清理、整顿、重组等金融改革的实践看，国有及国有控股金融企业出现财务风险，形成的财务负担最终要由各级财政部门承担。为体现新形势下公共财政的特点，切实履行好财务监管职责，防范和化解金融企业财务风险，财政部门必须进一步完善对金融企业财务监管的法规依据，以风险控制为导向，将风险防范的关口前移，加强对金融企业财务活动的指导、管理和监督，充分发挥财政部门在维护金融稳定和社会秩序中的作用。

第三，制订《规则》是促进企业科学管理、维护各方权益的需要。目前，金融企业财务管理还存在不少问题，有的企业财务管理仍然缺乏系统化、规范化，内部控制薄弱；有的金融企业财务制度不健全，财务管理理念和方式不适应现代市场经济竞争的要求。为了推动金融企业适应市场经济发展的要求，促进金融企业科学管理，需要制订新规则。同时，由于原有财务制度没有对金融企业投资者、经营者的财务管理职权进行规范，投资者、经营者不能恰当行使财务管理权限，需要通过新规则明确各方职责，规范金融企业投资者、经营者的财务行为，以维护国家及其他各方的权益。

第四，制订规则是协调财务与税务、会计关系的需要。原有财务制度中，企业财务管理的重点是对会计要素进行确认、计量和核算。随着会计制度的健全和会计职能的逐步回归，会计制度与财务制度的分工日益明确和清晰。原有财务制度中有关会计要素确认和计量的内容已由会计制度来规范。对企业财务管理涉及的规划、预测、预算、风险控制、监督、考核、评价和分析等内容，则由财务制度来进行规范，这些对建立和完善现代金融企业制度十分重要。会计核算贯穿于财务管理的始终，因此，会计准则的实施，将为财政部门履行财务监管职责提供了重要的技术标准。从会计与财务的关系来看，为适应新会计准则的特点与要求，也必须创新财务制度。为协调财务与税务的关系，通过制订新规则，清除与税收法律法规相抵触的规定，并要求企业在财务处理与税务处理不一致时进行纳税调整，以维护税收法规的强制性和权威性。

第五，制订新规则是进一步完善金融企业财务制度的需要。近年来，针对金融企业财务制度存在的问题，从维护金融资产的安全和完整、维护金融企业相关各方权益出发，财政部先后出台了一系列“补丁式”的规定和管理办法。但这些规定和办法比较零散，只能说是过渡性的办法。制订新的金融企业财务规则，有利于整合提升现有财务制度的层次，对完善金融企业财务监管制度体系提供了依据。

（二）开展金融企业国有资本保值增值结果确认的必要性

首先，这是履行对金融类企业国有资产管理职能的需要。1999 年机构改革后，财政部承担了国有资产管理职能，先后制订了一系列规范企业（包括金融与非金融企业）国有资产管理的规章制度。2003 年国资委成立后，原由财政部负责的非金融中央所属企业国有资产管理职能划入国资委。同时明确金融类企业国有资产管理职能，继续由财政部负责。中编办在《关于金融类企业国有资产管理部门职责分工的通知》中规定，继续由财政部负责金融类企业国有资产的清产核资、资本金权属界定和登记、统计、分析、评估。为全面落实财政部门对金融企业国有资产管理的职责，有必要制订相关管理制度，规范金融企业保值增值结果确认工作，以真实反映金融企业国有资本的运营状况，维护国家所有者权益。

其次，这是突出金融行业特点的需要。2003 年以来，财政部一直沿用 2000 年与劳动和社会保障部、原国家经贸委三家联合印发的《国有资本保值增值结果计算与确认办法》（财统字〔2000〕2号），开展金融企业国有资产保值增值结果确认工作。但是，原办法主要是从非金融企业的角度制订的，一些反映金融企业行业特性的指标，如资本充足率、不良贷款率、偿付能力充足率、净资本负债率等未能充分体现。同时，金融企业普遍反映原办法对金融企业操作性不强，也要求结合金融企业特点制订相关办法。为针对金融企业特点来加强国有资产管理，也必须制订符合金融企业实际的保值增值结果确认办法。

（三）要切实做好《金融企业财务规则》在我省的贯彻落实工作

第一，要大力开展《规则》的宣传和培训工作。《金融企业财务规则》是财政部从防范和化解金融风险角度，对财政部门、金融企业在新形势下财务管理目标和任务的进一步明确，既是财政部门履行金融企业财政财务监管职能的法规依据，又是金融企业依法自主经营的有力保障。各级财政部门和各金融企业都要认真做好规则的学习宣传和培训工作，广泛利用各种媒体大力宣传加强金融企业财务管理的重要意义，营造良好的社会氛围，推动规则的贯彻实施和金融企业财务管理工作的有效开展。

第二，要按要求制订相应实施办法。《规则》明确，各省、自治区、直辖市、计划单列市财政部门可依据本规则的规定，结合本地区金融企业实际，制订具体的实施办法，同时要求金融企业要依据本规则的规定建立健全内部财务管理制度，包括财务风险控制体系、资产管理、成本控制等内容的财务管理办法。为此，各级财政部门和各金融企业都应加强制度建设，在调查研究的基础上，以提高财务管理工作水平、防范和化解财务风险为目标，结合本地区、本单位实际，根据新规则的要求，制订切实可行的配套措施和管理办法。

第三，要实现新旧财务制度的有效衔接。财政部还将依据规则及其实施指南，编辑发行金融企业财务规则解读。省财政厅也将根据实际情况，结合财政部实施指南的有关规定，研究制订我省金融企业财务规则，从而明确规则实施后新旧财务制度衔接相关事项。这次培训期间还将召开座谈会，请大家充分发表意见，以便于我们制订我省的有关具体办法。

第四，制订有关配套制度。配合规则的实施，有许多后续工作需要继续跟进，有许多问题还需要进一步研究和探讨，财政部将以金融企业财务规则为依据，在金融企业财务信息管理、绩效评价管理、财务风险评价和控制、社会审计和资产评估等方面，根据现实需要制订一些具体的管理办法。请各市县财政部门和各金融企业结合工作实际，深入调查研究，省财政厅也将开展相关问题的调研和政策的拟订工作，以进一步丰富和完善金融企业财务管理制度。

第五，有效开展监督检查，确保规则实施取得明显成效。《规则》明确，各级人民政府财政部门依法指导、管理和监督本级企业的财务管理工作；各级财政部门要在规定职责范围内依法履行指导、管理和监督金融企业财务管理工作的职责。尽管财政部门的监管手段侧重于指导、规范和监督，但为维护规则的权威性，对一些违规行为，规则还是设定了适度的行政处罚措施。为确保规则得以贯彻实施，实现制订规则的根本目的，取得明显的成效，我们将对金融企业执行规则的情况进行检查。此前，请各金融企业按规则要求先行自查，对存在的问题先予改正，请各市财政部门和各金融企业对我们的检查工作给予协助。

同志们，我们要以贯彻落实《金融企业财务规则》为契机，进一步深化财务管理制度改革，创新财务管理方法，努力开创金融企业财务管理工作的新局面。

在山西省2007年农村中小学现代远程教育工程启动会上的讲话

山西省财政厅副厅长　**石常明**

（2007年8月31日）

教育信息化是国家信息化工程的重要内容，实施农村中小学现代远程教育是我国农村教育现代化、信息化的重要组成部分。作为发展中国家，我国农村人口所占比重很大且居住分散，全国1.2亿农村中小学在校学生，分布在38.4万所农村小学、3.7万所农村初中。由于我国农村中小学教育水平普遍偏低，因而实现教育现代化、信息化的任务更为艰巨繁重。在这种背景下，以信息技术为依托的农村中小学现代远程教育工程就必然成为我国“大国办大教育”、“穷国办大教育”的必由之路，这也是我国解决“三农问题”、缩小城乡教育差距、服务农村经济和社会发展的一项重大举措。

2003年，国务院做出了实施农村中小学现代远程教育工程的决定，计划用5年左右时间，使农村初中基本拥有计算机教室，农村小学基本拥有卫星教学收视点，农村小学教学点拥有教学光盘播放设备和成套教学光盘。

根据中央的统一部署，我省农村中小学现代远程教育工程实施时间为2005~2007年。2005年，我省晋中、临汾、运城、晋城等4市率先启动这项工程，2006年，太原、阳泉、长治、吕梁、朔州等5市也启动了这项工程，今年，大同、忻州也将开始实施这项工程。从已经实施这项工程的9个市的情况来看，我省的农村中小学现代远程教育工程已经产生了明显的社会效果，积累了宝贵的经验，摸索出了一套行之有效的运行模式。有了这些宝贵的经验和模式，我相信大同、忻州两市的农村中小学现代远程教育工程进展一定会更顺利、更圆满。我们也希望各有关部门协调一致，抓紧抓好各项具体工作，并努力做到以下四点：

一要加强组织领导，建立健全工作机构。为加强对工程的组织协调和领导，确保工程的顺利实施，省政府成立了以张少琴副省长为组长，省教育厅、省发改委、省财政厅负责同志参加的工程领导小组。今年实施项目的大同、忻州各市县也要成立相应的工作机构，财政部门作为此项工程的负责单位之一，要确定分管领导、指派专人负责此项工作，做到领导高度重视，组织保障有力。

二要积极筹措资金，保障工程顺利进行。国家三部委的《实施方案》中明确要求：“地方政府负责保障工程运行费用。建立保障农村中小学现代远程教育设施正常运行的长效机制，地方政府负责落实工程管理经费和设备维护、更新经费，严禁向农民摊派”，“中部地区以地方投入为主，中央补助为辅；中央专项资金占工程实施地区总经费的三分之一。”经测算，2007年我省此项工程建设总预算2.36亿元，其中中央专项资金补助7 867万元，省级配套7 867万元，其余的由市、县配套，而且按照财政部的有关规定，主要应由市级配套，有条件的县也可以承担一部分。

根据上述精神，各相关市县财政部门要根据工程建设任务和中央、省级确定补助的专项资金额度，认真核算市县政府所能承担的资金数额，积极筹措，认真落实，并要按照工程实施进度和要求按时足额到位。在省领导与项目市、县政府签订的工作目标责任书中，最重要的一项就是要保证配套资金及时足额到位。今天到会的各相关市财政部门的同志，要将会议精神向单位领导汇报，确保配套资金如数及时到位，对资金配套不及时、不到位的项目市县，将根据情况撤销其项目。

三要加强资金管理，确保资金安全运行。农村现代远程教育工程点多、面广、资金量大、要求高、工程建设持续时间长，各级财政部门对管好用好这项资金负有义不容辞的责任。各相关市县一定要加强监督，及时查堵可能出现的漏洞。对弄虚作假、截留挪用资金和改变资金用途的，可缓拨、核减、停拨项目经费，直至追究有关责任人的相关责任。各项目市县财政部门一定要建立和完善规章制度，把此项工作纳入目标责任制以及日常管理范围，在各个环节上加强对资金使用的监督和管理。各项目单位要主动接受纪检、监察、审计部门和社会的监督检查，确保工程资金安全运行，使之成为阳光工程、民心工程。

四要密切配合，共同推进工程的有效实施。农村教育工作是一个有机整体，农村中小学现代远程教育工程的实施一定要与中小学布局调整、“农村寄宿制学校建设工程”相衔接。远程教育工程涉及多个部门、多个方面，可以说是一个协作工程，各市县财政部门要从对党和人民负责的高度，在做好本职工作的同时，密切配合其他部门的工作，树立大局观念和服务意识，多沟通、多协调，确保工程的顺利实施。

各位领导，同志们！农村现代远程教育工程对我省全面建设小康社会意义重大，影响深远，各级、各部门在此项工作中，一定要在资金筹措、资金管理、设备维护、教师培训、资源建设、技术与管理队伍建设以及日常运营等方面，各司其职，尽心尽力，把这项“功在当代、利在千秋”的工程做实、做好！

加大资助力度　管好资助资金
发挥财政在资助体系中的重要作用

——在全省资助家庭经济困难学生工作会上的讲话

山西省财政厅副厅长　**石常明**

（2007 年 10 月 15 日）

近年来，随着我国教育事业的迅速发展，高校、高职和中职的招生规模不断扩大，基本解决了广大学生“有学上”的问题。目前，如何让贫困学生“上得起学”的问题又突出地摆在我们面前。这一问题关系到广大学生和家长的切身利益，关系到社会的公平公正，关系到构建和谐社会的进程，关系到以人为本科学发展观的贯彻落实。为了解决好这一问题，党和政府决定从2007 年秋季开始对普通本科高校、高等职业学校和中等职业学校中的家庭经济困难学生实施资助，这是继农村义务教育实行新的经费保障机制后，党和政府在教育领域出台的又一项重大的惠民政策。各市县财政部门一定要认真贯彻落实中央和省委、省政府决定精神，保障做好对全省家庭经济困难学生的资助工作。下面，我讲几点意见，供大家参考。

一、深刻理解家庭经济困难学生资助工作的重大意义，把资助工作摆到财政工作的重要位置

党中央、国务院、省委、省政府对家庭经济困难学生资助工作非常重视，胡锦涛总书记、温家宝总理都对此做过重要指示。我们各级财政部门要深刻认识做好这项工作对全社会具有重大意义。一是对构建和谐社会意义重大。教育公平是构建和谐社会的重要基石。在我国地区之间、家庭之间收入差距不可能短期内消除的客观条件下，政府有责任、有义务保证家庭经济困难学生不因家庭贫困而失去受教育的机会。建立健全家庭经济困难学生资助体系，正是体现了构建和谐社会“发展为了人民、发展依靠人民、发展成果由人民共享”的理念。二是对促进教育公平意义重大。教育公平是社会公平的重要内容。建立健全家庭经济困难学生资助体系，就是从制度上让所有的学生都上得起学，保证教育公平，从而进一步优化教育结构，促进教育持续协调健康发展。三是对建立公共财政体制意义重大。公共财政的核心是满足社会公共需要，教育是重要的社会公共事业，发展教育是政府的重要职责。建立健全家庭经济困难学生资助政策体系，充分体现了公共财政的职能作用，是政府实现公共服务的重大举措。

二、积极筹措资金，确保各级分担资金及时足额到位

中央财政规定，国家励志奖学金按普通本科高校、高职在校生的 3% 资助，每生每年资助 5 000 元；国家助学金按普通本科高校、高职在校生的 20% 资助，每生每年资助 2 000 元；中职助学金的资助范围为在校

一、二年级中所有农村户籍的学生、县镇非农户口的学生以及城市家庭经济困难学生，每生每年资助 1 500 元。我省 2006 年底普通本科高校、高职学生约 44.7 万人，中职一、二年级在校生约 40 万人，按上述比例，我省 2007 年秋季实施资助政策后，将有近 45 万学生得到不同程度的资助。

按照建立健全家庭经经济困难学生资助体系实行“加大财政投入、经费合理负担、政策导向明确、多元混合资助、各方责任清晰”的原则，我省国家励志奖学金、国家助学所需资金由中央与地方按比例分担，其中：生源为西部地区的，中央与地方分担比例为 8∶2，生源为其他地区的，中央与地方分担比例为 6∶4。

地方分担经费部分中，按学校现行管理体制和经费隶属关系分级负担，其中，民办高校、高职，独立学院和中央、省属企业所办学校由省级财政全部负担；民办中职按属地原则由当地财政负担。此外，我们充分考虑了财力较弱的县的实际困难，我省 59 个两区县（晋西北和太行山革命老区县）所需资金由省级和县级按 5∶5 分担。这样，2007 年秋季我省共需补助资金 39 313 万元，中央补助 24 326 万元，省财政需负担资助经费 7 728 万元，市、县需负担资助经费 7 259 万元。

所以，市、县级财政也要齐心协力，积极筹措资金，按照我厅已下达的预算，及时足额将资金拨付到各学校。同时，此次奖助学金的测算是按 2006 年底的学生人数测算的，实际执行中如有不足，由各级财政负担。需要强调的一点是，符合要求的民办学校也要纳入资助体系中，民办高校（含高职）所需经费由省财政负担，民办中职所需经费按属地原则由当地财政负担。

三、各学校要从事业收入中按规定比例提取和使用助学经费

学校按比例提取助学经费，也是建立健全助学政策体系的重要内容和重要资金来源。此次建立健全助学政策体系，国务院、省政府进一步重申了学校的责任，并明确规定了学校提取助学经费的方式、比例和用途。我省规定学校从事业收入中提取助学经费的比例为不低于 5%。各级财政要与教育部门密切配合，结合近年来实际工作中存在的问题，采取有针对性的措施保证学校从事业收入中提取助学经费。一要组织力量，积极配合各学校全面核实事业收入及支出的情况。二要督促各高校严格按照有关规定加强管理。该上缴财政专户的要上缴财政专户，实行“收支两条线”管理，所有事业收入都应纳入学校预算，全面反映与核算。三要督促学校把从事业收入中提取用于助学的经费按规定单独反映、单列预算、单独核算、专款专用。

四、加强资金管理，提高资金使用效益

我省此次资助家庭经济困难学生工作，几乎涉及我省所有普通本科高校、高等职业学校、普通中专、成人中专、技工学校和职业高中，受助学生达到在校生的一半以上。受助学生之多，所需资金量之大，在资助贫困生工作中是前所未有的。作为此项工作的重要一环，财政部门一定要积极筹措资金，加强资金管理，督促资金及时到位，监督资金安全使用。

首先，加强领导。各市县财政局主要领导要亲自抓此项工作，财政局的相关科室要指定专人负责经费的核算、拨付、监督等工作。

其次，规范制度。中央和省都制订了比较详细的各项规章制度。各市、县及各学校都要在中央和省的各项制度框架内，制订本地区、本学校的相关规章制度，使资助工作井井有条，有章有循。

第三，加强监督。资助学校广、受助学生多、工作量大，是我们这项工作的特

点，在这种情况下，财政部门更要加强监督管理，指导学校的资助工作，要保证奖助学金的评定公开、公正，杜绝挪用，也不得以实物或服务等形式抵顶或扣减国家奖助学金，要保证资助政策不折不扣地落实到位。

同志们，家庭经济困难学生资助体系是一项阳光工程，也是一项系统、复杂的工程，更是一项影响深远、意义重大的工程，我们一定要认真贯彻好、落实好中央精神，以对党和人民高度负责的态度，尽职尽责，扎实工作，切实管好、用好贫困孩子的“读书钱”，并且要结合我省实际，进一步创新家庭经济困难学生资助工作机制、模式、方式，把这项利国利民的大事办实办好，促进我省教育事业取得更大的成绩！

大力支持现代农业发展
扎实推进社会主义新农村建设

——在全省财政支农工作会议上的讲话

山西省财政厅副厅长　王　亚

（2007年3月16日）

这次会议的主要任务是贯彻落实中央和我省财政工作会议精神，回顾、总结2006年财政支农工作，交流财政支持新农村建设的经验，分析当前农业财政工作面临的形势，研究部署2007年财政支持新农村建设和现代农业发展的主要任务。下面，我讲几点意见，供大家参考。

一、2006年农业财政工作的简要回顾和主要体会

一年来，全省各级财政财务部门认真贯彻中央和省委、省政府的各项支农方针政策，积极主动、创造性地开展各项工作，大力支持社会主义新农村建设开局良好，取得了显著的成效。

（一）明确财政支持社会主义新农村建设的总体思路，支持新农村建设开局良好

2006年，是实施“十一五”规划的第一年，也是推进社会主义新农村建设的开局之年。去年我们在这里召开了全省农业财政工作会议，对财政支持新农村建设工作进行了全面布置。2006年农业财政工作会议确定了将支持社会主义新农村建设作为“十一五”时期财政支农工作的主线，提出了做好“十一五”时期农业财政工作的基本任务和要求。根据全省农业财政工作会议精神，各市、县财政也召开了农业财政工作会议。各级财政制订和出台了财政支持社会主义新农村建设有关政策措施，提出了做好各项工作的具体要求。财政厅成立了新农村建设和“两区”开发领导组，办公室设在农业处。省、市、县三级财政全部推行和签订了支农工作目标责任书。2006年年底，省厅对各项工作进行了检查验收和总结，各市县的目标责任制完成得很好，全省新农村建设的几项大工程，已见成效：一是农村经济持续快速发展。2006年，我省粮食生产大丰收，总产105亿公斤，成为历史上第四个突破百亿公斤的年份。农民人均纯收入达到3 190元，实现连续三年两位数以上的快速增长。这与全省财政收入的大幅增长、与各项支农惠农政策的落实、与大家的辛勤劳动是分不开的。这里也通报一下全省的财政收支情况，2006年全省财政总收入完成1 048.01亿元，增长38.2%（剔除“两权”收入完成887.31亿元，增长20.3%），首次突破千亿元大关；一般预算收入完成583.08亿元，增长58.3%（剔除“两权”收入完成422.38亿元，增长21.4%），财政实力进一步增强；我省一般预算支出执行911.96亿元，增长36.4%，支出结构进一步优化。二是支持新农村建设，“千村试点工程”顺利起步。省财政按照新农村建设目标责任制的要求，安排下达支持新农村建

设资金2亿元，带动市县级新农村投入30多亿元，支持了1 098个试点村建设。省级对1 098个试点村支部书记和乡镇党委书记进行集中培训。试点村中有853个村完成了规划编制，853个村完成了改水、街巷硬化达5 457公里、植树4 245万株，有1 024个村初步实现环境净化，1 008个村实现亮化，全省1 098个新农村建设扎实、稳步启动。三是支持晋西北和太行山革命老区建设，加快扶贫开发。为了加快晋西北和太行革命老区开发建设步伐，我省在“十一五”期间启动了“两区”开发项目，每年将筹措9亿元资金支持革命老区59个县的建设。全省三级财政农业干部参与了“两区”开发大调研，参加了有关项目论证，省里还出台了“两区”开发贴息办法，成立了省财政厅“两区”开发办公室，承担了“两区”开发综合工作。9亿元资金已全部列入山西省财政专户，实行财政专户管理。已确定的448个项目，70%以上的已开工建设。其中的144个农业项目，下达贴息资金3 428万元，主要用于直接带动农民发展规模种养业和农业产业化项目。四是加大力度，支持全省农村饮水安全工程建设。为了切实提高农民生活质量，使农民饮用上安全水，省委省政府决定在已解决饮水的基础上，加大安全饮水力度。2005～2009年每年安排2亿元启动农村饮水安全工程，每年共计解决200万人的安全饮水问题。省里制订出台了安全饮水资金管理办法，下达资金1.7亿元，新建了提水工程768处，引水工程112处，蓄水工程32处，解决了10个市65个县（市、区）的1 886个自然村饮水安全问题。五是加强生态环境建设，支持启动全省林业六大造林工程。2006年，我省启动了林业六大造林工程，省财政从2006年起，每年安排造林工程建设补助经费3.55亿元，省厅出台了六大工程管理办法，下达六大工程资金1.766亿元，其中下达4 410万元支持了新农村绿化通道的建设。六是支农资金整合初见成效。2006年，省委、省政府高度重视支农资金整合工作，省政府成立资金整合领导组，办公室设在财政厅农业处。省厅制订出台了《关于推进我省支农资金整合工作的指导意见》。加强了对试点县（市、区）支农资金整合工作的联系和指导，省厅农业处每人联系一个县，切实起到帮助试点县做好支农资金整合工作的作用。11月13日省政府又召开了试点县及领导组会议，会议进一步推动了11个县支农资金整合工作。省财政筹措资金1 100万元，切块下达11个试点县，带动了11个试点县支农资金整合。近期，我们对11个资金整合试点县进行了验收。市、县领导对资金整合非常重视，整合工作不仅有组织保障，更注重的是整合效果明显，整合资金4.3亿元。支农资金整合范围扩大到产业结构调整、基础设施建设、扶贫开发和农村社会事业发展等多个领域，有力地推动了新农村建设，得到了财政部和省委、省政府的充分肯定。我们的支农资金整合工作总结被选为全国财政工作会议参阅材料，财政部在全国支农工作会议上进行通报表扬，我省作了经验交流。

（二）落实各项支农惠农政策，农民生活生产水平得到提高

2006年，认真贯彻落实支农惠农有关政策，农民得到了前所未有的实惠。一是较大幅度增加了对“三农”的投入。省财政全年用于“三农”方面的支出达51.57亿元，比去年增加69.6%，增加21.22万元。据统计，全省有将近一半市财政用于“三农”支出的增长幅度超过20%，增长幅度较大的有吕梁、晋中、长治、临汾等市。二是认真落实良种直补、农机直补、粮食直补、农资综合补贴等项补贴政策，及时兑现各种补贴资金5.5亿元，鼓励了农民种粮积极性，农民人均收入较上年增长300元。三是完善农村劳动力转移培训阳光工程政策。

中央和省级共安排资金5 100万元，引导培训120万人，转移劳动力30万人。补助标准由166元提高到225元。四是积极支持各种突发性灾情。去年我省在阳泉、长子发生了两起禽流感，灾情较为严重，中央、省共补助10 331万元，扑杀疫情鸡667万只，解决了农民受灾后的切身利益。去年我省的旱灾也很严重，其中伏旱面积就达1 100万亩，同时有74万人、16万头大牲畜发生饮水困难，针对此灾情，中央、省委、省政府高度重视，共下达抗旱资金3 300万元，恢复改善面积40万亩，缓解了7.6万人、2.7万头大牲畜吃水困难。五是移民搬迁、整村推进实行了直补，共计下达资金3亿元，解决了20万人的温饱问题，完成移民搬迁5万人。

（三）深入调查研究，完善支农各项制度

2006年，省厅组织市、县作了省内外大量的调研工作，写出了调研报告11份，其中5份得到了财政部的肯定。山西省财政支持新农村建设的情况及面临的问题和建议、对石楼县整合财政支农资金建设新农村情况的调查、扶贫开发与其他支农政策相协调形成政策合力调研报告、关于对我省小型农田水利设施建设“民办公助”建设情况的调研报告、关于2006年落实良种补贴政策的调研报告、如何推进支农资金整合问题的调查等报告。特别是石楼县支农资金整合调研报告得到了财政部的重视，楼继伟、廖晓军两位副部长对报告进行了批示：“以县为主进行整合是个好办法。”通过调研，完善了有关制度办法。出台了“良种补贴双向管理办法”、“农民培训代金券管理办法”、“农机直补管理办法”、“小水民办公助管理办法”、“六大工程管理办法”、“安全饮水管理办法”、“农民合作化组织管理办法”、“绩效考评管理办法”、“‘两区’开发资金贴息管理办法”等11个制度办法。各市县出台的制度办法也多达百十个，是有史以来出台制度办法最多的一年。为我们做好各项工作打下了良好的基础。

（四）加强了信息宣传和基础管理工作，工作效率、工作质量得以提高

1. 加强支农宣传工作。宣传工作是扩大支农工作社会影响的有效途径，是推进新阶段支农工作的重要手段。2006年，我们把宣传工作摆在了支农工作的重要位置上，充分利用各种媒体宣传支农工作。一是在山西经济日报上连续登载新农村建设、支农资金整合情况。如：雁门关整合、石楼资金整合、良种补贴政策等。二是不定期在今日农业上登载有关支农项目情况。三是开设了山西省财政支农动态，建立了一个全面反映支农情况的信息交流平台，使我们及时掌握了全省的支农创新情况、支持社会主义新农村建设等情况。我厅农业处的宣传报道也得到了财政部的肯定。各市质量较好的有太原、临汾、吕梁等，在这里给予表扬。

2. 抓好“支农”及“三农”工作的基础资料和数据的整理。为了尽快改变支农基础资料不完整，有的甚至无数据可查、无数据可用的问题，我们一是完成了“三农”数据的统计工作。二是组织省直各农口单位对“十五”时期支农重要指标进行了汇编。三是开展了农业和农村经济形势的分析。

3. 加强学习，努力提高自身素质。为了提高农财干部整体素质，更好地做好新时期的农业财政工作，去年我们主要采取集中培训，以会代训、“走出去”培训的方式，加强农财干部的政治理论、业务技能的培训。通过考察、培训，大家开阔了眼界，解放了思想，交流了经验，整体素质得到明显提高。

总结2006年的工作，我们大家都有很深的感受，最主要的体会有以下几个方面：一是领导重视是我们抓好工作的重要保证。

最近几年，无论是财政部、省委省政府、厅党组、农口各部门，都十分重视农业财政工作，不仅在工作思路、大政方针方面明确了方向，而且在具体政策落实方面切实加强了组织领导，使我们有了明确的奋斗目标，为各级农业财政财务部门做好各项工作创造了良好的环境，提供了坚实的保证。二是积极主动是不断加强农业财政工作的前提。积极主动汇报，主动开展研究，主动提出建议，争取重视和支持，对加强农业财政工作，对强化工作地位都是非常必要的。我们一些亮点工作都是由于积极主动、在领导的直接关心下取得的。三是改革创新是工作不断进步的动力。我们正处在一个发生剧烈变动的时代，传统的思维方式、工作套路、管理办法已经难以适应发展的需要，必须加以改革创新。只有改革，财政支农工作才能够不断取得新成绩；只有创新，才能逐步建立统一、规范、有效的财政支农政策机制和管理运行机制，充分发挥农业财政工作的作用。2006年的各项改革创新，不仅提高了支农资金的使用效益，而且提高了工作层次，增强了农业财政工作的地位。四是突出重点是统筹做好各项工作的关键。财政支持新农村建设工作千头万绪，必须突出重点。2006年，我们在全面部署各项工作的同时，突出抓重点工程、抓政策调研、抓资金整合、抓基础管理、抓宣传交流，不仅重点工作成绩突出，而且以点带面，促进了整个工作质量的提升。

二、财政支农工作面临的形势与困难

首先，我们要勇于正视财政支农工作存在的困难和问题，这些困难和问题主要表现在：农业基础不牢、后劲不足的基本状况并没有改变；农业设施装备落后、主要靠天吃饭的基本格局并没有改变；农民就业门路不多、增收困难的基本局面并没有改变；城乡经济社会发展失衡、差距拉大的基本态势并没有改变。具体表现在，粮食价格不稳定，价格下行的压力大，农资价格高，种粮收益减少，农民生产积极性受到影响；农民增收难度加大，外出就业机会减少；全省还有800万人没有解决饮水困难和安全问题；晋西北和太行山革命老区还有122万贫困人口没有解决温饱；与发展现代农业的要求相比，农业的基础设施仍然薄弱，农业生态环境还没有根本好转，农业产业化生产经营水平还需要进一步提高，农业综合能力还需要进一步增强；财政支持农业的总量投入仍显不足，资金投入结构仍不尽合理，资金管理体制还不合理，资金使用效率仍然不高，等等。这些都非常清晰地表明，解决“三农”问题仍然是长期而艰巨的任务。这些困难与问题有些是历史积累而成的，有些是体制不顺造成的。但不管怎样，都给我们今后的工作形成了新的挑战和压力，必须引起我们的高度重视。

其次，我们要看到财政支农工作面临的大好形势与难得的发展机遇，坚定做好工作的信心。近年来，特别是去年以来，党中央、国务院和省委、省政府对“三农”问题更加重视，一是提出了把解决好“三农”问题作为全党和政府全部工作重中之重的基本要求，明确了统筹城乡发展的基本方略，作出了我国总体上已到了以工促农、以城带乡发展阶段的基本判断，制订了工业反哺农业、城市支持农村和多予少取放活的基本方针，规划了建设社会主义新农村的基本任务。二是出台了一系列更直接、更有效的支农、惠农政策。这些政策推动力之大、操作性之强、收益面之广都是前所未有的。农业农村经济出现了良好的发展势头，农民收入持续增长。为财政支农工作的顺利开展提供了坚强有力的组织领导和政策保障。三是从我省的财政形势来讲，近两年，我省的经济发展势头很好，财政收入增长较快，为财政支农工作的有效开展提供了比较厚实的资金支持。四是通过“十五”期间不懈的努力，财政支农工作积累了丰富的经验，奠定了一个比较好的基础，为财政支农工作提供了比较好的条件。这些有利因素综合在一起必将为明年乃至整个“十一五”的财政支农工作创造良好的发展机遇。

综观全局，在我省经济快速发展的关键时期，只要我们用足用好用活中央和省委关于解决“三农”问题的一系列政策，以科学发展观为指导，善于应对，把握得当，开拓创新，化挑战为机遇，变压力为动力，财政支农工作是大有可为的。

三、2007年农业财政工作的总体思路和主要任务

中共中央、国务院做出了积极发展现代农业、加快推进社会主义新农村建设的重大决策，充分体现了落实科学发展观、构建社会主义新农村和谐社会的要求，为我们做好当前和今后一个时期的农业和农村工作指明了方向、提出了要求。对农业财政工作来说，就是要从这个大局出发，既要扎扎实实地把各项支农惠农政策落实好、执行好，又要开拓进取、大胆创新。总的工作思路是：以科学发展观为统领，以提高农民生活水平为目标，以现代化建设为途径，加大和优化支农投入，创新机制体制，调整支农结构，健全管理制度，加强资金监管，不断提高财政支农工作水平，扎实推进社会主义新农村建设。

（一）大力发展现代农业，努力拓宽农民增收渠道

现代农业是以现代发展理念为指导，以现代科学技术和物质装备为支撑，运用现代经营形式和管理手段，贸工农紧密衔接、产加销融为一体的多功能、可持续发展的产业体系。发展现代农业是社会主义新农村建设的中心任务，是以科学发展观统领农村工作的必然要求，是促进农民增收的基本途径，是提高农业综合生产能力的重要举措，是实现农业可持续发展的必由之路。建设现代农业的过程，就是改造传统农业、不断发展农村生产力的过程，就是转变农业增长方式、促进农业又快又好发展的过程。

今后几年我省现代农业建设要按照现代化大生产的思路和工业化运作方式，围绕布局区域化、产品规模化、经营产业化、生产集约化、服务社会化的目标，继续推进三大区域建设，着力抓好七大产业提升工程。着力支持农业综合生产能力建设工程。继续实施2 000万亩耕地综合生产能力建设，2007年要完成以旱作农田、节水灌溉高产、高效农田、盐碱地综合治理为内容的示范田150万亩，工程田400万亩。着力支持优势农产品基地建设工程。重点扶持24个优势农产品示范基地县和300个“一村一品”示范村。着力支持农业产业化龙头企业和专业合作组织建设工程。实施好龙头企业方阵战略，对列入方阵内的33户大中型龙头企业给予重点扶持；加强合作组织建设，全省发展3 000~5 000个合作社，逐步形成我省发展现代农业新的经营主体。着力支持科技创新和科技进村入户工程。以首席专家—科技推广人员—示范户—农户为推广模式，将高新技术开发与转化、绿色产品开发与研制、生物育种、生态环境建设与新农村建设主导产业相结合，培育2万个科技示范户，带动40万农户。着力支持农村劳动力培训转移工程。培训新型农民100万人，转移劳动力30万人。着力支持循环农业建设工程。重点抓好农村沼气建设，在集约化养殖场和养殖小区建设大中型沼气工程，新发展沼气用户25万户以上。同时，加快以开发秸秆为主要原料的生物燃料、肥料、饲料等技术和项目。着力农业机械化装备建设工程。“十一五”期间，重点发展大、中型多功能机械，机械总动力达到2 572千瓦；加强机械

化粮食生产建设和现代化农机科技开发推广。

（二）加强基础设施建设，努力改善农业和农村生产生活条件

目前，农业基础设施薄弱、资源利用水平不高、生态环境脆弱是我省农业乃至全省经济社会发展的主要制约因素。为使我省在“十一五”期间，农村基础设施和生态环境有一个根本性的改观和突破性的发展，省委省政府提出了实施兴水战略、造林绿化工程和蓝天碧水等工程。今年省里将拿出3亿元资金，启动新水源六大工程。新水源建设。“十一五”期间共投资108亿元，建设35个蓄水、提水工程。2007年建设10处新水源工程。农田水利灌溉。投资22亿元新增实际灌溉面积400万亩，使全省有效灌溉面积保持在2 000万亩，实现人均1亩水浇地。安全饮水工程。“十一五”期间解决1 000万人安全饮水，总投资46亿元，省级每年安排2亿元，解决200万人。淤地坝工程。“十一五”期间，投资24亿元，建设淤地坝1万座，淤成沟坝地80万亩，实现黄土丘陵山区人均0.3亩沟坝地的目标。2007年建2 000座淤地坝。节水型社会建设工程。“十一五”期间，总投资12亿元，实施农业灌溉节水工程项目120个，建成节水推广示范面积40万亩。全面推进县城节水型社会建设试点。2007～2010年完成20个县。河流、水库等水源地保护工程。“十一五”期间，投资7亿元，通过关井压采、压缩地下水开采井3 050眼，开采量3.31亿立方米，全面建立地下水监控系统。同时，积极探索水资源保护和合理开发的机制体制，全面推行水资源有偿使用制度等，力争经过实施这六大工程和一系列的改革，有效缓解我省水资源严重短缺的局面。受水资源严重短缺的影响，我省的生态状况整体上仍十分脆弱。因此，今年我们继续加大力度认真组织实施以植树造林工程为重点的生态建设，在抓好退耕还林、京津风沙源治理等国家重点生态工程的同时，省财政继续投入3.55亿元，抓好通道绿化、交通沿线荒山绿化、村镇绿化、厂矿区绿化、环城绿化和城市绿化等身边增绿六大工程。

（三）推进新农村建设，确保推进村建设发展

我省2007年新农村建设的有关指导思想和发展规划以及2 000个新农村推进村名单，省委、省政府已下达文件。省财政厅承担的职责分工是：将新农村建设所需资金纳入财政预算；确保各级财政对农业总投入的增长幅度高于财政经常性收入的增长幅度，形成新农村建设稳定的资金来源；研究建立以工补农、以煤补农投入新农村建设的新机制；负责抓好以税费改革为主的农村综合改革，完善转移支付制度；探索建立财政省直管县、乡财县管乡用和以奖代补等体制和机制；建立制止新的乡村债务的有效机制，搞好乡村债务化解试点工作；负责抓好支农资金整合试点工作。具体工作任务：负责安排试点和重点推进村省级补助资金；协调有关部门落实好试点和重点推进村建设项目；监督检查相关资金使用情况。

2006年我省开展了1 098个村的新农村试点工作，从今年起省里每年确定2 000个村作为重点推进村。今年省财政安排9.9亿元，用于全省新农村建设包括列入重点推进2 000个村的建设规划、道路硬化、沼气普及，“一村一品”产业发展。另外，还安排了完善农村教育、卫生、文化等公益设施专项投入。各市、县财政要采取积极措施，支持新农村建设，对省确定的推进村，也要比照省级预算安排一定的资金，保证推进村的各项工程实施。

（四）推进“两区”产业开发，增强贫困地区的自我发展能力

今年是我省革命老区和贫困山区新一轮

扶贫开发的关键之年，省财政将在“十一五”期间每年安排9亿元资金支持“两区”产业开发，主要用于“两区”产业开发项目启动、贴息及“两区”行政村文化体育活动场所建设、寄宿制学校改造等。省厅农业处要抓好有关处室的协调事项，保证项目资金及时下达、启动，还要抓好贴息项目的资金审核、下达工作。各市县的主要任务是抓好项目的审核、申报、资金的启动和管理等工作，确保列入“两区”的项目开工建设，并要做好监督检查工作。

（五）积极探索和创新支农机制，增强支持新农村建设的活力

一是进一步加大推进支农资金整合力度，提高支农资金使用效益。实践证明整合支农资金是一条提高支农资金使用效益的有效途径，搞现代农业建设，更需要的是加大投入，集中财力办大事。我省的支农资金整合工作不仅得到了各级领导的好评、肯定，同时从检查验收的情况看，此项工作取得了较满意的成绩。在今年全省财政工作会议上，范堆相副省长提出：要在继续作好11个试点县的基础上，尝试每个市再确定一个县为各市的整合试点县。按照省领导的要求，经厅党组同意，从今年起，每市再确定一个县为各市的整合试点县，新增的试点县要执行2006年中央和省财政厅下达的支农资金整合的有关规定。省支农资金整合试点达到22个县。省直农口单位要整合资金、向全省22个试点县倾斜。今年我们安排了一定的资金，引导推进支农资金整合工作迈向新台阶。各市和被列为整合的试点县也要安排一定的资金，保证整合工作顺利进行。二是积极开展畜禽保险补贴试点。实行农业保险是世界各国特别是发达国家的通行做法，也是通过市场方式抵御自然风险的一种有效方式。鉴于近年来我省畜禽灾害严重的现状，2007年我们将安排一定资金，按照“市场运作、政府支持、共同负担、自主自愿、稳步推进”的原则，开展畜禽保费补贴试点，支持农民、龙头企业和中介组织参加畜禽保险。这项工作以前在一些地区进行过探索，但从全省而言仍是一项新的工作，各级财政部门务必与有关部门密切配合，把这项工作做好，做扎实。三是建立健全小型农田水利建设“民办公助”和“以奖代补”机制。近两年，我们进行了有益的探索，取得了很好的成效。今年我们将进一步完善“民办公助”和“以奖代补”办法，实行以项代奖，建设、管理并重，建立健全管护机制，充分调动基层和农民投资投劳兴修农田水利建设的积极性。四是探索建立以结果为导向的支农资金使用机制。以结果为导向是财政资金使用机制的重大创新，2007年要有实质性进展。要在完善部门预算绩效考评制度的同时，在资金投入上，要选择支农资金使用好的市、县重点扶持。要抓紧研究制订财政支农资金使用绩效评价的指标体系和激励约束并重的考核机制。要在考核的基础上，根据项目的轻重缓急、资金使用效益、项目实施结果、项目监管水平等，综合考虑项目扶持的优先顺序，在一部分专项资金使用管理上进行试点和探索。五是创新财政扶贫资金使用管理机制。要尝试将财政扶贫资金切块到县管理，制订切块管理办法，并要积极探索建立以结果为导向的扶贫资金分配激励机制、贫困县进退机制、财政扶贫资金项目因地制宜选择机制、财政扶贫项目监督机制、扶贫资金管理机制。研究推动扶贫开发与其他支农政策特别是农村社会保障制度有机结合的方式。

（六）不断加强财政支农资金管理，进一步提高资金使用效益

一是严格实行项目申报制度。省直单位和财政厅近几年对预算内生产资金和重大项目都实行了指南要求申报项目的程序，各级财政要严格把握好项目审报关，凡要求按指南上报的项目，一定要逐级申

报，对不符合要求的一律不能上报。各级财政一定要对上报项目的真实性和合法性负起责任来。各市县上报项目一定要经省财政厅驻各当地监督办审核同意后方可上报。未按申报程序签发上报的项目，省财政厅一律不予受理。二是重大项目实行项目合同管理制度，要层层签订项目责任书，明确各自的权利、义务、责任。三是实行项目完工报告制度和完工审计制度。项目完工后，财政部门和主管部门要组织人员对项目的技术、财务、资产等情况进行验收，或委托会计师事务所等中间机构进行项目审计或验收，并建立项目档案。四是实行报账制，对支农资金要严格按照规定的程序、实行报账制，保证资金使用的合理合法和专款专用。五是建立健全绩效考评和追踪问效制度，项目执行中不按规定使用资金的，财政部门可停拨资金，或终止项目执行。将使用效益和资金分配挂钩，对管理好，资金到位率高，使用效益好的，要照顾和倾斜。六是切实加强支农资金的监督检查，发现问题及时纠正，确保农业专项资金的安全有效使用。

（七）继续搞好调查研究，完善各项制度，确保各项制度的落实和有效使用

2006年，省里出台和制订了11项制度办法，有的还需通过大量的调研进一步完善。因此说，今年要继续深入基层搞调查研究，特别是事关农民增收的政策制度，如良种补贴、农民工培训、农机直补、“民办公助”、合作组织、“两区”贴息等制度和办法，要在基层多了解情况，帮助农民解决生产和生活急需解决的问题，完善修订有关制度和办法。希望市、县财政给予大力支持和配合。

四、提高认识，统一思想，全力推动财政支农工作再上新台阶

发展现代农业，建设社会主义新农村，意义重大，任务艰巨，而支农工作又千头万绪。为此，我强调以下几点：

一是各级财政要加大对“三农”的投入力度，农业财政部门要确保支农投入的增长幅度。2007年中央1号文件强调要大幅度增加对“三农”的投入，省财政落实中央1号文件精神，省本级安排“三农”投入61.45亿元，比上年增加9.9亿元，增长19.16%。其中安排支农投入26亿元，增长幅度达22.35%，省人代会已通过。各市、县要尽快落实各级投入，确保增长幅度。这是考核各市支农工作的一项主要指标，我们要进行统计、通报。二是各级财政部门要主动与农、林、水、扶贫等部门沟通联系，搞好协调，把支农工作的各项任务落到实处。前面，我通报了省级农口部门在“十一五”期间和当年的工作任务，这个任务很艰巨，我们要求各市、县财政首先要领会省直农口的各项任务，并要按照有关任务，整合资金，与有关项目配套，达到全方位整合。第二要配合部门做好项目实施工作，参与各项任务的设计、招标等项工作。第三要主动服务于各项工作，尽早、尽快下达有关资金，并监督项目实施。三是各级财政要落实好目标责任制。2007年，我们继续实行目标责任制管理，对各项任务要强化责任，抓落实，希望大家努力。

同志们，支持发展现代农业，推进新农村建设是一项艰巨而光荣的任务，让我们在新的一年里，在省委、省政府的领导下，团结一心，扎实工作，为不断开创财政支农工作的新局面而努力奋斗。

在农业综合开发利用亚洲开发银行贷款建设现代农业项目工作会议上的讲话

山西省财政厅副厅长 王 亚

（2007年4月27日）

国家农发办决定在我省实施农业综合开发利用亚洲开发银行贷款建设现代农业项目，这是国家农发办对我省农业综合开发工作的信任和支持。今天召集大家开会，一是要统一思想认识，切实抓住这难得的机遇；二是要安排、布置编写项目建议书的具体事宜；三是被列入项目市县的政府及农发、财政部门要切实加强组织领导，圆满完成项目编制和申报工作。

下面，我想通报一下去年全省农业综合开发工作的情况，以使大家了解、掌握农发工作的动态和走势，更好地做好今年的工作。

2006年是“十一五”规划实施的开局之年，一年来，全省农业综合开发工作在国家农发办和省委、省政府的高度重视下，在厅党组的直接领导下，在各级政府的大力支持下，在全省财政、农发部门的共同努力下，紧紧围绕建设社会主义新农村的目标和要求，加大投入力度，创新投入机制，加强资金和项目管理，各项工作取得了显著的成效。

去年，全省共投入农业综合开发资金12.02亿元，其中：中央财政资金3.01亿元，省级财政资金1.70亿元，市县财政配套资金0.35亿元，自筹资金5.51亿元，银行贷款1.45亿元。资金投入再创历史新高，特别是中央财政资金较大幅度的增长和首次突破3亿元，加大了我省农业综合开发资金投入力度，扩大了开发规模。开发治理土地面积103.2万亩，其中：中低产田改造面积71.14万亩，生态综合治理面积32.06万亩。全省67个县4个农场、370个行政村、12.03万农户和45.41万农业人口从中受益。为改善我省农业生产条件和农业生态环境、提高农业综合生产能力做出了重要贡献。同时，扶持产业化经营项目71个，其中：参股项目4个、重点项目10个、一般项目57个。项目区受益农户48.58万户，受益农业人口53.26万人，受益农民人均年纯收入增加839元。有力地推进了产业化经营，促进了农业和农村经济结构的战略性调整，提高了农业的综合效益，增加了项目区农民的收入。

此外，去年，在运城河津市召开了全省农业综合开发工作暨现场会，在永济市举办了国家农业综合开发投资参股经营企业挂牌仪式和协议签字仪式，两次会议均取得了圆满的成功。使农发工作者的视野更加开阔，思路更加清晰，步伐更加扎实，大大增强了农发人员勇往直前、再创辉煌的精神。同时，我们在认真做好计划、统计、决算、调研、宣传等基础工作的情况下，按照科学发展观的要求，通过推进投资参股经营试点工作，打造支农资金整合平台，开展新农村建设试点，做好项目前期准备工作，建立市级立项项目机制，全面推行监理工作，探索建立资金绩效评价机制等一系列措施，深化改革，创新机制，以改革求发展，以创新求发展，农业综合开发项目和资金管理迈上了一个新的台阶。

总的来说，过去的一年，我们的投资规模不断加大，开发重点更加突出，管理机制日益创新，管理水平趋于规范。农业综合开发已经成为财政支农的一个重要手段，成为财政支持解决“三农”问题的一项重要措施，成为支农资金整合的一条最佳途径，成为农业和农村经济工作的一个重要组成部分。为提高我省农业综合生产能力，促进现代农业发展，强化新农村建设的产业支撑，推动和谐社会建设做出了新的贡献。

下面，围绕这次会议的主题我讲几点意见。

一、统一思想认识，全面把握亚行贷款建设现代农业项目的重要性和意义

农业综合开发利用亚洲开发银行贷款建设现代农业项目，这在我省是首次，根据国家农发办项目建设的总体要求，结合我省实际，我们项目建设的指导思想是：以科学发展观为指导，围绕发展现代农业、推进新农村建设的总体目标，坚持以粮食主产区改造中低产田为主，着力加强农业基础设施建设，改造农业生产条件，提高农业综合生产能力；着力加强优势农产品基地建设，充分发挥区域资源优势，推进农业产业化经营；着力加强农业科学技术的推广应用，提高农业科技含量，推动现代农业发展；重点扶持一批农业专业合作组织，以培育发展现代农业新的经营主体。与此同时，在资金投入上，坚持“国家引导，配套投入，民办公助，滚动开发”的投入机制。在项目选择和资金安排上，坚持“效益优先，管理优先，技术优先，择优立项”的原则。在规划建设上，充分发挥资源优势，实行“区域规划，规模开发，集中连片，突出重点，综合配套，全面建设”。力争做到土地开发与产业发展相结合，现代农业建设与高效农业发展相结合，物资装备建设与农业科技推广应用相结合，农产品标准化生产建设与绿色无公害产品开发相结合，优质农产品基地建设与农产品加工转化相结合，从而开发建设一片，致富一方百姓，形成一个主导产业，促进一方经济发展。

我们之所以确定这个指导思想，主要是基于认真贯彻中央和省有关农业政策的需要，以及对我省农业和农村经济发展形势的全面把握，主要是：

（一）实施农业综合开发利用亚行贷款建设现代农业项目有利于加快现代农业发展

目前，我省农业基础不牢、后劲不足的基本状况并没有改变；农业设施装备落后、主要靠天吃饭的基本格局并没有改变；农民就业门路不多、增收困难的基本局面并没有改变；城乡经济社会发展失衡、差距拉大的基本态势并没有改变。这些都非常清晰地表明，解决“三农”问题仍然是长期而艰巨的任务。但是，近年来，特别是去年以来，党中央、国务院和省委、省政府把“三农”工作做为重点，提出了把解决好“三农”问题作为全党和政府全部工作重中之重的基本要求，出台了一系列更直接、更有效的支农、惠农政策。这些有利因素必将为整个“十一五”的财政支农工作创造良好的发展机遇。我省农业综合开发利用亚行贷款建设现代农业项目就是一次很好的机遇，六年要投入4 500万美元，建设的主要内容是以中低产田改造为主，重点是农田水利基础设施建设、优势农产品基地建设、现代农业生产试点建设和农民专业合作组织试点建设。资金的投入和项目的实施，必然加大我省农业综合开发的投入力度，扩大开发规模，提高农业综合生产能力，从而可以进一步加快我省发展现代农业的步伐，推动新农村建设的进程。

（二）实施农业综合开发利用亚行贷款建设现代农业项目有利于推动管理体制创新

亚洲开发银行贷款项目由亚洲银行和专家共同管理，项目经理和专家直接到项目建设单位进行业务指导，直接参与项目考察、论证、评审，直接审批项目的调整和变更。这种完全意义上的项目管理，实行的是按程序全过程监控，其管理体制基本上可以杜绝“人情项目”、“关系项目”，有效地防止项目资金被挤占挪用。同时，亚行实行“先垫付，后报账”的管理办法，资金通过专户回补，可以改变各级财政指标结算的资金管理方式，创新财政资金管理体制。这种管理方式必然强化责任意识、参与意识和管理意识，淡化权力意识，形成管理压力和工作推动力，改变财政资金管理体制，建立决策科学、管理民主、责任明确、效率优先的新型管理体制。

（三）实施农业综合开发利用亚行贷款建设现代农业项目有利于促进管理机制创新

亚行贷款项目管理建立了完善的运行机制，积累了丰富的管理经验。主要包括：对土建工程、货物设备和咨询服务等实行招标采购制，可以有效降低采购成本，节约资金投入；实行比较完备的竞争立项机制，可以公开、公平、公正地选项，提高项目的质量和水平；对项目规划、招标采购、工程建设、资金报账、检测评价实行全过程监控，可以建立完善的监督评价机制；组建农民专业合作组织，可以提高农民组织化程度，增强农民的参与意识、自我管理和自我发展意识；专门安排机构发展与支持、项目设计与管理经费，可以提高项目执行能力，保证项目顺利实施。这些做法，使农业综合开发的政策与亚洲银行的先进机制有机结合起来，既有利于发挥农业综合开发强调“综合”的政策优势，又有利于发挥亚洲银行注重“管理”的机制优势，可以进一步促进农业综合开发管理机制创新。

（四）实施农业综合开发利用亚行贷款建设现代农业项目有利于实现管理理念创新

亚行贷款项目有明确的宗旨和目标，体现了先进的管理理念，即先进的管理思想、方法和程序。新理念主要体现在项目的设计目标上，每类项目都有自己要达到的目标，每个项目都有各自要实现的目标。在管理思想上比较人性化，实行动态管理和动态监测，可以确实建立项目管理的新思路。同时，也特别关注农民自我管理能力的提高、关注可持续发展、关注机构能力建设等，突出项目总体设计理念。亚行贷款项目管理新的理念，在农业综合开发制度建设上，有很多可以借鉴，有利于实现农业综合开发项目管理理念的创新。

二、应切实抓好的几项工作

农业综合开发利用亚行贷款建设现代农业项目从提出到实施需要两到三年的时间，历经选定、准备、评估、谈判、执行五个阶段，从项目建议书、可行性研究报告到初步设计，各项准备工作需要投入大量的人力和时间。为了建设好农业综合开发利用亚行贷款建设现代农业项目，我再强调以下几点。

一是要切实加强领导。农业综合开发利用亚行贷款建设现代农业项目的前期工作是一项涉及多部门、多学科的综合性工作，需要当地党政领导、财政和各有关部门的通力合作和密切配合才能完成。各级党政领导要把它抓在手上、放在心上，切实加强领导，确保前期准备工作的完成。各级财政部门要把它作为财政支农工作的重要组成部分，采取有力措施，保证各项工作落到实处。农发部门要主动向党政领导汇报，争取领导对此项工作的理解和支持；主动与财政和有关部门沟通，要以高度的责任心和事业心，集思广益，群策群力，把项目的前期准备工作做好。

二是要加强队伍建设。事业兴衰，关键在人。农业综合开发利用亚行贷款建设现代农业项目建设的任务光荣而艰巨，我们要加强队伍建设，铸造一支优秀团队，才能承担起这一重任。这支队伍不但要人员的数量有保证，3～5人我想是很难承担这一任务的，而且要知识结构合理，有较高的业务水平。同时，要牢固树立全心全意为农民服务的思想，虚心听取项目区干部群众的意见和建议，坚持求真务实，树立正确的政绩观，实实在在地为农民办好事、办实事。

三是要做好规划设计。为了加快我省优势农产品基地建设，我们已经将农业综合开发利用亚行贷款建设现代农业项目规划为三大产业基地，即：中部优质蔬菜基地、南部优质小麦基地、以东南部为主的优质玉米基地。各县要围绕产业基地建设，深入项目区勘测和调查，切实掌握项目区的第一手资料，对项目的各项设计进行比较，找出既符合当地情况又能达到设计目标的设计方案，择优立项。杜绝“人情项目”和“领导项目”，更不能安排项目时找“平衡”。力求通过项目建设，能推进区域化布局、产业化开发，显著提高农业综合生产能力，提高农业效益，促进农民增收。

同志们，这次实施农业综合开发利用亚行贷款建设现代农业项目，我们一定要认真贯彻和执行有关的文件精神，扎实做好项目前期准备工作，稳步推进农业综合开发事业，为振兴山西农业、富裕山西农民，为建设新农村、发展现代农业、构建和谐社会做出新的、更大的贡献。

在2007年国家农业综合开发投资参股经营项目签字仪式上的讲话

山西省财政厅副厅长　王　亚

（2007年12月21日）

投资参股经营是在社会主义市场经济体制不断完善、公共财政管理体制逐步建立的背景和形势下，对农业综合开发投入机制的一项改革和创新。作为全国农业综合开发投资参股的试点省份，2005年以来，在财政部、国家农业综合开发办公室、省委、省政府的大力支持下，在省财政厅党组的高度重视下，在投资公司和各市的通力合作、密切配合下，经过两年多的努力，我省农业综合开发投资参股经营工作进展顺利，取得了较好的成效。下面，我就全省投资参股经营项目的情况讲几点意见。

一、山西省农业综合开发投资参股经营工作取得的成效

2005年和2006年，我省共在6家农业产业化龙头企业实施投资参股经营项目，累计投入财政参股资金10 050万元，其中：中央财政资金6 700万元，省级财政资金3 350万元。今年，我们又有4个龙头企业列入财政投资参股扶持项目计划，财政参股资金计划总投资6 750万元，其中：中央财政资金4 500万元，省级财政资金2 250万元，加上前两年的投资，中央财政和省财政共投入参股资金16 800万元，共扶持了10个龙头企业。无论从投资规模和投入力度上看，在财政扶持农业产业化项目上都是史无前例的。从这两年的情况来分析，通过投资参股项目的实施，增强了企业的竞争力，实现了国有资产的保值增值，促进了农村产业结构调整，培育了区域主导产业，带动了农业增效、农民增收，达到了多方“共赢”的目的。

（一）取得了较好的经济和社会效益。投资参股的对象是国家和省级重点农业产业化龙头企业，这些企业都是当地农村经济发展的“龙头”。由于中央和地方财政投资参股资金额比较大，投资参股经营的项目示范带动能力比较强，企业机制新，与农民利益联结紧密，对周边地区农民增收的带动作用已初步显现。我省参股的6个项目单位截至2006年底实现销售收入14.8亿元，实现净利润0.75亿元，为县域经济发展壮大营造了良好的财税环境，为做大经济财政蛋糕发挥了重要作用。同时，安排农民就业1.2万人，带动周边13.9万农户增收达3亿元，有效地促进了当地农民增收的步伐，解决了大量的农村剩余劳动力，取得了较好的经济和社会效益。

（二）形成了新的农业综合开发投入机制。两年来的实践证明，财政资金投资参股的投入方式，能有效引导和带动民营资本和其他资金对农业综合开发项目的投入，财政资金起到了“四两拨千斤”的作用。由于投资参股坚持“企业自愿、财政只参股不控股”的原则，从而充分调动了民营资本

投入的积极性，有效地扩大了项目投入规模。同时，财政资金投资参股之后，增加了企业的信誉度，金融、发改委、国资委等部门也积极参与项目选择和评估，并对一些经济效益好、发展前景广阔的项目进行投资。

（三）促进了农业产业结构的战略调整。一方面农业综合开发投资参股经营企业按照“龙头 + 基地 + 农户”的形式，整体推进了区域优势主导产业发展，提高了农业种植、养殖集约化程度，全面带动了当地农业产业化水平的不断提高。另一方面通过参股企业的带动，进一步优化了农产品品质结构，促进了农业规模化、标准化和专业化生产。目前，在参股企业的带动下，我省已经形成了以“粟海”为主体的养鸡产业，以“大寨”为主体的养猪产业，以“丰润”为主体的芦笋产业，以“屯玉”为主体的制种产业，以“纪元”为主体的玉米加工产业，以“威特”为主体的核桃基地种植产业。

（四）加快了现代农业企业建设步伐。投资参股经营项目的实施，扩大了企业的生产规模，提高了企业的市场竞争力，有效促进了参股企业管理创新、制度创新和技术创新，带动了资本、资源、技术和人才等各种要素向优势区域、优势产业和优势企业集中，加快了现代农业企业建设步伐。大寨农牧公司和山西威特公司通过2006年参股经营项目的实施，带动了公司产业规模的迅速扩展，新投产的项目使我省的养猪业和核桃种植获得长足发展，企业规模和市场份额逐步扩大，现代企业模式逐步建立。

我省农业综合开发投资参股经营工作虽然取得了一定的成效，积累了一些经验，但是我们也要清醒地看到，投资参股经营工作还存在着一些困难和问题，主要表现为：项目建设迟缓、资金未完全按计划使用、企业报表报送不够及时、项目回报率低，监管工作薄弱等问题，还没有真正形成科学化、规范化、程序化的管理机制，离现代企业管理机制还有一定的距离，为此，我们必须引起高度的重视，应逐步完善投资参股经营工作。

二、提高认识，逐步完善投资参股经营工作

农业综合开发财政资金投资参股经营，是适应市场经济发展要求，创新农业综合开发机制的重要举措；是适应公共财政体制要求，创新财政支农方式的重要探索；是推进农业产业化经营、增加农民收入的重要措施。我相信今天这四个项目的实施也一定会达到预期效益。下面，我就下一步投资参股经营工作提几点要求。

一要提高认识，把投资参股经营工作作为大事来抓。投资参股经营是公共财政支持农业、扶持弱质产业在理念和方式上的新的突破，是用现代工业装备农业、用现代科技改造农业、用现代管理服务农业、用现代企业制度经营农业新的尝试，也是支持新农村建设不可或缺的重要措施。为此，我们要抓住国家实施财政投资参股经营的政策机遇，积极开展投资参股经营工作，把做好投资参股经营工作作为财政工作的一件大事来抓。我们此次签字仪式为什么叫院长、县长和农发办主任来，就是这个目的，希望你们利用好各自的优势，用足用好国家政策，积极搭建项目平台，做大做强我省产业化龙头企业，提升农业产业化经营水平，拓宽农业增效和农业增收渠道。

二要加强监管，促进投资参股经营项目规范运作。为了加强对试点企业的监管，一是投资公司要根据每个企业的实际情况选派董事、监事，特别要委派懂管理、技术或法律知识的专家作为独立董事参与企业的经营决策，这样既有利于企业科学决策，也有利于维护国有股权的利益。同时，为了严格监督项目资金使用，避免国有股权收益的损失，投资公司是否可以考虑对参股企业委派财务人员，帮助企业规范财务管理，进一步加强对参股资金的监管。二是我们要建立重大事项报告制度和定期实地考察制度，投资参股企业要对重大投资计划、经营决策等对企业有较大影响的重大事项及时向投资公司和省农发办报告，并对重大事项的界定、报告的方式和时间要求进行详细的说明，每季度要向投资公司和省农发办报送财务报表和财务分析报告，每年要将中介机构出具的《年度财务审计报告》报投资公司和省农发办备案，使投资公司和省农发办能及时掌握企业生产经营动态和财务状况。同时，投资公司要多去参股企业进行实地调研，帮助企业解决实际困难，及时了解企业的第一手资料。我想这些措施对于参股项目监管，促进投资参股经营项目规范运作一定会起到积极的作用。

三要规避风险，确保投资参股国有资产保值增值。投资参股经营项目要求财政部门授权资产运营机构履行国家出资人职责并进行监管和资本运作，资产运营机构作为国有出资人和投资参股企业之间的桥梁和纽带，对做好投资参股经营工作起着重要的作用。因此，投资公司要全过程参与资产的评估和认定，以便从专业的角度更详细地了解企业发展前景、投资风险、产权和企业法人治理结构等情况，更准确地与企业进行出资范围、股权设置等方面的谈判，更有目的地加强监管工作，规避财政资金的投资风险。同时，投资参股企业要严格按照法定程序办理增资扩股有关手续，严格按照国家农业综合开发项目和资金管理的有关规定使用资金，严格按照批复的计划组织实施项目，用好农业综合开发资金，保证农业综合开发工程发挥预期效益，确保投资参股国有资产保值增值。

四要健全机制，推进投资参股企业健康发展。为了建立职责明确的国有资产管理、监督和运营体系，规范投资参股项目运作，根据我省的实际，我们已经出台了《山西省农业综合开发投资参股经营试点管理暂行办法》制度和办法，对财政部门、国有资产运营机构和参股企业的主要职责和权限做出了明确规定。下一步，我们主要规范参股企业的运作机制，投资公司要根据《公司法》、《山西省农业综合开发投资参股经营试点管理暂行办法》与参股企业一起制订、修订和完善《公司章程》、《股东大会议事规则》、《股东会议事规则》、《财务管理基本规则》等规则，帮助投资参股企业建立现代企业制度，有效激发企业生产经营的活力，规范投资参股企业管理，推进投资参股企业健康发展。

同志们，今年是“十一五”规划实施的关键之年。让我们携起手来，与时俱进，开拓创新，为进一步推进我省农业综合开发投资参股经营工作再立新功、再创辉煌！为我省农业综合开发工作又好又快发展再做贡献！为建设我省富裕、文明、和谐的社会主义新农村而努力奋斗！

发挥财政监督在建设和谐山西中的作用 进一步深化全省财政监督业务机制建设和干部队伍建设

——在全省财政监督工作会议上的讲话

山西省财政厅纪检组组长　岳盛林

(2007 年 4 月 26 日)

今天的会议，是贯彻落实全国财政监督工作会议和全省财政工作会议精神的一次重要会议，也是当前及今后一段时期全省财政监督工作的一次动员会和部署会。对于加强财政监督与财政管理业务的紧密融合，实现财政监督制度化、规范化，以及促进财政监督工作全面、稳定、协调发展将起到重要的推动作用。过去的三年，我省财政监督工作得到了长足发展，取得了实实在在的成效。在监督理念上，我们实现了从检查型监督向管理型监督的转变；在监督内容上，我们实现了从侧重企业财务事项到参与财政资金运行全过程监督的转变；在监督机制上，我们实现了从侧重事后检查、外部检查向事前事中事后监督相结合、内外监督相结合的转变；在监督方式上，我们实现了从单一运用专项检查向专项检查与日常监管相结合的转变；在监督成效上，我们实现了从侧重处理违规违纪到处理处罚与促进财政管理相结合的转变；在监督基础管理工作上，我们实现了从管理较为粗放向高标准严要求转变；在干部队伍建设上，我们经历了从机构建设不断加强向全面提高干部队伍综合素质转变。这些成绩的取得，得益于各级政府和财政部门领导的高度重视和大力支持，得益于全体财政监督干部的齐心协力、顽强拼搏和锐意进取。下面，我结合全国财政监督工作会议和全省财政工作会议精神讲几点意见，供大家参考。

一、把握大局，与时俱进，充分发挥财政监督在建设和谐山西中的作用

财政监督是财政管理的有机组成部分，贯穿于财政运行的各个环节，具有事前审核、事中跟踪监控和事后检查稽核相结合的特征，同时也是实现财政资源配置、收入分配和经济稳定职能的重要保障。省委九届一次全会通过的《关于贯彻落实党的十六届六中全会精神，加快建设和谐山西的意见》，对建设和谐山西做出了全面部署，财政作为政府全面履行职能和加强宏观调控的物质基础、政策手段和体制保障，肩负着改革和完善公共财政制度的历史重任。各级财政部门在改革和完善公共财政制度的过程中，必须站在全局的高度，统一思想，提高认识，深刻领会和正确把握财政监督在建设和谐山西中发挥作用的必要性和重要性，切实发挥财政监督的预警、监控、评价、纠偏、惩处和反馈功能，服务、保障和促进和谐山西建设。

（一）充分发挥财政监督在建设和谐山西中的作用是加快建设服务型政府、提高政

府执行能力的时代要求。提高公共服务水平、有效利用提供公共服务来调节社会利益关系、促进社会公平正义，是衡量现代政府行政能力和管理水平的一个重要标志。从省委九次党代会提出的建设和谐山西的要求看，实现政府转型，加快建设服务型政府，必须始终把最广大人民的根本利益作为工作的出发点和落脚点，特别是要大力发展社会事业和公共事业，努力为人民群众提供更多更好的公共产品和公共服务，不断加强社会管理和建设，切实维护社会公正、社会秩序和社会稳定。公共财政作为政府提高公共服务水平和有效提供公共服务的基础，各级财政部门和监督机构必须主动关注全省经济社会发展和财政工作的重点、难点和热点问题，切实加强财税政策执行情况和税收征管质量的检查调研，以及非税收入的征收监缴，逐步实现对财政收入事前、事中、事后的全过程动态监管，促进建立稳定持续快速增长的财政收入保障机制，做大经济实力和财政蛋糕，增强政府宏观调控能力，为政府有效履行社会管理和公共服务职能提供坚实的物质基础。一是加大对财税政策落实执行情况的监督检查，重点关注省九次党代会提出的沿着“三个路径”推进产业结构调整、支持科技创新、节能降耗和发展循环经济等促进经济增长方式转变的财税扶持政策的实施情况，及时反映政策执行中存在的问题，为完善财税政策提供第一手资料，促进经济健康发展。二是健全和完善税收收入的日常监管机制，建立健全对重点地区、重点行业、重点企业的税源监控制度，加强对税收征管和政策执行的苗头性、倾向性问题的监督，通过资料收集、报表分析、收入报告、情况反映、纠正偏差、推动整改等各个环节实现对税收收入的全程动态监管。三是结合非税收入收缴制度改革和行政事业单位国有资产清查工作，研究建立财政部门、征收部门、国库、代收银行之间非税收入收缴监管信息网络平台，切实加大对非税收入收缴的监督检查力度。

（二）充分发挥财政监督在建设和谐山西中的作用是促进健全公共财政制度，推进基本公共服务均等化的客观需要。基本公共服务均等化是建设和谐山西的基本理念，是落实以人为本的科学发展观的具体体现，对缩小区域和城乡发展差距、促进社会公平公正、维护社会和谐安定、确保人民共享发展成果都具有重大的政治和经济意义。各级财政部门和监督机构在推进公共服务均等化、建设和谐山西的进程中，必须主动围绕财政在促进建设和谐山西中的主要任务开展监督检查，切实保障关系社会公平正义、促进基本公共服务均等化财政政策的顺利实施；要特别关注农村和城市弱势群体，让更广大的人民群众共享改革发展成果、同沐公共财政阳光，确保全省人民在政治、经济、文化、社会等方面的权利和利益。一是服务调整优化财政支出结构，确保投向公共服务领域的资金充分发挥作用。随着财政在“三农”、教育、卫生、文化、就业再就业服务、社会保障、生态环境、公共基础设施、社会治安等公共服务领域投入的加大，进一步提高财政支出监督层次和监督成效，加大事前审核和事中监控的力度，逐步建立稳定长效的事前审核、事中监控与事后检查相结合的财政支出监管机制显得尤为重要。同时，在加强财政资金规范性、安全性监督的基础上，突出有效性的监督。二是服务完善财政转移支付制度和“两区”开发建设财政政策，加强对转移支付资金的监督检查。通过对重点专项财政资金使用情况进行监督检查和调查分析，对财政资金分配使用总体情况实施动态监控，保证财政公共产品和公共服务切实到位。三是服务完善省以下财政体制调整，促进健全财力与事权相匹配的财税体制。要在核实基础数据、调查反馈情况方面多下工夫，为科学界定各级政府的财政支出责任，规范财政转移支付，提供决策依据，促进各级政府财力与事权相匹配，提高基层政府公共产品供给能力，推进基本公共服务均等化。

（三）充分发挥财政监督在建设和谐山西中的作用是加强收入分配调节，建立合理有序的收入分配格局的重要保障。调节收入分配，缩小社会贫富差距，提高低收入者收入水平，扩大中等收入阶层比重，努力形成合理公平的收入分配格局，是维护社会公平、促进社会和谐的重要内容。财政在建设和谐山西中承担着调节社会分配和统筹社会财力的重要任务，各级财政部门和监督机构在推进建立合理有序的收入分配格局中，需要认真履行政府监管职责，实施强有力的监督措施，坚决取缔和打击扰乱收入分配秩序的不法行为，保障共同富裕改革目标落实到位。一是强化对会计信息质量的行政监督，构建法制规范、职责明晰、运转协调、监督高效的会计监督长效机制，不断提高会计监督层次和效果。要紧紧围绕国家宏观调控的目标和任务，选择与人民群众切身利益密切相关的重点企业或行业、行政事业单位进行监督检查，着力整顿和规范会计市场秩序，综合治理会计信息失真问题，保护国家利益、公众利益以及广大投资者和债权人利益，为政府加强收入分配和实施宏观调控提供真实的基础信息。二是结合国有资本经营预算制度改革，加大对国有资本经营收益纳入预算管理的监管力度，逐步调整和理顺国家与企业的分配关系。三是参与整顿和规范收入分配秩序。积极配合有关部门，加强对公务员工资改革和规范津贴补贴政策执行情况的监督检查，确保全省收入分配制度改革落实到位，促进全省建立合理有序的收入分配格局。

（四）充分发挥财政监督在建设和谐山西中的作用是深化财政改革，提高财政运行效率的必然选择。预算管理水平和财政资金运行效率的高低，直接决定政府提供公共产品和公共服务的结构、规模和能力，是财政促进和谐山西建设的重要因素。近几年，我省各项财政改革的成效正在逐步显现，部门预算、国库集中收付、政府采购、收支两条线和政府收支分类等一系列财政改革措施的实施，有效地提高了公共财政预算管理水平和财政资金的运行效率。但是，我们也必须看到，随着各项财政改革的不断深入，改革遇到的新情况新问题越来越多，改革的难度也会越来越大。如果不能及时处理各种矛盾和纠正各种违规违纪问题，各项财政改革措施在实施过程中就有可能走样、变形，以至影响财政提供公共产品和公共服务的能力。从这个意义上讲，财政改革越深入，财政监督的保障作用越重要。各级财政部门和监督机构必须主动服务和促进财政改革，进一步加大对财政改革政策落实情况的监督力度，及时反馈监管信息，并提供有价值的信息和决策建议，确保公共财政改革能够有序进行，取得实效。一是加强财政部门内部监督，完善财政内部监督制约机制。要加强对财政部门内部各业务机构履行职责和执法质量的监督，规范财政自身依法理财和执法行为，促进财政改革政策的贯彻落实。要严格内部监督信息反馈制度，促使财政部门各业务机构及时整改存在的问题，并主动关注财政改革和执法程序是否健全、合规、有序、安全，逐步加强财政改革政策执行效果的监督和分析评价，从源头上提高公共财政预算管理水平和财政资金的运行效率。二是重视加强部门预算监督。要逐步建立财政监督机构与其他业务部门之间资金分配管理基础数据的共享机制，以及建立预算监督成果利用情况的信息沟通反馈机制，通过上下互动，协调配合，逐步建立起完整的部门预算监管体系。三是围绕国库管理制度改革，推进国库集中支付资金审核。要以银行账户管理为平台，逐步实现通过网络技术对基层预算单位资金安全、合规、有效性的动态监管。要进一步扩大国库支付资金的审核范围，加强对授权支付资金的监督检查，逐步将全部财政专项支出纳入审核范围。四是结合政府采购、收支两条线等财政改革政策的落实，探索开展行政事业单位资产财务的日常监管。要建立健全行政事业单位资产财务日常监管和专项检查的有关制度和工作程序，促进行政和事业单位严格执行财政改革政策，确保政令畅通，确保各项财政改革政策落到实处。

二、着眼发展，科学谋划，进一步深化稳定长效的财政监督业务机制建设

当前及今后一段时期，我省财政监督工作既面临重大的发展机遇，又面临严重的挑战。从机遇看，一是随着我省公共财政建设的进程，财政监督职能将得到进一步强化；二是各级财政部门对财政监督工作更加重视和支持，这为我们有效开展工作提供了有力的政治和组织保证；三是多年的实践探索，全省财政监督在理念、内容、机制、方式、成效、基础管理、队伍建设等方面出现了可喜的转变，同时也积累了丰富的经验，为财政监督发展奠定了扎实的基础。从挑战看，一是前面我所讲的建设和谐山西，对财政监督工作提出了不少新的课题和更高的要求；二是我省公共财政改革还需要进一步完善，财政监督服务财政改革、促进财政管理的任务十分艰巨；三是全省财政监督业务机制建设刚刚起步，监督工作还需要进一步规范，监督能力还需要不断提高。面对新形势、新任务、新要求，我们在许多方面还存在不适应的地方。为此，各级财政部门和监督机构要有强烈的责任感和使命感，要重视提高工作效率和工作的敏锐性、主动性，以深化稳定长效的财政监督业务机制建设为契机，下大力气使财政监督成为财政管理必不可少的一个重要环节，努力实现财政监督与财政管理的紧密结合和融合，最大限度地发挥财政监督在促进财政管理健康发展和促进和谐山西建设中的积极作用。

（一）统一思想，提高认识。2005年底，我厅在全省财政监督检查工作第十一个五年规划中，提出建立健全财政监督长效工作机制的目标任务后，在厅党组的关心和支持下，厅监督检查局和各财监处初步建立了省级财政项目资金全过程的支出监管机制，其经验和做法得到了财政部的多次肯定。但就市县工作层面而言，不少地方对财政监督工作缺乏长远考虑，思路打不开，工作方式陈旧单一，基本上还是事后的专项检查；有的地方工作内容比较散乱，基本上处于“零打碎敲”的状态；有的地方财政监督与财政管理脱节，事前审核、事中监控力度不够，与财政部门内部业务机构的关系没有理顺，财政监督整体成效不理想；部分地方财政监督工作方式方法或多或少还带有“大检查”的痕迹，侧重于运动式检查，或者重检查轻整改提高，等等。上述问题的存在，说明有些地方对财政监督业务机制建设的认识还不到位，重视程度还不够，采取的措施还不得力。各级财政部门和监督机构尤其是主要领导，一定要从财政监督长远发展的角度转变思想观念，明确监督重点，健全监督制度，理顺监督程序，充分认识财政监督业务机制建设的重大意义，围绕财政监督业务机制建设的总体要求，采取有效措施，认真规划，逐步推进。首先，在监督理念上，要在财政运行过程中，把财政监督作为财政管理的必要环节和有机组成部分，纳入制度安排和程序设计，加大事前、事中监督力度，真正形成财政监督与财政管理的紧密融合，逐步实现对财政资金运行全过程的动态监控。其次，在监督要求上，要把握财政监督业务机制建设的稳定性、同步性、互动性、规范性。稳定性就是财政监督要着眼于完善健全预算编制、执行、监督三位一体的财政运行机制，强调将专职机构监督纳入财政运行的制度性设计，强化对预算编制和执行情况的监督，充分发挥财政监督专职机构和其他业务机构在加强财政监督方面的共同作用；同步性就是财政监督要贯穿于财政运行的整个过程，在工作中要重视强化财政运行的日常动态监控；互动性就是财政监督业务机制体现为财政监督与财政管理的紧密融合与良性互动，监督成果能够得到充分利用和体现；规范性就是财政监督要依法行政，权责明确，程序规范。第三，在监督内容上，要紧密围绕收入监督、支出监督、会计监督、内部监督四条主线展开。收入监督的重点是围绕做大财政收入“蛋糕”，加强税收征管质量和非税收入征缴质量的日常监督，积极开展财税政策执行情况的监督检查，保障财政收入真实、完整；支出监督的重点是加大事前审核和事中监控的力度，尽可能与部门预算编制、国库集中支付、政府采购等同步监督，积极开展财政资金有效性监督，把有效性监督贯穿于财政支出的日常监管和专项检查之中，确保财政支出资金的安全、规范和有效；会计监督的重点是强化会计信息质量的行政监管，通过查处重大违规违纪案件，不断提高监管水平，严厉打击会计造假和扰乱会计市场秩序的行为，树立政府监管权威；内部监督的重点是财政部门内部业务机构的履行职责和执法质量，包括是否按照既定的法规政策开展工作，以及工作程序是否规范有效。内部监督是推进财政监督业务机制建设的重要切入点，要逐步提高内部监督的层次和地位，由检查监督型向检查控制型转变，从一般监督向绩效监督转变；要关注被查单位内部管理状况，强化对财政资金分配使用有效性的评价，进一步落实纠正措施和整改责任制，提高检查处理的透明度和影响力，逐步建立稳定长效的内部监督制约机制。

（二）因地制宜，注重实效。财政监督业务机制建设的实质是根据财政管理和改革发展的需要，适时对财政监督制度建设、监督工作程序及监督的内容和方式方法进行必要调整和规范。其具体做法，要坚持在继承的前提下创新，在发展的基础上突破。“十一五”期间，我省深化财政监督业务机制建设的总体设想是：按照科学发展观和建设和谐山西的要求，紧紧围绕财政中心工作，切实加强财政收入、支出、会计和内部监督，逐步建立起与预算编制、执行、监督紧密衔接、相互制衡的财政监督管理运行体系，实现对财政资金运行全过程的科学、有效的动态监控，全面提升财政监督能力，提高财政运行效率。同时，适应绩效管理的新趋势，探索开展财政资金的绩效监督，既注重提高财政管理的规范性和安全性，又注重提高财政管理的有效性。各地财政管理水平和财政改革进程不同，财政监督机构设置、人员配备不同，财政监督工作基础和开展工作的方式方法不同。因此，各级财政部门和监督机构深化财政监督业务机制建设，一定要立足于当地实际，注意突出自身特色，根据自身的优势和长处，选准切入点，不搞一刀切。如有的可以从加强内部监督入手，在部门预算编报的事前审核上多下工夫，不断提高财政资金分配的科学性、预算执行的严肃性；有的可以从对重点项目资金的专项检查入手，重视提高财政资金的安全性和合规性，积极探索有效性监督的方式方法，不断提高财政资金的使用效益；有的可以从开展财政收入监管入手，强化税收征管质量监督，达到增收节支、规范监管、聚集财力的目的；有的可以从国库集中支付资金审核、加强收支两条线监管等具体事项入手，逐步加大财政资金事前审核和事中监控的力度。不管从哪个角度入手来构建财政监督业务机制，其最终目的是要实现财政监督切实融入财政管理，实现财政监督的制度化和规范化。同时，我们也要清醒地看到，财政监督业务机制建设是一项探索性很强的工作，深化财政监督业务机制建设需要全省广大财政监督干部充分发挥积极性、主动性和创造性。目前财政监督正面临着重大变革，工作的内容和重点肯定会随着财政管理改革不断创新和完善。因此，以什么样的态度对待财政监督工作，不仅关系到各地财政监督的健康发展，还将决定各地财政管理水平的高低。在深化财政监督业务机制建设过程中，各级财政部门和监督机构要始终保持创新的姿态，不断创新监督手段，创新方式方法和成果利用，注重监督实效。要尽快改变过去的以事后检查为主的做法，使监督方式从集中性、临时性的事后检查向事前审核、事中监控与事后专项检查相结合转变，逐步强化事前审核和事中监控力度。各地要在加强专项检查的基础上，有针对性地探索加强日常监管的突破口或切入点，并注意协调监督选点、监督成本与监督成效之间的关系。要在加强内外沟通与协调的基础上，切实提高监督成效和监督成果利用水平，通过沟通协商、信息共享、协同执法、跟踪回访、对外公告、案件移送、责任追究等多种有效形式，充分发挥财政监督在严格预算管理、加强增收节支、保障政策执行、维护财经秩序、提供决策参考和促进财政管理等方面的重要作用，促进财政管理职能的真正落实。要坚持跟踪回访，对通过检查下发的处理决定和整改建议落实执行情况要坚持进行跟踪回访监督。跟踪回访制度是确保检查处理决定有效落实、消除被查单位侥幸心理、巩固监督成效的重要手段，必须予以坚持和加强。

（三）整体推进，均衡发展。深化财政监督业务机制建设需要全省各地财政监督工作整体推进，均衡发展，但目前全省各地财政监督发展不平衡问题还比较突出。主要表现为：各级领导认识、重视和支持财政监督的程度不平衡；专职监督机构开展工作的主动性和创造性不平衡；专职监督机构设置和干部队伍素质不平衡；各地财政监督基础建设不平衡，等等。为此，各级财政部门及监督机构要继续按照我省财政“十一五”规划提出的财政监督业务机制建设总体框架和基本要求，结合当地实际，推进财政监督工作的均衡发展。首先，我厅要加大对市县财政监督工作的指导力度。厅监督检查局要从全局的角度统筹规划全省财政监督工作，注意把握方向，因势利导。对一些地方的典型经验和好的做法，要及时总结和宣传推广，使之成为全省的普遍做法；对各地一些普遍性的业务需求，可通过举办培训、组织交流、专题研讨等方式予以解决；对工作相对薄弱的地方，要采取推动措施，搭建交流平台，推进全省财政监督工作的均衡发展。要按照《预算法》、《会计法》的有关规定，适时强化对下级财政运行质量、预算执行情况的监督检查，可以在一定范围内上下联动联合开展财政资金专项检查，促进财政监督的协调发展和整体水平的提高，形成省与市县的良性互动和协调发展的态势，使市县一级财政监督与省级财政监督形成合力，以保证和提高财政监督的整体效能。其次，各市财政监督专职机构应根据我厅的总体工作要求，结合本地情况，有针对性地提出具体的、可操作的指导实施意见，明确细化县级财政监督专职机构的职责、任务和工作重点，充分发挥引导和示范作用，强化和推动基层监督工作向纵深开展。各市财政监督专职机构在全省整个财政监督体制中处于承上启下、沟通左右的重要地位。在深化财政监督业务机制建设过程中，各市财政监督专职机构应当在理顺工作思路、指导机构设置、规范机构行为、强化队伍管理、提高队伍素质等方面发挥主导作用。第三，要调动县级财政监督专职机构的积极性和创造性，充分发挥它们在推进财政监督业务机制建设中的主动作用。

只有上下形成一盘棋和一条线的整体合力，才能发挥规模效应，扩大财政监督的影响，促进财政监督整体水平的提高。

（四）信息共享，实时监控。各级财政部门和监督机构深化财政监督业务机制建设，还要充分利用信息网络技术，强化实时监控，提高财政监督信息化建设水平。全省财政部门"金财工程"建设，不是单纯的技术问题，更主要体现为管理问题，是对传统财政管理模式的重大改革和创新，是深化财政改革的重要内容。对财政监督工作而言，"金财工程"建设对深化财政监督业务机制建设有着重要的推进作用，是解决财政监督信息不对称问题、提升财政监督整体形象、提高财政监督工作效率的重要手段和难得机遇，对于建立健全财政资金运行全过程的监督机制，对于财政监督方式方法的变革和创新，对于提高财政监督绩效和缓解人少事多的矛盾，都会产生巨大的作用，是促进财政监督融入财政管理的良好契机。从这次全国财政监督工作会议一些省市提交的财政监督工作经验交流材料来看，广州市财政局建立了财政专网的监督浏览接口，搭建了专职监督机构与其他业务处室之间的业务信息共享平台，实现了对部门预决算、国库支付、政府采购等信息系统的动态核查，极大地强化了专职监督机构的监督手段，提升了资金运行全过程动态监控能力。我省各级财政部门领导和专职监督机构一定要充分重视，切实将财政监督纳入各地的信息化建设规划，紧密结合"金财工程"建设进程，上下协同，横向联动，协调配合，逐步实现监督部门与其他业务部门的信息共享，首先在财政部门内部专职监督机构与各业务处（科、股）室联网，同时鼓励有条件的地方积极与当地税务、银行、国库等部门联网，确保财政监督信息化建设真正融入"金财工程"建设，切实提升财政监督信息化水平，加快财政监督信息化建设步伐。

三、改进作风，提高素质，全面加强财政监督干部队伍建设

干部队伍建设是决定财政监督事业发展的基础和关键，同时也是提高财政监督效率的根本途径。前不久，厅党组书记、厅长郑建国同志在我厅派出机构全体干部大会上，代表厅党组对财政监察机构新提拔干部提出"四个务必"、对全省财政监督干部提出"四个牢记"的希望和要求。"四个务必"，就是务必在加强学习上下工夫、在增进团结上作表率、在作风锻炼上重务实、在工作方法上讲艺术。"四个牢记"，就是牢记党章、政治过硬，牢记使命、爱岗敬业，牢记宗旨、心系群众，牢记本色、勤政廉洁。我个人学习体会，郑厅长的重要指示精神，既体现了厅党组对财政监督干部队伍建设的重视和关心，同时也表明厅党组对今后的财政监督工作寄予厚望。希望大家不要辜负厅领导的关心和厚望，以更高的工作热情，更扎实的工作作风，与时俱进，开拓创新，不断推动我省财政监督工作取得更大的工作成绩。这里，我结合贯彻落实郑厅长对财政监督干部队伍建设的重要指示精神，再讲一些具体意见。

（一）加强和谐监督环境建设，不断提升干部队伍的亲和力、创造力和凝聚力。和谐监督环境建设，就是要在财政监督专职机构内部营造融洽的人际关系，建设舒心的工作环境，形成奋发向上的和谐文化，着力提升财政监督干部的亲和力、创造力和凝聚力。首先，各级财政部门和监督机构要努力营造团结融洽的人际关系。一个和谐的财政监督机构，必须要有团结友爱、以诚相待、与人为善的人际关系，要有融洽和谐的良好氛围。一是领导班子要发挥表率作用。要坚持民主集中制，搞好班子团结，坚持重大事项集体决策，鼓励全体干部建言献策，参与管理决策，充分调动全体干部的积极性，形成领导与普通干部间的良性互动。二是每个财政监督干部都要努力提高自己的道德修养和科学文化素质，认真钻研业务知识技能，倡导和谐理念，形成和谐思维，培育和谐精神，培养健康的心态和良好的人格。同事之间相互尊重，工作上相互配合，形成一个团结战斗的集体。三是领导干部要给同志们足够的人文关怀。各级领导要在政策允许的前提下，从帮助干部解决实际困难入手，尽量使每个同志感受到组织的温暖。其次，各级财政部门和监督机构要精心建设优美舒心的工作环境。财政监督机构的建设和发展离不开每一位干部的努力工作，财政监督机构的领导要为干部职工的健康成长和施展才华创造良好的工作环境，使每一位干部都能各尽其职，各显其能。一是各级财政部门的领导，尤其是主要领导要在工作和生活上多关心财政监督干部，监督工作是得罪人的，工作难度比较大，监督干部出差较多，工作很辛苦，有风险，要在办公条件、工作经费方面给予适当支持和必要的保障，尽最大努力为干部职工提供一个规范、整洁、优美的工作、学习和生活环境；二是各级财政监督机构领导要善于做深入细致的思想政治工作，带头树立大局意识、责任意识，认真开展谈心活动，把准干部群众的思想脉搏，了解干部职工的实际问题，把思想政治工作与帮助干部群众解决实际困难结合起来，既讲道理，又办实事，既以理服人，又以情感人，把各类矛盾化解在萌芽状态；三是要重视处理好与上级单位、本单位业务机构和被监管单位的关系，加强沟通与协调，取得各方的支持与配合，为财政监督工作的顺利开展创造一个良好的外部环境。第三，各级财政部门和监督机构要引导和构建奋发向上的和谐文化。一个组织的文化底蕴对它的战斗力具有很大的影响。没有文化上的和谐，没有先进文化的积极引领，构建和谐财政监督机构就没有思想基础。只有积极推进奋发向上的和谐文化建设，才能不断激发广大财政监督干部的内在活力。奋发向上的财政监督机构和谐文化建设，其主要内容就是培养同志们为财政监督事业不懈奋斗的坚强信念，与时俱进的创新精神，无私奉献的敬业精神，强烈的财政监督事业心和责任感。要通过建设奋发向上的和谐文化，切实增强财政监督机构的凝聚力、向心力和亲和力。

（二）加强学习型组织建设，不断提高干部队伍立党为公、执政为民的政治觉悟和工作本领。当前，建设学习型社会已成为一种时代要求，全面学习、终身学习已经成为适应时代要求的必然选择。广大财政监督干部特别是领导干部肩负推动财政改革与发展的重任，加强学习不仅仅是自己生存和发展的需要，更重要的是一种历史责任和社会责任。大家一定要切实增强主动学习、虚心学习和终身学习的意识，静下心来，俯下身去，把学习看做是工作、生活的一部分，把学习当做自己必须承担的职责和使命，把学习作为推动自我发展、做好本职工作的不竭动力，在繁忙的工作之余，始终做到坚持学习、勤于学习，自觉在持之以恒的学习中提升能力、完善自我，实现自我价值的提升。对在座的财政监督机构领导干部而言，不仅要增强带头学习的意识，自觉遵守学习制度，认真组织学习活动，积极引导和带动全体干部共同营造重视学习、热爱学习的良好氛围，在学习中与同志们互帮互助、共同促进，推动学习型组织的建设，同时更要引导和带动干部学以致用、用有所成，把学习的体会和成果最终转化为提高干部队伍立党为公、执政为民的政治觉悟和工作本领。具体讲，一是要注重加强世界观改造。财政源自民生，为民理财是财政工作的宗旨和原则。作为一名财政监督干部，必须在学习的过程中自觉地用历史唯物主义和辩证唯物主义的立场、观点、方法，不断改造自身的世界观、人生观、价值观，要清醒地认识到自身的权力是人民赋予的，自身的工作是服务广大人民群众的；要始终坚持“以民为根本、敬民如父母”的工作理念，始终将群众高兴不高兴、赞成不赞成、满意不满意作为衡量财政监督工作正确与否的重要标准，始终将与人民群众切身利益和根本利益的密切程度作为安排工作轻重缓急的重要依据，时刻把群众的冷暖安危挂在心上，想群众之所想，急群众之所急，努力为群众多办好事、实事，用我们的一言一行树立和维护财政部门文明行政、亲民为民的良好社会形象。二是要注重理论联系实际。理论联系实际，是我们党一贯倡导的马克思主义学风。胡锦涛同志曾经指出：“领导干部加强学习，一定要紧密联系党和国家事业的发展要求来进行，一定要紧密联系认识和解决改革和发展中出现的新问题来进行，一定要紧密联系自身世界观和人生观的改造来进行，一定要紧密联系更好地为最广大人民谋利益来进行。这样才能学得生动、学得深入、学得有效”。财政监督干部一定要按照这一要求，以坚韧不拔、奋发有为的精神状态努力学习，善于学习，着眼长远，认真思考我省财政改革与发展过程中遇到的各种问题，带着疑问在自己平日的知识储备中去寻求答案，切实把学习的成果体现到谋化财政工作的思路、提升理财水平的措施和创新理财方式的本领。

（三）加强工作作风建设，不断创优政务环境，夯实工作基础，提高工作效率。工作作风是一个组织或一个人思想境界、精神风貌、综合素质的集中反映，是内在素质的外在表现。做好财政监督工作，必须要树立和发扬好的工作作风。省委、省政府将今年确定为“作风建设年、狠抓落实年”，近日省委又作出了《关于加强作风建设狠抓工作落实的决定》，针对性地提出了涵盖作风建设方方面面的十五项要求。厅党组对加强财政部门的作风建设十分重视，按照省委的要求，也制订出台了一系列加强作风建设的措施。各级财政部门和监督机构一定要全面贯彻落实省委、省政府关于加强作风建设的一系列决策部署，以及我厅关于进一步加强政风行风建设和行政效能建设的有关措施要求，切实增强转变工作作风、狠抓工作落实的责任感和紧迫感，努力在改进作风、落实工作、提高效能、依法行政等方面查找不足、寻找差距，不断创优政务环境，夯实工作基础，提高工作效率，努力将财政监督机构建设成为作风过硬、高效优质、清正廉洁和人民满意的政府机构。一是要倡导谦虚谨慎、文明监督的作风。财政监督机构是财政部门与社会各界联系较多的一个单位，在座的各位特别是财政监督机构领导干部，在平时工作中表现出来的工作作风直接关系着财政部门的整体形象，要学会妥善处理与被检查单位的关系，既要敢于坚持原则，又要平等待人、以礼待人，始终做到对人民群众没有官气，对手下同志没有霸气，对被检查单位同志没有傲气，无论职务多高、权力多大，永葆公仆本色。二是要培养求真务实、严谨细致的作风。财政监督必须靠事实说话、以理服人，来不得半点虚假和粗心。过去我们有的检查组在检查工作中不同程度地存在问题不明、事实不清、证据不实、定性不准、处罚不当的问题，从现在起，必须树立求真务实、严谨细致的工作作风，做到所有查证的问题事实清楚、证据确凿、定性准确、手续完备，经得起历史的检验。今后，对有行政不作为或行政执法过错的财政监督机构及责任人员，我们决不姑息迁就，坚决严肃追究。三是要树立调查研究、解决问题的作风。加强调研工作是扩大监督检查成效、提高监督检查效率和层次的重要手段和途径，今后的财政监督干部不仅要懂财务、会查账，还必须具备丰富的经济理论和财政管理知识，要能对查处的问题进行综合分析，敏锐地预测财政管理和经济运行中存在的隐患问题，并提出改进措施和建议。各级财政监督机构要大兴调查研究、解决问题之风，坚持运用全方位工作法将检查与调查紧密结合，寓调查于检查之中，对检查中发现有价值的调研课题，要进一步采取检查的方式深入开展调查研究，并充分利用查证材料分析调查中暴露出来的财政管理方面的问题，提出改进财政管理的对策性意见和建议，使我们的检查成果不单纯体现为收缴了多少财政收入，纠正了多少违纪问题，而是体现为发现了财政管理的薄弱环节，促进了财政管理的加强。

（四）加强党风廉政建设，不断增强干部队伍对组织负责、对事业尽责、对自身严格和对人民奉献的责任感和紧迫感。党风廉政建设是加强党的自身建设、提高党的执政能力、保持党的先进性的一项重要工作，也是科学发展观和社会主义和谐社会思想取得实效的重要保障。郑厅长在今年全省财政系统党风廉政建设干部大会上提出，要努力培养一支对组织负责、对事业尽责、对自身严格、对人民奉献的财政干部队伍，各级财政部门和监督机构一定要从严明财政纪律、规范干部行为，确保财政事业沿着正确的方向又好又快发展的高度，深刻领会和正确把握做好新形势下党风廉政建设的责任感和紧迫感，切实将加强党风廉政建设与培养廉洁勤政的财政监督干部队伍紧密结合，不断提高广大财政监督干部拒腐保廉的能力。一是要强化廉政意识和自律意识。财政监督干部担负着加强财政管理、整顿和规范财经秩序等行政职责，掌握着一定的公共权力，在市场经济发展日益快速、各种利益诱惑日益加剧的情况下，常常成为一些不法人员的公关对象。为此，大家一定要切实增强勤政廉洁、公正严明的思想意识，按照胡锦涛总书记提出的八个方面的良好风气为标尺去衡量自己的一言一行、一举一动，真正做到拒染不正之风，拒收不义之财，拒行不法之事，堂堂正正做人，干干净净做事，清清白白做官，切实将为民、务实、清廉的要求落到实处，努力做一名政治合格、作风优良、业务过硬、清正廉洁的财政监督干部，为全省财政事业的发展尽职尽责、贡献力量。二是要不断提高党风廉政教育工作水平。各级财政部门和监督机构要按照反腐倡廉的要求，结合财政监督工作特点，采取灵活多样的教育形式，深入开展党风廉政教育活动。要坚持集中教育与自我教育相结合，坚持传统教育手段与现代化教育手段相结合，坚持先进典型教育与警示教育相结合，努力提高反腐倡廉教育的吸引力、说服力和震撼力，增强教育的针对性和实效性，使广大财政监督干部切实增强廉政意识，真正做到从政有品格，用权讲原则，做人重形象，争当廉洁从政的好干部。三是要积极健全完善内部权力制约机制。加强制度建设和创新，完善体制机制，是反腐倡廉的治本之策。各级财政部门和监督机构要着眼于夯实反腐败制度基础，紧密结合财政监督工作实际，积极健全完善内部权力制约机制，加强对检查、审理、处罚权力的监督，防止滥用权力和以权谋私，努力形成用制度管权、按制度办事、靠制度管人的有效机制，做到以制度促进管理，以制度强化约束，以制度体现监督，引导财政监督干部主动学习制度，严格执行制度，自觉维护制度。

同志们，和谐凝聚力量，和谐促进改革，和谐推动发展，和谐成就事业。当前建设和谐山西对财政监督工作提出了新的更高的要求，我们肩负的使命神圣而艰巨，让我们紧密团结在以胡锦涛同志为总书记的党中央周围，在省委、省政府的正确领导下，以科学发展观统领财政监督工作全局，振奋精神，埋头苦干，求真务实，开拓进取，推动全省财政监督工作取得新的发展，为促进财政事业又好又快发展、加快建设和谐山西做出更加积极的贡献！

在全省会计信息质量检查工作部署会议上的讲话

山西省财政厅纪检组组长　岳盛林

（2007 年 5 月 25 日）

从 1999 年开始，我厅组织开展会计信息质量检查已经走过了八个年头。八年来，在厅党组的领导下，监督检查局和财监处的同志们周密部署，积极探索，不断创新，大胆实践，通过严肃查处和公开披露会计造假违规违纪问题，对整顿和规范市场经济秩序，打击会计造假行为，维护国家、投资者和社会公众利益起到了积极的作用。郑建国厅长去年专门做出批示，对省级会计信息质量检查工作给予了表扬，并要求再接再厉，做出更好成绩，这充分体现了厅领导对会计信息质量检查工作的高度重视，同时也对我们会计监管队伍提出了更高的目标和要求。今年，按照财政部的要求，我厅在会计信息质量检查的组织方式上，除统一部署财监处开展重点检查外，首次组织各市县财政部门开展检查，以充分发挥各市县财政部门的监督职能作用，加大会计监管的覆盖面。为此，厅监督检查局专门召开这次会议，安排部署我省 2007 年会计信息质量检查工作，目的就是要把今年我省的会计信息质量检查工作抓紧抓实，切实提高会计监督的层次和效果，努力构建会计监督长效机制。下面，我讲几点意见，供同志们参考。

一、当前我省会计监督工作面临的形势

2007 年是深入贯彻落实科学发展观、加快构建社会主义和谐社会的重要一年，也是全力以赴推进我省“十一五”规划深入实施的关键之年。随着我省社会主义市场经济的深入发展和公共财政体制的逐步建立，会计监督工作也站在了新的起点上，迎来了新的发展契机，同时也面临新的矛盾和挑战。

（一）社会公众和新闻舆论更加关注会计监督工作。近年来，会计信息质量检查工作逐渐被社会所熟悉和认可，得到了人民群众的广泛支持。去年财政部第十二号会计信息质量检查公告发布后，新华社、中央电视台、人民日报等主流媒体都在第一时间进行了重点报道。公告引起了社会各界的广泛关注，许多业内专家就此发表评论，在各大网站上也引起了网民的热烈讨论，对财政部门加大房地产企业会计信息质量检查给予了高度评价。这不仅证明近年来围绕国家宏观调控重点开展会计信息质量检查的思路是正确的，符合人民群众的根本利益，更表明全社会都高度关注会计信息失真问题，社会各界对我们在加强会计监督，进一步规范我国的经济秩序给予了很高的期望。

（二）会计监督工作积累了更加丰富的宝贵经验。经过多年的实践，我省会计监督工作逐渐总结出了许多行之有效的监督检查方式方法，积累了十分宝贵的成功经验。比如，将会计信息质量检查统一布置与自行开展相结合，扩大了监督的范围；将企业会计信息质量检查与会计师事务所执业质量检查

相结合，强化了监督的效果；将检查会计普遍性问题与行业性问题相结合，拓展了检查的深度；将检查与调研相结合，提升了检查的层次；将从企业检查入手与从事务所检查入手相结合，丰富了检查手段。这些经验是大家集体智慧的结晶，为今后的工作开展提供了丰富的理论指导，我们应当高度重视和倍加珍惜，并用以指导今后的工作。

（三）监管对象点多面广与监管力量薄弱之间的矛盾依然突出。我省会计监督面对的监管对象包括数万户各种类型的企业、272 家会计师事务所和 2 500 多名执业注册会计师。相对于如此庞大的监管对象，无论是财监处还是市县财政部门，监管力量和监管资源都非常有限，检查的面非常有限，造成众多企业和事务所普遍存在“侥幸”心理，会计造假被查处几率太低，加上处理处罚措施有限，造成违规成本偏低，大大削弱了会计监管的威慑力。

（四）企业会计造假手段更加隐蔽，查处难度更大。随着经济的发展，经济交易更加复杂化，企业经营更趋国际化，企业进行会计舞弊的手段也变得更加隐蔽和复杂，使得检查的难度大大增加。而企业造假的动机，更多地转向了骗取银行信贷和证券市场融资，其危害性也更大，不仅扰乱国内资本市场秩序，甚至造成恶劣的国际影响。同时，由于相关法规和制度的相对滞后，部分企业利用现有政策漏洞打擦边球，检查过程中定性难、处理难的问题也非常突出。这些情况都对会计监督工作提出了更高的要求和挑战，必须引起我们的高度重视。

二、做好今后一个时期会计监督工作的几点要求

我厅财政监督十一五规划将全省会计监督工作的根本目标概括为：适应社会主义市场经济发展和财政改革与管理的要求，强化企业会计信息质量和会计师事务所执业质量行政监管，提高会计监督的层次和效果，建立法制规范、职责明晰、运转协调、监督高效的会计监督长效机制，全面提升会计信息质量和会计师事务所执业质量。经过一年多的实践和探索，我认为这个目标抓住了会计监督的内在规律，符合我省会计监督工作发展的实际情况，应该长期坚持下去。在今后一个时期，我省各级财政监督机构要紧紧围绕建立法制规范、职责明晰、运转协调、监督高效的会计监督长效机制这一中心工作，在坚持和发扬以往成功经验的基础上，努力探索创新会计监督的新思路、新方法，强化会计信息质量检查和注册会计师行业行政监督，通过查处重大违规违纪案件，不断提高监管水平，严厉打击会计造假和扰乱会计秩序的行为，树立政府监管权威。为此，提出几点要求：

（一）要深入贯彻落实十六届六中全会精神，重点关注国家宏观调控的重点和人民群众关心的问题。党的十六届六中全会通过的《关于构建社会主义和谐社会若干重大问题的决定》指出，要以解决人民群众最关心、最直接、最现实的利益问题为重点，着力促进社会公平正义，构建和谐社会。今后一个时期，我省会计监督工作应当按照构建社会主义和谐社会的要求，紧紧围绕国家宏观调控的目标和任务，重点关注涉及人民群众切身利益的热点、难点问题，继续选择与人民群众切身利益密切相关的重点行业进行检查，充分利用会计信息质量检查的独到手段，以会计信息真实性和透明度为切入点，一方面着力整顿和规范企业会计核算和信息披露，保护国家利益、公众利益、广大投资者和债权人的利益，构建和谐公平的市场环境；一方面为国家宏观调控提供真实的基础信息，揭示行业性普遍问题和深层次的矛盾，综合治理会计信息失真问题以及社会公众普遍关心的问题。

（二）进一步与财政中心工作相融合，

更好地为财政管理和财政改革服务。会计监督是财政监督的重要组成部分，只有为财政管理、财政改革服务，才能保持经久不衰的旺盛生命力。全省各级财政部门在会计监督工作中必须紧紧围绕促进财政改革、服务财政管理的工作方针，坚持监督检查与调查研究相结合，在严肃查处违规违纪问题的同时，重视针对重大财税问题和宏观调控开展调查研究，提出改进财政管理、完善宏观调控的意见和建议，有效发挥会计监督对财政管理改革的促进保障作用。会计信息质量检查要重点关注国有大型企业集团会计核算问题，为加强国有资产管理服务；重点查处外商投资企业会计信息失真和偷漏税问题，为统一内外资企业税收政策和提高外资利用质量服务；继续把上市公司作为检查重点，提高上市公司信息披露透明度和可信度，促进资本市场健康发展；规范行政事业单位会计信息质量，为预算管理体制改革服务；结合“金财工程”的整体推进，推广应用注册会计师行政监管信息系统，研究开发会计信息质量检查信息系统，提高会计监督信息化水平。

（三）要进一步加强市县财政部门与财监处的协作，形成监管合力。财监处和市县财政部门是省厅开展会计监督工作的两支重要力量，要把会计监督工作进一步推向深入，就必须使这两支力量都充分发挥作用。前不久我在全省财政监督工作会议上专门强调，会计监督工作不仅具有广泛的社会性，更具有突出的专业性，行政风险很高，必须坚持“全省一盘棋”，树立大局意识，形成监管合力。厅监督检查局要充分发挥组织协调作用，特别是强化对市县财政部门开展会计监督工作的组织和指导，督促各地有效控制行政风险，建立和完善业务工作质量考核评价体系，从整体上推进全省会计监督工作深入平衡发展。今年厅里统一组织各市财政部门和财监处开展会计信息质量检查，采用统一部署、上下联动的方式，充分发挥规模效应，形成监管合力。今后财监处与驻地财政部门还可以通过联合检查、案件移送、联席会议等方式进行合作与交流，共同规范当地的会计秩序。

（四）要进一步依法行政，切实加大处理处罚的力度。依法行政、严格执法是会计监督的生命线。面对越来越复杂的监督对象，我们必须坚持依法行政、依法监督，注意正确处理权力与责任的关系，规范自身监督行为，才能立于不败之地。对检查中发现的重大违纪问题必须查实查透，坚持处理事与处理人相结合，坚决追究相关责任人的法律责任，并将严重违法违纪案件向社会曝光，才能有效扩大会计监督的社会影响，树立起监管权威。第一，要进一步完善相关法规和制度，逐步制订分行业的会计信息质量检查指南，从制度上全面规范会计监督工作，确保依法行政。第二，完善审理制度，使检查和审理适当分离。审理环节在提高检查质量、确保依法行政方面具有不可忽视的作用，要高度重视审理工作，必要的时候可以聘请专家参与，保证审理工作的独立性。第三，切实加大对违规企业和会计师事务所的处理处罚，尤其是要依法严惩恶劣造假的行为，切实加大监督和曝光力度，加大会计造假的成本，形成强有力的社会震慑力。

（五）要进一步改进检查手段，提高监管人员素质。多年来的实践证明，会计监督工作必须坚持解放思想、与时俱进，大胆探索会计监督检查的方式方法，提高检查的技术手段和科技含量，进一步改进检查的组织形式，不断增强检查队伍的专业素质，才能更有效地发挥会计监督的作用，使会计监督工作永葆勃勃生机。第一，进一步强化和完善会计师事务所执业质量检查与企业会计信息质量检查有机结合的模式，构建全方位的会计监督体系。应重点强化对注册会计师审计质量的再监督，充分利用注册会计师审计的辐射作用，在更高层次上实现对企业会计信息质量的间接监督。第二，要进一步改进检查组织方式，充分发挥集团作战、交叉检查等检查优势，采取统一部署、横向联动等多种方式开展会计信息质量检查，扩大检查的规模效应和社会影响。第三，积极探索和丰富日常会计监管方式，将查前调查、专项调查、回访调查等作为日常监管的重要手段，与专项检查紧密结合起来，通过建立基础信息管理制度、巡检制度、回访制度、信息通报制度等，进一步丰富和发展会计监管的内容和形式。第四，继续强化培训，狠抓队伍建设。针对去年新颁布的会计准则和审计准则，厅监督检查局要进一步加大对财监处和市县财政监督机构的培训力度，各单位也应积极组织自学，尽快掌握好新准则，全面提升监督队伍的专业素质和战斗力。

（六）要进一步巩固和利用检查成果，扩大会计监督成效。要改进和完善会计信息质量检查公告形式和指标体系，加强社会舆论监督，加大公开曝光力度，提高会计监督的影响力和震慑力。要加强会计监督理论研究和经验总结，下大力气对典型案例进行系统整理，以综合利用检查成果。要进一步加强调研力度，提升研究和分析问题的能力，在查处企业和事务所的同时，要深入剖析会计信息失真的深层次原因，向有关部门提出改进管理和完善制度的建议，从源头上解决会计信息失真问题。

三、认真完成今年的会计信息质量检查工作

按照财政部的统一部署，今年我省开展的会计信息质量检查工作，除财政部直接安排我厅对两户企业进行检查外，全省省、市、县三级财政部门还要上下联动，共同开展检查，这在我省尚属首次。同时，财政部要对各省的检查工作继续考核，考核的内容具体包括：检查工作取得的主要成效、上报材料的及时性和完整性、检查总结和检查结论的起草质量、处理处罚决定的规范化程度、查处重大案例的典型性和影响力、以及完成检查工作的时效性等。对考评的结果，财政部将在全国范围内予以通报，因此必须引起我们的高度重视。今天，我要强调指出的是，我们的一些同志们对这项工作已经搞了多年，可能会产生一些麻痹思想和厌战情绪等。为此，我们必须振奋精神，把思想认识统一到贯彻落实郑建国厅长的重要批示精神和财政部的部署要求上来，以积极饱满的政治热情和昂扬向上的精神状态，全力投入到今年的会计信息质量检查工作中去。刚才裴唐生和张彦平副局长宣读了今年我省会计信息质量检查实施方案，我完全赞同厅监督检查局的安排部署，这里我想再强调几点：

（一）要高度重视检查前的准备工作。充分掌握情况，明确检查重点，做到有的放矢，是做好检查工作、取得检查成效的重要前提。各参检单位在开展会计信息质量检查的每一个阶段，都要做到有计划、有组织、有安排，并要有意识地在以下五个方面花点时间、下点工夫：第一是学。检查开始之前，各参检单位要组织全体参检人员认真学习与检查项目有关的政策法规，掌握与被检查单位相关的行业规范、财会制度、税收制度，明确检查工作的思路和方向。必要时，可以邀请被检查单位的相关人员讲解本系统、本行业的制度规范及行业特点，介绍本部门、本单位的职责履行情况、财会法规执行情况、业务经营管理情况。只有通过系统、深入的学，才能吃透精神，有所准备，使检查更具前瞻性、针对性。第二是听。检查组进驻被检查单位后，务必要集中一定时间认真听取被检查单位及其有关部门的情况介绍。一是召开检查进点会，集中听取汇报，由被检查单位负责人介绍本单位的生产经营情况、机构隶属情况、政策执行情况、资产财务情况以及存在的问题及建议。二是根据需要，召开小型座谈会，主要听取被检查单位财务部门的负责人就本部门主要业务的操作流程、执行的政策依据、涉及的具体环节进行详细介绍。三是可以采取问卷调查的方法，进一步了解相关情况。四是与被检查单位的部分员工进行个别座谈，从中了解有关细节情况。通过全面、深入的收集信息，了解情况，发现存在问题，以明确检查的重点。第三是看，即查看有关资料，进一步掌握各方面情况。为提高工作效率，检查组可按照拟检查的内容，分成若干小组进行查看调阅有关资料的工作。重点收集查看国家有关部门颁布的行业制度规定、财会政策法规、被检查单位的年度会计报表、上报的文件及其批复、银行账户资料、会计账簿及其电子数据、相关的内控制度和重要的会议记录等。另外，还可以尝试到互联网搜索被检查单位的相关信息，并在检查中加以利用。通过系统、全面的查看，掌握政策，吃透情况，辨别真伪，确定重点，为正式深入检查打下良好基础。第四是访。访的目的在于拓宽信息渠道来源。重点可以走访如下对象：一是相关监管部门，如走访国资、审计、税务等部门，从外围获取更多有关被检查单位过去遵守财经纪律、财税法规的情况；二是上级主管部门，重点了解主管部门对被检查单位的管理情况，以及行业政策、行业特点等情况；三是交易往来单位，着重了解被检查单位的业务交易和工作往来情况；四是下级单位，在掌握被检查单位本级基本情况的基础上，带着在本级掌握的下级单位的资料数据，到下级单位去核实，寻找上下级之间在管理、交易、往来方面出现的漏洞，从中发现问题。通过较大范围的走访，掌握更全面情况，有利于找到检查重点和切入点，增强检查针对性。第五是议。根据听到、看到、收集到的情况和资料，检查组已基本做到了然于胸，这时要结合检查的总体目标，召开检查研究讨论会，及时进行深入讨论、审议，制订切实可行的检查方案。一是在掌握总体情况的基础上，对深入到被检查单位有关部门或下属单位了解到的各方面情况，商讨检查重点，研究检查方法，形成查前分析材料。二是对各小组汇总上来的资料进行分析梳理，进一步寻找重点问题的线索，确定检查的内容、范围、重点、切入点，议定检查的程序、方式、方法。在议的过程中，检查组组长要注意发挥每个人的主观能动性，吸纳每个人的独创性思维，以集体的智慧和合力为取得检查成效打下坚实基础。

（二）要高度重视检查规范化工作。规范行政执法程序，是财政监督检查工作的生命线。近年来，财政部和省人大及我厅在规范行政执法方面，相继出台了《财政检查工作办法》、《山西省行政执法条例》、《山西省财政厅行政执法过错责任追究制度》等一系列地方性法规和规范性文件。就会计信息质量检查工作而言，新的执法环境对证据采集的严谨性、事实认定的准确性、处理处罚的合规性，以及检查人员的专业素质等方面提出了更高的要求。因此，我们一定要高度重视规范会计信息质量检查的各个环节和程序，以避免行政风险，减少行政成本。从过去检查的情况来看，我们在检查工作规范化方面做的还不很够，存在这样或那样一些问题，具体表现在：有的检查组取证不足，检查工作底稿不全，难以支持检查结论；有的检查组认定问题引用法律法规不当，对会计准则制度理解和掌握不够；有的检查组提出来的处罚意见适用法律法规不当，或者处罚尺度把握不准；有的检查组越权处理，擅自处罚，缺乏起码的组织约束观念；还有的检查组在检查过程中过度依赖聘用的注册会计师，处长和干事不到检查现场，不掌握检查整体情况，把政府的行政执法行为“蜕变”为会计师事务所的业务审计，等等。这些问题过去我在不同的场合曾经讲到过，为了杜绝这些问题的再次发生，今年我们借鉴财政部的做法，也要在检查结束后对财监处和各市财政部门的检查工作进行全面考评和通报。这里我要强调的是，对这次检查中因为检查工作不规范导致行政执法过错，情节严重的，我们要按照有关制度严肃追究责任人员的行政责任。各级财政监督机构负责人作为检查工作的第一责任人，要把检查工作规范化时刻放在心上，抓在手中。在检查程序上，一是要树立正确的监管理念，掌握正确的检查方法，把检查的重点放在查处企业会计舞弊和人为粉饰报表上来，不能本末倒置，片面追求检查经济效益；二是检查方案的实施要遵循《财政检查工作办法》等有关规章的程序性规定，如检查通知书的下达、通知被查单位所应提前的时间等；三是检查组的组成要遵循以参检单位为主，适当聘用专业人员的原则；四是要遵守有关廉洁自律的规定，树立会计监督权威，维护财政部门形象；五是收集证据要充分和适当，保存证据要完整和规范，证据的采集要合法合规；六是要重视检查工作底稿的填制，保证检查报告的完整性。在事实认定上，一是要提高检查人员素质，熟练掌握会计制度、准则和审计准则；二是事实认定要清楚，证据链要完整有效，并具有充分的证明力；三是处理处罚建议要条理清楚、逻辑严密、证据充分、行文规范，引用法律法规适当；四是要准确把握处罚尺度，合理使用自由裁量权，避免矫枉过正或姑息迁就。在审理程序上，一是要健全包括审理人员组成在内的审理模式或审理方式，必要时应吸收业内专家参与审理；二是要规范审理程序，通过实践探索最大限度规避行政风险的审理方法。这里需要说明的是，我们强调重视审理工作目的是依法行政，规避行政风险不是最终目的，我们要规避的是不必要的行政风险。最后，在报告程序上，一是要依法严格按照授权范围提出处理处罚意见，各财监处在省厅未履行处理处罚告知程序前，不得与被检查单位沟通具体处理处罚意见，这要作为一条纪律；二是要工作细致，避免不必要的差错；三是检查报告要完整规范，内容翔实，条理清楚。

同志们！我们要进一步增强使命感和紧迫感，发扬成绩，改进工作，以更加昂扬的斗志，更加奋发有为的精神状态，更加扎实的工作作风，努力把今年乃至今后一个时期全省的会计信息质量检查工作做得更好，取得更大的工作成绩！

在山西省财政系统创建青年文明号工作10周年总结表彰推进会上的讲话

山西省财政厅纪检组组长　岳盛林

（2007年11月8日）

今天大会的主要任务是认真学习贯彻党的十七大精神，总结十年来财政系统创建青年文明号工作的基本经验，表彰先进典型，研究深化青年文明号工作的措施，进一步动员引导广大财政青年积极投身青年文明号创建活动，在全面建设小康社会，不断深化财政改革与发展的伟大实践中成长成才，建功立业。首先，我代表省财政厅党组、省财政系统创建青年文明号工作领导组，向长期支持、亲切关怀财政系统青年工作的团省委领导、省直团工委领导表示衷心的感谢！向即将受到表彰的先进集体和优秀个人表示热烈的祝贺！

1994年，共青团中央在全国范围内启动了以弘扬高度职业文明、创造一流业绩为宗旨的青年文明号活动。1997年，省财政厅正式加入山西省创建青年文明号活动组委会，拉开了财政系统创建青年文明号工作的帷幕。10年来，在省创建青年文明号活动组委会的关怀指导下，在全省财政系统各级基层党团组织和有关部门的共同努力下，在广大财政青年的积极参与下，青年文明号活动已经在全省财政系统11个市地40多个青年集体中展开。截至目前，全省财政系统已创建成功国家级青年文明号8家，省级青年文明号37家。创建工作已经成为财政系统青年思想政治工作的主要实施载体和群众性精神文明创建的重要组成部分。

一

10年来，我们在开展创建工作过程中，按照省组委会和省直团工委的要求，围绕财政中心工作任务，以团结、教育、引导青年为出发点，面向群众，服务大局，注重实效，勇于创新，巩固和发展了积极健康向上的工作态势，为财政改革与发展发挥了积极作用，做出了多方努力，进行了积极探索。我们的主要做法是：

（一）提升理念，广泛创建

树立正确的创建理念是广泛开展创建工作的基本要求。10年来，财政系统创建工作领导组积极引导创建集体树立正确的创建理念，努力提高创建工作水平，主要从以下3个方面解决了创建工作中的认识问题。

一是树立将青年文明号打造成学习型组织、制度型组织、窗口型组织和社会型组织的理念，解决为什么创建青年文明号的问题。

二是树立青年文明号提高管理、创优服务的理念，引导因地域经济发展水平差异造成客观条件差的集体，以优势弥补劣势，在抓管理和服务上下工夫。

三是树立有形化和一体化的创建理念，大力倡导围绕财政中心工作任务开展有形化创建，坚决反对、努力制止和业务工作互相脱节、互相割裂的“两张皮”、“单打一”创建。

(二) 依托制度，规范创建

完善的规章制度是创造一流工作业绩的重要保证。10 年来，在创建青年文明号工作中，财政系统创建工作领导组狠抓制度建设，即时制订和不断完善了《山西省财政系统青年文明号管理办法》，主要做了五个方面的工作，创建工作基本实现了有章可循。

1. 1997 年 10 月，以首届财政系统青年工作会议为契机，省财政厅与共青团山西省委联合下发了《山西省财政系统争当“青年岗位能手”创建“青年文明号”活动实施办法》，从此拉开了我省财政系统创建青年文明号工作的帷幕。

2. 2000 年 12 月，结合 3 年多的创建实践，省财政厅经多方调研，数易其稿，并通过厅长办公会议研究，率先在全省 40 多个青年文明号成员单位中出台制订了《山西省财政系统青年文明号管理办法》，成为系统创建工作的指导性文件。

3. 2001 年 9 月，省财政厅印发了《关于对〈山西省财政系统青年文明号管理办法〉的解释》，对《管理办法》每条每款每目的制订目的和基本内涵作了科学解释。

4. 2005 年 11 月，根据创建形势的变化和创建经验的积累，省财政厅全面修订了 2000 年制订的《管理办法》。修订后的《管理办法》包括准则、条件、创建、管理、奖惩、附则等 6 章 33 条，体系更加科学，宏观指导性和微观操作性更强。

5. 在每年进行的年度考核中，结合当年工作实际，省财政厅制订完善《山西省财政系统省级青年文明号考核标准》。《考核标准》共分五个部分 33 条 100 分，每一条都有明确具体的考核标准和扣分标准，力求通过考核对每一家青年文明号集体做出准确客观的评价。

(三) 健全机制，科学创建

健全科学的创建机制是开展创建工作的核心。10 年来，财政系统创建工作领导组严格落实管理办法，逐步建立健全了科学的考评体系和完善的奖惩约束机制。

一是重点实施好目标责任机制。主要采用明确考核指标，综合使用奖惩措施，对年度考核合格者实行分层次奖励制度，形成了责权利相结合的科学机制。

二是实施动态管理机制。动态管理机制的核心是处理好入口和出口的关系。主要是实行对新申报集体严格按照《考核标准》得分排序进行评选，严把进口，形成了竞争机制。其次，采用客观公正的惩罚淘汰手段。在年度检查大排队的基础上采用黄牌警告、硬性淘汰和末位淘汰的措施，疏通了出口，保证了创建质量不滑坡。

二

回首 10 年，财政系统青年文明号创建工作从无到有，从少到多，从粗到精，茁壮成长，为展示财政行业形象，弘扬财政职业文明，带好财政青年队伍，推进财政改革发展，发挥了积极的建设性的作用。主要表现在：

(一) 开创了财政职业文明新境界

青年文明号创建工作通过采取狠抓创建过程、细化行业规范、严格考核标准、实行动态管理等措施，深化了财政职业文明建设的主题，丰富了财政职业文明建设的载体，创新了财政职业文明建设的机制。2000 年，为适应财政改革新需要，全省财政系统 11 个市地相继成立了会计核算中心。系统创建工作领导组抓住时机把青年文明号的创建理念传播到了每一个优秀的青年集体中。由此，迅速掀起了财政系统创建工作新高潮。目前，省财政国库支付中心、全省财政系统 11 个市级会计核算中心和 6 个县级会计核算中心已创建为省级以上青年文明号。其中，大同市国库支付中心、朔州市市直机关会计核算中心和长治市国库支付中心已先后创建为国家级青年文明号。成为了弘扬财政职业文明、传播财政职业文明的窗口，为促进财政系统青年文明号创建工作起到了良好的示范作用。

（二）创新了财政服务新模式

财政系统通过落实《管理办法》，严格执行《考核标准》，增强了财政系统开展创建工作的可操作性，使财政业务工作与创建工作有机结合，延伸了财政工作服务新领域，促进了财政中心工作任务的圆满完成。比如说，2004 年被团中央授予“全国青年文明号十年成就奖”的国家级青年文明号——太原市财政局办公室，在创建青年文明号工作中，通过制订“一二三”创建工作思路，推行工作人员去向卡制度和规范文明用语制度，在办公场所设置青年文明号论坛等一系列富有特色的创建方式。开辟了政府机关部门从“管理型”向“服务型”转变的新途径，树立了财政职业文明新形象。同时，办公室作为机关创建青年文明号的典型经验和做法，多次被省组委会在兄弟行业中推广交流，接待了来自全省各行各业的多次观摩交流活动。充分展示了财政行业新形象，成为财政系统一道亮丽的风景线。

（三）拓宽了企业提高效益的新渠道

省国信投资（集团）公司下属的山西证券有限责任公司从 1997 年开展创建青年文明号工作以来，通过优化服务过程、拓展服务项目、改善服务环境、创新管理方式，树立了良好的企业信用形象，培养了规模可观的客户群体，为提高企业经济效益拓宽了新渠道。截至目前，全省已有 6 个证券营业部创建成为省级青年文明号。其中，太原市迎泽大街南宫证券营业部于 1999 年成功升级为国家级青年文明号，2001 年被省组委会授予“青年文明号先进集体”荣誉称号。

（四）开辟了财政青年成长成才新途径

青年文明号活动以职业道德和职业技能为基本要求，组织青年岗位成才、岗位建功，促进青年集体之间、青年之间展开竞争，激发青年上进心和责任感，形成了有利于青年成长成才的团队精神，为财政青年成长成才搭建了广阔的舞台。据不完全统计，全省财政系统青年文明号集体中 80% 的青年取得了不同类别和等级的职业资格证书，约 5% ~10% 的优秀青年得到了岗位提拔。

三

千淘万漉虽辛苦，吹尽黄沙始到金。回首 10 年风雨历程，财政系统创建工作一步一个脚印，在省组委会的大力支持、亲切关怀和各基层党团组织的精心组织以及全省财政系统广大青年的积极响应下，取得了长足发展，积累了宝贵经验。主要有以下几点：

（一）领导重视是关键

财政系统开展创建工作 10 年来，历经两任厅领导，都将创建工作列入了厅党组的议事日程，在思想上高度重视，在工作上大力支持。为引领财政青年岗位建功、岗位成才，为塑造财政青年职业道德、个人品德搭建了广阔的舞台。

（二）制度建设是保障

没有规矩不成方圆，制度建设具有根本性、全局性、稳定性和长期性。10 年来，财政系统在制度建设方面大胆尝试、努力探索，形成了一整套具有行业特色的考核评价、奖惩激励机制。为创建工作的科学规范、可持续发展提供了有力保障。

（三）规范管理是依托

管理对于一个组织、一项工作来讲是一个永恒的课题。财政系统在创建工作中始终注重加强和改进管理方式，不断提升管理理念。坚持推行规范化管理的科学创建模式，基本实现了管理工作标准化，从整体上提升了创建工作品质，为财政系统创建青年文明号工作的可持续发展开辟了新途径。

四

任何事物的发展都必须遵循量变和质变的辩证唯物关系。回首10年，财政系统创建青年文明号工作由点到面、由粗到精，虽取得了一些成绩，也存在一些问题，主要表现在：

一是创建认识出现滑坡。比如，有的青年文明号集体特别是开展创建工作较早的一些集体，对创建工作的认识不仅没有提升反而有所下降。认为创建工作就是简单地应付检查，没有将创建工作一体化、规范化的理念融入日常工作。

二是创建体制不够完善。比如，到目前为止全省财政系统省级以上青年文明号已达45家，创建工作已覆盖全省11个地市，但有的市级财政部门却没有设置相应的组织管理机构，致使一些地市创建工作渠道不畅，管理失范，严重影响了创建工作的顺利开展。

三是创建机制有待创新。比如，目前在大多数创建集体中比较普遍地存在创建工作热情减退、创建载体单一现象，已经逐步影响到了系统创建工作的深入开展。这些问题需要我们高度重视，在今后的工作中认真加以解决。

五

雄关漫道真如铁，而今迈步从头越。回首10年，成绩的取得只能说明昨天，未来的发展仍需我们继续解放思想，坚持改革开放，推动科学发展，促进和谐社会，努力使创建工作不断焕发出蓬勃生机和活力。在此对今后工作提出以下几点要求：

（一）继续扩大创建规模

在保持总量平衡的基础上，继续拓宽创建领域，扩大创建规模，引导更多财政青年参与创建活动。争取利用2～3年时间，努力改善因管理部门认识不到位、经济发展存在差异造成的基层创建工作不平衡状态。在青年文明号创建工作相对薄弱的市县，做好宣传引导工作，使青年文明号工作在财政系统连点成线、连线成片，不断扩大活动影响，使更多的财政青年参与，更多的财政青年受益。

（二）不断丰富活动内涵

要紧跟时代步伐，积极响应省组委会和省直团工委的号召，进一步丰富创建工作内涵。继续以“信用建设示范行动”和“节约示范行动”为突破口，引导青年文明号集体及争创集体开展具有行业特点的信用实践和节约示范行动。要围绕财政中心工作任务，结合青年自身特点，大力弘扬爱国主义、道德模范榜样作用，以增强诚信意识为重点，加强社会公德、职业道德、家庭美德、个人品德建设，每年至少要推出1～2项形式多样的主题建功活动。

（三）积极创新创建方式

工作方式直接关系着工作状况和工作成效。青年文明号要得到进一步发展，就必须在创建方式上进行创新。针对目前一些老青年文明号集体出现的创建积极性消退的状况，要创新管理方式和考核体系，尽可能多地为创建集体提供外出观摩、学习考察的机会，激发青年集体的创建热情和积极性，使青年文明号的管理更加规范，体系更加科学，成效更加显著。

（四）努力完善创建机制

要积极争取各级党政领导的支持，充分调动基层管理部门的组织协调作用，完善团组织与有关部门联手开展创建工作的组织领导机制。要努力推行岗位成才、岗位建功的奖励制度，并鼓励基层管理部门制订相应奖励细则，形成具有鲜明导向的表彰激励机制，从而推动财政系统青年文明号创建工作深入、持久、健康的发展。

同志们、青年朋友们，财政系统开展创建青年文明号工作10年的实践表明，这项工作对于促进财政改革又好又快发展，对于推动财政青年成长成才，具有十分积极的意义。成绩属于过去，奋斗成就未来，胡锦涛同志在党的十七大所作的报告，指明了在新的时代条件下继续全面建设小康社会，加快推进社会主义现代化的宏伟蓝图，财政改革发展任务繁重，财政事业大有可为。

让我们更加紧密地团结在以胡锦涛为总书记的党中央周围，高举中国特色社会主义伟大旗帜，以邓小平理论和“三个代表”重要思想为指导，深入学习贯彻十七大精神，以先进典型为榜样，爱岗敬业，开拓创新，勤奋工作，努力推进青年文明号创建工作，为财政改革又好又快发展，为全面实现小康社会而努力奋斗！

以人为本　务实创新
推进全省财政社会保障工作又好又快发展

——在全省2007年财政社会保障工作会议上的讲话

山西省财政厅副厅长　**胡双明**

（2007年3月20日）

这次会议的主要任务是：传达学习全国财政社会保障工作会议精神，总结交流2006年全省财政社会保障工作的进展情况和工作经验，安排部署2007年的财政社会保障工作。下面，我讲三点意见，供大家参考。

一、2006年财政社会保障工作基本情况

2006年是“十一五”规划的开局之年，是深入落实科学发展观，扎实推进和谐社会建设的重要一年，是财政社会保障工作十分繁重的一年，也是取得明显成效、催人奋进的一年。这一年，全省财政社会保障工作认真贯彻落实中央和省委的各项决策部署，按照构建和谐山西的规划和要求，不断优化财政支出结构，提高财政支出效益。全省各级财政社会保障人员迎难而上、锐意进取、任劳任怨、扎实工作，在支持扩大就业、完善社会保障体系、解决人民群众“看病难、看病贵”、推进社会救助等方面取得了令人可喜的新成绩。概括起来讲，主要有五大亮点。

（一）加大扶持，就业再就业工作取得了新进展

2006年，各级财政部门全面贯彻落实《国务院关于进一步加强就业再就业工作的通知》（国发［2005］36号），进一步加大了政策扶持力度，扩大了扶持范围。2006年，全省城镇新增就业岗位42.6万个，完成全年任务的106.5%，下岗失业人员再就业16.9万人，完成全年任务的112.7%。就业困难对象再就业4.3万人，完成全年任务的107.5%。城镇登记失业人员3.23万人，登记失业率低于4%的年度控制目标。重点做了三方面工作：一是根据国务院《关于进一步加强就业再就业工作的通知》（国发［2005］36号）精神，结合我省实际情况，会同有关部门报经省政府出台了《贯彻国务院关于进一步加强就业再就业工作的通知的实施意见》，同时商有关部门制订下发了《关于加强就业再就业资金管理有关问题的通知》等六个相关配套政策。二是做好资金保障工作，确保了任务的全面完成。2006年全省安排就业补助资金11.07亿元，支出9.24亿元。同时，根据全省工作进展情况和市县财政努力程度，继续通过专项转移支付方式给予市县适当补助资金6亿元。三是与省劳动保障厅、人行太原支行共同制订下发了《关于加快推进小额担保贷款工作的意见》，加大了鼓励下岗失业人员自谋职业、自主创业的扶持力度。截至12月底，我省共设立小额贷款担保基金3.26亿元，累计发放小额担保贷款9 705万

元，涉及下岗失业人员5 313人。

（二）规范管理，社会保险工作取得了新突破

完善社会保险体系是构建社会主义和谐社会的重要内容，事关改革和稳定大局。2006年，各级财政部门积极配合劳动保障部门推进完善各项保险制度的改革工作。

一是继续配合劳动部门在社会保险的扩面、征缴工作方面取得新突破。截至2006年底，全省养老、失业、医疗、工伤、生育保险参保人数分别达到302.4万人、296万人、353.8万人、200.4万人、98万人，同比增长29.35%、2.6%、8.9%、33%和3.2%。全省养老、失业、医疗、工伤、生育五项基金征缴分别达到120.9亿元、6.1亿元、31.9亿元、3.8亿元、2 860万元。机关事业单位养老保险参保人数增加2.9万人，达到71万；基金征缴15.3亿元，同比增长28%。农村社会养老保险参保人数增加6.8万人，缴费金额突破1.3亿元，创历史新高。

二是积极支持劳动保障部门推进改革工作，制订出台了我省《关于贯彻国务院完善企业职工基本养老保险制度决定的实施意见》、《关于2005年和2006年调整企业退休人员基本养老金的通知》以及《城镇职工生育保险暂行办法实施细则》等政策。2006年提高了我省近两年的企业退休人员基本养老金待遇，人均月增加180元，增幅为历年之最，使400万离退休人员从中受益，受到社会各界的好评。从2006年10月1日起，全省失业保险金标准人均提高124元，医疗补助金按失业保险金标准的10%相应提高。

三是积极做好做实个人账户试点工作。首先配合劳动保障部门合理测算确定了2006年做实个人账户的起点比例为3%，其次根据各地经济发展水平和财政状况，制订了财政负担政策，规定地方财政负担资金部分按照属地原则由省、市、县财政分别负担。对中央和省属企业给部分市县造成的过重负担，省级财政按照参保人数实行累进比例给予适当补助。同时，积极调整财政支出结构，认真落实财政补助资金，2006年，省级财政已落实本级做实个人账户基金1.33亿元。

（三）积极支持医疗卫生事业加快发展，公共卫生服务水平上了新台阶

2006年，我省各级财政社会保障部门及时拨付公共卫生专项资金，有力地支持了公共卫生服务体系建设，提高了处理突发公共卫生事件应急能力和公共卫生服务水平。从实施的效果来看，不仅极大地改善了基层医疗卫生条件，巩固了农村医疗预防保健网络，而且给医疗卫生机构的生存和发展注入了新的活力，取得了良好的社会效益。

一是加大了以乡镇卫生院建设为重点的农村卫生事业投入，提升了基层卫生服务能力。根据省委、省政府要求，省财政厅制订了《乡镇卫生院基本设备配置专项资金管理暂行办法》，计划用3～5年时间，使全省1 199所乡镇卫生院基本设备80%以上达到标准化建设的要求，并由省、市、县（区）三级财政共同筹资1.8亿元，设立专项资金支持乡镇卫生院配置基本设备。2006年省财政按70%的比例已下达专项资金2 500多万元，全省各级财政共筹集资金3 700多万元，支持了“两区”县238所乡镇卫生院设备更新。2006年，许多市县也加大了资金投入，积极支持乡镇卫生院加强基础设施建设。如吕梁去年对乡镇卫生院建设投入就近900万元。长治市三年来市级财政累计投入1 270万元，支持全市142所乡镇卫生院的“三改一建设”工程，改善了卫生院医疗条件，方便了农民就医。农村公共卫生建设项目的实施，促进了医疗卫生单位的设备更新和人员培训工作，改善了我省基层医疗卫生机构的现状，使我省在农村的

预防保健、妇幼保健、卫生防疫和地方病防治工作得到了加强，婴儿死亡率、孕产妇死亡率、地方病患病率和传染病发病率都有了明显下降，“四苗”接种率、健康教育普及率有了明显上升，从而使农村公共卫生事业迈上了一个新的台阶。

二是积极支持新型农村合作医疗试点工作。2006年是我省开展新型农村合作医疗试点工作以来进展最快成效最大的一年。全省农村合作医疗试点县扩大到56个，占全省总县数的47%，超额完成省政府原定40%的目标，所覆盖的农村人口扩大到1 244万人，共有1 071万农民参加了农村合作医疗，农民参合率为86%，高于全国平均水平6个百分点。2006年襄汾县作为我省试点县，实行了报销“直通车”，有效提高了群众参合的积极性，全县参合率始终保持在90%左右。省级财政补助标准由过去的6元提高到10元，个别经济薄弱地区提高到12元，市县财政补助标准也普遍增加。随着覆盖面扩大和财政补助标准大幅度提高，农民受益面和受益水平也普遍提高。据统计，2006年全省新型农村合作医疗基金支出3.45亿元，补偿414.05万人次。为缓解农民“看病难、看病贵”发挥了一定的积极作用，受到了广大农民群众的一致好评。

（四）积极支持规范和完善城乡救助体系，困难群众基本生活保障水平有了新提高

全省认真贯彻落实《关于建立健全全省城市社会救助体系的意见》，2006年各市相继出台和进一步完善了社会救助体系，加大了资金投入，取得了显著成效。

一是逐步完善了我省城市低保、农村低保、城乡医疗救助等有关规章制度，及时下拨各类城乡救助资金，提高了救助水平，规范了资金运用，取得了扶危济困、促进社会和谐的良好效果。我们会同民政部门制订下发了《关于提高城市低保对象补助标准的通知》、《关于加快推进全省农村居民最低生活保障制度建设的通知》，会同省民政厅、省发改委、省农业厅联合下发了《关于贯彻落实农村五保供养工作条例的通知》。2006年全省下拨城市低保补助资金7.04亿元，累计发放低保资金8.05亿元，对86.9万余人次实施分类救助；全省累计发放农村低保资金1.5亿元；我省城乡医疗救助全面覆盖，2006年全省共下拨农村医疗救助补助资金3 183万元，下拨城市医疗救助补助资金3 438万元，有30.8万城乡困难群众得到医疗救助；省财政下达全年农村五保供养专项转移支付资金1.02亿元，救助10.2万人；下达救灾资金1.19亿元，比去年增加27%。太原市不断加大资金投入，2006年共筹措安排各类救助资金6 257万元，并进一步完善了社会救助体系，走在了全省各市的前列，省政府在太原召开了现场会，推广了社会救助工作的先进经验。

二是制订和落实部分优抚对象抚恤和生活补助标准。根据民政部、财政部关于调整部分优抚对象等人员抚恤和生活补助标准的通知精神，我厅会同有关部门调查、了解、测算，按照《关于调整部分优抚对象等人员抚恤和生活补助标准的通知》和《关于做好老党员生活补贴发放工作的通知》，及时拨付补助资金。以中央补助为主，共投入补助资金21 976万元，惠及全省16万人，使广大优抚对象感受到了党和国家的关怀，共享了改革发展成果。

（五）统筹支持，兼顾全局，社会保障其他方面工作取得了新进展

一年来，我们在支持食品药品监督、残疾人事业发展、红十字会、老龄委工作等方面也取得了新的成绩。2006年，我们加大财政投入，大力支持省食品药品监管局全面整治市场秩序，进行食品药品专项执法检查，实施食品药品放心工程，取得了阶段性的整治成果。为了维护残疾人合法权益，省

级财政安排900多万元用于农村贫困残疾人危房改造、残疾人康复、精神病防治和全国残疾人抽样调查工作。同时，我们还加大财政支持力度，积极推进了红十字会的卫生救助和老年福利服务设施建设等工作。

过去的一年，我省财政社会保障工作取得了明显成绩，圆满完成了各项任务，为全省的社会稳定和经济发展做出了重要贡献，可以说在“十一五”开局之年取得了一个“开门红”。成绩来之不易，既是各级党委政府科学决策、正确领导的结果，也是全省财政社保干部团结协作、艰苦努力的结果。在此，我代表省财政厅党组向大家，并通过大家向全省财政社保战线上的同志们表示亲切的慰问和衷心的感谢！

在肯定成绩的同时，我们还必须清醒地认识到工作中存在的问题和不足。一是支出进度不够快。尽管各级财政社保人员在下达预算指标支出进度上做了不少工作和努力，支出进度和去年比有明显进步。但是，和省政府的要求相比，和厅党组、厅领导的要求相比，在支出进度上也还确有差距，原因有多种，主要可能在于部门间协调不力，以及对资金下达的依据核实较烦琐，导致资金下达延缓，如去年的乡镇卫生院资金拨付中出现的问题。二是配套资金不达标。这个问题主要存在于部分市县。去年省厅社保处组成3个组，分别深入11个市，对社会救助资金的配套情况进行了专门检查，发现有相当数量的市县没有按照配套比例安排资金。有的预算上做了安排，但实际上没有拨付到位，甚至有极少数的县区根本没有安排配套资金。不论新农合还是城乡救助，资金量确实比较大，但是还没大到拿不起的程度，各级财政部门要把每项工作做到位，不要留空白点，不要被剃光头。三是惜拨资金的问题。社保资金是老百姓的养命钱、救命钱，只要符合规定，拨付时不能舍不得。去年就业资金结余2亿多，花不出去。要研究哪里出了问题，是不是我们的制度设计上的问题？是补助范围定的过窄？还是报销门槛过高？如果制度设计有问题，那就改进制度。四是对资金分配的底子不够清楚，依据不够明确。部门报数字时，有些地方不很翔实，如农村特困群众由几年前的44万人增加到55万人，2006年安排2007年预算时变成75万人，人数增幅三分之一多，是按什么方法统计的，按什么口径计算的，我们也要把这些情况搞清楚。五是监管力度不到位。对社会保障资金和社会保险基金的监管力度不够，重支出，轻管理，跟踪问效不够。对上述问题，我们必须高度重视，切实采取措施，努力加以改进。

二、2007年财政社会保障工作的主要任务

2007年，是深入贯彻落实科学发展观、加快构建社会主义和谐社会的重要一年，也是积极推进“十一五”规划深入实施，加快我省社会保障事业发展的关键之年。随着社会主义市场经济体系的日趋完善，社会保障问题日益成为社会关注的重点问题。大力发展社会保障事业，健全和完善社会保险、社会救助、社会福利和慈善事业相衔接的社会保障体系，是构建社会主义和谐社会的基础和关键组成部分，也是落实全面、协调、可持续的科学发展观的体现。构建和谐社会，财政大有作为。搞好社会保障，党心所向，民心所向。各级财政社会保障机构和保障人员要认清形势，明确任务，立足本职，不辱使命，支持建立健全社会保障体系，实现城乡社会保障事业统筹发展，为社会主义和谐社会的构建做出应有的贡献。

2007年，全省财政社会保障工作的总体思路是：认真落实十六届六中全会、省九次党代会和全国财政社会保障会议对社会保障工作的要求，坚持投入和管理并重，以省政府确定的为全省人民群众办的三件相关实事为重点，进一步加大支持力度，逐步缓解群众“看病难、看病贵”问题，落实就业再就业政策，健全城乡社会救助制度，完善城乡社会保障体系，为构建和谐山西做出新贡献。具体地讲，要重点做好以下六项工作，即“六个进一步”：

（一）把就业再就业工作放在更加突出的位置予以支持，进一步推进以人为本的就业服务

省政府确定，2007 年全省城镇实现新增就业 40 万人，转移农村劳动力 30 万人，下岗失业人员再就业 15 万人，就业困难对象再就业 4 万人，城镇登记失业率控制在 4% 以内。为此，我们在继续加大资金投入的同时，要更加注重各项扶持政策贯彻落实情况的研究和对资金的监督管理，重点做好三方面工作：一是做好就业资金的保障工作，要根据我省就业形势变化和就业工作需要，科学安排就业补助资金。同时，要加快支出进度，及时拨付资金，确保按时足额到位。二是做好扶持政策落实工作。要会同有关部门进一步落实岗位补贴、保险补贴和税费减免等各项再就业扶持政策。三是做好就业再就业资金的管理工作，提高资金的使用效益。要定期或不定期地对就业再就业资金管理使用情况进行专项检查，认真分析就业再就业资金使用情况，及时发现和解决有关问题。

（二）推进保险制度改革，进一步完善社会保险体系

2007 年各级财政部门要采取有效措施，认真做好经费保障工作，积极支持改革和完善社会保险制度。主要做好五方面工作：一要做好做实企业职工基本养老保险个人账户试点工作。根据省政府的部署，2007 年我省做实个人账户的比例要提高到 4%，因此，各地在不增加基金缺口、不影响当期发放的前提下，积极稳妥地推进做实企业养老保险个人账户工作。各级财政部门要配合有关部门督促、指导按照省里的方案积极、稳妥、规范地做好试点工作。各市要按照省里统一部署，把地方财政补助资金足额列入预算并协调落实到位。要研究制订做实个人账户基金的归集及投资运营管理办法。二要积极支持做好全省事业单位养老保险制度改革试点相关工作。安排好大同、忻州等四个试点的改革资金，确保工作顺利进行。三要支持做好各项社会保险的扩面工作，提高社会保险的保障能力。确保省政府确定的 2007 年全省社会保险综合覆盖率实现 75% 的目标。支持好以私营、个体和城市灵活就业人员为重点的企业职工基本养老保险扩面工作；支持好农民工参保的城镇职工医疗保险扩面工作；支持好女工生育保险扩面工作；特别要支持好省政府承诺的十二件实事之一，即基本实现所有煤矿、非煤矿山企业包括农民工在内的职工参加工伤保险。四要积极配合劳动保障部门做好企业养老保险、失业保险、医疗保险、生育保险、工伤保险费的征收工作，确保应收尽收，提高社会保险基金的自我平衡能力。五要做好调整企业退休人员基本养老金工作。根据国务院的统一部署，积极会同劳动保障部门认真测算，制订我省的具体实施方案，经两部批准后督促各市县尽快落实配套资金，确保调整待遇政策落到实处。

（三）扎实推进卫生服务体系建设，进一步缓解群众“看病难、看病贵”问题

一是积极支持新型农村合作医疗试点工作。今年，新型农村合作医疗试点要扩大到 80% 的县。各级财政部门要及时足额落实补助资金，以免形成结余，完善合作医疗基金筹资和管理机制，严禁挤占挪用合作医疗基金。

二是积极支持社区卫生服务工作。中央和我省有关政策已明确了中央、省、市、县四级财政对社区公共卫生服务的经费补助比例为 3∶2∶2∶3，各级财政要按照上述规定积

极安排补助资金，保证及时足额到位。同时，各级财政还要按照有关政策规定，积极安排社区卫生服务的房屋修缮、设备购置、人员培训、离退休人员的待遇等补助经费，并根据社区人口、服务项目和数量、质量及相关成本核定社区公共卫生服务经费补助。同时根据我省实际情况，积极探索、完善社区卫生服务的财政补助方式，制订财政补助经费及财务收支管理办法，力争二三年内在地级以上城市和有条件的县级市建立比较完善的城市社区卫生服务体系。

（四）加大投入与完善制度并举，进一步解决好困难群众的基本生活问题

首先要确保省政府“关心帮助农村特困群众生活”实事的兑现。今年，省政府在承诺为群众办的十二件实事中明确提出，要对75万农村低保对象人均补助360元，对13.8万农村五保对象实行按标施保。我们全省各级财政部门要齐心协力、筹措资金。确保这件实事如期兑现。其次要坚决不折不扣，按省政府确定的市县两级财政对农村低保、农村医疗救助、城市低保、城市医疗救助的承担比例，安排资金，并保证及时、足额拨付，这是事关民生的政治问题，千万马虎不得。三是要主动、积极地会同民政部门规范申报、审定程序和标准，加强监督检查、及时补偏去弊、确保资金使用正确合法。

（五）加强监管，进一步提高社保资金的安全性和效益性

一是进一步规范各类社会保障资金的管理。省市县各级财政部门在继续运用过去行之有效的项目评审、专项检查等办法的同时，要积极推进社保专项资金绩效评价工作，努力提高资金使用效益。

二是严格社会保险基金的监管。今年上半年审计部门要对社会保险基金进行全面审计，而且要延伸到市县。因此，去年底，我厅会同有关部门专门下发了各市县对社会保险基金进行自查自纠的通知，要求今年3月底前完成自查自纠工作，然后省里组织检查。现已进入3月下旬，请各市财政局高度重视、认真查纠，充分做好迎接审计的准备工作。中央、我省对社会保险基金的管理问题都有一系列的政策规定，希望各级社保机构和全体社保人员要增强法纪观念，依法、依规严格管理，照章办事，警钟长鸣，防微杜渐。

（六）大力支持食品药品市场秩序整顿，进一步提高食品药品安全保障水平

2007年我们要按照省政府的安排部署，重点支持食品药品的专项整治工作，遏制食品药品安全事故，确保广大人民群众能吃上放心食品，用上安全药品。要为食品药品安全综合监管工作、食品药品安全各类专项经费及食品药品安全的检验检测提供必需的财政支持和保障。

三、提高认识，坚定信心，全力以赴做好财政社会保障工作

（一）提高认识，统一思想

十六届六中全会有一项重要的目标任务，那就是要实现比较充分的社会就业，基本建立覆盖城乡居民的社会保障体系。这是一项政治任务。温家宝总理最近发表了一篇长篇的理论文章中讲到：社会主义社会是一个长期的历史的过程，在这个长期的过程当中，我们国家做的主要就是两件事，一件就是发展社会生产力，第二件就是实现社会公平和正义。

实现社会公平很大程度上是要靠社会保障制度来完成的，作为一个市场经济的国家来讲，特别是作为我们这样一个社会主义经济制度的国家来讲，在发展市场经济的过程中，有两件事是绝对不能少的。一个就是自由竞争，给我们市场经济提供了发展的动力，第二个就是社会保障，它为每个人保证一个最低的生活水平，确定一个生活底线。

如果没有这个底线，怎么能够稳定，怎么能够和谐？所以我们要把社会保障制度普遍建立起来，这是构建和谐社会的一个重要组成部分。国家现在不断地加快社会保障体系建设的步伐，新农合今年的原定目标是达到60%，现在一下子推到80%。全省财政社保战线上的同志们，一定要认识到肩上担子的重量，切实增强责任感和紧迫感，把我们的工作做好，让公共财政的阳光不断地照耀到更广大的地区和更广大的人群。

（二）切实增加投入，确保完成省里安排的任务

在医疗卫生方面，新农合扩大试点的配套资金要拿够，乡镇卫生院的基本设备要补齐。对县级财政来讲，还要推动减少村级医务室的空白村的工作。村级没有医务室的，小病也要出村，会使新农合制度推广起来有很大的阻碍。

对五保户按条例要应保尽保。资金主要由省级财政安排，但下边报的数字可能不准，所以省级财政从今年起要采取包死基数的办法。在农村低保方面，要按“4∶4∶2”的比例，及时足额拨付资金。市县财政要继续落实好做实个人账户的配套资金。

中央财政今年也安排了一部分资金，在城镇居民当中推行基本医疗保险的试点。在医疗保险制度方面，农村走在了城市前面。今年要努力推动城镇居民广泛参加基本医疗，让更多人都能享受到基本医疗保险。

切实保障农村老党员的补贴发放和复员军人补助的提高。

这里要特别强调的是，市县两级财政应该配套的资金大家一定想方设法落实到位。对于35个省直管县，如果市财政配套资金不到位，省财政将扣回，直接拨付给省管县。

（三）完善制度，建立健全各项资金的管理和使用办法

无论十二项社会救助办法，还是其他的一些社会保障方面管理方法，特别是资金的使用和发放办法有必要来一个回头看。要完善各项管理办法，使其更加符合我们对资金的使用原则。比如说可以考虑医疗救助，还有新农合报销办法方面的资金管理有没有必要改进等。我觉得有几项资金的结余大了是好事情，特别是城镇职工企业的基本养老金，这个越大越好，但是有些资金是不应该有那么大的结余的，如就业补助资金和新农合资金。因此要进一步健全各项社会保险制度，进一步加强社会保障资金规范管理。

（四）加强配合，做好各方面协调工作

首先我们要搞好部门之间的协调。从根本上讲，我们的目标是一致的，都想为老百姓做一些实事，但是在一些具体的操作方式和管理方法上，和主管部门存在这样或那样的不一致。有些项目计划需要的基本数据，因为部门没有及时报上来，影响到我们支出预算的下达，这是一个很大的问题。所以要加强协调，多进行沟通，使资金尽快地下达到项目单位，让人民群众受益。中央财政从年初已转变了一些专项拨款方式，新农合和农村老党员资金在年初全额预拨。我们还要与主管部门积极配合，核实数据，及时足额拨付资金。

其次财政系统内部也要搞好协调配合。我们社保的同志都要与预算、国库等处室、科室打交道，遇事要加强沟通，让大家确实理解社保工作的重要性，从而更好地支持配合社保工作。

（五）加强建设，打造出一支过硬的社保队伍

一是要政治上过得硬。从太原市的社保案以后，这两年我们还没有发现社会保险基金有大的问题。去年对省本级的社会保险资金进行了审计，发现一些小问题，都及时做了处理，总的来说管理还是较为规范的。我希望今年能够做得更好，更符合要求，确保社保资金、基金的安全完整，保值增值。

二是要业务上过得硬。当前各项社会保障的范围扩大，人数增加，基本情况也在不断的变化。只有把政策吃透，才能够在部门协调的过程中，清楚应该说什么样的话，应该制订什么样的政策更符合我们山西省的实际情况。一些资金分配依据的基本数据五花八门，这就要求我们能够对不符合实际的数据及时看出问题来。各级财政社保干部都要加强业务学习，努力成为学习型干部，不断提高财政理论水平和社会保障业务能力。

三是要作风上过得硬。全省财政系统要树立雷厉风行的办事作风。资金不能及时下拨，跟数据不能按时上报有很大的关系。我们所管的资金绝大多数是老百姓的养命钱，我们没有理由拖着不拨。今年要在转变作风、狠抓落实上下真功夫、硬功夫，不断提高服务水平，以更加务实的作风投身到财政社保事业中来，努力造就一支高效、廉洁的干部队伍，更好地为山西经济和社会发展服务。

同志们，社会保障工作，说到底是一个民生问题。能否把基层群众的生活问题解决好，能否把困难群众的生计安排好，这是一个直接关系到社会稳定、关系到推进和谐社会建设的重大问题。只有稳住最困难的那部分人，才能稳住人心、稳住全局、构建和谐。今年，省委省政府承诺要为人民群众办好十二件实事，其中，有三件涉及社会保障工作。我们的任务光荣而艰巨，我们的工作是省委省政府情系民生、解决民忧的重要举措，是推进社会主义和谐社会的重要环节，与广大人民群众的切实利益息息相关。各级财政社会保障部门要以高度的责任感和使命感，以人为本、务实创新，切实把财政社会保障的各项工作做深、做细、做实、做好，推进全省财政社会保障工作又好又快发展，为构建和谐山西做出新的更大的贡献！

做好财政税政和关税工作
促进财政经济又好又快发展

——在全省财政系统税政和关税工作会议上的讲话

山西省财政厅副厅长　**胡双明**

（2007年6月25日）

今天，我们在这里召开全省财政税政和关税工作会议，就是要传达和贯彻财政部税政工作会议和关税税政工作会议精神，回顾和总结近3年来全省财政税政和关税工作开展情况，梳理工作中存在的问题，分析当前工作面临的机遇和挑战，研究进一步做好财政税政和关税工作的思路，部署今后一个时期的工作任务，十分必要、十分重要。希望我们通过这次会议解决好各级财政部门对财政税政和关税工作的认识到位、任务到位、思路到位和方法到位的问题，以扎实过硬的工作，争取使我省的财政税政和关税工作走在全国的前列，为我省公共财政改革与发展、和谐社会的建设做出新的更大的贡献。

下面我讲三点意见，供大家参考。

一、近三年我省财政税政和关税工作的回顾与总结

3年来，全省各级财政部门紧紧围绕推进经济结构调整、转变经济增长方式、完善经济体制机制、加快科学发展、服务和谐山西建设这个工作大局，找准税政和关税工作定位，强化税政和关税工作职能，创新税政和关税工作思路，开辟税政和关税工作领域，初步形成了以调研为基础，以政策管理为重点，以服务大局为目标，以改进作风为支撑，奋力推动科学发展、财政振兴和社会和谐的地方财政税政和关税工作总格局，为促进我省财政收入快速增长和经济社会协调发展做出了新的贡献。

（一）坚持管政策与管收入相结合，努力为构建和谐山西增加地方财力。随着财政税政和关税工作的不断深入开展，加强税政管理成为现阶段财政部门实现组织收入职能的重要途径。各级财政部门税政和关税工作机构逐步将工作重点由单纯管政策转变到管政策和管收入并重上来，并探索出一条管政策和管收入相结合的工作方法。一是调整政策促增收。据初步统计，从2004年开始到目前为止，我省通过调整税收政策得到的财政增收至少在30亿元以上。其中，2004年调高了煤炭资源税适用税额后，每年可增加地方财政收入8亿元左右；调高城镇土地使用税税额幅度后，每年可增加地方财政收入2亿元以上。2006年，我们向财政部正式上报了适度提高焦煤资源税税额标准的请示，经由财政部呈报国务院，得到同意。财政部已正式下文明确从今年起将焦煤资源税税额标准由每吨3.2元提高到每吨8元。这项政策的调整每年至少可为我省增加地方财政收入6亿元。今年我们又根据新出台的车船税条例、细则和修订后的城镇土地使用税条例的要求，考虑全省经济社会发展水平及毗邻省份税负水平，落实国家宏观调控政策意

图，在精心测算、全面衡量的基础上，报请省政府批准将车船税税额水平整体提高了3倍左右，将城镇土地使用税税额幅度提高了2倍。这两项政策执行到位后，每年可增加地方财政收入15亿~20亿元左右。二是加强征管促增收。主动联合地税部门，奔赴其他中部省份考察地方税收征管情况，开展地方税税源调查活动，分析形成收入差距的各种原因，制订有针对性的政策措施，支持地税部门加强征管促增收。2006年，省财政厅贯彻落实省领导提出的“促使房地产税收成为全省地方可用财力新增长点”的要求，联合省地税局在调查研究的基础上，向省政府呈报了《关于契税收入情况调查及加强契税征收管理工作的请示》，并经省政府批准，下发了《山西省人民政府办公厅关于加强契税征收管理工作的通知》（晋政办发［2006］40号），成立了由政府领导担任组长的领导组及领导组办公室，建立了加强契税征管的联席会议制度。与此同时，省、市、县三级财政税政机构联合地税部门开展了契税、耕地占用税税源调查，以查促管、以查堵漏、以查促收，取得了良好的成效。全年“两税”增收0.8亿元。今年，又安排布置了房地产企业税收典型调查和煤炭企业所得税税收情况调查，目的就是要通过调查摸清税源底数，挖掘税收潜力，提出加强征管的政策建议，促进依法治税、应收尽收。这些工作的开展，一举结束了过去地方财政税政机构在组织财政收入方面无所作为的局面，彰显了地方财政税政机构的地位、职能和作用，并对缓解县乡财政困难起到了积极的作用。

（二）坚持全力服务上级科学决策和积极反映地方利益诉求相结合，努力为推进税制改革发挥建设性作用。2003年中央做出《关于完善社会主义市场经济体制若干问题的决定》后，税制改革再次被推向市场经济体制改革的前台，成为各级财政部门税政工作的重中之重。发挥地方财政部门在推进税制改革中的重要作用，我们主要做了以下几方面的工作：一是继续在全省范围内依托市、县财政部门的力量开展了企业所得税税源调查工作，每年收集2 000多户企业的财务数据和纳税资料，建立了企业所得税数据库，为国家统一内外资企业所得税制提供了数据支持。二是贯彻中部崛起战略，于2006年开展了增值税转型政策试点研究，提出了实施方案和政策建议，特别是在扩大增值税抵扣范围行业的确定上，立足中部地区和山西实际，力争将我省煤炭、冶金、火电等支柱产业列入增值税转型政策试点范围之内，得到财政部和国家税务总局的同意，从而为我省太原、大同、阳泉、长治等老工业基地城市产业结构调整、科技创新与进步、实现可持续发展，为我省建设新型能源和精品原材料基地赢得了比较有利的政策环境。三是落实建设资源节约型和环境友好型社会的要求，专题研究了资源税改革问题。为更大范围和更高层次上反映我省财政的利益诉求，2005年我们参加了财政部资源税改革方案的起草工作，为资源税改革和发展做出了努力。四是做好车船税改革的地方配套改革工作。成果集中体现在《山西省贯彻落实〈中华人民共和国车船税暂行条例〉和〈中华人民共和国车船税暂行条例实施细则〉实施办法》中。通过《实施办法》，我们进一步明确了我省车船税适用税额、城乡公共交通车船免税、纳税地点、纳税期限等具体问题，推动车船税在我省实现全面改革。五是制订了《山西省贯彻落实〈中华人民共和国城镇土地使用税暂行条例〉实施办法》，扩大了征税范围，精细了免税范围，调整了税额幅度和纳税期限，完善了城镇土地使用税地方配套管理。

（三）坚持贯彻执行税收政策与运用税政管理权限相结合，努力为我省经济社会协调健康发展创优政策环境。一方面，我们结合山西实际进一步明确、细化有关规定，保证了国家税收政策在我省贯彻及时、落实到位，促进了我省国有企业改革、经济结构调整、科技创新进步、社会事业发展和生态环境改善。另一方面，为加强改善宏观调控，2006年我们在中央授权的范围内，报请省政府同意，对在我省设立的外商投资企业制订了税收优惠政策；对我省范围内的家禽养殖、加工和冷冻冷藏企业及个人生产经营用的土地、房产和车船，免征2006年应缴纳的城镇土地使用税、房产税和车船使用税，以更好地应对禽流感疫情带来的影响；对相关企业招用下岗再就业人员按每人每年4 800元（国家规定各省可在每人每年4 000元的基础上上浮20%）标准从高确定其所应享受的税收扣减定额，为扩大就业再就业提供了税收政策支持。2005～2006年，省、市、县三级财政部门共征集涉及保护资源、节约能源的关税税目增列建议和年度暂定税率调整建议共21条并及时上报财政部，其中5条建议得到采纳，为促进我省企业提升国际市场竞争能力争取了有利的关税政策条件。地方税政管理权限的正确运用，较好地服务了我省扩大对外开放、转变经济增长方式以及和谐社会建设。

（四）坚持税政管理和税政服务相结合，努力为纳税人提升应用税收政策加快自身发展的能力提供优质服务。一是巧借新闻媒体的力量，搭建宣传普及税收政策的有效平台，力争在第一时间将中央的税收政策宣传普及到各行各业。省财政厅与《山西日报》、《山西经济日报》、《山西财税》、《会计之友》、山西电视台等新闻媒体都建立了宣传税收政策的良好合作关系。2006年与《山西日报》合作发布了《关于征集调整关税税目税率建议的通告》，今年5月份又与《山西日报》合作举办了《做好财政关税工作，服务地方经济发展》大型宣传活动。各市、县财政部门也都与当地广播、电视、日报等新闻媒体开展了积极的合作，组织了电视短片、广播讲座、报刊专栏等很多有益的宣传活动，为广大纳税人了解税收政策做出了积极的努力。二是编辑税收政策工具用书，送书上门，为各方面用好用足税收优惠政策提供最快捷的“菜单式”服务。2006年省财政厅在认真梳理国家现行税收优惠政策的基础上，对其中与山西发展有关的税收优惠政策进行了摘编，专题汇辑成《现行主要税收优惠政策汇编》一书，呈送省委、省政府主要领导，送达省直各厅局机关，发送全省3 000多户大中型企业，为领导正确决策提供了参考用书，为各行各业正确贯彻执行国家税收政策提供了指南。不少市、县财政部门还将这本书翻印，在更大的范围进行了发放。与此同时，我省各级财政部门还采取互联网、公开信和实地走访等形式，及时将有关税收政策传达到经济建设第一线。近3年来省财政厅共发放《致全省企业的一封公开信》5 000余份，市、县财政部门共实地走访企业1 000余人次，较好地发挥了税收政策宣传者、咨询者和服务者的作用。三是加强财企互联，努力帮助企业解决发展中遇到的政策问题。2005年，省财政厅就太原钢铁集团提出的200系不锈钢假冒300系不锈钢产品问题，积极向国务院关税税则委员会建议在税则中增列200系不锈钢薄板和中板税目，得到采纳，有力地维护了太钢集团生产的300系不锈钢的市场竞争力。2006年，省财政厅根据企业的反映，在调查研究的基础上，提出了降低镍铁、铌铁和铬铁进口关税税率的建议，得到采纳。这一政策的争取，为我省乃至全国钢铁企业降低生产成本、提高产品收益起到了积极的作用。今年，我们为支持我省文化体制改革，联合省国税局、省地税局、太原海关及时公布了我省享受文化体制改革政策试点的地区和试点单位名单；为了支持慈善事业的发展，制订了公益救济性捐赠扣除资格认定办法，并为山西省慈善总会等社会团体确认了相关资格。四是为切实增强各市、县财政部门税政工作的贯彻落实能力，印发了《关于进一步做好财政部门税政管理工作的意见》，梳理了业务内容，提出了明确要求，推动了工作开展。以上工作的开展，较好地体现了财政部门优化政务环境、主动服务发展的优良作风。

（五）坚持抓业务与带队伍相结合，努力建设一支政治强、政策通、业务精、作风实的财政税政和关税工作队伍。人才是兴业的基础，队伍是事业成功的组织保证。3 年来，各市财政局党组高度重视税政机构和税政队伍建设问题，没机构的明确机构，没人员的调配人员，从而使我省 11 个市都正式经编制部门批准成立了财政税政工作机构。为了提升市、县财政部门税政和关税工作人员的综合素质、政策水平和业务能力，各级一方面通过外出考察、专题培训、以会代训等多种形式，切实加大税收政策管理知识的培训力度，另一方面通过加大调查研究力度，努力提升广大税政干部的实战水平，取得了良好的成效。3 年来，我们围绕我省财政总收入规模迅速扩大但地方一般预算收入所占比重却明显偏低的问题，开展了优化地方财政收入结构课题研究；围绕煤炭工业可持续发展问题，开展了煤炭工业可持续发展税收政策课题研究；围绕发展循环经济和清洁生产问题，组织开展了煤层气抽采利用税收政策课题研究；围绕扩大对外开放和技术创新问题，开展了促进扩大对外开放和企业自主创新税收政策研究。其中，煤层气抽采利用税收政策研究成果被吸收到财政部的红头文件里，对外开放税收政策研究成果被吸收到省政府的红头文件里，促进企业科技创新税收政策研究成果被刊登在财政部税政司的司刊上。值得一提的是，在各项调研工作中，各市县的财政税政机构做了大量的基础性工作，为调研工作取得实效、服务决策做出了努力。不少市、县的财政税政和关税工作机构还在调查研究的基础上，探索形成了一些具有特色的财政税政和关税工作经验。如朔州市财政局提高煤炭企业所得税核定征收定额、晋城市财政局在企业所得税税源调查工作中坚持“三结合、四核对”（即调查工作与金税工程、税收汇算清缴及实际工作需要相结合；即调查表填报数字与企业账目、企业年终会计决算报表、税务汇算清缴资料以及税务稽查资料逐一核对）的方法，晋中市财政局在调查工作中采取“请进来、走出去”的方法等，都值得我们学习借鉴。其他各市也在做好税政和关税工作方面动脑筋、想办法，取得了新的成绩，有力地提升了财政税政机构的工作层次，锤炼了财政税政和关税工作队伍。

3 年来，在省委、省政府的正确领导下，在财政部的精心指导下，全省各级财政部门始终围绕税政和关税工作大局聚精会神谋工作，一心一意抓落实，取得了良好的成效。一是优化了地方财政收入结构，壮大了地方财政实力。我省地方一般预算收入由 2004 年的 256.36 亿元增加到 2006 年的 583.38 亿元，翻了一番多。资源税、城镇土地使用税、契税等三项税收收入由 2004 年的 13.68 亿元增加到 2006 年的 29.35 亿元，翻了一番多。大家知道，我省一般预算收入的增长与近两年能源原材料价格上涨有一定关系，而上述三个地方税种的增长主要靠政策调整。如果政策没有及时调整，这几个税种就不会有大的增长，进而会影响我省一般预算收入的结构。我觉得这很不容易。二是完善了财政宏观调控职能，促进了“五个统筹”的落实。税政工作在支持配合全省各有关方面紧紧抓住国家实施中部崛起战略机遇，进一步扩大对外开放，扎实推进两区（晋西北、太行山革命老区）开发，致力建设新型能源和工业基地，全面构建充满活力、富裕文明、山川秀美、和谐稳定的新山西方面发挥了积极的作用。三是严格了税政管理，贯彻了国家的税收政策意图，确保了税收政令的畅通，维护了公平统一的税收环境。四是初步确立了省级财政税政机构的权威性和税政管理的社会性，扩大了社会各界对财政税政工作的认知度、参与度和支持度。五是创新了财政税政工作思路，拓宽了财政税政工作领域，锤炼了财政税政工作队伍，推动我省财政税政工作迈向了新阶段、新水平。上述成绩的取得来之不易，全省各级财政税政和关税工作者为此付出了艰辛的努力。在此，我代表厅党组、代表郑厅长，对大家取得的成绩表示祝贺！对大家付出的辛勤劳动表示衷心的感谢！

在看到成绩的同时，我们也清醒地看到，在我们的财政税政和关税工作中仍然存在一些问题。一是个别市县财政部门对地方税政和关税工作的重要性认识不够，“会议讲得少、工作人手少、应付了事”的现象不同程度地存在。二是现有的财政税政和关税工作人员的结构、素质和水平与工作现实要求不相适应。近年来税制改革的任务日益繁重，税政和关税工作范围越来越宽、内容越来越多、要求越来越高、调研任务越来越多。虽然我们在工作中有一些思路和想法，但囿于人员素质、人员结构、人手力量的限制而不能付诸实践。这一问题在市、县财政部门尤为突出。三是财政税政和关税干部学习能力有待提高。在对政治形势和国家政策的把握、对经济规律和税收知识的掌握、对国际贸易知识和规则的了解等方面，离实际工作需要有一定的距离，有些日常工作比较吃力，不少高端工作还不能胜任。对此，我们要高度重视，采取有效措施切实加以解决。

二、当前我省财政税政和关税工作面临的机遇与挑战

在科学发展成为鲜明时代特征的今天，我省财政税政和关税工作面临着前所未有的机遇和挑战。经济全球化深入发展，科技进步日新月异，国内外生产要素流动和产业转移加快，集约化、知识化、生态化日益成为经济发展主流，要求我们必须在更高的层次和更广的范围谋划和推进我省的财政税政和关税工作。

（一）从促进我省对外开放的高度看地方财政关税工作。进入21世纪以来，国际竞争更加激烈，对外贸易成为拉动国民经济增长的重要动力，关税及进出口税收成为财政收入增长的重要来源。贯彻落实好关税政策，不仅是维护国家主权权益，筹集国家财政收入的客观要求，而且是保护我省企业合法权益，维护我省市场秩序免受冲击的重要政策手段，直接关系到我省地方经济的安全。特别是在省委、省政府做出了大开放、大发展的战略决策后，需要我们积极运用关税政策，通过对关税税则、税目的调整和税率的变化做出灵敏反应，有力地促进我省产业结构的调整、增长方式的转变、进出口商品结构的优化以及进出口贸易质量和效益的提高，以进一步增强产品的国际竞争力和企业的盈利能力，进而壮大地方财政收入，从更大的范围、更深的层次、更宽的领域全面推进我省的对外开放事业。我省各级财政部门应组织动员其他部门、行业协会、企业通过对关税税则、税目、税率的调整方案和关税谈判方案提出针对性的建议，积极主动地为国家、地方和省内企业争取更大的利益。可以肯定地说，关税工作在地方、在相关部门、在企业，不是“无所谓”的事，而是一项大有作为的事业。各级财政部门应主动加强与相关部门、相关方面以及企业的沟通与协作，充分发挥关税的职能作用，努力提高关税政策的分析运用能力，积极反映本省企业的关税诉求，争取更加有利的关税政策，促进我省经济又好又快发展。

（二）从市场经济的发展看税政工作。

市场经济是开放的经济。开放的经济需要符合国际惯例的体制和机制。伴随着经济全球化，世界税制也呈现出“简税制、宽税基、低税率、严征管”的趋势。借鉴国际惯例，建立符合我国社会主义市场经济发展要求的现代税制，需要我们地方财政部门落实内外资企业所得税“两法合并”改革要求，试点扩大增值税抵扣范围政策，在公民、法人和其他组织层面上实施物业税、个人所得税、燃油税改革，在操作层面上推进资源税、车船税、城镇土地使用税等税种的地方管理制度配套改革，进而为建立税政统一、结构优化、税负合理、政策透明、调控有力的新型税制做出应有的贡献。从关税税政工作方面看，还需要我们在完善关税政策建议征集机制、搞好贸易救济调研、做好反倾销反补贴案件应对、维护公平的国际贸易环境方面加大创新力度，更好地发挥关税政策的保护作用。

（三）从加强地方财政税政调控职能作用看税政管理权限的划分。市场配置资源的基础性作用逐步突出，市场主体和所有制结构日趋多元化，国民经济的微观活力增强，市场体系基本形成，生产要素市场初具规模。这一现实要求进一步加快政府机构改革和职能转换的步伐，积极探索新型宏观调控体系，推动间接调控方式发挥主要作用。税政是调动中央和地方两个积极性重要的政策管理手段，在处理集散有度的调控效应问题上具有十分重要的地位。在合理划分中央和地方税政管理权限的问题上，需要地方财政部门立足财权与事权相匹配、权利与责任相统一的原则，提出科学合理地下放地方税收立法权，扩大地方税收政策管理权等政策建议，以推进税收管理体制改革向着有利于全国税政统一、有利于地方调控区域经济社会、有利于各地协调和谐发展的方向迈进。

（四）从加快山西转型跨越发展看财政税政和关税工作。贯彻加快科学发展、建设和谐山西、致力求真务实的总体要求，省委、省政府做出了实施“两区”开发，加快“两化”进程，着力“六个突破”、走出“四条路子”、实现“三个跨越”的战略部署，动员全社会的力量奋力推动山西转型跨越发展。推动山西转型跨越发展，离不开我省各级财政的财力保障，离不开财政政策的鼎力支持，离不开财政体制的激励和约束。这要求我们各级财政部门以过硬的税政管理工作确保税收收入功能的充分发挥，从收入上提供坚强的物质保障；确保税收调节功能的充分发挥，促进经济社会协调发展；确保税收公平功能的充分发挥，为社会和谐创造政策环境。

总之，新形势对地方财政税政和关税工作的要求更高了，我们肩上的担子更重了。形势逼人，机遇催人。各级财政部门要以落实科学发展观为统领，抓住机遇，迎接挑战，按照公共财政的要求，加快税收制度的规范、改革与创新，完善税收调控手段和政策体系，促进我省经济社会持续快速协调健康发展！

三、今后一个时期我省财政税政和关税工作的基本思路和主要任务

综合考虑改革、发展、稳定对税政和关税工作的影响，贯彻全国财政税政和关税工作会议精神，今后一个时期，我省财政税政和关税工作的基本思路是：“服务一个中心，推进两个转变，突出三个重点，实现四个突破”。

服务一个中心，就是要充分发挥税政和关税职能作用，为健全完善公共财政收入体系（主要是优化和完善地方财政收入结构）、公共财政调控体系、公共财政管理体系服好务，为加速财政振兴的进程服好务。

推进两个转变，就是要以贯彻财政部和我省关于加强地方财政部门税政和关税工作的文件精神为主线，努力推动我省财政部门

税政和关税工作由被动应付型向积极主动型转变，由贯彻执行政策型向分析争取运用政策型转变。

突出三个重点，就是要以促进地方财政增收、加强税收政策调控和创优税政服务环境为重点，努力为我省实施中部崛起战略、扩大对外开放、实现转型跨越发展、建设新型能源和工业基地、建设和谐社会等提供财税政策支持。

实现四个突破，就是要破除那种认为地方财政部门税政机构在政策制订方面无所作为、在推进税制改革方面作用不大、在服务决策方面没有手段、在队伍建设方面说了不算等错误认识，努力在分析争取运用税收政策、推进税制改革、服务上级科学决策、加强税政干部队伍建设等方面实现新突破。

贯彻上述思路，近中期我省财政税政和关税工作的主要任务是：

（一）强化税收收入功能，增强地方财政实力。强化税收的收入功能是政府履行管理职能、提供公共产品和公共服务的财力需要，也是建立稳固、平衡、强大的公共财政的前提和基础。从税制改革情况看，今年推行的增值税转型改革试点、明年执行的内外资统一的企业所得税法等，短期内都会给财政收入带来不同程度的减收。从我省财政收入结构看，地方财政收入占财政总收入的比重较低，已成为影响地方可用财力和经济发展的一项重要因素。为此，各级财政部门要牢固树立并坚持落实税政工作的收入观，奋力争取在贯彻落实依法应收尽收的组织收入原则上有所作为，在提出挖潜堵漏的政策建议上有所作为，在健全完善地方税收体系、扩大地方税收收入规模、提高一般预算收入占财政总收入的比重上有新作为。具体来讲，就是：一要加强税政管理，与税务部门协作搞好税收政策执行情况监督检查，坚持依法治税、依率计征，坚决制止和纠正越权减、免、缓征税款以及先征后返等违反国家税法的行为，努力促进应收尽收。二要搞好税源调查分析和重点行业税收征收质量评估，摸清税源底数，发现征管薄弱环节，提出加强征管、堵塞漏洞的对策措施。三要抓好新车船税、城镇土地使用税调整税额有关政策的贯彻落实工作。目前，车船税暂行条例及细则和城镇土地使用税暂行条例的实施办法将很快被省政府常务会议研究通过。各市要主动向市委、市政府汇报，争取市委、市政府的重视与支持，切实做好车船税税额提高和扩大征收范围的落实工作，做好城镇土地使用税土地等级划分和税额拟定工作，保证这两项增加市、县财政收入的政策落实到位，起到应有的作用。同时要保证提高焦煤资源税税额政策执行到位，要支持地税部门做好房地产税收一体化管理工作，提高房地产税收征收管理水平，促进地方税收稳步增长。

（二）发挥税收调控功能，促进全面科学发展。大力促进经济增长方式转变和社会事业发展，是税政管理工作始终要把握的重点和方向。各级财政部门必须牢固树立并坚持落实税政和关税工作的调控观，在坚持发挥市场对资源的基础性配置作用的同时，发挥好税收的调节作用，促进我省经济社会的和谐发展、创新发展、科学发展。一方面，要及时、全面、准确地贯彻执行好中央制订的税收政策，用好用足国家现行的税收优惠政策，保证国家关于经济社会发展的政策意图得到落实，为市场主体公平竞争营造统一规范的税收政策环境；另一方面，要依法履行好地方政府的税收管理权限，在税收法规授权的权限内，协助地方政府根据地方经济发展状况、产业结构及财力状况，研究制订相应的地方税收政策，利用优惠税率、税收减免、技术开发费列支、加速折旧、研发费用税前扣除等税收政策手段组织并调控区域经济发展。从全国财政税政工作会议上获悉，为构建贯彻落实科学发展观的政策体系，财政部将在提高科技自主创新能力，培育和做强市场主体；加快产业结构调整，促进经济增长方式转变；促进资源节约和环境保护，支持发展循环经济和建设节约型社会；调节居民收入分配差距，促进城乡居民消费需求扩大；推进新农村建设，促进城乡经济协调发展；优化进出口商品结构，控制贸易顺差等方面出台一系列的税收政策措施，我们要抓好贯彻落实工作，为我省“两区”开发、“两化”建设、走出“四条路子”、实现“三个跨越”提供税收政策支撑。这里我要重点强调一下关税工作。财政部门税政机构要及时掌握国家的关税政策动态。要研究分析国家关税政策变动对本地区企业和主要产品的各种影响，找准切入点，积极主动地争取于国于省皆有利的关税政策。要立足我省扩大对外开放、培育新兴产业、建设和谐山西的实际，搞好重点产品国际竞争力调查，有理有据地提出关税政策调整建议，服务我省经济持续、快速、健康发展和社会全面进步。当前需要重点解决的问题是：切实提高关税政策建议的科学性、可行性、准确性，切实提高政策建议的采纳率。

（三）贯彻中央改革部署，参与推进税制改革。税制改革不仅仅是中央的事情，这是由分税制财政体制内在要求决定的。特别是与社会主义市场经济发展需要相适应的中央税权下放力度的加大，使地方财政部门逐步走上税制改革的前台。税制改革直接影响到各地经济利益格局。全省各级财政部门要积极参与税制改革，搞好调查研究，掌握第一手资料，按照“简税制、宽税基、低税率、严征管”的原则，提出我省的合理化建议，力争使我省财政的合理诉求体现到税制改革的成果中去。近中期参与推进税制改革的任务主要有以下六项：一是为企业所得税“两法合并”改革如期实施做好准备。内外资企业所得税已经实现“两法合并”，下一步要研究制订企业所得税法实施条例，我们应结合基层税政工作经验向财政部提出建设性意见；应搞好收入影响测算，研究新旧政策衔接问题，确保此项改革2008年在我省顺利实施。二是推进增值税转型改革。实施中部崛起战略，增值税转型改革从今年7月1日起在我省太原、大同、阳泉、长治这4个老工业基地城市进行试点，我们要跟踪试点情况，研究相关问题，提出规范增值税转型的政策建议，为全面推开增值税转型改革打好基础。三是完善资源税制度。要做好调查摸底工作，根据中央部署从征税范围、计税依据、减免税等方面推进资源税制度的地方配套改革工作。四是关注燃油税改革。燃油税改革是“费改税”的突破口。虽然大政方针的决定权在中央，但养路费改燃油税后，涉及到地方预算管理制度调整、财政供养人员变化、征收力量变动、配套制度建设等问题。我们应及早关注、有所准备。五是积极参与物业税改革。物业税被中央定位为地方主体税种，将成为地方政府加强基础设施建设投入的重要财源。推进物业税改革对健全完善地方税收体系有着特殊重要的意义。我们要组织精干力量，到试点省份学习评税经验，学习改革实转经验，了解矛盾和难点，筹划相关方案，打一场有准备的改革攻坚战。六是参与完善个人所得税制度。在这方面重点是就规范和拓宽税基、清理减免税项目、提高征管效率等方面，立足山西税政工作实践，提出合理化建议。

（四）创优税政服务环境，寓管理于服务之中。税政和关税管理工作与公民、法人和其他组织的切身利益密切相关，直接关系到财政部门政务环境的改善和行业新风的树立。各级财政部门的税政和关税工作机构及工作人员要进一步树立服务至上的理念，努力在税收政策公开化和咨询服务经常化上下工夫，积极主动地为市场主体提供优质高效的税政服务。首先要加大税收政策宣传力度，送税收政策进企到户，全力支持各有关方面用好用足国家现行税收优惠政策；其次，要尝试建立重点企业联系制度，及时了解我省支柱产业、新兴产业中的代表企业对国家税收政策的意见和建议，为企业提高自主创新能力和加快科学发展争取更加有利的政策。第三，要做好各方面关于税收政策的咨询服务工作，在国家授权的范围内帮助有关方面解决税收政策问题。第四，要建立财政与税务、商务、海关、调查统计等行政主管部门的合作共赢机制，增强财政税政工作的科学性、辐射面和影响力。第五，要加强地方财政关税工作，执行好关税联络员制度，激发企业利用关税政策增强国际竞争力的积极性。要借助行业协会、重点企业和行政主管部门的力量，引导企业利用多边规则与机制在 WTO 法律框架下，积极应对贸易争端，进一步提升运用国际贸易规则的能力，切实保护自身的合法权益。

（五）搞好税政调查研究，发挥参谋助手作用。没有调查研究，就没有发言权。事实上，我们搞政策管理工作的职能机构没有一项工作离得开调查研究。财政部提出，财政工作要在提高企业自主创新能力、促进经济增长方式转变、扩大内需、促进城乡协调发展、建立完善的公共支出体系、深化财税体制改革等六大方面进行研究。税收在上述领域可以充分发挥职能作用。我们应该围绕上述内容开展调查研究，为领导科学决策提供来自于实践的第一手资料、来自于兄弟省市的先进经验、来自于基层的鲜活情况、来自于群众的真切呼声，努力使我们的调研成果，在税制改革、政策制订调整、重大决策等方面发挥积极有效的作用。与此同时，财政税政和关税干部要在梳理掌握税收政策上下工夫，当好领导在税收政策方面的“活词典”；要在了解掌握税收政策贯彻落实的效果上下工夫，当好上级部门和上级领导政策、决策及时反馈的“信息桥”；要在倾听和收集方方面面特别是市场主体的心声和意见上下工夫，当好上级部门和上级领导的“千里眼”；要在研究探索促进科技进步、调整产业结构、节约资源能源、发展循环经济等方面的税收扶持政策上下工夫，当好上级部门和上级领导的“高级智囊”。

（六）加强税政队伍建设，夯实事业组织基础。3 年来，我省财政税政和关税工作取得了令人振奋的成绩，靠的就是我们有一支敬业、奉献的干部队伍。希望各市、县财政局的领导更加重视税政和关税工作，从职能规范、干部培养、工作任务等方面进一步加强对税政和关税工作的领导和支持。要明确分管领导、承办机构、承办人员，为税政和关税工作的顺利开展提供良好的条件。广大税政和关税干部应不辱使命，尽职尽责，奋发作为，努力使自己成为熟悉财政理论、熟悉税收原理、熟悉征管情况的专家型人才，为加快科学发展、振兴山西财政、构建和谐山西贡献自己的力量。今后，省财政厅将采取各种方式加大对市级财政部门税政和关税干部的培训，各市也要抓好对县级财政部门税政和关税干部的业务培训，为他们开阔视野、提升素质、增长才干创造条件。

同志们，财政税政和关税工作责任重大、使命光荣。让我们在省委、省政府和厅党组的正确领导下，在财政部的精心指导下，发扬成绩，务实创新，锐意改革，开拓进取，全力推动全省财政税政和关税工作再上新台阶，为促进我省财政经济又好又快发展做出新的更大的贡献！

积极进取　锐意创新
努力开创山西省财政决算工作新局面

——在2007年全省财政决算工作会议上的讲话

山西省财政厅副厅长　**胡双明**

（2007年11月24日）

本次会议的主要议题是，落实2007年全国财政决算工作会议精神，认真总结回顾我省几年来的财政决算工作，表彰和奖励2006年度财政总决算和部门决算的先进单位，布置2007年度财政总决算和部门决算编审工作，讨论2007年省对市、省直管县年终结算办法，对两个决算软件进行培训以及其他事项。下面我讲几点意见供大家参考。

一、近年来我省财政决算工作的回顾

近年来，我省财政改革突飞猛进、成果丰硕，推动了全省财政工作不断向前迈进。在此基础上，通过全省各级财政部门的不懈努力，财政决算工作也在科学化、规范化和制度化建设上取得了长足进步，可以说是一年上一个台阶，在财政部的评比表彰中，从最初的榜上无名、到2005年取得突破、再到2006年的双双告捷，两套决算都获得了财政部的表彰和奖励，这些成绩的取得是大家共同努力的结果，在此，我向所有支持与从事财政决算工作的同志表示衷心的感谢。针对2006年财政决算工作取得的好成绩，郑厅长专门做出批示，“希国库处再接再厉，取得更好成绩”，我们应按照郑厅长的要求，总结经验、找出不足、再鼓干劲、再攀高峰。我认为，全省财政决算工作不断取得进步主要得益于以下几个方面：

（一）领导重视，各部门协调一致，形成合力，是财政决算编审工作规范化建设的基础

近年来，全省各级对财政决算工作重要性的认识普遍增强，重视程度越来越高，省厅领导每年都要对开展财政决算工作提出指导意见和具体要求，很多市财政局的领导在决算期间亲自安排部署有关工作、协调相关事宜，为决算工作的顺利开展铺平了道路。同时，针对财政决算工作综合性和联动性都比较强的特点，各级财政部门从多方面加强财政决算工作的组织协调，及时解决工作中的困难，充分调动工作人员的积极性，明确分工、协调配合，依靠集体的力量开展工作。工作中我们特别注重财政内部各部门之间形成合力，财政与各预算单位之间形成合力，财政上下级之间形成合力，这是我们做好决算工作的基础。

（二）财政决算编审工作方法不断改进，成为提升财政决算质量的有效手段

一是以夯实日常工作为切入点，把财政决算工作渗透在日常工作的每一个环节。在管理中加强规范财政和各预算单位的会计核算工作，特别是各级财政部门在实施国库集中支付制度改革中，将支出功能科目、经济科目、预算文号、资金性质等要素进行了规

范，提高了单位会计核算质量，也提高了决算编报的准确性。二是以抓好培训为突破点，解决好决算编审中的技术和口径问题。近几年，全省财政决算会议都要安排一定的时间对决算工作和决算软件进行培训，省本级单位每年都采取以训代会进行布置，各市、县财政也采取了不同形式的培训，加强对决算编审工作的指导。如长治市认真组织好市直各单位和各县的人员培训，在普遍培训的同时，对部分财政决算力量较薄弱的县进行专门讲解，收到了良好效果。三是审核方式多样化，提高审核效率和准确性。目前全省采用的审核方法主要有网上预审、相互交叉审、重点审核和计算机自动审核等方法，并通过集中会审统一解决发现的问题。省直在2006年部门决算审核中也采用了集中会审的方法，通过指标核对、报表审核、现场反馈问题并由部门修改几个环节流水式作业，极大地提高了审核效率和质量。四是建立起了联系顺畅、反馈及时的上下级沟通渠道。我们充分利用财政内部网络系统，建立了决算工作论坛，以电子邮件的形式进行网上答疑，既使问题得到了及时解决，又便于对问题进行整理，积累第一手材料，朔州市还通过内网发来了他们在实际工作中制订的部门决算审核查询模版，这种积极主动交流工作的做法值得提倡和学习。

（三）确保数据真实可靠，加强财政决算分析，是提升财政决算工作水平的重要措施

财政总决算反映了各级财政当年收支余的情况，部门决算反映了预算单位全年资金收支、人员机构和资产负债等情况，也是部门预算执行情况的总结。正像国库司詹静涛司长指出的，“财政决算数据是一座金山，我们要善于挖掘，把这个宝藏挖出来”，而保证这座金山含金量的就是我们财政决算工作的质量和数据分析的水平。近几年来，随着财政决算工作的科学化和计算机的广泛应用，对于决算关联数据的审核已不再是难点，决算数据的真实性和对决算数据的深入分析，应该是当前决算工作的重点。我们现在执行的财政总决算和部门决算评比办法，评比分值已经向决算分析倾斜，这次决算会上将要讨论修改的决算评比办法还将继续提高决算分析的分值。财政总决算的编报主体是各级财政部门，基础数据的真实性是有保证的。部门决算的编报主体是众多的基层预算单位和财政资金的使用者，如何保证这些单位按时上报部门决算，并且将执行结果真实地反映上来，是我们工作中的难点和重点。前几年，有的单位怕财务执行问题被财政、审计发现，在编报决算时任意对资金性质、使用方向、科目等进行调整，这样的决算反映不出问题，不能够对真实情况进行总结。随着国库集中支付管理制度的改革，这种情况得到了有效的扼制。同时，各级财政部门加强对预算执行工作的监督检查，加大对决算数据真实性的审核，全省部门决算数据的真实性和准确性有了很大的提高，提高了部门决算数据的可用性和实用性。财政总决算和部门决算数据已成为政府决策、工作汇报、专题分析和了解各部门基本情况的权威数据。

在提高决算数据质量的同时，各级财政部门在决算分析上也投入了大量的精力。有的地方对决算进行全面分析，太原市在决算结束后，要印制一本决算分析报告，图文并茂，便于广大财政干部和其他部门了解财政、分析财政；有的地方针对决算中的热点或难点问题，进行深入分析，提出改进意见和建议；还有的地方针对某部门或某行业的决算数据，通过与全省或全区进行的比较，得出分析意见。目前，各级财政部门都对利用财政决算数据中包含的丰富信息，深入分析并发现预算执行中的问题并对这些问题有了新的认识，重视程度不断加强，分析水平不断提高。

（四）财政决算工作队伍素质不断提高，成为开创财政决算工作新局面的动力

人员素质是决定工作质量的关键因素，按照现行的财政决算分级管理体制，省、市、县三级必须各司其职、各负其责，哪一级出了问题，都会影响财政决算整体质量。近年来我省财政决算工作能够不断取得进步，与全省各级财政决算编报人员素质不断提高有着直接关系，这也是我省今后全面开创财政决算工作新局面的动力之源。队伍素质的提高主要表现在，一是人员结构年轻化。几年来，财政决算编报人员年轻化趋势越来越明显，一批年富力强的新生力量充实到了财政决算工作队伍中，这些同志有理想、有干劲，有着勇挑重担的勇气和能力，在向老同志虚心求教的基础上，很快适应了新的岗位，成为支撑我省财政决算工作的中坚力量。二是人员素质专业化。现在从事财政决算工作的大多数人都经过中专以上财税、会计教育，学习新知识、领会新精神的能力比较强，能够不断更新知识结构，适应改革进程带来的新要求。三是作风过硬肯实干。不亲历不知其难，每一位具体从事财政决算编报工作的同志都有着切身体会，特别是县级的同志最为辛苦，决算安排留给他们的工作时间短，工作量大，不仅要汇总县级单位的部门决算，而且要汇总各乡镇的决算，大家发扬财政系统能吃苦、肯战斗的工作精神，无私奉献，任劳任怨，不计个人得失，全身心地投入到工作中。正是由于有这样一支特别能战斗的队伍，才使我省决算工作每年都能按照规定时间高质量地完成。

（五）信息网络化建设的快速发展，是做好财政决算工作的重要保障

近几年，我省“金财工程”的建设步伐不断加快，信息化、网络化建设取得了实质性进展，财政系统内部网络建设已覆盖到县一级，上下级之间的信息交流更加顺畅，从而保证了财政决算工作的新精神、新要求能够及时传达到各基层单位。同时，全省市一级单位的财政决算基本实现了计算机编报，县一级单位的会计核算和决算编报也大部分实现了自动化，信息化程度的提高极大改善了财政决算工作条件，促进了工作效率的大幅度提高。

总的来讲，经过多年来的不断努力，我们初步摸索建立起了一套行之有效、适合我省实际的财政决算管理模式，为我省财政决算工作水平的不断提高奠定了基础。但是，我们也应当清醒地认识到，虽然我省财政决算总体水平有了一定程度的提高，但许多问题依然存在，需要引起高度重视，在今后的工作中加以改进。一是个别市对财政决算工作的认识仍不到位、组织不得力、配合不协调、衔接不顺畅，直接影响了财政决算工作质量；二是审核把关不严，决算布置会上反复强调的问题仍一再出现，如财政总决算收支数与月报数相差很大，有的差额甚至超过亿元，财政总决算转换报表中上下年结余不一致、表内或表间数字不相符等问题；三是不按规定要求对重要事项进行说明或说明不明晰，如财政总决算个别市对报表中“其他”项目不进行补充说明，部门决算对机构增减的原因笼统归结为新增撤并等；四是有些市对决算分析表反映出的问题没有引起足够的重视，仅仅是把分析表做好报了上来，既没有利用分析表充实决算分析报告，也没有对分析表反映出来的部分指标特别是实物量异常变化做进一步的调查核实，决算分析表的使用价值没有发挥出来；五是不注重细节，两套决算都存在排版、打印和装订不整齐的现象，有的市财政总决算报表封面没有加盖同级政府的公章，表明决算没有经同级人民政府审定，有的报表封面侧脊未标明地区代码等；六是在财政决算数据的利用水平上仍有不小的差距，个别市甚至在分析上敷衍了事，决算分析报告与政府工作报告和财政局工作总结雷同、两套决算分析报告

相似的问题都还存在。这些问题希望引起大家的重视。我们一再强调，财政决算工作环环相扣，层层相连，全省任意一个点决算水平的落后，都会对整体产生影响，都会制约我省财政决算水平再上新台阶。大家要充分认识这些问题，对自身财政决算工作水平有一个更准确的定位，找准今后工作的方向和突破口，全力以赴为提升我省财政决算综合水平而努力。

二、关于2006年财政决算数据情况

据财政总决算统计，2006年全省财政总收入完成1 048.17亿元，为年度计划的120.13%，超收175.63亿元，按自然口径计算增长38.26%，增收290.05亿元。其中，一般预算收入完成583.38亿元，为年度预算的142.46%，超收173.87亿元，按自然口径计算增长58.38%，增收215.03亿元。2006年全省一般预算支出执行915.57亿元，为年度预算的87.43%，与上年决算数相比，增长36.91%，增支246.82亿元。2006年全省财政收支平衡情况是，全省财政收入总计为1 078.16亿元（不含国债转贷资金，下同），全省财政支出总计为929亿元，收支相抵，年终滚存结余为149.16亿元，比上年增加67.35亿元，剔除结转下年的支出129.30亿元，全省净结余为19.86亿元，比上年的14.89亿元增加4.97亿元。全省2006年财政赤字县由2005年的35个减少为22个，赤字额由2005年的11.38亿元减少到2006年的8.96亿元，消化赤字2.42亿元。

据部门决算统计，2006年全省独立编制机构为27 925个，其中，行政机构7 776个、事业机构19 840个、社团机构258个、其他机构51个。2006年末，全省财政供养人员148.29万人，比上年增加3.9万人，增长3.41%，占全省总人口3 374.55万人的4.39%，财政供养人员系数为22.8。2006年末，全省行政事业单位资产总计1 145.03亿元，比上年增加221.85亿元，增长24.03%，其中，固定资产为668.06亿元；负债总计313.47亿元，比上年增加了59.16亿元，增长23.36%。

三、关于2006年财政决算评比情况

为了鼓励先进，调动各地加强财政决算工作的积极性，全面提高我省的财政决算工作水平，省厅按照决算评比办法，认真对2006年各市的财政决算进行了考核，共评出财政总决算先进单位六名，分别是，一等奖太原市财政局，二等奖阳泉市财政局、临汾市财政局，三等奖运城市财政局、大同市财政局、吕梁市财政局和晋中市财政局（并列）；部门决算先进单位六名，分别是，一等奖长治市财政局，二等奖阳泉市财政局、太原市财政局，三等奖朔州市财政局、吕梁市财政局、忻州市财政局，我们向以上获奖单位表示祝贺。经过多年的努力，各市的财政决算工作水平都有进步，数据质量上的差别已经非常小，因此，我们把考核重点主要放在对决算中存在问题的说明与决算分析质量上，没得奖的市要从这些方面找差距，要更加努力地工作，争取在今年的财政决算中迎头赶上。得了奖的单位，也不要骄傲，工作也还没有达到可以高枕无忧的地步，不能盲目乐观、故步自封，还要继续努力，向更高水平迈进。另外，我认为体现财政决算工作水平可以从两个方面来看，上级财政部门的考核评比是一方面，这是大家非常重视和关心的，更重要的是看自身对财政决算工作成果的利用水平，你的财政决算数据能够为本地区经济社会和加强财政财务管理提供有益的帮助，自然证明你的工作得到了广泛的认可。所以大家在注重上级考评结果的同时，也要摆正观念，更多地从提高财政决算服务能力上下工夫，这才能够使自身财政决算工作质量有实质性提高。

四、做好2007年财政决算工作的几点要求

2007年财政总决算报表体系分为录入表、决算表、分析表三部分，其中，录入表是总决算的基础数据源，决算表是向同级政府和上级财政部门报送和备案的报表，分析表是财政部门满足自身管理需要，用于内部分析使用的报表。新报表体系扩大了反映范围，细化了编制内容，结构设置更为科学。财政部在改进决算报表体系的同时，为了减轻基层同志的劳动量，在充分协商的基础上，对有些工作做了统一的规定，一是今年将原由财政部预算司布置的县乡财政决算纳入了财政总决算，预算司所需信息直接从财政总决算中提取；二是政府收支分类改革将社保基金收支纳入政府性收支统计范畴，但没有改变现有的预算管理方式，因此在2007年总决算报表体系中，暂将社保基金收支决算做为补充资料反映，总决算报表的相关内容可以从社会保险基金决算中提取数字，并逐级上报汇总；三是2007年财政总决算将使用新的软件进行编报，今年9月份省厅已经对全省各市、县进行了软件操作培训，这次决算会期间我们还要再次进行强化培训，要求每一位同志都要熟练掌握。2007年是新的政府收支分类改革的第一年，今年的财政决算工作将面临许多新情况、新问题，将会遇到许多困难。所以，我对今年的财政决算工作提出以下三点要求。

（一）高度重视、精心组织

2007年可以说是财政决算工作的一个分水岭，随着政府收支分类改革的实施，财政总决算与部门决算在报表体系与指标口径等方面都有了很大的变化，并且，今年的财政决算数据具有承上启下的重要作用，作为使用新科目的基期年，对今后数据的比较、使用有着重要意义。所以，确保今年的财政决算数据质量显得至关重要。大家一定要充分认识到今年财政决算工作的特殊性和重要性，切实从思想上重视起来，认真细致地做好今年的财政决算工作。一是要继续加强对财政决算工作的组织领导，各市和省直管县的同志回去后，要及时向有关领导汇报这次会议的精神，争取领导的支持，为财政决算编报营造良好的工作氛围，创造有利的工作条件；二是继续完善内部协调机制，加强分工协作，国库部门要积极主动地发挥好牵头作用，要精心组织，开好本地区的财政决算工作会，及时把工作安排下去，同时，从历年情况看，在我们的工作会开过后，财政部一般会有些新的精神传达下来，对个别指标口径做出调整，省里也会就有关问题作些补充，这就要求国库部门要随时向相关部门和单位传达这些情况，保证上下政策统一、口径一致；三是继续推进财政改革。要按照目标责任制要求的进度推行国库集中收付制度，为财政决算工作奠定基础。凡独立编制部门预算并纳入改革范围的单位，要按新的部门决算填报要求独立编报决算报表，对本地区独立核算机构数的变化要详细说明。

（二）加强指导、认真培训

2007年两套决算的变化都很大，财政总决算要使用专门的软件进行编报，新报表突破了原来按省、市、自治区汇总上报的模式，改为按基层单位（县级）分户上报，成为一个包含中央、省、市、县、乡五级财政数据的大型数据集合。一级财政的数据库中都包含了所辖各级财政的全套决算，上级财政能够全面掌握下级财政的收支、转移支付等情况，财政总决算的立体化程度明显增强。部门决算报表的变化主要体现在基础数据表上，按照新的政府收支分类科目重新设计调整了报表结构，对纳入部门决算的单位和资金范围都做了进一步明确。这次会议我们安排的培训内容比较多，也比较新，大家要认真学习，深刻领

会，把精神吃透。特别是市级财政部门的同志，回去后还要培训县里和市直单位的同志，编报过程中的许多问题还需要上传下达，需要你们来解决，因此要更加认真参加培训，回去以后当好老师。同时希望各级财政部门继续创新方式，采取多种形式加强培训，决算工作中要有畅通的信息渠道，保证上级的精神及时贯彻落实。

（三）严格审核、按时上报

决算审核对决算质量起着关键作用，今年的报表内容、填报口径、编报方式与往年有很大区别，要求各级财政决算工作人员要认真理解、适应和消化吸收今年的新要求，严格把好审核关，确保数据质量。一是要努力做到边审核、边学习、边提高，审核也是一个学习提高的好机会，大家要按照新的决算编报要求转变审核思路，要及时总结审核过程中的新情况、新问题，善于积累新的审核经验，把它运用到工作实践中。也希望把发现的新问题、总结的新经验及时与省里沟通，具有普遍意义的我们可以向全省推广，共同提高我省的财政决算审核水平。二是审核中要明确责任，不能出现谁都审，谁都不负责任的现象，国库部门也要勇于承担起最终审核把关的职责，确保数据的质量。三是要重视数据的连续性审核，增强数据的可比性，提出这个问题主要是考虑到政府收支分类改革和财政决算口径的变化，财政总决算已完成对2005年度、2006年度数据的转换和上报工作，部门决算在2006年报表中设计了一张科目转换表，各级财政和预算单位要按照转换决算和转换表的数据填报今年报表中的上年指标，根据转换数据对今年决算数据中变化较大的指标进行重点审核，要防止出现改革前后财政统计数据断档的问题，实现新旧科目的平稳过渡，各市在汇总决算后，不能把数据的变化一概归结为新旧科目转换和填报口径的变化，要认真分析查找原因，防止出现人为错误。

五、下一步财政决算工作思路

财政决算工作必须适应经济社会发展的要求，随着财政改革的进程不断发展、完善与创新，才能永远保持生命力。过去，我们主要是按照财政部的要求做好决算编报工作，工作思路还不够开拓，对财政决算工作进行前瞻性思考的主动性还不够，对财政决算数据的分析利用还处于较低层次。今年，我们提出要开创全省财政决算工作新局面的目标，为此，我提出几点建议供大家参考。

（一）加强会计基础工作，进一步提高决算数据质量

会计核算水平是决定决算数据质量的重要基础，随着经济社会的发展和财政改革的不断深入，会计核算环境与核算要求都有新的变化，特别是政府收支分类改革后，新科目的功能分类与经济分类是对过去核算思维的彻底改变。因此，各级财政部门必须下大力气加强会计基础工作，进一步促进决算数据质量的提高。财政总预算会计应严格按照新的政府收支分类科目设置账务，预算单位会计要严格按照编制管理部门核批的单位性质选择执行正确的会计制度，不规范的要从2008年起严格规范。各部门的预算执行结果必须真实准确地反映到自身账务中，各级财政部门要运用各方面的监督手段，加强督促检查。在不断加强会计基础工作，努力提高各级财政与预算部门的会计核算水平的同时，努力实现从财务数据到决算报表的合理过渡，不断提高决算数据的质量。

（二）提高财政决算综合应用水平

数据质量与数据利用是财政决算工作的两个支点，我们一定要坚持两点平衡发展的原则，在继续提高数据质量的同时，努力改变目前决算数据利用不到位的现象，下大力气加强对决算数据的利用，全面提高财政决算综合水平。

首先，要坚持财政决算为财政管理服务

的原则，发挥财政决算对预算编制的促进作用。从大的预算管理体系来看，预算编制、预算执行与决算都是预算管理的重要环节，财政决算是对各级财政、各预算单位预算执行情况的全面反映，是财务收支计划实际执行的结果，反过来又促进预算的编制和审核。现在的情况是，预算编制与财政决算基本脱节，这是多种因素造成的，一是从时间来讲，每个财政年度财政决算反映的是上年的预算执行情况，而当年预算已编制完成并开始实施，财政决算无法为下年的预算编制提供帮助；二是我们各级财政预算编制人员，在预算编制中也没有将上年执行情况作为当年预算编制的参考因素。因此，各级财政预算管理部门应当树立利用财政决算数据为预算审核服务的思想，加强督促检查，抓好决算信息的利用工作，为科学编制部门预算服务，形成从预算到决算，再到决算规范预算的循环体，进一步促进全省财政预算管理水平的提高。

其次，加强对财政决算数据的分析和专题调研。从全国来看，近年来财政决算与财政财务政策、会计制度的衔接更加紧密，决算基础性工作不断加强，提高了决算数据的可信度和实际利用度。就我省而言，财政决算数据的准确性也不断提高，可以为分析预测全省经济社会事业发展等提供重要依据。各级可以考虑加强和财政科研机构与高校的联合，集思广益，进一步提高决算分析和专题调研报告的质量。在这里我提个要求，针对2007年的决算数据，由国库处牵头，每个市就决算整体情况或某一方面写出一篇质量较高的分析报告，报告要有针对性、要有指导性。省厅非常重视对财政决算数据的利用工作，从今年开始，将拨给各市一定的经费作为决算补助，这是对决算工作的极大支持，我们应当抓住当前的有利时机，在财政决算数据的综合利用上取得突破。

（三）创建财政决算工作长效机制

目前，我省财政决算工作短期性特征十分明显，不少地方在决算期间集中力量突击编制上报，等决算上报后就基本不再考虑这项工作，这种情况在县里可能更为突出，也是制约我省财政决算工作全面提高的重要原因。因此，我们提出要创建财政决算工作长效机制的工作目标，就是让财政决算工作贯穿全年工作的始终，建立规范财务核算、科学编制预算、加强决算批复、提高决算编报效率等的良性促进关系。一是加强对财政决算工作人员的培训，现在的培训基本是通过各级财政的工作会来完成的，培训时间较短，范围和内容也比较狭窄，以后我们将每年组织一次覆盖全省市县两级的培训，培训内容不仅包括财政决算，还要涉及国家财政体制改革、法律法规和会计知识等，以全面提高各级财政决算工作人员的综合素质，为实现决算工作目标服务；二是以加强财政决算批复作为连接不同年度财政决算工作的桥梁，根据预算法实施条例规定，在人大常委会批准本级决算之后，20日内必须批复部门决算，加强财政决算批复工作不仅是法律法规的要求，也是部门依法编制下年度决算的依据；三是加强财政决算考核，扩大考核范围和时间，不仅考核数据质量与分析，也要考核财政决算的基础工作，在非决算编报时间对相关工作的配合等。在对2007年财政决算评比中，我们将把省直管县纳入评比范围，单独进行考核奖励，就是要通过这种机制来调动各县做好财政决算工作的积极性，从基层环节夯实财政决算工作基础。

（四）积极改进和完善财政决算报表体系

财政决算工作要服务管理、促进管理，财政决算发挥作用的基础是数据，财政决算报表是收集数据的载体，报表体系必然要有一个逐步完善的过程。财政部提出的报表设计目标是，结合政府会计、行政事业单位国有资产管理、部门预算等各项制度的改革进程，建立一套适应市场经济条件下公共财政管理需要的决算报表体系。同时，报表设计好后填报口径是统一的，而各地方实际情况是多种多样的，二者之间实现完全统一协调也是非常困难的，我们在决算工作中也经常听到有些市县反映本地区某些情况无法按规定口径在报表中填报，只能做出调整，影响了决算数据的真实性。财政部历来都鼓励我们反映本地实际与现行报表体系之间的问题，希望我们提出意见和建议，今年是用新科目报表的第一年，我们应当认真收集报表填报中出现的问题，积极为报表改进提出建议。并且，在今后的工作中，要形成收集情况、反映问题和提出建议的习惯，积极主动地为不断改进和完善决算报表体系贡献力量。

六、2007 年 1～10 月份预算执行情况及对今年后一个多月预算执行工作的几点要求

据财政收支月报统计，今年 1～10 月份，全省财政总收入完成 1 021.32 亿元，为年度预算的 94.5%，同比增长 30.7%；一般预算收入完成 505.76 亿元，为年度预算的 95.6%，同比增长 31.4%。1～10 月份，全省财政一般预算支出累计执行 657.74 亿元，为年度预算的 62.14%，低于序时进度 21.19 个百分点，比上年同期增长 26.72%，增支 138.69 亿元。总体上看，今年以来的预算执行情况是良好的，但也突出存在着盲目攀比收入增长速度和支出进度严重滞后两个问题，前不久省政府召开的全省财税工作会议上，全面分析研究了当前的财税工作和面临的形势，对完成全年收支预算提出了目标和要求，各地一定要认真贯彻落实。为了做好今年预算执行工作，为编好决算打下良好的基础，我就今年后一个多月的预算执行工作再强调两点：

（一）进一步夯实收入基础、提高收入质量

到 10 月份，已经有 7 个市提前完成了全年一般预算收入目标。在收入形势大好的情况下，我们发现一些地方不断调高收入指标，地区间相互攀比的思想又有所抬头，这是非常错误的一种观念。财政收入必须保持与经济发展相适应的增长速度，任何不从长远考虑本地区发展，盲目追求财政收入高增长，甚至采取虚收探收等极端方式抬高收入基数的行为，最终都会影响本地区经济的可持续发展，都会损害人民群众的切身利益，这与我们党和国家全心全意为人民谋利益的宗旨是背道而驰的。因此，各级财政部门要坚持科学发展观，积极向政府建言进策，在组织收入上要瞻前顾后，考虑长远，切不可一味追求排名，竭泽而渔，影响到企业发展后劲和财政收入的可持续增长。省政府已经确定今年全省财政总收入目标是 1 200 亿元，财税部门已经按这一目标层层分解到各级各部门，各地一定要统一思想、提高认识，确保这一目标的实现。

（二）加快财政支出进度

财政支出进度慢是老问题，今年尤为突出，据 10 月份月报统计，全省和省本级财政支出执行进度分别为 62.1% 和 59.9%，比序时进度分别慢 21.2 和 23.4 个百分点，比上年同期低了 3.8 和 0.9 个百分点，完成全年支出目标面临巨大的压力，省厅为此专门下发了《关于加快财政支出执行进度的紧急通知》文件，强调加快支出进度的重要性，提出了任务目标，对财政支出工作做出了部署。各级财政部门要切实落实文件精神，制订具体的工作措施。掌握大额资金的主管部门要尽快审定项目、下达资金，财政部门要积极主动与主管部门共同分析解决预算下达、计划上报、支付执行中的问题；属于财力不足没有安排的一些支出，现在已到年底，各级财政部门要尽快算账，从超收中能安排的要尽快安排，形成支出；属于资金调动困难的，要向上积极反映，省、市财政要加强资金调度，在不出现赤字的条件下，尽量满足县级的资金需要，特别是救灾应急支出和与人民群众生产生活密切相关的重点支出，要全力保证资金的需要。这次会上安排了省、市、省直管县的对账工作，省直管县超借各市的资金，在对清账的基础上，可以转移到省财政，减轻各市的资金压力。

同志们，2007 年财政决算工作的目标已经明确，希望大家继续发扬积极进取、奋发向上的工作作风，高质量地完成 2007 年度财政决算编审工作，再创佳绩，为开创我省财政决算工作新局面而共同努力。

认真组织 扎实工作
全面完成山西省资产清查工作任务

——在全省行政事业单位资产清查工作会议上的讲话

山西省财政厅总会计师 **武 涛**

(2007年2月2日)

为贯彻落实党中央、国务院关于推进国有资产管理体制改革的精神，全面规范和加强行政事业单位国有资产管理，进一步推动财政预算管理制度改革，按照《国务院关于编制2007年中央预算和地方预算的通知》(国发[2006]37号)要求，财政部决定开展全国行政事业单位资产清查工作，并于2006年12月21日召开电视电话会议进行了安排部署。按照财政部统一部署，我们要在全省范围内组织开展行政事业单位资产清查(以下简称资产清查)工作。今天，召集大家开会，主要是动员和安排部署我省资产清查工作，并对资产清查报表及软件进行学习培训。希望大家集中精力开好会，充分认识此次资产清查工作的重要意义，进一步统一思想，提高认识，加强领导，精心组织，确保这项工作顺利完成。财政厅党组高度重视资产清查工作，专门成立了“山西省行政事业单位资产清查工作领导小组及其办公室”，领导小组组长由财政厅党组书记、厅长郑建国同志担任。郑建国同志就开好这次会议做了专门批示。下面，我代表财政厅党组及省资产清查工作领导小组就此次清查工作讲几点意见。

一、充分认识全省行政事业单位资产清查的重要意义

随着我省经济的快速发展，行政事业单位国有资产的总体规模迅速扩大，特别是近几年我省行政事业单位国有资产每年以11%左右的速度增长，这些资产为我省各项事业的发展和政府公共服务职能的有效履行提供了强有力的物质保障。但是行政事业单位国有资产管理却十分薄弱，资产家底不清，核算不实；资产配置不合理，苦乐不均；资产监管薄弱，流失严重。这些问题的存在一方面制约了部门预算管理水平的进一步提升，降低了财政资金的使用效益，限制了行政事业单位职能的有效履行，另一方面也为部门、单位或个人利用国有资产谋取不合理收益提供了机会，在一定程度上扰乱了社会主义市场经济秩序和社会收入分配秩序，甚至成为滋生腐败的土壤。资产的快速增长与管理力度的迟滞不前，形成了一对激烈的矛盾。2006年财政部公布了《行政单位国有资产管理暂行办法》、《事业单位国有资产管理暂行办法》，这两个《办法》的公布，对于全面规范和加强行政事业单位国有资产管理具有重要意义，它构建了新时期行政事业单位国有资产管理的基本框架，对当前行政事业单位国有资产管理工作提出了新的任务和要求，对从体制上、制度上根本性地解决资产管理当中存在的问题提供了保障。但是要真正贯彻落实两个《办法》，其首要的任务，就是开展资产清查，这是开展

其他各项资产管理工作的重要前提，既是推进部门预算改革的基础工作，也是建立公共财政体制的重要措施，对摸清家底，科学合理安排财政资金，支持和促进各部门、各项事业的大力发展具有重要意义。具体来讲，资产清查工作的必要性和重要意义，主要体现在以下几个方面：

（一）开展资产清查是贯彻落实科学发展观，构建和谐社会、节约型社会的必然要求

开展资产清查有利于降低政府运行成本，促进节约型社会建设。党中央、国务院从我国的基本国情出发，针对经济社会发展中的突出矛盾和问题，提出建设节约型社会，这是关系国家安全、人民福祉和民族兴衰的重大战略决策。省委省政府坚持贯彻落实科学发展观，提出建设节约型山西、节约型政府的目标和要求。随着行政事业单位国有资产的总体规模迅速扩大，政府的运行成本随之增大。而政府的运行成本在很大程度上取决于行政事业单位的资产管理水平。当前政府履行社会管理职能，提供公共服务成本居高不下的一个主要原因，就是行政事业单位国有资产管理非常薄弱。要降低行政成本，提高行政效能，当务之急就是要全面规范和加强行政事业单位国有资产管理。在这种情况下，开展资产清查，摸清行政事业单位国有资产的存量及其使用状况，有利于下一步采取有针对性的措施，降低政府行政成本，节约行政资源，提高资产使用效益，加快建设节约型政府、节约型社会的步伐。

开展资产清查有利于规范收入分配秩序，促进社会和谐。一段时期以来，我国社会收入分配秩序，特别是公务员收入分配秩序存在的混乱现象一直是社会议论的焦点，是构建和谐社会的不和谐声音。其中一个重要原因，就是一些地区和部门的行政事业单位在国家统一工资政策以外自行出台和发放津贴补贴。而这些政策外津贴补贴的主要资金来源之一，就是行政事业单位的国有资产收益。为了彻底规范公务员收入分配秩序，从根本上切断各单位自行发放津贴补贴的资金来源，实现个人收入与单位占有的国有资产和掌握的行政权力脱钩，2005 年，中共中央办公厅、国务院办公厅转发了《中央纪委、中央组织部、监察部、财政部、人事部、审计署关于做好清理规范津贴补贴工作的意见》，要求有关部门进一步加强行政事业单位国有资产收益管理。各部门、各单位取得的行政事业性国有资产收益，按照国家关于政府非税收入收缴管理的有关规定上缴国库或同级财政专户，实行收支两条线管理。其中原来用于自行发放津贴补贴的部分，要作为规范后统一发放津贴补贴的资金来源。2006 年，经党中央、国务院同意，五部委又联合发出《关于规范公务员津贴补贴问题的通知》，文件再次强调对各项政府非税收入，要坚决按照国家有关规定上缴国库或财政专户，同时对行政事业单位国有资产实行统一管理。因此，开展资产清查，全面、细致地掌握行政事业单位国有资产收益情况，有利于加强国有资产收益管理，维护国家的权益；有利于贯彻落实中央规范公务员收入分配秩序的精神，从源头上控制津补贴发放，缩小收入差距，为规范收入分配秩序打下良好的基础。

（二）开展资产清查工作，是深化预算管理制度改革、完善公共财政体制的迫切需要

近年来，财政部门积极推进部门预算、国库集中支付、政府采购、收支两条线等各项财政改革，不断完善公共财政框架体系，从财政资金的管理层面实现了公共财政改革的重大突破。但由于资产管理改革明显滞后，财政部门不能准确地掌握各单位的资产总额、资产结构，对单位资产处置情况了解不准，在审批资产购建计划、编制部门预算时缺乏依据，导致行政事业单位资产配置不

合理，部分单位在资产配置上求新、求高、求尖，重复建设、重复投资、重复配置，浪费了大量的财政资金，因此，有必要通过资产清查全面摸清“家底”，使财政部门、主管部门和单位都能做到对资产存量、使用状况、需要配置的资产心中有数，有利于调剂余缺，避免盲目重复购置，为合理配置资产提供可靠的依据，也为制订科学合理的资产配置标准和实物费用标准提供真实的数据，逐步实现资产管理与预算管理的有机结合，不断解决资产预算安排与现有资产存量状况之间脱钩的问题，进一步提高预算编制的完整性、规范性和系统性，进一步提升部门预算管理水平。另外通过资产清查，还可以核实行政事业单位各项收入及支出状况，可以掌握行政事业单位国有资产处置收入、对外投资收益、出租出借收入等国有资产收益情况，逐步加强国有资产收益管理，将国有资产收益纳入预算管理，有效促进编制综合预算。

（三）开展资产清查是加强行政事业单位国有资产管理基础性工作的前提条件

目前，各级财政部门掌握的行政事业单位国有资产数据不仅不完整、不准确，而且基本上都是静态数、账面数，实际资产变动状况没有得到准确反映，家底不清、账实不符的问题比较突出。有些资产实际已经报废、损失或完全失去使用价值，却长期挂账未作处理；有些单位存在着大量的账外资产，没有及时入账；有的基建项目已完工多时但迟迟未办理竣工决算；等等。有的部门资产配置渠道不一，有财政资金购置的资产，又有自筹资金购置的资产，还有上级对口部门的调拨资产，也有各个渠道捐赠的资产，这些资产配置渠道多样，往往不能全部登记入账。由于账外资产长期游离于有效监管范围之外，导致资产处置更加随意，流失更具隐蔽性。通过资产清查，可以对行政事业单位国有资产实物量和价值量等信息进行全面的了解，可以摸清行政事业单位资产存量的“家底”，摸清资产管理的“家底”，摸清资产收益的“家底”。同时为实现资产实时动态监管，建设行政事业单位国有资产管理信息系统获取真实可靠的初始数据。

开展资产清查工作的意义和目的，不仅在于弄清现有资产存量情况，做到账实相符，更重要的是要通过资产清查，找出资产配置、使用、处置等各个环节的管理“真空”和“漏洞”，研究出台针对性强、切实有效的政策措施，维护国有资产的安全和完整，进一步加强行政事业单位国有资产全过程的监督管理，特别是要尽快建立行政事业单位国有资产管理审批制度，对行政事业单位国有资产各个环节的管理活动进行约束。

二、山西省资产清查工作的主要任务和具体安排

（一）主要任务

按照财政部目标和要求，我省资产清查的主要任务是全面摸清家底，对行政事业单位基本情况、财务情况以及资产情况等进行全面清理和清查，为行政事业单位国有资产管理信息数据库提供初始信息，为编制2008年及以后年度预算、加强资产收益管理、规范收入分配秩序创造条件，对资产清查过程中发现的问题，提出相应整改措施和实施计划，建立健全资产管理制度。按照上述任务，这次资产清查工作的主要内容包括六个方面，即基本情况清理、账务清理、财产清查、损溢认定、资产核实、完善制度等。

（二）工作安排

此次行政事业单位资产清查工作的基准日统一为2006年12月31日。资产清查的范围是2006年12月31日以前经机构编制管理部门批准成立的、执行行政、事业单位财务和会计制度的各类行政事业单位、社会团体以及执行民间非营利组织会计制度、并同财政部门有经费缴拨关系的社会团体等单位。行政单位附属的未脱钩经济实体，执行企业财务和会计制度的事业单位，以及事业单位兴办的具有法人资格的企业，不列入此次清查范围，但须由行政事业单位根据规定填报相关数据。

按照“统一政策，统一方法，统一步骤，统一要求和分级实施”的原则，按行政隶属关系，省、市和县区财政部门分别负责组织本级政府管辖范围内行政事业单位的资产清查工作；主管部门按照财务隶属关系，负责组织所属单位资产清查工作；各行政事业单位具体组织实施本单位的资产清查工作。

为切实加强领导，保证资产清查工作高效有序进行，省财政厅成立了山西省行政事业单位资产清查工作领导小组，由省财政厅党组书记、厅长郑建国同志任组长，张秋明副厅长、石常玥副厅长、武涛总会计师任副组长，行政事业资产管理处、预算处、行政政法处、教科文处等相关处室主要负责人担任工作小组成员。领导小组下设办公室，设在省财政厅行政事业资产管理处，具体负责组织开展资产清查工作。

市、县财政部门（或财政部门会同相关部门）也要成立资产清查领导小组和办公室，负责本地区资产清查工作的组织和实施。各主管部门和单位要建立健全由资产、财务、纪检、人事、基建、后勤等相关部门组成的资产清查组织和工作机构，负责领导和实施本单位的资产清查工作。

本次资产清查工作分为前期准备、组织实施、资产核实、账务处理、总结整改完善制度等五个阶段。2007 年 1 ~ 7 月主要完成准备阶段、组织实施阶段和总结整改完善制度阶段的工作。2007 年 8 月后开展资产核实和账务处理的相关工作。

准备阶段（2006 年 12 月 21 日 ~ 2007 年 2 月 28 日）。在 2 月 28 日之前省直各部门、各市财政局要制订切实可行的资产清查实施方案，成立领导小组，完成本部门本地区资产清查部署工作，做好资产清查工作的报表及软件培训工作，并完成纳入资产清查工作范围的单位户数清理工作。特别是要做好户数清理工作，保证资产清查工作范围不重不漏、全面准确。只有户数摸清了，情况掌握、职责明确，各部门在下一步的工作中才能处于主动地位。

实施阶段（2007 年 3 ~ 6 月）。各部门（单位）要按照此次资产清查的相关规定于 5 月 31 日前完成自查工作。包括：基本情况清理、账务清理、财产清查、损益事项的分类整理、合法证据的收集、经济鉴证、清查结果的专项审计、编制报表、工作报告等。首先由各单位根据要求进行自查，在自查自清的基础上，聘请社会中介机构对单位自查结果进行专项审计，核实自查结果，财政部门要根据工作需要组织力量对各单位的资产清查工作进行核查。经过清查的固定资产，各单位要严格按照财政部的统一要求建立健全账卡，为资产管理信息系统建设奠定基础。2007 年 5 月 31 日以前，各市财政局要将本地区资产清查工作报告及统计报表汇总结果报送省财政厅；省直各部门（单位）应按照《行政事业单位资产清查暂行办法》（财办［2006］52 号）第十五条的规定，将所属行政事业单位资产清查工作结果报送省财政厅。2007 年 6 月 30 日前省财政厅将全省资产清查汇总结果报财政部。

总结整改、完善制度阶段（2007 年 7 月）。这个阶段由省财政厅对全省资产清查工作进行总结、表彰，并根据资产清查结果，完善相关资产管理制度。各市财政部门、省直各部门及单位也要根据各自实际情况，完善具体的管理办法。

2007 年 8 月后开展资产核实和账务处理的相关工作。

各市财政部门、省直各部门及单位要按

照要求，统一步骤，分级实施，按照资产清查工作的工作内容及时间要求，在本部门、本单位资产清查领导组的领导下，认真组织资产清查工作。资产清查工作主要依靠本部门、本单位抽调力量完成。本部门、本单位人员力量不足的，可以聘请社会中介机构配合工作。

按照现行财政体制，各级财政分别负担本级行政事业单位资产清查工作所需经费，并列入本级财政预算予以保障。资产清查专项审计费用和聘请社会中介机构及人员所需的费用，按照“谁委托，谁付费”的原则，由委托方承担。

三、做好资产清查工作的具体要求

本次资产清查工作，涉及全省各级各类行政事业单位，时间紧迫，任务繁重，各市财政局、省直各部门、各单位要精心组织，统筹安排，严格要求，按时间、按要求完成此次清查工作任务。

（一）提高认识，加强领导

统一思想，提高认识是做好一切工作的前提和基础，我们要充分认识开展行政事业单位资产清查工作的重要意义，各地区各部门要在思想上高度重视，行动上保持一致，加强资产清查工作的组织领导，要明确任务和职责，建立和完善资产清查工作机制。

一是要及时汇报。会后，省直各部门参会人员要及时将这次会议精神和工作要求向本单位主要领导进行汇报，取得领导的重视和支持，加大对资产清查工作的人、财、物保障力度，为高质量完成资产清查工作奠定坚实的物质基础和组织保障。各级财政部门要向当地党委、政府及主要领导进行汇报，真正把资产清查工作作为一项提高政府自身管理水平的基础性工作来抓。二是要精心组织。各地区各部门的资产清查各阶段的工作要按照省里统一政策、统一方法和统一步骤的要求进行，精心安排，确保工作一盘棋。要圆满完成这项工作，省直各部门、单位领导要亲自挂帅，抽调业务熟悉、责任心强的骨干力量充实到资产清查队伍中去，建立工作机构，专门负责抓好这项工作。各级财政部门也要成立相应的组织领导机构，一把手要亲自挂帅，组织和领导本地区的资产清查工作。三是要密切配合。由于资产清查工作涉及面广，并且涉及到单位内部各个部门，因此要加强分工协作，相互配合，协调有关工作，各行政事业单位内部应当分工明确、落实到人，有关负责人应当切实履行管理责任，保证资产清查结果真实可靠，确保资产清查工作按时完成。四要狠抓落实。各地区各部门都要按照这次时间进度要求，做好动员工作，认真学习相关文件，特别是各市财政部门及条管部门、教育、科技、卫生、农业、水利等部门要抓好本地区本系统业务培训工作，并结合本地区本部门实际制订资产清查的具体实施方案，做到早布置，早落实，保证工作顺利完成。

（二）严肃纪律，确保质量

各部门、各行政事业单位在资产清查中要严格工作标准和工作要求，确保工作质量。在资产清查中必须有不厌其烦、寻根究底的工作态度和深入细致的工作方法，把各项工作做实做细。各部门、各行政事业单位的行政一把手对本部门、本单位资产清查工作的真实性、准确性负责。资产清查工作要坚持实事求是的原则，如实反映资产管理情况和存在的问题，不得瞒报虚报。各主管部门要组织力量对所属各单位资产清查工作进行全面、彻底检查核实，确保所属单位资产清查工作的质量，对工作不符合要求的单位，要限期补课，对工作走了过场的单位要坚决推倒重来。社会中介机构应当客观公正地出具专项审计报告等鉴证材料，严格履行保密义务。对于资产清查工作中出现的违纪违法行为，按照相关法律法规处理。

（三）严格要求，强化监督

各地区各部门要加强对本地区本部门行政事业单位资产清查工作的监督指导，及时上报资产清查工作进展情况。省财政厅要对全省资产清查工作进展情况及时予以通报，并组织监督检查。各部门、各行政事业单位要实行资产清查重要事项公示制度，对在这次资产清查中清理出来的“资产盘盈、财产损失情况”、“资产出租、出借、对外投资、担保情况”、“大型设备清理结果”等在本单位内进行公示，充分发挥广大职工群众对资产清查工作的参与监督作用。公示时间不得少于7个工作日。公示情况要在工作报告中说明反映。

同志们，行政事业单位资产清查工作涉及面广、政策性强，时间紧、任务重、要求高，各级各部门一定要高度重视，加强领导，通力合作，负起责任，做好工作。我相信，在各级领导高度重视下，在各部门的协调配合下，在同志们的共同努力下，我们一定能够圆满完成我省行政事业单位资产清查工作的各项任务，使我省行政事业单位国有资产管理提高到一个新水平！

充分发挥会计职能作用　努力服务财政经济发展

——在全省会计管理工作会上的讲话

山西省财政厅总会计师　**武　涛**

（2007 年 3 月 22 日）

2006 年全省会计管理工作是安全、祥和、有所作为的一年。全省本着大事做细、小事做精的精神，进一步细化、完善了会计从业资格证书、会计人员继续教育、会计电算化的管理，积极宣传贯彻新《企业会计准则》体系，完成了两个大课题的调研，举办了珠算大赛，开展了全省注册会计师检查，这些工作离不开各市财政局的大力配合和积极支持，凝聚了大家的辛劳和奉献，在此我代表财政厅党组向大家表示衷心的感谢！

这次会议主要是传达贯彻全国会计管理工作会议精神，回顾总结 2006 年全省会计管理工作，研究部署 2007 年工作，讨论我省会计人员继续教育办法等几个征求意见稿，交流各市会计管理工作中的先进经验，可谓时间紧、内容多。请大家集中精力，发挥才智，集思广益，出谋划策，不断完善工作思路，创新工作方法，努力完善会计管理工作体制，推动会计管理工作的科学发展。

在此我想就如何开展好会计管理工作，谈以下三点意见，供同志们参考。

一、正确认识和把握形势，切实增强做好会计管理工作的主动性和积极性

刚刚过去的一年，无论是全国还是全省，都取得了改革开放的新成效。以胡锦涛为总书记的党中央面对复杂多变的国际形势和迅速发展的中国经济，总揽全局，适时提出了新理论、新思路：实施创新型国家战略，自主创新能力日渐增强；建设节约型社会，节能降耗日见成效；政治建设有序进行，政府管理社会手段科学透明，依法行政蔚然成风；科学发展观统领全局，经济社会发展转入以人为本、全面协调可持续发展的轨道；财政政策更多地向“三农”、向基层、向社会事业、向弱势困难群体倾斜，和谐社会建设全面体现。我省也同全国一样，形势发展振奋人心：中共山西省委八届七次会议提出了加快“两化”进程、实现“六个突破”、促进“四个提高”，中共山西省委第九次党代会又提出在发展上要走出“四条路子”，实现“三个跨越”，进一步描绘了山西经济社会发展的宏伟蓝图。2006 年全省 GDP 实现 4 746.5 亿元，同比增长 11.8%；人均 GDP 为 1.41 万元，合 1 808 美元。财政总收入完成 1 048.01 亿元，又连续上升 2 个百亿，首次突破千亿元大关，人均财力在中部六省中位居第一，财政收入已经步入稳定增长轨道。在财政管理体制改革上我们也迈出了大步伐，调整规范了省、市、县三级之间的财政分配关系，在 35 个国定贫困县实行“省直管县”财政改革试点，逐步建立起了适应经济社会又好又快发展要求的财政体制。

经济越发展，会计越重要。新的形势和

任务，对会计工作提出了新的、更高的要求。随着我国市场经济的发展和对外开放程度的提高，新的经济业务不断出现，会计核算的范围在逐步扩大，已经从常规业务扩展到期货、金融工具运用等特殊领域，企业发展中的不确定性因素的存在，导致或有事项逐渐增多。会计工作已经不仅仅是记录、核算和监督，已经发展到资本运营、资金运筹、成本控制、战略发展等更高层次。对会计人员的要求也在不断提高，已经从简单的记账、算账、报账发展到对会计政策选择、公允价值确定的职业判断能力的要求。会计工作作为一项社会性、技术性很强的专业工作，高度依赖于会计人员的知识、经验和专业判断。但是目前的会计队伍状况不能完全适应所承担的任务。我省共有会计人员近25万人，其中，大专以上的近15万人，占58%，学历结构还说得过去，但专业技术情况却令人担忧。会计从业人员中，具备助理会计师资格的41 195人，占16%，会计师资格的33 628人，占13%，高级会计师资格的2 951人，仅占1%，具备专业技术职称的加起来不到30%。可见我省会计人才是一个“金字塔型”，只会对照科目、记账的人有，而既会算账又懂管理的中级会计人才偏少，在高层的、具有国际视野的、具备管理水平的会计人才更是凤毛麟角。所以，无论会计工作的标准还是会计人员的素质都与经济发展形势很不适应。会计管理工作面对新的形势，使命光荣，责任重大，我们必须加强做好会计管理工作的主动性和积极性。

二、创新思路，开拓进取，切实做好2007年的各项工作

2007年是继往开来的关键之年，随着“十一五”规划布局的基本形成，我省财政改革已进入到全面推进、重点突破的关键阶段。会计工作要增强服务大局意识，积极围绕建设和谐山西、推动财政事业又好又快发展的战略全局，谋划会计管理工作。今年山西的会计管理工作可以概括为“一纵两横三辐射”。

（一）纵向一个贯彻：即新企业会计准则的宣传贯彻

大家知道，新准则的出台是社会主义市场经济发展的必然产物，是我国会计发展史上的里程碑。从政治意义上讲，它为改革开放服务，有利于提高对外开放水平，不闭关自守，中国正逐步与国际接轨；从专业意义来说，增强了企业透明度，提高了企业信息质量。宣传贯彻新准则是会计工作的重中之重，全省上下要齐心协力，广泛宣传，自上而下，深入贯彻。财政厅除了要按照财政部文件要求，成立实施机构、定时上报数据、认真模拟测试、引领舆论导向外，还要立足全局，搞好准则测试调研工作。要以我省25家上市公司为基础，就新准则执行后对经营收益、企业发展和经济环境的影响，广泛调研，开展测试，系统分析。既要满足部里测试数据需求，也要为2008年在我省国有大中型企业执行新准则预计的影响提供依据，为下一步全面推开新准则奠定基础。测算时要算好几笔账：我省国有企业有多少，在什么规模以上推开，影响面将有多大，企业收益变化有多大，给省政府提供决策依据。测算工作要精确、有质量，要“快”、要“准”，争取在全国走在前列，提供第一份信息。这项工作主要在厅里，各市财政局也要密切配合，及时为全省调研做好前期宣传、数据搜集、上情下达等基础工作，各市还要以新准则为主要内容，进行广泛宣传，做好培训工作，为明年全面推开新准则做好准备工作。

（二）横向两个比赛：全国会计知识大赛和全省会计人员计算机大赛

会计工作社会性强，通过活动的开展制造舆论、扩大影响，促进制度推行。今年要

组织好全国会计知识大赛和全省会计人员计算机比赛，尽管承担这两个比赛大家要辛苦一些，但通过比赛不仅可以进一步提高广大会计人员的基本素质，实现我们的工作目标，而且比赛也是宣传会计政策、促进会计发展、展示会计成果的好机会。全国会计知识大赛，要广泛宣传，精心组织，注意做好发动工作，要重点组织好网上答题活动，要在答题人员数量和质量上进行考核。会计人员计算机比赛很有必要，按山西信息发展“十一五”规划，各行业计算机技术都要提高一个台阶。目前，我们的电算化管理就是入门时的初级水平，中级电算化也很简单，还没有全面推开。现在计算机技术发展很快，会计人员若不加强技能训练就会落伍。今年要好好组织，为了配合比赛，各市要抓好培训工作。在组织这两个比赛中，要突出重点，各有侧重，具体竞赛方案大家好好议一议，各市要尽早策划，搞出特色。

（三）辐射三个层面：深入开展会计人才培养，规范会计人员继续教育，提高会计人员电算化技能

——关于会计人才培养。“为政之要，重在得人”，会计人才战略一直是财政部门工作的重点，在会计管理工作中具有全局性和根本性的特点。在会计人才战略总体要求之下，各级财政部门应明确责任，合理分工，做好关键人才的选拔、培养工作。财政厅主要抓好全省高级会计人才的培养，以开展高级会计师继续教育为手段，依托国家会计学院的教育优势，组织高水平培训班，课程安排领域要宽，培训标准水平要高；做好高级会计师人才库的建设工作，跟踪高会人员信息变化，通过登记实行动态管理，充实我省高级管理型人才，竞争入选全国会计领军人才的后备力量。各市财政部门主要抓好会计重点或骨干人才的选拔培养，以及日常的会计人员继续教育工作，对当地会计人才要有培养办法，给特殊会计人才“开小灶”，创造小环境；配合省厅做好本区域高级会计师培训的组织和登记工作。同时鼓励、支持、引导社会力量培训、培养会计人才。今年，将与省人事部门联合调研，探索设立正高级会计师职称，出台具体考评试行办法，为高级会计人才的成长开通渠道。

——关于会计人员继续教育。加强会计人员继续教育是落实会计法精神和人才强省战略的重要体现，是进一步繁荣发展会计事业的基础工作。继续教育必须结合实际，按照会计人员需求，分层次开展好。高级会计人员由省里组织，主要管理部门、各市精英参加省里高会培训，省厅研究各家“菜单”，缺什么补什么，按照各自需求安排课程。中初级会计人员各市组织。省直各主管部门和中央单位自行组织的继续教育，要有一定比例的人员走出部门，参加财政部门组织的培训。培训内容要广，不仅只限于会计方面的制度、法规，要拓宽视野和思维，比如领导艺术、协调能力、团队精神方面的培训。对于行政事业单位会计人员，可以安排学习行政事业单位资产管理办法等方面的内容，围绕财政中心，配合做好全省行政事业单位资产清查工作。前段时间，财政部专门出台了《会计人员继续教育规定》，我们也制订了我省具体办法，实行“人员分级管理、师资统一管理、机构备案管理、结果登记管理”的体制。本着求真问计于基层的原则，这次会议专门安排了讨论，希望各市结合工作实际，好好议一议。一旦定稿后，各市要统一思想，制订措施，严格管理；省厅要建立师资库，规范培训教材，加强考核，跟踪调研，进一步规范用书市场和培训市场，确保培训质量。在这个事上不能乱，全省要一盘棋，各市要有全局意识，服从省里统一安排。

——关于会计人员电算化技能。过去推行的会计电算化是保持会计手工流程不变，用计算机进行模拟取代，这在当时是一种进

步。但今天，会计电算化已发展成为会计信息化，包括资金管理、预算管理、成本控制等集中财务管理系统，是一个单位进行信息化管理的核心和关键。所以，会计人员只拿着“入门”时的初级水平证书或过去取得的中级水平证书，已经远远不能满足实际工作要求，我们必须本着与时俱进的思想，加强会计电算化技能培训，通过继续教育进行普及，通过各种比赛进行提高。要建立电算化技术等级规范，搞一套新标准。允许教材有变化、有补充，目的是提高广大会计人员的计算机操作技能，使广大会计人员从入门的初级逐步提高到中级电算化水平，甚至更高，进一步提高会计对信息的收集、处理能力，以适应现代管理要求和经济发展的突飞猛进。

三、加强学习，转变作风，切实加强会计管理队伍建设

各市财政局的会计管理工作者是一支能力强、作风正、讲团结、重奉献的队伍，是推动我省会计事业改革和发展的重要力量。但形势的发展日新月异，工作的标准不断提高，要求我们会计管理工作队伍必须与时俱进，更新观念，跟上时代的节拍，跟上经济的步伐，不断提高自身素质，提高工作水平。

（一）建设符合形势要求的会计管理队伍

一是充实人员。各位局长、总会要在会计科人员配备上给予支持，确保开展工作的必要条件。

二是提高素质。必须加强学习，不了解形势，就不会树立正确的工作思路，不了解政策，就不会广泛宣传财会法规，不懂会计制度，就不会正确解答制度执行中的问题。不仅要从书本上、文件上学，还要在实践中学，探索做好会计管理工作的新方法，努力提高工作能力和工作水平。

（二）树立求真务实的工作作风

一是树立“管理就是服务”的思想。端正服务态度，提高服务水平。要避免衙门作风，深入基层，深入到广大会计人员中，了解他们的所思所想，他们需要什么，我们应该做些什么。

二是采用简捷、方便的服务方式。要本着办实事、求实效的原则，简化办事程序，充分利用现代化手段，方便广大会计人员。省会计服务中心将要推行的会计资格考试网上报名就是一个很好的尝试，可以使他们足不出户就能完成申请报名工作。

（三）建立科学运行的会计管理工作机制

会计管理工作任务重，头绪多，人员少，工作中要特别注意利用和发挥各方面的关系和作用，形成上下联动、内外配合、优势互补、组织有序的工作机制。一是注意发挥好会计学术团体的作用，加强对学会的指导和联系，不断加强学（协）会建设，延伸会计管理工作的手臂。二是注意发挥会计专家的特长，培养一批会计管理专家，有效发挥会计专家在业务咨询、政策宣传、会计培训中的作用，加强会计管理工作的专业性。三是注意加强与其他部门间的协调和沟通，加强合作，形成搞好会计管理工作的合力。吕梁市举办的企业会计协会就是一个很好的形式。四是注意加强省、市、县各级会计管理部门的交流沟通，做到“上传下达，下情上晓”。

我们要增强全局观念和服务意识，围绕财政中心工作，谋求行业发展大局，理清思路，克服困难，统筹安排，争创一流，为推动经济发展和财政改革做出贡献！请各市财政局领导一如既往地重视、支持会计工作。让我们携起手来，上下一心，同心协力，开拓创新，奋发进取，以优异的成绩迎接党的十七大胜利召开！

在山西省上市公司实施新会计准则体系座谈会上的发言

山西省财政厅总会计师　武　涛

（2007 年 3 月 30 日）

今天大家以座谈的方式，互通了新准则执行的情况，反映了执行过程中碰到的疑问，既使我们了解了情况，又使大家互相交流了工作，会开得很好。大家知道，为了适应社会主义市场经济发展的需要，增强企业透明度，提高企业信息质量，使我国的会计体系逐步与国际接轨，去年 2 月新的企业会计准则在人民大会堂盛装发布，从今年 1 月 1 日起，上市公司开始率先执行。也就是说，上市公司从今年起执行新的会计专业技术标准，执行新的游戏规则，执行新的国家法规。这是我省经济生活中的一件大事，财政部门今年的一项重要工作就是督促上市公司贯彻落实好新准则。听了大家刚才谈的情况，总体情况不错，但也存在一些问题。下面我就如何做好新准则的贯彻执行工作提几点要求。

一、更新观念

从大家座谈的情况看，仍然有许多公司用以往的理念衡量新的准则。认为有些问题按新准则没法处理，比如大修理费用问题、预提待摊费用问题等，没有理解新准则的精髓和基本精神。大家要进一步认识新准则是国际准则，不是原来的国内准则，是与国际趋同的准则。要由以前的重“权责发生制”，转为“实质重于形式”；要由以前的重“利润表观”，转为重“资产负债表”；要更关注资产的质量和结构，充分关注企业长期战略和可持续发展。

二、强化责任

新准则执行得好坏，关键是企业负责人、董事长、总经理的思想认识和重视程度，企业负责人为企业会计工作和会计行为负责。大家平时要将有关精神和准则的变化向总经理和主管会计工作的总会汇报好，为行政一把手负好责、把好关、当好参谋助手。准则执行得好坏，直接影响上市公司的形象。你们要为企业负责，为股民负责。

三、推进配套工作

一是各上市公司要根据会计准则，结合企业特点，制订相应的内部会计政策和会计核算流程；

二是要科学设定、提升会计信息系统，“封于自我，闭于幽室”是找不到“公允价值”的，必须有一套采集信息的办法措施；

三是要健全内部控制，加强审计控制，确保准则执行不走样；

四是要建立信息沟通反馈渠道。会计处要与部里保持热线联系，对大家提出的问题要及时向财政部汇报，并按统一口径及时解答。大家要与会计处多沟通多联系，反映准则推行过程中的各种情况。

四、加强培训

培训要有层次，有重点地安排，组织人人参加的普及培训是必要的，但这是不够的，还要对企业的重点人员进行培训，一个企业培养出几个专家。今天在座的本身就是专家。单位负责人、总会、执行者分层次展开培训。培训关键是要解决问题，要采用“菜单式”的方式，要有针对性，要与培训对象沟通，看需要培训什么，分开层次。让参加培训的同志带着问题来，大家一起研究，把前沿实务工作者和专家结合起来，搞研究性培训，出点成熟的东西。也可以请太钢、西山煤电等企业来讲课，一起研究，探讨解决问题。把大家形成的共识，带普遍性的问题提炼出来，用以指导全省的准则贯彻工作。

五、做好测算工作

为了全面把握新准则体系对上市公司财务状况和经营成果的影响，前期测算工作至关重要。一方面财政部很重视，怕对经济产生波动影响，急于想看看大家报上来的东西。另一方面也为我省全面实施准则提供依据，做好准备。根据财政部的安排，新准则准备2007年在上市公司执行，2008年在国资委管理的国有大型企业执行，2009年在所有大中型企业全面推开，各省可以根据情况自行确定执行时间。现在我省经济形势良好，2006年全省GDP实现4 746.5亿元，同比增长11.8%；人均GDP为1.41万元，合1 800美元。财政总收入完成1 048.01亿元，首次突破千亿元大关；城镇居民人均可支配收入10 027元，首次突破万元大关。经济形势这么好，是推开新准则的最佳时机。如果将大家的测算结果延伸到大型企业、国有企业、所有企业，推算出全省执行准则后的情况，就可以给我省明年的推广范围提供决策依据。所以你们的工作将决定全省的会计政策。

六、积极参与会计知识大赛

为了配合新准则的贯彻实行，财政部决定今年组织第三届会计知识大赛，第一阶段是网上答题，第二阶段是组队参赛。上市公司是新准则的首批执行者，无论哪个阶段，都是义不容辞，希望你们组织广大会计人员积极参与，踊跃答题，展现我省上市公司财会人员的形象。

财政厅要根据今天同志们提出的问题和陆续了解到的情况，专门下发文件，就如何加强新准则的贯彻落实工作做出进一步的要求，对会计人员和单位负责人分别提出要求，要强调执行新准则的严肃性。要掌握准则的精髓和实质，在准则范围内发挥主观能动性，不等不看，严格执行好。

希望今后加强联系，我们财政部门要做到有问必答，当时答不上来，事后也要答复。让我们几方面共同努力，把新准则贯彻好、执行好、落实好，在全省起到示范作用。

在2007年度会计专业技术资格考试考务工作会上的讲话

山西省财政厅总会计师　**武　涛**

（2007年5月10日）

2007年会计专业技术资格考试即将开始，为了扎实做好今年的考试工作，确保考试平稳进行，今天在这里召开全省2007年度会计资格考试考务工作会议，主要是总结2006年度会计专业技术资格考试工作所取得的成绩和存在的不足，进行2007年度会计专业技术资格考试考前总动员，进一步落实各项考务工作责任制度，确保考试工作顺利进行。下面，我就有关考试工作提几点要求。

一、统一思想，提高认识，高度重视考试工作

会计专业技术资格考试在人数、规模上是仅次于高考的国家级考试，它是加强会计专业队伍建设，提高会计人员素质，科学、客观、公正地评价会计专业人员工作水平和业务能力，完善会计专业技术人才选拔机制的重要途径。能否做到公平、公正、公开，关系到广大会计人员的切身利益，其严肃性、重要性不言而喻。近几年，会计专业技术资格考试已经日益引起社会广泛关注，其权威性和高水准已得到社会的普遍认可。与此同时，社会上各种造假作弊之风猖獗，这些因素都将对今年的考试组织实施工作带来更加严峻的挑战。可以说考试组织工作的好坏，不仅涉及考试能否顺利完成，而且事关党风党纪和财政会计管理的社会形象。因此，各市考办工作人员一定要站在讲政治的高度，站在会计行业发展全局的高度，充分认识考试组织工作的重要性，加强对考试组织工作的监督管理，严密组织，精心设计，严肃考风考纪，强化服务意识，保证各项工作的顺利进行。

做好会计资格考试工作是各级财政部门的一项重要任务。各级财政部门和各市会计考办，要高度重视会计资格考试工作。目前各市财政局"一把手"均为各市考办主任，所以，这个责任就要落实到各市财政局"一把手"的头上。这就要求各市财政部门的"一把手"必须切切实实负起责任来。协调好各项事务，重视和支持这项工作。如果出了什么差错，不能以任何借口推卸责任。签订会计专业技术资格考试工作责任书的目的也在于此。

二、明确责任，落实制度，确保考务工作各环节规范有序

考试的组织工作是一项系统工程，涉及诸多环节，一环扣一环。从考试报名开始，经过考场的设置、编排，准考证的发放，试卷的运送、交接、保管，考场的监考、巡视、值班，考卷的回收、评卷、登分，证书的核对、打印、发放，环节很多，每个环节都不允许出纰漏，否则，整个链条的运转就会出现问题，通过考试来评价会计人员专业

水平的初衷就难以实现。因此，我们要从以下几方面予以规范：

一是，实行目标责任制度。层层建立目标责任制，落实各项考务工作责任，是加强考务工作监督检查的有效手段。今天省考办与各市考办签订了目标责任书，请你们回去后也要组织相关的考试责任单位、责任人召开考务工作会议，签订考试工作责任书，把工作层层分解，落实到人。让大家把头脑中的这根弦绷起来，把认识提高起来。希望通过大家的共同努力，创造一个公平竞争的环境，真正使那些优秀人才脱颖而出。

二是，落实各项制度。今年是“转变作风，狠抓落实”年，有了好的制度，必须抓好落实。自 1992 年会计资格实施考试制度以来，我们已经经历了 15 次考试。经过这 15 次的组织管理实践，各地都积累了许多宝贵的经验，考试工作已基本步入轨道，形成了比较规范的制度体系和操作规程，考试工作的各个环节、各项内容都有制度可依。希望大家一定要认真学习，切实执行，严格工作程序，把各项制度落到实处。今年报考会计资格考试的人数为 33 105 人。这么大规模的考试，组织工作量的庞大不言而喻。这就要求同志们要缜密组织，防患于未然，认真落实各项规章制度，明确分工，责任到人，严格检查制度落实情况，克服麻痹松懈思想，保证考试顺利进行。

三是，加强宣传教育，严肃考风考纪。考前要加强考场纪律的宣传教育工作，采取多种措施，使每一位考生都知道违纪、作弊行为的后果。监考人员在考试过程中也要注意发现苗头问题，及时提醒和制止考生违反考试守则的行为。加强监督检查，立足防范，消除考风考纪中可能存在的隐患。同时也要加强对工作人员的职业道德教育，牢固树立为考生服务的思想，使每一位参与这项工作的人员都认识到自己工作质量的高低、工作态度的好坏将直接影响到考试的社会形象。

四是，认真选拔培训监考、巡视人员。考风考纪是保证考试工作客观、公正的关键，必须高度重视。多年的考试工作经验告诉我们：维护考场秩序，严肃考风考纪，要求监考、巡视人员必须具有良好职业道德和强烈的工作责任心。从近几年曝光的考试违纪问题看，无论是有组织有预谋的集体作弊，还是因个别违纪现象无人制止而引发整个考场大面积抄袭，无一不是由于监考、巡视人员的严重失职或监督不力造成的。因此，从某种意义上说，加强对监考、巡视人员的选拔和培训是考试成功与否的关键。首先，要建立相对稳定的监考、巡视人员队伍。要挑选思想觉悟高、责任心强、经验丰富的人员担任本次监考或巡视，决不能让工作不负责任、不敢坚持原则的人担任考务工作人员。其次，加强对监考、巡视人员的培训。在考前一定要组织监考、巡视人员集中培训，使其熟悉掌握会计资格考试的相关政策和考试纪律要求，切实履行其职责。第三，要建立对监考、巡视人员的监督机制，要继续实行采取随机抽、轮换确定考场监考人员的办法，以防监考人员和考生共同舞弊现象的发生。

五是，加强考场周围环境的治理。闲杂人员不能进入考点，早交卷的考生不能随意走动，大声喧哗。要切实采取措施防范手机、商务通、蓝牙耳机等高科技作弊问题。不给作弊者留下任何条件。

六是，严格保密制度。大家知道，会计专业技术资格考试试卷属国家级机密，为了确保试卷发放、回收、保管万无一失，在此我强调两点：一是接到试卷要妥善保管，要严肃保密纪律，建立健全各种保管措施，并建立值班制度，严格履行试卷交接手续，决不能出现失卷、泄密问题；二是保管好成绩试卷。成绩试卷是考试的最终结果，是广大考生辛勤学习和全省考试组织工作人员辛勤劳动的结晶，试卷的安全保管关系着我省广大考生的命运。因此要求全体考务工作人员，要以高度的责任心做好试卷的保管、发放、回收、送交工作。各环节绝对不允许失误、失密。

七是，建立考试值班报告制度，及时反馈考试信息。各市会计考办要保持与省会计考办的工作联系，促进信息交流，及时反馈考试信息。要明确专人负责上报考试工作情况，对考试工作中出现的突发事件，要及时报告省会计考办，以便采取紧急措施，不得隐瞒不报。在考试期间，各市要做好值班记录，及时反馈考试情况，保证信息畅通。

八是，保质保量地完成评卷、登分、成绩公布和证书发放工作。今年的考试工作责任书已经明确，这项工作主要是由会计服务中心具体完成。从各市考试管理机构交回考生试卷开始至登分结果上报为止的整个评卷登分阶段，要严格按照《全国会计专业技术资格考试评卷工作规则》的要求进行工作，规范评卷行为，完善复核制度，保证评卷质量，杜绝差错和违规违纪现象发生。收到财政部下发的成绩数据光盘后，要及时向社会公布全部会计资格考试人员成绩，并按照省会计考办安排，认真做好合格人员证书的核对、打印工作。

三、转变观念，强化服务，树立好财政“窗口”形象

财政部门是会计工作的法定主管部门，会计管理工作社会性强、原则性强、技术性强、时效性强，是财政部门与社会联系的一个“窗口”。管理是什么？管理不是权利，是服务。能够从事会计专业技术资格考试组织工作，只能说明我们多了一项责任，多了一份义务，多了一次为人民服务的机会。今年财政厅全面开展“三服务、三促进”作风建设活动，就是为了建设一支高素质的队伍，树立财政部门的良好形象。财政部门的会计管理工作者总体来说是一支素质高、能力强的队伍，要在这个全国考试中更进一步为广大考生服务好，做到公平、公正、公开，做到热心、细心、耐心，做到及时、准确、周到。对我们来说也许是万分之一的差错，但具体到每个考生而言就是百分之百的损失。我们必须认真、审慎地组织好会计专业技术资格考试工作，严谨试卷评审，真诚解答有关考试的咨询，真心做好考场的服务，真切替考生着想。充分利用传统媒体和我们自己的宣传阵地，把有关考试的程序、地点、结果广而告之。特别是要利用好《会计之星》网站，免费为广大考生提供有关考试的各项服务，践行会计管理工作始终为广大人民群众最根本利益服务的宗旨。

四、加强团结，精诚合作，圆满完成考试工作

会计专业技术资格考试工作是一项职业性、规范性很强的工作，事关重大，需要各单位、各部门的共同配合。过去人事部门给予了我们很大的支持，不仅把各方面考试的经验教训毫无保留地提供给我们，还在考试的各个环节予以了积极支持配合。希望各级会计考办要继续地与当地人事部门加强合作，加强联系，继续发扬协作精神，相互理解、相互支持、相互配合，共同把这项工作做好。同时还要注意与当地公安、交通、教育部门加强合作，争取他们的支持，确保考试工作的顺利进行。

同志们，会计专业技术考试是关系到广大考生切身利益的一项工作，也是展示我们会计管理工作者形象的一项工作，希望大家统一思想，提高认识，精心组织，统筹安排，圆圆满满地完成好今年的考试组织工作。

在省属地方金融类企业监事会揭牌及进驻仪式上的讲话

山西省属地方金融类企业监事会主席　高向新

（2007 年 12 月 12 日）

经省财政厅党组研究决定，省属地方金融类企业监事会今天举行揭牌仪式，正式开展工作。我代表省属地方金融类企业监事会向今天前来参加揭牌进驻仪式的各位领导、嘉宾和同志们表示衷心的感谢！并对新闻界的朋友给予的大力支持表示诚挚的谢意！

按照国务院《国有重点金融机构监事会暂行条例》和《公司法》等法规文件要求，由省财政厅代表省政府向省属地方金融类企业派出监事会，对企业的经营活动和国有资产的保值增值状况实行监管，对企业领导人的经营行为和经营业绩客观评价，这是从体制、机制上加强国有企业监管，确保国有资产及其权益不受侵犯的重大举措，是在新形势下加强国有资产管理，确保国有资产出资人监管到位的有效形式，是建立和完善现代企业制度的需要，是建立社会主义市场经济体制的需要。同时对促进企业改善经营管理也必将发挥重要的作用。

对财政部门来讲这是一项全新的工作，是财政职能的一种延伸。借此机会，我向各位领导和来宾汇报一下监事会工作的一些基本情况和初步的工作安排。

一、监事会的主要职责及工作重点

省属地方金融类企业监事会是经省政府批准成立的，代表省政府对省属地方金融类企业的国有资产保值增值状况实施监督的专门机构，是按照《公司法》的要求，在地方金融类企业建立和完善现代企业法人治理结构的重要组成部分。根据《山西省省属地方金融类企业监事会暂行规定》，监事会的主要职责和工作方式是：依法履行出资人监督职责，切实维护国有资产所有者的合法权益，确保国有资产保值增值。监事会工作以国有资产监督为核心，以财务检查为主要手段，通过对企业的财务状况、资本运营、经营效益、利润分配、国有资本保值增值等进行监督，客观评价企业领导人的经营业绩，经营行为，提出奖惩任免建议。

监事会实行当期监督与集中检查相结合的工作方式，在加强当期日常监督的同时，通过聘请中介机构对企业的经营管理进行集中、专项检查，从而提高监督时效。

根据上述职责，监事会进驻国信集团和中小企业信用担保公司后，将从了解企业财务、经营、管理等情况入手，通过参加会议、检查账务、询问等方式，跟踪企业重大决策和重要经营管理活动情况，了解企业的战略规划、重大投融资、产权转（受）让、重大并购、利润分配等重大事项，对企业重大决策及其程序的合法性、合规性进行检查。同时针对企业资本运作和经营过程中存在的问题，开展专项检查和重点调研，从企业的获利能力、资产运营能力、偿债能力和国有资产保值增值等方面对企业做出评价，提出相关建议。对在检查中发现企业存在可能危及国有资产安全的经营行为、重大风险等，及时写出专项报告，提出整改建议，向省财政厅党组汇报后上报省政府。使出资人在第一时间，获取所需的第一手信息，使企业的问题、风险随时得到监控，提高监督的时效性和灵敏性。

二、希望企业积极支持配合监事会依法履行职责

派出监事会和派驻企业虽然是监督与被监督的关系，但在确保国有资产保值增值，维护国有资产所有者权益以及促进企业发展壮大的根本目标上却是一致的，我们真诚希望派驻企业能积极支持、密切配合我们监事会依法履行职责，开展工作。我们也希望进驻企业后，能够尽快了解国信集团和省中小企业信用担保公司，熟悉企业的经营运转情况，虚心向企业的同志们学习，在维护国有资产权益的同时，尽最大的努力为企业创造良好、宽松的发展环境，支持企业的改革和发展。

首先，监管企业要尽快建立与监事会联系的工作机制。监事会进驻企业后，监管企业要安排有关部门和专人，负责监事会在企业开展工作期间的联络、文件资料传递、重要会议通知、重大事项报告等工作，明确工作程序，理顺工作机制，确保监事会能够及时、全面地与企业互通信息，交流工作。

其次，监管企业要及时提供企业经营管理的有关资料。根据《办法》规定，企业应当及时向监事会报告相关的重大事项，包括涉及企业战略规划、重大投融资、改制重组、产权转（受）让、业绩考核、薪酬分配、利润分配、重要人事变动、主要领导人员出国等重大事项，以便监事会全面了解企业经营状况，有针对性地做好当期监督工作。

第三，监管企业要及时通知监事会参加有关会议。参加企业召开的各类会议是监事会了解企业情况，开展当期监督的重要措施之一。因此，监管企业召开的董事会会议、总经理办公会、年度工作会议、财务工作会议以及其他与企业经营管理活动有关的重要会议，应将会议时间、地点和议题提前通知监事会，并提供相关资料，以便监事会更好地履行监督职能。

此外，监事会进驻企业后，按照《公司法》要求，还要尽快选举企业职工兼职监事，以充分发挥职工监事在国有资产监管中的作用，提高监督的实效。

三、切实加强监事会的作风建设

对国有企业实行监督，是政府赋予监事会的重要职责。但是监事会成员作为国家工作人员，工作和行为也必须受到监督。因此我们监事会全体成员将本着对政府负责，对人民负责，对企业负责的精神，从自我做起，切实加强自身的作风建设。一是加强思想作风建设，要坚持原则、敢于负责、学会监督、善于监督，增强维护国有资产安全、确保国有资产保值增值的使命感、责任感和紧迫感。二是加强工作作风建设，要实事求是、求真务实、脚踏实地、全面、真实、客观、公正、准确地了解和反映情况，对事实负责。三是努力提高工作效率和质量，要敢为人先、争创一流、高标准、严要求、扎实有效地做好监事会各项工作。四是坚持廉洁勤政，严格遵守“六要”、“六不”行为，规范和领导干部廉洁自律有关规定，严格要求、从我做起，始终保持监事会队伍清正廉洁形象。五是要经常深入企业，向企业的同志们学习请教，了解企业对监事会工作的意见和建议，听取企业对监事会工作人员的反映，自觉接受企业的监督。

同志们，省属地方金融类企业监事会的成立，得到了省委省政府及相关职能部门的大力支持，得到了省财政厅党组的大力支持，也得到了国信集团、中小企业信用担保

公司的大力支持。今后的工作也希望继续得到大家的关爱和支持。我们将以今天的揭牌进驻仪式为起点，认真贯彻落实党的十七大精神，以科学发展观为统领，按照省委省政府的要求，全面把握出资人监督的定位，完善监督职能，改进工作方式，不断增强监督的权威性、有效性和灵敏性，为提高我省国有资产监督管理水平，促进我省地方金融企业以及全省经济社会事业的发展做出新的更大的贡献！

在全省价格调节基金表彰会议上的发言

山西省财政厅副巡视员　**崔春香**

（2007 年 4 月 4 日）

一、充分认识价格调节基金在市场经济中的作用

价格调节基金是一项取之于社会，用之于稳定市场价格、平抑价格异动、增强政府调控能力的专项基金。2006 年全省价格调节基金在办公室各成员的共同努力下，各项工作都迈出了坚实的步伐。全年基金收入完成 4.8 亿元，超过年计划的 219%，与全省的经济和财政发展实现了同步增长。

2006 年全省完成 GDP 4 750 亿元，比去年增长约 11.8%，财政总收入完成 1 048.7亿元，增长 38.24%，首次突破千亿元大关，我省消费品零售总额增长 15%，居民消费价格上涨 1.9%。以上数据表明，我省经济的增长是总供需基本平衡基础上的高质量增长。

价格调节基金的管理工作的有力，保障了市场的基本稳定。为加强政府对市场的宏观调控力度，保证粮食、食油、棉花供应安全，稳定肉、糖市场和农业生产资料价格，我省建立了粮食、食油、棉花、猪肉、食糖、化肥以及医药药品储备制度，同时，出台了山西省突发公共事件总体应急预算的政策。这从制度上为我们调控市场商品，平抑物价奠定了坚实的物质基础和政策保障，增强了政府对市场的宏观调控能力。各部门配合政府抓好“两节”期间的供应工作，省、市储备物资适时投放市场，起到节日期间平抑价格的杠杆作用。近年来，由于资金投入有力，使省级储备粮食达到 60 万吨，食油储备 11 000 吨，棉花储备 6 500 吨，猪肉储备 4 500 吨，食糖储备 3 000 吨、化肥储备 4 万吨以及各种医药药品。各市也保持了一定的物资储备量，为保护农民买粮，保障市场稳定和应对突发事件，奠定了坚实的物质保障。

经济社会发展中遇到的问题，也为价格调节基金赋予新的任务。去年全省经济财政呈现“两高一低”的态势，发展的势头非常好。但也有一些长期积淀下来的深层次矛盾、问题。制约着全省经济社会的可持续发展。根据于省长提出的，按照科学发展观的要求，发挥价格的杠杆作用。贯彻落实科学发展观，通过价格杠杆促进节能降耗，体现发展循环经济、生态建设等，在价格管理上，运用价格杠杆进行调控。按照建设和谐社会的要求，严格价格管理，坚决有效地遏制涉及人民群众切身利益的一些乱收费现象的指示精神。认真研究价格调节基金，可能对价格采取的紧急措施或干预市场，防止出现大幅度的价格波动，支持市场建设，提出了更高的要求。

二、认真做好价格调节基金征收使用管理工作

价格调节基金承担着调控市场、稳定物价的重要职能，对于救灾复产，保障市场供

应，于重大节日平抑市场物价和稳定群众生活起到了积极的作用。充足的价格调节基金是提高政府调控市场价格能力的重要手段。拥有充足的价格调节基金是稳定市场物价、成功应对价格异动的重要保障，是政府实行价格调控最有效的经济手段，不断健全价格调节基金征收渠道，不断丰富价格调节基金总量，会大大增强政府对市场价格的调控能力。发挥价格调节基金的作用是特定时期对市场经济规律的有效补充。在市场经济条件下，商品价格受供求关系影响产生波动是正常现象，但也不排除某些突发性因素和人为因素造成物价上涨，对人民生产生活造成不良影响。在特定时期，为保证市场价格稳定，在遵循市场经济规律的同时，利用价格调节基金的经济调控手段调控价格是十分有效的，对稳定市场价格会起到导向性的作用。

近年来，我们不断加强价格调节基金工作的力度，充分发挥价格调节基金的作用，为稳定我省的市场价格和经济发展做出了重要贡献。省财政厅多次在不同的工作会上，听取了各单位在价格调节基金工作方面的汇报、征求了加强价格调节基金管理的意见，使各级财政系统的工作人员统一了思想、提高了认识，出现了部门协调配合有力，工作关系更加理顺的好局面。对促进全省经济社会又好又快发展起到积极推动作用。这次会议的召开，必将促进我省价格调节基金各项工作的发展。

做好价格调节基金工作，必须坚持公共财政理念，促进公共服务均等化。随着社会主义市场经济的不断完善，公共财政的理念已经深入人心，而且老百姓对公共财政的要求也越来越迫切。公共财政说到底就是要为市场和老百姓提供基础环境、公益事业、公共服务、公共产品等，加强和改善宏观调控，为经济发展创造公共服务环境和平台。

一是增加对公共服务领域和公共基础领域的投入。价格调节基金要体现公共财政的要求，向公益性、公共性、基础性领域投入，不断加大对重点项目的保障力度，推进公共服务均等化，让大多数人受益。

二是在财政政策的制订上，体现公共财政的要求。坚持财政政策的公正性、普惠性，符合市场经济公开、公平、公正的原则，使各类经济主体平等地享受国家支持，不断增强各级政府提供公共产品和公共服务的能力，使公共服务尽可能做到公平和最优，促进区域经济协调发展。价格调节基金是财政资金的一部分，我想对今后的工作，着重强调以下四个方面。

第一，在征收环节的工作，做到应收尽收。我省实行价格调节基金制度，是政府行为，价格调节基金属于政府性基金，具有准税收性质。它覆盖面广、征收率低，体现了公共性。价格调节基金的征收范围是：在山西省境内从事生产、经营活动，有销售收入和应税劳务收入缴纳增值税、营业税和消费税的单位和个人。体现了公平性和一致性。征收的环节是与申报税款时一并缴纳价格调节基金，缴纳期限也与增值税、消费税和营业税的缴纳期限相同。价格调节基金的计征要按照实际缴纳“三税”为基数，按照不同的计征率计征。这几点很重要，各级征收部门要把握好并认真贯彻执行、严格征收。不得多收、也不得少收，同时不准随意减免、缓缴基金。

第二，在入库环节，做到及时、按比例。价格调节基金突出了“收支两条线”原则和“国库集中收付”原则。地税部门代征的基金要及时缴入当地国库，由国库部门按照规定的分成比例进行划解，确保收入的时效性，也可有效避免混库现象的发生。省直地税机关征收的基金全额缴入省国库，市、县征收的基金省与市县按 2:8 的比例分成，体现了因地制宜的原则和市级财权自主的原则。对人为有意造成的混库，截留省级收入的部门和市县，我们将严肃处理。

第三，在支出环节，做到规范合理。价格调节基金支出，体现了公共财政的基本要求和原则，支出的范围和领域更多地考虑公共的几个领域，贯彻以人为本的思想和科学发展观的要求，竞争性领域的价格不介入。主要是四大类的支出：一是价格政策补贴，二是平抑主要粮食副产品和重要商品价格异动补贴，三是副食品生产项目补贴，四是重要商品储备利息费用补贴。这四个方面都关系老百姓的日常生活，属于敏感性的价格领域，我们在确定支出项目时一定要把握好。需要强调的是，不缴纳和不足额缴纳价格调节基金的单位和个人不得申请使用省级价格调节基金安排的项目支出。

第四，在管理环节，做到监管严密。价格调节基金作为政府性基金，列入财政基金预算管理，严格实行“收支两条线”，专门用于调控和稳定市场物价，任何单位和个人不得挤占、截留、挪用，年终如有节余应结转下年继续使用，但必须专款专用，决不能胡支乱花。对项目支出要进行追踪问效，建立项目支出效益档案，加强监管，保证资金真正能够发挥效益。今年，我们要与省价格调节基金管理领导组办公室研究制订价格调节基金项目资金使用指南，实行网上申报，专家评审论证，保证资金的合理、公平、公正使用。

各级财政部门一定要站在“立党为公”的高度，不论是抓收入、定支出、强监管，都要真正负起责来，增强工作的主动性，主动地与物价、地税、银行部门协商、协调，解决工作中出现的新情况新问题。同时在工作中要增强责任感，善于洞察宏观经济发展的变化，科学确定风险准备金的比例，以应对各种可能出现的风险和突发事件诱发的价格波动，发挥稳健财政政策的功能，促进全省国民经济和社会的和谐发展。

贯彻全国财政监督工作会议精神推进山西省财政监督检查工作全面协调发展

——在全省财政监督工作会议上的讲话

山西省财政厅副巡视员　**牛成毅**

（2007年4月26日）

这次会议的主要任务是：认真学习领会全国财政监督工作会议精神，按照全面落实科学发展观和构建社会主义和谐社会的总体要求，回顾总结2004年以来全省的财政监督检查工作，交流好的经验做法，研究推进建立稳定长效的财政监督机制，明确当前及今后一段时期全省的财政监督检查工作重点，确保财政监督在建设和谐山西中发挥应有的功能和作用。现在，我就2004年以来和2007年全省财政监督检查工作进行回顾总结和安排部署。

一、积极探索，勇于实践，2004年以来全省财政监督检查工作卓有成效

近年来，各级财政部门及财政监督机构，在本级政府和财政厅（局）党组的领导下，围绕财政改革和财政管理的中心工作，与时俱进，开拓创新，积极履行监督职责，在维护国家财税法令的统一、整顿和规范市场经济秩序、查处严重违规违纪问题、搞好日常性财政监管、保障财政正常运行和宏观调控措施的顺利实施等方面做了大量工作，发挥了重大作用，取得了显著成效。据统计，2004~2006年三年累计查出各类违规违纪金额64亿元，纠正财政违规事项和追缴财政资金6.1亿元，收缴罚没款项5 322万元；有35家会计师事务所和3名注册会计师被依法给予行政处罚，110名不符合执业条件的执业注册会计师被依法转为非执业会员；另外，各级财政监督机构结合监督检查工作加强调查研究，提出了大量完善财政体制改革和财政管理的意见和建议，有效地提高了财政管理决策的科学化水平。

（一）着力推进业务机制建设，财政监督与管理的融合进一步加强

近年来，各级财政部门注重在财政运行过程中，把监督作为财政管理的必要环节和组成部分，纳入制度设计和安排，形成财政监督与财政管理的紧密融合，实现对财政资金运行全过程的动态监控，从而构建科学合理、系统全面、权责分明、运作规范的良性财政监督业务机制。2005年，按照厅党组提出的“要健全财政资金分配过程中的权力制衡和监督检查机制，将监督管理贯穿于财政运行的各个环节，从制度上保障财政监督融入财政日常管理工作”的指示精神，年初制订了《财政监察组对省财政新型农村合作医疗补助资金审核监督操作规程》；10月份，经第10次厅长办公会议研究通过，制订了《山西省财政厅关于财政监察组对省级财政项目资金实施监督的暂行办法》和《山西省财政厅内部监督检查工作规则》，分别明确了财监组对省级财政项目资金申报、拨付和使用全过程实施动态监

控，以及厅机关实施内部检查的监督内容和监督程序；年底，在制订全省财政监督检查工作第十一个五年规划中，要求各级财政部门“十一五”时期要分阶段着力推进长效稳定的财政监督业务机制建设，并明确了建立健全财政监督业务机制的目标、原则、内容、方式与手段，以及配套和保障措施等。2006年，岳盛林纪检组长亲自带队，就我省财政系统建立健全内部控制机制情况进行了专题调研，提出了全面深化和推进我省财政部门内控机制建设的目标、原则、基本架构和基础环境，得到了财政部的肯定。财政部办公厅《每日要情》第85期以“山西采取措施全面深化财政部门内控机制建设”为题，摘编了我省深化和推进内部控制机制的方法和措施；10月份，在财政部召开的全国财政监督机制建设研讨交流会议上，作了《充分发挥财监组职能作用，积极构建省级财政项目资金支出监管机制》的重点发言。财政部党组成员、纪检组长金莲淑同志在会议总结讲话中，充分肯定了我厅授权派出机构对省级财政项目资金立项申报情况进行事前审核，同时组织开展省级财政项目资金拨付和使用情况的事中监控和事后检查，积极推进财政监督工作与财政管理业务有机融合的有效做法，认为我厅在对财政专项资金分配使用全过程监管方面迈出了较大的步伐，走在了全国的前头。各市财政部门近年来也十分重视和支持财政监督机制建设，初步形成了各具特色的财政监督机制模式，如忻州、朔州和太原以强化财政资金分配使用绩效为切入点，积极探索关口前移的财政监督机制；晋中以增值税退税审核工作为切入点，积极推进财政监督工作与财政管理业务的有机融合；晋城、阳泉和吕梁以强化内部监督制约为切入点，努力建立健全预算编制、执行、监督相制衡的财政运行机制，等等。总体上看，近年来各级财政部门财政监督机制建设情况良好，财政监督机制建设的思路越来越清晰，监督工作的重点越来越明确，监督工作程序越来越规范，监督与管理的融合越来越紧密，财政监督工作的成效越来越明显。

（二）密切关注财政改革和财政政策执行情况，充分发挥财政监督的保障作用

近年来，随着我省在新型能源和工业基地建设、和谐社会建设、社会主义新农村建设等方面财政政策支持的力度不断加大，各级财政监督机构密切关注财政改革和财政政策执行情况，不断增强监督检查的针对性，以保障改革顺利推进，规范政策执行行为，保证政策执行效果。一是加大财政收入监督力度。晋城、临汾和吕梁等财监组坚持查管结合、查调结合，积极开展对驻地省级非税收入征缴情况的监督检查，并对检查资料进行了综合分析和提炼加工，上报了具有决策参考价值的专题报告；长治、朔州、阳泉、晋中和忻州等市财政监督机构结合当地实际，开展了对市级财政收入征管质量的监督检查，及时纠正了财政收入征管中存在的问题，有效地促进了财政收入的稳定增长。二是积极开展财政资金专项检查。各级财政监督机构不断增强工作的主动性，有针对性地选择社会关注的重点热点资金开展监督检查，确保涉及民生的财政政策得到有效执行。我厅和财监组相继开展了动物疫病防治资金、农业科技推广示范项目资金、中央公共卫生专项资金和清理整顿农村合作基金会专项借款管理使用情况的专项检查，以及国有粮食购销企业政策性亏损挂账清查审计工作；运城和临汾两市财政监督机构对市级财政专项资金分配使用情况进行了全面检查；太原、朔州和忻州等市财政监督机构对国债转贷建设资金、国际金融组织和外国政府贷款管理使用情况开展了专项检查；阳泉、长治、晋中和吕梁

等市财政监督机构对农村社会救助资金、退耕还林等财政支农专项资金开展了专项检查，等等。三是当好参谋助手，保障财政改革顺利进行。各级财政监督机构在工作中十分重视为财政管理体制改革保驾护航，阳泉、晋中和忻州等市财政监督机构将检查的项目安排与财政改革政策落实相结合，紧紧围绕部门预算、政府采购、“收支两条线”等积极组织开展监督检查，有力地推动了财政改革的顺利实施。四是以查办大案要案和群众举报案件为突破口，提高财政监督执法的权威性和威慑力。我厅相继承办了山西省证券有限责任公司银行存款被盗金融大案、山西大同齿轮集团有限责任公司处理不良资产账外设账案件、长治钢铁集团公司领导人员违反规定擅自超标准兑现年收入案件和陕西罗克岩土工程公司私设“小金库”案件的核查、处理和政策界定工作；忻州市财政局专门在新闻媒体上刊载公告，鼓励广大群众对严重财政违法乱纪行为进行举报，并对群众举报的忻州市机械供销公司国有资产流失案件责任人员，在查证审结后依法移送司法机关处理。

（三）整顿规范会计秩序，切实履行财政监督对会计市场的监管职能

近年来，我厅紧紧围绕“遏制会计造假，规范会计秩序，服务宏观管理，维护公众利益”的根本目标，结合新会计审计准则体系的发布实施，切实加大会计监管力度，在整顿规范会计秩序、打击会计造假行为、提高会计信息质量等方面取得了显著成效。2004～2006年，我厅组织财监组对46户企业的会计信息质量进行了检查，查出企业资产不实23.7亿元，所有者权益不实2.6亿元，利润不实7.3亿元，收缴罚款2 616万元，补缴税款12 845万元。特别是2006年的会计信息质量检查，财政部首次对各省市地方财政部门的工作质量进行考评，我省取得了全国排名继北京、上海和河北之后的优异成绩，郑建国厅长在财政部《关于地方财政部门2006年开展会计信息质量检查和会计师事务所执业质量检查的通知》上专门作了批示，对我厅会计信息质量检查工作给予表扬，并要求要再接再厉，做出更好成绩。与此同时，晋城、阳泉、长治、晋中和太原等市财政监督机构近年来也自行组织开展了会计信息质量专项检查，并将会计信息质量与财政收支检查、行政事业单位部门预算执行情况、银行账户管理、“收支两条线”和《会计法》执法检查有机结合起来，提高检查质量和整体成效。在履行对注册会计师行业行政监管和行政处罚职能方面，我厅近年来通过检查和处理处罚，强化了对注册会计师行业的行政监督，在业内引起了较大的反响，对会计师事务所、注册会计师提高风险意识和执业质量起到了警示作用，树立了监督部门的权威和形象。2004年，我厅按照财政部“抓两头，带中间，重成效，树形象”的总体目标要求，对山西省天元会计师事务所等7户社会审计机构的执业质量进行了检查，并对违规的1户会计师事务所及3名签字注册会计师作出了给予警告的行政处罚；2005年，我厅首次对全省167个会计师事务所和2 015名注册会计师执行《注册会计师法》的情况进行了全方位的重点检查，在严格审理违规事实的基础上，依法对34户会计师事务所作出了罚款10.2万元的行政处罚，对不符合执业条件的110名执业注册会计师依法转为了非执业会员。

（四）强化日常监管和财政内部监督，不断提高财政运行质量

日常监督是各级财政部门根据财政管理和改革的需要，对财政管理和预算执行进行的日常的监督管理活动。2004年以来，我厅和财监组不断加大日常监管力度，扩大日常监管范围，提高日常监管质量，使财政监督工作更好地融入财政日常业务管理。一是

开展了对13个省直厅局和5所省属高校及驻市省级条管单位财政财务收支情况的日常监督检查，帮助被监管单位查找发现管理漏洞，对被监管单位财政违法行为予以事前防范或及时纠正，从而充分体现财政监督区别于审计监督的管理特色。二是为保证新型农村合作医疗制度健康稳定运行，财监组开展了对省财政新型农村合作医疗补助资金审核工作。通过抽查农民缴费、查看合作医疗定点医院会计核算、专访农户，核查出个别市县虚报人数、违规缴费等严重问题，提高了财政分配基础数据的真实性和可靠性。三是充分发挥财监组就地监管的职能作用，积极开展省级财政项目资金立项申报事前审核工作。我厅授权财监组对省级财政项目资金立项申报进行事前审核一年多来，纳入财监组事前审核日常监管范围的省级财政项目已经达到19类，其中：社会保障资金2类，经济建设资金3类，企业资金5类，农业综合开发资金2类，农业资金6类，行政政法资金1类；截至2006年底，财监组共对1 853个省级财政资金申报项目进行了事前审核，核查资金总量达到24.17亿元，剔除违规申报资金20 029万元，并对311个申报项目出具不同意上报的审核意见书，从而从源头上防止了利用虚假项目骗取省级财政项目资金等问题的发生，促进了省级财政支出管理水平的提高。此外，内部检查工作的有效开展也是近年来我省财政监督工作的一个突出亮点。2004年以来，财政内部监督工作作为财政管理过程中的一个重要的内部控制制度，越来越为全省各级财政部门所重视和支持。同时，各级财政监督机构在同级财政部门党组的领导下，克服困难，坚持原则，讲究方法，创造性地开展工作，使内部监督工作从无到有逐步走向正轨。我厅近年来主要开展了对厅机关业务处室预算执行进度情况的抽查、对包括财监组在内的厅属单位的财政财务收支情况检查，以及厅属单位法人代表任期经济责任审计等内部检查工作；各市财政监督机构每年按照30%的内审工作面开展了对局内业务科室和局属单位的内部监督检查，按照10%的检查工作面开展了对所辖县（区）财政预算执行情况和决算的专项检查。可以说，经过三年的有效实践，内部监督在服务财政改革，加强财政管理，保障财政资金安全，提高财政资金效益，规范财政工作程序，建立内部控制制度，以及从源头上治理、预防腐败和保护干部等方面的积极作用正在逐步凸显。

（五）各项基础管理进一步加强，财监干部整体素质与战斗力不断提高

近年来，各级财政部门十分注重财政监督法制建设、机构队伍建设等基础性工作，财政监督能力与队伍素质不断增强。一是财政监督法制建设工作取得新进展。随着国务院《财政违法行为处罚处分条例》于2005年2月1日的正式实施，各市财政部门相继制订完善了一系列规范性监督文件，如晋城、吕梁等市制订了内部日常监督工作制度，朔州、忻州等市制订了市级财政专项资金监督检查办法等。这些制度的出台，进一步规范了监督检查行为，推进了财政监督法制化的进程。二是财政监督机构和队伍建设不断加强。2005年10月，经我厅积极争取，省机构编制委员会办公室批准我厅驻省直和各市财政监察组机构建制由副处级升为正处级，机构名称同时变更为山西省财政厅驻省直和各市财政监察处。上个月，厅党组刚刚宣布了财政监察机构的干部任命，共有26名财监干部的职务发生变动，其中提任财政监察处处长9名，副处长6名，调研员3名，副调研员7名，平职调整岗位1人。在四年一届的全省财政系统先进集体和个人评选活动中我厅驻晋城市财政监察组李吕庆同志被省人事厅、财政厅授予“全省财政系统先进工作者”荣誉称号，为财政监督系统赢得了荣誉。全省11个市级财政部门

中，吕梁、临汾、晋城和运城除设置监督检查科外，还成立了事业单位性质的财政稽查机构；忻州市财政局新一届党组2006年成立后，大力改善财政监督机构工作条件，采取了预算单列检查经费、按照罚没款缴库数额全额核拨办案经费、增加监督机构工作人员，保证检查用车等一系列措施，为财政监督工作的发展奠定了良好的基础。三是注重加强学习培训，提高干部业务素质。各级财政部门对近年来国务院和财政部出台的财政监督法规、规章和制度普遍进行了培训，使财政监督干部的行政执法能力得到了有效提高。大同市财政局为提高全市财政监督干部的实践操作能力，还专门编撰了《财政监督检查技术与方法》一书，发放市县有关人员学习，促进了全市财政监督干部依法行政、依法监督水平的提高。四是加大财政监督信息调研，有效扩大财政监督的社会影响。我局近年来编发的《财政监督检查专报》，充分发挥沟通联系作用，除及时向有关领导反映财政监督检查中发现的重大问题外，还为各地财政监督工作搭建了交流工作平台，有效地促进和提高了各地财政监督的整体工作水平；此外，财监组负责人每年按照目标责任制要求，都能及时上报具有一定价值的财政监督调研报告；各市财政监督机构也通过新闻媒体和报纸杂志交流经验，宣传成效，加强沟通联系，有效扩大财政监督的社会影响。

回顾三年来的全省财政监督检查工作，在充分肯定成绩的同时，我们也清醒地看到，目前在工作中还存在着一些不容忽视的问题，突出表现为各地财政监督工作开展还不够平衡，有的开展监督工作的积极性和主动性不够，存在等靠、被动的问题；有的对财政监督工作缺乏周密计划和长远打算，存在零敲碎打、临时应付的问题；有的工作缺乏开拓创新精神，习惯于事后的专项检查，在监督内容和方法上存在传统、单一、教条的问题；有的仍然重检查、轻处理，查处脱节，存在虎头蛇尾的问题；有的工作头绪不清、缺少章法，不善于总结和归纳，存在层次不高、效率低下的问题，等等。对这些存在的问题，我们务必要引起高度重视，认真对待，研究措施，切实加以改进。

二、明确重点，务求实效，努力做好2007年全省财政监督检查工作

2007年是深入贯彻落实科学发展观、加快构建社会主义和谐社会的重要一年，也是全力以赴推进我省“十一五”规划深入实施的关键之年。根据全国财政监督工作会议和全省财政工作会议精神，今年全省财政监督检查工作的总体要求是：以科学发展观为统领，按照构建和谐社会的总体要求，紧紧围绕全省财政中心工作，进一步推进财政监督机制建设，加大财政政策执行情况的监督力度，促进基本公共服务均等化的公共财政制度建设；关注涉及群众切身利益的资金使用情况监督，促进社会公平正义目标的实现；深化财政收入监督，为构建和谐社会提供坚实的物质保障；强化会计监督，促进社会经济规范有序；加强干部队伍和廉政建设，全面提升财政监督能力和成效，为促进财政改革和规范财政管理发挥积极作用。为此，强调以下几点：

（一）着眼发展，不断完善，进一步深化财政监督机制建设

各级财政监督机构在监督理念上，要把财政监督作为财政管理的必要环节和有机组成部分，纳入制度安排和程序设计，加大事前和事中监督力度，真正形成财政监督与财政管理的紧密结合，逐步实现对财政资金运行全过程的动态监控；在监督内容上，要紧密围绕支出监督、收入监督、内部监督、会计监督四条主线开展工作；在切入点的选择上，要立足实际，不搞一刀切；在工作要求上，要把握财政监督机制建设的稳定性、同

步性、互动性和规范性。我局将继续做好财监处业务机制建设工作，重点在开展监管事项、规范监管行为、提高监管质量等方面取得突破，以机制建设促进业务工作深化，以业务工作巩固机制建设成果，切实提高省级财政分配基础数据的真实性和可靠性。一是加强调研，统一规划财监处业务机制框架。为保障机制建设的顺利推进，我厅将深入一线，加强调研，了解情况，掌握动态，及时应对和解决机制建设中出现的问题；要组织召开研讨会，及时总结交流财监处的经验和做法，认真研讨监督融入管理的具体环节、重点内容、保障措施等财政监督机制建设方向性问题，进一步完善机制建设的内涵、内容等；要统一规划机制建设框架，设定统一推进模式，指导财监处加强基础管理和建设，改进工作方式方法，拓展获取信息和掌握资料的渠道，不断深化机制建设。二是规范监管行为，防范监督风险。我厅将认真研究财监处监督风险的存在环节、表现形式和规避方法，指导财监处建立健全监管工作责任制，明确监管分工和责任，制订监管流程，进一步加强对监管事项的全过程质量控制，逐步建立日常监管事项操作规程。同时，要特别注意做好新增项目的启动工作，制订相关操作办法，指导财监处做好前期准备，按要求保质保量地完成新增项目的监管工作。三是健全财监处业务协调机制。为保证财监处工作顺利有效开展，我厅将进一步健全财监处业务协调机制。主要是：协调厅机关业务处室按规定受理经财监处审核的省级财政项目资金申请报告，并将省级财政项目资金拨款文件及时抄送财监处；继续研究提出并协调厅机关业务处室授权或委托财监处新的监管事项；明确厅机关业务处室授权财监处监管事项的内容、依据、权限、责任和要求；做好财监处政策解答、成果利用等工作，对财监处报送的请示报告和财政监督信息，在汇总整理有关情况后，及时答复或提出改进管理的意见或建议，并以适当形式向财监处予以反馈；汇总反映财监处业务开展情况，统一处理违反财政法规的行为等。

（二）突出重点，合理安排，认真做好重大财税改革和政策执行情况的监督检查

各级财政监督机构要密切关注我省财政体制调整运行情况，通过监督检查，保证财税改革和各项财政政策的有效落实，促进和谐山西建设。我厅在财政支出监督方面，主要开展对省本级小型农田水利“民办补助”项目资金、中小企业服务体系专项补助资金转拨使用情况和对省本级政府采购预算执行情况的检查，保证政策有效落实；按照《山西省财政厅关于财政监察组对省级财政项目资金实施监督的暂行办法》的有关规定，指导财监处进一步健全完善省级财政项目资金事前审核调研、事中跟踪监控和事后监督检查的省级财政支出监督机制，切实保障省级财政项目资金分配的科学合理和使用的规范高效，不断提高财政监督的质量和效率。在日常监管方面，我厅主要开展对省科技厅、民政厅和中北大学等部分大专院校财政财务收支情况的日常监督检查；同时，指导财监处强化对驻地省级条管单位财政财务收支情况的日常监管，完善财监处日常监管考核评价制度，重点关注财监处监管工作质量、制度建设和内部管理水平，并对综合考评结果予以通报。

（三）加强监管，依法查处，切实履行政府会计监管职责

各级财政监督机构要切实履行会计监督职责，统筹安排会计信息质量检查，把企业执行《会计法》和企业会计准则体系情况作为财政监督和会计信息质量检查工作的重要内容，在更高层次上实现会计监督，提高监督成效；要切实加大对违规企业的处理处罚力度，依法严惩恶劣造假行为，坚决追究

相关责任人的法律责任，并将严重违法违纪案件向社会曝光。进一步强化企业、行政事业单位的会计信息质量检查，增强对会计领域的监管能力，不断提高会计监督的层次和效果，逐步建立健全会计信息质量长效监督机制。一是完善会计信息质量检查，提高会计监督的层次和效果。要继续围绕国家宏观调控重点和社会公众关心的热点问题，采取统一部署、横向联合、上下联动等多种方式开展会计信息质量检查，确保新会计准则和审计准则的有效执行，全面提升会计信息质量。要结合预算管理改革，开展行政事业单位会计信息质量检查，提高行政事业单位的财务管理和会计核算水平。要加强与相关部门的协同配合，形成监管合力，综合治理会计信息失真问题。二是改进组织方式，整合财监处和各市财政监督机构会计监管资源。要加大对财监处和各市财政监督机构会计监督工作的指导力度，积极推动财监处和各市财政监督机构联手协作，充分发挥各自监管优势，有效扩大会计监督的覆盖面和社会影响。

（四）调整方式，健全制度，认真做好财政部门内部监督工作

各级财政监督机构要把开展内部监督的工作重点放在业务机构的执法质量，包括是否按照法规政策和程序开展工作，以及工作程序是否规范有效，财政资金分配使用是否合规合理；要通过“金财工程”建设，逐步实现监督检查信息与业务管理信息共享，做到预算编制、执行和监督各业务主体间信息沟通便捷，实现网络监督监控，切实降低监督成本，提高监督成效。我厅将不断改进监督方法，充分发挥内部监督的预警作用，促进各单位减少违规违纪问题，提高管理水平。一是运用信息技术，提高监督效率。要通过“金财工程”建设，建立预算编制、执行和监督各业务主体间的计算机网络联系，实现内部监督对监督对象有关资料、数据的网上查询。要注意资料的积累，探索开展实时监控，及时发现、纠正财政运行偏差，防范和化解财政风险，不断提高内部监督的主动性和针对性。二是规范监督程序，提高监督实效。要进一步规范检查工作程序，引入责任追究制度，增强内部监督检查的权威性和威慑力。要严格内部监督回访反馈制度，促使各单位及时整改存在问题，并主动关注财政政策和执行程序是否健全、合规，资金分配使用是否有序、安全，逐步加强政策执行效果的监督和分析评价。三是加强内部监督与财监处监督工作间的互动。要促进内部监督与财监处工作的良性互动，内部监督成果要成为确定财监处专项检查的重要参考，财监处工作成果要成为内部监督反映厅机关业务处室管理工作质量的基础资料和重要依据，实现内部监督与财监处工作的上下联动，互相促进，进一步提升财政监督的整体效应。

（五）因地制宜，分类指导，推动下级财政监督工作向纵深发展

各级财政监督机构要正视自身肩负的职责，切实加大对下级财政监督工作的指导力度。要深入基层开展调查研究，在调查中逐步统一认识，不断完善思路，及时总结经验。要采取文件、网络、简报、会议、联动检查、信息交流、业务培训以及考核评比等多种方式，不断提高基层财政监督工作质量和整体效能，推动和促进基层财政监督工作均衡深入开展。我厅将围绕加快市县财政监督机制建设，进一步加大对下级财政监督工作的指导力度，鼓励因地制宜，突出针对性、可操作性和实效性，切实推动市县财政监督工作深入开展。一是把握发展方向，加强综合指导。要指导各地围绕财政监督机制建设的总体框架，结合各地财政管理中心工作和财政改革的实际情况，调整完善财政监督的发展思路、工作重点、目标任务、实施步骤，研究制订有关的制度和具体措施。要

深入基层对市县财政监督工作情况开展调研，重点研究市县财政监督机构及职责现状、存在问题，分析原因，提出改进和加强的对策。要继续推动市级财政监督机构加强对下级县（区）财政监督机构的工作督导，培育并树立基层监督工作好的典型，推动财政监督工作向纵深发展。二是创新方式方法，突出工作重点。要强化对市县监督业务的指导，充分发挥各地的积极性、主动性和创造性，推进监督方式从集中性、临时性的事后检查尽快向事前审核、事中监控与事后检查相结合转变，逐步渗透到事前审核和事中监控环节，抓住日常监管的突破口或切入点，从加强内部监督、实现信息共享入手，加强实时监控，提高财政资金分配的科学性、预算执行的严肃性；从对重点资金的专项检查入手，着力监督财政资金的安全性和合规性，探索绩效监督的方式方法，不断提高财政资金的使用效益；从开展财政收入监管入手，增收节支，聚集财力；从部门预算编制、国库集中支付资金审核、政府采购监管、加强收支两条线监管等具体改革事项入手，逐步加大对财政资金事前审核和事中监控的渗透力度，最终实现财政监督切实融入财政管理，实现财政监督的制度化和规范化。三是促进工作交流，形成监督合力。要积极创造条件，为市县财政监督工作搭建交流平台，促进提高下级财政监督整体工作水平。要完善信息联络员制度、典型经验日常交流制度，改进和提高《财政监督检查专报》编发质量和效果。要加强市县财政监督机构与当地财监处、纪检监察部门的沟通协调，加强工作配合，形成监督合力和整体效应。四是开展各类培训，提升队伍素质。要进一步丰富培训内容，根据监督工作需求组织多层次、多角度的培训，切实提升监督队伍素质。同时，鼓励市级财政监督机构加大对下级县（区）财政监督干部的培训力度，根据实际业务需要，有针对性地开展各种形式的业务培训，切实提升基层财政监督干部的素质和能力。

（六）科学规范，严格管理，不断加强财政监督基础工作

各级财政监督机构要从财政监督事业长远发展的高度，继续加强机构建设、队伍建设、制度建设以及学习培训、理论调研和信息宣传等基础性工作；要研究探讨建立健全有效的内部制约机制，落实行政执法过错责任追究制度，加强对监督权力的制约制衡，防止滥用检查权和自由裁量权，树立财政监督良好的执法形象。我厅将进一步增强搞好信息宣传、调查研究和制度建设的主动性，推动财政监督工作上层次。一是加强信息宣传。要进一步增强信息宣传意识，切实发挥信息向上汇报情况、反映问题、提出对策建议、反映工作成果、扩大工作成效的主渠道作用，为领导决策服务，为全省财政中心工作服务，为财监处和市县财政监督机构服务，争取领导关心、理解、支持、指导财政监督工作。要进一步加强信息的深加工，规范信息报送渠道，研究修订信息考评办法，进一步提高各类信息简报的编写水平，通过多种载体反映财政监督工作成果。要注重与媒体的沟通协作，规范对外宣传程序，广泛利用报刊、网络等各种媒体渠道发布监督检查信息、公告，选择重大违法违纪案件公开曝光，进一步扩大财政监督的社会影响力。二是加强调查研究。对财政监督理论和实践工作的研究，我厅将采取统一提出理论调研题目、财监处和市县财政监督机构主动提出课题，开展专项调研、检查与调研相结合等方式，不断提高调研工作质量，增强监督调研工作为全省财政中心工作服务的及时性和有效性。同时要注意采用多种形式，切实加强对调研成果的综合利用。三是加强制度建设。在认真贯彻实施《财政违法行为处罚处分条例》和《财政检查工作办法》的基础上，要采取问卷调查的方式，摸清财监处和市县财政

监督机构实际需求，完善规范各类检查文书，进一步加强财政监督法规制度建设。

同志们，春天代表着希望，春光蕴涵着生机，春播意味着秋实。在这春满乾坤、春暖三晋、春意盎然的季节，让我们伴随全面落实科学发展观的历史进程，努力建设和谐社会，牢记经济越发展、监督越加强的使命天职，满怀豪情，抓住机遇，乘势奋进，共同谱写财政监督事业更加绚丽、更加辉煌的新篇章！

第二篇

山西省财政工作概况

2007 年山西省财政工作综述

2007 年是山西省“十一五”规划深入实施、重点推进的关键之年。一年来，山西省各级财政部门坚持以科学发展观统领财政工作全局，认真贯彻落实中央和省委、省政府的各项决策部署，紧紧围绕“狠抓‘六个着力’、实现‘三个促进’、力求‘三个突破’”的工作思路，强化收入征管，优化支出结构，支持经济发展，保障改善民生，推进财政改革，加强财政管理，全省财政工作取得了令人鼓舞的好成绩。全年全省财政总收入完成 1 200.0 亿元，同口径比上年增长 30.5%。一般预算收入 597.6 亿元，比上年增长 31.4%。其中，税收收入 430.2 亿元，比上年增长 30.3%，增值税、营业税、资源税、企业所得税和个人所得税五大税种共计完成税收 371.9 亿元，分别比上年增长 23.0%、27.7%、26.9%、60.4% 和 32.1%。一般预算支出执行 1 042.6 亿元，比上年增长 14.3%。支出结构进一步优化，重点支出得到较好保障，其中，农林水事务支出增长 32.8%，教育支出增长 30.0%，科学技术支出增长 76.0%，社会保障和就业支出增长 34.5%，医疗卫生支出增长 44.1%，环境保护支出增长 36.5%，文化体育与传媒支出增长 72.2%，城乡社区事务和公共安全支出分别增长 36.9% 和 26.9%，有力地支持了全省经济社会的又好又快发展。

一、认真落实宏观经济政策，充分发挥财政调控职能作用，促进山西经济又好又快发展

（一）积极筹措并充分发挥财政资金的引导带动作用，支持转变经济发展方式

全省各级财政部门充分发挥财政资金“四两拨千斤”的积极效应，把财政资金支持经济发展的重点放在节能减排、生态整治、平台搭建、体系完善和机制创新等方面，努力为市场主体提供服务和创造良好环境。全力推进节能减排和淘汰落后产能，省财政筹集资金 17.7 亿元，建立了节能、减排和淘汰落后产能专项资金，通过以奖代补、拨款补助、贴息等方式，着力支持重大节能改造、污染物减排和十大社会节能工程，对钢铁、焦化、电力等行业淘汰落后产能予以一定补偿，对因淘汰落后产能影响财政收入的县（市、区）予以适当补助，调动了各地淘汰落后产能的积极性。投入资金 48.2 亿元，在继续支持退耕还林、京津风沙源治理、天然林资源保护等国家重点生态工程的基础上，推进实施“蓝天碧水工程”、六大造林工程和六大水利工程，支持全省重点污染源自动监控系统建设，建成了全国第一家污染源在线监控试点系统，提升了全省治污监测能力，促进了山西生态环境的进一步改善。继续支持国有企业改革，下达资金 21.3 亿元，完成了 14 户省属国有企业改制和 136 户省属国有企业关闭破产预案的论证审核，257 所省属企业自办中小学顺利移交，78 户企业实现主辅分离。加大中

小企业信用担保工作力度，全省政策性担保机构达到51户，共为950户企业提供担保服务29.8亿元，比上年增长30%。支持科技创新，全省科学技术支出达到15.6亿元，比上年增长76%，重点支持了科技攻关、科技成果推广、科技基础条件平台建设和星火、火炬计划，省财政出资2.2亿元建立了创业风险投资引导基金和自主创新专项资金。支持举办珠洽会、煤炭与能源新产业博览会等招商引资活动，促进了山西外向型经济发展。积极利用国际金融组织和外国政府贷款13亿元，重点支持了节能减排、基础设施、环境保护、医疗卫生等事业发展。

（二）积极争取并认真落实相关财税政策，加大支持经济发展力度

成功争取了国家将山西煤炭、冶金、火电等支柱产业列入增值税转型政策试点范围这一项目，为太原、大同、阳泉、长治等老工业城市推进产业结构调整提供了政策支持。煤炭可持续发展基金试点政策经国务院批准于2007年3月1日启动实施，全年征收103.1亿元，并严格按规定用于支持跨区域生态环境治理、资源型城市转型和重点接替产业发展及解决因采煤引起的社会问题等方面；煤矿转产发展资金政策得到财政部批准，连同矿山环境恢复治理保证金政策于2007年10月同步实施；水资源补偿费和电源基地建设基金政策执行期延长至2010年。争取中央批准将焦煤资源税税额标准由3.2元/吨提高到8元/吨；报请省政府批准提高了车船税和城镇土地使用税税额。上述财税政策的成功争取与顺利实施，每年可增加地方财力近200亿元，为促进山西经济社会各项事业又好又快发展提供了更加有力的资金保障。

二、调整优化支出结构，全力保障民生福祉，大力支持和谐山西建设

2007年，各级财政进一步加大了对社会保障、医疗、教育、文化等民生领域的投入力度，公共财政覆盖面进一步拓宽、保障标准进一步提高。2007年全省用于民生方面支出达846.2亿元，比上年增长31.9%，占全省一般预算支出的81%，比上年提高11个百分点。一是积极完善社会保障、城乡救助、医疗服务和应急救灾体系。2007年全省社会保障和就业支出182.1亿元，增长34.5%。全省新增支出20亿元，较大幅度提高了城市低保、农村低保、农村五保、优抚对象、失业保险、企业离退休人员冬季取暖补贴和企业军转干部生活困难补助等事关民生的社会保障标准，在2006年两次提高标准的基础上再次对企业退休人员提高了基本养老金标准并增发地方生活补贴。全省筹措资金9.3亿元，按4%的比例落实到企业职工养老保险个人账户。省级安排资金11.4亿元，对下岗失业人员和公益性岗位给予补贴，支持职业介绍所和劳动力市场建设，圆满完成了2万户零就业家庭“消零”目标。新型农村合作医疗试点范围扩大到99个县，参合农民达1 831万人，参合率达到87%，城市医疗救助试点扩大到所有县（市、区），城市居民基本医疗保险试点工作进展顺利，城市社区卫生服务条件得到明显改善。提升应急救灾能力，针对各类自然灾害以及猪肉和液化气等生活必需品价格大幅上涨的实际情况，累计下达资金8.3亿元，重点用于受灾地区居民基本生活补助和受灾县区灾后重建，建立了生猪良种补贴、能繁母猪补贴及能繁母猪保险保费补贴制度，对“低保”家庭发放了肉食和液化气补贴，对高校困难学生发放了伙食补贴，支持成品油价格改革，维护了人民群众的切身利益。二是全力保障教育优先发展。2007年全省教育支出179.8亿元，比上年增长30%。农村义务教育经费保障机制改革所需资金全部落实到位，全省农村义务教育阶段中小学生学杂费全部免除，国定课程教科书

费从2007年秋季开始学生不再负担，提高了农村中小学公用经费保障水平，建立了农村中小学危房改造长效机制，2007年共改造D级危房127万平方米，巩固和完善了农村中小学教师工资保障机制，教师工资得到足额及时发放；认真落实国家对大中专院校家庭经济困难学生资助政策和国家励志奖学金、助学金政策，资助100多万名学生完成学业。三是大力支持文化公益事业建设。2007年全省文化体育传媒支出24.3亿元，比上年增长72.2%。文化信息资源共享工程又扩大了30个站点，基本实现了农村广播电视无线覆盖，农村电影公益放映工程深入推进，支持山西省五大重点社会工程开工建设，加强文物遗产保护利用，山西省博物院、太行八路军纪念馆分别获得第七届全国博物馆十大精品陈列展览奖和特别奖，支持文艺精品创作，《立秋》获全国“文华大奖”，实现了山西“文华大奖”零的突破。四是着力改善困难群众居住条件。大同煤业集团等5户国有重点煤矿棚户区改造廉租房项目及太原市、大同市的棚户区改造工程进展顺利，全省9个重点矿区采煤沉陷区治理工作稳步推进，对201个严重地质灾害村进行集中治理，全年又有13万名矿工和17万农民住房条件得到改善，住上新建安全住房。

三、不断加大“三农”投入，认真落实惠农政策，着力推进新农村建设

继续强化财政支农资金稳定增长机制，全省农林水事务支出比上年增长32.8%，重点支持山西省农业生产、农村基础设施建设和农村社会事业发展。省级新增经济社会事业发展资金的60%以上投向了农业和农村，省财政全年用于“三农”方面的支出达77.7亿元，比上年增长50.6%。一是，支持发展现代农业。推动实施农业产业化龙头企业战略和农业产业化工程，扶持龙头企业开展技术引进和技术改造，促进农业主导产业发展；支持农业综合开发土地项目治理、中低产田改造和农业基础设施建设，提升农业综合生产能力；推进农业科技成果转化和农业科技推广与示范工程，支持农业科技入户和新型农民科技培训工程，促进农业科技进步；大力完善农产品现代流通体系和现代农业市场信息服务体系。二是，认真落实各项惠农政策。涉农“四项补贴”规模增加、范围扩大、机制完善，补贴资金达到10亿元，并全面推行“一卡通”，受益农民达1 920万人。三是，加快支持新农村建设试点村和重点推进村建设步伐。支持推广沼气，发展农村沼气20万户；建设农村安全饮水工程1 528处，帮助218万农村人口解决了饮水困难和饮水安全问题；支持修建村村通水泥（油）路1万公里，让具备条件的建制村实现了全部通公路；支持实施“万村千乡”市场工程，扶持发展连锁农家店3 000家；农村综合改革不断深入，农村村级管理费补助标准由每村3万元提高到4万元，增强了村级管理公共事务的能力。四是，促进“两区”开发建设。积极筹措“两区”开发专项资金9亿元，着力支持“两区”产业开发项目启动、贴息及“两区”行政村文化体育活动场所建设、寄宿制学校改造，全年新建文化体育场所5 670个，改建寄宿制学校123所；支持农民脱贫致富，培训农民100万人，转移农村富余劳动力30万人，移民搬迁5万人。五是，引深支农资金整合改革。创造了“预算不变、渠道不乱、用途不改、优势互补、各记其功”的资金整合模式，省级重点推进的支农资金整合试点县达到24个，整合资金32.8亿元，整合成效初步显现。温家宝总理对山西支农资金整合工作做出批示予以肯定，财政部和省委、省政府也分别肯定了这一做法，并要求进一步加大支农资金整合力度。

四、推进财政体制改革，加大转移支付力度，切实增强基层政府公共服务能力

2007年是山西调整规范省市县财政体制并在35个国家重点扶贫开发县实行“省直管县”改革试点的第一年。新体制的顺利实施，大幅度增加了县级财政实力，据统计，新体制运行第一年即增加县级财力13.5亿元。同时，省财政不断加大对市县转移支付力度，2007年共下达省对县级一般转移支付资金59.9亿元，比上年增长56.8%，占省对县财力性转移支付总额的38.1%，比上年提高5.7个百分点，全省享受转移支付的县区由上年的87个增加到98个。建立了对市级一般转移支付制度，下达资金2.7亿元，对标准财力小于标准支出需求的市开始实施转移支付，有效缓解了部分市级财政运行困难问题。进一步完善县级增收节支激励约束机制，认真落实“三奖一补”政策，2007年下达“三奖一补”专项转移支付资金6.8亿元，增长13.6%。对革命老区县继续实施专项转移支付，帮助老区人民改善生产生活条件。上述措施的实行，有效地调动了基层政府发展经济、增收节支的积极性，2007年全省县级一般预算收入占全省一般预算收入的比重比上年提高7.1个百分点，基层财政实力得到明显提升。

五、深化公共财政改革，提升依法理财水平，稳步推进公共财政体系建设

一是，加强财政法制建设步伐。深入实施“五五”财政法制宣传教育规划，出台了《山西省财政厅关于全面推进依法行政依法理财的实施方案》，狠抓财政法制培训，开展了行政法规规章清理和规范性文件备案检查工作，严格落实行政执法责任制，努力把依法理财的要求落到实处。

二是，加快财政改革步伐。省本级预算内资金和政府性基金全部纳入国库集中支付改革范围，全省11个市及40个县区实施了国库集中支付改革；深化部门预算改革，实行了项目支出预算安排与绩效考评和单位上年结余“双挂钩”办法，提高了预算编制质量；继续完善政府采购目录及限额标准，不断强化政府采购计划管理，推行了全省公务用车联动协议供货制度，引深了政府采购领域治理商业贿赂工作；金财工程系统进一步完善并运行，应用支撑平台建设省级试点，系统资源得到了有效整合和利用。

三是，强化非税收入管理。起草并向省政府上报了《关于加强山西省政府非税收入管理的意见》、《全省政府非税收入管理办法》及《省本级非税收入管理改革实施方案》；完成了规范在并省直机关公务员津贴补贴工作，各市规范公务员津贴补贴工作有序进行。

四是，规范行政事业资产管理。认真开展了全省行政事业单位资产清查，积极推行资产配置审批试点，努力探索预算管理与资产管理相结合的新机制。

五是，加大财政监督检查力度。对新型农村合作医疗补助等民生支出，实行了事前审核调研、事中跟踪监控和事后监督检查的全过程监管，促进了资金的规范高效使用；加大投资评审工作力度，全年审减财政资金14亿元，投资评审作用得到较好发挥；加强会计管理，对48户企业进行了会计信息质量检查，查处违规金额51.4亿元，责令补交税款0.5亿元；对155家会计师事务所和资产评估机构执业质量进行了检查，处理处罚会计师事务所31家，注册会计师64名，促进了企业会计信息质量和会计师事务所等中介机构执业质量的提升。

2007年，是省委、省政府确定的“作风建设年、狠抓落实年”。一年来，按照省里的统一部署和要求，省财政厅狠抓作风转

变和工作落实，自身建设取得了可喜成绩。财政部门惩治和预防腐败体系更加完善，党风廉政建设不断引向深入，政务公开、效能建设、行政审批制度改革全面深化，政风行风评议再创佳绩，财政宣传和干部教育培训力度进一步加大，机关精神文明建设成绩喜人，财政事业的发展基础更加坚实有力。

（山西省财政厅办公室供稿
常国华、蔡江泽、赵霆执笔）

综合财政管理

2007年，山西省财政综合工作按照全省财政工作会议确定的“狠抓‘六个着力’，实现‘三个促进’、力求‘三个突破’”的工作思路，紧紧围绕财政工作重心，着力抓好四项改革、继续夯实四项基础工作，财政综合工作取得了明显成效。

一、开展公务员收入分配制度改革，努力规范公务员津贴补贴

一是，安排部署了全省规范公务员津贴补贴工作。按照国家统一的政策要求，联合省纪委、省委组织部、省监委、省人事厅、省审计厅等六部门下发了《关于印发〈山西省规范公务员津贴补贴实施方案〉的通知》，对全省规范公务员津贴补贴工作进行了全面的安排和部署。

二是，完成了在并省直机关公务员津贴补贴的规范工作。按照国务院（国办函〔2007〕16号）批复精神，结合山西省省直机关实际情况，借鉴其他兄弟省份的做法，对中央批复的《实施方案》进行了补充和完善，与省纪委、省委组织部、省监委、省人事厅、省审计厅、省老干部局等有关部门进行专题讨论，并经省政府常务会议同意后，正式印发了《关于印发〈关于规范在并省直机关公务员津贴补贴的通知〉等四个文件的通知》，组织实施了在并省直机关公务员津贴补贴的规范工作。

三是，对在并省直机关继续执行中央出台的津贴补贴项目进行了审核规范。为了严格按照中央的要求做好国定津贴补贴的发放工作，联合省人事厅印发了《关于对在并省直机关继续执行中央出台津贴补贴项目等有关问题的紧急通知》，对各单位现执行的国定津贴补贴项目进行了摸底。在此基础上，对各单位报送的项目进行了严格审核，印发了《关于在并省直机关第一批执行中央出台津贴补贴项目等有关问题的通知》，对需继续执行的国定项目的名称、执行文号、执行单位和范围做出了明确规定，规范了在并省直机关国定津贴补贴项目。

四是，认真做好市级机关公务员津贴补贴规范工作。根据全国统一的津贴补贴规范政策，以及中央“下管一级”原则，在指导各市确定市直机关津贴补贴起步水平和审核各市的实施方案时，以各市2004年清理上报水平、2006年经济社会发展水平和人均财力水平为参考因素，制订了量化打分办法，并根据量化打分情况以及同城同待遇的原则，合理确定各市增幅和起步水平，报经省政府同意后，及时批复各市执行。

五是，做好津贴补贴实施情况的监督检查工作。为了巩固津贴补贴规范成果，按照中央的有关精神，结合山西省的实际情况，联合省纪委等六部门印发了《关于开展省直机关规范公务员津贴补贴实施情况专项检查工作的通知》，组织实施了在并省直机关规范津贴补贴实施情况的自查工作，重点抽查了省直工委、省国资委、省水利厅等12个单位，并将自查结果及时上报中央六部委。同时，还配合中央检查组完成了对山西省的重点检查工作。

二、开展非税收入管理情况调查，探索科学规范的非税收入管理模式

政府非税收入是政府财政收入的重要组成部分。加强政府非税收入管理是社会主义市场经济条件下理顺政府分配关系，健全公共财政职能的客观要求。按照财政部和省政府稳步推进财政管理体制改革的有关要求，积极探索建立科学规范的非税收入管理模式。一是对全省非税收入管理情况进行了全面的调查。按照财政部的要求，结合山西省的实际情况，印发了《关于调查政府非税收入情况的通知》，对全省政府非税收入管理情况调查工作进行了安排部署。经过对各市和省直各部门上报的有关情况进行认真分析和汇总后，撰写了《山西省非税收入管理情况的报告》并上报财政部。二是探索科学规范的非税收入管理模式。在对山西省非税收入管理情况进行广泛调研的基础上，起草了《关于加强山西省政府非税收入管理的意见》、《关于设立山西省政府非税收入征收管理机构的建议》、《政府非税收入征收管理办法》、《政府非税收入稽查管理办法》、《山西省政府非税收入票据管理办法》、《加强和规范省直单位政府非税收入管理实施方案》，经厅长办公会研究同意向省政府上报，为下一步全省开展非税收入管理体制改革，创新管理模式打下了坚实的基础。

三、强化彩票业务管理，提高公益金使用效益

一是，调整了彩票公益金分配政策。按照财政部《关于调整彩票公益金分配政策的通知》精神，在征求民政部门和体育部门的意见的基础上，报经省政府同意，制订下发了《关于调整彩票公益金分配政策的通知》，调整了彩票公益金在各级和各部门的分成比例。

二是，拓展了彩票公益金的使用范围。按照中央拓宽彩票公益金使用范围的有关精神，打破过去彩票公益金“谁发行、谁使用”的老做法，起草了相关管理办法，将彩票公益金使用范围拓展到残疾人事业、县级文化基础建设等领域，使彩票公益金的安排更多地体现了公益性。为了让更多的人能享受这项政策，在《山西晚报》、《太原晚报》等媒体进行了宣传，尽量让大家都能了解规定，以提高资金的使用效益。

三是，规范了彩票机构销售奖励办法。为调动彩票工作人员的积极性，对全省福利和体育两个彩票机构的奖金提取和发放办法进行了规范。

四是，加强监督管理，对彩票发行销售和财务管理情况进行专项检查。按照财政部的要求，安排部署了彩票销售和财务管理专项检查工作，配合财政厅监督检查局对山西省2005～2007年期间的资金安排、下拨及财务管理情况进行了专项检查，规范了山西省彩票发行销售和财务管理。

四、加强住房公积金管理，建立健全廉租住房资金保障制度

在做好住房资金预算编制与执行、公有住房维修基金等日常管理工作的同时，重点做了以下几个方面的工作：一是加大对住房公积金管理机构的监管力度。按照《考核办法》对11个市住房公积金管理中心的管理委员会工作、机构调整工作、业务信息系统建设、业务发展及管理工作情况进行全面考核和量化打分，及时通报考核结果，提出具体整改要求，全面规范了住房公积金管理工作。二是继续完善住房公积金管理制度。与建设厅联合下发了《关于全省住房公积金管理有关具体问题的通知》，从规范缴存业务和提取行为、防范贷款风险、提高服务水平、规范财务管理等方面做了严格的规定，将地方津贴补贴纳入公积金缴存基数，下发了《关于加强住房公积金预算管理工作的通知》，进一步规范了预算报批和资金拨付程序。三是加强廉租住房保障资金管理。按照国家的统一部署和安排，对全省廉租住房保障情况进行专项调查和摸底，积极争取国家廉租住房保障资金1.2亿元；会同省建设厅、国土资源厅下发了《关于认真落实廉租住房保障资金的通知》，要求各市、县必须按国家规定，多渠道筹集廉租住房保障资金，做好廉租住房保障资金的预算安排，凡市、县没有按要求安排专项资金的，中央、省财政将不予补助，这些措施为建立健全山西省廉租住房保障制度、解决城市低收入家庭住房困难提供了重要的资金保证。

五、认真落实收费减免政策，及时编制收费（基金）项目目录适时对外发布

为贯彻落实关于监狱布局调整和保障低收入家庭住房的有关要求，缓解监狱布局调整和廉租住房建设中存在的资金不足的状况，在按中央要求做好中央收费项目和基金减免的同时，印发了《关于减免监狱布局调整建设项目有关行政事业性收费的通知》和《关于转发〈财政部关于贯彻落实国务院关于解决城市低收入家庭住房困难若干意见的通知〉的通知》等文件，对省级出台的城市基础设施配套费、城市消防设施配套费等有关行政事业性收费给予了减免，为山西省完成监狱布局调整和廉租住房建设任务提供了有力的政策支持。

根据财政部、国家发展和改革委员会《关于发布2006年全国性及中央部门和单位行政事业性收费项目目录的通知》和财政部《关于发布2006年全国政府性基金项目目录的通知》规定要求，在做好清理、取消和规范等日常工作的基础上，编制完成了《2006年山西省行政事业性收费项目目录》和《2006年山西省政府基金项目目录》，并于2007年6月29日通过《山西日报》向全社会进行了公开发布，主动接受社会监督。

六、注重票据日常管理，严格票据年检工作

在继续做好票据日常管理工作的同时，一是积极开展票据年审工作。2007年3月19日至4月20日集中时间、集中精力对636个省直及驻并单位2006年度行政事业性收费（基金）票据进行了年审。二是及时通报年检结果。在认真梳理年审结果后，对管理规范的14个单位进行了表扬，对收取非税收入不及时上缴财政金库或财政专户、不按要求使用财政票据、未按规定期限参加年检的单位进行了通报批评，并提出了具体的整改要求。

七、进一步规范国有土地使用权出让收支行为，建立国有土地收支统计报表体系

一是，规范国有土地收支行为。根据财政部、国土资源部、人民银行《关于印发〈国有土地使用权出让收支管理办法〉的通知》精神，结合山西省实际，提出了规范土地使用权出让收支管理的要求，并在充分调查了解和征求各地的意见后，会同省国土资源厅提出了国有土地使用权出让收入土地收益基金的提取比例，报经省政府同意后下发各市、县执行，规范了国有土地使用权出让收支行为。

二是，初步建立国有土地收支统计报表体系。按照财政部、国土资源部、人民银行《关于建立国有土地收支统计报表体系的通知》精神，及时安排、部署了山西省的国有土地收支统计报表上报、审核、汇总工作，初步建立了山西省的国有土地收支统计报表体系。

八、关注经济社会发展的焦点，适时进行经济形势分析和专题研究工作

一是，完成了三期财政经济形势及全年走势预测分析报告。《分析报告》在分析过去和同期财政经济形势的基础上，以实事求是的态度、翔实的数据、逻辑的论证，对不同时期财政经济走势进行了准确的预测，并针对预测结果和存在问题提出了比较符合实际的政策建议，为各级领导认识当前财政经济问题、把握今后财政经济动向以及进行经济决策提供了参考依据。

二是，完成了两篇专题研究。紧紧围绕山西省经济增长方式粗放的特点，撰写了《山西省转变经济增长方式的财税政策研究》，对山西省目前的经济增长方式进行了全面的分析，对制约山西省转变经济增长方式的体制、观念和经济因素进行了深入的剖析，提出了下一步促进全省经济增长方式转变需采取的财税政策；针对全国房地产市场发展中存在的问题，结合山西省的实际情况，撰写了《关于山西省房地产市场发展与宏观调控政策研究》，从影响房地产市场发展的原因，以及山西省房地产市场与国家宏观政策调控的关系入手，进行了全面客观的分析，对完善全省的房地产市场提出了积极的建议。

（山西省财政厅综合处供稿

吴梅英执笔）

农村综合改革

2007 年，山西省农村综合改革工作坚持以邓小平理论、“三个代表”重要思想和科学发展观为指导，贯彻落实党的十七大精神，紧紧围绕推进社会主义新农村建设这个中心，坚持统筹城乡发展的基本方略和“多予少取放活”的方针，继续深入推进以乡镇机构、农村义务教育和县乡财政管理体制改革为主要内容的农村综合改革试点工作，积极深化国有农场税费改革，加快国有农场分离办社会步伐，推广使用《山西省农村综合改革监管信息系统》，加快农村综合改革信息化建设步伐，继续加大财政支持力度，确保全省农村税费改革转移支付资金的及时到位和乡村级基层组织的正常运转，为构建和谐社会做出了贡献。

一、继续深入推进农村综合改革试点工作

2007 年，全省农村综合改革试点工作进入具体实施的第二年，农村综合改革试点工作取得阶段性成果，为全面推进全省农村综合改革积累了丰富经验。

（一）继续深化乡镇机构改革

全省乡镇机构改革确定的试点是 1 个市（含所属 13 个县区）10 个县，各试点市、县在取得成效的基础上，把工作重点放在转变乡镇政府职能上，放在各项改革措施的落实和完善上。在转变政府职能方面，按照有所为有所不为的原则，把乡镇机构改革放在农村综合改革的大局中来考虑，围绕社会主义新农村建设的需要，着眼于基层民主政治建设和改革发展稳定大局，强化服务这个中心环节，把乡镇政府的职能定位放在促进经济发展、强化社会管理、搞好公共服务、维护农村稳定上，努力形成服务高效、清正廉明的责任主体，实现由“管理型”政府向“服务型”政府、由“人治型”政府向“法治型”政府、由“直接型”政府向“间接型”政府的转变。

1. 精简机构，完善职能，理顺关系。2007 年，在精简和整合机构的同时，继续完善各内设机构的职能定位并理顺各内设机构之间及其与上下级之间的关系，适应乡镇政府职能的新定位和新农村建设的新形势。

2. 紧缩精简人员，合理定员定岗，开展分流工作。全省乡镇机构改革试点市县的人员精简比例都在 10% 以上，人员定岗以及分流工作是关键，对定岗人员实行竞争上岗，择优录用，并实名公示。对须分流人员，采取年龄超限“切一批”，超编空编“调一批”，兴办实体“走一批”，充实基层“派一批”，身份不符“分一批”等办法进行了妥善分流安置，保证了乡镇机构改革的稳步推进。

3. 完善公益事业服务机制。按照市场化、社会化的要求，乡镇公益事业服务经费由政府提供，人员由身份管理向岗位管理转变，由“养人”向“养事”的改革目标转变。政府对各项社会公益事业的经费补助不再按单位人数多少安排，而是按单位承办政府交办社会事务的多少给予专项补助，初步建立起了政府“花钱买服务、养事不养人”的公益事业服务新机制。

4. 建立科学实用的考评体系，对干部实行平时考核和定期考核，增强考核的透明度，扩大乡村两级干部群众的知情权、表决权。对乡镇事业单位的考评，由上级考核和内部考核为主转变为以农民和服务对象考核为主，将服务质量和效益作为主要考核指标，将服务对象的满意程度作为考核的重要标准，并与奖惩挂钩。

（二）稳步推进农村义务教育体制改革

1. 继续健全和完善农村义务教育经费保障机制。2007 年全省统一提高了农村中小学公用经费保障水平，农村义务教育经费保障机制改革所需资金全部落实到位。全省农村义务教育阶段中小学学杂费全部免除，全面落实补助家庭经济困难学生寄宿生活费政策，从 2007 年秋季开始全部免除农村中小学学生的国定课程教科书费，同时，继续巩固和完善农村中小学教职工工资保障机制，逐步建立了农村中小学危房改造长效机制。

2. 继续加大农村教育资源的整合力度。在对农村中小学教师定岗定编的基础上，不断优化农村中小学教师队伍，积极稳妥地推进农村中小学布局调整，压缩单人校和复式学校，并逐步加大了对贫困县进行寄宿制学校改造的投资和支持力度，使农村中小学规模不断扩大，教育质量稳步提高，向城乡教育均衡发展又迈进了一步。

（三）扩大县乡财政管理体制改革试点范围

2007 年是山西省调整规范省市县财政体制改革试点的第一年。新体制增加了县级共享地方税收收入的范围和分享比例，大幅度增加了县级财政实力。全省认真落实“三奖一补”政策，完善一般转移支付制度，及时有效调动了基层财政发展经济和增收节支的积极性，据统计，2007 年县级一般预算收入占全省一般预算收入的比重比 2006 年提高了 7.1 个百分点，基层财政实力和保障能力得到明显提升。

2007 年全省又增加了 42 个县（市、区）进行“乡财县管乡用”财政管理方式改革，实行“乡财县管乡用”财政管理方式改革的试点县达到 58 个。通过两年的“乡财县管乡用”财政管理方式改革，一是，确保了上级各种转移支付资金和其他专项资金的及时足额到位，解决了乡镇缓拨甚至截留、挪用等问题。二是，提高了预算管理水平，规范了乡镇预算编制、执行和调整，强化了乡镇预算约束力，实现了乡镇各项收入的全额入库，特别是乡镇财政预算管理的调整，优化了乡镇财政预算编制流程，使乡镇财政预算更趋合理，扭转了长期以来乡镇预算形同虚设的被动局面。三是，最大限度地规范了乡镇支出行为。“乡财县管乡用”改革的实施，由于规范了支出办法，统一了支出项目，统一了支出标准，完善了审批制度，堵塞了管理漏洞，减少了非正常支出，促进了乡镇机关的党风廉政建设，进一步密切了党群干群关系，同时还加强了专项资金管理，将专项资金与单位经费严格分离，提高了专项资金使用效益，促进了乡镇经济社会发展。四是，制止了乡镇新债的发生。由于实行“乡财县管乡用”财政管理方式改革后，乡镇举债处于县政府及财政部门的监督之下，乡镇不能随意举债，初步遏制了债务膨胀的势头。五是，提高了非税收入管理水平，“乡财县管乡用”改革的实施，规范了票据管理，严格按项目和标准组织收入，全程监控乡镇票据使用情况，实行以票管收，票款同步，收入及时足额缴入“基本结算账户”，实现了“收支两条线”管理，遏制了乡镇截留挪用、坐支收入的现象，有效规范了乡镇收费行为，减轻了农民负担。

二、国有农场税费改革工作不断深化

2007 年是实施国有农场税费改革的第二年，全省国有农场税费改革各项政策措施落实基本到位，国有农场税费改革工作取得了阶段性成果。一是，认真开展了全省国有农场税费改革政策落实和财政转移支付资金使用情况监督检查。5 万多国有农场农工承担的类似“乡镇五项统筹”收费已全部取消，农工减负 1 000 多万元，人均减负 170 元。二是，加大了对国有农场转移支付的工作。全省国有农场税费改革转移支付资金 1 000万元。三是，推进国有农场分离办社会改革。按照《山西省人民政府办公厅转发省国资委等部门关于国有企业改革配套文件的通知》中有关国有企业分离办社会职能工作的要求，加快国有农场分离办社会的步伐，为国有农场减负奠定基础。

三、加快农村综合改革监管信息系统建设

为了积极稳妥地推进山西省以乡镇机构、农村义务教育和县乡财政管理体制改革为主要内容的农村综合改革试点工作，动态监控、反映山西省农村综合改革成果以及农村经济社会发展指标信息，为领导决策提供依据。2007 年，全省推广使用了《山西省农村综合改革监管信息系统》，实施了对农村综合改革工作数据动态管理。《农村综合改革监管信息系统》涉及 500 个农村指标，通过对收集、汇总的涉农信息指标进行分析，能及时动态了解、监控全省农村综合改革进展情况、乡村债务情况、农民负担、农村义务教育、财政转移支付资金使用以及涉及新农村建设等各方面的情况，更好地为领导决策提供数据、信息及建议。

（山西省财政厅农村综合改革办公室供稿　张军民执笔）

财政法制与税政

2007年，山西省财政法制和税政关税工作紧紧围绕省财政厅党组确定的中心工作任务，在继续搞好财政法制宣传教育和及时贯彻落实国家税收政策的基础上，突出抓好提高立法质量、强化执法监督、增强财政实力、推进税制改革四项重点工作，切实加快财政法制工作由注重普法、立法向普法、立法、执法与执法监督四位一体转变的步伐，切实加快财政税政关税工作由注重政策贯彻执行向注重政策分析运用转变的步伐，为建设法治财政做出了新贡献。

一、加强财政法制宣传教育，努力提高财政干部的法治能力与素质

一是，及时做好财政法制宣传教育安排工作。印发了《关于印发2007年全省财政法制宣传教育工作安排的通知》，对2007年全省财政法制宣传教育工作进行了安排和部署，明确了2007年全省财政法制宣传教育工作的指导思想和主要任务。

二是，组织举办全省财政法制宣传教育培训班。于2007年10月30日至11月1日，11月13日至11月15日分两期举办了全省财政法制专题培训班。全省财政系统共280人参加了培训。培训以《中华人民共和国物权法》、《中华人民共和国各级人民代表大会常务委员会监督法》、《中华人民共和国行政复议法实施条例》和《山西省行政机关规范性文件制订程序暂行办法》为主要内容。特别邀请了全国人大常委会法工委、国务院法制办、中国政法大学和省政府法制办的著名专家作了专题讲座。在开班仪式上，厅党组书记、厅长郑建国同志作了题为《以过硬的法治能力加速推进法治财政建设进程》的重要讲话。三是编写了《山西省财政行政执法工作手册》。为了适应依法行政、依法理财工作的需要，进一步推行和规范财政行政执法，保障财政行政机关正确执法、规范执法、科学执法，编辑出版了《山西省财政行政执法工作手册》。该书由郑建国厅长任主编、胡双明副厅长任副主编，内容分为领导论述篇、执法规范篇、执法文书篇、典型案例篇、经验总结篇五个篇章。

二、进一步加强制度建设，不断促进依法理财

一是，明确了建设法治财政的目标。为了贯彻国务院《全面推进依法行政实施纲要》和财政部《财政部门全面推进依法行政依法理财实施意见》，扎实推进全省各级财政部门依法行政、依法理财，加快法治财政建设进程，出台了《山西省财政厅关于全面推进依法行政依法理财的实施方案》。对山西省十年内建设法治财政的任务作了部署。

二是，全面开展行政法规规章的清理工作。根据国务院和省政府的要求，于2007年6月对适用的现行行政法规和政府规章进行了一次全面清理，提出了废止、修改和保留的具体建议。

三是，开展了规范性文件备案检查工作。为加强规范性文件备案审查工作，提高规范性文件质量，防止规范性文件与法律、法规、规章和国家有关政策相抵触，维护国家法制统一和公民、法人、其他组织的合法权益，依据《山西省规范性文件制订与备案规定》和《山西省人民政府办公厅关于在全省开展行政机关规范性文件备案检查的通知》要求，印发了《山西省财政厅关于开展规范性文件备案检查的通知》，对规范性文件备案检查工作作出了全面详细的安排部署。对省财政厅 2003 年至 2006 年 10 月间制发的规范性文件进行了全面自查，摸清了底数。

四是，出台了《山西省财政厅行政执法主体资格管理办法》。为适应依法行政、依法理财的需要，根据省政府法制办的要求，制订出台了《山西省财政厅行政执法主体资格管理办法》，对行政执法主体进行了明确，从制度设计上加强了对执法主体资格的管理。五是做好规范性文件前置审查工作。为了规范省财政厅规范性文件制订程序，根据《山西省行政机关规范性文件制订程序暂行办法》，起草了《山西省财政厅规范性文件制订程序暂行办法》，严格按照省政府第 190 号令的要求，及时办理规范性文件前置审查手续。

三、加强财政执法监督，促进执法活动合法化、规范化

一是，进一步规范行政审批工作。建立了行政审批项目受理报告制度；下发了《关于进一步清理取消和调整财政行政审批项目的通知》，对省财政厅与国务院第四批取消和调整的 168 项行政审批项目进行对接，并将对接和清理结果上报了省审改办；组织了政务公开目录和行政职权运行流程图的编制工作，达到了审批项目公开、程序简化、操作规范、方便群众的目的；草拟了十类行政许可执法文书，并经省法制办同意印发了《山西省财政厅关于印发行政许可法律文书示范文本的通知》，进一步规范省财政厅行政许可工作。

二是，加强行政执法文书审核工作。制订了《山西省财政厅行政处罚文书制订程序办法》，2007 年，从执法文书格式、违法行为定性、处罚法律适用、权利告知等方面加强财政执法文书审核工作，对厅内执法机构做出的 169 件行政处罚告知书、255 件行政处罚决定书进行了合法性、规范性和适当性审查，保障了法律法规规章的正确实施，提高了财政执法工作水平。

三是，做好法律法规规章审核把关工作。全年审核省人大专门委员会、省政府法制办转办的各部门草拟的法规、规章草案 45 件（次），参加省法制办、省人大立法协调会 19 次，审核厅内各处室出台的规范性文件 9 件，有力地维护了财政法制的统一和尊严。四是落实重大行政处罚备案制度。为了加强对重大行政处罚行为的监督，促进依法行政依法理财工作的顺利进行，维护公民、法人和其他组织的合法权益，根据《山西省重大行政处罚决定备案办法》，印发了《山西省财政厅关于重大行政处罚决定备案工作的通知》，规定了属于重大行政处罚的案件类型和重大行政处罚决定的备案程序。在此基础上，对省财政厅及所属的行政执法单位作出的 718 件重大行政处罚决定进行了备案。

四、认真开展财政法制调研，服务财政改革和发展

先后完成了《山西省财政厅关于行政审批制度改革工作情况的调研报告》、《关于省财政厅行政审批制度改革进展情况的调研报告》、《关于行政执法人员资格管理制度的调研报告》、《关于实施〈国家赔偿法〉有关情况调研报告》、《评估行业管理问题和执业问题研究及立法建议课题报告》，为有关方面开展相关工作提供了依据。此外，配合财政部召开了《注册会计师法》修订立法调研座谈会，由于厅领导对财政部这次调研活动非常重视，厅法规税政处精心组织，各有关处室和单位积极配合，这次座谈会开得非常成功，受到了财政部调研组和参会人员的一致好评。

五、发挥税收调控作用，促进经济社会发展

一是，支持农业发展和农民增收。对滴灌带、管产品执行免征增值税政策；对农产品连锁经营试点企业执行减计收入、加速折旧、进项税额抵扣政策；对家禽养殖、加工和冷冻冷藏企业及个人执行免征2006年所得税、城镇土地使用税、房产税和车船使用税，即征即退2006年下半年应缴增值税并免征城市维护建设税政策。

二是，加快经济发展方式转变。对太原、大同、阳泉、长治四市八大行业执行了增值税转型试点政策；对科技开发用品、科学研究和教学用品执行免征进口税收政策；对大学科技园、科技企业孵化器特定行为执行免征城镇土地使用税、房产税、营业税政策；对为制造重大技术装备而进口的关键零部件或原材料执行了进口税收先征后退并转增资本金政策；对锻件产品执行了增值税先征后退（35%）政策；对创业投资企业执行投资抵免政策；对一般纳税人抽采销售煤层气执行增值税先征后退、暂不征所得税和资源税、加速折旧，技改投资抵免所得税、技术开发费加计扣除政策。

三是，支持社会公益事业发展，对山西省森林消防专用车辆执行免征车购税政策；对山西省生产抗癌药品执行免征增值税政策；为山西省慈善总会、山西省残疾人福利基金会确认了接受公益救济性捐赠税前扣除资格；对安置残疾人就业的单位执行增值税限额即征即退或营业税限额减征政策，对其付给残疾人的实际工资执行加计扣除政策，对残疾人个人就业为社会提供的劳务执行免征营业税政策，对其提供的加工、修理、修配劳务执行免征增值税政策。

四是，支持宣传文化事业发展。公布了山西省第一批享受文化体制改革试点税收优惠政策单位名单；对宣传文化事业单位取得的增值税先征后退收入和免征增值税、营业税收入执行不计入应纳税所得额政策，对企业或个人向科普单位及宣传文化事业的捐赠执行税前扣除政策，对音像制品和电子出版物执行增值税13%低税率政策，对国家鼓励的部分出版物在出版环节执行增值税先征后退政策，对国家批准成立的电影制片企业销售拷贝收入和县及县以下新华书店和农村供销社在本地销售出版物执行免征增值税政策，对电影发行收入和科普门票收入执行免征营业税政策；对经营有线电视网络的单位、事业单位和企业从农村居民用户收取的有线电视收视费收入和安装费收入分别执行3年内免征营业税、不计征所得税和免征企业所得税政策。据山西省国税系统统计，2007年落实各项税收优惠政策涉及47.66亿元。

六、用好用足现行税收政策，增收作用充分显现

将车船税税额水平整体提高了3倍左右，将城镇土地使用税税额幅度提高了2倍，这两项政策执行到位每年可增加地方财政收入15亿~20亿元；将山西省焦煤资源税税额标准由每吨3.2元提高到每吨8元，每年至少可为山西省增加地方财政收入6亿元。与此同时，加强税政管理，坚持依法治税，严把税收政策关，坚决制止或纠正越权减、免、缓税以及先征后返等违反国家税法的行为，努力促进应收尽收。

七、优化税政环境，努力为纳税人服务

主要做了新企业所得税法的学习宣传培训工作和新《企业所得税法》颁布后企业

适用法律问题的落实工作；增值税转型试点政策收入影响测算、试点产业争取和支持配合征管工作；从适用税额、城乡公共交通车船免税、纳税地点、纳税期限、纳税范围、源泉控管等方面推进了车船税配套改革，从而使车船使用税和车船使用牌照税在山西省实现了统一；将外商投资企业和外国企业纳入城镇土地使用税的征税范围，调整了税额幅度，规范了纳税期限，加强了部门协调，从而使城镇土地使用税地方配套管理规定进一步完善。

同时，还在认真调查研究的基础上，积极争取将山西省煤炭、冶金、火电等支柱产业列入增值税转型政策试点范围；提出了对山西省数字电视试点企业有线数字电视收视维护费免征营业税的政策建议，并提请省政府向财政部正式行文争取落实；向财政部报送了将山西省规模较大的16家铸件企业在铸件产品增值税先征退税名单中增列的请示和对我省蓝焰煤层气有限责任公司进口煤层气勘探设备免征进口税收的请示；编辑了《节能减排财税政策汇编》，免费向有关方面发放3 000余册，编辑了2007版《现行主要税收优惠政策汇编》，方便了税收政策的贯彻落实；就出口退税、进出口关税及加工贸易税收政策调整对山西进出口贸易的影响、企业所得税税源、重点产品国际竞争力、全省房地产开发企业税收情况、全省煤炭企业所得税情况进行了调查，立足实际提出了完善政策的建议。

（山西省财政厅法规税政处供稿　邸英明执笔）

财政预算管理

2007年，山西省财政预算管理工作以科学发展观为统领，认真贯彻中央和省委、省政府的决策部署，积极发挥财政宏观调控职能，着力调整和优化财政收支结构，深化预算管理制度改革，细化部门预算编制，完善财政管理体制，加大转移支付力度，着力缓解县乡财政困难，增收节支，依法理财，努力提升财政预算管理水平，全省预算执行情况良好，各项财政预算管理工作再创佳绩。

一、全省财政收支及平衡情况良好

2007年，全省财政总收入完成1 200.54亿元，按自然口径计算比上年增长14.54%，增收152.37亿元。扣除探矿权、采矿权使用费及价款收入后，同比增长30.49%，增收270.61亿元。其中，一般预算收入完成597.89亿元，同口径增长31.41%，增收132.75亿元；上划中央收入完成602.65亿元，增长29.66%，增收137.86亿元。

一般预算收入按预算级次划分，省级完成158.45亿元，市级完成169.88亿元，县级完成232.99亿元，乡镇级完成36.57亿元。一般预算收入主要项目完成情况是：增值税完成146.11亿元，营业税完成95.08亿元，企业所得税完成84.35亿元，个人所得税完成20.74亿元，资源税完成25.89亿元，城市维护建设税完成29.86亿元，契税完成5.58亿元，国有资源（资产）有偿使用收入完成5.28亿元，行政事业性收费收入完成37.05亿元，罚没收入完成25.21亿元，专项收入完成96.10亿元。

2007年，全省一般预算支出执行1 049.92亿元，比上年增长14.67%，增支134.35亿元。其中，省级272.88亿元，市级207.60亿元，县级495.57亿元，乡镇级73.86亿元。分项目支出情况：一般公共服务支出210.08亿元，公共安全支出70.61亿元，教育支出181.22亿元，科学技术支出15.80亿元，文化体育与传媒支出26.81亿元，社会保障和就业支出182.82亿元，医疗卫生支出52.1亿元，环境保护支出43.38亿元，城乡社区事务支出62.57亿元，农林水事务支出84.54亿元，交通运输支出28.15亿元，工业商业金融等事务支出59.15亿元。

全省财政收支平衡情况：2007年全省财政收入总计为1 259.27亿元（不含国债转贷资金），其中，一般预算收入597.89亿元，上级补助收入503.39亿元，上年结余收入149.16亿元，调入资金8.83亿元。全省财政支出总计为1 063.96亿元，其中，一般预算支出1 049.92亿元，上解支出8.62亿元，增设预算周转金及调出资金5.42亿元。收支相抵，全省财政年终滚存结余为195.31亿元，剔除结转下年的支出180.87亿元，全省净结余为14.44亿元。

2007年，全省政府性基金收入完成329.56亿元，比上年增长124.95%，增收183.06亿元；全省政府性基金支出202.86亿元，比上年增长82.75%，增支100亿元。

二、增收节支、统筹兼顾，科学编制全省财政收支计划

遵循积极稳妥、有保有压、收支平衡的原则，省财政厅在安排2007年全省财政收支计划时，合理把握财政收支规模，着力推进经济结构调整和发展方式转变，优化财政支出结构，严格控制一般性支出，着力保障和改善民生。根据全省经济发展的态势及各项经济社会事业发展的需求，2007年全省财政总收入计划为1 080.3亿元，比上年决算同口径（剔除“两权”收入）增长16.4%。其中，上划中央收入551.2亿元，比上年决算增长18.6%；一般预算收入529.1亿元，比上年决算同口径增长13.9%；当年一般预算支出785.9亿元，比上年备案预算增长31.3%。

三、规范省以下财政体制，确保“省直管县”财政改革试点工作的顺利实施

（一）调整省以下财政体制，确保市对县财政体制调整工作顺利进行

针对2002年财政体制调整以来出现的财权、事权不统一，市对县财政体制不规范，上级集中较多、县级留成过少等问题，省财政厅决定从2007年1月1日起再次调整全省财政体制，以省政府名义下发了《山西省人民政府关于调整规范省市县财政体制和在35个国定重点扶贫开发县实行“省直管县”财政改革试点的通知》，此次体制调整的主要内容是：统一规范税收共享收入范围和分享比例，省市县税收收入共享范围由原来的增值税、营业税、企业所得税、个人所得税、资源税、城镇土地使用税的“六税”，调整为目前的增值税、营业税、企业所得税、个人所得税、资源税的“五税”，城镇土地使用税全部下放为县级收入；省级分享比例由35%调整为30%，并规定市级分享比例不超过15%，县级分享比例不低于55%，坚持财力向县级倾斜；以2006年为基期，重新核定体制基数，建立增收返还机制，调动县级增收积极性，鼓励县级多收多得；按属地原则合理划分各级税收收入；建立省对市级一般转移支付制度；在35个国家重点扶贫开发县实行“省直管县”财政管理体制改革。

为确保市县体制调整顺利进行，省财政厅对11个市、35个“省直管县”的体制基数逐市、逐县进行了核定，并下发了《关于核定省对市及省对省直管县财政体制基数的通知》。新体制运行第一年增加县级财力13.5亿元，2007年全省县级一般预算收入占全省一般预算收入的比重比上年提高了7.1个百分点，基层财政实力得到明显提升。

（二）在35个国家重点扶贫开发县实行“省直管县”财政改革试点工作

为确保“省直管县”财政改革试点工作的顺利实施，省财政厅先后制订了《关于对35个国家重点扶贫开发县实行省直管县财政体制改革的暂行办法》、《关于实行“省直管县”改革后办理预算下达、资金拨付及财政结算有关事项的函》和《关于实行“省直管县”财政体制改革后有关下达项目计划及办理专项补助事项的通知》，规范了“省直管县”预算下达、资金拨付等财政预算事项，为“省直管县”财政管理体制改革试点提供了制度保障。

（三）扩大试点，进一步推进“乡财县管乡用”财政管理方式改革

在总结2006年16个试点县经验的基础上，省财政厅下发了《关于进一步扩大“乡财县管乡用”财政管理方式改革试点的通知》，决定2007年再选择52个县进行改革试点，从而使“乡财县管乡用”的改革试点县达到了68个（省直管县全部纳入），占到全省总县数的50%以上。

四、加大转移支付力度，促进地区间基本公共服务均等化

（一）完善省对县级一般性转移支付方案

根据县级财政经济的发展形势和支出需求，省财政厅制订了《2007年省对县级财政一般性转移支付方案》，在方案设计上充分考虑近几年调资及省出台的地方补贴等政策，适当提高了基本支出标准，并将取暖费纳入个人支出标准。同时根据省政府的有关规定，统一考虑了按工资总额计提的住房公积金和医疗保险费，按照省财政厅制订的县级公检法人员公用经费保障标准，足额考虑了县级公安、法院、检察院公用经费支出需求因素，为确保国家和省有关配套政策的贯彻落实，将带有普遍性的县级各项配套支出及法律法规规定的15项配套支出纳入了县级标准支出范围，有效地解决了县级配套资金不能足额落实到位的问题。2007年省下达对县级财政一般转移支付资金59.86亿元，比上年净增加21.69亿元，增长56.8%。全省享受转移支付的县区由上年的87个增加到了98个，占全省119个县区的82.4%。

（二）建立省对市级一般性转移支付制度

为平衡市级政府间财力水平，逐步实现市级政府基本公共服务均等化，省财政厅制订了《2007年省对市级财政一般性转移支付方案》，在参照省对县级财政一般转移支付方案的基础上，遵循公平、公正的原则，采用规范、统一的方法，分市测算核定了2007年各市的标准财力和标准支出需求，对标准财力小于标准支出需求的大同、忻州两市，下达一般性转移支付资金2.69亿元。

省对县级一般性转移支付的增加和对市级转移支付制度的建立，有效地缓解了部分市县财政运行困难的局面，解决了市县财政经济运行中存在的突出矛盾，促进了地区间基本公共服务均等化。

五、认真落实各项奖励政策，提高县级财政增收节支积极性

为缓解县乡财政困难，根据财政部有关规定，结合山西省实际，省财政厅制订了《2007年山西省缓解县乡财政困难奖励和补助办法》，下达“三奖一补”资金6.76亿元，比上年增长13.6%；根据山西省人民政府《关于调整规范省市县财政体制和在35个国家重点扶贫开发县实行“省直管县”财政改革试点的通知》，下达县级超收奖、消化赤字奖、财政平衡奖共计3.2亿元；下达革命老区专项转移支付8 644万元。

上述措施的实行，有效调动了基层政府发展经济、增收节支的积极性，据财政总决算统计，包括“两权”收入在内，全省有117个县的财政总收入超过了亿元，比上年增加了7个县，其中，财政总收入超过20亿元的有4个县，比上年增加2个；10亿～20亿元的有26个县，比上年增加8个；5亿～10亿元的有28个县，比上年增加1个。与此同时，全省财政赤字县由2002年的64个减少到22个，赤字额也由2002年的16.1亿元减少到7.88亿元。

六、及时安排兑现驻并省直机关公务员及事业单位离休人员津贴补贴资金

（一）制订配套措施，保障规范津贴补助工作的顺利实施

制订了《关于适当集中在并省直机关行政事业性收费收入、国有资产有偿使用收入等用于发放津贴补贴的通知》和《关于严肃纪律确保规范在并省直机关公务员津贴补助工作顺利进行的通知》，并与省纪检委、省委组织部、省人事厅、省审计厅等部门联合下发，确保公务员津贴补贴水平与单位的国有资产和行政权利脱钩，有效地消除了省直机关各部门间津贴补贴

的差距。

（二）确保在并省直机关公务员和事业单位离休人员津贴补贴按时足额发放

根据《山西省规范公务员津贴补贴方案》，省财政厅下达在并省直机关和参照公务员管理的事业单位津贴补贴资金1.85亿元，确保了在并省直机关公务员津贴补贴的按时足额发放。为了保障事业单位离休人员的生活水平，依据山西省委组织部、山西省财政厅等五部门《关于解决企业离休人员与机关同类人员离休金平衡问题的通知》精神，在国家统一的事业单位津贴补贴规范政策出台之前，参照《关于规范在并省直机关公务员津贴补贴的通知》，省财政厅下发了《关于驻并省直事业单位离休人员参照公务员发放津贴补贴的通知》，对驻并省直事业单位离休人员（含符合规定条件的退休老工人）参照驻并省直机关公务员发放了生活补贴，共计3 018.8万元。

七、合理安排2006年省本级净结余和2007年省本级财政超收资金

根据2007年7月省十届人大常委会第三十一次会议批准的2006年省本级财政决算和对2007年省级收入的预计，综合考虑深入贯彻党的十七大精神，加快推进以改善民生为重点的社会建设，以及省本级新增支出因素，按照确保重点、集中使用的原则，提出了2006年省本级净结余和2007年省本级超收收入安排意见。2006年省本级净结余81 688万元，除用于中央指定的专项支出外，主要用于农业、社会保障、教育、科技、文化、经济建设、解决历史遗留问题和当年预算不足等方面。2007年省本级超收安排支出20.5亿元，主要用于教育、科学、社保、卫生、基础建设、解决历史遗留问题和当年预算不足等方面。

八、完善公共财政体系，进一步深化部门预算改革

2008年省级部门预算改革亮点纷呈：落实、新增了省级驻并以外地市单位住宅冬季取暖补贴、艰苦边远地区津贴、驻并省直机关公务员津贴补贴、驻并事业单位离休人员生活补贴、行政事业单位晋档工资；根据有关规定，扩大了住房公积金、医疗保险、工会经费等个人相关费用的计提基数；调整、提高了非教育厅所属学校公用经费定额标准；适应现代体育比赛的需要，提高了体育运动员公用经费定额；采取项目支出预算安排与绩效考评和单位上年结余“双挂钩”的办法；在技术监督部门预算细化到县级的基础上，又增加地税、工商、食品和药品监督等三部门的预算细化编制到县级；整合项目资金，对一些安排多年，且已执行到期的项目坚决予以取消，对零散项目进行整合归并；制订了《省级部门财政拨款结余资金管理办法》，将结余资金分为基本支出结余、项目支出净结余和项目支出专项结余三类，针对不同的结余采取财政审批和财政审核备案两种方式进行管理。

（山西省财政厅预算处供稿
王益民执笔）

财政国库管理

2007 年，山西省财政国库管理工作以科学发展观为指导，认真贯彻落实十六届六中全会、十七大会议精神，按照全省财政工作会议精神和财政部国库司 2007 年工作要点，在深入推进国库集中收付制度改革、积极推行公务卡制度应用推广、加快财税库银横向联网、提高财政决算工作质量、加强财政资金动态监控、提高财政国库管理水平和工作效率等方面取得了明显成效，为全省财政改革与发展做出了积极贡献。

一、继续全面推进和深化国库集中收付制度改革

（一）推进和深化国库集中支付改革，“横向到边、纵向到底”取得新突破，财政直接支付效率进一步提高，市县改革进程明显加快

1. “横向到边”取得重要进展。山西省省本级国库集中支付制度改革从 2003 年启动以来至 2006 年年末，省本级预算单位的一般预算资金和政府性基金全部纳入国库集中支付制度改革范围。从 2007 年 1 月 1 日起，省级对市、县补助的基本建设、以工代赈等资金，对企业的补贴资金，对其他社会各项事业发展的补助等各项一般预算资金和政府性基金也全部纳入国库集中支付的范围，部分市还将预算外资金全部纳入改革的范围，在“横向到边”方面的改革中取得重要进展。

2. “纵向到底”迈出坚实步伐。2007 年全省各级财政国库部门都将国库集中支付改革放在重要位置，加大工作力度，延伸改革的预算级次，扩大改革的实施范围，巩固改革成果。大多数省本级部门已将改革实施到所有基层预算单位，省级条管部门实施到市级单位，2007 年结合省级部门预算编制的情况，省质量技术监督局改革级次延伸至了县级。全省 11 个地市的市本级部门 100% 实行了国库集中支付制度改革，并进一步扩大了改革的资金范围和延伸了预算单位级次；县级改革也稳步向前推进，截至 2007 年底，全省已有 71 个县区实施了国库集中支付改革，占到了全省 130 个县区的 54%，超额完成了年初制订的 50% 的目标任务。

3. 财政直接支付效率进一步提高。在农村义务教育专项补助资金、国有企业关闭破产财政补助资金、就业补助资金、养老保险资金等重点专项资金的拨付过程中，本着特事特办、急事急办的原则，充分发挥国库集中支付高效、快捷的优势，在一个工作日甚至半个工作日内即可完成相关计划批复、支付审核及支付令的签发等工作流程，以最短的时间将这些资金以财政直接支付方式支付到指定专用账户，确保了财政资金的及时到位。配合在并省直机关规范公务员津贴补贴实施工作，认真部署，周密安排，完成了统发工资软件工资结构的调整和 101 个在并省直机关公务员津贴补贴的补发工作。为了完善财政直接支付业务，设立了 400 个回单柜，用于各预算单位直接支付业务银行回单的分类保管，避免了凭证回单传递不到位甚至丢失的现象，大大方便了预算单位。在确

保财政资金安全的前提下，财政直接支付效率进一步提高。

4. 国库管理制度体系进一步健全。为了更好地适应改革的发展，对《省级单位财政国库管理制度改革试点资金支付管理办法》相关条款进行了修订，并以《省级单位财政国库管理制度改革试点资金支付管理办法》文件正式印发。修订后的办法，更加方便预算单位的资金使用，支付手续更加简便。为进一步加强财政授权支付业务动态监控工作，提高财政性资金使用的安全性、规范性和有效性，制订印发了《山西省财政厅财政授权支付监督管理办法》，制订了内部工作流程，明确了监督检查的内容、方法、处理方式及各方职责，财政授权支付动态监督检查工作有了政策依据和操作规范。在做好省本级改革的同时，进一步加强了对市县改革工作的指导，下发了《关于进一步推进和深化财政国库管理制度改革有关工作的通知》，着力解决改革中面临的突出问题，进一步推动市、县国库集中支付改革进程，逐步建立和完善了全省现代财政国库管理体系。

（二）非税收入收缴管理制度改革不断深入，非税收入收缴程序进一步规范，管理水平有了一定的提高

在2006年省直71个执收单位纳入省级非税收入收缴改革试点基础上，2007年，又对省公安厅、省质监局等121个执收单位预算外资金收费项目、收缴程序、账户设置、票据使用等内容进行确认，并将其纳入非税收入收缴改革范围，到目前纳入非税收入收缴改革试点的省直执收单位已达192个，改革范围覆盖省直执收单位的95%。

对非税收入收缴管理系统进行了升级完善，省级财政、代理银行、执收单位非税收入收缴工作基本实现网络化、规范化操作。同时对省国土厅“探矿权采矿权使用费及价款收入”和省交警高速支队“罚没收入”进行异地收费“收入直达省财政专户”的试点。为确保非税收入收缴改革的规范运行，监督执收单位按规定要求正确使用预算外资金财政汇缴专户，及时掌握各汇缴专户每日收入收缴情况，确保各项收入及时足额入库，在对所有预算外资金财政专户实行网上实时监控的基础上，把监控范围扩大到预算外资金财政汇缴专户。先后将省煤炭价格稽查队、省交警高速支队财政汇缴专户纳入省级财政动态监控试点，进一步规范了执收单位非税收入收缴行为，加快了执收单位非税收入缴库进度，提高了非税收入收缴管理水平。

二、加强财政国库基础管理，提升财政国库管理水平

（一）预算执行分析水平进一步提高

2007年，预算执行分析工作在时效性、准确性和分析水平三方面有了新的提高，有关信息报送及时、分析全面、预测准确，受到领导的好评。

一是，认真负责做好财政预算收支旬月报等报表统计工作，并确保报表编制高效率和数据高质量，及时反映了全省财政经济运行和预算执行的动态情况，在财政部2006年度地方财政预算执行分析评比中获得三等奖。

二是，密切关注财政经济运行变化，加强预算执行分析前瞻研究，在提高收入预测准确性，加快支出管理进度等方面进一步发挥了参谋助手作用。

三是，做好专题调研工作，不断拓展预算执行分析深度和广度。如2007年山西省开始征收煤炭可持续发展基金，为了分析开征以后对山西省财政收入的影响，写出了《关于煤炭可持续发展基金对山西省财政收入影响的分析报告》，从煤炭、冶金、电力市场供需、产能和价格变化情况出发，采取以经济财政数据为主要例证，辅之图表，进一步阐述了煤炭可持续发展基金对山西省财力建设的重要意义。专题材料内容丰富，分析透彻，省财政厅2007年第18期《财政调研》作了刊发。

（二）总预算会计管理基础工作进一步强化

2007年，总预算会计工作在会计账套设置、资金调度、银行账户管理等方面取得了明显成效。一是，按照优化流程、提高效率的原则，对总预算会计与国库集中支付会计两个账套进行了优化整合，取消了支付会计向总预算会计报送支出的程序，将代理银行清算完成的支出直接计入总预算会计账务，减少了中间环节，减轻了对账工作。二是，认真核定了省直管县资金留用比例。在对近几年资金调度情况分析基础上，结合《省人民政府关于调整规范省市县财政体制和在35个国家重点扶贫开发县实行“省直管县”财政改革试点的通知》的有关精神，认真核定了全省11个市和35个省直管县2007年的上划消费税、增值税资金留用比例，进一步提高了资金测算、调度的准确性和可预见性，确保重点资金及时均衡拨付。三是，加强财政资金专户管理，确保财政资金安全有效。继2006年对财政专户资金收支余明细信息进行动态实时监控基础上，进一步加强和完善对账制度，要求月末总预算会计与各专户银行提供的对账单进行核对，保证账账相符、账实相符，确保总预算会计账务的真实性，为财政专户资金提供安全保障。四是，按照财政部有关预算单位银行账户管理办法规定，进一步完善预算单位银行账户管理系统，完善账户审批工作程序，规范账户审批行为，提高了省级预算单位银行账户管理水平。

（三）全省财政总决算和部门决算工作跃上新台阶

为做好做实2006年财政决算工作，根据省财政厅领导要求“力争走在全国前列”的批示精神，加强工作部署，理顺工作机制，紧紧围绕“真实、准确、全面、及时”八字方针，不断总结经验，以严谨认真、扎实细致和对历史负责任的态度努力数据上报和编审汇总工作，按时高质量完成向省政府和财政部的决算编报工作，并顺利通过了财政部集中汇审，获得财政部2006年地方财政总决算和部门决算两项三等奖，全省财政总决算和部门决算工作上了一个新台阶。在做好2006年决算编审工作的同时，进一步加强了决算数据的分析利用，对财政供养人员增长过快、市县两级控编任务艰巨等内容的分析引起厅领导的重视，并以厅财政信息刊发。及时收集整理财政经济数据资料，按时完成了《2006年山西省财政收支统计资料》的编制、审校、印刷和报送工作，圆满完成了2006年全省财政决算工作。

三、积极推进财税库银横向联网工作，率先实现省级财政与国库之间财政资金收支清算业务的信息化、网络化

2007年，按照财政部有关工作部署，结合山西省实际，协调人民银行太原中心支行，在省本级积极推进财税库银横向联网工作，率先在省级财政与人民银行国库之间取消纸质凭证传递，实现了财政资金收支清算业务的信息化、网络化。进一步提高了工作效率，节省了人力物力，推动了全省财税库银横向联网工作步伐。

四、加强信息系统建设，为财政国库管理制度改革提供技术支撑

（一）完善财政国库管理信息系统建设

为了进一步提升和完善新版国库系统功能，利用现有系统平台，重点开发和完善了财政资金动态监控系统，包括财政授权支付监督模块、农村义务教育资金专户监督模块、财政专户监督模块以及财政汇缴专户监督模块。为了适应工资改革的要求，提高工资统发工作效率，对现行的财政工资统发软件全面升级改版，增加了工资数据信息的传输方式和自行打印工资表的功能，增大了财政端一次性读取工资数据的信息量，增强了综合查询功能。开发启用了预算单位银行账户管理系统，将预算单位银行账户全部纳入管理系统进行统一监督和动态管理。

（二）认真实施向大平台的移植改造工作

山西省作为财政部“金财工程”应用支撑平台试点省份，于2007年年初开始了试点方案设计、系统接入规划等一揽子工作。财政国库管理系统是财政业务的核心系统之一，在试点项目中将作为重点接入大平台。按照《财政业务数据规范》的要求，2007年上半年与省财政厅预算处和信息网络中心讨论制订了山西省的财政业务代码集，完成了省本级国库集中支付系统和实拨资金系统接入大平台的总体设计和项目规划，在不同数据流量和不同上网环境等各种状态下，对两个系统的功能和流程进行了反复、认真的测试，12月份两套系统顺利实现了与大平台的对接。

五、积极推行山西省公务卡管理制度改革

根据全国公务卡应用推广工作会议精神，省财政厅先后印发了《山西省财政厅预算单位公务卡应用推广实施方案》和《省级预算单位公务卡管理暂行办法》，开发了省级公务卡管理系统，并选择省公安厅、省财政厅、省财政厅国库支付中心3个省级预算单位启动了全省公务卡应用推广试点工作，为下一步在全省预算单位推行公务卡管理制度创造条件，积累经验。

六、加强国库现金管理，提高国库资金使用效益

根据财政部和厅领导要求，2007年省财政厅有计划地开展了全省国库现金管理研究工作。成立了山西省“国库现金管理”课题研究小组，深入研究国际先进经验和中央国库现金管理做法，进行国库现金流量预测和库款变动趋势研究与分析，完成了《国库单一账户下的现金管理研究》课题报告，为下一步稳妥有效开展全省国库现金管理运作奠定了基础。

（山西省财政厅国库处供稿
梁红莲执笔）

行政政法财务管理

2007年，山西省行政政法财务管理工作按照省委、省政府的要求，以科学发展观为统领，继续推进预算改革，强化支出管理，完善财务管理制度，优化预算支出结构，提高财政资金效能，较好地保障了行政政法部门的正常运转。

一、加大经费投入，保障行政政法单位履行职能的基本需要

2007年，省级预算安排行政政法经费48.99亿元，比上年增加8.63亿元，增长21.4%，行政政法经费的不断增加，在确保党政机关正常运转的基础上，也保证了各项重点支出的需要。

（一）积极支持省委、人大、政协的重要活动

一是，安排专项资金100多万元，支持山西省举办喜迎党的十七大大型图片展、全省大学生“我与和谐山西共奋进”演讲朗诵比赛、庆祝十七大千人锣鼓表演活动，以及祝十七大胜利召开文艺晚会等大型活动。

二是，为完成好中央组织部确定的全国农村党员干部现代远程教育工作扩大试点工作，按照省委的要求，把中央交给的“五个一”（即：一批远教终端接收站点，一批远教教学资源，一支远教队伍，一个远教平台，一个远教运行机制）试点任务完成好，建立“让干部经常受教育、使农民长期得实惠”的长效机制，用信息化带动农村经济发展，在2007年安排此项工作经费预算1 087万元的基础上，另外核拨全省农村党员干部现代远程教育平台建设专项资金185万元、核拨远程教育试点工作资源建设经费和办公经费140万元，共拨付资金2 376万元，保证了山西省农村党员干部现代远程教育试点工作资源建设任务的完成。

三是，根据中央组织部、国家发改委、财政部《关于抓紧解决部分村级组织无活动场所问题的通知》及中共山西省委组织部、省发改委、省财政厅等七家《关于做好山西省部分村级组织活动场所建设工作的通知》，2007年省财政共下拨资金2 059万元，其中，中央补助1 028万元，省级配套1 031万元，为全省4 285个新建的村级活动场所配备了办公家具及办公用品。

四是，为了改善省级人大、政协的办公条件，及时为人大政协核拨维修改造资金，为便于人大政协信息交流和科学立法以及提高政协参政议政综合能力，省财政增加了人大代表和政协委员的视察经费、调研活动经费、各项立法经费、系统培训经费等。并以转移支付方式对市县级人大、政协办公设施改善给予了补助。市、县财政部门也不同程度地加大了经费投入力度，较好地保障了各级人大和政协履行职能的需要。

五是，为了贯彻落实《中共中央关于进一步加强中国共产党领导的多党合作和政治协商制度建设的意见》，支持民主党派发展和建设，省财政对各民主党派省级机构的公用经费安排不低于一般政府部门的经费标准，同时在预算中增加了各民主党派专项业务费、调研费和党派活动经费，2007年还

向中央争取了70万元的培训经费。2007年也是各民主党派的换届年度，省财政给各民主党派安排了换届经费，保证了民主党派的成功换届。

（二）积极支持政法机关建设

一是，为进一步做好公安机关公用经费保障标准的落实工作，省财政厅和省公安厅联合下发了《关于进一步加强县级公安机关公用经费保障工作的意见》，联合召开了全省县级公安机关公用经费保障工作电视电话会，将县级公安公用经费保障标准达标列入了对各市财政局的目标责任制考核范围，同时对当年按时完成保障标准落实工作的县（市、区），省财政一次性奖励10万元。此项政策的实施，有力地确保了去年各县（市、区）公安机关公用经费保障标准全部达标。

二是，加大对公检法司装备和办案经费的投入，下达了中央分配给山西省的公、检、法装备和办案费及省级年初预算安排的专款共2.6亿元、监狱劳教系统专款1 550万元。

三是，为改善山西省基层政法机关装备设施落后的状况，确保各级政法机关的基本运行，下达了2007年中央政法项目补助专款及省配套资金，并对2007年维修项目规划进行了批复。为改善基层公安机关办案条件，下达资金1 650万元，解决了330个派出所无交通工具问题。

四是，为解决《诉讼费用交纳办法》实施后法院经费保障工作中出现的问题，确保人民法院依法旅行审判职能的经费需要，中央财政专项补助山西省法院办案专款9 500万元，省财政积极筹措配套资金1 900万元，及时下达到市、县人民法院。

（三）支持创优经济发展环境

一是，加大对市场监管部门和税收、统计部门的投入，不断改善相关部门的执法和办公条件。2007年，省财政安排工商部门预算9.11亿元，比上年增加1.46亿元，安排质检部门预算3.51亿元，比上年增加5 567万元，增加的经费主要用于改善基层工商行政管理部门和质量技术监督的办公、装备条件。同时，省财政也加大了对税务、统计等方面支出，不断改善税务征管条件和统计手段，如支持“金税工程”、“统计网络”等建设。在经费上也给予了积极的支持，省地税局经费由2006年预算安排的7.95亿元增加到2007年的8.85亿元，省统计局经费由2006年的2 782万元增加到2007年的3 331万元。

二是，加大商务、旅游投入，促进经济发展和经济结构调整。为了加大宣传，推动山西省招商引资工作力度，2007年省财政安排招商引资工作经费1亿多元，对山西省牵头举办的“港洽会”、“珠洽会”、“煤炭博览会”和省政府组团参加的“中博会”、“夏洽会”、“高交会”、“东盟博览会”、“沈阳制博会”等15个招商引资工作会都给予了强力支持。通过这些招商引资活动的“搭桥嫁接”，山西省共签约9 800多个项目，吸引外资成果显著，按照合同，签约引进外资300多亿美元，引进内资2 000多亿元。为支持旅游产业发展，在加大旅游事业费投入同时，通过专家论证分两批下达旅游产业发展资金9 400万元，支持了59个项目，重点用于改善山西省旅游景点外围硬件设施、旅游网络建设和景区景点的公共设施建设。2007年，来山西省旅游的人次大幅提升，全年接待海外游客70万人次，国内游客8 000多万人次，全省旅游总收入突破600亿元。

三是，根据省政府《关于大力实施名牌战略努力推进新型能源和工业基地建设的意见》对获得中国驰名商标和名牌产品企业奖励的规定，下达专项奖励资金500万元，对山西省获得中国驰名商标的海鑫集团、皇城相府集团等5家企业各奖励100万元。

四是，积极支持“信用山西”系统建

设，及时审核下达2007年“信用山西”建设经费2 000万元。截至2007年底省财政已经累计投入资金4 500万元，完成了省、市、县、所四级联网，建成了信用数据中心和“信用山西”网站，已经具备开通条件，基本实现了“数据互通、信息共享、业务联动、综合执法”的目标。

五是，继续支持做好招才引智工作。为了确保山西省引进人才战略实施，2007年省财政安排专款100万元，由省人事厅牵头举办了2007年北京招才引智大会和山西省人才与智力交流大会。两次大会共招聘各类人才4 218人，比2006年增长108%，是近年来招聘人数最多的一年。10月份，省财政拨专款、省人事厅组织承办了“院士专家山西行”活动，20位省内外院士和14名专家参加了活动。此次活动围绕省委、省政府确定的“三大企业方阵”，省人事厅采取前期考察调研，征求企业需求，有针对性地选择为企业服务的院士、专家，使活动取得了令各方满意的效果。其中，太钢的大飞机材料项目、太重的风力发电项目、潞安和天脊的煤化工项目科技含量高，产品的附加值高，有利于企业产业链的延伸，符合循环经济发展的战略要求。

（四）促进和谐社会构建

一是，支持民族宗教发展。近年来，省财政对宗教工作的支持力度逐年加大，宗教业务经费已增加到每年45万元，每年对教职人员都予以生活补助，2003年和2007年的全国少数民族运动会以及少数民族会演，省财政都给予了很大支持，促进了少数民族的体育、文化事业大发展。同时，继续安排了寺庙维修等专项经费，确保宗教事业健康发展。

二是，支持法律援助工作。为贯彻落实《法律援助条例》，解决法律援助工作中存在的经费短缺、相关制度不配套、经济欠发达地区困难群众申请法律援助难等问题，根据财政部的要求，按时报送了法律援助办案经费、2006年政法项目规划使用情况、2006年新增规划使用情况、2006年办案费使用情况、监狱劳教专项资金使用情况、2006年中央禁毒补助专款使用情况，2004～2006年三年期项目管理工作奖励专款使用情况，在财政部的考核评比中，获得三等奖。

三是，落实好军转干部各项政策。圆满地完成了2007年自主择业军转干部退役金的发放工作，并做到了及时、足额发放到位。为了更好地落实中央对困难企业军转干部的各项政策，省财政会同省人事厅、省社会保障厅等单位参照山西省2006年的社会职工平均工资水平，对山西省困难企业军转干部2007年的生活困难补助标准进行了调整、测算及补发。按照中央和省委的要求和山西省制订的企业军转干部生活困难补助标准，按时、足额发放了中直、省直企业军转干部2007年全年的生活困难补助。同时，拨付专款缴纳了中直、省直企业军转干部上半年的养老保险和医疗保险。“八一”前，拨专款25万元对因公致残、患有严重疾病、家庭经济特殊困难的企业军转干部予以救助，并安排专款对中直、省直企业的6 000多名军转干部进行了健康检查。此外，为认真贯彻落实省政府办公厅《关于加快解决原63集团军企事业人员有关问题的会议纪要》文件精神，省财政会同省政府机关事务管理局等有关部门，及时测算，严格审批，本着特事特办的原则，筹措资金801万元，将原63集团军企事业人员的取暖费、基本生活费和“五险一金”以及事业单位职工工资在规定的期限全部落实到位。

四是，解决工程拖欠款问题。晋祠宾馆改扩建工程是省政府2004年第26次常务决定实施的重大工程，2004年12月开工，2006年6月竣工交付使用。共完成改造、加固、装修建筑面积2.4万平方米，新建装修国际会议中心、网球馆等建筑面积3.3万平方米，配套办公、公寓、空调、供电等建筑1.3万平方米，总建筑面积7万余平方米，园林面积518亩，移栽大树、灌木、地被植物180万株，铺种草坪10万平方米。为使改扩建工程的整体效果达到省委、省政府提出的创造一流的目标定位，省财政在委托省财政评审中心对该项目进行评审的基础上，拨付专款2 000万元，彻底解决了晋祠宾馆的工程欠款问题。

五是，特事特办，维护稳定大局。山西省是全国能源大省，使用民爆物品单位数量多、分布广、情况复杂。2007年，山西省各级公安机关开展了加强民爆物品安全管理专项整治行动。省财政下达专项经费200万元，对全省举报涉爆案件线索有功人员进行了奖励，有效地遏止了民爆物品的泛滥和恶性事件发生。

六是，继续积极支持国防建设，保障民兵预备役部队训练任务的完成。为确保预备役部队民兵训练任务完成，在国家转移支付的基础上，省里配套1 180万元，使资金总量达到4 000余万元，有效地保障了民兵预备役部队各项训练任务的完成。

七是，有效支持公安专项斗争。为配合全省各级公安机关全力开展的打击非法用工、解救被拐骗民工专项行动，省财政及时下拨专项经费200万元，保证了全省打击黑砖窑专项行动的顺利进行。

八是，支持山西省应急工作。为了及时抢险救灾，预防和处置突发事件，根据山西省实际，省政府成立了应急办公室，为使其迅速展开工作，省财政及时安排资金，解决应急办的基本办公设备，并及时下达了100万元《应急手册》印刷资金，以免费形式发送到用户手中。

二、深化预算改革，提高资金效能

一是，深化部门预算改革。为进一步完善行政政法单位基本支出预算定额和项目支出预算管理办法，实施了项目预算滚动管理，推进了条管部门预算改革。按照预算管理和国库集中支付改革的要求，对分管的条管部门进行了改革试点，采取“先突破、后推开”的办法，2007年，这项改革首先在质量技术监督系统进行试点，取得了预期效果，并在安排2008年预算时，把地税、工商系统也纳入推广范围。从试点情况看，提高了预算分配的科学性，强化了预算约束力，统一了支出标准，规范了支出行为，平衡了区域差距，提高了保障程度，增强了预算意识，提高了管理水平。

二是，提高资金效能。预算改革和集中支付的目的都是为了确保财政资金安全，提高财政资金效能。为了使财政资金核拨、执行科学有效，省财政采取“前期评审、后期评价”的办法，也就是从部门申报开始，采取科学有效的办法，聘请专业人士对项目资金的需求进行科学评估，提出评审意见，省财政根据部门资产占有和设施现状以及工作的拓展面，提出终审意见，待项目执行完毕后，对其项目实施情况，资金运作效果责成专业人士进行绩效评价。2007年对省级“中博会”、“第二次农业普查”、“农村党员远程教育”等专项资金进行了绩效评价，总的来说，资金审核比较严格，资金支付比较及时，资金执行比较有效。

三、加强制度建设，规范财务管理

一是，改革差旅费、会议费制度。根据财政部《中央国家机关和事业单位差旅费管理办法》、《中央国家机关会议费管理办法》和《中央国家机关出差和会议定点管理办法》，从山西省实际出发，经过广泛调研，草拟了《山西省行政事业单位差旅费管理办法》、《省级国家机关出差和会议定点管理办法》等办法，在适当提高差旅费、会议费开支标准的基础上实行出差和会议定点管理。实行定点管理是我国差旅费和会议费管理办法的一次重要改革，旨在通过招标确定定点饭店，适当降低住宿标准，解决长期以来存在的出差和会议住宿开支标准低于实际开支水平的问题，防止向基层单位转嫁负担。根据财政部要求，完成了山西省中央国家机关出差和会议定点饭店的招标工作。

二是，加强国内公务接待费管理。近年来，为规范国内公务接待活动，刹住公款大吃大喝之风，各级财政部门认真贯彻落实党中央、国务院文件精神，对接待费预算实行总额控制，并强化制度建设，创新管理方法。为此，省财政厅草拟了《省级国内公务接待开支标准》、《山西省党政机关国内公务接待管理规定》，对接待的范围、经费开支标准等作出明确规定，严格了接待审批程序。这些措施对加强接待费管理会起到积极作用。

四、理论与实践相结合，积极开展调查研究工作

一是，对行政事业单位公用经费支出标准进行了调研。针对行政政法部门各自不同的特点，省财政在借鉴外省经费管理经验的基础上，多次对省级部门的经费支出情况进行调研，并提出了相应的经费安排意见。

二是，对行政政法部门贯彻执行“收支两条线”管理工作情况进行了调研。主要是对条管单位的非税收入管理情况进行了调研，拟写了调研报告，提出了改革建议。

三是，开展了现行财政管理模式下如何做好行政事业单位财务管理工作的调研。探讨了实行政府采购、国库集中支付、会计集中核算、工资统一发放的财政管理体制下，单位如何做好财务管理工作的问题。对现行财务管理方法及存在的问题进行了剖析，并提出了相应的财务管理对策。

（山西省财政厅行政政法处供稿　邢绪生执笔）

教育科学文化财务管理

2007年，山西省教育科学文化财务管理工作紧紧围绕全省财政工作会议确定的工作目标，继续加大对教科文事业投入力度，积极调整支出结构，积极推进教育、科技、文化事业体制改革，有力地促进了全省教科文事业的发展。

一、加大投入，保障重点，推动全省教育事业协调发展

（一）全面开展农村义务教育经费保障机制改革

2007年，山西省全面实行了农村义务教育经费保障机制改革，其主要内容是：全部免除农村义务教育阶段学生学杂费（含县城所在地学生），分步免费提供教科书并补助寄宿生生活费，提高农村义务教育阶段中小学公用经费保障水平，分两年逐步达到国家制订的农村义务教育阶段中小学公用经费基准定额，建立农村义务教育阶段中小学校舍维修改造长效机制，巩固和完善农村中小学教师工资保障机制。

根据山西省的农村义务教育经费保障机制改革实施方案确定的分担责任，2007年省财政共下达农村义务教育保障经费8.68亿元，其中，中央资金6.44亿元，省级资金2.24亿元，省级资金占到地方应负担资金的69.2%，全省共有434万农村中小学生受益。此外，为保障农村义务教育资金专款专用，全省所有农村义务教育资金全部直接拨付至县级财政部门开设的中央特设专户和省级特设专户，并通过银行信息网络对专户内的资金流动实行了即时监控，保障了资金的安全运行。

（二）确保省政府承诺的为人民群众所办的实事兑现

改善边远贫困地区学校办学条件，支持300所农村寄宿制小学配置暖气，是省政府2007年为全省人民所办的十二件事实之一。为了确保此项工作的贯彻落实，2007年，省财政厅配合省教育厅制订了《关于2007年全省边远贫困地区300所农村寄宿制小学配置暖气工作的实施意见》，将工作目标进行了分解，向各市下达了配置暖气学校的数量，由各市确定具体学校，要求暑假期间组织施工安装。2007年，省财政下达专项资金900万元，全部用于此项工程，并于年底前完成了暖气工程的检查验收工作，保证了学生冬季取暖。

（三）继续实施农村现代远程教育工程，提高农村义务教育质量

农村现代远程教育工程是提高农村义务教育质量、缩小城乡教育差别的有效途径。根据山西省实施农村现代远程教育工程的规划，2007年山西省对大同、忻州两市实施了农村现代远程教育工程，自此，全省11个市全部实施了农村现代远程教育工程。2007年11月，省财政及时下达了远程教育工程专项资金7 633万元，保证了此项工程按计划圆满完成。

（四）积极组织示范性高职院校和实训基地项目的申报

为大力发展职业教育，近年来，国家开

始建设示范性高职院校和实训基地。2007年，根据教育部、财政部《关于做好国家示范性高等职业院校建设计划2007年度立项建设单位申报工作的通知》，省财政厅与省教育厅联合，及时完成了全省示范性院校的初评、上报等工作，省财政分两次下达了实训基地建设专项经费4 070万元，其中省补资金490万元，确保了项目的顺利实施。经过教育部、财政部的评审，山西工程职业技术学院被评为全国2007年度示范性高职院校。

（五）认真组织农村中小学校舍维修长效机制和寄宿制学校建设工程的实施

省财政厅和省教育厅联合，组织各市县就2007年农村中小学校舍维修改造项目、“两区”寄宿制学校建设项目进行认真的初选和上报。按照选定的项目，省财政下达了2007年度农村中小学校舍维修改造专项资金1.98亿元、两区寄宿制学校建设资金7 200万元，所有专项资金直接拨付县级特设专户。2007年共改造农村中小学危房60.96万平方米，其中D级危房34.97万平方米。

（六）逐步建立家庭经济困难学生资助体系，保证贫困学生完成学业

对大中专院校家庭经济困难学生实施资助，体现了党和政府对贫困学生的关怀。按照国务院《关于建立健全普通本科高校高等职业学校和中等职业学校家庭经济困难学生资助政策体系的意见》，省财政厅与教育厅、劳动和社会保障厅等部门协调工作，测算了全省的受助学生人数，代省政府草拟了山西省资助家庭经济困难学生实施方案，并制订了相关配套文件。按照测算的资助标准和学生人数，省财政共下达了国家奖助学金3.2亿元，其中，中央资金2.4亿元，省级0.8亿元，共有46万余名大中专学生得到资助。

二、加大对科技的投入力度，努力建设科技创新型社会

（一）努力增加科技投入，力争使财政支持科技发展的投入实现持续稳定增长

2007年，省财政本级预算内安排科技三项费用为1.98亿元，比2006年年初预算1.64亿元增长21.12%。预算内安排科学支出经费0.97亿元，比2006年的0.84亿元，增长16.26%。在增加科技投入总量的同时，省财政又从省科技厅部门预算当年新增的3 450万元科技专项经费中切出2 000万元，明确设立了省财政支持自主创新专项资金，落实省委省政府实现自主创新、建设创新型省的要求，为推动全省科技自主创新工作提供了必要的基础条件。

（二）保证支出重点，创造推动科技进步的良好环境

在科技经费的分配上，省财政从三个方面把握经费的分配方向，一是贯彻省政府“十一五”经济结构调整的战略部署，重点支持四大新型产业领域的自主创新；二是重点支持企业自主创新，支持科研院所、高等院校的自主创新成果转化推广；三是积极引导企业、科研院所、高等院校的对外科技合作与交流。2007年，省财政积极落实省委省政府关于科技创新的有关政策措施，安排科技创新资金2 070万元，科技创业风险投资引导基金2亿元。在财政资金的大力支持下，科技经费重点支持了58个重大科技专项和6个重大科技成果转化项目、12个科研中试基地和13个技术开发实验室项目。

（三）积极配合科技改革，力争使体制机制改革取得新的进展

根据省政府的指示精神，2007年，省科技厅及时开展了全省科技工作大调研活动，这是推动全省科技发展和科技改革的一项重要的基础工作，对于这次省领导布置的工作，省财政给予了高度重视，切实落实省

政府提出的工作要求，安排专人多次参加有关的调研活动，对省科技厅提出的科技改革发展的实施意见，做到了认真研究、及时办理，并对省科技厅的六项实施意见提出建议。

三、加强基层文化建设，推动文化强省战略实施

（一）加强农村基层文化建设

2007年省财政继续贯彻落实省委省政府关于加快两区开发的决定，与省文化厅联合制订了《晋西北、太行山革命老区文化活动场所建设实施方案》，在年初预算中，专项安排支持“两区”农村文化建设资金2 882万元，安排支持“两区”农民体育健身工程建设资金2 483万元，安排农村广播电视“村村通”工程财政补助资金418万元，并于2007年全部下达，分别对“两区”87个乡镇文化站、5 680个村文化活动室，“两区”4 966个村篮球场的建设和全省6 704个行政村、1 786个50户以上及1 960个20户以上已通电自然村予以了补助。

（二）百花齐放，共建文化强省

2007年，省财政厅配合省文化厅上报了2007年国家级非物质文化遗产项目，将中央下达的非物质文化遗产补助资金150万元及时下达。为做好四个国家文化信息资源共享工程试点县的县乡村网络建设工作，及时下达中央补助资金164万元，积极落实县级配套资金158万元，同时，配合文化部文化信息资源工程试点县验收组于2007年12月对山阴、汾阳、襄垣、曲沃4个国家级试点县进行了检查验收，4个试点县按照国家建设标准和要求，完成了县级中心建设，为基层群众提供了优质便利的服务。配合省档案局完成了2007年国家级重点档案抢救保护经费的申报工作并将中央下达的270万元资金全部及时下达。配合省科协完成了2007年科普惠农兴村计划的申报工作并将中央安排的335万元资金全部及时下达。配合省文物局开展了全国第三次文物普查工作和全省长城资源调查与测绘工作，目前这两项工作的第一阶段工作都已完成。

2007年，由省财政厅多年支持的话剧《立秋》、舞剧《一把酸枣》同时入选国家舞台艺术精品工程，山西省博物院、太行八路军纪念馆分别获得第七届全国博物馆十大精品陈列展览奖和特别奖，一个省一年内两个单位同时获国家大奖，这在全国也是少有的。

四、注重制度建设，加强监督检查，保证财政资金使用的制度化、规范化

为提高财政资金使用效益，确保财政资金使用的制度化、规范化，省财政厅在调查研究、归纳总结的基础上，不断制订出台相应的规章制度，积极开展资金使用情况监督检查。为保证农村义务教育经费保障机制改革的顺利推进，省财政厅出台了《山西省农村义务教育阶段学生免收学杂费实施管理办法》、《山西省农村中小学公用经费支出管理暂行办法》和《山西省农村中小学校舍维修改造专项资金管理暂行办法》等12个配套政策，与省教育厅联合，先后召开了“农村义务教育经费保障机制改革工作布置会”、“农村义务教育经费保障机制改革工作培训班”，并分4次派出100余名督学分赴各地逐县督查开学的收费情况和改革政策落实情况，确保及时发现问题，及时指导工作。

为贯彻国务院办公厅转发的《关于改进和加强中央财政科技经费管理若干意见的通知》文件的精神，省财政厅会同省科技厅相关处室草拟了《关于加强省级科技经费管理的实施意见》。联合省科技厅委托山西省财产评估管理中心完成了对省级50万元以上科技项目的绩效考评工作，其中涉及成果推广项目、条件平台项目、星火项目、火炬项目、攻关项目、软科学项目和自然基金项目7类28个项目。

此外，省财政厅还同省计生委深入吕梁、阳泉、晋中、忻州市，对20多个县、区“十五”期间及2006年计划生育经费的各级政府的投入情况、社会抚养费的征收情况、经费的使用情况以及当前工作中存在的问题进行了深入细致的调查研究。通过听取汇报、实地检查，了解基层实际情况，提出了山西省计生财政政策。为及时掌握“两区”县的农村文化体育设施项目的建设进度、资金使用和项目效益等情况，2007年，省财政厅联合省文化厅、省体育局对全省11个市相关部门对2006年省财政专项资金支持的“两区”县建设的村体育场和乡镇文化站的资金到位情况、项目完成情况和资金的开支等情况予以检查验收。

（山西省财政厅教科文处供稿
马前昱执笔）

经济建设与粮食财务管理

2007年，山西省财政经济建设与粮食财务管理工作以开展“财政经济建设项目年”活动为主线，规范项目申报，创新资金管理方式，重视并做好经建信息工作，加强财政投资评审，抓好项目资金的绩效评价，加快资金支出预算进度，切实加强经建队伍自身建设，各项工作取得了明显成效。

一、积极落实资金和政策，推进各项规划和项目实施

（一）积极筹措产业发展资金

2007年，省财政厅修订了《山西省产业发展专项资金管理办法》，并将财政预算内筹措的2亿元产业发展资金已经划入“产业发展资金”专户，重点支持了省委、省政府确定的重大项目、“八大支柱”产业、大型骨干企业和企业集团、省级以上经济技术开发区和开发区内的项目以及节能减排、循环经济发展项目。

（二）积极筹措节能减排资金

根据省政府要求，省财政厅提出了财政支持节能减排的四项政策措施，得到省政府肯定。与省经委反复协商、测算，制订了《山西省节能专项资金管理办法》、《山西省淘汰落后产能专项补偿资金管理办法》和《山西省主要污染物减排专项资金管理办法》。筹集18.7亿元用于支持全省节能、淘汰落后产能，资金支持力度之大和资金管理扎实在全国名列前茅。此外，还积极争取中央对山西省节能技术改造和淘汰落后产能的专项资金，极大地促进了全省节能、淘汰落后产能工作的开展。在当年召开的全国财政节能减排工作会议上，山西省财政节能减排工作受到财政部的表扬，其做法在大会上进行了交流。

（三）支持中小企业服务体系建设

2007年，共拨付全省中小企业体系建设资金2 000万元，主要用于中小企业技术创新、行业协会、法律维权、市场开拓、信息网络、人才培训、信用服务、创业服务、管理咨询服务体系建设。

二、落实各项惠民政策，支持社会主义新农村建设

（一）创新粮食补贴机制，落实好各项惠农政策

一是，完成了对种粮农民补贴政策的制订工作。2007年，制订下发了《关于对种粮农民实行直接补贴调整粮食风险基金使用范围的实施意见》和《山西省2007年对种粮农民柴油、化肥等农业生产资料增支实行综合直接补贴办法的通知》，小麦每亩补贴30元，玉米每亩补贴19元，其他粮食作物每亩补贴15元，全省用于对种粮农民的补贴资金达9.15亿元，通过在农业发展银行开设的专户全部下达到应享受补贴的568万农户手中，直接受益农民达到1 900万人。

二是，做好中央财政对产粮大县财力补助工作。全省享受产粮大县13个，累计下达补助资金9 500万元。

三是，按照财政部的要求，努力做好中

国农民补贴信息网络建设的前期工作。召开了全省财政系统农民补贴信息网络培训会，在全省范围内收集录入农户种粮补贴及相关信息。

四是，加强退耕还林粮食补助资金的管理。制订下发了《关于退耕还林粮食补助改补现金后有关财政财务处理问题的通知》，山西省向退耕户供应的粮食补助，由供应实物改为发放现金。全省退耕还林面积累计为1 857万亩，（112个县98.6万农户），拨付退耕还林粮食补助资金9.67亿元。

（二）积极支持全省安康工程建设

主要是要求各级财政部门多渠道筹集建设资金并加强资金监管。包括：市、县财政预算安排专项资金、从住房公积金和住房补贴增值收益中按一定的比例安排一部分资金、通过资助、社会救济福利基金或募集等其他渠道筹措一部分资金。

（三）继续做好国有重点煤矿采煤沉陷区治理和棚户区改造工作

2007年，全省共下达国有重点煤矿采煤沉陷区治理资金18.04亿元，有效地保证了治理工程的推进。拨付大同煤矿集团有限责任公司等六户国有重点煤矿和太原、大同两市棚户区改造资金3.16亿元，使省政府承诺的实事得以兑现。

（四）积极支持成品油价格改革

在2006年制订出台很多政策办法的基础上，2007年拨付了成品油价格补贴资金2.14亿元，确保了成品油价格改革的成功和社会的稳定。

（五）做好落实国务院稳定生猪生产和省级储备肉糖补贴发放工作

一是，支持生猪生产、稳定市场供应。根据省政府安排，省财政厅与省农业厅、省商务厅就贯彻落实国务院国发〔2007〕22号文件，提出省财政支持生猪生产发展稳定市场供应的五条原则：①坚持“菜篮子”市长负责制，发展生猪生产，稳定市场供应的主要责任在各市人民政府。②对促进生猪发展稳定市场供应政策，给予了财力保证。③明确了地方配套部分按照省、市、县三级4:3:3的比例予以负担。④对行政隶属关系明确的补贴政策，按照行政隶属关系分别由同级财政部门负担。

二是，做好生猪调出大县奖励工作。转发了《财政部关于印发生猪调出大县奖励资金管理办法的通知，及时下达2007年中央财政对生猪调出大县奖励资金473万元，并要保证专款专用，及时到位。

三是，解决养猪“贷款难”问题。为贯彻落实《山西省人民政府关于促进生猪生产发展稳定市场供应的意见》，鼓励信用担保机构为生猪规模养殖场和养殖户贷款提供信用担保服务，解决养猪“贷款难”问题，下发了《生猪贷款信用担保风险补偿金的财政财务暂行办法》，省财政厅提出的12项政策建议全部被采纳。

（六）积极支持新农村建设

一是，制订了新农村规划编制经费补助办法和建制镇绿化资金管理办法，补助2 000个村庄开展规划编制，共拨付资金1 200万元，拨付绿化资金5 500万元。

二是，深化公路管理养护体制改革，推进村通水泥路建设。出台了《山西省农村公路管理养护体制改革实施意见》，积极推进农村公路管理养护体制改革，及时预予拨资金5 000万元，制订了《山西省社会主义新农村试点村街道硬化资金管理暂行办法》，主动与省交通厅联系、沟通，及时将1万公里村通水泥（油）路任务分解落实到11个市，为掌握全省村通水泥路情况，安排对未通公路、水泥路的建制村进行了全面摸底统计。2007年全省“村村通”工程经验收完成9 655公里，省政府及时拨付补助资金9 655万元。此外，按照省政府“关于扶持‘两区’产业项目资金筹集及使用管理方案的专题会议纪要”精神，筹措“两区”产业资金共4.8亿元，并划入专户管理，根据有关部门的项目计划及时拨付资金。

三、加大生态建设和环境治理投入力度，促进全省生态环境状况进一步好转

2007年，省财政共投入资金9.29亿元用于环境保护，其中，争取中央资金1.55亿，是2006年的3倍；省级财政直接投入7.74亿元，是2006年2.7亿元的2.87倍。这些资金主要用于饮用水源地污染防治、区域环境安全保障、电厂脱硫、废气废水污染治理、污染防治新技术新工艺推广应用、矿井水矸石山治理、畜禽污染防治等生态类方面，引导和带动社会资金85.1亿元用于环境保护，放大了财政投资的“乘数”效应，有力地支持和推动了全省“蓝天碧水工程”的实施。全省11个重点城市环境空气二级以上天数已达3 362天，完成全年任务的119.39%，比上年同期增长24.2%。环境保护“三大体系”能力建设取得突破性进展，省市两级环境监察机构基本达到了国家标准化建设一级标准，一些县达到三级标准，省级环境监测、监督、信息、宣传、统计等能力建设有了大幅度提高，全省900多户重点污染源自动监督系统建设、全省土壤污染源调查和第一次污染源普查、全省119个县大气环境质量自动监测系统正常运行等重点工作的开展得到了保障。

四、认真落实好煤炭工业可持续发展试点的一系列政策

（一）落实安全生产的财政资金管理政策，创造和谐稳定的社会环境

省财政厅与省安全生产监督管理局、中国人民银行太原中心支行联合制订出台了《关于印发〈山西省非煤矿山、危险化学品、烟花爆竹企业安全生产风险抵押金管理暂行办法〉的通知》，规定山西境内所有矿山（煤矿除外）、危险化学品、烟花爆竹等行业或领域从事生产经营活动的企业必须按规定存储安全生产风险抵押金，存储额度按照大、中、小企业分别为150万元、100万元、30万元，风险抵押金必须存储在安全生产监督管理部门与同级财政部门指定的风险抵押金代理银行，由安全生产监督管理部门开设账户，实行专户管理。

（二）做好煤炭可持续发展基金试点工作，用好煤炭可持续发展基金

省财政厅提出了按照“规划先行、统筹安排、分级管理、专款专用、部门预算、国库集中支付”的原则，以及省、市、县5:3:2的分配比例，并严格按规定用于支持跨区域生态环境治理、资源型和重点接替产业发展及解决因采煤引起的社会问题等方面。煤矿转产发展资金政策和矿山环境恢复治理保证金政策也于2007年10月同步实施。

（三）加大土地开发整理项目资金管理力度

根据财政部、国土资源部、中国人民银行联合印发的《关于调整新增建设用地土地有偿使用费政策等问题的通知》，对新增建设用地土地有偿使用费征收使用管理的政策作了调整，在严格控制建设用地规模和结构的前提下，将新增建设用地土地有偿使用费在原标准基础上提高一倍，并按实际面积征收，以减少市县新增建设用地所获得的收益，控制用地扩张。对于未批先占和各种违法用地，必须按照实际新增建设用地面积计征缴纳新增费，并在用地指标等方面予以处罚。

（四）积极支持农村地质灾害治理工程建设

一是，督促省农村地质灾害治理领导组办公室对各市上报的农村地质灾害治理实施方案进行了批复，及时拨付省级配套资金

4.23亿元，全年计划避让搬迁32 099户、117 151人，房屋修缮4 486户、15 629人，新水源地建设199项、耕地恢复25 003亩、地质灾害治理工程35项。

二是，制订了《山西省农村地质灾害治理工程资金管理办法》，并印发各市财政局、国土资源局。办法明确规定了治理工程的资金范围、负担比例、财政补助标准以及省级政府配套资金的拨付程序，并对市县两级政府配套资金的拨付提出要求，要求市级财政部门最迟在收到省级配套资金预算十个工作日内将省、市两级政府的配套资金下达到县级；县级财政部门对农村地质灾害治理工程专项资金要专户管理，单独核算，并及时按照已经批复的实施方案拨付政府配套资金。

五、积极争取中央财政政策和资金，支持山西省经济建设

一是，积极争取国债资金和其他基本建设资金。2007年共争取国债专项资金和其他基本建设资金40亿元，建设项目近3 000项，涉及农林水利、交通、教育卫生、公检法司、旅游文化、安全改造、基础设施建设等行业。这些资金在支持重大项目建设和工业基地改造、建设新型能源基地、推进行业结构调整、构建有效的资源和环境补偿机制、大力发展循环经济、努力推动山西省优势产业健康发展等方面，发挥了重要的作用。

二是，积极争取国家对山西省19个公益性国债转贷项目1.26亿元资金予以豁免。

六、加强资金监督管理，提高财政资金的使用效益

一是，加强基建投资管理，做好财政投资评审工作。根据省财政厅投资评审有关规定以及2007年投资评审重点，2007年经济建设处财政投资评审工作围绕财政经济建设工作重点，以节约财政资金预算、提高资金使用效益、解决专项资金使用分配管理中存在的问题为目的，对符合条件的基本建设项目以及重大专项资金使用安排了投资评审，并对提交的评审报告及时办理批复工作，确保项目建设资金的需要。

二是，做好党政机关办公楼等楼堂馆所建设项目清理等工作。根据工作分工，省财政厅主要负责审查省级党政机关、人大机关、政协机关、审判机关、检察机关、人民团体及其派出机构和直属事业单位以及各市汇总上报项目的资金来源、资金使用情况，预算执行情况以及现有办公楼是否有经营出租等情况、重点检查是否存在挪用政府专项资金、集资、借贷款、拉赞助、垫资、拖欠工程款等问题，并对审核发现的问题，依照有关法律、法规提出处理意见。

三是，做好粮食财务管理工作。为保证山西省省级储备粮常储常新，与省粮食局、省农发行共同下达了2007年省储备粮分品种轮换计划，并及时下达了轮换费用1 200万元，以确保轮换任务的完成。为保证山西省军粮供应企业保质保量完成供应部队粮油的资金需要，对各市2006年节假日调供粮油差价款进行了清算，并拨付了差价款97万元。及时拨付了2007年上半年省级储备粮、油、棉花利息费用补贴4 625万元，中央消化供销社挂账资金2.23亿元，粮食挂账利息2 367万元。根据省政府文件要求，确定了全省粮食财务挂账按照“分清责任、分级消化”的原则，要求各市政府对审计部门审计的1998年至2004年粮食财务挂账中的政府性财务挂账进行认定，并确定了消化年限。

（山西省财政厅经济建设处供稿　赵乃文执笔）

煤炭基金管理

2007 年 8 月，山西省财政厅煤炭基金管理处正式成立，其职能是负责煤炭可持续发展基金、矿山环境恢复与治理保证金和煤矿转产发展资金政策的制订和征收管理工作。自成立以来，在省财政厅党组的正确领导下，积极开展工作，取得了明显成效。

一、完善基础办法，为做好煤炭工业可持续发展三项经济政策措施试点工作奠定基础

一是，制订出台煤炭可持续发展基金征收管理基础办法，推动煤炭可持续发展基金政策的及时启动。为了启动基金征收工作，山西省财政厅会同山西省地方税务局制订了《山西省煤炭可持续发展基金征收管理办法》，经山西省政府 97 次常务会议通过后，以山西省人民政府令第 203 号下发全省执行。

二是，完善可持续发展三项经济政策的其他基础管理办法，推动三项经济政策的全面启动。按照中华人民共和国财政部《关于批复〈山西省煤炭可持续发展基金征收使用管理实施办法（试行）〉的函》的有关精神，山西省财政厅对山西省人民政府令第 203 号中没有涉及的基金分成入库与使用管理方面的内容进行了研究和完善，于 2007 年 10 月 31 日由山西省人民政府下发了《关于印发山西省煤炭可持续发展基金分成入库与使用管理实施办法（试行）的通知》。按照中华人民共和国财政部、中华人民共和国国家发展与改革委员会《关于山西省煤矿转产发展资金提取使用管理办法（试行）的复函》精神，结合山西省实际，对煤矿转产发展资金提取使用管理办法和矿山环境恢复治理保证金提取使用管理办法进行了修改和完善，报经山西省人民政府通过后，于 2007 年 11 月 15 日下发了《关于印发山西省煤矿转产发展资金提取使用管理办法（试行）的通知》和《关于印发山西省矿山环境恢复治理保证金提取使用管理办法（试行）的通知》。山西省人民政府令第 203 号和上述三个办法的下发和执行，标志着煤炭工业可持续发展政策措施试点工作中的三项经济政策的基础制度管理体系已基本建立。

二、实施精细管理，确保煤炭可持续发展基金规范征收

一是，科学制订煤种征收标准。在可持续发展基金开征之初，由于时间紧、任务重，情况复杂，山西省人民政府令第 203 号对 2007 年征收煤炭可持续发展基金煤种征收标准只作了简单规定（焦煤 20 元、无烟煤 18 元、动力煤 14 元）。在实际执行中发现三大煤种归纳不太合理，对国家规范的 14 个煤种如何归类到既定的三大煤种没作具体规定，导致实际执行中确定矿井适用征收标准的主观空间很大，不仅不利于实现基金应收尽收，更重要的是为滋生腐败现象留下了空间。对此，山西省财政厅在充分调研的基础上，对 14 个煤种和不同地域的个别煤种，根据煤种和地域价格情况通过增加调节系数的办法，对2008年的煤种基金征收标准及工程煤基金征收标准作出了明确规定，以《关于公布2008年煤炭可持续发展基金征收标准的通知》下发。

二是，精细确定各个矿井的煤炭基金适用征收标准。为掌握全省近2 000座生产矿井的现采煤种和核定产能情况，山西省财政厅会同山西省国土资源厅和山西省煤炭工业局，经过反复工作，基本掌握了各矿井煤种和产能的明细情况，通过公示核实后，按照煤种基金征收标准，对每个矿井的基金适用征收标准作出精细规定，以《关于印发全省各生产矿井煤炭可持续发展基金征收标准的通知》下发。

三是，提高出省口查验补征标准。为促进基金在生产环节应缴尽缴，强化生产环节征收，作为配套措施，山西省财政厅印发了《关于出省口煤炭可持续发展基金补征标准的通知》，规定未缴纳煤炭可持续发展基金的煤炭出省时，不分煤种，按焦煤煤种标准和2.0产能规模调节系数，从高1.5倍征收煤炭基金。

四是，建立炼焦用煤环节查验补征管理体系。为强化对炼焦用煤环节查验补征管理，完善基金征收管理体系，山西省财政厅会同山西省地方税务局，制订下发了《关于煤炭可持续发展基金洗精煤环节查验补征有关问题的通知》和《关于印发〈煤炭可持续发展基金炼焦用煤环节查验补征管理办法（试行）〉的通知》，对焦炭、洗精煤和洗选煤过程的副产品（中煤、泥煤、煤矸石）的查验补征基金标准作出了规定。

五是，着手规范计征产量管理。煤炭可持续发展基金的计征依据为开采原煤的实际产量，因此，计征产量管理是财政对煤炭基金征收管理的重中之重。为了加强这项管理工作，山西省财政厅向山西省地方税务局下发了《关于尽快制订〈山西省煤炭企业矿井产量核定办法〉的通知》，要求地税局尽快提出意见。

六是，逐步加大征管工作的公开度透明度，强化社会监督。为了督促煤炭开采企业足额缴纳煤炭可持续发展基金，广泛接受社会各界对基金征收管理工作和煤炭开采企业缴纳基金情况的监督，2007年11月，山西省财政厅把全省所有生产矿井的采煤煤种和产能情况在山西日报予以公示，并用8天时间会同有关部门现场办公，对企业所反映情况进行核实，按照省政府办公厅〔2007〕43号会议纪要的精神，山西省财政厅将从2008年起对全省生产矿井煤炭可持续发展基金缴纳情况定期在省级媒体上予以公布，公布内容主要包括：矿井的名称、地址、实际征收基金煤种、产能、实际产量和缴纳基金额等情况。

三、圆满完成2007年度煤炭基金征收任务，科学制订2008年度煤炭基金征收计划

2007年3月煤炭可持续发展基金征收工作启动后，山西省财政厅在大量测算的基础上，报经山西省人民政府同意，下达山西省地方税务局2007年度煤炭可持续发展基金征收任务100.7亿元。截至2007年12月31日，全省煤炭可持续发展基金累计征收103.1亿元，完成年度征收任务的102%。

根据2008年煤种基金征收标准，按照全省生产矿井采煤煤种和核定产能情况，山西省财政厅认真测算了2008年基金征收计划，并按谨慎原则，报经省政府同意，编制出2008年基金收入预算145亿元（其中省级收入预算为93亿元），并以晋财煤〔2008〕3号文件向省地方税务局下达了145亿元的征收任务。

四、做好煤炭基金收支预算管理工作

从2007年8月起，根据山西省财政厅的统筹安排，山西省财政厅煤炭基金管理处

接管了煤炭基金收支预算管理职能。在合理测算煤炭基金收入预算的基础上，按山西省人民政府批准的项目计划认真做好基金使用安排是基金预算管理的重点。山西省财政厅煤炭基金管理处在基金使用管理中，本着按基金使用的三大方向和比例用好管好基金，确保基金使用符合规定的三大投向和规定比例的原则，主要做了以下三方面工作：一是，监督审核2007年有关部门预算处室的预算下达和资金拨付工作。截至2007年底，共安排支出40.13亿元，执行预算的60.49%，其中，扣除项目支出4.45亿元，用于生态恢复和环境治理16.51亿元，用于转产发展10.59亿元，用于解决因采煤引起的其他社会问题8.58亿元。

二是，制订了基金征收管理业务费的内部管理办法，并下达征收、稽查和查验补征等征收管理部门业务费1.05亿元。

三是，按照基金的使用方向规定，编制出2008年省级基金支出预算。2008年省级煤炭基金支出预算为93亿元，可用于三大投向的支出预算总计为83.48亿元，其中，用于跨区域环境治理的支出预算安排了41.74亿元，用于资源型城市转型和重点接替产业发展的支出预算安排了25.04亿元，用于解决因采煤引起的其他社会问题的支出预算安排了16.7亿元。

（山西省财政厅煤炭基金管理处供稿　袁双燕执笔）

农业财政财务

2007年，山西省农业财政财务工作认真贯彻落实中央和省委、省政府的各项支农惠农方针政策，加大支农投入，调整支出结构，强化资金管理，注重制度建设，各项工作成效显著。

一、财政支农投入力度增大，各项重点支出得到保证

2007年，全省支农资金预算按照《农业法》、《山西省农业投资条例》等法律、法规要求给予了足额安排。同时按照中央两个一号文件“三个高于”的要求，积极增加支农投入，在支农投入不断加大的同时，投入政策更加完善、投入机制更加灵活，投入重点更加突出，投入效果更加显著。2007年全省财政支农资金执行83.37亿元，比上年增加23.31亿元。

（一）支持扶贫开发和“两区”建设，加快脱贫步伐

为了加快晋西北和太行革命老区开发建设步伐，山西省在2006年启动了“两区”开发项目，每年将筹措9亿元资金支持革命老区59个县的建设。省财政厅成立了“两区”开发办公室，出台了《山西省“两区”开发产业项目贷款财政贴息管理办法》和《两区开发农业项目启动资金使用管理管理暂行办法》，两区资金全部列入山西省财政专户，实行财政专户管理。到2007年底，确定的448个项目中有395个已开工建设，占总项目的88.2%。省财政对其中涉及农业的144个项目给予贴息资金补助3.46亿元、168个项目给予启动资金补助4.26亿元。整村推进、扶贫移民、劳动力转移培训、产业化扶贫四项重点扶贫工作继续推进，两年解决20万人口温饱问题，完成移民搬迁5万人。

（二）支持全省林业六大造林工程，生态环境进一步改善

2007年，省财政安排六大造林工程建设补助资金7.5亿元，完成交通沿线荒山造林80.32万亩，完成通道绿化62.03万亩，完成环城林带11.17万亩，厂矿区绿化24.35万亩，封山育林55.69万亩，绿化建制镇240个，绿化村庄3 098个，农村面貌焕然一新。

（三）支持六大水利工程建设，基础设施进一步加强

2006年，山西省委、省政府做出了《实施兴水战略，加快水利发展的决定》，多方面整合资金，部署了以促进水资源可持续利用与大力改善民生为重点的六大水利工程，全力推进兴水战略中确定的35项应急水源工程立项审批和开工建设。到2007年底，省财政共筹集资金8.7亿元，20项新水源工程相继开工，5处水电站开工建设，19处岩溶大泉保护区划定工作已经完成。从2006年起，每年新增80万亩灌溉面积，完成水土流失综合治理面积1 172万亩，实施生态修复面积1 782万亩，水土流失年治理度达到3%，城乡节水设施建设稳步推进。

（四）支持雁门关生态畜牧经济区建设取得新进展

建设雁门关生态畜牧经济区是省委、省

政府在新世纪为改善山西省北部和西部脆弱的生态环境、保障京津生态安全、推动山西经济和社会实现可持续发展而做出的一项战略部署。该经济区涉及5市、30个县，计划从2001年开始，用10年的时间，到2010年区内农民人均牧业纯收入等各项指标全部达标。到2007年底，省财政共投入资金3.3亿元，主要用于标准化牛羊养殖小区建设、牛冻精补贴及畜禽品种培育、畜牧兽医技术推广与培训及工作经费等补助。省财政资金的连续集中投入，确保了雁门关区建设的顺利开展，取得了非常明显的效果。一是，生态建设规模空前，生态环境明显改善。二是，畜牧业发展势头强劲，种草养畜成效显著。三是，龙头企业发展壮大，产业化格局基本形成。四是，社会化服务体系建设日趋完善，服务功能大为增强。五是，农村经济协调发展，农民收入显著增加。

（五）支持新农村建设，示范带动效应正在显现

省财政按照新农村建设目标责任制的要求，2006～2007年来共下达支持新农村建设资金10亿元，支持了1 098个试点村和2 000个新农村试点推进村建设。1 098个试点村有90%形成了比较明显的主导产业，“一村一品”发展势头良好，95%以上的试点村已完成村庄规划、“四化四改”、“五个一工程”建设任务。2 000个重点推进村村庄规划编制等完成率都在90%以上，试点村及重点推进村的示范作用正在显现。30个发展基础较好、综合实力较强的县，以县规划、整体推进，引领全省社会主义新农村建设向纵深发展。

（六）支持农民专业合作社建设，桥梁作用凸显

2007年，省财政再次安排扶持资金500万元，大力扶持农民专业合作社的发展。据初步统计，到2007年，全省11个市、115个农业县（市、区）中已有8个市、46个县（市、区）将1 890万元专项资金列入市、县财政预算。全省在工商部门登记注册的农民专业合作社达到了4 506个，入社成员11万人，带动农户76万户，占到全省农户总数的12%。全省农民专业合作社成员人均年纯收入平均为4 320元，高出全省平均数的20%。这些合作社中有140个取得了无公害农产品、绿色食品和有机食品认证，150个注册了商标，统一了品牌。全省以产业为依托、以品牌为导向的农民专业合作社规模逐步扩大，合作成效日益显著，在发展现代农业和建设社会主义新农村中的重要作用日益凸显。

（七）支持2 000万亩耕地能力建设初见成效

2006～2007年两年中，省财政共下达资金1 700万元，在全省60个县建设工程示范田257.81万亩，工程田875.76万亩，设立千亩以上规模化示范区583个，对照观察点960个。据初步调查统计，通过采取工程、农艺、耕作、化学改良等综合配套措施，项目区农业生产条件初步改善，耕地土壤有机质提高0.03～0.05个百分点，土、肥、水资源利用率、农田基础设施及土壤理化性状得到明显改善，工程田亩均增产粮食69公斤，辐射田亩均增产粮食47公斤，总计增产粮食4.43亿公斤，增加收益5.92亿元。项目区农民平均增收161元。

2006～2007年的测土配方施肥工作，紧紧围绕“测土、配方、配肥、供肥、施肥指导”五个重点环节，在29个县开展冬小麦、玉米、棉花为主的测土配方施肥2 791.4万亩，项目区亩均增产粮食30.2公斤，亩均节肥1.5公斤（纯养分），亩增收节支45.1元，增产粮食8.38亿公斤，节肥4.19万吨。

二、进一步落实惠农政策，继续对农民实行直接补贴

一是，继续实行良种补贴。从2004～2007年，共下达直补资金11 301万元，对210万亩优质小麦和100万亩优质玉米良种进行了补贴，同时对16.7万亩的小麦优质繁育基地进行了补贴。

二是，加大农业机械补贴。2004～2007年共下达大中型农机补贴资金13 235万元，增加农机总动力38.27万千瓦，增加大中型拖拉机7 653台，增加配套农机具8 672台、套，增加机耕面积612万亩、机播面积764万亩、机收面积153万亩，受益农户11 372户。

三是，积极探索实施对贫困地区直补。对57个贫困县的整村推进项目和农民个户项目实施直补，直补金额达到4.4亿元左右。

四是，创新培训方式，对农民培训实行直接补贴。2004～2007年共下达劳动力转移培训12 100万元，新兴农民培训2 870万元，扶贫培训9 000万元。引导性培训任务完成220万人，阳光工程50人，新兴农民培训10.3万人，扶贫雨露计划培训35万人。同时，以发放培训券的管理方式，对农民进行直接补贴，极大地调动了广大农民参加培训的积极性。

五是，对能繁母猪进行了补贴。为了提高能繁母猪养殖者的积极性，加快母猪补栏速度，尽快保证生猪市场供应，按照分级安排比例（中央60%、省20%、市县20%），每头补助50元的标准，2007年共下达资金2 019万元，对53万头能繁母猪进行了补贴。

六是，对6万头优质后备奶牛按照每头500元的标准补贴了3 035万元。

三、创新支农机制，支农资金整合工作稳步推进

从2005年山西省开展支农资金整合工作以来，整合范围进一步扩大，省、市、县不同层次的支农资金整合格局初步形成。2006年开展了以县为主的支农资金整合试点，支农资金整合试点县从最初的11个县，扩大到了24个县，吕梁市开始了全市13个县的整合，省级整合也被财政部列为全国六省份之一，整合工作开展顺利，效果明显，在一定程度上解决了支农资金使用分散、效率不高的问题。山西省支农资金整合工作得到了各级领导的关心和支持，石楼县整合工作还得到了财政部、审计署、温家宝总理的认可和肯定。审计署专门向国务院报告了石楼县支农资金整合所取得的成果，高度评价了财政部门开展的支农资金整合工作。温家宝总理对此专门做出批示：“要总结石楼县整合财政支农资金的做法，进一步改革和完善专项转移支付制度。”2007年各级财政整合资金10.8亿元，涉及项目1 880个。

四、注重制度建设，提高管理水平

2006年、2007年省财政共完善出台了专项支农资金管理办法20个，各市县出台的制度办法也多达上百个，是有史以来出台制度办法最多的两年，为做好各项工作打下了良好的基础。在完善制度的同时，省财政还建立了规范的专家库，完善了项目库，改进了论证方法，充分体现了公开、公正原则。此外，还组织开展了“新农村建设调研”、“扶贫资金直补调研”、“支农资金管理办法调研”“支农资金整合调研”、“水利民办公助调研”等调研活动，通过调研，为准确把握政策方向打下了基础。为加强对财政支农资金管理和监督，逐步建立管理规范、运转有序的财政支农资金管理运行机制。根据财政部要求，省财政厅以“提高支农资金使用管理的规范、安全、有效”为主题，以“建制度、反违规、查隐患、促整改”为重点，以“通过制度建设和机制创新，巩固和完善现有行之有效的管理办法，加强财政支农资金使用管理中薄弱环节的监管力度，逐步建立起管理规范、运转有序的支农资金管理运行机制，使支农资金管理使用的整体规范性、安全性和有效性明显提高”为目标，有计划、有步骤地开展了全省的管理年活动。通过清理近几年的制度办法、全面检查近几年的专项资金等，找到了差距，规范了程序，健全了制度，夯实了基础，取得了良好效果。

（山西省财政厅农业处供稿　邓晓平执笔）

农业综合开发

2007年，全省农业综合开发工作按照建设社会主义新农村的总体要求，加大农业综合开发投入力度，创新农业综合开发机制，进一步提升农业综合开发效益，为促进全省农业和农村经济的持续、健康发展做出了积极的贡献。

一、多元筹措，稳步增加农业综合开发资金投入

2007年，全省共投入农业综合开发资金13.88亿元，较2006年增加1.86亿元，增长15.5%。其中，中央财政资金3.28亿元，省级财政资金2.12亿元，市县财政配套资金0.36亿元，自筹资金5.65亿元，银行贷款2.47亿元。投入规模的不断扩大，为农业综合开发提供了有力的资金保障。

（一）中央财政资金稳步增加

2007年，山西省农发办通过扎实的工作作风、规范的项目管理、高效的资金运作和全过程的项目监管，取得了优良的工作业绩和显著的开发成效，赢得了国家农发办对山西省工作的充分肯定与大力支持。2007年中央财政共投入山西省的农业综合开发资金3.28亿元，较上年增加2672万元，增长8.9%。

（二）省级财政投入进一步加大

2007年，省财政将农业综合开发作为财政支农工作的重要组成部分，优先保证国家项目计划的配套资金。同时，为了扩大省立项的开发规模，支持水毁工程修复，先后两次追加资金1 984.7万元。全年省级财政共安排农业综合开发资金2.12亿元，较上年增加3 996万元，增长23.3%，为进一步推进全省农业综合开发工作，促进农业和农村经济发展奠定了坚实的基础。

（三）市县财政配套全部落实

由于各市县把农业综合开发财政配套资金统一纳入本级预算管理，使其具有法律约束力和保障力，从而确保了全省农业综合开发项目市县财政配套资金的全部落实到位。2007年，全省共安排农业综合开发地方财政配套资金3 634万元，较上年增加116万元，增长3.3%。

（四）自筹资金落实到位

随着国家和省财政对农业综合开发投入力度的加大，极大地调动了项目区农民群众筹资投劳以及产业化项目实施单位自筹资金的积极性。据统计，2007年，全省项目区农民群众和企业共自筹资金5.65亿元，较上年增加1 452万元，其中，土地治理项目农民投入1.15亿元，产业化经营项目企业投入4.47亿元。

（五）积极吸引银行信贷资金

充分发挥财政资金的导向作用，通过参股经营、贴息、补贴等多种方式，引导信贷资金投入农业综合开发产业化项目建设。全年共吸引银行贷款2.47亿元，有力地推动了全省农业产业结构调整，促进了农村经济的发展。

二、突出重点，努力提高农发项目资金使用效益

2007年，全省农业综合开发紧紧围绕社会主义新农村建设的目标和要求，以发展现代农业为首要任务，突出“五个重点”，努力实现“五个提高”。全年共开发治理土地面积107.61万亩，扶持产业化经营项目81个，扶持科技推广示范项目27个。

（一）以粮食主产区为重点，大力改造中低产田，提高农业综合生产能力

2007年，全省中低产田改造项目共投入资金3.82亿元，其中，中央财政资金1.69亿元，省级财政资金1.02亿元，市县财政资金2 079万元，自筹资金9 076万元。开发治理面积69.56万亩。全省72个县4个农场、322个行政村、11万农户和41万农业人口从中受益。

一是，全力打造粮食生产核心区。2007年，山西省继续从国家立项的64个项目县中，择优选择土地资源条件较好、中低产田面积大、粮食总产量高、增产潜力大的24个县，作为山西省粮食生产重点开发县，集中50%的资金，重点扶持，倾力建设旱涝保收、高产稳产的高标准基本农田，努力把项目区打造成山西省粮食生产核心区，切实提高农业综合生产能力特别是粮食生产能力。

二是，大力支持中低产田改造。为加强农业基础设施建设，改善农业生产条件，2007年继续坚持以中低产田改造为重点开发项目，全年开发治理面积69.56万亩，主要工程为：新打及配套机电井1 162眼，埋设管道1 721千米，修机耕路1 048千米，造林2.51万亩，培训农民19万人次。

通过项目的实施，预计新增和改善灌溉面积50万亩，新增节水灌溉面积33万亩，扩大良种种植面积34万亩，新增粮食生产能力8 219万公斤，项目区受益农民人均纯收入增加301元。农业综合开发已成为项目区广大农民增加收入的重要途径之一。

（二）以龙头企业为重点，支持农业产业化发展，提高农业产业化水平

2007年，全省农业综合开发通过投资参股、贷款贴息、有偿无偿投入相结合的方式，加大对农业产业化的扶持力度。按照做大、做强龙头企业，培育发展农业主导产业和优势特色产业的总体要求，重点扶持了4个国家级或省级龙头企业、8个重点产业化经营项目、69个一般产业化经营项目。累计投入资金9.06亿元，其中，中央财政资金1.23亿元，省级财政资金7 702万元，市县财政资金1 133万元，企业自筹资金4.47亿元，吸引银行贷款2.47亿元。

通过扶持，预计新增干鲜果生产能力340万公斤、蔬菜生产能力2.52亿公斤、肉蛋奶产量1.63亿公斤，加工转化农产品5亿公斤；新增总产值25.3亿元，新增利税2.69亿元，安排农村剩余劳动力2.62万人。产业化经营项目的实施，还可带动53万农户、125万名农民，通过产业化经营、农产品加工转化，人均增加收入861元。有力地促进了农业和农村经济结构的调整，推进了全省产业化经营，提高了农业的综合效益，增加了项目区农民的收入。

（三）以生态治理为重点，改善农业生态环境，提高可持续发展能力

为保护和改善农业生态环境，2007年，山西省农业综合开发继续加大项目区农田林网、防护林体系建设和重点小流域综合治理项目，努力改善项目区的农业生态环境。全年共投入生态治理项目资金0.84亿元，其中，中央财政资金3 585万元，省级财政资金1 890万元，市县财政资金422万元，自筹资金2 470万元，其他资金53万元。共治理生态面积38.05万亩，其中，太行山绿化造林17.1万亩，黄河上中游六县水土保持治理16.34万亩，小流域治理4.61万亩。

共兴修小型蓄排水工程43座，兴修机耕路114.5公里，造林25.62万亩，培训农民1.3万人次。通过项目的实施，控制水土流失面积40.94万亩，使项目区涵养水源、调节气候、抵御风沙干旱能力得到增强，生态环境明显改善，为项目区可持续发展奠定了良好的基础。

（四）以新农村建设示范区为重点，引导支农资金整合，提高项目区整体发展能力

建设社会主义新农村是当前以至今后一个阶段农业综合开发的重要内容和中心工作。为了找准新农村建设的着力点和主要的支持环节，2007年，根据国家农发办有关文件要求和规定，结合山西省实际情况，通过大量调研、实地考察、科学规划、评审论证等程序，确定了太谷、曲沃、临猗三个开发潜力大、区域代表性强、主导产业明晰、开发积极性高的农业综合开发扶持新农村建设示范区试点县，三个试点县共选择3个乡（镇）、12个行政村、1.51万人进行重点扶持。当年投入农业综合开发资金3 006万元，其中：中央财政资金1 500万元，地方配套资金750万元，自筹资金756万元。在此基础上，整合农业、林业、水利、卫生、教育、交通等部门项目资金3 847.87万元。改造中低产田3.05万亩，主要是新打及配套机电井59眼，修建提灌站4座，埋设管道70千米，修机耕路63.3千米，造林0.09万亩，培训农民1.12万人次等。项目的实施，不仅使农业基础设施得到明显改善，培育壮大了当地主导产业，而且在村庄道路、街道照明和绿化、文化广场、广播电视、人畜饮水等方面都得到了改善和加强。有力地推动了全省以“生产发展、生活富裕、村容整洁、乡风文明、管理民主”为主要内容的社会主义新农村建设。

（五）以科技示范为重点，积极推广农业实用技术，提高农业综合开发科技含量

为了提高农业综合开发项目的科技含量，推动全省农业综合开发项目区的科技进步，促进农业增长方式的转变，增强科技推广项目的示范辐射带动作用，通过科技推广费的集中使用和省立项科技推广项目的实施，大力推广先进适用的农业科学技术，加快农业科技成果转化应用，全年共投入科技推广费1 066.4万元，其中，财政资金798万元，自筹资金268.4万元，共推广实施了以农作物新品种、设施农业新技术、测土配方施肥技术、信息化节水灌溉技术、无公害蔬菜生产技术为主的27个科技推广示范项目。

三、改革创新，不断提升农业综合开发管理水平

（一）实施项目联动机制，统筹推进项目结合

按照“围绕基地扶龙头、依托龙头建基地”的开发思路，2007年，在安排农业综合开发资金时，重点扶持了5个土地治理项目和产业化联动项目，产业化项目共投入资金4 428.1万元，其中，中央财政资金560万元，地方财政配套资金280万元，企业自筹3 448.1万元，银行贷款140万元。通过扶持，既为龙头企业提供了加工所需的农产品，又使土地治理项目区逐步形成了区域化种植、规模化生产的格局，也为稳步增加农民收入奠定了基础。

（二）开展资金整合试点，提高资金使用效能

按照“以县为单位，建立协调机制、统一规划、统筹安排，坚持资金用途不变、各记其功”的原则，2007年全省共有11个县开展以农业综合开发项目区为平台，整合各类资金的试点工作。其中，寿阳县以景尚乡中低产田改造项目为平台，用440万元农发资金整合水利投资45万元、林业投资419万元、农业投资238万元、卫生投资250万元、产业化项目投资1 440万元等10

项支农资金，有力地助推了支农资金整合试点的运行。

（三）建立绩效评价机制，跟踪项目运行效果

为了积极探索符合山西实际的农业综合开发绩效评价机制，督促项目县加强项目和资金规范管理，管好用好农发资金和各种设施，跟踪了解项目工程运行和效益发挥情况，检验项目前期工作的准确性和科学性，评价农业综合开发资金使用效果，从而进一步提升农业综合开发的管理水平和层次，2007年，在深入调查研究和广泛征求意见的基础上，结合山西省开发现状与实际情况，研究制订了《山西省农业综合开发绩效评价办法（试行）》。省办组织专家对祁县2003～2006年科技推广项目进行了绩效评价，为山西省省立项农业综合开发科技推广专项项目的设立，提供了有力的依据。

（四）完善工作考评办法，健全奖惩激励机制

为进一步加强山西省农业综合开发资金和项目管理，建立健全激励和约束机制，促进农业综合开发工作水平不断提高，参照国家农业综合开发办公室制订的《国家农业综合开发资金和项目管理工作质量考评办法（试行）》，山西省农发办制订了《山西省农业综合开发资金和项目管理工作质量考评办法（试行）》。本办法从农业综合开发资金管理、项目管理和综合管理3个方面，规定了24项考评内容，基本涵盖了农业综合开发管理方面的全部内容。工作质量考评办法的制订执行，必将进一步推进山西省农业综合开发管理水平的全面提升。

（五）建立呆账核销机制，化解财政债务风险

一是，核减2003～2005年到期的土地治理项目中央有偿资金债务1.12亿元，进一步减轻了农民和基层组织的债务负担，有力地促进了农民减负增收。

二是，在充分调查、认真清理的基础上，核销产业化经营项目中央有偿资金呆账1 854万元，有效缓解了各级财政部门还款压力。

三是，对土地治理项目省级有偿资金进行了详细的调查和核实，制订了具体的呆账核减方案，计划全部予以核减。同时，进一步加大有偿资金的回收力度，截至2007年底，省财政共回收当年到期有偿资金2 266.47万元，占当年到期应回收数的61.46%。通过建立有偿资金呆账核销机制，规范了农业综合开发有偿资金管理，妥善解决了有偿资金呆账问题，及时化解了债务风险，为农业综合开发有偿资金的良性循环、有效使用奠定了基础。

四、夯实基础，不断提高农业综合开发工作水平

（一）新增开发项目县

2007年，通过专家评审，择优筛选，积极争取，新增了吕梁市汾阳县、晋城市沁水县两个国家立项项目县和运城市绛县、临汾市隰县、吕梁市交城县、太原市阳曲县、忻州市神池县五个省立项项目县。同时，临汾市还新增了古县、蒲县、永和县和吉县四个市级农业综合开发项目县。

（二）召开生态治理现场会

为了全面总结近年来农业综合开发生态综合治理工作成就，交流农业综合开发生态综合治理的经验，认真分析当前农业综合开发生态治理中面临的机遇和挑战，谋划进一步做好农业综合开发生态综合治理工作的思路，在朔州市右玉县召开了全省农业综合开发生态治理项目现场工作会议，来自全省各市和生态治理项目县的农业综合开发办主任等参加了会议。通过现场参观、典型交流，使大家达成了共识，明确了目标，理清了思路。

（三）加大监督检查力度

为了做好2008年国家农业综合开发项

目三年竣工验收准备工作，同时，配合审计署特派办对中央财政安排山西省支农资金的审计调查工作。2007年，省农发办在全省范围组织开展了一次农业综合开发项目和资金大检查。通过检查，认真总结了全省各地在农业综合开发资金和项目管理方面成功的经验做法，及时发现存在的问题，针对性地研究提出了改进工作的措施办法，进一步推进了各项工作的顺利开展。同时，省农发办还组织专业技术人员对2004~2006年的省立项农业综合开发县进行了全面的检查验收。

(四) 抓好项目前期工作

在土地治理项目立项时，根据各地地域特点，确立了不同的治理模式。同时，制订了立项四原则，即项目区必须集中连片；群众有开发意愿，自筹首先到位；项目区为粮食主产区或优势产业区；有水源保障。产业化经营项目及科技推广项目在编制计划前，就下发了"项目申报指南"，明确了扶持重点、申报条件及扶持政策，加强了对申报工作的组织。申报立项时，省办组织相关专家对项目逐个评估，严格把关，从中筛选出一批辐射带动强、市场潜力大、竞争优势及科技优势明显的项目予以扶持。同时，积极申报利用亚洲银行贷款建设现代农业项目，完成了项目的前期申报工作。

(五) 进一步完善工程监理工作

为了进一步使农业综合开发项目工程建设监理工作走上规范化管理轨道，在全省范围开展了农业综合开发土地治理项目工程建设监理工作专项检查，召开了"2007年山西省农业综合开发土地治理项目工程建设监理座谈会"，详细了解了实际监理工作中存在的问题，并签订了委托监理协议。目前，全省11个市的72个项目县和4个农场土地治理项目工程建设监理工作全面推开，有效保证了资金的规范使用，确保了工程建设的质量。

(六) 做好统计决算工作

编报资金决算和统计报表是加强资金和项目管理的重要环节，为此，省农发办下发了"加强农业综合开发统计工作的意见"，举办了全省农业综合开发资金决算、统计报表培训班，认真总结了全省2005年农业综合开发决算、统计工作，对2006年农业综合开发资金决算、统计工作先进单位进行了表彰，并安排部署了全省2006年资金决算、统计报表编制工作。由于我省高度重视决算和统计工作，审核严格，报送及时，内容全面，文字分析透彻，在2006年度国家农业综合开发统计工作评比中，山西省名列全国第五位，被评为统计工作先进单位。

(七) 加强调查研究工作

为了广泛听取基层干部群众的意见和建议，掌握农业综合开发实践中的第一手资料，省办专门下发了《关于开展农业综合开发调查研究活动的通知》，并成立专门的调研课题组，改进调查研究方式、方法，深入基层，紧密联系发展现代农业、建设新农村、构建和谐社会的实际，认真分析和研究，积极开展调查研究。完成了《山西省进一步完善土地治理项目工程监理制度的调研报告》、《曲沃县农业综合开发产业化经营模式运作情况的调查》、《关于晋中市农民专业合作社发展情况的调查报告》、《关于临汾市农业综合开发促进农民增收的调查报告》等7篇调查报告。省农发办和省委政策研究室合作，完成了《山西省农业综合开发情况的调查和分析》的调研报告，并被中共山西省委政策研究室主办的《调查与分析》采用，报送中央政研室、省领导。

(八) 强化业务知识培训

2007年，山西省把业务培训作为落实政策制度、提高人员素质、增强工作能力的一项重要工作来抓。先后开展了计划编报、统计、决算等培训，有效地提高了全省农业综合开发管理者、项目承建者的政策水平和管理能力，为贯彻落实国家和我省农业综合开发项目和资金管理的有关政策，保证山西省农业综合开发事业健康有序发展，奠定了坚实的基础。

（九）做好宣传报道工作

2007年，省农发办充分利用《山西农业综合开发》杂志、简报这两个自己创办的宣传载体，大力宣传山西省农业综合开发的新举措、新经验、新典型、新成绩，全年共编发《山西农业综合开发》杂志6期、简报41期。同时，主动及时地向厅办公室报送信息61条，被厅信息采编管理中心采用13条；积极向《中国农业综合开发》杂志投稿40余篇；组织新闻记者到项目区采访，全年山西电视台播报新闻16条，《山西日报》对全省的农业综合开发成果做了专题报道。

（山西省农业综合开发办公室供稿　王引斌执笔）

社会保障财务管理

2007年，山西省社会保障财务管理工作以构建和谐社会、关注民生为重点，不断增加资金投入，进一步完善了以养老保险、城镇居民医疗保险为重点的社会保险体系，健全了以城乡低保和医疗救助为重点的城乡社会救助体系，以解决“看病难、看病贵”为重点进一步深化了卫生事业改革，完善了以新型农村合作医疗制度、城市社区卫生服务体系为核心的覆盖城乡居民的基本医疗卫生制度，各项工作取得了明显成绩，为构建和谐山西做出了积极的贡献。

一、超额完成省政府确定的各项就业工作任务

2007年，全省各级财政认真贯彻《就业促进法》，把解决困难群体的就业作为工作重点，坚持政策扶持和资金支持相结合，取得了明显成效，全省实现新增就业45万人，农村劳动力转移就业33万人，下岗失业人员再就业17.8万人，“4050”等就业困难人员再就业4.9万人，城镇登记失业率为3.26%，超额完成了省政府确定的2007年全省城镇实现新增就业40万人、转移农村劳动力30万人、下岗失业人员再就业15万人、就业困难对象再就业4万人、城镇登记失业率控制在4%以内的工作目标。2007年，各级财政安排就业资金12.15亿元，其中，中央补助资金8.8亿元，省级财政安排补助资金9 690万元，市县财政安排资金2.38亿元，为就业再就业扶持政策的落实提供了有力资金保障。在保障资金供给的同时，省财政厅还会同有关部门制订出台了《关于做好城镇零就业家庭就业援助工作的意见》和《关于开发公益性岗位安置就业困难人员就业的指导意见》、《关于省直机关事业单位开发后勤服务等公益性岗位安置就业困难人员就业实施办法》等，加大了政策扶持的力度，帮助22 459户零就业家庭的22 520名成员实现了就业。率先在省直机关事业单位开发后勤服务等公益性岗位用于安置就业困难人员，加大了公益性岗位工作的开发力度。

二、继续完善社会保险体系

（一）提高养老保险待遇标准，让广大企业离退休人员得到实惠

2007年，根据劳动保障部、财政部的统一部署，从2007年1月1日起提高了全省企业离退休人员养老金，人均月增加养老金91元，积极落实资金2.25亿元，保证了将提标资金及时足额发放到离退休人员手中，调整了企业离退休人员冬季取暖补贴标准，由原来每人每年80元调整为700元。动用历年省级结余调剂金5.45亿元，对全省各市县给予补助，使108万名企业离退休人员在年底前领取到冬季取暖补贴，调整了企业离休人员一次性死亡抚恤金标准，将原来的抚恤金补助标准为10个月基本养老金提高为20个月。根据《关于印发山西省公务员工资制度改革等四个实施意见的通知》精神，从2006年7月1日起，为驻并省属企业离休人员和建国前参加革命工作并符合

原劳动人事部劳人险〔1983〕3号文件规定的退休老工人，比照机关同类人员增加了生活补贴。同时，省财政安排专项资金7 964万元，解决了困难企业军队退役人员参加养老保险的问题，确保了包括在企业退休的军队退役人员在内的企业离退休人员基本养老金按时足额发放。支持做好机关事业单位养老保险改革试点准备工作，会同有关部门做了大量的缴费比例、资金测算等工作，并向中央三部委上报了测算报告。积极调整财政支出结构，省级财政安排做实个人账户资金2.44亿元，切实保证了做实工作的顺利开展。同时，在2006年做实个人账户的经验基础上，结合山西省实际，研究制订上报了山西省调整做实个人账户比例的具体方案。

（二）开展城镇居民基本医疗保险试点工作，覆盖城乡全体居民的基本医疗保障体系框架基本形成

随着城镇职工和农村居民基本医疗保障问题逐步解决，包括中小学生在内的城镇非从业居民的医疗保障问题越来越突出。为了从根本上解决他们的医疗问题，2007年，根据国务院《关于开展城镇居民基本医疗保险试点的指导意见》，决定在太原、阳泉两市进行试点工作。同时，会同省劳动保障厅在认真测算和充分调查研究的基础上，起草并由省政府向全省下发了《山西省人民政府关于开展城镇居民基本医疗保险试点的实施意见》，明确了工作目标及省级财政补助标准。两市制订了具体的试点方案，第四季度全面启动实施，截至2007年底，两市参保人数已达55万人，省级财政共安排资金807万元。

（三）加强失业保险管理，启动生育保险，扩大工伤保险覆盖范围

为了推进国有企业和事业单位改革，切实保障失业人员基本生活，2007年会同有关部门下发了《关于加强失业保险管理进一步发挥了失业保险促进就业再就业功能的意见》，建立了失业保险与促进就业的良性互动机制。从2007年10月1日起，全省城镇失业人员失业保险金，在现行标准基础上提高了40元，按本人领取失业保险金的10%相应增加医疗补助金。从2007年10月1日起正式启动省直管单位职工生育保险，保障了省直管单位职工生育期间得到必要的经济补偿和医疗保障，标志着五大保险在山西省已全面建立。扩大了工伤保险覆盖范围，配合相关部门出台了事业单位、民间非营利组织工作人员参加工伤保险的实施意见，保障了事业单位、民间非营利组织工作人员的工伤保险待遇。两次提高了省属国有重点煤矿企业职工工伤保险待遇，工伤职工伤残津贴、生活护理费及因工死亡职工供养亲属抚恤金增幅近40%，惠及3.5万名工伤人员。

三、困难群众基本生活得到保障

（一）提高城市“低保”标准和增发临时生活补贴

2007年，各级财政安排城市“低保”补助资金约10.08亿元。其中，中央财政6.16亿元、省级财政2.32亿元、市县财政1.6亿元，人均月补差水平89.8元，比2006年同期提高16.6元，全省89.3万城市困难群众被纳入保障范围。同时，从2007年11月1日起，全省城市居民最低生活保障月标准和人均月补差水平提高了10元。为缓解猪肉副食品价格和液化气价格上涨对城市“低保”家庭造成的影响，分别从2007年8月、10月、11月起三次对“低保”家庭增发了肉食和液化气临时补贴。

（二）圆满完成2007年省政府确定的农村“低保”和农村五保户供养工作目标

在2006年全面建立农村最低生活保障制度的基础上，2007年，各级财政部门坚持“完善制度、增加投入、提高标准”，不断增加财政投入，确保了制度的实施。各级

财政落实农村“低保”资金3.11亿元，有78.6万农村特困群众被纳入保障范围，超额完成了省政府向全省人民承诺的“75万农村“低保”对象年人均360元”的工作目标。从2007年1月1日和2007年11月1日起，两次提高了农村“低保”财政补助标准，人均补助标准从2006年的200元提高到432元。

同时，各级财政部门认真落实《农村五保供养条例》，积极做好农村五保供养对象的生活保障工作。2007年省级财政通过专项转移支付补助五保户供养资金1.43亿元，对13.8万农村五保对象实施了按标施保，圆满完成了省委、省政府确定的工作目标。从2007年11月1日起，提高了省级财政补助标准，由每人每年1 000元提高至1 200元，加上市县两级投入，山西省集中供养和分散供养的五保对象年人均供养标准分别达到1 940元和1 475元。

（三）继续做好抗灾救灾和优抚安置工作

2007年，山西省遭遇了近年来最严重的灾情，给当地农业生产和人民群众的生活、生命财产造成了较大损失。因此，各级财政及时拨付救灾资金2.6亿元，比2006年增长130%，有效解决了灾区灾民的基本生活和生产。同时，随着经济发展和人民生活水平的不断提高，让广大优抚对象共享改革发展的成果，从2007年8月1日起，按15%～30%不等幅度提高了四类重点优抚对象的抚恤补助标准，为农村和城镇无工作单位且家庭生活困难的参战退役人员、不符合评残和享受带病回乡退伍军人生活补助条件，但患病和生活困难的农村和城镇无工作单位的原8023部队退役人员发放生活补助，并拨付优抚经费50 146万元，确保了这项政策的落实。此外，制订出台了《优抚对象医疗保障办法》，解决了优抚对象医疗困难的问题。

（四）全面推进城乡医疗救助工作

在2006年55个市县建立城市医疗救助制度的基础上，2007年扩大了城市医疗救助的覆盖范围，全省各市县都建立了城市医疗救助制度，各级财政落实城乡医疗救助补助资金1.39亿元，其中，城市医疗救助资金4 356万元，农村医疗救助资金9 570万元，全省全年累计52万人次得到了医疗救助。

（五）落实政策，维护广大残疾人的合法权益

2007年，各级财政部门积极贯彻落实《山西省保障残疾人合法权益规定》，支持做好了残疾人康复、特殊教育、就业、扶贫和文化体育生活等各项工作。省级财政（含中央补助）安排1 800万元，帮助4 800户农村贫困残疾人进行了危房改造，安排专项资金200万元，帮助残疾人脱贫。

四、继续完善医疗卫生保障体系

（一）扩大试点，全面完成了省委、省政府确定的工作目标

2007年，各级财政部门积极配合卫生部门进一步扩大了新型农村合作医疗试点范围，全省有99个县建立了新型农村合作医疗制度，覆盖率为83%，全面完成了省委、省政府确定的覆盖率达到80%的工作任务。全省覆盖农村人口达到2 091万人，有1 831万名农民参加合作医疗，参合率为87.6%，高于全国平均水平近两个百分点。2007年，各级财政共补助新农合资金8.27亿元，其中，中央财政4.06亿元，省级财政1.82亿元，市县财政2.4亿元，保证了这项制度的顺利实施。全年共支出7.11亿元，累计有806.2万名农民受益。

（二）支持发展城市社区卫生服务

根据省政府印发的《发展城市社区卫生服务的实施意见》要求，统筹安排分配了中央财政和省级财政对社区公共卫生服务

的补助经费。2007年，省财政落实5 542万元，对全省586所已开展社区卫生服务的中心和站给予了补助，服务城市人口约698万人；对国内834名社区全科医师、3 028名护士岗位培训给予了补助；对84所服务中心的基本医疗服务设备按照“填平补齐”的原则给予了补助。

（三）提前完成“两区”乡镇卫生院达标建设任务

2007年，根据省委、省政府加快晋西北、太行山革命老区开发的决定，省财政安排专项资金4 557万元，重点支持了“两区”672所乡镇卫生院基本设备标准化建设，提前完成了“两区”乡镇卫生院达标建设任务，大大提高了乡镇卫生院医疗服务水平，改善了医疗卫生条件。

（四）继续加强疾病预防控制和公共卫生工作

2007年，省财政累计拨付公共卫生专项资金2.18亿元，主要是加强了以爱滋病、结核病、地方病防治和国家免疫规划为主的传染病防治经费投入，加强了以新型农村合作医疗管理能力建设、万名医师支援农村工程以及农村卫生人员培训为重点的农村公共卫生项目资金投入，加强了以市、县两级医疗救治能力建设、卫生监督机构能力建设、疾病预防控制中心实验室装备以及中医药服务能力建设为重点的救治体系建设投入。

（五）积极支持食品药品监督机构开展工作

2007年，省财政共投入资金5 313万元，大力支持了全省各级食品药品监督机构开展工作，各级财政部门认真贯彻落实省政府出台的《关于加强食品安全工作的意见》，及时将食品安全工作经费纳入财政预算，有效解决了一些食品安全的突出问题。重点支持了各级药监部门对药品经营市场进行专项整治，全省县以上医疗机构规范药房达标率达到80%。

（山西省财政厅社会保障处供稿 侯松海 吉志鹏执笔）

国有企业财政财务管理

2007年，山西省国有企业财政财务管理工作围绕公共财政体系建设的要求，充分认识市场经济中财政企业财务管理工作的重要性，准确把握财政管理企业财务和企业自主管理的界限，坚持做到管理“不缺位、不越位”，认真做好对企业财务管理的监督、指导和服务工作，全省国有企业得到持续快速健康发展，经济实力明显增强，经济效益大幅攀升，风险防范和市场应变能力有很大提高，为促进全省经济社会又好又快发展做出了积极贡献。

一、加快推进国有企业改革的步伐，顺利完成全年国企改革目标任务

（一）立足省情，优化资源配置，支持国有企业改制重组

一是，加快推进主辅分离辅业改制工作，促进现代企业制度建设。全年共完成了太矿集团等78户企业的主辅分离辅业改制审核工作，涉及“三类”资产7.9亿元，分流人员1.3万人，有力地促进了改制工作的推进步伐。

二是，加快推进分离企业办社会职能的改革，保证移交机构的正常运行和职工队伍的稳定，减轻企业负担。全年共完成了257所省属企业自办中小学校和8个省属国有煤炭企业公安机构的移交批复工作。

三是，认真执行国家有关政策，切实抓好企业改制工作。2007年共参与了238户省属国有企业的改制工作，其中，完成了14户企业的改制工作，完成了47户企业的改制预案审核工作，完成了177户企业的改制预案论证工作。对原山西机器厂改制后的新重组公司给予了破产重组项目贷款的财政贴息支持。

四是，继续做好企业关闭破产工作，参与完成了136户企业的破产预案论证和审核工作，其中，已有101户企业完成破产预案论证进入预案审核程序。

（二）积极落实中央及省委、省政府政策精神，淘汰落后产能

为配合全省煤炭资源整合、减排降耗、淘汰落后产能等工作，省财政厅对小煤矿、小冶炼、小水泥等企业关闭过程中的职工安置问题进行了认真研究，对全省国有小企业关闭情况进行了核查摸底。针对关闭过程中普遍存在的资金缺口大问题，一方面积极争取中央对山西省淘汰落后产能工作给予政策和资金支持，另一方面督促地方政府积极筹措资金落实职工安置费用。

根据省政府关于对部分周遍安全防护距离严重不足的危险化学品生产企业进行搬迁和整治工作的安排，针对山西华源电化有限责任公司在实施“先关停后改制和异地重建”方案面临的实际困难，省财政向该企业借款5 000万元用于关停后企业职工工资等方面的支出，待企业土地变现后要求及时从土地收益金中归还，从而保证了华源电化公司整体关闭搬迁工作的顺利开展。

（三）积极筹措国企改革资金，为推进国企改革提供财力保障

为解决国企改革资金不足问题，确保省

属国有企业改革如期完成，按照省政府2007年4月23日加快推进省属国有企业改革工作会议精神，省财政厅积极与山西省国信投资（集团）公司协商向国家开发银行争取贷款的有关具体事宜，并出具了正式的委托贷款授权书，最终由山西国信投资（集团）公司代表省政府向国家开发银行签署了12亿元的贷款额度，为山西省省属国有企业改革的顺利进行提供了财力保障。

（四）关注弱势群体，维护社会稳定

一是，采取“先垫支，后扣回”的办法，紧急预拨350万元关闭破产资金，用于解决山西中北路桥公司拖欠的194名农民工工资问题，避免了农民工集体上访事件的发生。

二是，为落实国企改革33号文件精神，解决特困企业的离休人员医药费和统筹外地区生活补贴拖欠的问题，下达950万元用于解决省属特困企业1 000多名离休人员的生活待遇问题，确保了企业离休人员各项待遇的落实，推进了特困企业关闭破产或改制工作的加快进行。

三是，切实解决好特困企业的自办中小学过渡期内经费保障问题。为保证省属企业分离办社会工作的顺利进行，针对部分企业目前的经营现状，对停产半停产、巨额拖欠职工工资、医疗、养老保险等各种费用和确无能力承担过渡期内自办中小学应由企业负担部分的经费的实际情况，提出对特困企业自办中小学三年过渡期内的经费缺口由省财政全额负担的具体意见，并拨付3 326.23万元，解决了10户困难企业移交中小学三年过渡期经费的资金缺口问题。

二、充分发挥财政的资金调控作用，促进企业健康发展

一是，根据山西省纺织行业转变外贸增长方式纺织企业“走出去”专项扶持资金管理办法，下达2 505万元，用于加快纺织行业结构调整，转变外贸增长方式，促进了山西省纺织行业的健康发展。

二是，积极支持高新技术出口产品技改和研发项目。拨付941万元，用于对“年产2万吨煤焦油技改项目”、“激光焊接金刚锯片研发”等20余个高新技术出口产品进行了技改贷款贴息和研发项目资助，有力地支持了企业提高高新技术出口产品的质量和水平，为加快实施走出去战略、拓展对外出口业务奠定了一定的基础。

三是，鼓励、扶持和引导中小企业开拓国际市场。拨付1 832万元对286户企业的700多个国际认证、会展、宣传等项目给予财政补助，提升了山西省中小企业开拓国际市场和参与国际市场竞争的能力。

四是，为鼓励和支持山西省企业进一步加大产业结构调整和产品研发力度，不断提高技术含量和附加值，扩大机电产品的出口，根据省政府关于扶持鼓励机电新产品出口的意见，下达700万元对数字化逆变焊机研发、不锈钢精密铸件技改等26个机电产品出口技改和产品研发项目分别给予了财政贴息和补助。

五是，下达外经贸促进资金6 290万元，对发动机齿轮生产技术改造、全自动角膜曲率验光仪等166个项目给予了资金支持，进一步促进了山西省外经贸事业持续、协调发展。

六是，积极支持内贸企业发展。拨付流通企业发展专项资金990万元用于支持美特好、省糖酒等流通企业发展物流配送、电子商务和连锁经营；拨付国有流通企业减债脱困工程项目资金7 895万元用于解决山西省国有流动企业历史债务问题，优化提高流通企业资本结构，降低财务风险；拨付2 559万元用于农产品现代流通体系建设，发展了便利店3 000个；争取中央财政农产品批发市场补助资金1 787万元用于支持河西农产品公司等企业的安全监控、废弃物处理、基

础设施、物流配送等项目建设，有效地促进了农民增收、企业增效和农村经济的发展。下达587万元，用于国家茧丝绸发展风险基金第七批发展项目、“东桑西移”工程和出口老陈醋质量控制建设、干鲜果加工等农轻纺项目，加快了山西省茧丝绸行业结构调整，促进了山西省农轻纺产品的出口。

七是，全面推进“万村千乡市场工程”深入实施。按照山西省新农村建设试点村和重点推进村发展农村便利店的要求，坚持“集中财力办大事”的原则，加大了对“万村千乡市场”工程的资金扶持力度，切实减轻农村便利店经营负担，支持农村便利店扩大经营范围、为流通企业开拓农村市场创造了良好的环境。2007年拨付1 848万元共支持了6个配送中心和2 883个农家店，极大地调动了流通企业实施“万村千乡市场工程”、发展农村便利店的积极性。

八是，积极鼓励和支持全省中小企业的发展，2007年共下达3 824万元，用于支持了数字影像综合处理系统、年产1 500吨灵芝醋等140个中小企业科技创新和自主创新项目，支持了1万吨石墨化阴极研发等12个科技型中小企业技术创新基金项目，支持了车辆加油显示器等15个中小企业发展项目。

九是，为扩大山西省对外开放，提升山西对外形象，积极研究制订太原至香港航线的补贴标准和办法，通过对航线飞行成本、票价收入、谈旺季客流进行测算，提出了可行的财政补贴意见，并拨款950万元用于保障航线的正常运行，即调动了执行飞行任务的航空企业的积极性，又改善了山西省对外交往的环境。

十是，拨款130万元用于山西省“人才兴商”工程和补助“全国企业家活动日”会议经费，这些资金的使用，大大提高了山西省商务人才的整体素质和国际沟通能力，推动了山西省企业与国内先进企业更为密切的交流和合作。此外，还拨款1 379.4万元，用于奖励全省安全生产先进单位及个人、获得国家表彰的省优秀质量管理团队和卓越领导者。

三、加强对企业财务制度和财务信息的管理，规范企业财务行为

一是，积极做好新《企业财务准则》的宣传培训工作，指导企业建立健全财务制度。新修订的《企业财务通则》于2007年1月1日起在全国正式执行，按照财政部的要求，积极组织，认真做好宣传培训工作，并结合山西省企业的实际，分两批对市县的《企业财务通则》师资力量进行了有针对性的集中培训，推动了企业财务制度的建立健全，促进了企业规范管理和科学理财水平的提高。

二是，加强企业财务信息质量管理，不断提高企业财务信息报送质量。全年共完成了包括国有企业、集体企业、非国有企业、外商投资企业在内的9 000多家单位2006年度财务会计报表审核、汇总工作，比较全面地掌握了2006年度全省国有企业、集体企业、非国有企业、外商投资企业等单位的财务状况、经营成果和现金流量等情况，为企业财务会计管理工作提供了可靠依据。其中，非国有企业是2007年首次纳入山西省企业会计决算报表系统，包括：鸿富晋精密工业（太原）有限公司、山西安泰集团股份有限公司、山西华宇商业发展股份有限公司、山西美特好连锁超市等50户非国有企业。

四、认真开展调查研究，为科学决策及政策制订提供可靠依据

一是，根据财政部要求，对山西省跨省大中型水库及移民情况进行了深入细致的调查，基本摸清了万家寨水利枢纽山西库区、龙口电站、三门峡水利枢纽山西库区、小浪底水利枢纽山西库区等跨省水库及移民的基本情况。

二是，开展了对国有五大重点煤炭企业所属矿井性质情况调查摸底工作，为确定山西省煤炭可持续发展基金在省、市、县三级政府的分成比例提供了依据。

三是，围绕外经贸发展资金使用成效、存在问题及政策建议等问题开展调研，全面总结和分析了山西省使用外经贸发展资金的情况，为做好企业项目库的建设、加大获取国家政策支持力度提供了依据。

四是，为落实中央关于深化国有企业改革的精神、加快推进山西省国有企业改革进程，对山西省国有企业改革情况进行了调研，并将山西省国有企业改革现状、存在问题及建议上报财政部。

五是，为规范和加强对资源型企业财务的管理，该处对全省资源型企业在安全生产、环境治理、矿山转型转产等方面的情况进行了认真调查，着重对山西省煤炭工业的可持续发展问题开展了深入研究，并向财政部报送了《关于山西省资源型企业可持续发展的调研报告》。

六是，配合财政部完成了企业内部有效性评估和矿山资源型企业财务保障制度建设两个课题的调查研究，为下一步出台相关财务管理办法提供了依据。

（山西省财政厅企业处供稿
成怀平执笔）

行政事业单位国有资产管理

2007 年，山西省行政事业单位国有资产管理工作坚持以科学发展观为指导，紧紧围绕全省财政中心工作，努力拓展工作思路，创新管理理念，扎实开展工作，行政事业单位资产清查任务圆满完成，行政事业单位国有资产管理工作稳步推进。

一、圆满完成全省行政事业单位资产清查工作

按照财政部安排，2007 年在全省范围内组织开展了行政事业单位资产清查，这次资产清查，无论从规模、范围和深度等方面看，都是建国以来少有的，资产清查工作情况也列入 2007 年省政府对财政工作目标责任制考核的重点项目。

山西省行政事业单位资产清查工作在省委、省政府的高度重视下，在全省各级各部门的通力协作和辛勤努力下，在时间紧迫、涉及面广、任务艰巨的情况下，经过认真组织，精心部署，如期完成了资产清查工作任务。在财政部对全国各地方财政部门行政事业单位资产清查工作量化考核、评比中，山西省被评为“全国行政事业单位资产清查工作先进单位”并荣获一等奖。

（一）加强领导，为全省资产清查工作提供有力组织保障

为圆满完成全省行政事业单位资产清查任务，省财政厅成立了以厅党组书记、厅长郑建国同志任组长的“山西省行政事业单位资产清查工作领导小组”，领导小组下设办公室，具体负责资产清查工作的组织和实施，为资产清查的深入开展提供了有力的组织保障。

（二）精心组织，资产清查工作稳步推进

按照财政部的统一部署和有关文件精神，结合山西省实际，印发了《山西省行政事业单位资产清查工作实施方案》，明确了资产清查的工作目标及工作内容，确定了清查基准日、清查范围、工作组织及工作步骤和时间安排。2007 年 2 月 2 日，召开了省直各部门和各市财政局参加的全省行政事业单位资产清查工作会议，张秋明副厅长、石常明副厅长到会并做了重要讲话，武涛总会计师对全省资产清查工作进行了全面安排部署。

根据工作需要，开展了多层次的业务培训。对省直各部门及各市财政局进行了资产清查工作的全面系统培训，使相关人员对本次资产清查工作的内容、相关政策及工作职责有了明确的认识；针对资产清查软件操作当中遇到的问题举办了专题培训；为规范参与专项审计工作的中介机构的执业行为，进行了行政事业单位资产清查专项审计培训，并且先后多次深入市县和部分省直部门进行了重点培训。

为了保障资产清查工作顺利实施，省财政厅利用互联网等设施，建立了政策和技术支撑平台，及时发布有关信息、解答有关问题，并认真总结、归纳共性问题，及时整理、下发了《行政事业单位资产清查有关问题解答》，开通了咨询热线，随时对有关

业务和政策方面的咨询给予解答，为全省行政事业单位资产清查工作提供了政策指导和技术支持。

（三）强化督导，确保资产清查工作质量

为了规范工作程序，确保此次资产清查结果的全面准确，省财政厅加大了督导工作力度，确立了资产清查结果的公示制度、审计监督制度，并对资产清查结果的一些事项进行了专项核查。

1. 加大督导力度。为了及时掌握全省行政事业单位资产清查工作进展情况，发现问题、总结经验，及时解决出现的各种问题，组织开展了资产清查监督检查工作。采取深入实地与汇报座谈相结合的方式，对资产数额较大的 29 个一级预算单位及部分市县进行了督查指导，检查了资产清查组织机构情况、工作进展情况、对资产清查中存在的问题及时进行了解答。

2. 充分发挥中介机构作用。为了保证此次资产清查工作质量，在单位自查自报的基础上，引入了社会中介机构开展专项审计。省财政厅要求省级自收自支事业单位和差额拨款事业单位资产清查专项审计工作要由本单位委托中介机构进行，并举办了行政事业单位资产清查专项审计培训班，规范了参与专项审计工作的中介机构的执业行为，确保了资产清查工作质量。

3. 充分发挥社会监督作用。在本次资产清查中要求各部门、各单位实行资产清查工作重要事项公示制度，对清理出来的“资产盘盈、财产损失情况”、“资产出租、出借、对外投资、担保情况”、“大型设备清理结果”等在本单位内部通过电子屏幕、张贴公示计算机内网等形式进行公示。公示应体现公开、透明、有利于监督的原则进行，充分发挥广大职工群众对资产清查工作的参与监督作用，并设立了监督举报电话，对举报事项组织专门力量进行核查。

4. 认真组织核查工作。为了确保资产清查结果质量，专门研究了对各地区各部门上报的清查数据和工作报告的审核要点，提出了具体明确的审核要求，保证了资产清查结果真实准确。针对部分省直单位在资产清查中漏报和误报了资产出租出借情况和土地资产情况，对省直行政事业单位资产出租出借情况和资产清查结果的一些事项进行了专项核查。专项核查历时 40 天，全面摸清了省直单位资产出租出借情况及租赁房产情况，对 20% 省直单位资产清查工作程序及情况进行了“回头看”，对不符合要求的单位，重新组织开展资产清查，进行补课。

（四）做好资产核实工作，圆满完成资产清查工作任务

及时转发了财政部《行政事业单位资产核实暂行办法》，并提出了山西省资产核实要求，确定了省直单位上报的审计报告及损益证据材料的审核要点，统一了批复格式，组织了省直各部门资产清查损益情况汇报工作。到 2007 年底资产核实、批复工作按要求圆满完成。

根据资产清查结果统计，纳入本次全省行政事业单位资产清查范围的行政事业单位共 2 2918 户，其中行政单位 7 088 户，事业单位 15 830 户。截至 2006 年底全省行政事业单位资产账面值为 18 082 663 万元，其中行政单位资产 7 300 575 万元，事业单位资产 10 782 088 万元。清查数为 18 364 410 万元，清查数比账面数增加 281 747 万元，其中行政单位资产清查数为 7 258 960 万元，比账面数减少 41 615 万元；事业单位资产清查数为 11 105 450 万元，比账面数增加 323 362 万元。本次资产清查，共查出盘盈资产 786 006 万元，财产损失 504 259 万元，负债减少 13 864 万元。

通过资产清查，基本摸清了行政事业单位资产存量的家底，对进一步加强和规范行政事业单位资产管理具有重要意义。

二、行政事业单位国有资产管理逐步规范

（一）积极开展资产购置计划申报审批工作，推进资产管理与预算管理有效结合

为了推进资产管理与预算管理的有效结合，进一步提高预算编制的科学性，真正从源头上控制资产的形成，加强和规范行政事业单位国有资产管理，选择了10个省直部门开展了2008年资产购置计划申报审核工作。按照各行政事业单位资产配置与单位履行职能相适应的原则，以2006年底资产清查数据为依据，对有规定配备标准的资产，按照标准进行配备，对没有规定配备标准的资产，从实际需要出发，从严控制，合理配备。经审核，共剔除超编超标等资产配置计划8 621.82万元。

（二）加强资产使用管理，严格事业单位对外投资审批程序

为了严格行政事业单位资产使用环节的管理，特别是严格行政事业单位对外出租出借以及事业单位利用国有资产对外投资、担保等行为，参与了省广播电视局与深圳赛格集团公司合作建设“山西广电产业发展园”等项目，对事业单位对外投资行为进行了规范，结合资产清查，对省级行政事业单位出租出借房产以及行政事业单位租赁房产办公情况进行了调查摸底，基本摸清了资产出租出借的现状，为下一阶段制订和规范国有资产收益管理办法奠定了基础。调查结果显示，在并省直单位出租出借房屋面积244 547.14平方米，本年租金应收6 584.81万元，实收6 022.75万元，租金上交财政1 709.46万元。在并省直单位办公租赁用房共638 267.73平方米，每年需支付租金4 176.8万元，其中财政拨付租金1 540.18万元；外地省直单位出租出借房屋面积88 767.43平方米，本年租金应收719.71万元，实收687.18万元，租金上交财政165.48万元。外地省直行政事业单位办公租赁用房共142 544.78平方米，每年需支付租金2 089.22万元，其中财政拨付租金804.48万元。

（三）规范了事业单位资产处置、置换等行为，资产收益管理进一步加强

对山西省社会科学院以现有划拨住宅、办公土地整体置换开发利用以及省委党校出让土地等申请，按照两个《办法》的要求，认真进行了审核、考察及土地评估项目核准等工作。针对部分省直单位提出的资产处置事项严格了处置程序，不断完善和改进资产处置方式，处置收入按“非税收入”的管理规定实行“收支两条线”管理，提高了资产处置效率和效益。

（四）认真做好行政事业单位所属经济实体脱钩改制中产权界定、资产划转、资产处置等工作

认真审核批复了省公路系统改制过程中有关资产划转、股权划转等事项，完成了太原理工大学30户校办企业改制中的清产核资工作，对省农业厅所属天元种业等5户国有企业的改制，客观公正地进行了产权界定工作，确保了改制工作平稳推进。

三、扩大宣传，推动行政事业单位资产管理工作

为进一步加强行政事业单位资产管理对外宣传工作，建立了行政事业资产管理网页，及时反映行政事业资产管理政策、制度及工作动态；为了加强资产清查信息的沟通和交流，编发了20期《行政事业单位资产清查工作简报》，对资产清查工作的政策要求、工作进展、先进单位及其经验做法等进行通报，使各级领导及时了解工作进度，掌握工作要求。

（山西省财政厅行政事业资产管理处供稿　张晓莉执笔）

国际金融组织贷赠款管理

2007年，山西省利用国际金融组织贷赠款管理工作按照科学发展观的要求，紧紧围绕省委、省政府的中心工作，在省财政厅党组的正确领导下，在有关部门的密切配合下，与国际金融组织开展了卓有成效的合作，扎实有效地推进山西省利用国际金融组织贷赠款管理工作，为促进全省经济健康快速发展起到了积极的作用。

一、完善制度建设，加强监督管理

（一）不断完善各项规章制度，规范项目管理

2007年，山西省利用国际金融组织贷赠款管理工作加强了财政部门对主权外债的统一归口管理职能，推进依法行政、依法理财、科学理财、民主理财进程。先后制发了《关于规范山西省利用国际金融组织贷赠款项目的申报程序和建立项目准备库的通知》、《关于规范山西省国际金融组织银行账户管理的通知》，制订了《山西省国际金融组织贷赠款管理综合评比办法》、《山西省国际金融组织贷赠款配套资金管理使用办法》、《山西省政府外债危机应急预案》，修改和理顺了国际金融组织贷赠款管理业务流程。通过完善制度，规范管理，为山西省国际金融组织贷款的科学化、精细化、规范化管理奠定了基础。

（二）加强了对项目的检查监督

按照财政部38号令的要求，进一步加强了对山西省国际金融组织贷赠款项目执行的监督检查，努力实现从以资金、财务、债务为主线的管理模式到以资金、财务、债务为基础、以项目管理为核心的全过程管理模式的转变。一年来，针对已完工和正在执行的项目，组织有关市县和项目办的业务骨干对部分项目的执行情况进行了自查和“推磨式”交叉检查，对交叉检查和自查中发现的问题和管理中的薄弱环节及时提出整改意见，对先进的管理模式进行推广。各级财政部门、省级项目办和项目单位还积极配合国际金融组织项目考察团先后对万家寨引水项目、晋北农业项目、煤层气综合开发项目、农村能源生态建设项目、北方旱作农业项目、公路项目等进行了专题检查和督导，针对世、亚行和国际农发基金等国际组织对项目提出的异议正式反馈了信息，提出了改进措施，并形成了考察备忘录，提高了项目实施质量，减少了违规现象的发生。

二、积极推动项目前期准备工作

按照财政部38号令的要求，从符合国民经济和社会发展的实际和符合公共财政原则出发，省财政厅印发了《关于山西省今后一段时期与国际金融组织合作重点的指导性意见》、《关于规范国际金融组织贷款项目申报程序和建立项目库的通知》，加强了对贷款项目申报工作的统一指导和协调，规范了项目申报程序，重点从项目概念书审查、贷款及配套承诺、贷款评审三个环节进行把关，由过去的被动承诺，转变为主动指导、协调项目前期申报等各项准备工作。在

各市和省直主管部门报送贷款项目概念书的基础上，省财政汇总整理并建立了项目库，共收集了6大类共189个项目。

为了加快推进列入世亚行2007～2009年贷款滚动规划项目的前期准备工作，省财政厅多次召开项目前期准备协调会，对进展情况进行调查摸底，及时了解准备过程中存在的问题，研究制订解决问题的方法和措施，使列入滚动规划的项目都有了实质性进展。太原城市建设项目，在省财政厅亲自出面协调下，太原市政府明确了各部门职责和项目业主单位，各项准备工作进度明显加快。河川流域治理及农业综合开发项目，遇到了农户项目执行进度慢的问题，原因是农民垫付能力弱，没有资金先执行项目，而亚行的报账规定又是先执行项目后报账归垫。为解决实际执行和政策规定的矛盾，在坚持执行亚行现有报账规定的原则下，与亚行达成了农户在实施项目前可凭贷款申请、贷款合同、贷款抵押，向财政部门申请部分预付款，项目完工经验收合格后再支付剩余贷款的意见，并要求亚行将意见写入亚行对该项目的支付条款，有效解决了农户项目报账慢的问题。一年来，省财政密切关注各个项目的准备工作，发现问题，主动协调，及时解决，有力地推动了项目的前期准备工作。

三、立足山西省情，扩大国际合作

（一）加强知识合作，促进体制创新

近年来，山西省积极利用和扩大与国际组织业已建立的长期、稳定的合作关系，不断加强知识合作，取得了很大进展。一是，利用GEF赠款200万美元执行火电效能提高项目，研究探讨如何促进小火电机组的关停和大中型机组的更新改造，以促进国家燃煤火电发电效率提高为宗旨，降低单位电量平均煤耗，减少二氧化碳排放，缓解二氧化碳排放对全球大气环境的影响。这一项目的实施，将对山西省尽快关停涉及水泥、电力、钢铁、金属镁、金属铝等高耗能、低效率的企业起到示范效应，为促进山西省循环经济和节能增效起到重要作用。二是，利用GEF赠款1 000万美元执行中国城市交通项目，临汾、长治两市入选为示范城市。该项目是由世行执行的GEF赠款项目，旨在促进中国城市交通管理和经营形式的良好转型，促进公共交通发展、缓解能源紧张、促进交通规划与城市发展规划有机结合、促进非机动车使用，限制能源消耗和温室气体排放，促进中国城市交通可持续发展。三是，省财政厅与山西省大气CDM（清洁发展机制）中心联合向财政部、世界银行报送了镁合金锅炉燃料改造能效提高项目和焦炉气的CDM项目，目前正在开发六氟化硫的方法学，并就开发一事向财政部CDM基金中心申请经费。中心已经和日本有关公司共同做了方法学的相关试验并进一步做该方法学的监测，如该方法通过国际机构的认证，将为山西省镁合金冶炼行业开发CDM项目提供巨大的商机，同时可大大减低二氧化碳排放对大气的污染。四是，利用亚行赠款60万美元实施职业教育规划研究项目，该项目将以山西省为研究对象，结合省产业结构调整，合理规划职业教育课程及模式设置，对山西省的职业教育发展进行战略规划。上述以知识合作为先导的赠款项目研究成果的推广应用，必将对山西省相关领域的科学规划、政策制订，体制创新、技术创新产生积极推动作用，同时也将带动相关领域贷款项目的申报工作。

（二）积极为企业搭建平台，促进企业参与国际合作

近年来，由省财政厅牵头和省科技厅大气CDM中心牵头，组织山西省晋煤集团、阳煤集团等有CDM项目开发潜力企业共同参加了“亚洲碳博览会”，促进了山西省CDM项目开发工作，受到国家有关部委的

表扬。积极推动私营部门开发CDM项目，支持山西省以太碳资产公司开发CDM项目的工作，及时介绍清洁发展机制的相关知识，为企业牵线搭桥。截至目前，山西省共开发和推进34个CDM项目，减排量达3 800万吨二氧化碳当量，减排收益约为3.5亿美元，其中，正式与国际机构签约的项目有3个，预计减排量达1 038万吨，预计可获得减排收益约为1亿美元。

四、加强债务管理，防范财政风险

债务管理是国际金融组织贷赠款管理的重要一环，是维护政府信誉的关键所在。省财政厅历来重视债务管理，并不断探索和研究债务管理的新途径、新办法。一是，创新方法，积极化解和规避债务风险。2007年，省财政厅聘请财务、市场营销及煤层气开发方面的专家对世行煤层气项目进行了贷款评审，同时积极探索企业债务担保的方式，对该贷款采取了“信用担保、资产抵押、权利质押”三种方式的复合担保形式。二是，狠抓到期债务回收和清欠工作。各级财政干部积极宣传和讲解国际金融组织贷款性质，用传统的方法上门当面催缴，同时利用计算机网络等现代金融手段扣缴，通过协调预算管理部门，对不能积极还债的部门和单位从其部门预算中扣缴，有效地规避了债务风险，保证了贷款的按期偿还。三是，继续完善还贷准备金制度，加强还贷准备金管理。截至2007年底，山西省省级预算累计建立还贷准备金2.73亿元，占到债务余额的3.95%，进一步增强了对外偿债能力，2007年利用还贷准备金垫付偿还本息费2.35亿元，维护了山西省良好的偿债信誉。

五、开展财经外交，加大对外交流

开展财经外交，加强对外合作交流，对于扩大山西省改革开放具有重要意义。2007年山西省财经外交工作取得了新的成绩。一是，成功接待了亚行行长黑田东彦一行访晋。亚行行长访问山西省，历史上是第一次，也是近年来国际金融机构级别较高的一次访问，此次亚行行长访晋，主要目的是考察中西部地区贫困状况和亚行项目执行情况，旨在了解我国宏观经济政策和发展重点，就扶贫与发展等领域面临的机遇和挑战与中方交换意见。山西省以此为契机，在过去良好合作的基础上，寻找更多与亚行合作的机会。会谈时山西省提出希望在节能减排、职业教育和技能培训、城市与城镇基础设施建设和文化遗产保护及旅游等重点领域能够得到亚行和财政部的大力支持。二是，与奥地利美地奇银行代表进行合作谈判。经财政部引荐，奥地利美地奇银行的首席代表卢真一行访问山西省，就在山西省开展技术交流和培训、举办大型招商引资会议、开展风险投资管理和咨询服务，开发职业教育、城市基础设施、环保、水利、新农村建设、交通、能源及旅游等领域的项目和省财政厅领导进行了会谈，并达成了一些共识。三是，承办了世行和财政部在山西省联合举办的中国利用世界银行贷款技援子项目国际研讨会、承办了亚行和财政部在山西省联合举办的亚行财务管理与支付研讨会、亚行区域经济合作与国别磋商研讨会，扩大了影响，使山西省的对外开放事业有了实质性进展。

六、加强业务培训，提高管理水平

2007年，省财政厅先后举办了转贷会计制度和会计电算化培训班，对省级和部分市、县的财务人员进行了培训，进一步提高了项目管理人员的自身素质和管理水平。省财政厅还对山西煤层气综合利用项目管理人员进行了财务、会计、提款报账、采购等业务培训，派员参加了财政部在加拿大举办的为期半年的英语语言培训班，参加了世界银行和亚洲开发银行在国内举办的贷款政策与支付业务培训，参加了财政部、世行、亚行、亚太财经与发展中心联合举办的上海国际发展评价培训项目，参加了财政部国际司和金融司联合举办的政府外债管理统计监测预警信息系统业务需求讨论会。通过培训，使国际金融组织贷款管理人员的素质得到进一步提高，业务水平得到进一步提升。

（山西省财政厅国际处供稿
孙向荣执笔）

地方金融财务监管与外国政府贷款管理

2007年，山西省地方金融财务监管与外国政府贷款管理工作按照国家财政金融宏观调控政策，围绕山西省财政工作的总体要求，立足公共财政职能，不断创新工作思路，积极支持金融企业体制改革，着力提高外国政府贷款管理水平，探索建立地方金融风险防范和化解的长效机制，使地方财政金融财务监管与外国政府贷款管理工作迈上了一个新台阶。

一、创新管理理念，完善制度建设

一是，将中小企业信用担保体系建设工作落到实处，缓解中小企业贷款难问题，省财政厅在深入广泛调研、反复征求各部门意见的基础上，研究拟定了《关于加快中小企业信用担保体系建设的实施意见》上报山西省政府审批。二是，为系统推动中小企业信用担保业务进一步发展，做好山西省再担保的各项试点工作，山西省财政厅印发了《关于开展中小企业信用再担保试点工作有关问题的通知》，积极推动省、市、县担保机构担保、再担保试点工作的顺利开展。三是，积极落实山西省政府《关于促进生猪生产发展稳定市场供应的实施意见》，根据财政部规定及时制订印发了《山西省能繁母猪保险保费补贴资金管理办法》，从制度上保证了资金的及时到位，专款专用，较好地调动了广大养殖户的积极性。四是，为进一步理顺外国政府贷款项目前期申报审批工作程序，省财政厅会同山西省发改委联合印发了《山西省外国政府贷款项目前期管理工作规程（试行）》的通知，根据财政部38号令，制订了利用国际金融组织贷款和外国政府贷款管理实施细则，同时制订了内部贷款管理操作规程。五是，根据财政部《关于开展2008年农业保险保费补贴试点的通知》，通过认真的调查研究，报经山西省政府同意，向财政部上报了山西省开展2008年农业保险保费补贴试点的申请文件及有关材料。六是，开展地方金融业风险现状和担保体系建设专题调研活动，在掌握山西省全省基础数据的同时，对加强监管和风险成因分析，提出了政策建议，形成了调查报告上报财政部，为切实做好地方金融工作、研究相关政策、有效行使财政职能，提供了决策参考依据。

二、支持农村信用社改革，促进改善经营机制

2007年，省财政厅积极发挥公共财政的职能，从政策、资金、制度上支持农村信用社改革发展，促进完善内部制度、规范经营管理，增强盈利和抗风险能力。在政策上，帮助农信社清收不良贷款，对处理抵债资产给予优惠，主动为农村信用社改革发展做好相应服务，积极为改革发展创造良好条件。在资金上，一是对中央分配山西省农信社保值储蓄补贴资金3.8亿元实行专款专用，资金直达各级农信社，帮助农信社减轻了历史包袱，增强了抗风险能力。二是对农信社征收的3%营业税所形成的省级财政收入4 875万元以及各市县形成的收入，通过各级财政部门返还拨付给农信社，提升了农信社票据兑付能力。在制度上，一是拨付省联社1 000万元，建立了农信社风险防范基金制度，二是建立了财务报告制度，以“季报、半年报、年报”的方式，加强农村信用社财务管理，以防范和抵制经营风险。通过政策上和资金上的支持，加之各级政府重视，以及山西省全省各级信用社的努力工作，截至2007年底，全省农村信用社不良贷款率下降到11.7%，资本充足率达到16.35%，实现各项收入119.8亿元，经营利润44.78亿元。

三、进一步推动和支持信用担保体系建设，督促各级建立信用担保机构

一是，山西省政府成立了省中小企业信用担保工作领导组，下设办公室，办公室主任由山西省财政厅领导担任，具体工作由山西省财政厅牵头。

二是，为了推动信用担保行业深入健康发展，研究拟定了《关于加强中小企业信用担保体系建设的实施意见》，对职责分工、目标任务、改革方向、互联互保、政策配套、资金支持等都提出了明确的意见。

三是，及时拨付山西省信用担保公司担保风险准备金1 000万元，用于增强担保机构抵御风险能力，拨付中小企业服务体系建设资金50万元，用于全省信用担保体系建设。

四是，在省财政厅的督导和支持下，全省11个市全部建立了信用担保机构，40个县组建了以财政出资为主的政策性担保公司，截至2007年底，共注册资金16亿元，累计提供中小企业融资与非融资担保额近100亿元。

四、着力防范和处置金融风险

2007年，省财政厅把防范和化解金融风险放在财政工作的突出位置，积极地开展工作，确保了金融秩序和社会的稳定。一是，山西省财政厅牵头承担了对被撤销的德恒和南方两个证券机构个人债权甄别确认和矛盾化解工作，积极审慎地对国家和个人负责，从组织管理、审查损失、材料核对、申请资金等方面做了大量工作，根据国家政策拨付资金280万余元，确保了200余人、2 800余万元的个人债权的兑付，为化解社会矛盾，维护社会稳定尽到了财政部门的责任。二是，积极参与研究山西国贸中心股份转让资产重组改制方案的审核，履行了出资人的职责，对引进外资的核心条款进行把关，并提出合理的意见和建议，拟文上报了省政府。三是，参与山西证券深化股份制改革，行使了出资人的权利，批复了《山西国信投资公司关于转让山西证券4 600万股权的请示》，批复了山西证券有限公司整体变更设立山西证券股份有限公司的请示，批复核销了山西国信集团股权投资损失2 000余万元的报告。

五、加强地方金融业资产财务管理

一是，完成了产权登记。做好地方金融企业国有资产产权登记工作，年检管理是基础，通过产权登记、年检管理，摸清了地方金融企业国有资产的家底，规范了资产财务行为，推动了地方金融健康发展。

二是，做好报表编制。圆满完成了2006年度财务季报和决算报表的审核、修正、汇总编报工作，全面、准确、及时掌握了地方金融企业财务状况，重视财务数据的分析，为加强财务监管和政策决策提供了基础数据。

三是，开展保值增值考核，根据财政部的要求，对2006年度地方金融企业国有资本保值增值进行了确认。

六、完成了能繁母猪保险保费补贴资金和小额担保贷款财政贴息相关工作

一是，根据生猪市场供应紧张和财政部平抑猪肉价格的有关政策要求，省财政厅及

时印发了《山西省能繁母猪保险保费补贴资金管理试行办法》，保证保费补贴资金的筹集、拨付、管理、结算等各项工作落到了实处，初步建立了山西省能繁母猪保险保费补贴机制。

二是，按照规定，认真审核，及时拨付能繁母猪保险保费补贴资金1 900余万元，资金的到位，有力地保护了能繁母猪生产能力，降低了养殖户养猪的风险，进一步稳定了生猪市场供应。据统计，全省共安排配套资金430余万元，对约55万头能繁母猪提供了保险保障。

三是，为了进一步促进下岗失业人员再就业工作稳步开展，按照有关规定和程序，及时审核拨付经办银行财政贴息资金48万余元。

七、积极利用外国政府贷款，强化借、用、还全过程管理

一是，加强了外国政府贷款宣传和利用工作。一方面根据财政部外国政府贷款工作信息通报，及时向各市财政部门和有关部门发布利用外国政府项目领域和条件以及新情况、新政策的通报，进一步宣传利用外资的利益和优惠政策。另一方面，积极向财政部申报利用外国政府贷款，包括卫生、教育、环保等公益性项目9个，贷款金额达5 837万欧元，在选择申报项目上充分体现了公共财政职能与和谐发展的要求。

二是，完善了外国政府贷款管理的制度建设。为了进一步明确省财政部门与省发改委在外国政府贷款项目前期申报审批过程的权利和责任，根据有关规定，联合印发了《山西省外国政府贷款项目前期管理工作规程（试行）》的通知，通知明确了山西省财政厅与山西省发改委在前期申报外国政府贷款项目，审批工作程序执行中的职责分工，加快了贷款申报工作的进程。

三是，提高了外国政府贷款科学化、精细化管理水平。省财政厅指导各级财政部门积极参与了贷款设备采购、货物验收等重要环节的监督，对打捆项目引入了中介机构把关、重点检查、然后再付款的监管机制。

四是，强化了外国政府贷款申报项目事前的评审程序，严格把好申报项目关，改变了过去重贷款数量、轻贷款质量的观念，对不符合国家宏观政策、未进行评审、未落实还款责任的项目和拖欠本息多的市、县，做到了不研究、不申报。

五是，强化了外国政府贷款事后管理的措施，为了提高贷款使用效率，委托中介机构，按照有关规定对山西省利用日元贷款植树造林项目的全部县（市、区、林局）进行了财务审计检查，并将审计检查结果通报全省，对存在的问题限期进行了整改。

六是，积极配合内部检查和外部审计，认真解决存在的问题。2007年省财政厅配合财政部驻山西财监办对日元贷款吕梁焦化项目和日元贷款植树造林项目进行了检查，并将审计结果上报财政部。

（山西省财政厅地方金融处供稿　祝小鹏执笔）

会计管理

2007 年，山西省会计管理工作积极贯彻科学发展观，紧紧围绕全省财政中心工作，着力推进新企业会计准则实施，积极参加全国第三届会计大赛，精心组织全省首届电算化应用技能大赛，悉心做好各类会计考试及各项管理工作，圆满完成了各项任务，连续 11 年荣获财政部颁发的全国会计管理工作一等奖。

一、着力促进新企业会计准则在上市公司顺利实施

一是，及时安排部署。为及时了解新准则在上市公司实行后的情况，山西省财政厅 2007 年 3 月份就召集全省 25 家上市公司（A 股 24 家，H 股 1 家）财务负责人，就新准则实施前后所做的工作、遇到的问题以及需要采取的措施进行了座谈。武涛总会计师出席会议并对工作进行了安排。4 月份省财政厅下发了《关于加强山西省上市公司企业会计准则贯彻实施工作的通知》，要求进一步深化对实施新准则重要意义的认识，进一步强化对实施新准则的责任意识，进一步推进配套工作，进一步加强监督服务工作，确保新准则顺利实施。

二是，成立新准则实施工作组。为确保新准则的平稳过渡和顺利实施，及时了解、跟进、解决出现的问题，2007 年 4 月份成立了由财政、国资委、上市公司、高校、会计师事务所等有关专业人员组成的“山西省企业会计准则实施工作组”，充分发挥专家学者的技术优势，答疑解惑，为新准则实施提供强有力的技术支持。

三是，建立联系人制度。为及时沟通情况，省财政厅指定专人负责了解全省 25 家上市公司执行新准则的情况，定期或不定期反馈新准则实施过程中遇到的问题，建立了密切跟踪、迅捷高效的预警反应处理机制。

四是，进行模拟测试。按照财政部的部署，山西省选择了两家上市公司分别在准则实施前后各进行了一次模拟测试。在此基础上，又进一步对全省上市公司进行了测试，初步掌握了企业资产、股东权益、利润等主要指标的变动情况。通过分析汇总测试的数据，山西省 24 户 A 股上市公司 2006 年末资产总额增长 0.36%，户均 0.19%；负债总额增长 0.06%，户均 0.03%；股东权益总额增长 0.30%，户均 0.16%。测试结果表明新准则对企业总体情况影响不大，过渡平稳。综合测试数据，完成了《关于山西省上市公司实施新〈企业会计准则〉情况的调研报告》并上报了财政部。

五是，积极组织力量、调配师资，开展大规模的培训。在 2006 年系统培训的基础上，2007 年进一步加大了培训力度，1 月份组织全省 30 所高职高专院校的 130 名会计专业的教师进行了培训，为全省的宣传培训工作培养了一批合格的宣传员和骨干力量。4 月至 10 月，采取走出去请进来的方式，组织省内各行业的 1 396 名高级会计人员在厦门国家会计学院、清华大学等地分六批进行了培训，直接聆听中国会计界知名专家学者对新会计准则的讲解，为山西省贯彻实施新准则奠定了人才基础。

六是，组织开展《会计法》和《山西省会计管理条例》执法检查，确保新准则实施到位。结合新准则实施，对山西省6家上市公司进行了会计执法检查，进一步摸清了上市公司贯彻实施新准则的情况，规范了上市公司的会计基础工作，保持了会计法规的严肃性。同时，把检查与调研结合起来，对新准则执行过程中出现的一些重点难点问题有了较好的把握，为指导上市公司执行好新准则掌握了第一手资料。

七是，安排部署其他企业执行新准则工作。为尽快在各类大中型企业中全面推行新准则，在对上市公司进行测试的基础上，山西省对1 269户省市两级国资委监管的企业和8 857户全省纳入财政统计口径的企业也进行了新准则测算，其资产分别增加13.19亿元和26.77亿元，负债增加2.02亿元和4.10亿元，所有者权益增加11.17亿元和22.67亿元。结果显示新准则实施对山西省企业的财务状况和经营成果影响不大，可以实现平稳过渡。据此，制订下发了《关于山西省企业执行企业会计准则有关问题的通知》，对山西省各类企业实行新准则提出安排意见，要求从2008年1月1日起省市两级国资委监管的企业全部执行新会计准则；从2009年1月1日起全省所有符合条件的大中型企业全部执行新会计准则。

二、积极参加第三届全国会计知识大赛

根据财政部统一安排，山西省踊跃参加了第三届全国会计知识大赛。全省各级、各部门领导高度重视、精心组织，采取多种措施进行了广泛宣传动员。省财政厅先后印发了5个文件，利用电视、报刊、网络等多种媒体20多次，出专刊2期，简报8期，还安排厅领导专题回答了记者的提问。大赛第一赛程网上答题参赛人数突破20万，参赛率达到70%，点击达到了86万人次，实现了以赛促学的目的。整个组织体现出动手早、安排细、动员广、方式多等特点。大赛第一赛程，山西省荣获全国组织奖，陈宝江等661人荣获全国个人奖，平旭斌等1 000人荣获全省个人奖。大赛第二赛程，经过层层选拔，选出了由西山煤电集团公司薛向东，山西财大赵爱萍、陈国荣，山西财专梁丽娜等4名队员组成的山西省代表队，进行了严格有序的封闭训练。期间前后聘请了省内外专家10多人次，练习各种题型近万道，模拟现场演练10多次，与相关人员座谈3次。队员们夜以继日、认真学习、刻苦训练，取得了较好的成绩。12月22日至23日进京参加全国比赛，在全国61支代表队中夺得笔试成绩全国第10名、地方代表队第6名的优异成绩，薛向东还以全国个人第12名的好成绩荣获了优胜奖，展示了会计人员的风采，为山西省争得了荣誉。

三、精心组织全省会计电算化应用技能比赛

为促进全省会计信息化发展，提高在信息化环境下会计实务应用水平，推进会计管理工作现代化，2007年山西省开展了以“普及会计电算化知识、提高会计电算化技能”为主题的首届会计电算化应用技能比赛活动。大赛分为培训、初选和决赛三个阶段。全省共划分12个一级赛区和若干二级、三级赛区。竞赛工作以赛区为主线，形成网状组织，层层开展竞赛活动。竞赛得到了全省各行各业和广大财会人员的热烈响应和积极参与。决赛于10月21日在山西财经大学体育馆举行。来自全省各市、省直和驻晋中央企业的20支代表队、100名选手参加了比赛。来自全省各个系统的会计工作者和15所院校财会专业的学生共2 100名观众观看了大赛。财政部会计司司长刘玉廷、省财政厅厅长郑建国、省财政厅总会计师武涛等领导出席了开幕式并分别致辞讲话。经过激

烈紧张的比赛，共决出团体奖7名，五个项目的单项奖各6名。本次大赛，对山西省这些年来大力推行会计电算化工作成果进行了一次全面检阅，标志着山西省会计电算化工作进入了一个深入发展的新阶段。同时，大赛也为各单位展现会计电算化工作水平和特色搭建了一个平台，更好地了促进各单位之间的交流和合作。对大赛产生的优秀选手和代表队，省财政厅给予通报表彰奖励，并提请省劳动竞赛委员会对优秀选手和技术人员进行了记功表彰。

四、认真做好会计各类考试工作

（一）会计从业资格考试

2007年4月和11月山西省统一组织了两次会计从业资格考试，报名人数和合格人数均为历年之最，全年共有45 971人参加考试，成绩合格人数32 063人，其中，免考会计基础的合格人数为16 699人，全年综合合格率为69.7%。考试结束，省财政厅又在5个工作日内对上报的成绩进行了试卷抽查，及时将考生的成绩在公布在“会计之星”网站，并及时发放了证书。

（二）会计专业技术资格考试

2007年度山西省共31 397人报名参加考试，其中初级为8 643人，中级22 754人。经统计，初级经济法基础的参考率为77.99%，初级会计实务的参考率为75.39%；中级财务管理的参考率为60.76%，经济法的参考率为60.11%，中级会计实务的参考率为56.35%。累计合格人数中级2 526人，初级1 793人。经严格审核，证书已全部发放到考生手中。为有效预防和及时控制各类突发问题和群体性事件，确保全国性考试顺利进行，制订了《山西省会计专业技术资格考试安全防范及突发偶发事件应急预案》，做到防患于未然，得到财政部领导的表扬。

（三）高级会计师考试考评

2007年，山西省共有590人报名参加全国高级会计师资格考试，实际参考511人，参考率为86.9%。以全国会计考办确定60分为全国合格标准和50分为山西省合格标准为线，全省考试达线的人数为298人，占参考人数的58.32%，其中，达到全国合格标准的人数为146人，占参考人数的28.57%；达到省级合格标准的人数为152人，占29.75%。根据省人事厅关于高级会计师资格考评条件，对达线人数逐一审查，最终确定175人（不含中央单位）进入评审程序，其中正常条件170人，破格条件5人。经答辩和高级会计师评审委员委会会议，通过160人，通过率为91.4%。

（四）会计电算化初、中级知识考试

为进一步规范电算化考试工作，2007年省财政厅起草了《会计电算化知识考试管理办法》规范性文件，从考试程序、考点管理、证书管理等方面进行了详细规定，报经省法制局审定并获通过。工作中贯彻以人为本理念，树立方便考生意识，从实际出发，实行了随到随考机制。2007年，初级会计电算化考试采用中心服务器版，截至年底，全省共有15 327人参加考试，及格11 950人，通过率为77.97%。中级考试组织了3次，1 757人，及格1 463人，通过率为83.27%。

（五）选拔全国会计领军人才考试

根据财政部的部署，经积极宣传、广泛动员，严格选拔，2007年山西省高级会计人才（企业类、学术类）选拔考试笔试于2007年9月2日上午在财政厅四楼会议室举行，来自全省10家国有大型企业的12名高级会计人员和1名高校学术带头人参加了笔试，山西省交通建设开发投资总公司的邵素梅被选入围，参加了财政部高级会计人才培训班面试。

五、继续做好会计人员继续教育工作

一是，完善制度。根据财政部新修订的《会计人员继续教育规定》，结合本省实际，进一步完善和细化了开展继续教育工作的制度，从管理机制、师资入库、机构备案、登记考试等方面进行了详细规定，为规范全省继续教育工作奠定了基础。

二是，严格管理。省财政厅具体负责省直单位组织的继续教育管理。按照要求，认真做到培训之前报计划，培训之中严监管，培训之后有总结。截至12月底，备案的单位参加继续教育人数已经达到5 000人。

三是，加强培训。2007年委托省会计学会组织了6期高级会计人员继续教育培训班，培训班管理严格，师资水平高，学习氛围浓，学员反映良好。

六、依法规范行政文件

根据山西省第二次清理行政法规规章的工作安排，省财政厅对《总会计师条例》提出修订意见，对旧《企业会计准则》和《山西省会计账簿监管办法》提出废止意见。对2003年以来涉及会计工作的规范性文件交由省财政厅专门机构统一备案，进一步规范了工作相关政策法规，做到了依法行政。

七、加强对会计学会和省珠算协会的业务指导

指导山西省会计学会和珠算协会开展了学术研讨、论文评比、珠算珠心算比赛、会计人员培训等活动，使这两个社会团体发挥了积极作用。

（山西省财政厅会计处供稿
任子凯执笔）

政府采购监督管理

2007年，山西省政府采购监督管理工作坚持以科学发展观为统领，按照政府采购法律法规的要求，紧紧围绕扩大规模、健全制度、理顺机制、促进规范、发挥功能、加强监管的工作任务，不断深化改革，强化监督管理，政府采购规模有了新突破，政府采购改革有了新举措，政府采购管理有了新成效，政府采购功能有了新进展。

一、坚持依法采购，促进政府采购规模快速增长

2007年，全省各级财政继续把扩大范围和规模作为政府采购工作的重要任务。结合部门预算、国库集中支付制度改革，通过强化政府采购预算编制审核工作，科学制订政府集中采购目录及限额标准，积极扩大政府采购项目实施范围和采购品种。在做好经常性支出项目采购预算审核的同时，狠抓重点支出项目的依法采购工作。特别是公益性强、涉及民生利益的项目，诸如中小学免费教科书、中小学远程教育项目、全省重点污染源在线监控项目、疫苗、农村医疗卫生设备、农村广播电视无线覆盖项目，等等。日益增多的民生项目采购活动成为公共财政和政府采购的工作亮点，发挥了积极的社会效益和示范效应，促进了全省采购规模的快速增长。据统计，2007年全省共完成采购预算78亿元，实际合同采购金额73.2亿元，占全省一般预算支出的7.02%，比上年提高2.4个百分点，同预算相比节约资金6.39亿元，综合节约率为8.03%，占全省GDP的比重首次突破1%，达到1.28%，采购规模比2006年净增27.9亿元，增长率为61.59%，是《政府采购法》实施5年来增幅最高的年份。

二、强化基础工作，不断提升规范化管理水平

一是，实行对应审核制度。为消除政府采购中采购人随意购买，重复购置、超前购置等损失浪费行为，选择部分单位试点新购设备与资产存量对应审核制度，对新增采购项目一律结合资产现存状况审查，杜绝重复购买、资产过度配置等不良行为。

二是，严把采购文件备案审核关。对采购文件中存在歧视条款、资格壁垒、技术陷阱以及不体现政策功能要求的采购文件一律不准发售，努力消除歧视与排他行为，维护公平竞争秩序。

三是，严把资金支付审核关。对各类违规行为针对不同性质采取诫勉批评、缓付资金、拒绝支付等方式进行严肃处理，有效遏制了违规行为的发生。

四是，在专家管理中增加数量、不断扩容。2007年在《太原日报》、山西政府采购网等媒体上向社会发布征集专家公告，多渠道征集专家，使省级专家库入库专家数量从2006年的500多名增加到1 400多名。同时设计开发了更加严密的专家库抽取管理系统。

三、创新工作思路，着力提高政府采购效率

一是，改进政府采购计划的审批方式。推行政府采购制度以来，在政府采购计划编制管理方面最初实行的是集中申报、集中审批的方式、这种方式集中程度偏高、审批周期长、采购组织滞后、效率不高，难以满足采购人的紧急采购以及特殊需求。为此，在总结经验的基础上，将政府采购计划的申报方式改变为集中申报与分散申报相结合、集中审批与及时审批相结合的管理方式。对年度预算确定后的采购计划实行集中申报、集中审批，对追加的预算以及紧急采购项目实行分散申报，随时审批，这样，既能满足单位紧急需求，又能有效发挥集中采购的规模优势。

二是，严格实行限时办结制。效率问题中集中采购的效率低下最为突出，这里面有许多客观因素，如项目复杂、市场前期调查耗时多、法定等标期限制等，但集中采购机构组织不力、人为拖延也是重要的因素。为此，对集中采购项目实行了限时办理制度。针对不同采购方式确定完成采购的最长期限，要求采购人办理委托采购时明确，对集中采购机构主观因素不能按时完成的，由财政部门重新核定为分散采购组织形式，由单位自行采购或委托其他中介机构办理，通过这项措施，对集中采购机构形成了一定的压力，有效减少了拖延与迟滞采购现象。

三是，着力推行公务用车全省联动协议供货制度。制度实施前，招标采购周期长，短期重复行为多，规模效益低，价格居高不下。经过精心准备，从三季度开始公务用车全省联动协议供货制度全面启动，制度推行以来仅省本级就采购293辆公务用车，总金额3 847.4万元，与同期市场最低价相比节约98.7万元，低于市场最低价2.5个百分点，采购周期也由原来的半个月以上缩短为一周之内。

四、强化监督考核，规范代理机构执业行为

依法对政府采购执行机构和招标代理机构进行监督检查，指导和约束政府采购执行机构依法组织实施采购活动，是政府采购监督管理部门的重要职责。2007年，省财政继续加大对招标代理机构的监督检查力度，对社会中介组织申请参与政府采购招标代理活动进行严格的资格审核、业务培训、业务监督、诚信备案，对代理机构组织的重要采购活动及时进行现场指导与监督，着力规范代理机构的执业行为。

按照财政部、监察部关于印发《集中采购机构监督考核管理办法》的通知，组织专门力量对省级政府采购中心进行了年度考核，实地查证各项资料，对执行法律、法规、制度情况，采购项目执行情况，基础工作，内部控制机制等方面进行了认真细致的检查和评估，形成了专项考核报告，对其中存在的问题提出了具体的改进意见。

五、立足长效机制建设，引深商业贿赂专项治理工作

一是，继续开展自查自纠。按照省治贿办制订的《关于对不正当交易行为自查自纠进行检查评估的实施细则》的要求，组织力量对财政部门内部自查自纠工作进行了检查与评估，在总结2006年自查自纠经验基础上，重新安排部署了财政系统治理商业贿赂的自查自纠工作，要求各级财政部门深刻认识治理商业贿赂任务的长期性与艰巨性，细化工作方案，落实考核标准，从具体行政行为、制度体系、工作流程、行政权限划分、责任追究等多环节认真查找漏洞，制订纠错步骤与完善方案，使自查自纠工作真正落到实处。

二是，拓宽政府采购监督渠道。为加大

监督力度，拓宽监督渠道，2007 年 5 月 31 日省财政厅与省监委召开了预防腐败联席会议，决定在山西省政府采购网站公布纪检和监委的案件举报电话，接受社会监督，重要采购活动要邀请监委对专家抽取及现场评标活动进行监督。

三是，认真受理供应商的质疑与投诉案件。质疑与投诉处理机制是政府采购制度一项十分重要的纠错救助机制，及时受理与处理质疑与投诉案件，有助于维护供应商的合法权益，促进政府采购公平公正竞争秩序的形成，同时，借助供应商的监督渠道，可以及时发现商业贿赂行为的苗头，通过及时纠错，将商业贿赂消灭在萌芽状态。2007 年，省级政府集中采购机构共受理书面质疑 14 起，及时进行了答复。财政部门受理了 5 起投诉，依法进行了严肃查处，其中一件撤诉，一件成立，驳回三件。对一家违规供应商给予列入黑名单、禁止一年内参加政府采购活动的行政处罚，对涉案违规的 5 名专家给予禁止一年内参加评标活动的处分。

六、加大培训力度，提升业务素质

针对政府采购工作改革任务繁重、新问题不断呈现、新政策不断推出的特点，省财政政府采购监督部门始终把强化业务培训、提升人员素质放在突出位置。2007 年，各级财政部门以及集中采购机构努力丰富培训内容，创新培训方式，采取集中培训与分散学习相结合，延聘教师授课与外出考察学习相结合等方式组织开展了一系列的培训工作，收到了良好效果。

（山西省财政厅政府采购管理处供稿　徐继忠执笔）

注册会计师管理

2007年，山西省注册会计师管理工作紧紧围绕全省财政工作会议精神和年初签订的工作目标责任制，以规范和完善行业管理体制为主线，以加大行业监督检查，提高执业质量为突破口，真抓实干，开拓创新，在加强对全省注册会计师和资产评估行业的监管方面取得了成效。

一、加强行业行政管理，依法规范会计师事务所的行政审批

（一）认真履行行政许可职能，规范行政审批工作

一是，严把审批关。2007年，省财政厅严格按照《会计师事务所审批和监督暂行办法》、《资产评估机构审批管理办法》的有关规定，依法开展会计师事务所和资产评估机构的设立审批及备案工作，严格实行"三公开"和谈话备案制度，将"会计师事务所（资产评估机构）受理及审批程序"在办公场所明示上墙，明确受理条件和审批流程，对申请符合设立条件的事务所下达"行政许可受理通知书"，明确受理时间，对符合设立条件的事务所在《山西日报》和"财政会计行业管理网"上公示，接受社会监督。

二是，严把行业准入关，从源头上提高办所质量。2007年共对符合设立条件的16家会计师事务所和10家资产评估机构经过审核、征询、公示等法定程序，作出批准设立的决定，并依法办理89家会计师事务所的变更事项备案，5家资产评估机构的变更事项备案。对新批准设立的事务所和变更备案中涉及主任会计师和首席合伙人的，实行"谈话签名备案制度"，即注册会计师管理处处长亲自与新设立的会计师事务所和资产评估机构的主要负责人谈话，从思想上先打一剂"预防针"，要求事务所在今后的执业过程中恪守职业道德，规范执业程序，注重执业质量。在谈话提醒的同时，每位主任会计师、首席合伙人（法人）都要亲自签名并备案留存，为今后检查核对事务所出具的报告签名笔迹提供可靠的依据。通过谈话提醒，使财政部门对事务所的行政监管方式从集中性、临时性的事后检查向事前管理、事中监控与事后专项检查相结合转变，并逐步加强了事前管理与事中监控。在受理及审批过程中，对公示中被群众举报反映的有关申请人与申报材料不相符的情况进行了逐一核实，对情况属实者退回申请材料。截至2007年底，全省共有会计师事务所279家（其中公司制239家，合伙所31家，分所9家）；专职资产评估机构74家（其中公司制50家，合伙制24家）。

（二）启用财政会计行业管理系统网

按照财政部办公厅《关于启用财政会计行业管理系统的注册会计师行业监管功能有关问题的通知》精神，从2007年8月1日起，省财政厅和省注册会计师协会将通过系统的注册会计师行业监管功能，办理涉及会计师事务所设立审批及查询、会计师事务所变更备案、会计师事务所网上业务报备、会计师事务所年度报备、注册会计师注册和

转所申报、处罚惩戒信息登记公示等相关事项。

新年伊始，为了保证管理系统顺利运行，从广泛宣传、操作培训到基础数据的采集，处内相关同志做了大量准备工作，并积极采取应对措施，帮助广大注册会计师了解、熟悉和学会使用系统，指导、解决会计师事务所在应用过程中出现的情况和问题，确保了全省启用财政会计行业管理系统网工作的平稳、顺利实施。系统启用后，通过网上补录了26家会计师事务所的基本信息、审批了16家新设立的会计师事务所、办理了266家会计师事务所的业务报备。启用系统实施信息化管理，是财政部门加强对注册会计师行业管理的重要举措，有利于规范行政监管，提高工作效率，实现信息共享，发挥社会监督作用。

（三）组织开展会计师事务所业务报备工作

结合财政会计行业管理系统的实施，制订下发了《关于开展2006年会计师事务所报备工作的通知》，组织开展了2006年度会计师事务所报备工作，通过审核、分析、更正、完善及汇总，完成了全省266家会计师事务所2006年度报备工作。通过业务报备，全面掌握了全省会计师事务所（分所）的基本情况、出具审计报告情况、注册会计师基本情况及合伙人或者股东情况，为政府监管部门强化对会计师事务所的日常管理提供了基础信息，提高了监管效率。

（四）积极做好资产评估机构的日常管理工作，督促省注册评估师协会加强行业自律

2007年，省财政厅按照财政部《资产评估机构审批管理办法》的有关规定，依法审批、管理和监督资产评估机构。在做好资产评估机构审批、备案等日常工作的同时，按照年初工作计划，组织省注册评估师协会及有关注册资产评估师组成检查组，重点对27家评估机构进行了专项检查。根据工作职责，处里专门到省注册评估师协会进行调研，听取专题汇报，充分发挥了行业主管部门对行业协会的监督指导职能。由于现行对资产评估机构行政监管的法律法规尚未出台，对机构执业质量和内部管理无行政监管处罚手段，所以在2007年的检查中，对在设立条件等方面存在问题的6家评估机构予以整改，对存在评估报告或工作底稿不规范、不完善但情节较轻的5家评估机构移交省注册评估师协会，按照行业自律的要求下发关注函，对1家出具不实报告的评估机构给予警告的行政处罚。

二、加强行业监督检查，依法治理会计师事务所的执业环境

近年来，省财政厅对全省会计中介机构的执业环境、执业质量、会计造假扰乱经济秩序的问题十分重视，多次强调要加强对会计师事务所的监督检查力度。2007年，省财政厅组织开展了2007年会计师事务所及资产评估机构检查工作。按照检查方案，从全省抽调了44名注册会计师分成14个检查小组，4名注册资产评估师和8名评协秘书处工作人员组成4个检查小组，利用3个月的时间分别对被列入检查范围的128家会计师事务所、27家资产评估机构的办所条件、内部管理、质量控制、执业质量和治理商业贿赂工作等事项进行了全面检查，共抽查审计报告795份，验资报告424份，评估报告156份。从检查的整体情况看，大部分事务所的执业质量有所提高，风险防范意识有所增强，但仍有个别事务所存在着严重的问题。对2007年度会计师事务所的检查结果经业内专家认真审定后，报请厅领导批准同意，于2008年3月对73家会计师事务所和237名注册会计师下达了行政处理处罚告知书。行政监管力度的逐步加大，有效整顿和

规范了会计秩序，全省注册会计师行业的整体执业质量得到改善。

三、加强处室自身建设，全面提高管理和服务水平

（一）坚持抓好理论学习

发扬理论联系实际的学风，紧密结合国家的大政方针和全省财政改革的实际，利用每周二、五下午理论学习时间，以邓小平理论和“三个代表”重要思想为指导，深入学习胡锦涛在中央党校发表的重要讲话、省第九次党代会和党的十七大会议精神，坚持用科学发展观、构建社会主义和谐社会等重大战略思想武装头脑、指导工作、推动实践。

（二）开展政风行风评议工作

为贯彻落实省委、省政府关于“作风建设年、狠抓落实年”和省财政厅关于开展民主评议政风行风工作的精神，注册会计师管理处严格按照统一部署，结合工作实际，深入开展了“三服务、三促进”和民主评议政风行风工作。在工作中牢固树立服务事务所、服务注册会计师、服务规范行业秩序的意识，不断强化服务意识和效率意识，落实工作目标责任制、服务承诺制、首办负责制、限时办结制，提高工作效能，杜绝衙门习气。对群众申请的事项和反映的问题，能及时办理和解决。

（三）深入开展调查研究

一年来，全处同志在处长的带领下走遍了全省 11 个市进行调研，并利用检查事务所的机会，组织召开座谈会，考察事务所的内部治理机制，了解事务所在执业中存在的主要问题，征求事务所对如何加强行业管理的意见及治理执业环境的建议，对事关行业发展的重大问题进行研究探讨。为了进一步规范和加强注册会计师行业的监督检查工作，草拟了《会计师事务所监督检查办法》，并多次深入到会计师事务所广泛征求意见，确保办法能顺利实施。

（四）依法恰当地处理人民群众的来信来访

本着“群众利益无小事”的原则，注册会计师管理处高度重视人民群众来信来访和案件举报受理工作，及时解决群众反映的问题，把矛盾化解在萌芽状态。2007 年共受理各种举报材料 18 件，接待人民群众来访 60 余人次，对各种举报材料核实调查 18 件，处理 8 件。为了核实举报材料，切实维护举报人和会计师事务所的合法权益，多次深入实地进行调查取证，掌握了第一手资料，为处理举报材料所反映的问题提供了切实可靠的证据。通过接待和处理大量的群众来访、来信工作，一方面反映了目前全省会计师事务所普遍存在的问题，也从另一方面为我们指出了今后一段时间加强会计师事务所监督和管理的方向。

（山西省财政厅注册会计师管理处供稿　任春梅执笔）

财政监督检查

2007年，山西省财政监督检查工作以全国财政监督工作会议和全省财政工作会议精神为指导，以科学发展观为统领，紧紧围绕全省财政中心工作，推进财政监督机制建设，加大财政政策执行情况的监督力度，财政监督检查工作取得了新进展。2007年，全省各级财政监督机构共对2 215户行政、企业、事业单位实施了检查，查出违纪户数906户，处理处罚832户，共计查补财政收入3.71亿元，纠正财政违法、违规、违纪金额59.82亿元，收缴罚没款项1 266.28万元。

一、继续加强财政监督机制建设，努力促进财政监督职能的发挥

2007年，山西省财政厅监督检查局继续本着构建“科学合理、系统全面、权责明确、运作规范”的稳定长效的财政监督业务机制原则，努力加强机制建设，提高财政监督工作，不断实现财政监督与财政管理的紧密结合和融合，努力发挥财政监督为财政管理与财政改革保驾护航的职能作用，更好地促进和谐山西建设的健康发展。

（一）财政监督信息网络平台建设迈出了第一步，为实现实时监控奠定了基础

省财政厅结合厅机关“金财工程”建设，建立了监督检查局机关、财监处与厅内部门预算管理处室间的计算机网络联系，初步形成了财政监督信息网络平台，厅内部门预算管理处室制订的预算管理政策和下达的省级财政项目资金拨款文件，实现了对监督局和有关财监处的同步抄送，解决了过去长期困扰财政监督工作信息不对称的问题，为财政监督专职机构开展实时监控、发现和纠正财政运行偏差、防范和化解财政风险、不断提高财政监督效率，提供了信息支持和保障。

（二）进一步完善厅驻各市财政监察处对省级财政项目资金运行全过程的监管机制

2005年《山西省财政厅关于财政监察组对省级财政项目资金实施监督的暂行办法》出台后，在2006年积极开展省级财政项目资金申报审核的基础上，这项工作2007年得到了进一步发展与完善。一是，省财政厅驻各市财政监察处建立了省级财政项目资金监管工作报告制度，将每季度定期开展的省级财政项目资金监管工作情况，上报省财政厅，内容包括本单位开展省级财政项目资金监管工作进展情况，重点反映监管过程中发现的问题；总结本单位开展省级财政项目资金监管工作取得的成效、经验及做法；分析本单位开展省级财政项目资金监管工作中存在的问题，提出改进意见和建议等。二是，加强省财政监督信息网络平台的建设，使各财监处随时掌握财政资金项目立项情况、资金拨付到位情况等，实现了省级财政项目资金监管“自上而下”的信息贯通，初步形成了财监处和厅内部门预算管理处的数据互用、信息共享、上下结合、齐抓共管的财政项目资金监管局面。三是，各财监处在事前审核的基础上，积极探索省级财政项目资金“事中监控、事后检查”模式并努力实施。在2007年财政部召开的全国财政监督工作会议上，省财政厅驻各市财政监察处对省级财

政项目资金进行“事前审核、事中监控和事后检查”，积极推进财政监督工作与财政管理业务的有机融合，该方法得到了部领导和兄弟省市财政部门的高度评价。

（三）指导各市财政部门积极探索，不断深化财政监督机制建设，形成各具特色的财政监督机制模式

按照全省财政监督工作会议机制建设的总体要求，各市财政部门进行了各种有益的探索，取得了一定成效。有些地方以细化预算资金管理为切入点，积极探索“关口前移”的财政监督机制，如大同、忻州、太原等市财政部门，通过对项目资金跟踪监控，积极推进财政监督工作与财政管理业务的有机融合；有些地方以整合财政部门监督资源为切入点，积极推进监督机制建设，如晋城、阳泉、吕梁等市财政部门，明确提出财政监督是一种多层次、全方位的监督，专职监督机构在整个监督工作中具有牵头和协调作用，初步形成了专职监督机构和其他业务机构纵横联动、齐抓共管的大监督格局。

（四）加强调查研究，不断开展财政支出监管机制建设

为了推进全省财政支出监管机制建设，2007年6月份由省财政厅对阳泉等市、县财政部门财政支出监管机制建设情况进行了专题调研。通过调研，掌握了基层财政部门财政支出监管机制建设的第一手资料，制订了全面深化和推进财政支出监管机制建设的工作方法和步骤，为进一步提高全省财政支出管理水平提供了有力保障。

二、认真履行财政监督职责，积极开展监督检查工作

（一）追踪财政改革的热点，确保财政政策的落实，努力开展专项检查和日常监督检查

一是，开展了对省本级小型农田水利“民办公助”项目资金、中小企业服务体系专项补助资金转拨使用情况的检查以及对省本级政府采购预算执行情况的专项检查，保证政策有效落实。

二是，开展了对省科技厅、民政厅和中北大学等部分大专院校财务收支情况的日常监督检查，帮助被监管单位查找管理漏洞，对被监管单位财政违法行为及时纠正，从而充分体现财政监督区别于审计监督的管理特色。

三是，为保证新型农村合作医疗制度健康稳定运行，省财政厅驻各市财监处开展了对省财政新型农村合作医疗补助资金审核工作。通过抽查农民缴费、查看合作医疗定点医院会计核算、专访农户，核查出个别市县虚报人数、违规缴费等严重问题，提高了财政分配基础数据的真实性和可靠性。

四是，省厅驻各市财监处对省级财政项目资金，做到事前审核调研、事中跟踪监控和事后监督检查的全过程财政支出监管，切实保障省级财政项目资金分配的科学合理和使用的规范高效，不断提高财政监督的质量和效率。据统计，2007年省财政厅派驻各市财政监察处共对6大类资金、517个申请财政资金项目进行了事前审核，审核省级财政资金总量7.27亿元。其中，社会保障类资金项目14个，审核资金总量3 324万元；经济建设类资金项目29个，审核资金总量1.27亿元；企业类资金项目68个，审核资金总量8 305万元；农业综合开发类资金项目155个，审核资金总量2.85亿元；农业类资金项目250个，审核资金总量1.98亿元；行政政法类资金项目1个，审核资金总量110万元。全省共对其中44个不符合申报财政资金的项目出具了上报意见书，剔除申报资金5 517万元。同时，省财政厅驻各市财监处对以前年度的189个项目单位使用省级财政项目资金情况进行了事中监控和事后检查，其中检查社会保障类资金项目26个，经济建设类资金项目9个，企业类资金

项目 11 个，农业综合开发类资金项目 51 个，农业类资金项目 92 个，查出违规使用省级财政项目资金 425 万元。针对检查发现的问题，驻市财监处依法进行了行政处理、处罚，责令限期改正并处罚款 6.4 万元。

（二）开展会计信息质量检查，规范单位会计行为，切实履行政府监管职责

2007 年，按照财政部的部署，山西省财政厅监督检查局继续组织开展了会计信息质量检查。在全省会计信息质量检查的组织方式上，除安排财监处重点开展检查外，首次组织各市、县财政部门按照“统一检查时限、统一检查内容、统一检查程序、统一审理复核、统一文书格式、统一考核评比”六统一的原则同步开展检查，调动了市、县财政部门的监督检查的主动性，加大了会计监管的覆盖面，扩大了检查的规模效应和社会影响。据统计，省、市两级财政部门共对 48 户企业中的 214 个会计独立核算主体的会计信息质量情况进行了检查，其中财政部统一安排检查企业 2 户，省本级检查企业 16 户，市级检查企业 30 户。针对企业 2006 年度财务会计报表查出资产不实 24.16 亿元，负债不实 18.65 亿元，所有者权益不实 4.65 亿元，利润不实 4.36 亿元；查出企业会计核算违法违规金额共计 5.15 亿元。省、市两级财政部门对违规情节严重的 24 户企业中的 178 个会计独立核算主体依法给予了行政处罚，共计罚款 918.22 万元，责令补缴税款 5 564.53 万元；对违规情节较轻的 29 户企业中的 36 户会计独立核算主体，依法做出了行政处理决定，责令有关单位限期改正。与此同时，省、市两级财政部门在对 9 家相关会计师事务所执业质量的延伸检查中，共查出 9 家会计师事务所、20 名签字注册会计师不同程度存在审计责任。

在 2007 年的会计信息质量检查工作中，省财政厅监督检查局还组织各财监处，结合对会计师事务所执业质量的延伸检查，获取会计师事务所执行新审计准则第一手资料，深入剖析问题产生的根源，提出加强管理和完善政策的建议，形成《关于对会计师事务所执行新审计准则的调研报告》并及时上报财政部。

（三）不断完善内部监督制约机制，努力推进内部监督工作

2007 年，省财政厅紧紧围绕服务财政管理，不断改进监督方法，努力发挥内部监督的预警作用，促进各单位减少违规违纪问题，提高财务管理水平。

一是，对山西省财政科学研究所原所长、山西省财政厅投资评审中心原主任、山西省财产评估管理中心原秘书长、山西省财政厅培训中心原主任、五台山财会培训中心原主任、山西省财政实物库原主任、山西省财政厅驻阳泉市财政监察处原组长、山西省财政厅驻忻州市财政监察处原组长等 8 位省厅所属单位的原法人代表任期经济责任进行了审计，并出具了离任审计报告。

二是，结合对厅属单位法人代表离任审计工作，开展了对山西省财政科学研究所、山西省财政厅投资评审中心、山西省财产评估管理中心、山西省财政厅培训中心、五台山财会培训中心、山西省财政实物库等 6 户厅属单位 2005 ~ 2006 年度财务收支的内部监督检查工作。

三是，指导各市财政部门按 30% 的内审工作面开展了对局内业务科室和局属单位的内部监督检查，按 10% 的检查工作面开展了对所辖县（区）财政预算执行情况和决算的专项检查。

四是，按照省委办公厅、省政府办公厅《转发〈关于深化省级预算管理改革，增加预算约束力，提高资金使用效益的意见〉的通知》文件的有关规定，省财政厅监督检查局在 2007 年 6 月底前和 9 月底前分两次对厅机关业务处室预算下达进度和资金拨付进度进行了抽查。

三、全面加强财政监督机构队伍建设，不断提高干部队伍整体素质

2007 年，是山西省财政监督发展史上十分重要的一年，在厅党组的正确领导和关心支持下，省财政厅监督检查局和省厅驻各市财监处机构队伍建设实现了跨越式发展。年初，为切实保障派驻财政监察机构有效发挥职能作用，省财政厅党组报经省编办批准，将省财政厅驻各市和省直的 14 个财政监察机构由副处级建制升格为正处级建制，机构更名为省财政厅驻各市和省直财政监察处。同时，厅党组还专题研究了财政监察机构干部人事任免事项，共有 26 名财监干部的职务发生变动，其中提任财政监察处处长 9 名，副处长 6 名，调研员 3 名，副调研员 7 名，平职调整岗位 1 名。厅党组书记、厅长郑建国同志专门在省财政厅派出机构全体干部大会上，代表厅党组对财政监察机构新提拔干部提出“四个务必”，即务必在加强学习上下工夫、在增进团结上作表率、在作风锻炼上重务实、在工作方法上讲艺术；对全省财政监督干部提出“四个牢记”，即牢记党章、政治过硬，牢记使命、爱岗敬业，牢记宗旨、心系群众，牢记本色、勤政廉洁的希望和要求。5 月份，厅党组为厅驻太原、阳泉、长治、晋城、朔州、吕梁市财政监察处面向社会招考了 8 名公务员，把一批政策通、业务精、作风硬的高素质人才充实到了财政监察队伍中。8 月份，在全厅干部人事调整中，监督检查局有 5 名财监干部职务得到了提任，2 名财监干部平职调整岗位。

此外，省财政厅还圆满地承办了“财政部财政监督检查规则修订会议”，完成了财政部监督检查局交办的部分财政监督检查工作规则制度修订任务；配合省纪检委开展了全省公务员地方津贴补贴政策执行情况的监督检查，确保了全省收入分配制度改革的落实，促进了合理有序的收入分配格局的建议。

（山西省财政厅监督检查局供稿　苏红英执笔）

财政纪检监察

2007年，山西省财政纪检监察工作以邓小平理论和“三个代表”重要思想为指导，全面贯彻落实科学发展观，认真落实省纪委二次全会和全省党风廉政建设干部大会部署的各项任务，结合财政部门工作实际，扎实推进党风廉政建设和反腐败工作，取得了新的成效。

一、全面落实领导干部作风建设各项规定

（一）及早安排部署党风廉政建设各项工作

全国财政系统纪检监察工作会议、山西省纪委二次全会暨全省党风廉政建设干部大会后，省财政厅党组迅速行动，于2007年2月8日组织召开了全省财政系统党风廉政建设干部大会，各市财政局局长、纪检组长、监察室主任，厅机关全体干部、厅属单位副处级以上干部参加了会议。厅党组书记、厅长郑建国同志紧密结合当前形势和全省财政系统反腐倡廉工作实际作了重要讲话。厅党组成员、纪检组长岳盛林同志，回顾总结了2006年全省财政系统党风廉政建设和反腐败工作情况，对2007年工作进行了全面部署。通过召开党风廉政建设干部大会，全省财政系统统一了思想，提高了认识，明确了任务，增强了做好新形势下党风廉政建设和反腐败工作的责任感和使命感，有力地促进了财政各项工作的健康发展。

（二）扎实开展形势任务教育

3月中旬，组织党员干部认真学习了十六届六中全会精神和《中共中央关于构建社会主义和谐社会若干重大问题的决定》，6月底，又组织党员干部认真学习了胡锦涛同志在中央党校重要讲话精神，11月，对全体干部组织学习了胡锦涛十七大报告，深化了全体党员干部对中国特色社会主义、科学发展观和社会主义和谐社会等一系列重要理论精神实质的认识和理解，增强了全体党员干部坚定不移走中国特色社会主义伟大道路的信念和贯彻科学发展观的自觉性和坚定性。

（三）切实加强作风建设，狠抓各项工作任务落实

按照省委关于狠抓落实年，作风建设年的要求，2007年5月21日，召开了全厅干部职工大会，厅党组书记、厅长郑建国要求全厅党员干部要把转变工作作风与狠抓任务落实紧密结合起来，增强主动意识和全局意识，加强财政干部作风建设，切实把工作的重点放在为群众办实事解难事上，把工作的成效体现在推动财政事业发展上。

（四）深入开展党章和法纪学习教育

继续开展了《党章》的学习教育，通过多种形式积极开展了机关廉政文化建设。认真组织学习了胡锦涛同志关于全面加强领导干部作风建设的重要讲话，在领导干部中大力倡导八个方面的良好风气，坚持廉政谈话、任职谈话、诫勉谈话和定期打招呼会制度，继续开展典型示范和警示教育，取得了良好教育效果。

二、着力构建财政部门惩治和预防腐败体系

（一）进一步规范财政管理，加强对财政权力的监督制约

继续完善部门预算编制工作规程和管理办法，进一步增强了预决算编制工作的透明度，规范了审批审核行为。强化了预算执行监控，完善了内部制约机制，严格按预算、用款计划和项目进度拨款，加强财政资金用款计划、支付审核、财务核算、信息报送等各个环节的管理。加强对财政监督检查权的监督制约，完善各环节制约机制。继续推行政务公开工作，建立相应的制度，逐步扩大财政资金分配、财政预决算和行政审批事项等政务公开的范围，不断创新政务公开的形式，切实提高政务公开的效率和质量。

（二）健全完善财政工作制度，加强对财政资金的监管

根据中央和省有关财政的法规和制度，制订了《山西省财政厅行政执法过错责任确定及追究办法》、《山西省财政厅厅执法评议考核暂行办法》等规章制度，草拟了《山西省财政厅关于规范财政管理、严肃财政工作纪律的规定》。进一步完善了预算编制、预算执行和监督检查之间的相互制约机制，建立完善了会计出纳、资金分配、项目申报、跟踪问效和监督检查等制度。围绕财政资金使用的安全性、规范性、有效性，着力构建程序合法、制约有效、执行透明的财政监督机制。

（三）深化干部人事制度改革，强化对领导干部和领导班子的监督

认真贯彻落实《党政领导干部选拔任用工作条例》及省委关于干部选拔任用三项规定，按照公开、公正、透明的原则，不断深化干部人事制度改革。根据中央和省委有关人事、干部政策规定和人事制度改革需要，先后拟定和修订了《山西省财政厅机关公务员及厅属单位干部职工年度考核办法》、《山西省财政厅因公出国管理办法》等人事管理制度，积极推行领导干部任职公示、任职试用期制度，完善干部轮岗交流和选拔任用机制，强化了对领导干部和领导班子的监督与考核。

三、认真贯彻落实中纪委“八条禁令”，狠抓领导干部廉洁自律工作

（一）加强组织领导，积极安排部署

2007年6月14日，省纪委召开全省贯彻落实《中共中央纪委关于严格禁止利用职务上的便利谋取不正当利益的若干规定》（以下简称《规定》）会议后，省财政厅党组高度重视，认真学习了《规定》和省纪委会议精神，成立了由厅党组书记、厅长郑建国同志任组长的贯彻落实《规定》领导组和工作机构，对学习贯彻《规定》进行了安排部署。6月20日，召开了全省财政系统电视电话会议，对全省财政系统贯彻落实《规定》进行了动员部署，明确要求全省财政系统要采取切实有效的措施，贯彻落实《规定》和省纪委《实施意见》，一是，要深入抓好学习教育。全省财政系统各单位、各部门要采取多种形式，组织党员干部切实抓好《规定》和省纪委会议精神的学习教育，统一思想认识，从政治和全局的高度深刻理解贯彻落实《规定》的重要性。二是，要认真抓好对照检查和清理纠正工作。按照中央纪委和省纪委的要求，结合财政工作实际，围绕财政资金分配、管理和监督等重点环节，认真分析检查，防止权钱交易等不正当行为的发生。对照《规定》深入开展自查自纠，切实解决存在的问题，真正做到自觉遵守和坚决执行《规定》。三是，要加强组织领导。要健全工作机制，采取切实有效的措施，搞好督促检查，保证《规定》在全省财政系统真正落到实处。

（二）结合专项治理工作，深入贯彻落实《规定》

为使《规定》和省纪委《实施意见》精神落到实处，省财政厅将中纪委《规定》印成小册子发放到每一位党员干部手中，要求各部门组织干部认真学习，确保《规定》知晓率达100%。将贯彻落实《规定》与机关效能建设、党风廉政建设和治理商业贿赂工作相结合，配合学习《规定》，省财政厅人事教育处印发了《关于学习〈行政机关公务员处分条例〉的通知》，通过与专项治理和作风建设工作相结合，切实把《规定》落到实处。

（三）严格对照《规定》，认真自查自纠

省财政厅要求全体干部职工认真对照《规定》所列的“8个严禁”开展自查自纠，看本人有无利用职务上的便利收受请托人财物、收受请托人提供的干股、未实际出资与请托人“合作”投资、以委托理财名义获取利益、通过赌博方式收受请托人财物、要求或接受请托人给特定关系人不劳而获取薪酬、与请托人约定离职后收受财物等情形，并认真填写《利用职务上的便利谋取不正当利益自查自纠登记表》，书面上报驻厅纪检组。对不按期主动说清问题的，发现一起，查处一起，绝不姑息。

（四）加强领导干部廉洁自律

省财政厅坚持处级以上领导干部述职述廉制度，坚持按季度播放警示教育录像片，并在财政内网显著位置长期悬挂警示教育视频，使财政干部随时接受教育。要求机关各处室、厅属各单位每季度召开一次廉政分析会，对执行党风廉政责任制和领导干部廉洁自律情况进行分析评议。对于在干部测评或工作考核中发现的问题及时指出，按照规定找有关干部进行诫勉谈话，通过扎实有效的工作，提高领导干部廉洁自律意识，不断规范领导干部从政行为。

四、深入推进政风行风评议工作，努力促进机关作风转变和政务环境优化

一是，切实加强领导，及早安排部署。年初，在全省财政工作会议上，厅党组在安排部署财政工作的同时，就对全省财政系统政风行风评议工作作出了部署，要求各级财政部门要充分认识政风行风建设的重要意义，坚决克服自满松劲思想和厌战畏难情绪，把政风行风评议工作作为“一把手”工程，与财政业务工作、财政改革和党风廉政建设工作一起安排部署，一起检查落实，一起考核验收，一起奖惩兑现。在2月初召开的全省财政系统党风廉政建设干部大会上，厅党组对财政部门2007年政风行风建设工作再次进行了动员和部署。

二是，认真制订实施方案，召开电视电话会议全面动员部署。省政府办公厅《关于深入开展民主评议政风行风工作的实施意见》下发后，省财政厅制订了《关于深入开展民主评议政风行风工作的实施方案》。2007年6月20日，召开了全省财政系统民主评议政风行风工作电视电话会议，对全省财政系统民主评议工作进行安排部署。同时，对学习贯彻《中共中央纪委关于严格禁止利用职务上的便利谋取不正当利益的若干规定》和省纪委专题会议精神也进行了动员部署。

三是，广泛征求意见，认真查找存在的问题和不足。为深入了解服务对象、社会各界及人民群众对财政部门政风行风建设的意见和建议，确保政风行风评议工作不走过场，取得实效，于6月底开展了政风行风问题调查活动，面向社会和服务单位广泛征求意见和建议。厅机关共发放《征求意见函》640份，收回581份。征集到的意见和建议，主要集中在政府采购管理体制改革、政府收支分类改革、“收支两条线”和非税收入管理体制改革、提高工作效率等方面，我们对这些意见和建议进行了认真梳理，要求涉及到的处室制订了具体整改措施，认真做好整改落实。

四是，利用参加政风行风热线，认真解决关系群众切身利益的问题。为了宣传财政政策，倾听百姓的呼声，解决人民群众最关心、最直接、最现实的利益问题，7月3日下午，参加了由省行评办、省纠风办、山西广电总台联合举办的《政风行风热线》直播节目。厅党组书记、厅长郑建国，厅党组成员、纪检组长岳盛林率领有关处室负责人和厅行评办的同志参加了直播，就群众普遍关心的财政部门政风行风建设及财政支农、社会保障等方面的政策和有关情况作了介绍，并对听众热线反映的问题，作了耐心诚恳、认真详尽的解答，受到群众的一致好评。

五是，举办听证对话会，面对面听取行风监督员及服务单位的意见和建议。11月15日上午，省财政厅召开了财政厅民主评议政风行风听证对话会。财政厅党组书记、厅长郑建国，厅党组副书记、副厅长张秋明，党组成员、纪检组长岳盛林以及厅机关有关业务处室负责人参加了会议。来自省委、省政府、省人大及各民主党派的政风行风监督员及部分服务对象代表参加了会议。在近三个小时的听证会上，各位监督员畅所欲言，提出了许多宝贵意见和建议。

六是，强化督导，整体推进工作。为了掌握和解决行评工作中存在的问题，扎扎实实地做好全省财政系统的行评工作，在抓好日常督导的基础上，于11月26～30日，由厅行评办成员处室抽调专人组成督查指导组，结合对党风廉政责任制工作进行督导，对厅机关处室、厅属单位政风行风评议工作进行了全面检查考核。考核组采取听取工作汇报、查看实证资料、召开有关服务对象座谈会等形式，对各处室、各单位的行评工作进行了认真的检查指导，推动了行评工作的扎实开展。各市财政局也按照省厅的要求，结合当地实际，开展了多种形式的督查指导工作。通过督查指导，及时解决了行评工作中存在的问题，增强了各级领导抓好行评工作的紧迫感和责任感，整体推进了全系统政风行风评议工作。

五、切实推进财政部门牵头的反腐败源头治理工作

随着山西省经济改革的深入，财政制度建设不断加强，财政体制改革不断深化，财政部门牵头的全社会源头治本工作不断取得新的明显成效。一是，继续深化部门预算改革，政府收支分类改革全面推开。二是，强化项目支出预算管理，加大纳入预算管理的行政事业性收费及预算外资金的财政统筹力度，制订了《省级项目支出绩效评价办法（试行）》。三是，深化“收支两条线”管理改革，非税收入纳入财政预算管理步伐加快，制订出台了《关于将部分省定行政事业性收费纳入预算管理的通知》，将15项省定行政事业性收费纳入财政预算管理。四是，扎实推进国库集中收付改革，省本级预算内资金和政府性基金全部纳入国库集中支付改革范围。五是，推进政府采购管理体制改革，在政府采购体制管理、预算编制、计划管理、信息发布、运行规程、专家管理、中介机构管理等重点环节建立起一套比较完整的制度体系，政府采购运行更加规范，信息披露更加透明，政府采购规模和范围不断扩大。

（山西省财政厅纪检组、监察室供稿　郝瑞朝执笔）

财政人事教育与干部培训

2007年，山西省财政人事教育工作在财政厅党组的正确领导下，以邓小平理论、“三个代表”重要思想和科学发展观为指导，认真贯彻落实党的十七大精神，按照“服务全局、突出重点、统筹兼顾、开拓创新”的工作思路，积极深化干部人事制度改革，全面加强思想、作风和能力建设，不断强化服务意识，切实提高服务质量和水平，尤其在加强干部队伍建设方面做了大量卓有成效的工作，为推进山西财政改革和财政事业的健康发展发挥了积极的作用。2007年厅人事教育处获全省人事系统“争先创优”活动先进集体、全国财政系统干部教育培训工作先进单位、全国财政系统干部教育统计汇总工作先进单位等荣誉称号。

一、以处级干部选拔任用工作为重点，切实加强全厅干部队伍建设

（一）认真做好处级干部选拔任用工作

一是，在完成2006年对派驻各市财政监察机构处级干部推荐、任前考察工作基础上，于2007年上半年完成了派出机构26名新提拔处级干部的任免和宣布工作，在这次处级干部的选任中，轮岗交流处级干部6名，有效解决了厅派出机构多年来处级领导班子老化、班子结构不合理的现状。

二是，经省编办批准，在财政厅机关机构设置和申请增加处级职数的基础上，组织完成了厅机关及厅属单位处级干部的选拔、调整工作。共提拔使用干部80名，轮岗交流干部58名，较好地解决了厅机关和厅属单位干部提拔任用方面长期积压的矛盾，同时，进一步疏通了厅机关和厅属单位之间干部交流的渠道。这次干部调整涉及面广，人员调整力度大，省财政厅人事教育处根据厅党组的要求，从最初的制订干部调整方案到后来组织推荐、任前考察、研究决定、职数报批、宣布任免、办理相关调动手续等每一个环节，都严格按照《条例》的规定执行，严密履行程序，圆满完成了这项工作，获得了领导及全厅干部职工的好评。此外，还配合中组部和省委组织部完成了副省级干部的推荐、考察工作。

（二）圆满完成了厅派出机构人员招考工作

鉴于财政厅派出机构多年来干部队伍结构老化，文化结构偏低以及专业结构不合理等情况，在做好厅派出机构处级干部调整、交流轮岗工作的同时，省财政厅人事教育还将通过面向社会公开招考的方式为厅驻各市财监处补充一批高素质人员。在省人事厅统一安排部署下，从年初制订招考计划开始，经过发布公告、现场及网上报名、资格审查、笔试、专业测试、面试、体检、组织考察、报批等环节，共为厅驻各市财监处招考了8名高学历、高素质人员。招考的8名公务员平均年龄25岁，其中：男性3名，女性5名，研究生1名，本科学历及学士学位7名。不仅为厅派出机构补充了新鲜血液，而且有效改善了厅派出机构干部队伍的学历、年龄和专业结构。

（三）进一步深化干部人事制度改革，

干部监督管理机制更加健全

一是，为促进干部人事工作有章可循、有据可依，更加规范化、科学化、民主化、制度化，对近年来制订的20多项干部人事管理制度进行重新梳理和汇总，在此基础上，草拟了《山西省财政厅人事工作纲要》。

二是，圆满完成了2006年度考核工作。在公务员年度考核工作中，以处级干部考核为重点，对不同级别的干部采取不同的考核方法，严格执行平时考核与定期考核相结合的制度，并将公务员平时考勤、培训、理论学习、业务工作及廉政等情况作为确定公务员年度考核等次的重要依据，保证了考核结果的客观准确，有效促进了财政厅干部队伍建设。全年共考核干部职工500人次，其中95人被确定为优秀等次。

三是，认真执行《公务员法》、《党政领导干部选拔任用工作条例》等法律法规和规章制度，积极推行任前公示、任职试用期、离任审计、收入申报、个人重大事项报告等干部人事管理制度，全年共委托厅监督检查局对厅属单位交流轮岗的8名处级领导干部进行了离任审计，对新提拔的34名处级领导干部全部实行任职试用期制度。此外，还完成了全厅156名处级干部集中报告个人有关事项工作，并向省委组织部作了专题报告。四是配合省委考核组完成了厅领导班子及班子成员的述职述廉工作。

二、以深化财政改革为目的，努力做好财政机构编制调整及管理工作

一是，鉴于厅机关部门预算处室工作任务较重，处级领导职数相对不足的情况，积极和省编办协商沟通，向省编办申请增加了8名处级领导职数，为进一步充实和配备部门预算处室处级领导干部提供了条件。

二是，为适应农村综合改革发展的需要，借鉴财政部和其他兄弟省市的做法，向省编办申请成立了“山西省农村综合改革领导组办公室”。

三是，为了切实加强对“煤炭可持续发展基金”的收支管理，根据省委、省政府的要求，向省编办申请成立了“煤炭基金管理处”和“山西省煤炭基金稽查总队”。

四是，申请将“离退休人员管理处”及“省财政厅派驻省属地方金融类企业监事会”由全额事业编制转为行政编制。

五是，为厅财政监察员办事机构及监事会申请核定了司机编制。

六是，完成了省财政厅国库支付中心参照公务员法管理的报批工作，同时还完成了52名工作人员的登记工作。

七是，完成了为厅投资评审中心申请增加编制的申报工作。

八是组织完成了厅机关和所属单位组织机构代码证年检工作。

三、以提高干部素质为重点，努力做好干部教育培训工作

鉴于2007年省财政厅干部人事调整工作任务较重的实际，为了保证重点，确保干部调整及交流轮岗工作的顺利完成，厅人事教育处对年初制订的干部教育培训工作计划及时进行了调整，主要完成了以下工作：一是，从财政工作和干部队伍的建设出发，结合全厅工作实际，制订并印发了《山西省财政厅2007年度干部教育培训计划》。二是，根据形势发展的需要，结合山西省实际，制订并印发了《2006～2010年全省财政干部教育培训规划》。三是，根据《山西省财政厅干部职工在职学历学位教育和脱产学习培训管理暂行规定》，鼓励和积极选派干部职工参加研究生、大学本科等在职学历教育，不断提升他们的文化素养。同时，还积极选派32名干部参加财政部、省委党校、省行政学院及有关单位举办的政治理论、业务知识和境外培训，多方式、多渠道提高干部队伍的政治和文化素质。四是，按照财政部的要求，经过干部教育培训工作课题组一年多的精心准备，完成了《财政干部知识、素质、能力问题研究》课题。五是，为进一步提高全省财政系统干部教育培训工作的管理水平，督促各市财政局更好地做好本地干部教育培训工作，根据《山西省财政系统干部教育培训考核评比暂行办法》，对各市财政局报送的自评报告逐项进行了量化评分，报厅长办公会审定后，对2006年度各市财政局培训工作考核评比结果进行了通报，对获奖单位予以表彰和奖励。六是，根据省人事厅《关于在全省公务员中开展公共管理核心内容培训的通知》精神，拟定了《山西省财政厅关于开展公务员公共管理核心内容培训的实施意见》。

四、以搞好服务为宗旨，认真做好人事劳资等日常管理工作

2007年，全年共办理调动手续35人，接收大中专毕业生14名，接收安置复转军人5人，办理退休手续7人，办理工人技术等级申报及技师人选确定工作28人，办理专业技术人员职务评聘手续38人，办理在职聘干手续11人，办理聘干续聘手续100多人，办理出国政审及审批手续57人，办理职务变动人员及厅机关、厅国库支付中心工作人员工作证到期后的换证工作250多人，办理厅机关、离退休人员新的工资套改手续107人，办理医疗保险参保、停保、退保手续285人。此外，还组织完成了省委安排的对省财政厅复员退伍军人的排查工作，组织完成了省财政厅在太原市迎泽区的第三届人大代表候选人投票选举工作，组织完成了“省委联系的高级专家”人选的推荐及人选确定后的公示工作，组织完成了《财苑赞歌——2006年全省财政系统先进集体先进工作者事迹汇编》及宣传报道工作，完成了省财政厅第20批农村工作队的抽调工作，组织妇女职工进行了每年2次的妇科体检工作等。

五、以加强自身建设为依托，积极推动工作开展

人事干部自身素质的高低直接影响着人事教育整体工作的好坏。多年来，财政厅人事教育处一直将处内自身建设作为整体工作的重点来抓。2007年，厅人事教育处以构建和谐处室为主题，大力加强处内自身建设，取得了较为明显的成效。一是，加强处内业务政策及政治理论学习。坚持每周二学习制度，定期组织全处同志对中央的重要会议精神、干部人事方面最新政策进行系统全面的学习。一年来，先后组织全处同志学习了“省委两个决定”、“胡锦涛在中纪委八次全会上的讲话”、“省文明和谐单位创建办法”、“胡锦涛在省部级干部研究班上的讲话”、“党的十七大精神”等一系列讲话和文件精神，通过学习，提高了大家的政治理论素养和业务水平。二是，强化工作纪律。通过不定期召开处务会的形式，要求全处同志严守工作纪律、恪守工作职责，倡导每一位同志都能够做到“耐得住清贫，守得住寂寞”。一年来，通过全处同志的努力，较好地维护了处室对外的整体形象。三是，强化服务意识。在日常工作中要求全处同志牢固树立“对党组负责，对财政事业负责和为全厅干部职工服务”的观念，继续强化“人事工作无小事”的观点，始终以服务为宗旨，振奋精神，与时俱进，扎扎实实地做好日常人事管理服务工作。四是通过组织处内各种活动，丰富了大家的业余文化生活，加强了同志们之间的相互交流与沟通，有效促进了各项工作的开展。

（山西省财政厅人事教育处供稿　孟玉军执笔）

财政新闻宣传

2007年，山西省财政新闻宣传工作按照科学发展观和构建和谐社会的总体要求，以更好地促进全省各项财政工作任务的完成为目标，以“贴近实际、贴近生活、贴近群众”为原则，进一步创新财政宣传方式，提升财政宣传水平，重点宣传了十六大以来全省财政在做大财政收入“蛋糕”、优化支出结构、推进经济方式转变、促进科学发展、支持和谐社会构建，支持服务“三农”、改善民生、推进财政体制创新等方面取得的辉煌成绩，为迎接党的十七大胜利召开，营造良好的财政发展氛围做出了积极贡献。全年共发表各类财政新闻稿、广播稿和电视稿560多篇。其中，在《山西日报》发表财政宣传类稿件40余篇，在《山西经济日报》发表财政稿件200余篇，在山西电视台、山西人民广播电台发表广播稿160余次，服务厅领导及处室负责人接受电视台采访10余次，在《发展导报》《三晋都市报》《太原晚报》《山西青年报》等新闻报刊刊发财政类稿件150篇，在人民网、中国新闻网等网络发表宣传稿3篇。

一、及时制订宣传计划，加强对财政新闻宣传工作的指导性

为了确保财政新闻宣传工作的有效开展，省财政加强了对财政新闻宣传工作的规划指导。根据年初财政工作会议精神，及时制订了《2007年度山西省财政厅新闻宣传计划》，从指导思想、宣传方式、任务分解和具体要求等四方面对年度财政宣传的组织实施做了全面系统的规划，将年度重点宣传任务分解细化到了厅里相关处室和单位，并明确了具体的完成时间和要求，从而使财政宣传任务切实落到了实处。

二、精心组织实施，提升财政宣传质量，扩大财政宣传的影响力

一是，选择热点财政专题，重点出击，宣传效果明显。先后于2007年8月、10月、11月三次邀请山西日报、山西经济日报、山西人民广播电台、山西政报等省内主要新闻媒体记者由省财政厅相关处室人员带队赴吕梁、临汾、运城、晋城、长治等地就财政支农资金整合、五年来财政支持社会保障、教育事业等进行了三次专题采访活动。活动结束后，写出了大量篇幅较大的有份量的稿件，对相关问题进行了深度的报道，社会反响强烈。其中，在《山西日报》重要位置刊登的稿件：《出路——石楼县整合财政支农资金建设新农村的启示》（2007年8月23头版头条）；《民生至上——我省财政系统全力以赴做好社会保障工作》（2007年11月14日头版头条）；《山西：公共财政全力保障让每一个孩子都有学上》（2007年12月24日头版）。在《山西经济日报》重要位置刊登的稿件：《资金整合：高压线上的一场革命》（2007年8月29日头版头条）；《资金整合：各炒一盘菜，共坐一桌席》（2007年8月30日头版头条）；《教育：办到百姓的心坎上》（2007年12月28日头版）。记者采写的《集中财力整体推进，山西石楼成功经验证明贫困山区也能建好新农村》、《连续三年政府买单免费健康体检催生运城农民就医、生活新观念》两篇稿件在中央台“全国各地新闻联播节目”播出，其中一条在整组节目中的第二条报题播出，颇具影响力。

二是，加大重点财政问题的日常报道力度。在省内媒体发表的宣传财政政策、财政支持民生的主要稿件有《省财政对五行业发放燃油补贴2 474万元》、《八成以上财政增量资金用于改善民生》、《从200亿到1 000亿——山西省财政收入年年上新台阶》、《阳光财政惠及：惠及百姓生活》等近400余件稿件，财政宣传的力度不断扩大。广播宣传的力度也前所未有，全年在山西人民广播电台早间新闻播出头条新闻10余条，全年发稿100多余次，录音报道占到了70%以上，充分发挥了广播的特色，也找准了广播宣传财政的结合点。播发了《五指并拢齐攻坚、吕梁山上崛新村》、《关注民生、构建和谐》等专题节目，长度达15分钟。

三是，继续举办《财苑》专栏，重点地有深度地报道财政。全年共组织12个专版，稿件200余篇。就财政体制改革、省财政厅转变作风、干部作风建设、财政扶贫、提高企业退休人员养老金标准、会计工作、财政五年成就等相关专题进行了深入、生动的报道，起到了较好的宣传效果。

三、积极组织全省第四届财政好新闻评比，促进系统财政新闻宣传工作的开展

为了促进全省财政系统财政新闻宣传工作的有效开展，根据财政部的有关通知精神，2007年5月份，省财政厅组织开展了2005～2006年度全省财政新闻宣传工作先进集体先进个人和第四届全省财政好新闻评比工作，在近300篇新闻稿件中评出一等奖7篇、二等奖14篇、三等奖24篇。同时省财政厅还将其中的优秀稿件送财政部参加全国第八届财政好新闻评比，其中，《加减乘除：财政调控方程演绎科学发展路径》《点击山西财政2005十大关键词》《人勤春来早 财政支农忙》等3篇稿件分获得一、二、三等奖。同时，山西省财政厅办公室还被财政部授予2005～2006年度全国财政新闻宣传先进集体。

（山西省财政厅办公室供稿
薛朝阳执笔）

财政信息

2007年，省财政厅从服务全省财政经济社会发展的大局出发，紧紧围绕省委、省政府中心工作，不断拓展信息报送渠道，努力提高信息编报质量和信息服务水平，为扩大财政宣传影响力，促进山西和谐社会建设发挥了积极作用。2007年，共收集、编写并向省委、省政府、财政部报送财政信息363条，编辑山西财政信息29期，编发财政调研21期、参阅材料36期、厅情摘要22期，按季度对各市财政局、各信息直接联系点、厅机关各处室、厅属各单位进行了信息报送量和采用量考核，编发财政信息副刊8期。在财政部、省委办公厅、省政府办公厅信息考核中，2007年省财政厅财政信息工作均取得较好成绩，被评为财政部信息工作先进单位、省委信息工作先进单位、省政府信息工作红旗单位。

一、围绕省委、省政府工作大局抓信息

财政信息工作主要是紧扣省委、省政府中心工作，在准确了解和把握省委、省政府重点工作部署的基础上抓信息编报工作。2007年省九次党代会对全省工作做出了走出“四条路子”、实现“三个跨越”的总体部署，指明了此后一段时期山西省各项工作的奋斗目标和主要任务，为山西加快转型发展、实现跨越崛起明确了目标。党的十七大的召开，为我国坚持中国特色社会主义道路指明了方向。省财政厅将民生财政等纳入财政信息工作报送的重点，及时制发《财政信息工作报送要点》，指导本系统各个级次的信息员把握不同时期的信息工作重点。通过有针对性的信息选题，将省委、省政府关心的重点工作的进展情况、采取措施、存在问题、意见和建议等收集上来，为领导科学决策提供了依据。只要是关系到人民群众利益的事情，不管出台了什么财税政策，还是拨付了多少资金，从资金数额大到几十个亿，小到几十万元，省财政厅都力求在第一时间核实情况后把信息报送出去，及时宣传财政政策，宣传财政工作，努力促进财政各项惠民政策的贯彻落实。

二、突出财政特色抓信息

在财政信息编报工作中，省财政厅围绕财政政策、财政举措、财政资金落实等情况组织信息，比如，报送反映12件实事的信息时，省财政厅找到财政信息的切入点，抓住财政部门的特点，围绕财政部门如何支持12件实事来组织资料，从财政部门的角度来研究问题、提出问题、解决问题。另外，财政部门是与各部门联系最紧密的一个部门，政府各个部门的工作大都与财政工作相关，财政工作头绪繁多、任务繁重，信息量比较大，所以，省财政厅写信息、报信息善于找窍门、找规律，注意把握好工作节奏，分期确定信息报送工作重点。比如，年初的时候各级都在安排部署工作，各级党政领导都要对财政工作作指示，这个时候就要注意收集各级各地财政工作新思路方面的信息；年中抓计划落实，就要注重组织预算执行、

年初重要工作进展情况等方面的信息；年终考核完成情况，就要注重组织全年各项财政指标完成情况及各项重点工作任务完成情况方面的信息，并作出评价分析，以有效推动各个时期工作的落实。

三、注重质量抓信息

如何扩大财政信息的影响力、提高信息编报质量是财政信息工作的重点。在2007年省财政厅信息工作重点把握了以下几点：

（一）信息标题引人注目

把信息标题作为信息内容最高度、最精辟、最准确的概括。2007年3月份省财政厅报送信息《山西省将担保机制引入政府采购领域》，连续被省委信息处、省政府信息处、财政部信息处采用，省内外的多家媒体予以刊载，成功地宣传了山西省政府采购工作。这条信息原来的标题是《发挥政府采购政策功能　促进中小企业发展》，信息标题改动以后，信息焦点聚集在反映担保新机制上，引起了大家的广泛关注。

（二）信息主题突出

某县财政局报来的一条信息《“两免一补”保障好每个孩子受教育的权利》，同时穿插讲了两件事，一个是“两免一补”政策落实情况：“全县农村义务教育阶段学生全部免除学杂费，7 570名学生免教科书费。……”另一个是救助贫困生情况：“对中小学寄宿的孤儿等免除生活费，小学每生每年600元、初中每生每年800元；对农村优抚家庭子女等，小学每生每年补助400元，初中每生每年补助500元。……”这是一篇有工作特色的信息，但重点应该是对贫困生实施救助。这条信息修改后成为一事一议，突出了主题，报送有关部门后被采用。

（三）信息内容真实、准确

2007年副食涨价比较严重，副食补贴是各级领导和广大群众非常感兴趣的问题。某市财政局报送信息：“××市统一制订了对全市城乡‘低保’人群进行补助的标准，即：城市‘低保’户补贴40元/人；农村‘低保’户补贴32元/人。到目前为止，共有城市‘低保’对象85 236人，农村‘低保’人员54 664人，共需补贴资金516万元。市财政经过多方努力筹措资金，将随同三季度‘低保’金直接打入低保户个人账户，从而减轻低收入群体和困难群众的生活压力。”这条信息有三个问题没有讲清楚：一是副食补贴是临时性的还是长期性的；二是副食补贴是不是提高了低保标准；三是这个措施能起到“减轻低收入群体和困难群众的生活压力”的作用吗。经核实这条信息明确了三点：第一，这个补贴是一次性的；第二，它只是一个临时的补贴政策，虽然随同三季度低保金同时发放，但不影响低保标准；第三，这项措施体现了党和政府对人民群众的关心。

（山西省财政厅办公室供稿
李晓华执笔）

机关建设

一、机关政务工作

2007年，山西省财政厅机关以“作风建设年、狠抓落实年”活动为契机，围绕财政中心工作，进一步改进工作作风、完善工作机制、夯实政务基础、狠抓工作落实，全力发挥决策辅助、协调运转和舆论支撑功能，切实做到了服务领导、服务机关、服务群众，为推进各项财政工作顺利开展做出了应有贡献。

（一）全力确保机关政务正常运转

一是，认真做好会议组织工作。全年共组织承办、协办各类会议10余次，其中，全省财政工作会议1次，全省财政体制改革动员会1次，全省财税联席会议1次，厅务会1次，厅长办公会13次，全部高质量完成。

二是，认真做好人大代表建议、政协委员提案答复工作。全年共答复人大代表建议59件，政协委员提案29件，特别是对一些代表不理解的问题，主动与有关部门联系，提出中肯的答复意见，受到了人大代表、政协委员和省人大、省政协的高度评价。

三是，认真做好办文协调工作。全年共经办领导批示600多件，为厅领导和各处室传递文件12 000余份次，做到了即到即办，即批即送，保证了机关公文传递的高效有序。

四是，认真做好督查协调工作。加大政务督查力度，继续完善日常电话查询、通过发文核查与专门督查相结合的督查机制，加强了督查信息反馈，及时向发出督办通知的上级机关报告督办结果，并按期对督办事项进行通报，全年共签发督查通报3期，省领导批示及各类会议确定的重大事项均保持了较高的办复率。

五是，认真做好信访协调工作。全年处理信访28件，特别是通过几次群体信访的办理，树立了省财政厅勤政、务实、高效的良好形象。此外，全年共分发报纸5万多份，杂志2 000多本，收发文件15 000多份，为有关处室、单位调阅档案168次。文印工作效率和质量进一步提高，共打印各类文件及其他文字材料130多万字，复印、速印各类文字70多万字，并做到了平件两日出，急件一日必出，特件特办，保证了全厅公文的有序快速运转。

（二）全力服务财政改革发展大局

2007年，厅机关紧紧围绕财政中心工作，本着“决策前调研，决策中献策，决策后跟踪”的服务意识，努力提高公文质量和水平。2007年共撰写及修改各类材料80余篇，文字总量百万余字，全部按时间、按要求完成。在文字材料起草过程中坚持精品路线，着力在快出精品、多出精品上做文章，特别是在一些大型材料的把握上，更是坚持开拓思路，精益求精，为省委、省政府领导了解财政运行情况、指导财政工作奠定了基础。同时，结合党中央和省委、省政府的最新政策精神，把握宏观财政经济最新形势，拟写了大量有理论高度、有新意，对财政工作实践有较强指导意义的精品材料，受到了厅领导的好评。认真做好调查研究工作。按照财政部安排，在全省财政系统组织开展了“春节回乡见闻”调研活动，共完成调研成果200多篇，评出山西省“春节回乡见闻”调研活动作品一等奖4篇、二等奖10篇、三等奖20篇、鼓励奖20篇并给予了通报表彰。按照省委、省政府确定的狠抓落实年和作风建设年要求，组织开展了“调查研究月”活动，由厅领导带领相关处室深入预算单位、项目现场、基层一线，认真检查重点工作进展情况及各项政策措施落实情况，并对其中的重点、热点、难点问题认真剖析，提出应对举措。这次调研共确定调研选题32个，在《财政调研》刊发调研报告4篇。组织开展了省市财政系统协作调研活动。围绕2007年财政中心工作，组织厅机关及各市相关人员组成课题组，制订了调研工作方案，对省以下财政体制改革、非税收入改革、教育经费保障机制改革、节能减排等课题进行了专题调研，完成调研报告2篇。

（三）全力提升机关事务管理水平

1. 不断健全和完善工作制度。先后制发、修订和重申了《山西省财政厅公文办理限时办结制度》、《关于加强会议管理规范领导政务活动的意见》、《山西省财政厅门户网站信息管理办法》、《山西省财政厅新闻宣传管理办法》、《山西省财政厅会计档案管理暂行办法》、《山西省财政厅基本建设和设备档案管理暂行办法》、《山西省财政厅声像档案管理暂行办法》、《山西省财政厅荣誉实物档案管理暂行办法》、《山西省财政厅档案利用制度》、《山西省财政厅档案工作保密制度》等政务管理制度，促进了机关运转的规范有序。

2. 继续引深政务公开。根据厅机关处室调整情况及人员调整情况，重新修订了有关处的职责，为机关新增人员补发了台签、胸卡；完善了政务公开触摸屏内容，将财政法规、工作职责、办事程序等内容予以公示，增强了财政工作的透明度，进一步方便了群众办事。编制了《山西省财政厅政务公开目录》，绘制了《山西省财政厅各处室办事程序流程图》，进一步引深了机关政务公开。

3. 继续推进办公自动化建设。在已开发并投入使用的公文管理系统基础上，延伸开发了发文管理子系统。同时在公文发文管理子系统运行过程中，广泛征求各处室意见，经综合考虑，对厅办公自动化系统进行了更新及升级，为省财政厅实现无纸化办公创造了良好条件。全年网上处理公文4 579件，其中，向财政部发送公文120余件，向各市发送公文1 124余件，向省政府发送公文40余件、信息360余条；共接受财政部电子公文500余件，简报、信息100余件。配合省委机要局对全省11个市财政局的电子公文传输设备及环境安全进行了检查并向中办机要局汇报了检查情况。

4. 加强档案机要管理。2007年共收集各种门类和载体档案6 429卷/件/册，并对其进行了检查验收、编目、上架，保证了厅机关档案的安全、有序。根据国家档案局8号令要求，重新修订了《山西省财政厅文书档案归档范围及保管期限表》等档案管理制度及档案分类方案、分类大纲。制发了《关于成立山西省财政厅档案工作领导组的通知》、《关于调整山西省财政厅档案管理网络人员的通知》、《关于报送山西省财政厅2006年档案工作总结的函》等档案管理文件、函件共13份，约5万字。为厅机关和有关单位提供档案资料服务184次，893卷/件，93册/次，复印档案、资料共271件/卷/册，1 441页。编写了《山西省财政厅基础数字汇编》、《山西省财政厅档案利用效果实例汇编》、《山西省财政厅组织沿革》等“十五”期间档案编研材料约4万余字。更新了档案库房硬件设备，增强了档案管理工作力度。规范机要保密工作，一年来共登记、处理、送传各种纪要文件、3 000余件，并做到了件件有着落，急件急办；按照《山西省财政厅保密委员会关于复印文件保密管理的规定》，制作了30多块文件复印警示牌，粘贴在全厅20多个处室的复印机上，规范了复印国家秘密文件的操作程序，提高了全厅干部的保密意识。

5. 加强机关财务管理。2007年是公务员工资和津贴补贴的改革规范之年，为了保证全厅职工的工资和津贴补贴尽快落实到位，厅机关及时核对个人资料，认真执行改革要求，确保了工资和津补贴改革的顺利进行。进一步改进了报销单据，方便了机关干部填写。逐月进行财务分析，及时做出经费支出情况报表，认真研究财务增减原因，为领导决策提供了依据。认真开展行政事业单位清产核资工作，对机关和厅属单位有关人员进行培训，彻底搞清了厅机关及厅属事业单位家底，做到了账实相符。加强对厅属各单位财务监督与管理，规范各单位的财务收支行为，建立健全有效的内部会计管理制度和内部控制制度。组织开展了《政府收支分类改革》、《部门预算》和财政供养人员软件等业务知识的培训，提高了财务工作效率。

此外，为有效指导系统工作，提高资料信息服务的规范性，汇编了《山西省财政厅发文汇集》《山西省财政厅大事记》等一系列汇总文集，方便了机关干部了解机关运作程序、熟悉业务情况，提高了机关建设水平。

二、机关党建和群团工作

2007年，在厅党组和省直工委的正确领导下，厅机关党委团结带领所属各基层党组织和广大党员，坚持以邓小平理论和“三个代表”重要思想为指导，以推动科学发展、促进社会和谐为主题，以加强党的执政能力建设和先进性建设为重点，全面贯彻省委提出的“作风建设年、狠抓落实年”的要求，围绕中心，服务大局，深入贯彻落实十七大精神，不断推进党的思想、组织、作风、制度和反腐倡廉建设，推进省级文明和谐单位创建，努力开创机关党建工作新局面，为实现全省财政事业又好又快发展提供坚强的思想、政治和组织保证。

（一）坚持以党的最新理论化成果武装党员干部头脑，兴起学习贯彻党的十七大精神热潮

1. 抓好理论学习和教育培训。一是，年初厅机关党委下发了《关于我厅2007年党组中心组暨干部理论学习的安排意见》，对党组中心组和干部全年的理论学习作了具体安排。一年中，党组成员以《理论学习内参》为基本资料，以党的十七大精神和省九次党代会精神为重点，共学习了6次，并多次将学习扩大到处级干部，起到了很好的带动作用。二是，坚持每周二、五下午集中学习。以处室为单位自行组织，集体学习每月不少于两次，个人自学每月不少于4次。全年为党员干部购买发放各类学习资料1 500余册。三是，狠抓形势理论教育和培训工作。6月25日胡锦涛总书记在中央党校发表重要讲话后，厅机关党委及时作出学习安排，明确提出学习领会讲话精神所要掌握的6个方面的重点内容及理论联系实际要做到的五个结合。党的十七大召开后，及时下发了《关于认真学习贯彻党的十七精神的通知》，紧密结合厅机关实际，对学习贯彻会议精神做出详细安排，并对引深学习提出了具体要求。为提高学习质量，确保学习效果，购发了学习辅导材料，聘请省委党校教授为全厅干部作了学习辅导。选送30名处级干部参加省直分校脱产培训，处以上干部撰写了学习心得体会文章。同时，对全厅党员干部的理论学习笔记进行了全面检查，并按照公共目标责任制考核办法进行了严格

考核。

2. 做好普法教育和党的宣传工作。一是，认真落实《山西省财政厅五五普法宣传教育规划》，及时下发了2007年法制教育工作要点。组织全体干部按期完成《“五五”普法干部读本》的学习内容。按照依法治省领导组的统一部署，积极参加了“12·4”法制宣传日活动。二是，坚持利用《党的生活》、《山西财税》、《山西财政信息》、山西电视台等媒体大力宣传报导我厅党建工作。在此基础上，重点办好山西财政党建局域网，新增了作风建设、党员之家等多个栏目，扩大了党的工作覆盖面。

（二）以抓好先进性长效机制建设为重点，不断加强基层党组织和党员队伍建设

1. 健全和完善机关党的工作责任制。认真抓好中央四个长效机制文件和《山西省委办公厅关于转发〈省直机关党的工作责任制暂行规定〉的通知》的贯彻落实。充分发挥党支部书记抓党建第一责任人的作用。建立健全党组负总责、党组书记亲自抓、分管领导具体抓、机关党委抓落实的工作机制。充分发挥基层党总支、党支部的作用。

2. 抓好党的基层组织建设。认真落实《中国共产党党和国家机关基层组织工作条例》。一是，根据省财政厅干部调整和新增加内设机构的情况，按照将党支部建在处室和领导干部“一岗双责”的原则，对16个处室单位的党组织进行了组织设置和支部委员选举。二是，制订《山西省财政厅党的组织生活制度》，明确具体要求，加强监督检查力度。全年组织各支部召开了2次领导干部民主生活会，1次党支部民主生活会和民主评议党员工作。按照省委的要求，认真组织召开了“加强作风建设，强化党员意识”、“吸取‘黑砖窑事件教训’加强领导班子和干部队伍建设”专题民主生活会。三是，开展了“创先争优”、精神文明建设先进工作者评比表彰活动，共有10个集体、99名个人受到表彰。并编辑出版了《先锋礼赞——财政战线先进党组织巡礼》一书，召开了首次全省财政系统党建工作经验交流会，对全省财政系统32个基层党组织的先进事迹进行宣传。四是，按照《山西省推选出席党的十七大代表候选人预备人选的选举方案》的有关要求，严格组织，全厅100%的党支部和95%以上的党员参加了推选工作。五是，扎实抓好新党员入口把关和教育工作。全年共选派12名入党积极分子参加了省委党校省直分校培训，发展新党员9名，转正预备党员10名。截至2007年底，全厅党员总数为555名。六是，以落实党的工作责任制为抓手，增强厅领导抓党建的责任意识和党内民主意识。会同人事教育处、办公室、纪检组监察室，圆满完成了一年一度的厅领导述职述廉工作。七是，加强日常管理，做好党费的收缴和党员组织关系接转等项工作。

（三）加强作风建设，提高服务水平

按照省委确定的“作风建设年、狠抓落实年”的要求，省财政厅开展了以“三服务、三促进”为重点的作风和效能建设主题教育活动，积极改进工作作风。及时下发了《山西省财政厅开展“三服务、三促进”作风建设活动实施意见》，通过开展请劳动模范作报告、向服务单位发放征求意见函并进行认真整改，使“懒、散、推、拖”等不良现象得到了明显改善，党员干部勤政廉洁、爱岗敬业的素质有了较大提高；认真制订和落实《山西省财政厅加强作风建设狠抓工作落实八项具体规定》，坚决杜绝“门难进、脸难看、话难听、事难办”的现象，实行挂牌上岗，文明用语，服务忌语，首问负责制，服务承诺制，下基层开展调研等，有力地促进了机关文明服务，规范服务和高效服务，进一步提高了群众对省财政厅机关工作的满意度和信任度。

（四）以制度建设为重点，确保党建工作任务落到实处

厅机关党委坚持以新理念加强制度建设，修订完善了《山西省财政厅关于〈一课三会〉的有关规定》、《山西省财政厅关于进一步贯彻落实〈省直机关党的工作责任制暂行规定〉的意见》、《山西省财政厅文明和谐单位管理办法》、《山西省财政厅关于加强和改进党员干部理论学习和考核的实施意见》、《山西省财政厅党组中心组学习制度》等项制度，拟订了《山西省财政厅党的组织生活制度》。以严格的管理制度和严明的组织纪律确保党建工作取得实效。

（五）加强党风廉政教育，推动廉政文化建设

认真贯彻中央和省委关于反腐倡廉的各项部署和要求，开展廉政文化进机关活动。组织党员干部积极参加廉政短信有奖征集、山西省“焦煤杯”反腐倡廉书画作品展等活动，切实强化了干部的自我激励与约束。

（六）以构建和谐社会的要求，推进精神文明建设

1. 争创省级文明和谐单位。一是，丰富创建形式，广泛开展创建文明和谐处室、文明和谐家庭、文明和谐小区和文明和谐单位、十佳文明窗口活动。二是，增强创建活力，严格按照省文明委、省直文明委有关要求和《山西省直文明和谐单位管理办法》有关规定，认真修订和完善了《山西省财政厅文明和谐单位管理办法》。围绕有形化、一体化和规范化创建，加大了创建文明和谐单位工作的考核检查力度，提升了创建工作档次。三是，工作效果明显。五年来，厅机关连续被省直文明委命名为“省直文明和谐单位标兵”，厅机关后勤服务中心等11家单位成功创建为“省直文明和谐单位标兵”，省财政科学研究所等两家单位成功创建为省直文明和谐单位。2007年12月，省文明委副主任张明亮等领导，对厅机关省级文明和谐单位的创建工作进行了检查验收，并给予了充分肯定和高度评价。

2. 坚持经常性的思想教育工作。深入开展了党章教育、社会主义荣辱观教育和以“人人都是软环境、公仆先是好公民”为主题的公民思想道德教育实践活动。要求机关干部熟知并广泛宣传《公民道德建设纲要》规定的20字公民道德基本规范和“八荣八耻”基本内容。以纪念建党86周年、迎接党的十七大召开为契机，组织百人合唱团参加了省直机关“喜迎十七大、颂歌献给党”歌咏比赛，获金奖第二名的好成绩。以纪念建军80周年为契机，组织全厅转业干部、复退战士到驻晋某部开展“军营一日”主题教育活动。大力提倡并要求广大党员干部牢固树立良好的职业道德、社会公德和家庭美德。

3. 积极开展扶贫帮困献爱心活动。2007年元旦、春节期间，我厅牵头组织省社会主义学院等4家单位，筹集慰问金46 000元，为山西永明电器厂75户特困职工送去了党和政府的温暖。

（七）做好党的群团工作

1. 厅工会充分发挥职能，各项工作有效开展。一是，开展“五一”表彰评比选送工作，向省劳动竞赛委员会和省直劳动竞赛委员会积极推荐上报了先进集体和优秀个人。一年中，受到全国总工会表彰的集体1个，个人1名；省总工会表彰的集体3个，个人1名；省直工会表彰集体1个，个人3名。二是，推进基层组织建设。严格按照《工会章程》、《工会法》有关规定，为3名新会员和45名临时工会员办理了会员入会手续。三是努力创新活动方式，丰富机关职工精神文化。坚持在职工中开展工间操活动，进一步推动厅机关全民健身运动的开展。积极组队参加了“信合杯”山西省党政领导干部乒乓球比赛，崔春香同志取得了乒乓球厅级女单亚军的好成绩。四是保持和

发扬优良传统，广泛组织开展“送温暖、献爱心”社会捐助活动，共捐款28 100元，为社会弱势群体做出了爱心奉献。同时，继续坚持“三必访”制度，全年共看望生病住院职工6人次，使工会真正成为干部职工温暖的家，推进了“建家”活动，增强了工会组织的凝聚力。

2. 以党建带团建，共青团工作不断推进。厅团委紧紧抓住服务青年这一根本，加强青年人才队伍的建设和培养。开展创建“学习型团组织”、“青年文明号”、争当“青年岗位能手”等活动。一是，加强组织建设。为2名团员青年办理了组织关系接转手续，并继续规范团费收缴工作，使广大团员青年在严格履行团员义务的同时强化了团员意识教育。二是，以纪念五四运动88周年暨建团85周年为契机，开展了系列庆祝活动。积极组织开展文艺联欢、社会实践调查等活动，进一步增强了财政青年的使命感和责任心，激发了积极投身财政改革发展的工作热情。三是，大力培养优秀青年。推荐全省财政系统8名优秀青年参加上级团组织的评比表彰。郝瑞朝同志被省直团工委评为“省直机关优秀共青团员”；在“安利杯”第六届山西省杰出青年卫士评选活动中，沁水县财政局霍树宾被授予“杰出青年卫士提名奖”，万荣县财政局陈鹏云、大同市预算外资金管理局姜文军、寿阳县财政局会计核算中心魏曰隽等3人被授予“优秀青年卫士”荣誉称号；厅机关党委尹向丽、朔州市会计核算中心张瑞峰、运城市财政局国库支付局普春娟等3人被团省委和省劳动和社会保障厅联合授予“山西省青年岗位能手”荣誉称号。四是，不断推进全省财政系统“青年文明号”创建工作。一年中，圆满完成了阳泉市财政信息网络中心等6家争创集体2007年度的申报、培训工作。为2006年创建成功的运城市财政国库支付局等5家单位举行了隆重的省级“青年文明号”揭牌仪式。长治市会计核算中心荣获国家级“青年文明号”称号，厅信息网络中心综合科等7家新申报集体被省组委会命名为省级青年文明号。成功召开了山西省财政系统创建青年文明号10周年总结表彰推进会，全面总结了财政系统开展创建青年文明号工作10年来的成绩和经验，对16个先进集体和60名优秀个人进行了表彰。截至2007年底，全系统共有省级以上“青年文明号”53家，其中国家级8家。组织省城部分“青年文明号”集体开展了“慰问一线交警”活动，为奋战在省城道路改造一线的交通民警送去了价值2万余元的防暑慰问品，表达了财政青年的一份爱心。11月，组织全省青年文明号代表赴深圳、海南等全国青年文明号城市进行参观学习。

3. 厅妇女委员会积极发挥教育和维权职能。一是，隆重组织“三八”纪念活动。二是，扎实开展“巾帼文明岗”和学习型家庭、文明家庭创建活动。五台山财会培训中心等3个单位和部门新创建为省级“巾帼文明岗”、选出王彦明等10户学习型家庭、李英等10户节约型家庭。林志明获“全国文明家庭”、尹文霞获“全省文明家庭”。三是，在“巾帼建功”活动中，王树红获“全国巾帼建功标兵”、赵金凤获“山西省三八红旗手”、罗萍等4同志获“山西省十大经济女性杰出人物”，厅妇委会被全国妇联表彰为“全国先进基层妇女组织”。

4. 大力推进职工未成年子女思想道德教育工作。利用暑期组织干部职工子女参观山西省戒毒所、山西省少管所和省博物院，推进未成年人思想道德教育。

三、离退休人员管理工作

2007年，山西省财政厅离退休人员管理工作在省财政厅党组的正确领导下，坚持以邓小平理论、“三个代表”重要思想和科学发展观为指导，认真学习党的十六届六中全会和十七大精神，全面贯彻落实胡锦涛总书记关于“政治上尊重老干部、思想上关心老干部、生活上照顾老干部”的重要指示。始终把“六个老有”作为离退休人员管理和服务工作的指导方针，以高度的政治责任感，把党中央关于老干部的各项政策措施落到实处。同时，积极探索适合科学发展观的离退休人员管理的新路子，不断开拓和创新管理和服务方式，扎实有效地推进了省财政厅离退休人员管理工作。

（一）认真落实政治待遇

一是，坚持每周五组织离退休人员集中学习活动，及时把党和国家的路线、方针和政策传达给大家。集中学习了党的十六届六中全会报告、胡锦涛总书记在中央党校发表的重要讲话（“6·25”重要讲话）、党的十七大报告等重要文献。为使离退休人员及时了解国内外大事，在每周五的学习活动中，为老同志准备了“港澳台报刊动态”、“新华社高管信息”、“内部参考”等内部资料以提高离退休人员的政治上敏感性，增强同党中央保持高度一致的向心力。

二是，积极参加省老干部局组织的政治学习。离退休人员管理处多次组织享受副厅级及以上待遇的老同志参加了省委老干部局举办的“省直老干部学习胡锦涛总书记‘6·25’重要讲话”等学习讲座辅导活动。学习结束后，请参加会议的老同志在集中学习时，给全体离退休人员讲解讲话精神，让全体离退休人员加深对党在现阶段施政方针的理解。

三是，为离退休人员活动室配置了电脑。为了让离退休人员更好地掌握现代学习工具，在离退休人员活动室配备了电脑，方便了老同志上网查看资料。

四是，及时发放政治学习读物。针对部分离退休人员年事已高，行动不便的实际情况，离退休人员管理处及时将江泽民文选、胡锦涛总书记的重要讲话、党的十七大文献等政治理论学习资料，发放到每一位老同志手中，方便于离退休人员自学，同时还为离退休人员订了报纸杂志。

五是，发挥离退休人员党支部的战斗堡垒作用。离退休人员管理处认真贯彻《关于进一步加强和改进离退休干部党支部建设工作的意见》，大力推进党支部建设。离退休党总支从围绕中心、服务大局的思路出发，积极组织和引导离退休人员参加各项活动。离退休人员参加了中国老龄协会、中央组织部老干部局、解放军总政干部局老干部局、中国老年报社联合举办的“迎接党的十七大和纪念建党 80 周年知识竞赛”活动，参加了省财政厅优秀基层党组织、优秀党务工作者和优秀党员的评选活动，参加了太原市迎泽区人民代表的选举活动。

（二）全面落实生活待遇

一是，保证离退休人员的离退休金按时足额发放，没有出现拖欠离退休金的情况。

二是，确保离退休人员的基本医疗。根据国家的有关规定，省财政厅对离退休人员基本医疗全面予以保障，没有出现拖欠医药费的情况。

三是，开展有益于身心健康的文体活动。在确保日常各项文体活动正常开展的同时，省财政厅举办了离退休人员书画摄影技能展和老年人趣味运动会。书画摄影展上，离退休人员共创作书法作品 86 幅、绘画作品 38 幅、摄影作品 56 幅、刺绣作品 8 幅。共有 103 位离退休人员参加了趣味运动会，根据离退休人员年龄跨度大的特点，精选了 8 个比赛项目，分别按不同年龄、性别分组进行比赛，极大地调动了老同志参加运动会的兴趣。

四是，组织离退休人员到省内参观游览。根据工作计划和《离退休人员参观、休养、旅游活动暂行规定》。在省财政厅党组的关怀下，安排离休干部在梅苑山庄进行了为期一周的健身休养活动。组织离退休人员去晋城、阳城、沁水等地参观工农业生产和旅游休闲活动。组织离退休人员参观了省五大重点项目优秀设计方案，并征求了离退休人员对方案的意见和建议。

五是，坚持把老有所养与老有所为、老有所学有机的结合起来。离退休人员受党教育多年，有继续为党和国家发挥余热的热情。对离退休人员的这一愿望，省财政厅党组积极鼓励、支持。本着自觉自愿、量力而为、社会需求同本人志趣相结合的原则，发挥离退休人员的作用，到目前仍有 46 位老同志在不同的岗位继续工作，发挥专业知识和特长。同时，省财政厅党组还鼓励和支持离退休人员参加老年大学的学习活动。现有 53 名离退休人员在山西老年大学学习。

（三）提高离退休人员管理和服务质量

一是，关心离退休人员生活。坚持春节慰问制度，坚持对住院的离退休人员探视制度，为八十岁以上的离退休人员过生日，为辞世老同志办理丧事等，积极为离退休干部提供周到细致的服务。

二是，加强与离退休人员的沟通和联系。坚持家访制度，多年来，离退休人员管理处形成了按季度定期走访离退休人员的家访制度，根据工作需要，还随时进行家访，听取离退休人员对管理、服务等工作的意见和建议。坚持举办“九九”重阳节座谈会，每年的“九九”重阳节座谈会，省财政厅领导都要到会与离退休人员欢度佳节。

（山西省财政厅办公室、机关党委、离退休人员管理处供稿
薛朝阳　尹向丽　林志民执笔）

第四篇

山西省财政厅直属单位及社团组织工作概况

山西省省属地方金融类企业监事会

山西省省属地方金融类企业监事会（以下简称“监事会”）是经省政府批准，代表省政府对省属地方金融类企业的国有资产保值增值状况实施监督的专门机构。监事会的主要职责是：依法履行出资人监督职责，切实维护国有资产所有者的合法权益，确保国有资产保值增值。监事会工作以国有资产监督为核心，以财务检查为主要手段，通过对企业的财务状况、资本运营、经营效益、利润分配、国有资本保值增值等进行监督，客观评价企业领导人的经营业绩，经营行为，提出奖惩任免建议。目前共设行政编制4名。

监事会由省财政厅负责组建，从筹备到组建历时2年，2007年9月，监事会人员全部到位，期间主要做了以下几项工作。

一、草拟了《山西省省属地方金融类企业监事会工作暂行办法》（以下简称《工作办法》）

为使监事会有法可依，有章可循，依法办事，使监事会的职能、具体工作任务、工作方式、工作程序、工作手段以及监事会的组织机构和管理等内容有明确的界定和规范，监事会从筹备之时起，即着手起草《工作办法》。筹备组成员先后到财政部、省银监局、省国资委等相关部门作了考察、调研、咨询工作，在此基础上，依据《公司法》的相关规定，并参考《国有重点金融机构监事会暂行条例》等法规，起草了《工作办法》。2007年10月，《工作办法》经厅长办公会议审议后正式上报省政府。

二、及时进驻了所监管企业

2007年9月，监事会人员全部到位后，一方面进行内部机构、制度、工作程序等建设工作，制定出台了一批内部规章制度；另一方面，及时与所监管企业及相关职能部门联系、沟通，积极筹备相关进驻事宜，2007年12月12日，监事会举行了隆重的进驻仪式，正式进驻省国信集团和省中小企业信用担保有限公司。这标志着监事会工作全面展开。

三、开展了认真细致的调查研究工作

监事会进驻企业后，针对所监管企业规模大、经营范围广、业务性强等特点，为了能尽快摸清企业情况，尽早进入角色，高质量地开展工作，监事会全体成员深入企业，就近三年的经营情况进行调研。调研开始前，首先撰写了详细的调研提纲，并针对相关经营情况设计了一系列的表格；随后，逐一听取了省国信集团及其各下属子公司、省中小企业信用担保有限公司的相关情况汇报，并就企业内部建设、经营情况、风险控制、决策情况等问题与各企业第一线的部门经理们进行了座谈；最后对调研成果进行了汇总、分析。通过调研，搜集了大量信息，掌握了大量第一手材料，对所监管企业有了初步的、比较明确的认识，为下一步工作开展打下了坚实基础。

（山西省省属地方金融类企业监事会供稿　崔强执笔）

山西省财政厅机关后勤服务中心

2007年，山西省财政厅机关后勤服务中心（以下简称“中心”）在厅党组的正确领导下，继续坚持“务实、高效、诚恳、热情”的工作方针，团结一致，顽强拼搏，强化管理，创新服务，取得了明显成效。1月份，省总工会财贸工委授予中心膳食科“山西省财贸系统创建服务品牌模范单位”荣誉称号；12月份，省厅先后被太原市公安局评为“平安先进单位”，被省政府授予“2006~2007年度消防安全先进单位”，被省防震减灾委员会办公室授予“地震应急预案编制管理先进单位”荣誉称号，同月，中心被省直文明委授予“文明和谐单位标兵”荣誉称号。

一、深入贯彻十七大精神，打造思想过硬的后勤队伍

党的十七大召开后，按照厅里统一部署，中心迅速组织了十七大《报告》的学习，把大家的思想统一到十七大精神上来，把力量凝聚到实现十七大确定的各项任务上来。一年来，中心坚持以集体学习为辅、个人自学为主、以会代学、用会促学等多种形式，共组织30余次干部职工理论学习，个人学习笔记达1 000余篇。通过学习，使全体干部职工明确了构建社会主义和谐社会的重大意义及其紧迫性、重要性、艰巨性和长期性，也使全体干部职工真正明白自己所担负的工作也是体现“三个代表”重要思想、构建和谐社会的重要组成部分，把思想认识自觉统一到中央重大战略部署上来，从而更加激励鼓舞大家为振兴山西财政以及构建和谐山西而努力奋斗。

二、切实提高保障能力，大力创建“和谐后勤”

（一）房产管理方面

一是，为迎接首届中国（太原）国际煤炭博览会的召开，按照太原市委、市政府工作要求，对厅机关办公楼进行了装修改造。7~9月份，同时更换了电话和监控线路，外立面装修面积达2 300平方米；内装修、共174间办公室计5 000余平方米。通过装修改造，办公环境有了较大改善。

二是，改建现有设施，为干部职工提供方便。为了解决桃园南路宿舍停车难的问题，拆除了旧自行车棚，扩大了院内空地面积，增设了健身器材10余件，增加了停车位10多个，并新建了自行车棚；为半坡西街宿舍增设了10余件健身器材；粉刷了桃园北路宿舍外墙；更换了各宿舍区的楼宇对讲系统520套及防撬门41个；开始对半坡西街宿舍院内供暖、供水管道进行了全面改造，共挖地沟180多米，改造供水供暖管道500多米，彻底解决了管道跑、冒、滴、漏问题。

三是，积极与有关部门协调，保证冬季采暖。11月份，按照有关取暖收费标准计算出住户收费额，收取了本单位职工和外单位住户的取暖费，并及时向热力公司缴纳了供暖费用。

四是，做好楼堂馆所的清理和土地证、

房产证的上缴工作。根据省委、省政府办公厅《山西省党政机关办公楼等楼堂馆所建设项目清理工作实施方案》的要求，中心研究制定了工作方案，并成立了清理工作领导组，进行了认真自查。根据《山西省人民政府转发省机关事务管理局等部门关于进一步规范省直机关房地产权属登记和严格办公用房建设审核管理的通知》精神，向省机关事务管理局移交了省财政厅部分《土地使用证》和《房屋所有权证》。

五是，做好日常维护工作。在雨季到来之前，对各宿舍院内污水管道进行了疏通和清理，清理维修各类污水井80多座，疏通各类管道600多米，解决了雨季到来时管道堵塞、污水外溢等问题。全年小型维修600多次，基本做到了让干部职工满意。

（二）维修服务方面

坚持用户第一，服务至上，面向职工的原则，实施24小时热线服务。在厅机关办公楼内外装修工作量较大的情况下，不管天阴下雨、刮风下雪或者是节假日，都做到了随叫随到，及时维修，从不间断。据统计，全年共出动水、暖、电工6 900多人次，同时认真做好水、电、煤气等费用的计算和收缴工作，保证了全厅干部职工的正常工作和生活。

（三）交通安全方面

认真贯彻执行“安全第一、预防为主”的方针，针对交安委管理的有车单位多、驻地分散、管理难度大的情况，厅交安委坚持“谁主管、谁负责”和交通安全“第一责任人”的原则，从主管单位到下属单位，从交安委领导到驾驶员，层层签订交通安全责任书，强化了各有车单位领导的交通安全管理意识，提高了本系统驾驶员遵章守法、安全行车的自觉性。同时对驾驶员和车辆实行了系统管理，提高了工作效率；进一步健全和完善了机动车、非机动车、驾驶员及交通事故四种档案；针对节假日易发交通事故高的特点，坚持节前下发文件进行动员教育，节后有总结讲评。平时每月召开一次交通安全例会，并聘请专业人士对驾驶员进行培训，把经常性的宣传教育工作贯穿始终，使交通安全工作形成了科学化、规范化、制度化的管理模式，形成了各级领导重视、人人关心交通安全工作的良好氛围，在大家的共同努力下，厅交安委所属各单位全年未发生任何重特大交通事故。

在检、审验工作中，交安委严把预检关，在市公安局车辆检测站对全厅75台车辆的技术检验中合格率达到98%；年审验驾驶员455人；办理换证38人，合格率达99%。

另外，中心还积极配合交管部门开展了“春运宣传活动”、“交通安全进社区”、交警总队“警营开放日”等宣传教育活动。

（四）车辆管理方面

围绕“安全、正点、热情、周到”的工作宗旨，努力抓好驾驶员队伍建设，开展文明、优质、规范服务，全面提升服务质量和水平。

一年来，中心保障了厅机关日常工作和专项活动及扶贫工作用车需要，全年累计出车7000余台次，安全行驶70余万公里，实现了车管科全年安全无事故的工作总目标，受到机关干部、职工的一致好评。

（五）社会治安综合治理和安全保卫方面

以落实“打防结合，预防为主”的方针和全面落实综治责任制为切入点，在预防上大做文章。年初，中心与老军营派出所协调，为滨河东路宿舍住户办理了户口迁移手续，并为该宿舍区300余人及厅机关120余人办理了新身份证，切实为厅干部职工提供了方便。对厅属17个事业单位进行了综治、消防检查，并于12月中旬又对厅属综治、消防重点单位进行了消防专项检查，聘请检查的消防工程师和公安干警对所查单位都留下了非常好的意见和建议，使检查工作取得了实效。

根据太原市统一规划，拆除了厅机关大院围墙和大门，使得机关大院的安全防范任务更加繁重。针对机关办公楼装修，施工人员杂乱的情况，保卫科及时发出通知，要求各处室下班时锁好门窗，并排出9周值班表，对进入大楼的施工人员逐一登记，实行总量控制，并在楼内进行巡查，确保了厅机关的安全。

在11月9日“消防日”来临之际，厅综治办、保卫科举办了2007年度综治、消防培训班，邀请有关领导和专业人员授课；培训后多数处室及时传达学习，并有2个业务处、5个厅属单位在各自范围内举办了专题培训，收到了良好的效果。

新的内部机关企事业单位保卫条例实施以来，保卫工作面临许多新的挑战，上访人员和次数增多，分别达到400余人和20多次；同时在人口大流动的背景下，宿舍房屋出租增多，租住人员多属外来人口，管理难度日益加大。对此，保卫科积极寻找对策，积极应对新形势带来的新问题，配合公安部门完成了三次专项工作，形成了一整套工作机制和体系，有力地推动了综治工作的开展。

（六）食堂管理方面

坚持健康至上，安全为先，严把食品卫生安全关。食堂工作人员每年都要进行上岗前的体检，体检不合格者不得上岗；同时切实做好食堂的食品卫生，对餐具采取“一洗、二冲、三消毒”，工作台做到随用随清，每周对厨房进行一次大清扫。

同时坚持做到不采购假冒伪劣和变质食品，并对入库的货物做到定时检查，发现变质食品立即销毁，卫生工作得到了太原市防疫站的肯定。

（七）医务管理方面

坚持为机关服好务，保证全厅人员购药就医需要，在4月份组织厅机关及厅属单位215位妇女同志进行了妇科体检；9月份安排596名干部职工、离退休人员和厅属单位人员进行了全面体检。中心医务人员精心组织、合理安排，为参检人员提供了良好服务。

（八）财务管理方面

严格执行财经纪律，按照规章制度办事，认真审核每笔资金的使用和油票的领用，按时编报财务报表和财务支出说明，及时完成预决算工作；同时每2个月对食堂饭卡进行充值，并准确核算出食堂的经营数据资料，为领导决策提供依据。

（九）综合服务方面

除按月按时肉、蛋供应外，还组织了两节福利的发放；茶炉房、澡堂、理发室做到按时开放，清洁卫生，得到了广大干部职工的好评；总机室做到了服务规范、礼貌热情；同时帮助适龄儿童家长解决了入托、入学问题，其中幼儿园2人，小学6人，初中35人；严格遵照勤俭节约的原则，做好来客接待服务工作，全年共接待来客260余人。

三、开展科学管理，引深精神文明单位创建工作

近年来，中心坚持以邓小平理论和“三个代表”重要思想为指导，全面贯彻落实党的十六大、十七大精神和《公民道德建设实施纲要》，大力倡导“爱国守法、明礼诚信、团结友爱、勤俭自强、敬业奉献”的基本道德规范，深入开展以“人人都是软环境，公仆先是好公民”为主题的职业道德建设活动，使各项创建活动做到了经常化、制度化、目标化，并成为广大干部职工的自觉行动。按照《山西省直文明和谐单位管理办法》的有关规定，逐项对照落实，坚持把物质文明建设和精神文明建设作为统一的奋斗目标，实行同部署、同检查、同考核、同落实，同

奖惩，取得了良好效果，中心连续 2 年荣获“省直文明和谐单位标兵”荣誉称号。

四、抓好党风廉政建设，切实转变基层工作作风

中心党支部和中心主要领导始终把党风廉政建设工作列入重要议事日程，明确党风廉政建设“一把手负总责”、亲自抓，认真履行职责，及时成立了中心党风廉政建设领导组，责任明确，分工到人，切实抓好中心各科室的廉政工作。同时把党风廉政建设工作纳入“两个文明建设”目标管理，实现日常化、经常化，常抓不懈，在中心形成了一级抓一级，一级管一级，一级对一级负责的良性循环机制。

在全面落实党风廉政责任制中，注重从制度上严格约束，先后制定了《内部监督制约制度》、《党风廉政建设责任追究和责任考核制度》等工作制度，狠抓责任追究，加强对党风廉政建设责任制的督促检查，对违反规定的行为依法追究责任，确保责任制的贯彻落实。同时把工作情况及时进行总结反馈，上报了 12 期党风廉政和反腐败工作简报。真正做到了思想重视，教育领先，措施具体，落实认真，坚持了高标准不走样，确保了一方净土的局面。

（山西省财政厅机关后勤服务中心供稿　周彦华执笔）

山西省财政厅信息网络中心

2007年，山西省财政厅信息网络中心（以下简称“中心”）在厅党组的正确领导下，紧紧围绕服务财政改革与业务应用、提升财政管理水平这一主题，坚持基础建设与应用推广、加强管理与提升服务、加强技术手段与制度建设“三个并重”，进一步强化财政业务信息系统的应用、完善、整合和推广力度，加大信息网络安全保障力度，深入开展信息资源的开发和利用，在各有关部门和厅各处室的大力支持下，各项工作取得了新的成绩。中心蝉联省直“文明和谐单位标兵”称号，在省档案局组织的档案工作考评中获省财政厅首批达标单位，中心综合业务科被省青年文明号活动组委会命名为“青年文明号”。

一、加快推进“金财工程”建设，促进财政信息化建设又好又快发展

（一）精心规划，明确方向，为“金财工程”建设提供政策指导

中心认真贯彻落实全国、全省“金财工程”工作会议精神，组织制定了《关于加快“金财工程”建设的实施意见》，进一步明确了今后一段时期“金财工程”建设目标和主要任务。按照国家立项批复，完成了《“金财工程”（一期）项目可行性研究报告》的编制，通过了省发改委组织的专家评审并获批复，为全面启动实施全省各级“金财工程”（一期）建设项目奠定了良好的基础。中心还组织拟定了《财政业务应用信息系统一体化建设规划（提纲）》并安排了总体设计工作，进一步明确了财政业务应用信息系统建设原则、系统整体框架和工作步骤及要求，为科学、规范、有序地组织实施应用系统建设提供了技术指导。

（二）优化完善，整合资源，全力推进重点项目建设

1. 合力推进财政部应用支撑平台试点。按照财政部金财办［2007］1号文件批复，2007年信息中心以接入模式开展了“金财工程”应用支撑平台试点。在财政部的统一指导下，在厅相关处室的密切配合下，平台试点工作经过系统分析与业务梳理、整体规划与技术设计、系统改造与接入服务开发、平台配置与系统调优、系统测试与试运行取得了阶段性成果。部门预算、项目库管理、指标管理、国库集中支付和实拨资金管理五个核心业务系统接入平台并上线运行，核心业务应用系统资源得到了初步整合。中心制定了《财政业务基础数据规范（山西扩充代码集）》，财政业务管理规程和基础数据得到了进一步规范。基于应用支撑平台，中心定制了账务管理系统，对省级财政支付资金的账务处理和会计核算实现统一管理；定制了财政业务综合查询系统，实现了财政业务综合管理信息的定制查询与分析，财政管理综合信息得到了有效利用；对行政管理系统与业务应用系统进行了有效整合，开发了统一门户，整合了行政管理平台、核心业务管理平台和其他业务系统的交互界面，初步建立了全网统一的系统登录入口和身份认证，实现了用户

管理、行政管理、业务管理等应用界面和资源的整合，为各级领导和业务管理人员提供了及时、动态的管理信息。“政府财政管理信息系统 GFMIS”门户得到初步统一，财政行政管理与业务管理得到了联动和互促。试点工作得到了财政部的肯定和表扬，为下一步在全国推广应用支撑平台提供了地方试点应用经验。

2. 加强网络安全防护工作。按照财政部审定的《网络安全建设设计方案》，中心对网络设备和数据库进行了安全加固，部署了入侵检测、漏洞扫描、网页防篡改等安全措施，提升了网络的抗攻击和安全运行保障能力。中心还在全省进行了工作专网安全检查，上报了系统安全定级报告，组织制定了《省级财政信息网络和系统突发事件应急处理预案》，启动了省级同城备份中心及地市级异地备份中心前期准备工作。

3. 优化完善网络结构。中心全面改造了厅办公大楼综合布线系统，新增600多个信息点，新增12台楼层交换机，厅局域网交换能力得到提高。

4. 同步推进行政管理系统建设。中心会同厅办公室升级了“厅办公自动化系统”，实现了公文处理电子网络办公。完成了《信息采编系统》升级改造，增加了外网信息发布审核、全流程数据信息修改痕迹保留和流程监控机制及分级授权机制，促进了行政效能的提高。

5. 加强内、外网站建设。中心在内网网站新增了厅社会保障处等三个处（室、中心）的子页。开发上线了厅互联网门户网站，充实完善了网站栏目和信息内容，印发了《厅门户网站信息发布管理试行办法》。初步建立了厅电子政务窗口，电子信息资源开发和利用得到了提高。

二、加强制度建设，规范工作秩序

按照管理科学化、制度化、规范化的要求，中心继续以健全和完善规章制度为切入点，以细化和规范工作秩序及流程为重点，以落实工作责任制为落脚点，不断加强制度建设。中心先后制订印发了《信息网络中心内设科室职责范围暂行规定》、《“金财工程”及财政信息化建设经费使用管理（暂行）办法》、《山西省财政厅信息网络中心经费（资金）支付审批规程》、《山西省财政厅“金财工程”及信息化建设项目合同管理（暂行）办法》、《全省财政系统视频会议系统管理（暂行）办法》、《山西省省级财政信息网络和系统突发事件应急处理预案》、《山西省财政厅门户网站信息发布管理试行办法》、《山西省财政厅计算机及网络保密管理（暂行）办法》、《山西省财政厅信息网络中心机房设备、系统（软件）及平台管理与维护（暂行）实施细则》等规章制度。目前，中心已建立了涵盖综合管理、公文管理、保密管理、财务经费管理、项目管理、技术服务管理等6大类17项规章制度，形成了以制度管人、靠制度管事的良好机制。同时，中心继续大力推行首办负责制和限时办结制，细化工作目标责任制，坚持中心例会制度，加强过程管理，坚持合同和经费支出两级复核审批，完善专家技术咨询服务，重大项目实行监理制，严格执行考勤制、工作报告制，进一步规范了工作秩序。

三、强化技术服务，确保网络系统稳定运行

中心建立了省级中心机房设备台账管理，对设备及设备电源线贴注了标识，改造完善了供配电系统，实行了省直城域网技术支持与维护服务登记制，重点加强了网络、安全和预算、国库等财政核心业务系统的技术支持和服务工作。改善了客户服务中心办公条件，公开服务热线电话和监督电话，快速响应服务请求，通过电话服务、远程服务、上门服务等方式，为厅机关和省直预算单位提供及时周到的技术服务，确保了信息网络系统的正常运行。

四、加强班子与队伍建设，提升干部队伍素质形象

一是，重视政治理论学习。中心领导班子率先垂范，坚持每周二、五学习制度，重点围绕科学发展观、《中国共产党党章》、社会主义荣辱观、构建社会主义和谐社会、加强作风建设等专题进行学习，使大家不断适应新形势，履行新职能，增强了全体干部职工的凝聚力和战斗力。

二是，认真贯彻执行民主集中制原则。中心不断完善内部议事和决策制度，坚持重大决策、重要工作、重大事项集体研究制度，不断推进决策的科学化、民主化。同时坚持集体领导和个人分工负责相结合的分工协作责任制，加强班子成员之间的交流沟通，切实履行了班子各成员的职责。

三是，加大队伍素质教育和业务培训力度。中心鼓励干部职工个人自学和参加在职学历教育，2007 年，有 1 人获得了硕士学位，1 人考取了在职硕士研究生。中心还结合个人专业特长、知识结构及岗位需求，选派专业技术人员参加了 6 期财政部组织的专业培训学习。在中心内部举办了 5 期培训，配合厅机关业务处对厅机关、预算单位等举办了 11 期培训，培训人数达到了 500 多人。四是推进党风廉政建设和民主评议政风行风工作。中心领导班子认真贯彻落实《党内监督条例》、《关于党员领导干部述职述廉的暂行规定》等各项规定，坚持一岗双责，将全年党风廉政建设任务同时分解到工作目标责任中，建立了从“一把手”到承办人的工作责任制。引深了“作风建设年、狠抓落实年”活动，从“抓学习、促能力”，“抓制度、促规范”，“抓服务、促形象”三个方面开展作风建设活动；同时认真开展了问卷调查，主动征求厅业务处室和预算单位的意见和建议，制订整改方案，积极落实整改措施，切实优化服务质量、提升服务效率、塑造服务形象。

五、搞好创建活动，营造文明和谐的工作氛围

一是，继续深化“文明和谐单位标兵”创建活动。中心充分发挥党、工、青、妇的作用，紧紧依靠中心全体干部职工，积极开展各项主题活动，努力营造管理科学、秩序优良、团结向上、文明健康的工作环境。根据省档案局关于加强对省直机关档案工作的监督考核精神，中心重新修订了各项档案管理制度，对中心成立以来的所有档案，按照新的归档范围和分类方案，对案卷进行了统一分类、排列、编号，所有文书、会计等档案全部更换为标准卷皮、卷盒；同时利用现代化档案管理设备，实现了所有档案存放目录均可检索查阅，顺利通过了省直单位档案考核组的考核，达到了档案考核标准。中心按照厅里的统一部署，进行了资产清查，摸清了“家底”，并加强了内部管理。中心组织参加了全省财政系统“春节回乡见闻”调研活动，获得了优秀组织奖，报送的《家乡的变化》（刘晋鑫）获得了三等奖。向厅扶贫点捐赠了 30 台电脑，用于支持农民文化技术培训和小学教学工作。

二是，积极开展省级“青年文明号”争创活动。中心综合业务科紧紧围绕财政信息化建设工作，以“学习、服务、奉献”为宗旨，开展“青年文明号”创建活动，在大家的共同努力下，全科工作上了一个新的台阶，并被团省委和省财政厅联合命名为“青年文明号”。

（山西省财政厅信息网络中心
供稿　焦瑞霞执笔）

山西省财政科学研究所

（山西省财政学会）

2007年，山西省财政科学研究所（以下简称“科研所”）在厅党组的正确领导下，认真贯彻落实全省经济工作会议、全省财政工作会议精神，结合山西经济建设和财政改革与发展的重大问题，开展对公共财政理论和财政改革现实问题的研究，探讨财政改革与管理的客观规律，进行学术交流，开展财政宣传，为财政决策、财政管理提供理论和智力支持，对完善有关财政管理办法，提升财政运行质量和工作水平做出了不懈努力。

一、开展财政理论研究，财政改革探索和财经调查，为山西财政改革发展提供智力支持

2007年，科研所围绕建立公共财政基本框架，站在完善社会主义市场经济体制的高度，紧随财政改革步伐，结合实际开展财政理论研究和改革探索，力求探寻本质，认识规律，完善机制，创新思路，为山西财政改革和发展提供理论支持和智力支持。

（一）完成了《构建和谐社会的财政政策研究》课题

《构建和谐社会的财政政策研究》通过对和谐社会的内涵，从我国古代和谐社会的思想萌芽和西方经济学史的角度，进行了大跨度的纵向分析，并运用马克思的基本原理对我国社会主义和谐社会的内容进行阐述。从而提出了促进人与自然和谐发展和人与社会和谐发展的财政政策：一是努力探索和完善环境友好型和资源节约型财税管理体系，努力探索和逐步建立有利于促进自然环境、节能减排、降低污染的财税政策和相关法规，通过税收政策和加大财政支持力度，积极支持生态型、节能型工程和企业的发展，积极发展清洁能源和可再生能源，抓好煤炭等矿产资源有偿使用制度改革试点，限制关停并转污染大、耗能高的行业和项目，积极推进排污权交易改革，建立生态补偿机制，促进循环经济的发展。二是加大水利、林业、沙漠治理等重点工程的财政投入，改善农业生态环境和农业生产条件，财政部门要通过政策倾斜、重点支持天然林保护、退耕还林、京津风沙治理、三北防护林建设、野生动植物保护和自然林区建设、速生丰产林、大江大河的治理等工程，使天更蓝、水更清、山更秀，保护好我们的自然环境，做到人与自然的和谐发展。三是加大中央财政的转移支付力度，促进区域经济和谐发展，实现公共服务均等化。首先，要改变按旧体制进行税收返还的做法，使东部沿海地区按旧体制获得的不合理既得利益得到调整，逐步增加对中央财政的上交比例，增加中央财政的调控财力，以增加对中西部的财政转移支付财力，逐步缩小东中西部越来越大的财政收入差距和公共服务差距，实现经济社会的协调发展，构建和谐社会。其次，科学界定地区间财政转移支付额度，根据各地区自然资源、地理环境、交通条件、农村人口状况、经济基础划分几种相同类型的经济发展区域，制定出相同相近区域经济增长和财政收支考核指标，根据科学界定的地区收支水平，确定地区财政应承担的公共服务支出水平，然后中央财政根据全国公共服务平均水平，确定中央财政转移支付额度，使中西部落后地区获得均等的公共服务。四是完善省以下财政转移支付制度，缩小城乡公共服务差距，促进社会和谐发展。首先，明确各级政府的支出责任，做到事权和财力相匹配。要明确政府的职能范围和市场的作用范围。其次，调整规范省市县三级间的财政分配关系，增大县乡财力。

（二）完成了全国协作课题《财政转移支付制度创新研究山西分报告》

该课题为中国财政学会、财政部科研所组织的全国财政协作课题，科研所作为该课题协作单位之一，从始至终参与了整个课题研究，参与撰写研究了总报告并圆满完成了山西省承担的分报告。科研所科研人员在深入调研的基础上，取得大量基本数据与资料，从山西省情着手，就财政转移支付制度的完善与创新进行了探讨。在分报告中，提出了完善财政转移支付制度的思路和对策。就山西省而言，应当在规范省以下财政体制的基础上逐步把省对市、市对县的转移支付体系建立起来并不断完善。一是，尽快制定《政府转移支付法》，以立法形式规范转移支付制度，同时建立专门的管理机构。中央应尽快着手理顺政府间事权和财权关系，明确划分各级政府的支出责任，以立法形式规范转移支付制度。二是，调整转移支付结构，规范转移支付的具体形式，逐步加大一般性转移支付力度。目前，调整转移支付结构就是要对现有转移支付的各个项目进行整合，着力解决目前转移支付各种形式自成一体、互不协调的状况，对各种转移支付具体形式进行归并。首先，应取消原体制补助或上解，对由此造成的缺口划入一般性转移支付中予以解决，或通过核减或核增税收返还等办法取消；其次，将财政界称为“黑箱”的结算补助形式归并到专项转移支付形式中，并在项目筛选上予以规范和公开；再其次，合理划分一般性转移支付和专项转移支付的界限。对税收返还和所得税返还进行调整。对其他补助进行清理，按照效率、公平、透明的原则对其取消或归并。三是，进一步改进一般性转移支付的计算方法；规范专项拨款转移支付制度。四是，中央应赋予省级政府一定的税收立法权，促进构建真正意义上的地方税收体系。

（三）组织完成了15项调查研究报告

2007年，科研所针对财政改革和发展中的重点问题开展调查研究，完成了一批较高质量的调研报告。主要有：《财政支持新农村建设的政策研究》、《农业投资政策考察与调整思路》、《乡村债务调查与化解对策》、《惠农工程实施情况调查与财政政策建议》、《定点扶贫考察与财政思考》、《构建和谐社会的财政政策探讨》、《财政支持农村义务教育情况调查与思路建设》、《改善边远贫困地区办学条件的调查与建议》、《新型农村合作医疗制度实施情况调查与思考》、《乡镇卫生院改扩建追踪与思考》、《农村特困群众生活改善状况调查与建议》、《完善中小企业信用担保体系的财政政策》、《财力向县级倾斜的财政体制改革追踪调查》、《对县级财政转移支付运行情况的典型调查》、《建立社会保障预算的调查与探讨》等。这些研究及其成果，从不同角度对财政问题做了分析研究，用翔实的数据，全面的分析，合理可行的建议为领导和决策部门提供了高质量的决策依据，对促进经济发展和构建和谐社会做了一些基础性工作。

（四）撰写并发表了一批高质量的财经论文

2007年，科研所研究人员认真研究分析财政改革与发展中的问题，撰写了一批论文。这些论文从不同角度对财政运行中的一些重要问题进行了探讨，虽是个体研究的成果，但反映了财政科研人员对问题的思考脉络，体现了他们积极进取，勇于探索的敬业精神。这些论文主要有：《对山西省义务教育经费保障状况的分析与思考》、《加拿大地方财政管理与借鉴》、《构建农村公共服务体系的财政政策研究》、《促进农村卫生投入和可持续发展的政策建议》等。

二、推进财政理论繁荣，搭建学术交流平台，营造学术气氛和促进财政改革的环境

山西省财政学会多年坚持开展学术活动，努力营造群众性学术交流平台，2007年又取得了新成绩。

在学会工作中，积极发挥学会的作用，承办了秘书处的日常工作。与《山西财税》杂志社联合举办了2005～2006年度山西省优秀财政科研成果评选活动。10月21日，在太原组织召开了《财政转移支付制度创新研究》全国协作课题研讨会。该课题是根据2007年全国财政科研工作会议安排，由辽宁省财政科研所牵头，山西省财政科研所、哈尔滨市财政科研所、武汉市财政科研所参加，共同协作完成。各协作单位领导和研究人员参加了会议，讨论了《财政转移支付制度创新研究》课题总报告及分报告，山西省财政厅副巡视员牛成毅同志到会并做了讲话。

三、认真办好《山西财税》，从舆论上配合财税改革发展，为财会工作者提供精神营养

2007年，由科研所主办的《山西财税》杂志，配合山西财税改革与财政经济发展的实践和财政税务工作的重点，积极组织稿源，面向实际，面向基层，扩大财经宣传，繁荣理论研讨，认真宣传党和国家的财经方针、法规、政策和财政部门的工作意图，细阅慎选精编，为理论研究、工作探讨、信息交流提供开放、优质的平台。在办刊中坚持正确的办刊方向和质量，不断强化政治意识，大局意识和责任意识，坚持三审一把关制度，坚持正确的舆论导向，突出为财政现实服务的宗旨，坚持为省财政厅的中心工作服务，贴近实际，贴近基层，努力为财政改革与发展提供舆论和智力支持。突出实用性、应时性、前沿性、知识性、争鸣性的特点，积极传播先进财经文化，宣传党的财政政策，传递财经信息，交流工作经验，受到广大财税干部、财会人员及广大读者的喜爱和好评，成为各级党政机关、企事业单位领导财经决策的参谋助手，教学和理论研究人员的争鸣园地，社会各界学习新政策、新思想、新知识、新方法的好读本。

为了增强刊物的可读性，扩大刊物的影响力，《山西财税》杂志社积极与有关方面协调，采取相应措施，于2007年第9期开始，从封面设计、栏目设置、组稿内容等方面进行了全新尝试，新改版的《山西财税》已经受到广大读者的关注和认可。2007年，按时保质编发出版《山西财税》正刊12期，专刊2期。与此同时，为使有关财经工作者及时了解财经改革动态，掌握最新财经理论，拓宽视野，增强驾驭工作的实际能力，科研所继续组织编写了《山西财税参考资料》12期，对当前财政发展中的改革重点和重要研究成果摘要选编，受到领导和有关方面的欢迎。

为做好《山西财税》刊物的征订和扩大发行工作，2007年11月14日，在太原召开了《山西财税》与财政宣传工作座谈会，省财政厅办公室、科研所有关同志以及各市财政局办公室主任、信息员和部分科研所长参加了会议。会议讨论通过了《〈山西财税〉杂志社通讯联络组管理办法》，并对各市财政局《山西财税》通讯联络站授牌。会议还就2008年《山西财税》宣传及有关事宜进行了安排部署。省财政厅副厅长石常明就做好《山西财税》与财政宣传工作做了重要讲话，副巡视员牛成毅对做好《山西财税》与财政宣传工作提出要求。此次会议为全力营造财政工作氛围，做好编辑工作，扩大发行，理顺了渠道，扩大了宣传，使《山西财税》这一山西财税系统唯一的公开刊物，全国地方财政部门仅有的两份公开刊物之一不断发展和提高，继续为财政中心工作发挥应有的作用。

四、积极参与社会科研活动，促进研究成果的传播与共享，推进财经研究的应用和繁荣

2007年，科研所多次派人参加社会有关方面举办的科研学术活动，扩大该所在社会上的影响和财政改革与发展的宣传。同时，研究人员多次接待大量的基层和有关方面的人员，提供财政改革和管理方面的咨询服务，受到欢迎和好评。

五、认真组织撰写专项供稿，努力反映山西财政改革与发展轨迹

2007年，科研所认真完成了《中国财政年鉴》（山西篇）、《山西年鉴》（财政篇）、《山西经济年鉴》（财政篇）等三项专项供稿任务和《山西政报》的供稿，同时完成了给《山西财政年鉴》的供稿任务，均受到好评。抽调几名主要科研骨干，配合厅办公室编审《山西财政年鉴》，保证了工作的顺利完成。

（山西省财政科学研究所供稿
李浩　姜奕执笔）

山西省煤炭基金稽查总队

山西省煤炭基金稽查总队（以下简称“总队”）是隶属山西省财政厅的正处级建制全额预算事业单位，其主要职责是负责对煤矿及相关部门承担煤炭可持续发展基金收支管理工作进行稽查，2007 年 6 月 4 日经省编委会议批准成立，2007 年 8 月正式开始组建。

组建伊始，总队就将目标定位于队伍一流、环境一流、管理一流、服务一流、效益一流和行为规范、运转协调、公正透明、廉洁高效。2007 年的各项工作以组建为核心，在省财政厅党组的正确领导和相关处室的大力支持下，在总队全体干部职工的共同努力下，务实创新，稳步推进，取得了积极的成果。

一、抓学习教育，建设学习型组织

建设学习型组织既是时代发展的历史潮流，也是建设高素质队伍的必然要求。2007 年的后 4 个多月，总队重点学习了党的十七大精神和煤炭基金稽查理论。根据工作需要和初期人员均为副处级以上党员领导干部的实际，总队先后为干部职工发放了《山西省煤炭可持续发展基金学习手册》、《现代汉语词典》（第 5 版）、《理论热点面对面——2007》、《机关的机关》、《坚持和发展中国特色社会主义若干重大问题解析》、《十七大报告学习辅导百问》、《中国共产党章程》、《财政干部岗位培训教材能力提升处级干部读本》等 8 种学习资料，引导大家自觉学习，系统学习，努力提升大家的政治素质、大局观念、责任意识和沟通协调、文字讲演、稽查工作能力。为了增强学习的针对性，总队分别于 8 月 28 日和 9 月 5 日邀请厅煤炭基金管理处负责人和省政府法制办行政执法监督处负责人专题讲座。党的十七大闭幕后，总队于 10 月 29 日，在第一时间集中学习了十七大报告，之后又于 11 月 19 日集中学习了新修订的党章。总队日常的政治理论学习严格按照厅机关党委的有关规定进行。总队 2007 年的工作向学习型组织的目标迈出了坚实的步伐。

二、抓制度起草，建设制度型组织

制度建设带有根本性、全局性、稳定性和长期性。建设制度型组织是对内依法管理和对外依法稽查的客观要求。总队起草了主要职责、工作守则、行为准则和人事管理制度、财务管理制度、车辆管理制度等 17 项基础类和政务类规章制度，起草了稽查管理办法 1 项业务类规章制度。起草工作中，大家齐心协力，分工配合，大胆借鉴，他为我用，每项制度都多次研究，数易其稿，体现了集体智慧的结晶。所起草的制度都基本上实现了普遍性和特殊性相结合、独立性和统一性相结合、系统性和操作性相结合的预期目标。为了起草好《山西省煤炭基金稽查管理办法》，总队领导多次深入代征机构、查验补征机构、煤炭生产企业和煤炭用户等稽查对象调研，撰写出多篇有价值的调研报告。通过调研，既掌握了大量的第一手资料，又宣传了煤炭基金稽查工作，既符合组建阶段的工作性质，又最大限度地推进了稽查工作。日常工作中，总队严格执行厅里制定的各项相关规章制度。总队2007年的工作为制度型组织的建设奠定了坚实的基础。

三、抓日常工作，建设务实型组织

总队根据实际情况，开展了一些必要的、力所能及的基础工作。为干部职工配备了电脑、打印机等必要的办公设备；刻制了公章，印制了发文稿头、便函稿头和工作稿纸等；开办费预算科学编制并拨付到位，2008年部门预算按要求编报；办公用房从选址、签订租赁合同、装修设计、装修政府采购，到正式开工装修，每个环节都严格按规定和程序进行，必要时请法律顾问参与。每次会议都编发会议纪要，既是规范，也是宣传。厅办公室、人事教育处、机关党委、纪检组监察室和煤炭基金管理处等处室安排部署的工作，组织的相关活动，根据总队实际情况，不折不扣地落实，积极主动地参与。对煤炭可持续发展基金征收方面的举报，深入一线，及时调查，仔细核实，认真处理。总队2007年的工作为务实型组织的建设做出了积极的努力。

四、抓文化建设，建设凝聚型组织

2007年8月开始组建时，总队的9位同志来自厅8个处室和单位，经历不同，性格各异，业务互补，从零开始，建立共同愿景，组建和谐“家庭”。工作中，坚持以人为本，扬长避短，大家同舟共济，共谋发展，心往一处想，劲往一处使。决策时严格坚持民主集中制原则，执行时领导班子成员率先垂范，身体力行，大家尽职尽责，认真落实。生活中，同样坚持以人为本，自觉凝聚，大家坦诚相待，友好相处，有效沟通，有事相帮。总队第一次会议就把创建文明和谐单位提上议事日程，并把创建工作和组建工作紧密结合起来，把创建工作体现于总队工作与生活的方方面面。这些元素正在逐渐浓缩为总队的文化内涵。总队2007年的工作为凝聚型组织的建设进行了有效的探索。

（山西省煤炭基金稽查总队供稿　郭炎武执笔）

山西省财政厅财经宣传中心

2007年，山西省财政厅财经宣传中心（《中国财经报》山西记者站、山西广播电视总台省财政厅记者站，以下简称“中心”）在厅党组的正确领导下，在各有关部门的支持配合下，认真贯彻党的新闻宣传工作方针，立足全省经济社会发展大局，紧紧围绕财政中心工作，广泛深入地开展财经新闻宣传报道，圆满完成了全年各项任务。中心在全厅2007年度工作目标责任制考核中被评为“优秀单位”；荣获中国财经报社“2007年度全国先进记者站”和“2007年度全国发行先进单位”称号。

一、围绕中心，服务大局，全面展示山西财政新成就

2007年，中心坚持新闻宣传“三贴近”原则，立足财政、面向社会，继续运用大型系列新闻报道与日常新闻宣传报道相结合的工作方法，继年初完成“中部崛起看山西”系列报道后，年中又完成了“山西省‘革命老区专项资金’实施五年”调查采访，年末举行了“公共财政在山西的实践”新闻战役。

（一）推出“中部崛起看山西”系列报道

按照山西省“十一五”规划提出的构建充满活力、富裕文明、和谐稳定、山川秀美新山西的发展目标，山西财政将“支持山西省新型能源和工业基地、社会主义新农村及和谐社会建设”作为全省财政工作的着力点，将“全面落实科学发展观，统筹经济社会协调发展，维护社会稳定，促进社会公平”作为预算安排的重要原则，为山西在中部崛起提供了有力的资金和政策支持，取得了显著成效。为此，中心同志们在深入采访挖掘的基础上，采写并在《中国财经报》显著位置发表了《不要这灰头土脸的“第一”》、《谁不说俺家乡好——山西公共财政倾情民生，构建和谐社会纪实》、《“乌金”燃起可持续发展之光——山西开展煤炭资源整合火热有偿使用、煤炭工业可持续发展试点纪实》等3篇长篇通讯，在社会上引起了强烈反响。

（二）开展“山西省‘革命老区专项资金’实施五年”系列报道

在漫长的革命岁月中，老区人民为全国的解放事业做出了巨大贡献。但由于种种原因，他们中的一部分今天依然生活在贫困之中。为了体现党中央、国务院对老区人民的关怀，改善老区人民的生产生活条件，加快老区人民的脱贫致富步伐，从2002年起，财政部设立了“革命老区专项资金”，专门扶持对中国革命做出较大贡献且财政较为困难的连片革命老区。

为了调查、了解、反映这项资金的使用效果，中心同志们深入到当时的晋察冀、晋冀鲁豫、晋绥等革命根据地，对这项“红色资金”的实施效果进行了调查采访。在《中国财经报》显著位置发表了《情系革命老区的乡亲们——山西省“革命老区专项资金”实施五年纪实（上）》、《流过血的人怎能再流泪——山西省“革命老区专项资金”实施五年纪实（下）》长篇系列报道。

从调查采访的结果看，这项资金对亟待发展的老区来说，犹如久旱甘霖，对解决老区人民吃水难、行路难、上学难、看病难、养老难等生产生活中的突出问题起到了重要的推动作用，老区人民交口称赞。

（三）实施“公共财政在山西的实践”系列报道

2007年是山西省“十一五”规划深入实施、重点推进的关键之年。一年来，山西省各级财政部门在省委、省政府的正确领导下，认真贯彻落实中央和省里的各项决策部署，坚持以科学发展观统领财政工作全局，紧紧围绕“狠抓‘六个着力’、实现‘三个促进’、力求‘三个突破’”的工作思路，强化收入征管，优化支出结构，支持经济发展，保障民生事业，推进财政改革，加强财政管理，全年财政工作任务圆满完成。特别是在公共财政实践与保障民生方面，更是成绩突出，可圈可点。

中心同志们在深入采访的基础上，采写并在《中国财经报》显著位置发表了《“民生至上”谱写和谐乐章——山西财政全力构建社会保障网》、《财政阳光洒向“开采太阳”的人们——山西省煤矿棚户区改造纪实》长篇通讯以及《新增财力倾向民生——山西新增经济社会事业资金的60%以上投向农业、农村以及与百姓息息相关的产业和项目》、《1.6亿元贷款投向山西省公共卫生建设项目》、《社保资金今年投入165亿》、《让采煤沉陷区农民住踏实——山西省“农村地质灾害治理工程”启动》、《绿染三晋大地——山西省农业综合开发生态治理纪实》、《让百姓共享改革成果——政府拿出10亿元再惠民生》、《山西6项社保标准整体提高》等报道。

（四）其他重点报道

一年来，中心同志们还在《中国财经报》、《山西日报》、《山西经济日报》等媒体发表了一些新闻报道，产生了良好效果。主要有：《山西省省长于幼军指出，财政工作要——肩挑七服务 全力促和谐》、《山西省委常委、常务副省长薛延忠到省财政厅调研时强调：财政创新发展要六处着手》、《“危楼”里的新变化——省财政厅切实转变作风理财为民纪实》、《构建协调财政 促进共同发展》、《规范乡村财务的捷径》、《财政投入与工业反哺“并驾齐驱”——山西强化财政支农资金的稳定增长机制，省财政2007年将投入61.45亿元支持“三农”建设》、《乡村处处显和谐——山西省曲沃县开展农业综合开发带动农民致富纪实》、《浮山“一折通”暖民心》、《祁县积极推广先进节水技术》、《“两不靠”人员有靠了——山西省襄汾县50万群众全部纳入医保，成为全省实现全民医保覆盖第一县》、《内外兼修打造“魅力平遥”》、《“绿色文化”为和谐财政添彩》、《先公开招标确定预入围品牌，再通过关于价格与服务的竞争性谈判，最终确定成交厂商和品牌，山西省公务车采购首度实行——协议供货全省联动》、《长治今明两年解决农民饮水安全》、《两岸牵手晋商故里论会计》、《山西公布执行新标准时间表 自2009年1月1日起，山西省所有企业都将执行新会计准则》、《山西加强财政法制培训》、《山西长治积极完善农村公共卫生服务网络——为200万农民撑起健康保护伞》、《农民中介加龙头 一亩地里奔小康——曲沃县农业综合开发产业化经营模式运作情况调查》、《逐户调查 量身安置 择优推优 签定合同——长治解决困难家庭“零就业”“步步为营”》、《利用国债资金 依靠市场运作——长治污水垃圾化害为宝》。

2007年，通过对全省各级财政部门深入贯彻科学发展观，促进和谐社会建设，支持“三农”和社会主义新农村建设，支持国企改革和经济结构调整，培育高新技术产业，构建城乡社会保障体系，服务民生，让百姓共享改革发展成果，依法理财，加强财政资金监管等方面的先进经验和典型事例进行多角度、深层次、高频率的报道，为山西省财政改革创新营造了宽松的发展环境和良好的社会氛围，在社会上产生了强烈反响。

据统计，中心全年发表新闻稿件83篇，新闻图片102幅，继续呈现出发稿数量多、质量好、反响大的特点。许多稿件不仅被中央电视台和中央人民广播电台转播；而且被“新华网”、“人民网”、“搜狐”“新浪”等国内权威网站转载。通过媒体二次传播，有些作品还引起网民热议，有效地扩大了新闻的辐射面和影响力。

二、编辑出版了《理财有大道 翰墨谱华章》一书

进入21世纪以来，山西迎来了经济社会突飞猛进的又一个黄金发展期。省委、省政府坚持以邓小平理论、“三个代表”重要思想和科学发展观为指导，积极构建社会主义和谐社会，立足建设全国新型能源和工业基地，进一步深化改革、扩大开放，全省经济社会持续快速健康发展，人民物质文化生活水平不断提高，成为新中国成立以来发展最快、效益最好、人民群众得到实惠最多的时期之一。

经济的持续快速健康发展为财政收入总量迭创新高奠定了稳固基础，高效的财政支出管理为维护改革发展稳定大局提供了强力保障。在省委、省政府的正确领导下，全省各级财政部门认真落实科学发展观，不折不扣地贯彻中央的各项方针政策和省委、省政府的战略部署，秉承财政发展为了人民，财政发展依靠人民，财政发展成果由人民共享的理念，不断创新理财思路，积极抢抓发展机遇，切实在做大做强财政收入“蛋糕”上下工夫，在调整优化财政支出结构上出实招，在加快提升财政改革管理水平上求突破，在不断完善公共财政体系上见实效，彰显了“以人为本、统筹协调”的时代主题，取得了实实在在、有目共睹的可喜成绩。

近几年来，山西财政总收入连上新台阶，2006年更是一举突破千亿元大关，四年翻了近两番，在全国的位次由2002年的19位前移至2006年的11位，实现了山西财政发展的历史性跨越。在财政收入大幅增加的同时，山西省财政厅党组审时度势，抓住有利时机积极推进财政支出改革，把好钢用在“刀刃”上。在财政支出体制上，重点推进了部门预算、国库集中支付、政府采购、“收支两条线”以及“省直管县”改革；在财政支出方向上，重点保证了向“三农”倾斜，向基层倾斜，向弱势群体倾斜，向节能减排、环境治理倾斜；在财政支出管理上，重点加强了依法理财、投资评审、绩效考评、监督检查等措施。纵观五年来的山西财政，呈现出财政收支规模持续扩大，公共财政职能日益强化、财税体制改革逐步完善、依法理财进程不断加快、干部队伍素质全面提高的良好态势，实现了由弱到强，由前进到突破，由跨越到腾飞的质的转变，向全省人民交出了一份满意的答卷。

《理财有大道 翰墨谱华章》一书遴选中心同志们在2003~2007年间公开发表的反映山西财政财经的新闻作品汇集成册，分为“权威访谈”、“精选专题”、“财苑传真”、“时点动态”、“财经时评”等五个部分。这些作品以不同体裁，从不同角度再现了山西财政五年来不平凡的发展历程，其中既有众多题材重大、立意高远的重头稿件，也有观点鲜明、逻辑严密的评论，文笔细腻、事例鲜活的通讯，还有角度新颖、意寓深刻的现场短新闻等。这些作品既注重把握党和国家的重大方针政策以及省委、省政府的重大战略决策，又善于运用群众喜闻乐见的语言，鲜活地反映基层情况，许多作品被中央媒体和国内各大网站转播、转载，在社会上产生了广泛影响。读者可以通过本书感受山西财政工作前进的步伐，同时对于读者了解、研究、改进财政财经新闻宣传也将有所裨益。新闻以真实为生命，本书又可看做一部用新闻手法编写的山西财政史。

本书由省财政厅党组成员、副厅长石常明主编，山西人民出版社正式出版发行。

三、培训骨干，辐射带动，积极开创全省财经宣传工作新局面

中国财经报通讯员是山西省财经新闻宣传工作中的一支重要生力军。实践证明，充分发挥通讯员骨干的工作积极性和主观能动性，通过他们的辐射作用带动本区域财经新闻宣传工作，效果非常显著。

据不完全统计，每年全省通讯员骨干在各类媒体发表新闻稿件都在数百篇以上。2007年，长治市财政局办公室、临汾市财政局办公室、运城市财政局办公室、晋城市财政局办公室、晋中市财政局办公室、大同市财政局办公室等单位在组织当地财经新闻宣传报道方面成绩突出。

同时，在工作中还涌现出浮山县财政局陈强、襄汾县财政局文斌、大同市财政局陈岱晨、长治市财政局史黎武等一批《中国财经报》优秀通讯员。

一年来，中心一方面组织通讯员跨区域互动，进行异地采访，加强交流，进一步提升他们的采访能力和写作水平；另一方面为了贯彻落实中国财经报社宣传工作会议精神，对通讯员骨干进行培训交流。中心选派全省部分优秀通讯员参加了11月份在江苏镇江举办的中国财经报通讯员新闻骨干培训班。

四、组织发行，扩大受众，增强《中国财经报》的覆盖面和影响力

《中国财经报》是一份由财政部主管的发行海内外的经济类大报。它不仅有第一时间来自财政部最权威的方针政策、制度办法，还有全国各地财政部门许多值得借鉴的好经验、好做法，是各级财政部门和每个财政工作者必备的一份报纸。特别是在建设学习型机关的过程中，《中国财经报》的作用越来越重要。

近年来，全省《中国财经报》发行工作在各级财政部门的大力支持下，连年受到中国财经报社表彰。但与全省财政系统干部以及会计从业人员数相比，仍有很大的市场空间可以开拓。因此，中心在专题会议强调的基础上，又向各市财政局发函具体安排发行事宜，同时与省报刊发行公司保持联系，随时掌握各地发行进度。据省报刊发行中心反馈的情况看，取得了一定效果。2007年，太原市财政局、运城市财政局、临汾市财政局、长治市财政局、晋城市财政局在《中国财经报》征订发行工作中走在了全省前列。

五、强化管理、苦练内功，打造无私奉献的工作团队

中心在完成新闻报道的同时，积极参加厅里组织的活动，并认真完成厅里交办的其他工作任务。一是坚持参加厅里和党支部组织的学习活动，系统学习了党的十七大精神和科学发展观的有关论述，不断增强理论素养，充实业务知识，提高新闻采访能力和写作水平。二是参加了厅里组织的“喜迎十七大，颂歌献给党”歌咏比赛。三是按照厅综治办要求，严格内部管理，全年未发生任何治安案件和安全事故。

（山西省财政厅财经宣传中心供稿　郭中执笔）

山西省注册会计师协会

2007年，山西省注册会计师协会（以下简称“协会”）在中注协和厅党组的正确领导下，坚决贯彻落实十七大精神，围绕“一个中心（为会员服务）、加强两方面建设（行业诚信建设、协会内部建设）、抓好三大战略（贯彻执行新审计准则、行业人才培养、事务所做大做强）、开拓四项工作（人事档案招标托管、非执业会员培训、行业宣传、行业党建）”的总体思路，取得了协会建设和行业发展的双丰收。

协会秘书处获得省直“文明和谐单位标兵”、“青年文明号”荣誉称号；在中注协举办的地方协会年度工作评比中，获得“业务监管”、“行业宣传”、“考试工作”、“培训工作”一等奖。

一、以会员为中心，全方位履行服务职能

2007年，协会借助省委“狠抓落实作风建设”的东风，从协会自身做起，围绕全年工作重点，想会员所想、急会员所急，为会员提供了全方位、专业化的服务。

（一）牢固树立服务意识，切实转变工作作风

一年来，协会为更好地向全省注册会计师行业服务，认真贯彻了三项制度。一是重大事项集体议定制度。行业的重大决策必须提交常务理事会或惩戒委员会、内部治理委员会等专门委员会议定；协会秘书处的重要事项必须由秘书长办公会集体决定，行业上下形成了良好的决策运行机制。二是实行了首问负责制和AB岗工作制，使工作推诿和岗位空缺现象彻底消失，秘书处作风令人耳目一新。三是建立了服务承诺制度。对办事时限、办事程序和服务质量做出了具体承诺，将每位员工的照片、承诺上墙、上网，欢迎会员及社会各界监督。

（二）以会员为中心，提供全方位、专业化服务

1. 注重全行业素质，业务辅导上门服务。为进一步提高山西省注册会计师的执业质量和风险意识，保障新审计准则的顺利实施，协会工作人员历时一个多月，深入各事务所进行业务辅导。在事务所自查的基础上，协会重点对上年度受到行政处罚的事务所和上年度新设立的24家事务所进行了专业辅导。对受到行政处罚的14家事务所，督促其及时整改；对新设立的10家事务所，帮助其查找审计工作中的漏洞和业务报告及工作底稿的缺陷，评估业务报告可能存在的风险，并结合发现的问题，评价事务所的内部管理和业务质量控制情况，提醒事务所改进内部管理，加强业务质量控制工作。针对检查中发现的共性和重点问题，协会通过《行业动态》通告全省事务所，收到了以点带面的效果。

2. 实行精细化管理，培训班人性化服务。协会全年共举办培训班17期，培训总人数2 970人次（包括赴北京、上海、厦门三所国家会计学院培训的学员有200人次）。举办远程教育培训班6期，自办班11期，完成了全年培训任务。

协会工作人员秉承“以人为本”的宗旨，严格管理、严密组织，尽量创造好的学习、生活条件，为学员解决实际困难。协会共印发各类培训资料 3 000 余册，义务为会员提供教材 1 200 册，发放光盘 265 份，为事务所免费提供视频课件 50 余份。

此外，协会分别在晋城、大同两市各举办一期培训班，使当地注册会计师及业务骨干“不出门”就接受到了“原汁原味”的培训，培训人数达 200 余人。

3. 提供窗口式服务，扎实搞好年检工作。2007 年年检变分头循环办理为集中窗口办理，大大减化了办事程序，提高了工作效率，极大方便了会员。山西省 266 家会计师事务所、2 551 名注册会计师（5 名未参加年检）参加了年检；经过严格审查，2 551 名注册会计师中，年检通过 2 510 人，因兼职转为非执业会员的 34 人，个人申请退出注册会计师会员资格的 5 人，吊销注册会计师 1 人，病故 1 人。

协会完成了 2006 年度全省会计师事务所会计决算报表的审核、汇总、上报工作，全省事务所业务收入突破 3 亿元大关，实现 3.21 亿元，行业资产总额达到 3.38 亿元。

4. 精心组织考务工作，确保注师统考万无一失。2007 年，协会继续发扬“青年文明号”优质、高效、规范、文明的服务风范，把提高工作效率、提高服务质量贯穿到整个考试组织工作中，受到了考生的一致好评。

考试报名前夕，协会利用报纸、网络等媒体对 2007 年度注册会计师考试报名信息进行广泛宣传，减少了考生因资料携带不全，往返数次才能完成考试报名事宜的现象。考试报名期间，工作人员节假日不休息，报名人多时，中午也不休息，以延长报名时间；设立报名现场咨询窗口及电话咨询服务，为报考人员答疑解惑，方便考生报名。尤其值得一提的是，协会不仅重新启动了停办多年的考前培训，增强了报名人员的考试信心，而且对一次性通过五科和单科成绩排名第一的考生进行了物质和精神奖励。通过这些行之有效的办法，我省今年吸引了大批考生踊跃报考，扭转了连续三年注册会计师考试报名人数下滑的局面。

考试期间，为了给考生创造良好考试环境，各级考办精心设置考点、考场。各考区根据考生人数及分布，本着就近、集中、安全、安静、光线充足的原则，设置考点、安排考场。各考点通过张贴考场示意图、配备保卫、医护人员等措施，尽其所能为考生服务，考生也充分发挥了自己的真实水平。

2007 年山西省 1.3026 万人报名参加考试，比上年增加 1 495 人，增长 12.97%，共设置 11 个考区，12 个考点，261 个考场。全省各科的出考率、合格率分别为：审计 46.09%、9.42%，税法 52.44%、10.23%，会计 47.12%、11.34%，经济法 55.35%、13.21%，财务成本管理 44.65%、18.5%。五科平均合格率为 12.58%，1 368 人取得了单科合格成绩。

二、坚持“两手抓”，行业诚信和自身建设齐头并进

（一）行业诚信建设方面

1. 立足行业实际，逐步建立行业自律公约组织。根据中注协《注册会计师注册资产评估师行业诚信建设纲要》的精神，结合山西省实际情况，协会出台了《山西省注册会计师行业自律公约》，明确了行业诚信公约建设的目标、工作任务、组织领导，特别对目前在收费方面的标准进行了细化。同时协会同志还深入到阳泉、长治、朔州等地进行调研，了解当地实际情况，按照有计划、分步骤、先试点、再推广的思路，扎扎实实、稳步推进此项工作。截至 2007 年底已陆续在大同、晋城、临汾、长治、阳泉、朔州等六个市建立了行业自律公约组

织，签约会计师事务所81家。签订公约以来，各市执业情况有了较大改善，主要表现在公约成员恶性压价竞争有所缓解、风险意识有所增强，对本地区行业建设中遇到的热点、难点问题，大家能从行业利益的角度出发，达成一致意见。

2. 不断强化监管职能，积极开展执业质量检查。按照中注协《关于开展2007年会计师事务所执业质量检查工作的通知》精神，协会2007年自行检查事务所48家，涉及注册会计师466人。对存在问题严重、影响较大的10家事务所移交财政部门进行行政处罚；对存在问题严重的1家事务所进行社会公开谴责；对存在问题较为严重3家事务所予以行业内通报批评；对存在执业质量问题的13家事务所予以训诫；对相关事务所主任会计师或签字注册会计师予以行业内通报批评或训诫的惩戒处罚。通过检查对提高全省会计师事务所及注册会计师执业质量水平、增强注册会计师道德意识、指导事务所加强内部治理等方面发挥了重要的作用。

3. 完善行业标准，加强专业指导。新审计准则颁布后，协会结合山西省小企业多和事务所规模普遍较小的现状，努力将新执业准则的审计理念、审计程序和小企业的特点结合起来，组织协会专业技术委员会的部分成员，历时3个月编写了《小企业审计工作底稿指引》。为山西省注册会计师从事相关审计业务提供了必要参考。

（二）协会自身建设方面

2007年，协会秘书处掀起了勤政廉洁、调查研究、学习上进三股新风。

1. 勤政廉洁风。2007年元月开始，协会实行了工作目标逐月考核制度，各部室每月考核结果将作为季度、年终考核的重要依据。实行工作目标逐月考核制度后，协会的工作任务得到进一步细化，各部室工作目标得到进一步明确，每位员工的责任感与工作主动性明显增强，办事效率普遍提高。在做好日常工作的同时，秘书处领导带头严格执行党风和廉政建设规定，从点滴入手，从自身做起，带领全体工作人员严于律己，模范遵守党纪国法，全年没有发生任何违法违纪问题。

2. 调查研究风。秘书处深入开展了对事务所税赋情况、内部收入分配和内部治理的调研工作，取得了显著效果。6~9月，协会向全省事务所下发了调查问卷，收回有效问卷610多份，深入到山西高明、山西东方、阳泉天恒等30余家会计师事务所实地调查，并提交了《关于会计师事务所税赋情况的调查报告》、《关于会计师事务所员工收入分配情况的调查报告》和《关于会计师事务所内部治理情况的调查报告》。通过调研，收集了具体、翔实的事务所基本情况以及内部治理工作中的相关信息，掌握了山西省会计师事务所内部治理的基本情况和有效性，为行业行政监管部门和协会加强管理和指导提供了一定程度的决策参考。

3. 学习上进风。一年来，协会秘书处星期二的业务学习和星期五的政治理论学习持之以恒，全年共组织学习60多次。学习内容既有审计、会计准则等专业知识，又有公文处理、晋商文化、阳光人生、交通安全等特色专题；既有十七大会议精神等党的政治理论学习，又有别开生面的民主生活会。在秘书处内部营造了人人要求进步、个个热爱学习的良好氛围。

三、稳步推进“三大战略”，做到齐头并进

（一）认真贯彻新审计准则

按照中注协“一杆子插到底”的要求，协会在全省行业范围内大规模进行了培训，注册会计师100%参加了准则培训。此外，山西省2 000多注册会计师从8月1日开始积极参加会计知识大赛网上答题活动，占全

省注册会计师80%以上。

协会还把新准则的贯彻实施作为业务质量检查的重点内容，促使事务所在执业中能很好地理解和掌握对新准则的运用，尤其是对审计风险的评估程序的执行。

（二）大力实施人才培养战略

进一步拓展视野，加强与外省的行业交流。协会组织29名主任会计师赴安徽参加了两省注协联合举办的培训班，旨在学习外省行业的先进管理经验和管理模式；选派200多名部门经理以上人员参加了3所国家会计学院高水准的业务培训；举办远程教育培训班6期，共培训注册会计师886人。重新启动考前培训，培育行业新人，受到学员的好评和称赞。

（三）完善内部治理机制，促进事务所做大做强

协会发起成立了会计师事务所内部治理指导委员会，转发了中注协《会计师事务所章程范本》，制定了《会计师事务所员工聘用合同范本》等有关事务所内部治理的制度范本。通过行业自律检查和业务辅导等手段，督促事务所建立和完善以“三会”为核心的内部治理机制。最终引导和规范会计师事务所加强内部治理，强化执业质量控制和风险控制能力，为其做大做强打下了坚实的基础。

四、立足行业发展，创造性地开展工作

（一）强化档案管理，做好行业基础工作

1. 注册会计师人事档案招标托管。为了进一步规范山西省会计师事务所人事档案管理，协会先行在太原市对会计师事务所职龄内注册会计师及从业人员人事档案实行招标托管。经过公开招标，协会与中标的“山西省人才交流开发中心”签订了委托代理协议。

这次列入转移档案手续的68家事务所积极配合此项工作。693名注册会计师中：档案存入省人才开发交流服务中心200名，退休151名，内退的119名，因下岗、辞职等特殊原因无法转档经核查属实的人员111名，档案在外地无法转档25名，申请转为非执业会员17名。截至12月30日统计，无正当理由尚未转档人员70名。

2. 加强内部档案管理。为了做好档案资源的开发利用，协会对1992年以来的档案资料进行了彻底整理，修订了档案管理办法，应用了档案管理软件系统，对文书档案、声像档案、实物档案及资料等的案卷格式进行了重新设计、修改。经过整理，六大类文件资料共计归档8 500余件，顺利完成了以“件”为单位的归档任务，进一步提高了档案管理的现代化水平，被省档案局评为“档案工作先进单位”。

（二）运用网络手段开辟了非执业会员培训新途径

协会和北京国家会计学院签订了《合作开展CPA非执业会员远程教育培训》协议，从2007年7月开始正式启动非执业会员远程继续教育培训。目前已有225名非执业会员参加了网上培训。此项工作开辟了山西省对非执业会员培训体制的新渠道，填补了山西省没有对非执业会员培训的空白。

（三）立足行业，关注时事，开创行业宣传新局面

1. 行业信息质量和数量排入全国行业宣传前列。一年来，协会编发《协会信息》11期，共16篇；编发《行业动态》15期，共18篇；报送中注协、省财政厅、《会计之友》信息各35篇。其中：《中国注册会计师》刊用8篇，中注协《工作简报》转发9篇，中注协网站采用9篇，《山西财政信息》摘用1篇，《厅情摘要》发布23条，《会计之友》刊用32篇，在行业内外及财政系统内部对协会工作和行业建设进行了广泛宣传。

2.《山西注册会计师》创刊发行。经省财政厅和省新闻出版局批准，《山西注册会计师》成功创刊发行。它标志着协会秘书处为行业重新构建了一个全新的行业宣传与沟通平台，在宣传行业典型、传播业务知识、反映注册会计师心声方面起到举足轻重的作用。2007年发行《山西注册会计师》2期，编审各类稿件30多篇。

3. 踊跃参与行业征文。为了贯彻落实中注协四代会精神，协会举办了行业征文活动，各事务所与注册会计师积极响应，共收到稿件76篇，其中优秀稿件13篇，将在《山西注册会计师》陆续选用并向相关杂志进行推荐。这次征文内容丰富、形式多样、反映了行业发展最前沿信息，得到业内人士的普遍好评。

4. 树立窗口形象，办好协会网站。协会网站及时更新，做到每天（法定节假日除外）都有新信息，实现了信息在第一时间共享。协会2007年网站发布信息644条。其中：行业信息161条，培训信息48条，监管信息29条，考试信息20条，注册信息18条，专业标准13条，党建信息4条，其他信息351条。

此外，协会网站还为28家事务所免费发布46条人才招聘信息，帮助他们招聘各类人才共计93人，为事务所与优秀人才搭建了双向选择的有效平台。

五、勇作中介组织排头兵，扎实推进行业党建工作

中共山西省注册会计师注册资产评估师行业委员会的成立开创了山西省在经济鉴证类中介组织中开展党建工作的先河。2007年，行业党委在省直工委、省财政厅的领导下，以推动科学发展、促进社会和谐为主题，以迎接十七大召开和贯彻十七大精神为主线，以加强党的执政能力建设和先进性建设为重点，深入贯彻落实十六届六中全会精神、省第九次党代会精神，深入开展以诚信为主要内容的行业职业道德活动，全面推进行业党建工作。

（一）强化党员学习，用最先进理论武装党员头脑

行业党委一贯重视党员教育工作，全年通过多种方式对党员进行培训，先后选派20人参加了省直工委举办的培训班，行业党委自行组织学习培训5次。各基层党支部每周组织党员学习，内容包括省九次党代会精神、“三促进 、三服务”、胡锦涛总书记提出的“八个方面良好风气”等。

（二）组织学习贯彻十七大精神的各项活动

党的十七大召开后，行业党委迅速组织广大党员干部学习贯彻会议精神，及时研究提出贯彻落实十七大精神的意见和措施，举办学习贯彻十七大精神辅导报告、党务干部培训班、讲党课，把党员干部的思想迅速统一到十七大精神上来。

（三）扎实推进以党的建设带动工会、共青团、妇女组织建设，尽快建立健全会计师事务所、资产评估机构的工会、共青团、妇女组织

为了充分发挥群团工作凝聚人心、汇聚力量、联系群众、团结群众的优势和作用，2007年4月行业党委下发了《关于进一步加强党的建设带动工会、共青团和妇女组织建设的通知》，2007年11月又下发了《关于抓紧组建基层工会组织的通知》，并主动邀请省工会指导此项工作，以试点的形式在各事务所中逐步展开，25家事务所递交了组建工会的申请报告，这些工作必将为构建和谐行业做出新的、更大的贡献。

（山西省注册会计师协会供稿
杜建中执笔）

山西省财政实物库

2007年，山西省财政实物库（以下简称“实物库”）在厅党组的正确领导和各有关部门的大力支持与协助下，全体职工齐心协力，锐意进取，开拓创新，扎实工作，紧密结合学习十七大精神和“三服务、三促进”作风建设活动，围绕建设学习型单位、拓展业务范围、创建省直和谐文明单位标兵和政风行风评议工作等大事，转变服务功能，改进工作作风，增强服务意识，提升工作效率，塑造单位形象，整体水平得到了进一步提高，精神面貌焕然一新，圆满完成了各项任务。

一、抓好自身建设，促进全面发展

为了加强班子建设和队伍建设，努力提高党支部的凝聚力和战斗力，不断增强自身素质，提升单位决策、管理水平，年初，实物库就把抓好党支部的自身建设纳入2007年工作的重要议事日程，明确提出要以加强作风建设狠抓工作落实为契机，充分发挥党组织的战斗堡垒作用，在全体党员干部中树立“诚信、清廉、遵纪、高效”的良好风气。

一是，进行了《江泽民文选》、社会主义荣辱观、省第九次党代会精神和党的十七大报告及加强作风建设的学习教育活动，继承优良传统，弘扬艰苦奋斗精神，树立以“八荣八耻”为主要内容的社会主义荣辱观，培育文明道德风尚，倡导爱国、敬业、诚信、友善等道德规范，增强工作的自觉性、主动性和责任感，勤俭节约，克服拜金主义、享乐主义、极端个人主义，做到常修为正之德，常思贪欲之害。常怀律己之心，当好人民公仆。

二是，明确了2007年的工作目标，并通过开展“三服务、三促进”作风建设活动和民主评议党员、民主生活会、库主任办公会、库务会及日常交流、沟通等形式，认真剖析了领导班子及班子成员自身存在的问题，在此基础上，着力加强了领导班子建设，制定了实物库2007年度工作要点、党风廉政建设、目标责任制和工青妇工作计划，并量化、细化分解到各科室。

三是，认真抓好党建工作，团结带领全体职工深入学习胡锦涛总书记在中央党校的重要讲话和党的十七大精神，开展了党的优良传统、党纪法规、权力观教育活动，召开了党支部民主生活会，积极上交党费、工会经费，认真清理了党政干部拖欠公款和用公款为干部职工购买个人商业保险等问题，落实了领导干部不准收受现金、有价证券、购物卡、支付凭证以及利用职权影响从事中介活动、参与赌博的规定。

四是，认真落实民主集中制，在一把手负责制的框架原则下，对库管物资接收、处置、人员定岗定责等重大事项的决策实行集体讨论，努力做到决策的程序化、科学化、合理化，确保各项决策公开、公正、透明。通过民主决策、规范制度，充分调动了广大干部职工爱岗敬业的工作积极性，形成了相互配合、相互理解、相互促进的班子新风。

五是，严格每日考勤签到制度，及时报

送上报材料和考勤表，认真编报财政信息和有关统计报表，积极参加全省财政信息年鉴撰写、省档案局文书立卷改革等培训，制定了实物库节假日车辆管理和收缴零散物品管理办法，并雇请档案局人员整理档案，逐步规范了档案资料室。

六是，为了营造良好的办公秩序和工作环境，保证职工工作条件优美、秩序优良和身心健康，班子调换后，新的领导班子进行了工作思路调整，并展开了大刀阔斧的工作，及时粉刷了办公室和库区局部外墙，改造了办公室窗户和内部装饰，修整了档案资料室，增设了财务室监视器，购置了库区空调，更新了红外线报警系统线路，并对全体职工进行了健康体检。

七是，进行了单位资产清查，摸清了家底，建立健全了财产资产登记卡片。

八是，贯彻落实中央和省有关社会收入分配制度，从源头上控制了津贴补贴发放。

二、引深“创建学习型单位”活动，提高干部职工整体素质

为了高标准、高质量地完成各项工作任务，切实加强和改进思想作风建设，提高职工队伍素质，建设学习型单位，实物库根据厅机关党委关于政治理论学习的安排意见，结合单位工作实际情况，认真制定了2007年度和十七大精神学习计划，及时组织全体职工认真学习。一是，认真落实了周二、周五学习制度，全体职工无特殊情况一律参加，因特殊情况请假者必须进行补课，做好学习笔记；二是，在实际学习中，采取了集体学、科室分头学、个人自学、听讲座、谈体会、写心得等灵活多样的方式，努力在学深、学精、学透上下工夫，一方面调动了全体干部职工学习的主动性、自觉性，实现学习的制度化、规范化，推动了学习型单位的建设，另一方面有效地提高了学习质量；三是，以不同形式开展了“比、学、赶、帮、超”学习活动，使得每项学习教育都能按计划进行，并写出心得体会，交流学习经验。一年来，实物库先后三次更换了《学习园地栏》。通过学习教育，使全体职工进一步认识到学习的重要性和紧迫感，增长了理论知识与业务知识，统一了思想，明确了目标，坚定了干一行、爱一行、精一行的信心，真正做到了学以立德、学以增智、学以致用，并把学习成果贯彻落实到为全面完成各项工作任务的实际中来。

三、改进工作作风，提高办事效能，确保“三服务、三促进”活动和政风行风评议工作落到实处

为了认真贯彻落实全省政府系统干部大会和山西省财政厅《开展“三服务、三促进”作风建设活动实施意见》及《关于开展民主评议政风行风工作实施方案》精神，积极开展加强作风建设狠抓工作落实和提高效能建设活动，切实改进工作作风，优化服务环境，规范全体职工服务行为，不断提高服务质量与办事效能，进一步树立单位良好的文明窗口形象和行业作风建设，使实物库各项工作运行规范，服务优质高效，办事文明周到。一年来，实物库在往年宣传动员、建章立制、自评自纠、整改小结的行评基础上，又本着实事求是、认真负责、不走过场的态度，克服了广大干部职工中不同程度存在的“自满”、“厌战”情绪，制定了单位切实可行的行评实施方案，开展了以“树立行业新风，构建和谐环境”为主题，紧紧围绕单位中心工作和“塑形象、争一流”行评工作目标，加强领导，认真组织，扎实工作，着力进行了以完善制度、规范行为、转变作风、文明服务、勤政廉洁、运转协调为主要内容政风行风评议工作。通过组织学习、完善制度、开设“行评热线”、进行“行风承诺”兑现、问卷调查征求意见、整改提高和考评总结验收等一系列工作，统一了全体干部职工的思想，拉近了与服务对象的零距离，增强了凝聚力，坚定了信心，端正了态度，规范了言行，工作热情、工作干劲、工作质量有了进一步提高，树立了单位良好的文明“窗口”形象，从而进一步提升了财政实物管理质量，收到了明显的成效。

四、创造和谐环境，推进文明和谐单位创建再上新台阶

为了继续抓好“文明和谐单位标兵”创建工作，党支部在年初召开了全体职工大会，及时制定了文明单位标兵创建工作计划，细安排，严要求，早动手，并紧紧围绕中心工作，将创建活动与目标责任制挂钩，使创建工作与日常工作紧密结合在一起，形成了良好态势，确保了创建工作的顺利进行。一是全体职工在工作过程中坚持服务宗旨，牢固树立爱岗敬业、态度端正、服务热情、团结协作、办事认真负责的职业道德。二是发扬单位优良传统作风，坚决杜绝“工作拖拉、办事推诿、服务不到位”的现象。三是提高办事效率，提倡奉献精神，推行“第一责任人”制度，做到能马上办的事情，绝对不拖延，时间紧、任务重时，要加班加点，按时保质保量完成，直至服务对象满意为止。四是严格工作制度，坚决杜绝无故迟到、早退、旷工和工作时间串岗、聊天、上街、在电脑上玩游戏、炒股等现象。五是定期清理卫生，营造优美环境。通过大家的共同努力，经省直工委和厅文明办验收，又顺利地被评为省直和谐文明单位标兵。目前，实物库的文明和谐单位创建活动已成为全体职工的自觉行动。

五、转变功能，拓宽业务，做到各类物品应收尽收

做好财政实物收缴处置管理工作是实物库的主要任务，也是财政支出管理的延伸和补充。随着《政府采购法》的实施，大量的财政资金将以实物形式分配到各供养单位，全面履行财政实物管理职能，可以有效加强对资金的后续管理工作，一方面通过在物资采供部门和物资使用单位之间搭建一座平台，保证这些物资能够及时安全放发到使用单位，另一方面，可以按要求做好一些交旧领新物品的监交和服务功能。对此，实物库在工作紧、各项任务又繁忙的情况下，本着顺利交接、安全存放、文明办公、用户满意、上门服务的原则，积极配合省级政府采购中心接收购入新车 65 辆，收缴有关单位交来的旧机动车 125 辆，电脑 86 台，复印机 9 台，打印机 30 台，柜式空调 3 台，挂式空调 6 台，电视机 5 台，扫描仪 2 台，碎纸机 8 台，保险柜 2 台，饮水机 6 个，传真机 6 个，电脑笔记本 5 台，影碟机、密码机、刻录机、摄像机各 1 个；并根据厅机关文件计划，发出新车 54 辆，调拨有使用价值的旧机动车 4 辆，经请示上级批复，报废旧车 123 辆，同时对收缴回的部分旧物品、旧电器设备和能使用的 10 辆旧机动车，及时向厅领导提出处置意见，进行了公开、公正、公平的拍卖，其残值和拍卖收入都及时上交了国库，在入库物资的保管过程中，做到了整齐、卫生、无损坏、无丢失。

六、加强党风廉政建设，形成清廉文明高效领导集体

加强党风廉政建设和反腐败工作，是我党的一项重要的经常性的基础性工作，也是从严治党、从严治政、堵源治本的首要任务。因此，实物库从狠抓教育入手，深入开展党风廉政建设和反腐败工作，以此来推动单位的各项工作。一是按照厅《党风廉政建设责任制实施细则》和《2007 年党风廉政建设和反腐败工作要点》的要求，研究制定了单位党风廉政建设和反腐败工作计划，建立并落实了廉政建设责任制工作机制，做到了分工明确，责任具体。二是组织全体职工认真学习了省纪委二次全会及郑建国厅长《在全省财政系统党风廉政建设干部大会上的讲话》精神，开展了形势任务教育、警示教育、“两个务必”教育和《建立健全教育、制度、监督并重的惩治和预防腐败体系实施纲要》学习，定期进行了党风廉政建设分析会，还召开了《关于以加强领导干部作风建设为题开好县以上党和国家机关党员领导干部专题民主生活会》，进行了述职述廉，并对重大决策、重大事项和大额度资金的开支进行支委会集体研究决定。通过学习教育，开展廉政建设分析会、专题民主生活会，统一了思想，增进了团结，提高了认识，进一步增强了反腐败斗争的信心。三是为了保持党的先进性，实物库严格按照《党章》、《廉政准则》的各项规定，强化监督，严肃纪律，全面贯彻“四大纪律、八项要求”，严格执行“五个不许”，重点抓了八方面的工作：（1）继续贯彻执行干部个人收入申报制度；（2）严格执行干部职工不准收受服务对象现金、物品和有价证券；（3）不准用公款进行高消费的娱乐和健身活动；（4）不准用公款在饭店消费和请客送礼；（5）不准领导干部拖欠公款；（6）不准擅自挪用、处置国有资产；（7）继续落实领导干部配偶、子女从业有关规定；（8）实行重大决策、重大问题集体讨论。四是认真落实党风廉政建设目标责任制，并在实际工作中做到以史为鉴，以实为镜，警钟长鸣，时时自省、自醒、自励，处处慎权、慎欲、慎独，严于律己，永葆革命气节。五是通过“意见箱”反馈的信息，自觉抵制腐朽思想侵蚀，以饱满的热情和扎实有效的工作，不断塑造单位良好社会形象。

七、强化责任，硬化措施，实现消防安全零事故率目标

安全保卫工作是实物库完成各项任务的重中之重，因此，在全面执行《山西省财政厅关于2007年度社会治安综合治理工作计划》的同时，实物库认真落实与厅签订的消防安全与交通管理目标责任制，牢固树立“安全无小事、责任重于泰山”的消防、交通安全意识，紧紧抓住消防安全这条库管工作的底线与生命线，理顺各项工作程序，完善各项工作制度，确保库区及库管物资无火、无损、无盗，交通车辆无事故。一年来，实物库认真落实消防安全责任制，经常进行安全教育，大会小会讲安全，把安全责任进行分解，使人人身上有安全的担子，另外还安排专人参加了有关单位举办的消防知识培训，改进了红外线电视监控报警系统，同时按照消防队和高新区管委会的要求，完善了各种消防管理设施，在5、9月份又更换了消防器材药粉，并对库区19个消火栓进行了检查，还雇佣太原市万柏林区保安公司的4名专职人员进行全天24小时值班巡逻，加强干部值班制度，建立了消防安全值班表和严格的交接班制度，并坚持定期进行安全检查登记和消防重点隐患部位专项自查制度，做到时时有人管，天天有记录，确保了全年零事故率的目标。

（山西省财政实物库供稿
李　军执笔）

山西省会计服务中心

2007年，山西省会计服务中心（以下简称“中心”）在厅党组的正确领导下，深入贯彻落实党的十七大精神，紧紧围绕财政中心工作，扎实开展会计服务，圆满完成了全省会计专业技术资格考试考务工作，各项工作均取得良好成绩。

一、以人为本，服务至上，保证考务工作优质高效

2007年，中心认真贯彻落实厅党组关于“开展‘三服务、三促进’作风建设活动的实施意见”，把服务基层、服务群众、服务市场主体贯穿于全部工作始终，从根本上促进业务工作再上新台阶，再创新水平。

（一）2007年度全国会计专业技术资格考试山西考区基本情况

2007年，全省经济法基础报名人数8 643人，实考人数6 741人，实考率77.99%，合格人数2 532人，合格率37.56%；初级会计实务报名人数8 643人，实考人数6 516人，实考率75.39%，合格人数2 079人，合格率31.91%；初级全科合格人数1 793人，合格率26.60%。中级财务管理报考人数2.2695万人，实考人数1.3789万人，实考率60.76%，合格人数3 744人，合格率27.15%；经济法报考人数2.0369万人，实考人数1.2244万人，实考率60.11%，合格人数3 512人，合格率28.68%；中级会计实务报名人数2.2754万人，实考人数1.2822万人，实考率56.35%，合格人数2 679人，合格率20.89%。中级全科报考人数1.8315万人，实考1.0344万人，实考率56.48%，2007年累计合格人数1 700人，合格率7.99%；两年滚动合格人数2 526人。7月16日，经财政部、人事部两部共同核准，山西省2007年度会计专业技术资格考试成绩通过“会计之星”网站向社会公布。

（二）精益求精，确保考试各环节工作圆满完成

1. 积极推行网上报名，为考生创造快捷的报名条件。为了广大考生的实际利益，中心将现代信息技术引入考试工作机制，对2008年度会计专业技术资格考试山西考区全部实行网上报名。考生可以直接登录指定网站即可进行报名，交费、像片上传等项目均通过网络完成。对于考生报名资格的审查，采取后审方式，即在考生成绩合格后对考生资格进行审查，审查标准与现场报名完全相同。审查后符合条件者可以领取资格证书，否则视为成绩无效。这一改革加速了考试信息现代化进程，减轻了考生特别是边远地区考生往返报名点的辛劳，有效地避免了手工报名造成的拥挤、混乱局面，给广大考生提供了实实在在的便利。

网上报名开始以后，中心每天接听几百个考生咨询电话，中心工作人员认真详细地解答考试政策和技术方面的问题，处理各种各样烦琐事务。考虑到考生电脑操作方面的实际困难，中心采取灵活机动的措施，在办公室组织现场报名，重点解决考生像片上传和网上交费等反映比较集中的问题，受到考

生一致好评。

2. 认真编排考场，确保准考证准确无误。编排考场前，省考办充分利用一体机的功能将报名信息中出现的各种错误一一作了修改。对于个别特殊情况，如考生报考科目填涂不正确、不清楚等，及时与考生取得联系，听取考生本人意愿，真正体现了为考生着想，为考生服务的原则。考场编排中，省考办严格按财政部下发的软件操作，排除人为因素，体现了公平、公正原则。

3. 做好各环节的试卷保密工作。认真做好试卷在运送、保管、分发等环节的保密工作，加强对涉密人员的保密教育，确保试题、试卷启用前的绝密状态；在保证各考点考试按时进行的前提下，尽可能缩短试卷在考点的滞留时间，严禁将试卷存放在考点。各科考试结束后，各市考试管理机构都按规定对试卷和答题卡进行了及时清点、封存，无散失现象。

4. 层层落实目标责任制。在借鉴以往年度考试经验的基础上，2007 年，山西省继续实行严格的目标责任制。明确各市财政局一把手为考务工作第一责任人，省考办与各市会计考试管理机构签订了目标责任制，同时要求各市考办与各考点、各考点与监考人员层层签订目标责任书，分解任务，细化工作，强化每个相关人员的责任意识。

5. 严肃纪律，认真负责，努力做好评卷工作。中心聘请 6 名武警协助工作，对评卷场所及参与评卷人员进行封闭管理。为有效避免阅卷过程中复杂的人际关系，中心继续起用社会关系单纯、专业知识熟练的会计专业大学生承担评阅卷工作。90 名学生按科目分成 5 个阅卷组，1 个复核组。另聘请 7 名责任心强、专业素质高、组织纪律性强的教授组成专家组指导把关，保证标准答案掌握前后一致，量分准确，确保阅卷质量。阅卷工作结束后，中心安排 18 名计算机专业的职高生进行登分，经过初次录入和复核两道程序后，登分工作也做到了快速、准确。6 月 18 日中心按规定如期上报 2007 年度阅卷数据，经过财政部会计司、财政部会计资格评价中心，人事部职称司的共同检查，认为山西省数据上报准确、及时，监督库记录正常，无任何违规行为，对山西省阅卷成绩予以批复。

（三）以会计资格考试为平台，切实抓好会计服务工作

会计专业技术资格考试关系到广大考生的切身利益，是山西省会计服务的窗口，也是展示会计管理工作者形象的一项工作，中心以文明优质服务为重点，利用各种形式、各种场合加强干部职业道德教育和为人民服务宗旨教育，重点在改善服务态度，转变服务作风，提高工作效率和质量上下工夫，以良好的服务形象面对广大会计人员。在日常服务中，全体人员工作主动积极，认真负责，讲求效率。经常征求服务对象意见，并不断改进工作方法。对群众咨询或反映的问题及时给予答复和办理，如有不能及时答复和办理的，约定时间尽快答复，没有借故推诿、拖拉，扯皮和拒绝或顶着不办的情况发生。对有服务时限的工作，在限期内保质保量完成了工作任务。

本着对考生负责到底，让考生满意放心的原则，10 月 22 日，应考生要求，中心组织专家组对申请查卷的 103 份试卷进行了重新核查。经查验，这些试卷全部符合全国会计考办的评卷要求。对于个别成绩合格考生，由于身份证号及档案号填涂错误，使两年成绩无法连续，中心在收到考生上报信息后及时核查，通过书面报告及全国会计资格评价网两种方式及时上报财政部会计资格评价中心，保证考生在最短时间内拿到了资格证书。

二、坚持不懈开展文明创建活动，不断巩固和扩大文明创建成果

2007 年，中心加强了党的基层组织建

设。在党员人数较少的情况下，坚持按规定组织党员开展活动。结合党员评议召开了支部民主生活会，对存在的不足和问题作了批评和自我批评，体现了中心党组织和党员干部开诚布公、坦诚相见的精神风范和讲稳定、讲团结、讲大局，齐心协力为中心兴旺发达而努力的精神风貌。同时加强了单位组织纪律工作。中心成立以来，逐步建立健全了各项工作制度。2007 年，中心以制度规范行为，在运行中不断完善制度，对工作制度进行了修改和补充，以此对工作行为形成有效的制约机制，促进了中心工作的顺利开展。中心工作环境也得到进一步改善，目前办公场所内、外部环境得到极大改善，做到了干净整洁、文明办公。

（山西省会计服务中心供稿
刘煜执笔）

山西省财政厅投资评审中心

2007年，山西省财政厅投资评审中心（以下简称“中心”）在厅党组的正确领导和各处室的大力支持下，采取强化内部管理、提高评审效能、严把评审质量等措施，创造性地开展各项工作，取得了可喜成绩。

一、认真学习十七大精神，加强党风廉政建设

2007年党的十七大胜利召开，中心党支部坚持把学习十七大精神作为一项重要工作来抓，多次组织中心全体人员认真学习讨论会议精神，用十七大精神武装头脑、指导实践、推动发展。中心明确提出要把学习十七大精神与四个方面工作有机结合起来：一是把学习十七大精神与完成全年工作任务、创新明年工作思路相结合；二是把学习十七大精神与深入推进科学发展观相结合；三是把学习十七大精神与当前评审实践相结合；四是把学习十七大精神与加强中心支部建设、特别是加强干部队伍建设相结合。

在加强政治理论学习的同时，中心以党风廉政责任制为目标，继续深入开展此项工作。通过民主生活会、党课学习、撰写党员之窗专栏、警示教育等活动，切实在中心全体人员中起到了警钟长鸣、提高廉政意识的作用。

二、以全国、全省会议精神为统领，评审事业掀开新篇章

2007年1月18日，全国首次财政投资评审工作会议在广州召开，中心作为全国财政投资评审系统优秀单位参加了会议。财政部副部长朱志刚在会上指出，财政投资评审工作是财政职能的重要组成部分，是财政工作的题中应有之义，是加强财政管理不可或缺的重要环节，是保证财政专项资金有效运行的重要手段。他对今后工作提出的要求是：财政投资评审工作要适应我国财政经济发展的新形势，自觉为我国的经济体制改革和财政体制改革服务，为新农村建设服务，为落实科学发展观转变经济增长方式服务，为预算管理制度改革服务，主动围绕政府投资的重点和热点不断扩大投资评审范围，完善工作体制和机制，进一步提高评审质量，争取这项事业的更大发展。在大会进行的“三优”评比表彰活动中，中心被评为“全国财政投资评审系统先进单位”，中心一名同志和两篇评审案例分别被评为先进个人和优秀报告。

借全国会议的东风，中心在2007年4月29日召开了全省首次财政投资评审工作会议。省财政厅副厅长张秋明在会上充分肯定了全省财政投资评审工作开展以来取得的成效，并指出学习、创新是评审事业发展的关键所在，要切实提高财政投资评审质量和加强队伍建设，中心要继续加强全省财政评审系统的业务指导、培训和联系；评审系统工作者要树立全心全意为人民服务的思想，清正廉洁、注重形象。会上还举行了山西省财政投资评审系统“三优”评比表彰。

全国和全省工作会议的召开，明确了下一步财政投资评审工作的指导思想、发展目标和具体措施，对山西省财政投资评审工作的发展具有重要的指导意义，同时也掀开了全省财政投资评审事业的新篇章。

三、预算、决算评审成效显著，节约财政资金14.13亿元

2007年，中心各项评审业务继续健康有序发展，全年共评审项目54个，审核资金80.64亿元，审减资金14.13亿元，圆满完成了工作目标责任制中要求的对项目预算、决算、专项资金的审核工作。其中，预决算项目的评审成效突出，审减率达17.52%，为历年来最高。切实体现了服务于预算支出改革，关口前移的评审新思路、新重点。

中心于2007年5～6月份对省环保局申请的“山西省第一次污染源普查”、“全省土壤污染状况调查”两个专项进行评审，这是中心首次评审的环保部门申请财政预算经费数额较大的项目。为了客观合理地确定所需经费，中心组织评审人员对两个项目严肃认真地进行审核，经过大量的询价、比对以及现场考察等工作，出具了科学的评审结果。其中，污染源普查专项经费申请预算金额3.61亿元，审定金额1.41亿元，净核减2.21亿元，核减率61.11%；土壤污染状况调查专项经费申请预算金额1.12亿元，审定金额0.52亿元，净核减0.60亿元，核减率53.24%，两个项目经评审共审减不合理资金2.81亿元。

在对长治至晋城高速公路进行项目竣工决算评审过程中，中心评审人员结合项目实际情况，采取审阅、复算、实地勘察丈量、市场询价等方法，对基建程序、工程合同、变更资料、工程造价、基建财务等事项实施了认真细致的评审，并延伸评审了长治县、高平市、泽州市等有关乡镇及村的征地补偿落实情况。经过3个月紧张工作，该项目送审投资额22.27亿元，审定概算内投资额21.74亿元，审定概算内投资额与送审投资额相比审减投资额0.53亿元，审减率2.38%。

对晋祠宾馆改扩建工程项目投资的评审中，评审人员发现该项目审核情况复杂、资料整理混乱，报送总造价与实际报价相差1536.89万元。存在工程按定额计价与清单报价并存；结算方式以实结算、合同包死价与合同价变更并存；现场与竣工图纸、结算资料及施工图纸不尽相符等多种情况。对此，中心分管主任会同评审人员共同制定评审方案，调整评审方法、仔细核对工程量、按定额及市场询价认定单价，最终确定了总造价。通过全体评审人员的共同努力，不仅将项目总报价控制在了原报价3.95766亿元内，并在此基础上净审减1 514.47万元，圆满完成了评审任务。

同时，中心受财政部经建司安排，于2007年1月和9月分别开展了“2001～2006年河南省按计划应竣工的中央财政投资土地开发整理项目专项核查”和“河南省2007年可再生能源建筑应用示范备选项目申报材料专项核查”，两项任务共核查项目194个，核查资金29.52亿元，顺利完成了审核任务。

四、完善内部制度建设，实现评审工作规范化、制度化

（一）出台了《关于加强财政投资评审工作的指导意见》

中心在对财政投资评审工作的评审范围、评审内容、质量控制、操作规程、内部管理等方面初步建立起一套基本完整的制度体系基础上，2007年4月又协助厅经济建设处起草出台了《关于加强财政投资评审工作的指导意见》。针对新形势下的财政投资评审工作，进一步明确了财政投资评审的指导思想，提出应充分发挥财政投资评审在公共框架体系下的作用；建立起科学高效的评审工作机制；加强队伍建设，创优评审环境；切实提高评审质量。该文件将新形势下的财政投资评审工作又提到了一个新的高度，它的颁布实施对于指导全省的财政投资评审工作具有重要意义。

（二）推行中心内部目标责任制管理

为使财政评审工作科学、有序进行，中心围绕全国财政投资评审工作会议和全省财政工作会议提出的相关工作重点，把2007年评审工作目标逐一分解，分别与中心内部5科室签订了《内部目标责任制》。中心内部目标责任书分为公共和业务两部分。公共部分涵盖文件管理、综合治理、学习培训、工作纪律等九个方面的内容，体现了全员参与、共建和谐的发展理念；业务部分则包括财政支出项目预、决算评审、专项核查，绩效评价等方方面面，科学制定了量化指标和时限要求，达到了科学性与操作性的统一。

经过近一年的实施，内部责任制的推行促进了中心年度各项工作的有序开展，强化了对厅目标责任制指标完成情况的考核力度，避免了工作的无序化和形式化，把评审事业的科学发展落到了实处。

五、加强精神文明创建活动，营造和谐、向上的工作氛围

按照文明单位管理办法的具体要求，中心明确提出“两手抓，两手都要硬”的目标，开展了形式多样，内容丰富的争创活动，积极组织学习、落实公民道德实施纲要，开展健康向上的文娱活动等。在创建过程中，中心注意发挥党、政、工、青、妇等组织的作用，使他们各尽其职，全面推动精神文明创建活动。2007年“三八”妇女节，中心第三次组织太原市和大同市投资评审系统近百名同志欢聚一堂，举行歌舞联谊会。4月份，中心组织全体职工开展了云南之行的“红色之旅”，既接受了教育，又放松了身心。10月份，中心成立了职工食堂，解决了大部分员工的就餐难问题，为大家的工作生活提供了极大便利。

精神文明创建工作显示出巨大活力，中心人员开拓进取、争创一流的团队精神正在形成，以人为本、和谐发展的中心文化深入人心。2007年11月，中心评审二科被省妇女联合会授予山西省“巾帼文明岗”荣誉称号，中心2007年又被省直工委评为“文明和谐单位标兵”。

六、以业务交流、培训和宣传为手段，创建良好的发展环境

为促进全省财政投资评审工作协调统一发展，中心在年初对2006年内部报告进行评比的基础上，组织了全省范围内的优秀案例评比并汇编成册。2007年10月份，中心在忻州市举办了全省财政投资评审系统新企业会计准则培训班，来自全省各市县评审系统的98人参加了培训。这是全省财政投资评审系统首次大规模的专业培训。培训班聘请山西省高校的会计专业教授授课，他们深入浅出地讲解了新会计准则的理论体系及会计核算操作方法。通过此次集中培训，学员普遍感到受益匪浅，特别是对企业会计准则在财务评审中的应用等方面有了新的认识和提高。

与此同时，为加强社会各界对评审工作的认识与支持、提高各部门、行业对中心的认知度，2007年，中心继续通过各种方式加大对自身工作的宣传力度。一是通过积极编撰、报送《财政评审信息》，及时报道中心的业务动态和地市机构发展等情况。二是利用《财政评审》进行宣传。作为中心主办的全国财政投资评审战线唯一的专业性出版物。在编辑部全体人员的辛勤耕耘下，目前订阅单位已近1 400家，其影响力越来越大，对中心乃至全国评审系统的宣传和交流都起到了重要作用。三是通过报纸、刊物以

及其他新闻媒体开展宣传。2007 年，中心分别在《中国财政》、《山西日报》、《山西财经日报》进行了宣传报道，产生了一定的社会影响。四是积极参加了财政部投资评审中心组织的全国系统内的评审课题研讨会，参与撰写了“财政投资评审工作机制和组织方式”课题研究报告。

（山西省财政厅投资评审中心供稿　武贤执笔）

山西省会计函授学校

2007年，山西省会计函授学校（以下简称“函校”）在厅党组的正确领导下，以科学发展观为指导，以良好的精神状态，积极负责的态度，带领全体职工圆满完成了各项任务，获得了财政部干教中心“2006年度、2007年度先进办学单位”称号。

一、成功承办了中华会计函授学校工作座谈会

3月20日，由财政部干部教育中心主办，函校承办的中华会计函授学校工作座谈会，在发祥地——山西太原召开。来自北京、河北、内蒙古、山西、江苏、浙江、宁波、河南、湖南、陕西、广东、重庆、成都、云南等14个省（区、市）的校长参加了会议。财政部部长助理刘红薇、财政部干部教育中心主任戴柏华、副主任李赤、山西省财政厅副厅长张秋明、副巡视员崔春香等领导出席会议，刘红薇在会上作了重要讲话。

刘红薇指出，函校各级办学单位要加大对农村会计的培训力度，要在“服务三农”、“建设社会主义新农村”上做有益的工作；希望各级函校集思广益，群策群力，摸索总结出办法，制订出可行性的实施方案。

会上，各位校长根据对刘红薇的讲话精神展开了讨论。大家表示要充分整合函校的资源优势，发挥培训财会人员主渠道的作用，利用函校20多年的办学声誉，努力工作，开拓创新，重振函校雄风，再创函校辉煌。

会后，财政部干部教育中心主任戴柏华一行4人在厅副巡视员崔春香等陪同下，到农村会计人员培训工作开展较好的阳泉分校平定函授站进行了调研。

二、在全国率先开展了农村财会人员免费培训工作

在函校的支持下，阳泉、侯马两个分校率先在全国开展了农村会计人员免费培训工作，阳泉分校的经验在“点”上，侯马分校的经验在“面”上。

侯马市分校因工作突出，早在1995年被省校批准成立县级分校。在建设社会主义新农村进程中，侯马财政局、农业局相互合作，相互支持，针对农村财务管理混乱，会计人员素质差的状况，积极创新，从2003年开始在全市全面深入地开展了农村会计人员的免费培训工作。

首先，强化组织机构。市财政局与农业局分别成立了由局长负责，分管领导主抓，市分校与经管站牵头、有关部门财会负责人参加的专项工作领导组。

其次，建章立制。加大对会计人员的培训考核力度，建立农村会计人员继续教育培训档案和会计人员业务考核档案，制定了一系列的会计管理制度办法，严格从业资格管理，明确规定必须同时持有“三证”（财政局发的会计证、农业局颁发的岗位证和聘用证），方可上岗从事会计工作，同时严格会计人员继续教育制度，对于应按规定参加而未参加继续教育的会计人员，制定了相应的措施。

再其次，是抓落实，求实效。除每年两次免费培训村会计、村支书、村长、理财小组组长外，针对农村财务及会计人员管理中存在的多种情况，实行了农村会计委托代理制和会计核算电算化，每年至少两次集中财务公开，做到事前、事中和事后监督。

一系列措施的出台，使会计人员的业务知识、业务技能明显提高；财务管理水平明显提高；实行财务公开后，上访告状率降低了，民风纯了、政风清了、干群关系和谐了，真正做到了“给群众一个明白，还干部一个清白”，在侯马呈现出一派祥和、繁荣、和谐的景象。

为总结经验、抓典型、树榜样，在全省开展农村会计人员免费培训工作，函校成立了开展农村会计人员教育培训工作领导组，由一名副校长专门负责此项工作，召开函校工作座谈会，研究此项工作，向12个分校下发了《关于抓好农村会计人员教育培训工作的通知》，5月9~11日，由函校校长张春生同志带队，组成一行8人的调研组到阳泉、侯马分校进行调研和指导。撰写了多篇调研报告，并进行了大力的宣传。《关于侯马分校开展农村财会人员教训培训工作的调研报告》在《中华会计学习》2007年第8期刊登后，引起了财政部干部教育中心和兄弟省校的高度重视和关注，10月25日，财政部干部教育中心副主任贾荣鄂一行4人到阳泉、侯马两个分校进行了调研，对两个分校的工作给予了很高的评价，很多兄弟省校纷纷向函校索要相关材料。

三、成功举办了财政系统书法、绘画、摄影作品展

为提高广大干部职工的文化修养，3月29日，厅机关党委、函校共同举办了“全省财政系统（函校希望杯）”书法、绘画、摄影展。

这次作品展共征集书画作品248幅。其中书法、绘画作品189幅，摄影作品59幅；作品均出自全省财政系统，既有厅领导，又有市、县财政系统职工。展前经函校工作人员辛勤工作，已将作品汇编成册。

省财政厅、各市财政局、各分校等单位的领导共计300多人参加了开展仪式。厅党组成员、副厅长石常明作了重要讲话。

剪彩仪式后，大家饶有兴趣地观看了展览，并欣然拍照，挥毫留念。石常明副厅长现场题词“函校桃李芬芳，财苑人才辈出”；原厅纪检组长张庆华的摄影作品集，成为大家关注的焦点，画面精美、摄影技巧精湛，方寸间展示了祖国的美好河山。

作品展还得到了财政部干部教育中心的关心和支持，干教中心主任戴柏华为作品展写下了“希望杯”三个苍劲有力的大字，为作品展增添了光彩。

这次展览引起了省城媒体的关注，太原电视台、《山西经济日报》、《山西财税》、《中华会计学习》、《党的生活》分别进行了报道，在社会上产生了一定影响。

四、完成了函校资产清查工作

根据山西省财政厅《关于开展行政事业单位资产清查工作的通知》的要求，函校开展了资产和财务集中清查工作，严格按照“统一时间、统一方法、统一步骤”的要求，按时完成了宣传动员和自查阶段工作。

1. 深入宣传、广泛发动。召开校长办公会议专门研究集中清查工作，提出了三项要求：一要认真学习，提高对资产和财务清查工作的认识。要把本次清查工作作为加强单位财务和资产管理的一项重要工作来抓，并以此为契机，彻底查清学校的“家底”，发现和纠正在管理中出现的问题，进一步健全和完善各项规章制度。二要加强领导，成立机构。确保清查工作的顺利进行。三要制定方案，强化落实措施，把清查工作落到实处，保证清查结果的真实、准确。

2. 加强领导，成立工作机构。成立了以校长为组长的资产和财务清查领导小组；下设财务清理和财产清理两个办公室，财务科、物业科人员为成员。

3. 制订方案。起草了《关于开展资产和财务集中清查的通知》，下发各科室执行。

4. 全面开展资产清查工作。根据现有的资产台账和财务资料对函校10多个部门20多年的资产和财务收支进行了全面清查。在短短1个多月的时间里，同志们翻阅账本200多本，查阅凭证500多本，复印原始资料400多份，核实需报损的财产400多万元。在资产清查过程中做到"三结合"，即把资产清查与财务收支情况清查相结合；把清查资产来源与去向和管理情况相结合；把清查出来的问题与及时落实整改相结合。做到"见账就清、见物就点"，并将清查结果在规定时间内汇总上报省财政厅清查办公室。

五、开展了函校档案升级达标工作

为贯彻省财政厅《关于转发山西省档案局〈关于加强对省直机关档案工作的监督考核并列入文明和谐单位奖惩内容的通知〉的通知》的精神，使函校档案管理工作步入正轨，升级达标，做了大量工作。

1. 深化认识，明确目标。函校提出了在2007年档案工作要升级达标的目标，成立了档案管理工作领导小组，组长由校长担任，具体档案工作由办公室负责。

函校派专人参加了省档案局组织的档案业务培训，聘请省档案局两名老师作指导，指导函校的文书、财务、基建等档案的整理工作；办公室从各科室抽调20多名职工，分成7个组，在短短2个月的时间里，对函校十几个部门、20多年的档案进行了突击整理，大家不怕苦、不怕累，在编研材料的撰写、文书、会计和基建档案的整改、硬件设施的完善等方面付出了大量心血，克服了许多困难，大家为了抓紧时间，经常提前上班，推迟下班，最忙时还利用中午休息时间和星期天等许多业余时间加班加点干工作。

通过大家的努力，已将各类文件、资料按科学化、规范化、标准化的要求，全部立卷归档进柜。目前，函校现存档案共8大类3 842件（卷），其中：文书档案2 650件；会计档案649卷；科技档案116卷；教学档案79卷；声像档案124卷；荣誉实物档案69件；电子档案1卷；干部人事档案154卷。

2. 建立规范，完善制度。在函校经费十分紧张的情况下，想办法挤出办公经费，确保学校档案建设需要。添置了电脑、打印机、扫描仪、标准档案柜、设置了专门的档案库房、档案人员办公室、阅览室。

根据《档案法》及《档案法实施办法》的有关规定，结合函校实际情况，制定了《函校档案工作管理办法》，《函校关于文件资料收集、移交的规定》和《档案员职责》、《文件材料归档与不归档范围》、《档案分类方案、分类大纲、保管期限》等规范性文件，各项管理工作由此走向了正轨。经省档案局验收，函校档案工作获省一级标准。

六、开展了创建省直文明单位的活动

2007年，函校以提高职工思想道德素质和科学文化素质，培养有理想、有道德、有文化、有纪律的社会主义公民为目标，围绕学校中心工作，扎扎实实地开展创建省直文明单位活动。

在争创省直文明单位过程中，函校始终坚持做到领导重视、纳入日程、统筹规划、分段实施、任务明确、责任清楚。

1. 确保组织领导到位。函校成立了开展争创省直文明单位活动领导小组。书记、校长任组长，下设办公室，负责文明创建的日常工作。各科室相互配合，把文明建设工作内容融合到各项工作中去，形成一岗双责，齐抓共管的文明创建体系。

2. 确保思想认识到位。为使全校干部职工充分认识争创文明单位的必要性和重要性，函校领导多次在全校大会上部署创建工作，增强大家的自觉性和参与意识，组织职工学习《公民道德建设实施纲要》，以“爱国守法、明礼诚信、团结友善、勤俭自强、敬业奉献”的公民基本道德规范教育职工。

3. 确保规划内容到位。函校领导班子把争创省直文明单位工作做为各项工作的总链条，围绕函校中心工作制定了文明单位建设的总体框架，根据全年工作，细化创建内容，分解到月，制定出学校文明单位创建活动的目标、方法、步骤、组织措施等具体要求，使文明建设活动有章可循。

4. 开展形式多样的创建活动，力争早日成为文明单位。为创建省直文明单位，函校从环境创新入手，改善办公环境，更换了办公桌椅，添置了电脑、打印机等办公设备，制作了宣传板报，加强了宣传力度，营造了人与人之间美好和谐的工作和生活环境。有力促进了函校精神文明建设和各项工作的可持续发展。

函校把加强党组织建设作为创建文明单位的基石。一是认真开展以函校党支部为单位的民主生活会制度，在党员干部中开展批评与自我批评，形成良好的民主氛围。二是加强支部建设，把增强支部的战斗力作为重点，积极推荐积极分子参加党校的培训，发展新党员，为函校党组织增添新的血液和活力。三是函校领导班子和干部队伍建设严格执行“四化”标准，认真贯彻落实民主集中制原则，在重大问题上实行集体决定，班子团结，民主气氛浓郁。四是加强廉政建设，制定党风廉政建设工作目标，健全党政干部廉政档案。制定了函校党风廉政建设责任制实施细则，划分了各成员的责任，真正把党风廉政建设责任制落到了实处。五是坚持每周二、五学习，学习有计划、有安排、有措施，每次学习由函校领导轮流主讲；内容包括：学习十七大报告，邓小平理论和“三个代表”重要思想，学习业务知识课，提高技能，要求科室领导和各党小组长都要写学习心得；把职工参加学习的情况纳入年终考核内容。在学习中理论联系实际，把学校业务工作同党风廉政，行风评议工作结合起来；六是根据省厅安排，开展了行风评议活动，制定了《行风政风及行政效能建设实施意见》，严格按照各阶段工作，真抓实干，采取了自查和检查相结合，发放行风政风调查问卷表，征求意见，开展工作，通过自查、评议、梳理和反馈意见，加强了作风建设，提升了工作质量和工作效率。

七、加大会计人员继续教育培训工作的力度

函校各级办学单位加大了会计人员的培训工作的力度，根据各市培训市场的需求，主动出击，利用函校20年的办学信誉和知名度，面向社会多层次、全方位开展培训工作。2007年培训会计人员共计2.5272万人次。其中：会计人员继续教育培训2.031万人次；初、中级电算化培训2 702人次；会计职称考前培训353人次；会计从业资格培训800人次；全国扶贫帮助网络培训70人次；农村财会人员培训410人次；其他培训627人次。年底，函校对12个分校会计人员继续教育工作进行了考核和评比，对阳泉等6所分校和32名先进工作者给予了表彰。

八、适应市场需求，继续走联合办学之路

适应市场需求，函校积极尝试多层次、

多渠道办学。2007 年，函校各级办学单位拓宽办学渠道，联办大专班，12 个分校中有 8 个分校分别和中财大、山西财大、省财专、长春税院、西安交大等院校联合办起了大专班、本科班。现有在校生 2 104 人，其中大专生 1 303 人，本科生 801 人；当年新招学生人数 315 人，其中大专生 177 人、本科生 138 人；毕业人数为 615，其中大专生为 462 人，本科生为 153 人。

函校根据市场需求，转变观念，寻求发展，积极做好函校办学工作重点的全面转移，将办学重点从学历教育转移到财政干部培训工作上来。2007 年 4 月，省编办同意山西省会计函授学校增挂山西省财政厅干部教育中心的牌子。此举将实现和财政部干部教育中心上下对口，也将对财政干部、财会人员的教育培训起到积极的作用。

（山西省会计函授学校供稿
杨应旗执笔）

山西省注册评估师协会

2007年，山西省注册评估师协会（以下简称“评协”）在省财政厅和中评协的正确领导下，在全体工作人员的共同努力下，以服务财政改革为中心，以提高行业竞争力为核心，以“创建文明和谐单位标兵”为契机，团结一致，求真务实，开拓创新，较好地完成了工作目标责任制的各项任务。首次荣获省直文明和谐单位标兵荣誉称号；首次在全行业开展了执业质量检查；首次召开了评估行业研讨会；筹办协会会刊《山西评估》，开辟宣传评估行业新窗口；评估师执业资格考试工作取得了新成绩。

一、加强行业监管，促进行业健康发展

协会一直把规范执业行为，加强行业监管作为协会工作的重中之重，当作行业诚信建设的头等大事来抓。

1. 简化工作程序，做好年检工作。2007年1月15日~2月2日，对2006年底前在全省注册执业的注册资产评估师进行了年检，应检779人，实检774人；773人通过了年检，5人未按规定参加年检，暂缓通过年检1人。通过年检，对全省注册资产评估师相关信息的变更及执业情况有了较详细和全面的掌握，规范了注册资产评估师的执业行为，保证了注册资产评估师队伍逐步向专业化、专职化发展。

2. 开展执业质量检查，提升行业执业水准。根据中评协《资产评估机构执业质量自律检查办法》和《关于做好2007年资产评估行业执业质量自律检查工作的通知》的要求，6~8月底，对全省资产评估机构进行了实地检查。共抽查27户评估机构，占全省评估机构总数的20%；抽查评估报告98份，涉及的经济行为包括企业改制、企业清算、抵押贷款、资产投资、资产转让等。按照《资产评估执业行为自律惩戒办法》、《资产评估行业谈话提醒办法》等有关规定，对评估报告或底稿不规范、不完善，但情节较轻的5户评估机构发出关注函；对在设立等方面存在问题的6户评估机构移交财政主管部门处理。

3. 认真做好日常注册管理。注册资产评估师注册是协会自律管理的一项重要的日常工作。在注册管理工作中，严格按规定办理注册，注重改进工作方法，提高工作效率，提升服务水平。全年共对符合注册条件的70名考试合格人员办理了注册登记手续，进一步缓解了全省注册资产评估师执业人员紧张状况。

二、加强队伍建设，提高评估执业人员素质

行业的持续发展必须要有一支高素质的评估师队伍做保障。因此协会近年来一直对评估师考试和后续教育培训工作常抓不懈。

1. 把好行业入门关，做好资格考试各项工作。根据人事部、财政部关于注册资产评估师执业资格考试的有关规定，协会对申请参加2007年度中国注册资产评估师执业资格考试的人员进行了考试资格审查和报名工作。全省报名参考人数1 279人，比2006年增长3.98%，得到中评协表扬；2007年共有84人通过考试，比2006年增长14.86%。这是2003年以来通过人数最多的一年，仅次于河南、河北、山东等几个人口大省，远远超过中西部其他省份和一些经济发达的省、市。

2. 改变工作思路，增强后续教育培训的针对性。为加强后续教育培训工作，协会加大培训投入，改进培训方法，全面提高队伍整体素质。截至2007年12月底，协会共举办3期后续教育培训班，全省839名注册资产评估师参加了后续培训学习。聘请了省内有一定资产评估理论基础、实践经验丰富的评估专家进行授课，效果良好。

3. 首次在行业内开展评估行业研讨会。12月6日，在太原举办了资产评估行业发展研讨会。来自全省20多家大中型资产评估机构的负责人和评协的有关工作人员参加了研讨会。研讨会从三个方面阐述了资产评估的理论和实践问题：一是资产评估行业在十七大后的新形势下如何健康发展；二是评估专业技术问题的体会与理解；三是评估机构怎样完善内部治理、培训质量等制度，实现做大做强做优的目标。

三、主动参与财政改革，做好财政支出绩效考评工作

2007年，协会在为会员做好日常服务的基础上，利用自身优势，完成了厅教科文处财政支出科技项目，厅行政政法处省统计局农业普查、省委组织部远程教育、省商务厅中博会等项目，厅社保处金保工程项目等处室的绩效考评工作，共涉及财政资金8 000多万元。通过考评，发现了项目单位存在的问题，对项目单位提出了加强财政资金管理，提高财政资金使用效率的建议；同时引导评估机构积极拓展服务领域和业务范围，拓宽了协会工作思路，丰富了协会工作内容，使协会工作人员得到了锻炼。

四、加强行业自律性建设，提高评估行业自律水平

行业协会要根据经济发展和行业管理的实际，按照提供服务、反映诉求、规范行为的要求，加强自律管理，强化服务，逐步建立与市场经济和行业发展要求相适应的自律性管理体制和机制。

1. 完善行业自律组织体系建设，充分发挥理事会的作用。根据协会章程，3月9日，召开了三届四次常务理事会。厅助理巡视员牛成毅出席会议并作重要讲话。会议由张庆华会长主持。会议传达了2006年全国秘书长工作会议精神；审议通过了协会2006年度工作报告和2007年工作计划以及2006年度财务收支情况的报告；讨论研究了《山西省资产评估收费标准修订意见》、《关于促进执业质量提高制止不当竞争的意见》。来自业内、相关部门的常务理事参加了会议。

2007年12月6日，召开三届五次常务理事会。厅副巡视员牛成毅到会并讲话，相关厅局领导及协会常务理事44人出席会议，会议由张庆华会长主持。牛成毅副巡视员做了《把握形势乘势而为开创我省资产评估行业新局面》的重要讲话；会议选举曹邑平同志为省评协秘书长；审议并通过了协会2007年工作报告和2008年工作计划、《山西省注册评估师协会维权委员会规程》和《山西省注册评估师协会申诉委员会规程》，同意2008年召开省注册评估师协会三届三次理事会。

2. 加强协会秘书处自身建设。协会肩负着规划行业发展，规范会员行为，协调行业内外关系，维护行业和社会公众利益等重

要职责。因此，必须不断加强协会秘书处自身建设，增强协会服务功能，提高协会管理水平，以适应行业发展的需要。2007年，协会以创建文明和谐单位标兵为平台，大力加强协会制度建设、作风建设等基础性工作。

第一，健全岗位责任制。2007年初，将目标责任制落实到每个部门，每个岗位，每位工作人员，并制定了切实可行的考核标准。同时，对办公室工作人员实行AB角零缺位制。制度中对A角、B角如何实施以及A角、B角岗位设置都进行了详细规定。

第二，完善考核机制。建立了中层干部考核制度，区分岗位职责差别，有针对性地进行考核；另外，还制订了《业务目标责任制考核办法》，对业务目标责任制考核程序、计分办法、考核结果等进行了规定；制定了《公共目标责任制考核办法》，对公共目标责任制进行了分解，考核内容包括：信息、厅情摘要、档案、学习笔记、综合治理、精神文明单位创建等，年底对考核内容进行打分，作为目标责任制考核依据，与目标责任制奖励挂钩。

第三，提高工作效率，实行电子手段进行文件传输。从2007年3月1日起，协会文件、评估信息等通过协会网站进行公告、网上发布的同时，通过手机短信将简要内容告知各评估机构负责人，有效地提高了为会员服务的效率，加强了资产评估行业信息化的建设，同时也节约了协会的运行成本，解决了多次行风评议有些机构提出的邮寄文件慢，而且经常收不到的问题。

第四，档案工作实现现代化、信息化。以档案检查为契机，全面整理了2000～2006年的文书档案、会计档案、设备档案、声像档案、荣誉档案，配备了专门的档案室、密集架以及相应的档案设备；同时安装了新的档案管理软件，实现了档案管理的信息化建设；加强了档案资源的利用，编写了《山西省注册评估师协会组织沿革》、《大事记》等；邀请省档案局对全体职工进行档案培训，提高协会全体工作人员档案工作的积极性、主动性。

五、强化行业党建，积极配合行业党委工作

2007年，围绕贯彻落实党的十七大精神，协会开展了一系列学习实践活动：一是10月12日，在党的十七大即将召开之际，党支部全体党员参观了位于文瀛湖畔的中共太原党支部的旧址和革命纪念馆，重温中国共产党发展的光辉历程；二是10月6日、10月16日分别组织全体党员认真学习报告精神，强调在以后学习过程中要做到“三个结合”，以取得更好的学习效果；三是11月2日，评协党支部党员分别到山西中新资产评估公司、山西世信资产评估公司、山西大正资产评估公司等7户评估机构，与党员联系实际共同学习十七大精神，并赠送政治报告50册。

六、以“信息、会刊、网站”为载体，大力加强评估行业宣传力度

首先，建立内部信息考核通报制度。《公共目标责任制考核办法》对各部室报送信息、厅情摘要进行记录，并根据刊登情况进行打分，每季度通报一次。据初步统计，全年共向厅、中评协送信息56期，比2006年度增加32期，增长133%。其中：被财政厅《厅情摘要》采用23条，被《中国资产评估》采用11条，被中评协网站采用10条，被《资产与产权》采用3条，被《会计之友》采用3条。

其次，创办协会会刊，开辟宣传评估行业新的窗口。为了打开评估行业这扇窗口，让社会公众了解正在发展中的评估行业，畅通连接评协和其他兄弟协会信息交流的渠道，完善评估师和机构建言献策的平台，反映山西评协的工作和全省注册评估师的心声，根据中评协通联工作会议精神，协会决定创办协会会刊，并于年底完成了筹办会刊相关工作；同时在全省资产评估行业建立了一支通讯员队伍，制定了《山西省资产评估行业通讯员管理办法》，为杂志提供丰富的稿源奠定了基础。

（山西省注册评估师协会供稿
徐菁执笔）

山西省财政厅培训中心

2007年，山西省财政厅培训中心（以下简称“中心”）在厅党组的正确领导下，紧紧围绕“强化管理、规范服务、塑好形象”的年度工作指导思想，在队伍建设、作风建设、完善设施、目标管理、创建文明和谐单位等方面积极开展工作，取得了明显成效。全年超额完成营业额750万元，荣获2006～2007年度省直“文明和谐单位标兵”、2007年度“太原市卫生示范单位”称号，中心客房部获得省级“青年文明号”2007年度考核优秀成绩，并获全省财政系统十年创建“十佳”称号。2007年2月14日，通过竞标成为中央国家机关出差和会议定点饭店，2007年9月7日荣膺旅游饭店三星级。

一、切实加强班子队伍建设

中心领导班子把建设学习型单位确定为中心的长期规划。首先在学习方面起带头、做表率，努力成为自觉学习、善于学习的领导干部；其次以“三个代表”重要思想和科学发展观为指导开展工作，要求全体员工，特别是中层干部坚持学习政治理论的同时，学习专业知识。统一订阅《饭店世界》刊物，经常进行学习交流，定期进行考试。通过学习，增强了大局意识、责任意识和创新意识；提高了理论素养、领导水平和工作能力。

把建设和谐单位确定为中心的基本目标。中心党、政工作定期召开各种会议，通报单位计划事项，吸收合理化建议，最终形成科学决策。使每个员工了解单位的发展，参与同他们切身利益有关的计划和决策的制定过程，提高了员工的主人翁精神；在领导与员工、员工之间的不断交流与互动中逐渐形成积极向上的工作氛围；推行人性化管理，关爱每一个员工，实现和谐发展。

把塑好形象确定为中心的现实要求。中心领导班子加强廉政建设，认真落实党风廉政建设责任制；要求党员干部严格自律，求真务实，使全体员工树立形象意识，明确个人形象与中心形象的必然联系，把塑好个人形象作为每个员工的基本要求，使中心这一窗口单位在全厅乃至社会上树立起文明、务实、廉洁、诚信的良好形象。

二、积极开展作风建设活动

2007年，中心结合开展“三服务、三促进”作风建设活动，确定作风建设的重点是：强化岗前培训，实现规范服务；加强制度建设，严格责任考核；转变工作作风，提高服务质量。

1. 完善制度管理。中心重新修订了《培训中心干部职工考核办法》、《考勤制度》、《请假制度》、《综合检查项目及扣分标准》等规章制度，对全体员工的工作态度、工作表现进行月考核，实行与当月绩效工资兑现的办法，并作为年终考评依据。中心各部门从细化管理制度入手，进一步完善制度建设，依章管理，初见成效，服务质量显著提高。

2. 加大培训力度。确定培训内容，明

确培训要求，保证培训时间，采取外请专家、派人学习、专题讲座、岗位培训等多种培训形式，并严格培训考核，使员工的整体素质有较大的提高，积极适应市场发展的需要，为宾客提供更优质的服务。

3. 强化监督检查。制度要落实到行动上，管理不流于形式，监督检查是必不可少的一个环节。中心服务质量检查工作由办公室具体负责实施，每周进行不定时抽查，形成质量检查周报，在下周例会上通报。对存在问题，要求限时整改。

4. 开展“优质服务质量月”活动。中心结合规章制度、操作规范和服务流程，提高全体员工的思想认识，树立良好的服务意识和工作责任心，掀起优质服务“比、学、赶、帮、超”的新高潮，活动中采取了考试、竞赛、演讲、比武等多种形式，外请行业专家进行质量检查点评，收到了预期效果。

三、逐步完善接待环境

针对原有硬件设施缺陷，中心对部分设施功能缺项进行了补项。完成了南楼六层改造，与原有的会议室形成了设施先进、完备的会议中心，可为各种培训、会议提供更加完美的服务；改造了大厅总台、天花板及辅助设施，使大厅亮化、美化、规范化；装修了大餐厅及外墙面，为宾客提供更舒适、美观的就餐环境；改善了服务人员的住宿条件，并逐步改善了服务人员的工资待遇。

四、实行目标责任管理

中心实行目标责任管理，层层鉴定目标责任书，指标细化，落实到人。中心与各部门每月进行经营分析，各部门每周进行经营分析，及时调整经营策略，经济效益有所提高。超额完成了2007年任务。

中心坚持以服务厅机关为主，对外拓展营销市场为补充的基本经营思路。一方面积极与厅机关及厅属事业单位联系并进行回访，主动征求意见，及时改进工作，完善对财政系统提供优质服务的保障体系，实行对财政系统“优先安排、优惠价格”的“双优”政策。另一方面，对外积极拓展营销市场，使一批老客户成为稳定的客源补充。同时，积极争取旅游团队入住，补充空档。努力超额完成经济指标。

严格执行安全防范有关规定，逐步完善消防设施。中心与部门、部门与个人逐级签订治安、消防目标责任书，定期对职工进行安全消防教育培训，不仅请消防专家讲课，还就岗位进行培训，并用消防器材进行实际操作演练，确保各部位安全无事故，消防安全年检合格。

五、文明和谐创建融入日常工作

中心以创建文明和谐单位、文明和谐部门、文明和谐班组、文明和谐家庭、文明和谐员工系列活动为基础，推行科学严谨、以人为本的内涵式管理和优质、高效、规范、文明的外延式服务，进一步加大物质文明和精神文明建设的力度，各项工作都取得了新的成绩。

1. 引深公民道德教育活动，注重对全体员工进行综合素质培训，党员干部贯彻党建工作责任制，职工贯彻公民道德建设纲要作为重要培训内容常抓不懈，共青团员按照青年文明岗的要求进行考核。通过对各类员工有针对性的教育培训，积极引导员工从我做起，使员工爱岗、敬业、比贡献形成风尚，先进人物、先进事迹不断涌现。

2. 中心客房部“青年文明号”将典型示范作用与“争先创优”紧密联系在一起，把高度敬业精神贯穿于客房服务接待中，形成了团结友爱、相互协作、奋发进取的团队精神，本年度团省委“青年文明号”验收考评在中心召开了现场会，中心客房部“青年文明号”年度考核为优秀等级，并获全省财政系统十年创建“十佳”称号。

3. 坚持开展文明和谐单位、文明和谐部门、文明和谐班组、文明和谐家庭、文明和谐员工系列活动，通过月自评、年终考核、评选表彰等形式调动广大员工积极参与的热情，使其真正成为一项群众性活动，努力培养干部、职工的职业道德、社会公德和家庭美德，建设和谐单位，促进和谐社会的发展。中心还积极组织有益于职工身心健康、有益于增强单位凝聚力的各种文体活动，每逢重大节日都要组织联欢歌舞活动，寓教于乐。“三八”妇女节座谈会、“五四”青年节诗歌朗诵比赛、中秋节服务员会餐、新年联欢会等活动，推动了文明和谐单位创建活动。

4. 中心制定了严格的卫生检查制度，认真实施食品卫生监督量化分级管理制度工作方案，坚持日检查制，保持卫生工作日常化，实现全年饭菜合格，无食品中毒现象发生，保持了太原市“卫生达标示范单位”荣誉。

5. 积极参加各类社会公益活动，2007年参加了厅“博爱一日捐”募捐及“送温暖、献爱心”捐赠活动，中心职工共捐款2 720 元。

（山西省财政厅培训中心供稿
李菊萍执笔）

山西省五台山培训中心

2007年，山西省五台山培训中心（以下简称“中心”）在厅党组的大力支持下，在社会各界的积极帮助下，在全体员工的共同努力下，各项工作取得了可喜成绩。省妇联发展部授予中心“巾帼文明岗”称号，省直工委授予中心“文明和谐标兵单位”称号，五台山风景区政府授予中心“2006年度服务地方经济建设先进单位”、“2006年度缴纳税费先进单位”。

一、加强班子建设，创建一流队伍

（一）提高政治修养，培养优秀干部

1. 加强政治理论学习。中心领导班子积极参加厅机关党委组织的各种学习活动，10月份组织在岗中层以上管理人员学习了十七大报告。通过学习，提高了管理人员的政治素质。

2. 强化民主管理。中心按照厅机关党委要求，按时召开党员民主生活会、党支部选举会，2007年召开了2次民主生活会，11月份召开了党支部委员选举会；在日常管理中，中心注意吸收广大员工的意见和建议，在组织讨论基础上制定了《2007年度奖励措施》。

3. 倡导反腐倡廉。中心领导班子成员以身作则，认真践行党员干部廉洁规定。为使廉政工作不断深入，中心领导班子及时按照厅纪检组要求召开了党风廉政建设情况分析会，2007年已组织召开3次党风廉政建设情况分析会和2次廉政建设专题学习会；并积极参加了厅机关组织的法制培训活动。

4. 培养优秀人才。中心党支部不断强化基层党组织建设，在加强党员干部思想道德修养的同时，还积极培养新人加入党组织，聘用优秀人才为管理人员。

（二）强化业务知识培训，建设优秀团队

中心重视对员工的服务技能的培训。3月份，组织全体员工进行了为期10天服务技能理论知识培训；然后又在各部门进行了理论与实际相结合的实践操作。10月份轮休后，中心组织在岗员工利用空闲时间通过多媒体进行了服务技能知识理论培训。通过培训，提高了员工的服务技能，保障了中心给宾客提供优质服务。

（三）健全群团组织，建设和谐单位

为了维护广大员工的合法权益，中心选举产生了第一届基层工会委员会，并制定了相应的制度。在工会积极推动下，中心5月份与全体员工签订了劳动合同；6月份给全体员工发放了福利；7月份发放了防暑补助。

中心不断提高员工工作待遇。2007年9月份，增加员工生活补助60元，使员工生活补助达到150元/人/月；10月份增加了员工工资，使员工最低工资水平达到670元/月。

二、科学化管理，规范化服务

（一）健全制度

为不断完善各种规章制度，中心根据工作实际不断健全修订各项规章制度，先后修订了《采购制度》、《出入库制度》、《员工休假制度》、《关于调整员工生活补助的规定》等一系列制度。这些制度有效维护了员工的各项权益。

（二）职责明确

在《管理手册》中，中心对46个工作岗位的职责进行了具体、细致的规定，明确了员工的工作权利与义务，既方便了员工工作，也保证了服务质量。

三、积极宣传促销，不断拓宽客源

为立足五台山日趋激烈的旅游竞争市场，中心在内强素质的同时，不断进行广泛宣传，提高社会知名度，开拓客源。一是，在五台山电视台做广告，对来山宾客进行宣传，争取来山回头客。二是，在山西卫视、公共频道、都市频道等4家电视台进行广告宣传。三是，坚持主动与老顾客进行联系，确保客源不流失。四是，积极参加五台山工商局开展的"诚信单位"宣传活动，在一系列宣传促销策略的影响下，中心2007年接待宾客2万人次，为中心提高经济效益发挥了积极作用。

四、加强综合治理，优化服务环境

中心认真贯彻落实社会综合治理工作，不断优化环境，确保为宾客提供优质服务。

（一）重视法制宣传

中心积极对员工进行法制宣传教育，树立员工法制意识，增强员工遵法守纪观念。组织餐饮部员工学习了《食品安全法》、《消防安全条例》、《山西省职工劳动权益保障条例》。通过对员工的法制教育，中心全年未发生任何违法乱纪案件。

（二）强化消防安全工作

一是，2007年3月份中心聘请五台山消防大队专业人士对全体员工进行了消防安全知识培训和实际演练。

二是，"五一"黄金周前组织全体员工进行体检，防止疾病传播；全体一线员工挂证上岗，使来店宾客更加放心。

三是，坚持部门经理值班制度，6名部门经理轮流值班，每天对中心确定的重点部位进行检查，做到有问题及时发现、及时处理，有效防范消防事故的发生。

四是，7月份组织员工参加了五台山消防大队开展的消防安全培训，强化员工的消防安全意识和防范知识。

五是，10月份派人参加了厅综治委在忻州组织的消防培训。

（三）建设优美服务环境

中心为提高服务质量，不断改善硬件设施、设备，2007年9月份为总台配备新的电脑，提高了工作效率，方便了客人，强化了日常管理工作；10月份开始装修餐厅厨房，保证了厨房卫生环境符合防疫要求，确保了重大政治接待工作顺利进行。

中心通过不断改造服务设施，为建立清洁卫生的服务环境提供了良好的物质基础。严格的管理，又促进了清洁环境的实现。3月份组织全体员工对周边环境进行了清洁；聘用了6名专职清洁员负责院内外卫生工作。

五、成绩突出、效益显著

2007年，中心实现营业收入1 480万元，净利润305万元；全年客房出租率为34%；同时圆满完成了省委、省政府安排的重大政治接待任务。

（山西省五台山财会培训中心供稿　张建波执笔）

山西省中小企业信用担保有限公司

2007年，山西省中小企业信用担保有限公司（以下简称“公司”）在省财政厅的正确领导和各有关部门的大力支持下，以“壮大实力、创新机制、提高效率”为工作主线，坚持“围绕以国家产业、信贷和环保政策为中心，实施扶持科技型和劳动密集型中小企业并举、扩大业务和深化管理并举，加大政策争取力度、内部挖潜力度、市场开拓力度，促进担保工作的行业化、链条化、模块化和区域化”的展业指导思想，经过全体员工的不懈努力，圆满完成了预定的目标任务，各项工作都取得了较好的成绩。公司连续第三年被省直文明委命名为文明单位标兵，公司再就业担保部荣获山西省“巾帼文明岗”称号，公司党支部在省财政厅创先争优活动中被评为“先进基层党组织”，公司财务工作被省财政厅评为全省地方金融企业财务决算先进单位，档案工作在山西省档案局组织的全省档案工作考评中获得一致好评，成为首家达标单位。郑建国厅长牵头、以省担保公司为主体的“专业信用担保机构风险防范策略研究”获山西省科学技术进步二等奖；公司董事长、总经理曹晓尔被省委、省政府分别授予“山西省劳动模范”和“就业再就业功臣”光荣称号。

一、担保业务稳定增长，目标任务超额完成

（一）目标任务全面完成，调控功能充分发挥

2007年，公司继续积极推进精细化管理，实行了目标责任层层分解、责任到人，保证了公司年度目标任务的圆满完成。

2007年，公司提供中小企业信用担保约11.48亿元，下岗失业人员再就业担保5 794万元，共完成担保12.05亿元，为太原市中小企业提供担保额约6.366亿元，为年度目标3.5亿元的182%；为园区经济和科技型企业提供担保4.3675亿元，为年度目标2.6亿元的168%；为劳动密集型中小企业提供信用担保额8.268亿元，为年度目标3.4亿元的243%；为开发银行贷款担保1.63亿元，为年度目标5 000万元的320%；配合实施“蓝天碧水”工程，为EMC项目及其他环保型项目担保2.181亿元，为年度目标1亿元的218%；累计完成小额贷款担保额1.7亿元，累计帮助6 200人再就业，为年度目标1.5亿元、5 500人的113%；继续拓展与银行的合作，与中信银行签订了合作协议，与招商银行探索了业务合作，累计合作银行占到省内各类银行的93%，超过了90%的年度目标；发挥龙头机构作用，体系合作业务量达6.454亿元，为年度目标2亿元的322%；开发了政府集中采购担保、预付款保函反担保、投标保函反担保、履约保函、信贷证明担保等5个业务新品种，超额完成1～2个业务新品种的任务；年度常规担保共代偿白玉镁业、顺达通讯两个项目2 260万元，代偿率为1.97%，累计代偿率为0.34%，优于5%的年度目标考核指标；小额贷款担保代偿420万元，累计回收率约96%，大大优于回收

率90%的年度目标考核指标；进一步强化了内部控制，严格执行财务制度，确保了公司资金和再就业担保基金安全；发挥国家信用担保机构孵化基地作用，分别于3月、8月、9月、11和12月举办四期担保机构孵化培训班，培训担保业务人员116人，为年度目标任务100人的116%；继续推进“金信工程”，完成了担保软件系统第四次升级，联网用户达到16户，为年度目标任务10户的160%；发挥省内行业龙头作用，完成了编印《担保业务政策指引》、担保业务合同范本等行业性工作资料的任务。

（二）公司资产规模持续扩大，担保能力不断提高

2007年，在省财政厅的大力支持和公司全体员工的努力下，通过资本公积金转增和财政划拨两种方式，公司注册资本金已由2005年的1.3亿元增加到3亿元。公司受托管理的下岗失业人员再就业担保基金由2006年底的2.66亿元，增加到2007年的2.87亿元；公司资产由2006年底的3.36亿元，增加到2007年的3.74亿元，增加近12%。担保实力的增强，将极大地提高公司担保能力。

二、经营机制持续创新，保持公司旺盛活力

（一）公司制度体系和运转机制更加完善

2007年，公司集中对成立以来现行有效的113项规章制度和制度性规定进行了全面清理和重点完善；特别是重新修订了《工资分配管理办法》、《担保业务操作规程》、《评审会议议事规程》、《委托贷款管理办法》、《担保合同管理办法》、《档案管理办法》等核心规章制度。制度修订中充分借鉴了担保行业的先进经验，总结提炼了公司成立以来的经验教训，使得以人事分配、业务运作、基础管理为核心的公司制度体系更加完善和成熟，为公司今后发展奠定了制度保障。修订完善后的公司规章制度已经汇编成册，共包括公司章程、公司发展规划、综合管理制度、人事劳资管理制度、财务资产管理制度、业务管理制度、党支部和工会工作制度等7个部分共88项制度。

（二）担保业务模式渐趋成熟

在实践探索的基础上，公司近年来形成了“政策先导、信用为本、三有一高、两密并举、环保优先、禁介危区、合作发展”的担保业务发展模式；开发了诉讼保全担保、政府集中采购担保、工程保证担保等业务新品种，形成了以融资担保为主、以非融资担保为辅的业务品种体系，担保业务品种达到20余个；创新了物流（库存）监管抵押、企业联保保证和担保换期权抵押等反担保方式，形成了比较灵活完善的反担保组合，反担保手段达到5个系列16个种类；探索和不断完善了“行业化、链条化、模块化区域化、”的担保业务拓展和管理模式，延伸了担保业务发展触角，区域化业务3.152亿元，占到担保业务总额的30%，其中太原地区占到50%以上，以运城、晋中为重点的省内经济发达地区的担保业务已经成为公司业务新的增长点，“四化”业务已经占到全部业务的71%，临汾、吕梁、朔州、忻州的合作也开始增加，与刚成立的阳泉担保公司的合作在积极进行中。

（三）风险防范和处置机制渐趋成形

2007年，随着业务规模的不断扩大，担保风险有所增加。面对这一形势，公司先后处置了白玉镁业、中亚电力、康华商务、现代科鑫、顺达通讯5个企业项目及李军、王富生2个个人项目风险，白玉镁业项目风险得到了有效控制；较好地处理了曲沃温泉宾馆风险项目，促使其最终归还了全部贷款；对吴敏捷项目、长治九峰项目进行了后续处理，对其他风险较高项目予以了特别关注；开展了在保企业报税收入比例调查，举

办了在保客户信用担保培训，成立了“风险处置委员会”，探索开展了公安刑侦、买断金融债权、政府协助等一系列新的风险处置手段。在防范、化解和处置风险的过程中，公司形成了一套从正常监管、风险关注、风险化解到风险处置的完整处理流程和阶段性处理程序，积累了涉及整个过程的风险防控经验，培养了一支风险化解和处置队伍，并在原有合作的基础上加深了与公、检、法、司及政府部门的良好合作关系。在防范风险的实践中，公司逐步形成了以“三级评审”为核心的风险评审机制、以反担保设置为核心的风险控制机制、以跟踪监管为核心的风险发现机制、以多方合作化解为核心的风险处置机制、以“业务提成、损失连带”、廉洁自律一票否决为核心的风险约束机制、以风险准备金及风险补偿金为核心的风险抗御机制，抵御风险能力进一步增强。

三、基础管理继续夯实，发展基础更加巩固

（一）员工队伍素质进一步增强

2007年，公司加大了人力资源调整充实力度，新招聘员工3人，调整减少员工5人。截至2007年12月底，公司共有正式职工33人，其中具有中高级职称24人，占72%；具有相关注册资格人员16名，占48%；业务人员占到员工总数的61%，具有注册会计师等执业资格的人员占到业务人员总数的80%。公司初步形成了以财务、产业、金融、法律等背景为主、以具有一定工作经验的人员为主、以大学本科以上学历为主的复合型人才结构。公司在不断摸索完善的基础上，形成了一套相对完善的招聘标准、招聘程序、岗前培训课程、上岗管理机制，初步探索形成了优胜劣汰机制；特别是通过老项目经理“传帮带”、新项目经理全业务流程实习、项目角色渐进升级等有效做法，促进了新员工的快速成长。

（二）工作质量和工作效率进一步提高

2007年来，公司精细化管理不断深化。在全面总结和深入分析2006年度工作的基础上，公司2007年度工作安排和目标责任考核目标更加全面、更加合理，操作性更强，责任更明确，责、权、利结合更加紧密；公司先后两次修订出台了新的《综合考核管理办法》，更有效地把目标任务完成情况与日常工作完成情况统一考核，激励约束机制更加科学，考核机制更趋合理，考核内容日益丰富，考核方式更加有效；公司升级了担保业务管理系统，加强了信息化管理和考核，改进了计算机网络安全防护和日常维护，信息化水平有了新的提高；公司结合档案管理办法修订，加强了档案收集、装订、归档、保管和借阅管理，实现了档案及时归档，档案管理更加规范，较好地发挥了利用档案开发业务、举证维权和传承企业文化的作用，在省档案局组织的档案工作达标检查成为首家达标单位。

（三）企业文化进一步丰富

公司以“诚信廉洁务实创新”为核心、以支部建设为先导、以领导带头为切入点，坚持党风廉政建设年年讲、月月讲、经常讲，坚持倡导廉洁自律的企业文化，加强廉洁自律监督管理，2007年先后组织了面向客户的在保客户迎春座谈会、在保客户担保培训班、政风行风评议调查，形成和保持了诚信廉洁、一尘不染的担保作风；在圆满完成《2004～2006年精神文明发展规划》，连续6年被评为省直文明单位、省直文明单位标兵的基础上，公司出台了《2007～2009精神文明建设》规划及实施纲要，使精神文明建设与公司发展紧密结合在一起，有规划、有措施，为公司发展了提供有力的思想保证、智力支持和精神动力。公司在年内组织了面向员工的元旦、新春、司庆及“三八”座谈联欢活动，组织了员工春游和外出考察、第二届“走进大自然”员工摄影大赛、员工合理化建议讲评，致力于丰富员工的文化体育生活，调动和发挥了全体员的聪明才智和主动性、创造性；公司完善了工会小组制度，开展了“三必访”等工会日常工作，继续开展了员工常规体检，出台了《退休管理办法》，修订了《年休假管理办法》，努力保障和发展员工权益，特别是开展了为员工建立企业年金的工作，把员工利益与公司发展更紧密地结合在一起，为公司长远发展和员工长远利益提供了有力保障。

四、龙头作用充分发挥，体系合作规模扩大

（一）积极促进信用担保体系建设

公司作为省中小企业信用担保工作领导组办公室成员单位和省内担保业龙头企业，承担了协助完成省政府下达省财政厅“信用担保体系建设”的相关目标任务的工作，先后6次与省财政厅领导一道深入运城、临汾、吕梁、阳泉、忻州、太原等地，广泛了解当地社会经济发展对信用担保的需求，促进各地信用担保机构的建立和省市县三级信用担保体系的完善；2007年，全省新增县级担保机构3户，省市县政策性担保机构达到53户，其中县级担保机构达到39户，阳泉市、定襄县、忻府区等市县担保机构的筹建工作正在紧张进行中。根据山西省中小企业信用担保工作领导组第一次会议精神，公司承担起草了山西省《关于加快中小企业信用担保体系建设的实施意见》，经反复讨论修改后已上报省政府待批；公司根据国家发改委关于确定我省为全国8个再担保工作试点省份之一的精神，组织召开了省内政策性担保机构再担保工作座谈会，承担起草了山西省《关于开展信用再担保试点工作有关问题的通知》，并推动在太原、晋城、忻州、运城四个市及部分县首先开展。

（二）积极服务中小企业信用担保机构

作为山西信用与担保协会的会长单位，公司在2007年继续致力于担保机构的培训咨询、自律规范、宣传维权等各项工作。公司在承办起草山西省《关于加快中小企业信用担保体系建设的实施意见》过程中，积极反映担保机构意见，在扶持政策、组织领导、监督管理等方面，为担保机构及担保行业发展争取了有利的政策。公司与协会合作，年内分别于3月、8月、9月、11月组织了四期中小企业信用担保机构孵化培训班，为来自山西、新疆、河南、湖北、天津、辽宁等6个省的担保机构培训学员116人，并积极组织担保机构外出考察学习，圆满完成了年度目标任务，为省内担保体系建设培养了新的人才。公司协助协会根据《物权法》的相关规定，修订印制了新的担保合同文本，进一步统一了省内担保机构合作的技术标准。公司与有关部门加强沟通，在吕梁、临汾等地开展了车辆抵押登记工作，进一步改善了担保机构发展环境。

（三）积极组织开展担保业务合作

2007年，公司牵头开展了担保体系担保再担保业务合作，与省内14个担保机构开展了以“委托资金、推荐项目、受托监管、利益分享”为主要方式的担保再担保合作，新辐射了侯马、万荣、新绛、太谷、盐湖区、平朔区、忻州等7个市县，年内体系合作业务达到3.5亿元，占到了公司业务额的32%，公司向再担保定位发展取得了新的成效。

（山西省中小企业信用担保有限公司供稿　张平执笔）

山西省财政税务专科学校

2007 年，山西省财政税务专科学校（以下简称“财专”）以邓小平理论、“三个代表”重要思想和十七大精神为指导，以科学发展观统领全局，审时度势，创新思路，同心同德，开拓进取，在谋求学校全面协调发展上形成了新思路，在深化教育教学改革上实施了新举措，在推进内部管理体制改革上实现了新突破，在加快学校基础建设上取得了新进展，党的建设、思想政治工作、教育教学、科学研究、管理工作和基本建设等各方面都取得显著成效，全面开创了学校事业发展的新局面。

一、以学习贯彻十七大精神为切入点，理论联系实际，扎实推进党建、思想政治教育和精神文明建设

狠抓理论学习，迅速掀起学习贯彻十七大精神的热潮。党的十七大胜利召开后，财专及时对学习宣传贯彻党的十七大精神进行了部署，在全校下发了《关于学习宣传贯彻党的十七大精神的安排意见》；同时，还编印了《十七大精神学习资料》，举办了“党的光辉足迹”党史知识竞赛等活动。通过一系列形式多样、主题鲜明的学习贯彻十七大精神的活动，迅速兴起了学习、宣传、贯彻十七大精神的热潮，加深了全校师生对十七大精神的理解，提升了广大师生的思想政治素质，为学校各项工作的顺利开展提供了强有力的思想保障。

狠抓组织建设，强化对党员、干部的教育管理。一是，组织全体党员认真学习、深入贯彻落实中央保持共产党员先进性四个长效机制文件精神和第十五次全国高校党建工作会议精神，出台了《加强党员经常性教育的意见》和《党员联系群众服务群众的意见》，从制度上保证了党员教育的经常化。二是，开展了“两先两优”评比表彰活动。组织召开了纪念“七一”表彰大会，表彰先进党组织 10 个，优秀党务工作者和优秀党员 42 人。三是，做好党员发展工作。全年培训入党积极分子 284 人；共发展党员 170 人，转正预备党员 193 人。四是加强对流动党员的教育、管理和服务。财专设立了流动党员咨询服务专线电话和流动党员咨询服务登记簿，发放了《流动党员活动证》，为流动党员的教育管理奠定了良好的基础。五是狠抓干部管理，提高干部素质。财专认真贯彻《党政领导干部选拔任用条例》等有关干部工作的文件精神，按照干部管理的有关规定，对试任期满的 1 名校内正处、3 名校内副处、2 名正科、1 名副科级干部进行了考核，并认真组织了副科以上干部年度考核工作。

狠抓校务公开，党风廉政建设进一步加强。财专继续完善各项制度，坚持重大事项公示制度，对干部任用、职称评审、发展党员、“三项治理”、基建工程招投标、大宗物品采购等工作，进行了校内公示，更好地实现了校务公开透明。建立健全教育、制度、监督并重的惩治和预防腐败体系，把党风廉政建设和反腐败宣传教育纳入学校宣传教育工作的总体部署中，创新教育方式，丰富教育内容，将廉政教育渗透到学校管理的各个方面。财专召开了第四届“双代会”第一次会议，审议通过了学校《“十一五”建设与发展规划》，为学校的改革发展注入了活力。

狠抓校园文化建设，扎实开展校园文明创建活动和法制宣传教育工作。2007 年，财专组织举办了第九届科技文化艺术节、第二届“公寓文化艺术节”、第八届大学生科技作品竞赛活动和第六届学生社团文化月活动，系（部）还组织了“爱我专业，勤奋学习”演讲朗诵比赛、纪念“12·9”运动征文活动、12·4 法制宣传活动、“挑战杯”营销创业大赛、网页设计大赛、“三棋”争霸赛、“我心目中的未来财专”校园规划设计大赛等活动。在全省第九届“兴晋挑战杯”大学生科技作品竞赛活动中，财专学生的参赛作品荣获一等奖 1 项，二等奖 2 项，三等奖 11 项，学校荣获优秀组织奖称号。财专学生男子足球队首次荣获“李宁杯”全国大学生足球联赛山西赛区冠军，学生男子篮球队荣获全省高校大学生篮球赛第四名，学生健美操队荣获全省青少年健美操锦标赛大众六级二等奖。财专被中宣部、中央文明办、教育部、团中央、全国学联联合授予“暑期社会实践先进单位”称号。

二、以强化实践教学为突破口，彰显高职特色，教学改革进一步深化

财专以推进人才培养模式改革为核心，分层面、分专业在全校教师中广泛开展了高职教学特色、工学结合实践、实践实训基地建设的研讨活动，将实践教学的理念贯穿于教学全过程，重点专业建设的步伐大大加快，教学科研工作取得累累硕果。

1. 以提高教学质量为中心，全面修订专业人才培养方案。按照“知识、能力、素质”并重的要求，以工学结合为切入点，吸纳 37 名行业专家和技术能手充实到专业建设指导委员会，构建了以“职业通用能力、职业基础能力、职业岗位能力、职业发展能力”为本位的课程体系，使实训课时增加了 20%，占到了总课时的 50%，新修订了专业人才培养方案。

2. 以精品课程建设为龙头，全面推进学校课程建设和教材建设。目前，财专已建成校级精品课程 20 门，省级精品课程 10 门，教育部高职高专经济类教指委优秀课程 2 门，国家级精品课程 1 门，基本形成了结构合理、品质优良的精品课程体系。在此基础上，校企共建优质核心课程 30 门，校企联手研发专业实训教材 23 部，系统推进了课程体系建设，形成了工学结合、理论与实践并重的教材体系。

3. 创新建设思路，构建系统拟真式财经专业综合实训体系。构建专业综合实训网络体系，新建和改建了 11 个具有生产性、仿真性、实用性、综合性的融岗位实训、技能开发、社会服务等功能于一体的现代化校内实验实训室、1 个会计实训示教室和 1 个有价证券实训示教室，实现了各专业实训内容的一体化，为学生搭建具有真态实训环境、真实实训资料、真切实训过程的工学结合学习平台。

4. 积极开展交流培训，大力提升师资队伍素质。按照“优化结构，提高素质，整体发展”的思路，通过学历进修提升内在素质，顶岗实践提高实践能力，国际交流拓宽教师视野，校企联合优化师资结构。2007 年，重点培养了 13 名专业带头人和教学骨干，10 名教师取得了硕士学位，选派 23 名教师参加了国际交流或进修，121 名教师参加了国内业务培训；学校还聘请社会兼职教师 54 人，充实了实践教学队伍，满足了实践教学需要。使师资结构更加合理，教学能力显著提升。2007 年，财专 2 名教师荣获“第五届山西省青年科技奖”，并获“山西省青年教育专家”称号；1 名教师荣获“科教兴晋突出贡献专家”称号；1名教师被评为“高职高专双师型教学名师”；2名教师荣获全省高校青年教师教学基本功大赛二等奖，1名教师荣获三等奖；1名教师荣获全省思想政治课“精彩一课”竞赛二等奖；3名教师荣立山西省社会主义劳动竞赛二等功；会计教学团队被评为省级优秀教学团队。

5. 教科研成果丰硕，学术氛围日益浓厚。2007年，财专教职工在各类期刊上发表论文123篇；编写著作（教材）25部；完成各类科研课题16项；荣获山西省第五次社会科学研究优秀成果二等奖2项；荣获2007年度山西省“百部（篇）工程”优秀成果一等奖1项；荣获省级教学成果一等奖1项，二等奖2项，同时，财专邀请知名专家学者来校进行学术报告26次，拓展了师生学术视野，对学校学术氛围的营造，起到了积极地推动作用。

6. 教学质量稳步提高。按照《实践教学工作条例》，财专组织学生开展和参加了各类专业实践、技能大赛和资格考试，组织了第四届校园网页设计大赛和第二届校园规划设计大赛；在大学生数学建模竞赛中，学校荣获山西赛区一等奖2个，二等奖2个；在全国高职高专英语口语大赛中，财专学生荣获山西赛区二等奖；在ERP会计知识竞赛中，财专代表队荣获全省专科类院校冠军，并代表山西参加了全国比赛，荣获北方赛区高校一等奖；财专有350余名学生通过了初级会计专业技术资格全国统一考试，32名学生通过了中国市场营销经理助理资格考试，380余名学生通过了会计从业资格考试。

三、以服务学生成才为出发点，加大工作力度，学生管理进一步加强

学生管理工作始终坚持以育人为中心，以素质教育为主线，以人性化服务为目标，重点抓了职业素养教育、心理健康教育、行为规范教育、毕业择业观教育、人生规划教育、思想道德教育和安全防范教育等，收到良好的效果。

1. 2007年是财专奖助学生力度最大的一年。一年来，学校进一步完善了“奖、贷、助、补、困、免”助学体系，共有6人获得国家奖学金，141人获得励志奖学金，884人获得国家助学金，300余人获得校内困难补助，34人获得学费减免，提供勤工助学岗位222个，累计发放各类奖、助学金300多万元。

2. 心理健康教育在当前大学生教育中愈来愈显得重要，2007年财专下功夫抓了此项工作。重新调整了学校心理健康工作领导组和心理咨询中心成员，加强了领导，充实了力量；成立了学校大学生心理健康教育协会，积极开展心理健康教育；邀请心理教育专家举办了6场心理健康教育报告和讲座，收到了很好的效果。

3. 做好招生工作。2007年，财专在全国9个省份招收全日制新生1522人，其中专升本学生247人，专科学生1275人。新生录取分数线、第一志愿录取率和新生报到率均居全省高职高专院校的前列。目前，学校全日制在校生达到5010人，办学规模基本保持稳定，生源质量不断提高，学校呈现出良好的发展态势。

4. 学生就业工作继续实施“一把手”工程，落实“三个到位”，狠抓“四化”建设，取得了较好的成绩。全年共接待用人单位120余家，举办了大型供需见面会和专场招聘会，组织学生参加了2次省外用人单位招聘会。截至2007年12月底，毕业生就业率达到93.32%。

四、以服务社会经济发展为立足点，发挥资源优势，社会服务领域进一步延伸

1. 稳步推进成人教育工作。学校2007年共举办干部培训68期，培训学员9 288

人次，完成计划的154.8。继续加强成人学历教育工作，加强函授教育的各项管理工作，并力求在稳定专科学历教育的基础上，积极发展本科成人学历教育，2007年共招收专科函授生379人，本科函授生197人。学校所属函授站全部通过了评估验收。

2. 积极服务区域经济建设和高职教育发展。财专成功举办了以“高职高专教育与山西社会经济发展”为主题的第五次省情论坛，60余名专家学者应邀出席了论坛，并提出了许多有价值的建议和意见，山西电视台、山西日报社等新闻媒体也对论坛高度关注并作了宣传报道。此外，学校还举办了全国高职高专经济类专业教育教学研讨会，作为组长校组织参加了在陕西财经职业技术学院召开的第21次全国财政（经）高职高专教育研讨会。

3. 广泛开展校际交流活动。一年中，财专先后接待了陕西、江西、内蒙古、福建、河北、江苏、北京、浙江、辽宁、湖北、湖南和河南等省、市、自治区的20余所高职院校，就高职高专教育发展等问题进行了广泛交流和深入研讨；与浙江金融职业技术学院签署战略合作协议，从师资培训、人员交流、教学改革等方面开展深度合作；分五批（次）派出教学管理人员和部分教师赴广东、上海、天津、浙江、北京、贵州、安徽等省、市的高职院校考察与学习。

4. 大力开展扶贫助教工作。2007年，财专先后向和顺、平定、武乡等山区小学捐赠了价值近百万的教学设备；作为“西部地区教育顾问单位”，学校与甘肃省文县店坝小学签订帮扶协议，为学校师生捐赠了电脑、文具和办学经费，改善了贫困地区的基础教育条件。

五、以完善管理机制为着力点，提高工作效率，管理水平进一步提升

严格制度，规范程序，内部管理工作有序开展。财专严格依据学校《规章制度》和《工作规范》开展各项工作，管理水平、工作质量和服务意识得到进一步提高。

1. 严格了劳动纪律。修订了教职工请假制度，出台了新的福利奖金发放办法，将教职工出勤考核与福利奖金挂钩，加大了扣罚力度，有效遏制了人浮于事、干与不干一个样的不良风气。

2. 规范了人事管理。对聘用制干部、外聘人员重新定编定岗，实行了岗位管理；强化离退休人员的服务工作，举办了离退休人员座谈会、第二届离退休人员个人才艺展示和“九九”重阳节茶话会，使他们感受到了学校的温暖。

3. 在教师专业技术职务评审方面，简化工作程序，严格把关，采用了计算机申报系统，提高了工作效率，保证了职称评审质量。2007年，新评副教授2名，讲师3名，并对全校专业技术人员进行了重新梳理和聘任。

4. 强化了财务管理。按照事业单位收支分类改革政策，修订和调整了会计科目，建立了示范校专项资金管理体系；狠抓了资产清查工作，对全校资产进行了全面清查和登记，顺利完成了省财政厅组织的行政事业单位资产清查工作，并荣获全省行政事业单位资产清查先进单位一等奖。

5. 完善了公务车辆管理。出台了《公务车辆使用和管理办法》，试行了单车成本核算，提高了车辆使用效率，节约了车辆养护成本。

六、以增强服务意识为着眼点，完善保障机制，服务体系进一步优化

1. 教学条件得到进一步改善。财专总投资190余万元的网络课程制作中心现已投入使用；完成了1个PC机房的更新，配置了54台新电脑，现已正式投入教学使用；完成了网络机房蓄电池等设备的更新，对网络机房的布线状况进行了重新规划和整理，并为网络设备制作了统一的标识牌；完成了图书资料的回溯建库任务，全年购置文本图书0.94万册，电子图书2.65万册，馆藏图书达到51.49万册。

2. 基本建设投入力度加大。2007年，财专投资400多万元对图书馆进行了加层改造，建筑面积增加980多平米；投资200多万元对九号公寓进行了装修改造，学校的对外接待能力进一步增强；投资200多万元对实验楼及合班教室进行了改造，学校教学、生活、科研设施保障力得到提高；投资2 000多万元的操场扩建工程正式施工，到年底主体工程已经完工，崭新的校园格局已基本形成。

3. 后勤保障更趋完善。餐饮服务结构进行了新的调整、公寓实行了新的管理模式，进一步提高了餐饮和公寓服务水平。完善了公共卫生突发事件的应急工作机制，认真开展师生防病治病工作、新生体检和教职工体检，保障了全校师生的健康和安全。

4. 深入开展综合治理，扎实进行校园安全专项整治，建设和谐的校园环境。充分利用宣传载体进行教育，提高了广大师生的法制观念、安全意识和防范意识。落实部门一把手的主体责任制，签定了治安、消防安全协议书，积极消除安全隐患，维护了校园的安全。

（山西省财政税务专科学校供稿　郭艳萍　方建英执笔）

山西省会计学会

2007年，山西省会计学会（以下简称“学会”）在省财政厅领导下，更新办会理念，拓宽工作范围，积极承担省财政会计管理部门的社会性工作，会计学术研究迈出了新步伐，会计人员培训取得了新突破，学会自身建设再上新台阶。

一、深入开展课题研究和学术交流活动

一是对，2005～2006年度立项的6个课题进行了评审。2007年7月，学会组织专家对2005～2006年度立项的6个课题进行了认真评审，评选出一等奖课题2个，分别为山西财经大学张丽云教授主持的《山西票号会计研究》和山西省第四建筑集团有限公司贺祯总会计师与山西省财政税务专科学校高翠莲教授共同主持的《施工企业财务风险控制研究》。评选出二等奖课题1个，为太原师范学院李梅副教授主持的《产权制度与会计研究》。

此次课题研究及评审工作呈现3个特点：其一，宁缺毋滥，确保质量。按照以往评审，凡立项的课题一般都要评为一、二、三等奖，以资鼓励；但此次评审，6个课题只有3个获奖，且空缺3等奖，其象征意义不言而喻。其二，跟踪服务，及时应变。由于此次每个课题组组成人员都来自几个不同的单位，使得各课题组的研究进度不一致，打乱了学会原订的课题研究工作计划。学会及时调整工作计划，协调各课题进度，使全部课题如期在年底前结题。其三，未雨绸缪，提高效率。提前与省科技厅沟通、协调，为要求申请省科技厅鉴定的课题做好前期准备工作；提前审核课题用纸规格、文字等格式要求，避免返工；固定联系电话，随时解决课题中出现的具体问题。

二是，组织了2007～2008年度会计课题研究立项招标工作。根据学会“十一五”科研规划要求，年初下发了《关于做好2007～2008年度会计课题研究招标工作的通知》，各市学会，各分支机构、单位会员，各大专院校，各企业等单位积极组织，共申报课题8个。在2007年7月3日组织的招标会议上，经专家认真评审，共有6个课题中标，作为学会新一轮正式课题进行研究。课题的具体题目是：山西财经大学辛旭教授主持的《环境会计理论与实践研究》，山西财经大学裴伯英教授主持的《山西省上市公司资本结构分析》，山西财经大学张皓教授主持的《新会计准实施面临的问题与对策》，太原大学李贻玲副教授主持的《构建社会责任会计体系的研究》，太原理工大学阳泉学院吴戈副教授主持的《山西省新农村建设与农村财务问题研究》，山西财贸职业技术学院晋波副教授主持的《循环经济下企业环境成本控制研究》。

三是，积极参加学术交流。参加了在长春召开的北方省（区、市）第25次学术研讨会，向会议提交论文两篇，交流了学会开展工作的做法和体会。参加了在太原举行的2007年度海峡两岸现代会计论坛，与兄弟省市共同探讨经济全球化下会计面临的问题。

二、努力打造高级会计师培训品牌

为打造高级会计师培训品牌，学会采取了新的措施。一是，努力克服制约瓶颈，开拓思路，创新方法和形式。二是，加强组织实施，强化服务，规范工作程序，实行培训标准化，努力提高培训效果。三是，丰富培训内容，今年的培训内容在重点培训新企业会计准则的基础上，增加了哲学、晋商经济、艺术欣赏等提高综合素质的内容，培养复合型人才。四是，选择名校、名师，创造良好的培训环境。培训地点在继续保留国家会计学院和省内2个培训地点基础上，增加了清华大学作为培训基地，分开层次，满足不同需求。在培训的课间增加了饮料、茶点、健身、休闲等，为培训营造一个宽松的环境。一系列措施使高级会计师培训取得了新成效，全年共培训高级会计人员1 313人，比2006年增长20%，创了历史最高水平。

三、认真组织论文评优

截至2006年底，共收到会计论文91篇，经严格、规范的程序评审，共评选出一等奖4篇，二等奖8篇，三等奖13篇，并颁发证书。2007年论文评优继续实行众评委平行打分、打分标准量化、无记名和严格按得分高低评等级的评审方法，尽可能体现公平、公正和合理。

一年来，学会取得了一定的成绩，但还存在不少问题和不足，如办会理念和方式还较落后，市场运作能力还较弱，运作机制还不很规范，秘书处工作人员的整体素质和能力亟待提高等。

（山西省会计学会供稿　刘兴华执笔）

山西省珠算学会

2007 年，山西省珠算学会（以下简称“珠协”）在省财政厅等部门的大力支持和关怀指导下，坚持继承和弘扬中华优秀传统文化，潜心开发和培养少儿智力，普及提高全社会珠算技能，圆满完成了各项任务。

一、珠心算教育推广

经过多年努力，山西省在一些地区的小学校、幼儿园开展了珠心算教育，还有各种类型的民办幼儿珠心算培训班。据不完全统计，全省学习珠心算的小学生 9 662 余名，幼儿 3. 36 万余名，共有 4. 32 万名少年儿童接受了不同程度的珠心算教育。

为进一步推动珠心算教育，同时也为参加珠心算技能比赛创造条件，珠协经过考察，确定了 4 所小学校为第一批珠心算培训点。这 4 所小学中，接受珠心算教育的学生共 2 560 余名，通过层层筛选，对少数学生作为重点培训。为使重点培训制度化，规范化，并取得成效，珠协提出一些要求，如：四年为一个重点培训期；培训目标，按全国比赛题加、减、乘、除、传票、账表总成绩达到 1 200 分；为了实现此目标，还提出了各年度应达到的建议指标；对重点培训，珠协每年还给予 3 000 元的补助，用于教练、管理者及受训学生的生活津贴；培训期满达标后另行奖励，超标者给予超标奖。

经过培训，已初见成效。在 2007 年 8 月举行的全省第 27 届珠心算技能比赛中，这 4 所小学共派出 8 支代表队（占到全部代表队 1/3）分别代表三个市参加了比赛，而且这些选手获得了大部份的奖项。

为了扩大教育面，珠协通过建立“珠心算技术鉴定站”的形式，发展民办珠心算教育，即由珠心算老师在业余时间办培训班，吸收幼儿接受珠心算教育。珠协直接联系和指导的鉴定站有 8 个，太原市珠协建了 22 个，在一定程度上起到了示范和推动作用。太原市 2007 年新增在学人数 3 502 名，为全部在学人数的 49. 8%。

二、珠算师资培训

2007 年以来，全省共培训珠心算师资 180 名。培训形式基本有三种：一是以老带新。如珠协委托一些珠心算老师培养了 37 名新手，新手们在实践中逐步掌握教学方法，提高教学水平；二是集中时间授课，主要是部分市珠协举办培训班，共培训 142 名，其中临汾市培训 65 名，占 49%；三是走出去更新知识，请进来传授经验，如朔州、晋城派出 5 名同志外出学习深造；临汾两次邀请榆次奥格心算园老师李江红、武晓娟讲学，传授教学方法。

三、珠（心）算技术等级鉴定

近年来，珠算技术等级鉴定业务量有所下降，主要原因是有些大中专学校取消了珠算课、或者缩小了授课范围（过去学财贸金融税务专业的学生珠算是必修课，现在仅限于会计班学生），加之近年来会计专业招生人数有所下降。

为支持珠协工作，巩固和扩大珠协鉴定

业务，省财政厅于 2006 年 2 月专门发文明确："珠算五级鉴定，由各级珠算协会组织。"文件下发后，极大地扭转了社会财会人员和学校会计专业曾一度忽视珠算技能的倾向，从而推进了珠算技术等级鉴定工作。尤其各市珠协在会计专业学生数量不多，甚至为零的条件下，鉴定工作仍然久盛不衰。

在认真贯彻省厅文件精神过程中，朔州市总会计师、省珠协常务理事马永同志，亲临鉴定现场指导；晋城、长治、临汾等市珠协在鉴定前，由会计服务中心等有关单位举办培训班，对应鉴者进行珠算技术培训，提高他们珠算技术水平。通过大家努力工作，提高了鉴定质量，维护了鉴定的严肃性和权威性。

据不完全统计，2007 年以来，珠算技术等级鉴定 1.7 万余人次，发证 1.55 万余人；珠心算鉴定 500 余人，发证 500 余人。

四、珠心算技术比赛

为促进珠心算教育并检阅珠心算教育的成果，2007 年，珠协除组织报名参加海峡两岸通讯比赛外，全省各级举办比赛共 12 次。从举办单位看，有珠协单独举办的，有珠协与其他单位联办的，还有其他单位协办的。

（一）海峡两岸通讯比赛

按照珠协要求，各地对一年一度的海峡两岸通讯比赛做了大量的宣传和组织工作，各基层珠协动员财会工作者、少年（即小学生，下同）、幼儿及其他珠算爱好者积极报名参赛。全省 11 个市全部参与，没有出现空白，这是历年来少见的。2007 年全省报名人数为 4.5579 万人，按报名参赛人数排列，前 3 名分别是太原市、晋城市、阳泉市。在今年的参赛人员中，成人 1.7259 万名，占 58.2%；少年 4 350 名，占 14.7%；幼儿 8 036 名，占 27.1%。太原市在宣传、组织工作中领导重视，层层发动，工作扎实有效。该市郑天佑同志作为中珠协代表团成员参加了 2007 年 11 月在台湾省举办的两岸交流活动。

（二）山西省第 27 届珠心算技术比赛

由珠协主办，吕梁市财政局、吕梁市珠协协办的山西省第 27 届珠心算技术比赛，于 8 月 20～22 日在吕梁市举行。参赛选手分甲、乙、丙三组共 96 名。开幕式上，省财政厅副巡视员崔春香作了热情洋溢的讲话，吕梁市委常委、市政府党组成员吕改莲致欢迎词，吕梁市科协、教育局、财政局、珠协的领导亲临赛场指导、观摩。在大家的共同努力下，圆满完成了比赛任务。

（三）珠协单独举行的比赛

珠协和许多市珠协在财政部门的关怀与支持下，都如期完成了比赛任务。据不完全统计，这些比赛参赛人数达 760 余名。其中，太原市珠协把幼童珠心算技能等级鉴定融入珠心算比赛。该比赛幼童高达 466 名，开了全市乃至全省的先河。比赛场面生机勃勃，气氛热烈，孩子们聚精会神，眼不离数字，笔不离试卷，时而两手还作出拨珠的姿势，形象可爱。赛后该市珠协根据成绩，颁发了"珠心算技术等级证书"；还对成绩优异的 98 名幼童颁发了优秀选手奖和进步奖。

五、其他几项工作

根据中珠协安排，珠协向各市珠协征集珠心算教案 16 篇，推荐给中珠协参考。

根据中珠协通知，珠协组织了 3 名珠心算老师参加中珠协在海口举办的第二期中级教练师培训班学习。

根据省科协安排，珠协组织 15 名幼童参加了 9 月 15 日"全国科普日"暨"第四届科普三晋"启动仪式并作了精彩的珠心算听算表演，受到观众的好评；散发了珠心算宣传材料 300 份，仍满足不了观众的需要。

为推动各市珠协工作，珠协拟订了一个

考核办法，随时考核各市的工作业绩。考核办法的核心是指标量化，按量记分。考核指标主要有海峡两岸通讯赛参赛人数，师资培训人次，比赛人次，鉴定发证数，提交学术论文数等。据统计，按各项考核指标记分，名列前五名的是太原市、晋中市、朔州市、晋城市、吕梁市。

（山西省珠算学会供稿　唐执升执笔）

山西省预算会计研究会

2007年，山西省预算会计研究会（以下简称“研究会”）在省财政厅党组的关心和支持下，在全国预算会计研究会的指导下，根据全国预算会计研究会、省财政厅、省社科联的要求，以开拓创新的精神，进一步发挥研究会的桥梁纽带作用，紧密配合部门业务的中心工作，凝聚社会各方面力量，广泛开展调研活动，在为财政改革、为财政中心工作服务等方面做出了一定的成绩。

一、财政理论研究工作有了新进展

一年来，研究会坚持贯彻为中心工作服务、为现实服务的思想，积极组织预算管理和预算会计方面的专家学者和实际工作者，紧密结合当前财政预算管理改革、财政国库管理制度改革等中心工作，广泛深入地开展调研活动。围绕各阶段财政改革的焦点、热点问题，组织了学术研讨，充分发挥了研究会的桥梁助手作用。全年共撰写调查报告和论文26篇，其中有关预算管理9篇、预算编制5篇、预算会计管理和理论研究7篇、国库管理5篇。这些文章集中探讨了编制部门预算、推行国库集中支付制度、建立公共财政体系、深入预算会计改革等方面的热点问题。理论研讨工作有了新的进展。

二、主办了“两北”理论研讨会

2007年，山西省成功主办了“两北”（华北、东北）地区预算管理与会计理论研讨会首届四次会议。参加会议的有北京、天津、河北、内蒙古、黑龙江、吉林、辽宁、大连和山西9个省（市、区）预算会计研究会（学会），财政厅（局）预算处、国库处的同志。全国预算会计研究会和财政部预算司、国库司的领导也应邀参加了会议。

本次会议由研究会和厅预算处、国库处共同主办。全国预算会计研究会李慧中常务副会长到会并作了重要讲话，财政部预算司、国库司的同志到会进行了指导，厅党组成员、副厅长石常明到会祝贺，并就山西省经济社会发展、财政收支形势及财政改革与发展情况作了简要介绍。

各地共向研讨会提交经验交流材料20篇，会议期间与会代表紧紧围绕财政管理制度改革、国库管理制度改革、部门预算改革、转移支付制度建设、政府债务管理等当前财政改革中的热点问题进行了深入地研讨和交流。

三、完成了“月刊”、“科目”的征订发行工作

2007年，在各级财政部门的大力支持下，研究会团结一致，勤奋工作，进一步完善了全省征订发行工作的管理机制。2007年《预算管理与会计》月刊征订2 395套、《政府预算收支分类科目》征订发行1.4808万本，双双超额完成任务，受到了全国预算会计研究会的表扬。

四、研究会自身建设不断加强

2007年，研究会进一步完善各项工作

制度，制定了岗位目标责任制，在思想上做到与时俱进，在政策、业务学习上做到精益求精。同时，还加强了与全国各省、市预算会计研究会和省直各主管部门以及专家、学者、读者的联系，工作既紧张又有序，及时圆满完成了研究会一年一度的“年检”工作。

（山西省预算会计研究会供稿
杨俊执笔）

山西省农村财政研究会

2007年，山西省农村财政研究会（以下简称“农研会”）在中国农村财政研究会和省财政厅的大力支持下，在省民政厅、省社科联的指导和各市财政局及省直会员单位的配合下，以邓小平理论和“三个代表”重要思想为指导，以科学发展观为统领，积极开展活动，推进了各项工作，取得了较好成绩。

一、深入开展农财课题调研，积极配合厅农业处做好相关工作

（一）开展农村劳动力转移和财政支持政策研究课题调研

2007年，根据中国农村财政研究会课题指南安排和要求，结合山西实际，农研会会同厅农业处重点确定了关于《农村劳动力转移与财政支持政策研究》课题调研任务。年初拟定了调研提纲，5～10月先后深入到一些市、县农村，通过召开座谈会、典型访问等形式收集资料，开展调研。在此基础上，又得到了省农业厅和省扶贫办等有关单位的积极支持，经过几易其稿，完成了这一课题，全文约8 500余字，2008年初上报中国农村财政研究会。

（二）配合厅农业处做好支农资金整合问题调研和相关工作

农研会结合本身业务，积极协助厅农业处开展财政支农资金整合试点县的调查研究和有关工作。一是根据农业处安排，参加了省级财政支农资金整合试点县联系工作，负责调查了解情况，听取汇报，检查验收。年底，参加了在吕梁市召开的全省财政支农资金整合工作经验交流会议，积极做好相关工作，推进了石楼县财政支农资金整合试点的宣传和推广。二是根据农业处安排，会同有关专家完成了省科技厅组织的对太原、大同、阳泉、长治、晋城、晋中、临汾、运城等市科技试点县项目的检查验收工作。三是协助完成了中国农村财政研究会有关负责同志和吉林省农村财政研究会一行6人对我省的参观考察任务，他们对大同、忻州和晋中市的社会主义新农村建设和财政支农资金整合试点工作给予积极评价。

二、组织基层干部参加培训，进一步提高业务素质和工作技能

2007年下半年，根据中国农村财政研究会通知精神，为适应我国农村财政改革和发展的新形势，提高广大基层农财干部业务素质和工作技能，农研会积极组织基层农财干部参加了中国农村财政研究会在安徽黄山市和广西桂林市举办的农村基层财政干部培训班，全省先后共有14人参加了培训，收到了好的效果。

三、广泛开展学会活动，认真加强自身建设

（一）认真做好年检工作

2007年，依据省民政厅关于对全省性社会团体进行年检的通知精神，农研会从学会基本条件、管理制度、活动情况、遵法守纪等方面，积极准备情况和资料，并委托专职审计事务所对财务状况及其相关方面进行全面审计，并提出了审计报告。省社科联和省民政厅民间组织管理局经过审查认为：山西省农村财政研究会管理制度健全，学术活动规范，遵法守纪，在财务上，会计报表符合《事业单位会计准则》和《事业单位会计制度》的规定，公允的反映了省农财研究会一年来的运行情况，符合年检条件，审查合格，予以通过。

（二）参加全国财政支农研讨会

2007年底，中国农村财政研会在山东省潍坊市召开了全国部分省、市、自治区财政支农研讨会。全国10个省市的代表和财政部有关司局的负责同志共50余人参加会议。农研会派2人参加了会议。会议主要听取了各省以及财政部有关司局在财政支农、特别是支持农村合作组织建设和农业保险方面的情况介绍以及存在问题和今后建议，使与会同志受到很大启发。中国农村财政研究会会长张振国同志作了重点发言，他简要总结了一年来财政在支持“三农”方面的调研情况，指出了当前在粮食安全、扶贫机制、农村市场启动和农民收入四大亟待解决的问题，要求各地农研会在新的一年要捕捉新热点、解剖新难点、提出新观点入手，做好农财研究会的工作。会议最后还赴潍坊寿光市参观了蔬菜高科技示范园、弥河生态农业观光园、三元朱村和寿光蔬菜批发市场，全体与会同志受到很大启发。

（三）积极办好会刊，并协助中国农村财政研究会做好发行工作

2007年，农研会会刊《山西农财研究》共出了9期，约15万字，结合农财战线实际，探讨难点热点问题，积极服务“三农”，受到了会员和有关方面的好评。同时，还积极协助中国农村财政研究会做好《农村财政与财务》杂志的订阅与发行工作，完成了2000册的发行任务，对扩大信息交流、相互学习提高、做好学会工作，起到了很好地宣传和促进作用。

（山西省农村财政研究会供稿
翟彦铭执笔）

第五篇

山西省各市财政工作概况

太原财政

2007 年，在市委、市政府的正确领导下，太原市围绕建设新太原目标，全面贯彻落实科学发展观，积极推进绿色转型和结构调整，着力改善民生，构建和谐社会，全市经济社会发展呈现出速度加快、结构优化、质量提高的良好态势。在此基础上，各级财税部门紧紧围绕全年预算任务和各项财政工作目标，综合运用财税政策，全力推进经济增长方式的转变，依法治税，科学理财，加快“吃饭型财政”向“发展型财政”的转变，财政收入保持了快速增长势头，财政总收入突破 200 亿元，提前两个月完成了全年财政收入任务。财政支出规模扩大，结构优化，保障重点，致力民生改善，促进了社会和谐和各项事业的蓬勃发展。

一、财政经济高速优质运行，各级财政收支实现平衡

2007 年，太原市全年实现地区生产总值 1 255 亿元，比 2006 年增长 16.4%。第一产业完成增加值 19.64 亿元，增长 0.5%，第二产业完成增加值 639.39 亿元，增长 20.6%，第三产业完成增加值 595.92 亿元，增长 13.1%。三次产业占 GDP 的比重由 2006 年的 1.9∶46.9∶51.2 调整为 1.6∶50.9∶47.5，呈现出“一产稳定、二产领先、三产加快”的发展格局。其他主要经济指标均完成良好，规模以上工业增加值 497.8 亿元，增长 28.2%；全社会固定资产投资 576.7 亿元，增长 15.1%；社会消费品零售总额 515.9 亿元，增长 18.2%；地区外贸进出口总额 81.1 亿美元，增长 97.1%；城镇居民人均可支配收入实现 1.3745 万元，增长 17.1%；农民人均纯收入实现 5561 元，增长 13.1%。在此基础上，全市财政总收入完成 240.4 亿元，为预算的 116.1%，同比增长 25.1%，其中：一般预算收入完成 88.4 亿元，为预算的 119.1%，比上年增长 12.2%，同口径增长 32.2%。

分系统看，市国税系统完成 84.6 亿元，为计划的 100%，增长 18.1%；市地税系统完成 60.1 亿元，为计划的 112.8%，增长 33.7%；省直国税完成 59.9 亿元，为计划的 121.3%，增长 36.5%；省直地税完成 21.1 亿元，为计划的 184.9%，增长 13.6%；市财政系统完成 14.7 亿元，为计划的 116.2%，下降 32.8%（上年煤炭探矿权、采矿权收入增加抬高了基数），同口径增长 14.1%。

分级次看：市本级完成财政总收入 147.3 亿元，为计划的 116.3%，增长 23.9%。其中一般预算收入完成 50.8 亿元，为年预算的 111.1%，增长 14.2%；县（市、区）级财政总收入完成 93.1 亿元，为计划的 115.7%，增长 27.1%。其中：一般预算收入完成 37.6 亿元，为年预算的 120%，增长 9.6%。

在收入持续快速增长的同时，全市财政支出规模进一步扩大，全年支出达到 115.7 亿元，为预算的 94.8%，比上年增长 27.8%。其中：市级支出 56.4 亿元，为预算的93%，县（市、区）级支出59.3亿元，为预算的97%。财政支出结构进一步优化，市委、市政府确定的各项中心工作、法律法规规定的农业、教育、科技等各项重点支出都得到了较好的保障。

2007年，全市财政收支相抵，实现了收支平衡，净结余1 256万元，其中：市级630万元，县（市、区）级626万元，市本级和全市13个县级财政均实现了当年收支平衡，略有结余。迎泽区还消化了585万元的历年赤字。

二、理财思想实行重要转变，发展型财政建设稳步推进

近年来，太原市财政局在工作中更加注重增强主动性，提高自觉性，按照公共财政的方向，紧密结合太原市当前发展实际，不断完善理财思想，特别是在2007年，认真贯彻落实市第九次党代会精神，立足财政在新时期的职能和使命，提出了由“吃饭型”财政向“发展型”财政转变的目标，由过去注重管理分配财政资金的思想转变到确立公共财政服务发展、做大“蛋糕”的发展财政的理财思想。谋财政，要善谋经济发展；做大财政“蛋糕”，首先要做大经济“蛋糕”。把主动服务经济发展作为工作的主题，着力优化发展平台，改善发展环境，提升服务水准，运用各种有利于经济发展的财税政策，夯实财政经济基础，扩大财政收入来源，从而使财政实现健康协调可持续的发展。

三、财政政策全面充分运用，经济发展得以有力助推

太原市财政局2007年综合运用财政政策，采取一系列有效措施，有效地推进了经济的又好又快发展。一是以前所未有的力度支持国企改革，用于支持国有企业改革方面的支出达到了20多亿元，盘活国有资产65亿元，为国有企业的突破性改革提供了资金保障。积极争取并认真落实了太原老工业基地的财税政策，实施了增值税转型试点政策，减少企业税负6亿元，支持企业技术升级和产业提升。安排14亿元国土收入用于企业改制职工安置、支出2亿元用于支持企业学校剥离、支出1.1亿元用于支持企业破产清算、支出7 700多万元用于支持下岗职工再就业、支出6 700多万元用于解决商贸企业减债脱困等。同时，针对特殊困难的企业，各级财政还筹集资金解决了冬季取暖困难等问题，为国有企业减轻负担、深化改革创造了条件。二是大力支持自主创新，加大科技投入，全年共安排科技创新资金8 920万元，统筹支持了企业建立技术创新中心等一批重点项目，完善对技术创新体系的扶持，促进了全市科技自主创新水平的提高。三是进一步支持园区经济快速发展，全年用于支持高新、经济、民营、不锈钢园区的支出达到了8 370万元，并继续实行财政体制上的倾斜政策，对于发挥园区经济引领新型工业化的示范先导作用，推进全市经济结构调整、提升产业层次发挥了重要作用。四是综合运用财政贴息、担保等手段，支持全市经济结构调整，强化中小企业服务体系的建设，仅市中小企业担保公司就为全市42户企业担保贷款2.8亿元，有效地缓解了中小企业融资困难。五是强化招商引资支持力度。支持太原市召开煤博会，强化招商引资长效机制。并支持太原市组团参加了厦洽会等，引进了一大批新项目，带动了全市产业结构优化升级。

与此同时，认真落实科学发展的要求，注重主动发挥财政职能，积极推进绿色转型和节能减排。一是及时落实各项支持节能减排的财税政策，促进企业节能减排，并向省和中央申请利用节能减排专项资金。二是加强对政府在节能减排措施方面的财政保证和支持，对市政府组织的“百日行动交通污染控制”等专项检查等活动，财政给予了相应支持，确保了节能减排目标任务的落实。三是进一步支持太原市环境体系的建设，在城市建设中把环境建设摆在突出位置，大力加强环境保护、园林绿化、集中供热、垃圾焚烧发电等项目的投入，使全市的环境质量进一步向好的方向发展。四是发挥财政职能，支持打造“绿色政府机关”，引导全社会实现绿色转型。太原市财政局以确定实物配置标准、推选绿色采购等为手段，针对该市目前在资产配置等方面没有明确的绿色指标和标准，在预算核定和资产配置方面制订明确的绿色指标，制定并出台了《太原市市级党政机关单位办公用房装修及办公设备配备标准实施意见》。五是对中小企业用于绿色转型的信贷，市财政通过中小企业担保公司优先担保。六是大力推进绿色采购制度，支持采购国家认证的绿色环保产品，对高能耗、高污染产品要严格限制使用，进一步强化了绿色转型的推进机制。

四、工作机制逐步强化完善，收入组织实现依法规范

太原市财政局认真贯彻市委、市政府的要求，按照“加强征管、堵塞漏洞、惩治腐败、清缴欠税”的方针，加大征收力度，坚持依法治税，确保了财政收入保持稳定增长的势头。在工作中，注意及时总结经验，完善财税部门联席会议制度等行之有效的工作机制，积极主动抓好收入征管上的总体协调、责任分解等工作，并及时发现问题，加以解决，收入组织机制进一步完善。同时，进一步加强在国土收入等其他收入方面的组织工作，保证了城建收入目标的圆满完成。并认真落实省政府召开的全省财税部门联席工作会议精神，及时调整了全年收入目标，落实了扎实收入的各项措施，有效地确保财政收入的可持续发展。

五、改善民生政府倾力保障，公共财政阳光普照民众

2007年，太原市财政局积极主动贯彻落实党的十七大精神，把公共财政建设与服务民生有机结合，不断调整支出结构，使财政支出更多地向民生领域倾斜，公共财政的特性进一步显现。

（一）继续加大“三农”投入，推进社会主义新农村建设

一是，继续按照“多予少取”的方针，着力促进农业发展、农民增收和新农村建设。率先全面取消了农村义务教育阶段学生的学杂费，提高了农村义务教育公用经费保障水平，下达春秋季免学杂费经费和提高公用经费保障水平资金3 761.8万元，使农村、县镇的20.26万名中小学生享受到了党和政府的关怀。下达全年义务教育阶段寄宿制贫困生补助经费196.42万元，对农村的1.14万名中小学生进行了补助。在保障农村教育发展的同时，太原市财政局对城市义务教育阶段家庭经济困难的6 018名中小学生进行了资助，下达2007～2008学年城市义务教育阶段免教科书经费和免杂费经费175.97万元。下达2007年秋季高等职业学校和中等职业学校助学金、奖学金经费1 015万元，对377名大中专、职业院校的贫困生进行了每人750元的补助，对541名普通本科高校、高等职业学校的优秀学生进行了每人2 500元的奖励。

二是，扎实巩固农村税费改革成果。年底从超收中安排838万元，用于无收入的村级政权保障。

三是，继续加大农业生产投入，全年农业资金达3.5亿元，增长27.7%。

四是，加快支农资金整合力度，在选择清徐县作为省级试点单位的基础上，又选择条件比较成熟的小店区、阳曲县作为2007年财政支农资金整合市级试点县（区）。

五是，健全完善新型农村合作医疗制度。拨付资金2 660.7万元支持太原市全面建立新型农村合作医疗制度，目前，全市参合人数为87.36万名，参合率达87.15%。同时，继续加大对农村卫生工作的支持力度。安排专项资金245万元，支持农村巡回医院的运转，确定了支持农村改水改厕项目，对农村从事预防保健公共卫生的乡村医生，由市财政给予每人每月40元的补助，大力开展农村地方病防治工作和乡镇卫生院建设，推动农村卫生工作不断向前发展。

六是，进一步加强对农业的政策补贴，促进粮食和农业生产发展。除及时拨付农业综合补贴资金外，重点加强对生猪生产的财政支持，实行了生猪生产、能繁母猪生产、优质品种生猪等补贴。

七是，加强农村户用沼气建设，省市共投入资金2 955万元，积极支持了全市1.42万座户用沼气的建设。

八是，继续加强农村基础设施建设，安排6 000万元，加强农村道路建设；加强农村市场体系建设，支持兴建了“农家店”工程；积极支持太原市广播电视“村村通”工程，解决了225个自然村1.43万户村民4.9万人收听收看广播电视的问题，有效地促进了全市城乡经济社会事业的协调发展。

九是，推进农业保险试点改革，在清徐、小店、晋源开展了冬小麦种植政策性农业保险补贴试点工作。

（二）完善社会保障体系建设，促进弱势群体生活保障和社会稳定和谐

2007年，太原市共支出各项社会保险基金41.54亿元，保证了21万名企业离退休职工的养老金、1.5万名失业人员的失业金的发放以及72万名参保人员的看病就医。拨付2.04亿元用于下岗再就业工作，对实行“内退”的1.2万名“4555”人员基本生活和代缴社会保险费7 520万元，为1.02万名公益性岗位和739名“两站”工作人员支付岗位补贴和社会保险费7 370万元，对山西省北方商贸城等14户吸纳下岗失业人员的企业支付岗位和社会保险补贴646万元，支付职业介绍和各类职业技能培训补贴1 271万元，有效保证了社会稳定，促进了就业和再就业。同时，太原市财政局坚持改善民生，建设民生财政、推进和谐太原建设的方向，认真落实国家和省建立农村低保体系、提高部分社会保障标准等一系列政策，按照国务院批准的试点方案率先在全国支持了全民医疗保险制度的启动；安排资金2 324.88万元，支持了农村低保政策的建立；安排资金300万元，支持了省政府关于提高部分社会保障标准等六项惠民政策的落实，并加强对城市低保对象的保障水平，支持太原市进一步提高最低工资水平，着力改善收入分配结构，有效地促进了和谐社会的建设。

（三）推进公共医疗卫生体系建设，确保人民群众病有所医

筹集资金支持了全市建立全民医疗保险制度，使医疗保险逐步覆盖了城乡。进一步加强城市社区和农村乡镇卫生机构的建设，着力解决基层群众看病难的问题。加强市级重点医院的建设，支持中心医院引进外资加以改造，改善了太原市的医疗服务条件。

（四）强化对义务教育的支持，提升义务教育政府保障水平

在农村义务教育实行“免费”政策的同时，太原市还注重抓好城市义务教育的发展，全年教育经费达到19.95亿元以上，着力支持了学校危房改造、远程教育系统的发展等重点项目，并强化对教育资源布局调整的支持，同时，启动了太原大学新校区建设，使太原市教育整体水平提升。

（五）加大财政支持力度，着力解决困难群众住房难问题

2007年，太原市除继续抓好廉租住房建设外，把煤炭沉陷区治理和城市棚户区改造

作为重点，棚户区改造财政投入9.3亿元，以万柏林和古交为重点的工程建设进展顺利，第一期城市棚户区改造工程已全面启动。

六、城市道路建设规模空前，财政筹资保障高效到位

2007年是太原市城市建设规模最大、力度最大、成效最为显著的一年，为广泛筹集建设资金，市财政局采取了加强收入组织、通过银行融资的办法，扩大建设资金筹集来源，累计拨付重点工程项目和还贷资金33.5亿元，集中力量支持了滨河东西路绿化工程、滨河东路快速改造、机场大道、迎泽大街改造、胜利街拓宽改造、南内环街改造、青年路改造、新晋祠路改造等城市重点项目建设。为保证资金及时到位，市财政局合理调度资金，加快资金拨付，有效保证了工程的顺利实施和竣工。同时，对财政投资实行了跟踪审核，为全市城市建设工作作出了贡献。太原市财政局为此被市委、市政府荣记城市建设集体一等功，太原市基建审核处也被荣记集体一等功。

七、文化建设财力投入加大，晋阳文化得以品位提升

按照市委、市政府对太原市的定位，文化建设是一个突出的重点，为此，市财政局着力挖掘晋阳文化重点区域，彰显晋阳文化的魅力。集中财力，扶持了一批新的重点项目，支持了晋祠的改造与搬迁和蒙山文化区的开发与建设。同时，安排专项资金支持了《傅山进京》等一批精品剧目的排练和演出，支持举办了太原市2007年中国文化遗产日宣传活动，有效地提升了太原市的文化品位。

八、理财机制全面创新完善，财政管理质量明显提高

2007年，太原市财政局坚持不懈推动财政改革。一是，继续深化财政体制改革，调整市对县财政管理体制，有效增强了县级财政发展后劲。二是，逐步提高预算编制的科学性。全市105个部门全部实行了部门预算管理，并按法定时间在市人代会审议批准预算后将全市部门预算批复至各部门执行。同时，逐步扩大了报送市人代会审议批准的部门预算范围，由2006年的30个部门增加到65个部门。三是，继续深化国库集中收付制度改革。市级国库集中收付制度改革全面启动，从2007年6月1日起市级111个部门共476个预算单位全部实施国库集中支付制度改革，同时根据改革需要，市财政局将非预算单位的预算内资金也纳入国库集中支付管理范围，资金拨付实行财政直接支付。四是，不断扩大政府采购规模。进一步规范采购流程，拓展采购范围，在连续三年试行“协议采购”和“机动车辆定点加油”办法的基础上，继续扩大协议采购的规模和范围，大大提高了政府采购的工作效率，简化了办事程序，方便了市级单位采购工作。五是，全面推进财政投资评审，特别是根据2007年全市城市建设力度大、投资多的实际，全方位推进投资评审，全年共审核项目206个，涉及资金26.8亿元，核减不合理开支3.5亿元，有效提高了财政资金使用效益。六是，金财工程系统建设和服务工作水平进一步提高。七是，深入开展治理商业贿赂专项工作。此外，太原市继续贯彻落实“收支两条线”规定，全面推行行政事业性收费公示制度，逐步提高预算外资金管理水平。并按照省政府要求，上报了市级公务员津贴补贴方案，批复了县级公务员津贴补贴方案，在规定时间内完成了市和县（市、区）的规范津贴补贴工作。

九、资产清查摸清行政事业家底，政风建设优化财政政务环境

按照财政部、省财政厅的统一部署，太原市财政局从2007年1月起，认真组织开展了全市行政事业单位资产清查，摸清了太原市行政事业单位的家底，为下一步加强行政事业资产管理、强化薄弱环节奠定了良好的基础，获得省财政厅一等奖。按照省委、省政府提出的“转变作风狠抓落实年”的部署和市委、市政府关于加强政风行风建设、行政效能建设的总体部署，制订下发了《太原市财政局2007年优化政务环境工作方案》，在全市财政系统叫响了“财政创新、服务创优、环境创佳”的口号，以树立“阳光、高效、优质、清廉”的政务服务标准和营造和谐、优美、宜人、宜居的工作环境为目标，采取有效措施，抓好政风行风建设，使全局环境焕然一新，服务意识深入人心，工作效率显著提高。同时，继续引深党风廉政建设，完善反腐倡廉工作责任制，找准差距，扎实推进，保证了风清气正，廉洁行政。

十、干部教育创新培训方式，机关建设呈现和谐氛围

结合财政工作实际，太原市财政局进一步加强学习型机关建设，继2006年到上海培训之后，2007年进一步组织了到清华大学的学习，并且把培训范围扩大到了副处和部分普通干部，坚持学习与考察相结合，业务素质提高和领导艺术提升相结合，收到了显著成效。围绕和谐机关建设，太原市财政局组织开展了全系统广泛开展“感悟和谐”读书和征文活动，大力倡导和谐理念，进一步促进了机关建设。财政科研工作坚持为党的中心工作，为财政发展现实服务，取得了新成果，特别是“发展型”财政研究课题得到广泛好评；《太原财会》复刊，丰富了财政文化建设的载体和平台。注重职工生活，采取有效措施，为干部职工提供了舒适的工作环境和生活条件；关心老干部工作，落实各项政治、生活待遇，使机关出现蓬勃向上、健康和谐的良好氛围。

（太原市财政局供稿　秦文彪执笔）

大同财政

2007年，大同市实现地区生产总值480.09亿元，比上年增长14.0%。其中，第一产业增加值25.75亿元，下降10.3%；第二产业增加值251.11亿元，增长16.4%；第三产业增加值203.23亿元，增长14.6%。三次产业结构比为5.4∶52.3∶42.3。2007年全市人均地区生产总值达到1.524万元，增长13.3%。财政系统在市委、市政府的正确领导下，在上级财政部门积极指导下，认真学习贯彻党的十七大会议精神，落实省市财政经济工作会议精神，按照市委、市政府资源型城市转型的战略发展决策，围绕“奋力赶超，重振雄风”的奋斗目标，团结一心，勤奋努力，扎实工作，开拓创新，为大同市经济社会的全面发展做了一定贡献。

一、强化收支管理，圆满完成预算执行任务

2007年，大同市财政工作以科学的发展观为统领，以做大做强财政盘子为目标，坚持依法行政，强化收支管理，全市财政总收入累计完成93亿元，为年度预算的107.12%，同比增长23.8%；其中：国税系统完成56.8227亿元，比2006年同期增长14.85%，增收7.3452亿元；地税系统完成25.3621亿元，比2006年同期增长33.7%，增收6.3923亿元；财政系统完成10.8580亿元，比2006年同期增长61.96%，增收4.1539亿元。一般预算收入完成36.7亿元，为年度预算的120.24%，同比增长33.69%。在财政增收的同时，大同市还十分重视提升财政收入质量，2007年一般预算收入占总收入的比重达39%，比2006年增加了5个百分点，比2005年增加了7个百分点。全市一般预算支出累计执行74.3024亿元，为年度预算的86.29%，比2006年同期增长31.14%，增支17.642亿元。在财政支出工作中积极落实省市有关会议精神，“增强发展的协调性，着力保障和改善民生”，抓好“大惠民工程，落实四项保障措施”。千方百计筹措资金，积极调整优化支出结构，突出公共财政理念，与百姓生活密切相关的重点支出得到了较好保障，社会保障和就业、教育、文化事业支出，分别比2006年同期增长43.4%、24.5%和13%，这三项支出占全市一般预算支出的39%。全市财政当年收支平衡，市级和部分县（区）略有结余，消化了一部分赤字。2007年争取上级财政一般转移支付资金9.7702亿元，较2006年增加3.3986亿元。为全市全面建设小康社会，促进发展、支持改革、落实“五个统筹”等提供了支持和保障。

二、着力民生改善，扎实推进和谐社会建设

2007年，大同市以改善和保障民生为重点，加大支持力度，为促进经济又好又快发展，推进和谐社会建设，做了大量工作。

（一）积极支持大同市社会保障事业健康发展

筹集企业养老保险基金8.47亿元，确

保了8.67万名企业离退休人员养老金的按时足额发放；筹集再就业资金1.4563亿元，安排零就业人数5 200余人，新增城镇新增就业岗位6.2万个；筹集城市居民最低生活保障资金2.1125亿元，确保全市城市低保对象7.2614万户17.5369万人低保金按时足额发放。积极落实农村义务教育经费保障机制，各级财政共投入资金1.237124亿元，新建、改建、维修、改造校舍面积7万多平方米，有30多万名中小学生受益；免费提供教科书资金1 185.64万元，有15.6403万名学生受益；补助寄宿生生活费资金476.96万元，有1.1687万名学生受益；下达农村中小学远程教育工程配套资金1 131.8万元，为全市1 889所农村中小学建立了远程教育工程。9个农业县区全部启动了新型农村合作医疗工作，覆盖农业人口166.1万人，覆盖率100%，实际参合农民139.3万人，参合率达83.9%。截至年末，农民个人及各级财政总筹资7 531万元，全市共支出合作医疗基金5 757万元，有力地保障了农民基本的健康权益。还对1 490户符合条件的特困户发放廉租住房补贴630万元。

（二）积极支持“三农”工作和新农村建设

按照中央提出的“三个高于”的要求，大同市各级财政部门积极贯彻“多予、少取、放活”的方针，较大幅度地增加了对“三农”的投入。市财政用于“三农”方面的资金达1.3663亿元，比上年增加4 063万元，增长42.3%，增量和增幅均高于2006年。支持了农业产业化、农村户用沼气建设和农村劳动力转移培训等事业的发展。在前四年农村税费改革的基础上，2007年下达农村税费改革转移支付资金1.43亿元，用于村级基础管理。发放粮食直补资金6 100万元，对全市种粮农民进行了直接补贴，增加了农民收入，提高了全市农民种粮的积极性。安排500万元用于支持全市畜牧经济产业化发展。下达“阳光工程”、引导农民就业培训经费180万元，完成“阳光工程”培训1.35万人，完成引导性培训7万元，新增转移劳动力4.3万人。及时下达省、市安排的配套资金1 815万元，支持新建提水工程107处，引水工程4处，解决9个农业县区142个自然村，近14万人的安全饮水问题。三级财政拨付能繁母猪保险保费补贴资金247万元。

（三）积极支持经济发展和城市建设

2007年大同市国债支出1.1633亿元，主要用于环京津治理、21世纪首都水资源项目、安全饮水、农村卫生服务体系等项目建设；利用国际金融组织协议贷款3.9072亿元，利用世界银行协议贷款1.6849亿元，利用亚洲开发银行协议贷款1.8908亿元，利用国际农发基金协议贷款3 315万元，对全市工业、农业、林业、教育、卫生、环保等多个领域进行了资金支持；拨付退耕还林补助资金1.4806亿元；准确、安全、及时完成燃油补贴资金的组织、发放工作，分两次共发放燃油补贴资金2 323.34万元；三级财政共安排资金4.4亿元对全市采煤沉陷区进行了综合治理，下达省财政5 000万元专项资金，完成了矿区棚户区改造。

2007年安排城建专项资金4.1亿元。其中，投资3 174万元用于振华南北街、大庆路等城市道路改造工程；投资1 048万元新建18座垃圾收集站、3座中小型垃圾转运站，购置33辆城市垃圾清运车；安排3 000万元用于城市三道营房3个片区城市棚户区改造；安排3 000万元对5.2万元户平房实施型煤改造工程，对38台锅炉进行了改造；投资1.1亿元用于热点联产集中供热，取缔了燃煤供热锅炉，使大同市空气质量二级以上天数达到248天，为全市“蓝天碧水”工程建设做出了贡献。

（四）积极支持国有企业改革改制

在促进国有企业改革方面，财政参与了

4户企业的改制，还参与了10户企业的破产、清算、终结、安置工作；拨付3 000万元对大同水泥股份有限公司进行了补助，避免了摘牌退市的局面；拨付贷款、贴息等资金713.4万元，加大对全市企业产品出口的扶持力度；拨付中小企业科技创新、企业发展资金283.4万元；完成了4户驻同企业分离办社会工作，为7 879名在职和离退休人员拨付上级财政补助资金2.3523亿元；拨付"6656"工程项目考核兑现奖307.9万元。

（五）积极支持其他社会事业发展

一是继续加大医疗卫生事业的投入。全市用于医疗卫生的支出达4.0275亿元，同比增长23.9%；二是加大对科技投入。2007年全年预算安排科技支出5 302万元，同比增长43.65%；三是在教育事业投入方面。用于各项教育支出达15.4376亿元，同比增长了24.5%，对教育事业急需的学校用地、教学设备等重点项目给予了支持；四是财政安排专项资金560万元，加大了对旅游促销的投资力度；五是投入500万元，确保了全市村级组织活动场所建设任务如期完成。六是安排体育发展资金245.7万元，组团参加了2007年第六届城运会，取得了3金、6银、4铜的好成绩。七是安排资金720万元，对大同市图书馆、博物馆、展览馆和体育馆进行了设备购置和修缮改造。八是为企业军转人员解决了医疗费、医疗保险费和生活困难补助831.14万元，体现了政府对军转干部的关怀。

三、深化财政改革，全面加强财政收支管理

（一）深化财政支出改革

2007年，大同市实施了新一轮激励性财政工作体制改革，完成了市与县区之间财政体制调整。在体制调整过程中，实行分类对待的原则，对财政运行和经济发展好的县区采取不同的激励性体制政策，为全市经济多极增长、竞相发展提供了政策平台。科学合理地完成部门预算的编制，市级90个部门，198个单位实行了国库集中支付改革，7个县区开展了国库集中支付改革试点；政府采购的制度性建设进一步完善，采购规模逐步向促进节能降耗和科技创新领域拓展，去年采购规模达到1.33亿元，节支率达13.55%；进一步强化了"收支两条线"管理，规范了收费、罚没行为，在市政务审批中心实行了"一厅制"集中收费；财政投资评审力度进一步加大，评审范围覆盖十多个行业，审核资金量达13亿元，审减率为17.4%；集中支付改革力度进一步加大，2007年共审核、支付业务2.7269万笔，金额9.6亿元，保障了国库集中支付改革的稳步推进。

（二）规范财政收入管理

认真执行人大审议通过的年初预算，采取切实有效的措施，大力促进财政收入的增长。按照国家法律、法规收取的行政性收费、基金和罚没收入，严格规定缴库办法，做到了应收尽收。完成预算外资金收入6.6亿元；完成城市维护费经常性收入3.3016亿元，为年度预算的118.9%；完成国土收入3亿元，同比增长1.8%。

（三）强化财政运行监管

根据财政监督工作的要求，建立健全财政内部监督制约机制，通过实施有效的监督，加强制度约束，堵塞管理漏洞。对左云、阳高两个县进行财务延伸检查，对大同市财政局局机关和下属9个单位的财务运行状况进行了监督检查，为增强财政监督提供安全保障。

（四）加强"金财工程"建设

大同市"金财工程"网络建设已启动了局域网、城域网和广域网，成功地运行了部门预算编制系统、国库集中支付系统、预算外信息管理系统、财政供养系统，为公共

财政管理和改革提供了重要的技术支撑。

（五）强化产权事务和财政实物管理

认真执行各项交易制度，规范执业行为，2007 年完成产权交易 10 宗，总成交金额为 1.3 亿元，涉及资产总额为 2.6 亿元，使大同市企业国有产权转让行为得到了有效规范。对 4 户改制企业进行了产权界定，涉及资产 4 760 万元。在实物管理方面，规范程序，完善制度，先后对报废、闲置、抵顶等资产实物开展了全方位的收缴工作。收缴报废车辆 60 多辆、单位报废资产 50 多批次，配合市环保局拆除燃煤锅炉 40 多台。

（六）加强会计管理

对 65 户单位实施了“一法一例”会计执法检查；组织了第三届全国会计知识大赛大同赛区工作，全市共有 2.482 万人参加了全国网上答题，有 6 名获得全国一等奖；对全市 1.68 万人进行了会计后续教育；精心组织了 2007 年会计从业资格考试和注册会计师考试。

（七）做好行政事业单位清产核资和津补贴发放工作

按照资产管理与预算管理相结合、资产管理与财务管理相结合、实物管理与价值管理相结合的资产管理原则，根据上级财政部门的统一要求和安排，大同市财政局在全市范围内组织实施了行政事业单位资产清查工作。据统计，截至 2006 年 12 月 31 日，全市列入清查范围的行政事业单位 1 909 户，行政事业单位占有资产 71.8 亿元，负债 21 亿元，净资产 50.8 亿元，并按照相关政策对不良资产进行处置，提高了全市行政事业单位资产运行的质量。配合相关部门，严格控制对财政供养人员的管理，做到“一审、二看、三查”；根据相关文件精神，完成了市直机关公务员、行政机关离退休人员和事业单位离退休人员的津补贴发放工作。

四、加强机关建设，积极提升执政理财形象

（一）积极开展机关建设和人事教育管理

2007 年，大同市财政局在以前内部规章制度的基础上继续建立完善了机关工作制度、岗位责任制度、请销假制度、差旅费报销等内部监督制度，积极推行办公标准化建设；严格制定和执行了限时办结制，服务承诺制、政务公开制、一次性告知制、失职追究制等规章制度；规范审批行为，提高审批效率，对行政审批项目进行了清理，加强了窗口服务建设；开展了“五五”普法教育和“学法律、讲权利、讲义务、讲责任”的法制宣传，完成了市及县区 188 户企业的税源调查任务。全市财政系统共举办各类培训班 64 期，培训财政系统干部 1 525 人次，培训面为 107%，在全省财政教育培训评比工作中获得二等奖，受到省财政厅的表彰；对机关 4 名科级干部进行了岗位交流，按照干部队伍“四化”的方针，通过竞争上岗，提拔任用了 16 名正副科级干部，配合市委组织部完成了年度公务员考核任务；通过成人高考，录用中国财经大学本科生 24 名、山西财经大学专科生 22 名，完成了年初预订的函授工作。积极提高对中专学生的素质教育水平，大同市会计学校去年全年共招生 1 700 人。

（二）狠抓机关党建工作

一是，不断提高党员干部的政治素质和理论水平。大同市财政局干部职工重点学习了党的十七大会议精神，局党组中心组坚持集中学习的制度，采取多种形式强化了对党的理论方针政策的学习。

二是，抓班子建设。党组把贯彻执行民主集中制作为提高执政能力的重要环节来抓。在议定事项时，充分听取每位党组成员的意见，在工作时赋予分管领导充分的自主

权，对党组作出的每一项重大决策，确定的每一项重要工作，局党组都要把任务分解落实到分管领导的肩上，明确任务，明确目标，明确责任。对事关全局的重大事项，坚持召开局务会、局长办公会和党组会进行研究，形成了团结、协作的良好工作氛围。

三是，加强组织建设，充分发挥基层党组织的战斗堡垒作用和党员的先锋模范作用。组织开展了“创建省级文明和谐单位”、“青年文明号”、“创优争先”活动和“博爱一日捐”、“大病医疗互助”、“慈善总会捐款”和“扶贫济困送温暖”活动。让一个党员带动一片群众，让一个支部带动一个单位。特别是在捐助活动中，党员干部带头捐款，群众积极参与。2007 年 6 月 11 日大同市财政局机关党委和工会共同组织全局党员干部职工 412 人为“博爱一日捐”和职工大病医疗互助、慈善总会捐款 15 960 元。无论是在开展创建“文明单位”活动中，还是在各种捐助活动中，党员都能够起到模范带头作用。组织了机关离退休老干部家访、慰问活动。

（三）加强党风廉政建设

一是，根据《大同市财政局 2007 年党风廉政建设和反腐败工作要点》，对党风廉政建设工作责任制任务做了具体分解，健全完善党风廉政建设责任制工作机制，做到了组织健全、任务具体、分工明确，建立了严格的责任考核和责任追究制度。

二是，深入开展反腐倡廉教育。树立以正确的权力观、地位观、利益观为根本，以艰苦奋斗、廉洁奉公、两个务必为主题，以发生在我们身边的、包括《财苑警示录》中揭示的一些走上违纪违法道路的财政系统内部的反面典型为教材，警示广大财政系统干部要珍视人民赋予的权力，真正做人民的“公仆”，时刻不忘廉洁自律。

三是，教育形式注重创新。把传统方法与现代手段、思想灌输与启发教育、理论教育和形象教育、课堂内教育和课堂外教育、树立正面典型和剖析反面案例结合起来，增强反腐倡廉教育的吸引力、感召力和渗透力。

四是，教育做到了制度化、经常化，常抓不懈。2007 年，全局系统没有发生一起贪污腐败案件。

（大同市财政局供稿　陈岱晨执笔）

阳泉财政

2007年，阳泉市生产总值完成266.11亿元，比2006年增长12.3%。其中，第一产业实现增加值4.02亿元，增长3.9%；第二产业实现增加值149.97亿元，增长11.9%；第三产业实现增加值112.12亿元，增长13.2%。三次产业结构的比例为1.5∶56.4∶42.1。财政工作在阳泉市委、市政府和山西省财政厅的正确领导和指导下，认真学习和贯彻落实党的十七大精神，以科学发展观为统领，着力构建社会主义和谐社会，全体财政干部发扬求真务实、奋发进取的精神，全面实施赶超发展战略，全年财政工作任务得到圆满完成，财政经济运行保持了较好的态势。

一、明确工作思路，狠抓责任分解落实

2007年是实现“十一五”规划目标的重要一年，做好当年的财政工作，对实现阳泉市委、市政府施政目标，维护全市经济社会健康快速发展的良好局面具有重要意义。年初，根据市委、市政府安排，财政局领导班子在对阳泉市2006年工作进行回顾总结和2007年经济形势进行全面分析的基础上，提出了财政工作新的思路和要求，确立了“充分发挥财政职能，大力组织财政收入，调整优化收支结构，增强公共财政保障能力，推动经济结构调整和增长方式转变；支持新农村建设和和谐阳泉建设，维护人民群众切身利益；深化财政改革，完善财政体制，加强财政监管，规范财经秩序，推进依法理财，促进阳泉市经济社会既好又快发展。”的财政工作思路。财政局党组提出，完成2007年财政工作任务，必须在正确思路的指导下，狠抓责任落实。局领导班子将全年财政重点工作层层分解落实，党政一把手负总责，各分管领导分别与有关科室、事业单位及县区局负责人签订了工作目标责任书。局领导对县区财政工作分点包片指导督查。各科室、单位制定了相应的措施和要求。局按月部署督查，按季考核通报，各级行政效能明显提高，各项工作取得了较好的进展。

二、强化征管措施，促进收入持续增长

2007年，阳泉市财政系统坚持把做大财政蛋糕作为首要任务，不断加强收入管理，努力实现财政收入的持续平稳快速增长。年初，阳泉市委、市政府审时度势，综合考虑影响经济运行和财政收支的各方面因素，确定了全市财政总收入实现52.2061亿元，比2006年实际增长19.16%；剔除两权收入增长16%，一般预算收入实现19.265亿元，增长19.31%的预算目标，召开了全市财税工作会议，阳泉市领导代表市政府与市国税局、市地税局、市财政局以及各县区分别签订了目标责任书，将任务分解落实到各征收单位和县区。为了确保全年财政收入目标任务能够圆满完成，市县财政加强与税务、国库部门的协调，密切跟踪收入进度，开展收入调研，及时发现存在的问题，采取针对性措施强化征管。特别是进入三季度后，财政部门积极采取应对措施，督

促税务部门加强税源监控，加大收缴、评估、清欠和稽查力度，促进税收任务的完成。财政部门努力做好能源基金、行政性收费等各类政府非税收入的督查和收缴入库工作。2007年11月下旬，阳泉市委、市政府提出全年财政收入力争突破57亿元的目标后，各级财税密切配合，全力落实，使2007年全市财政收入圆满实现57.021亿元，比2006年增长30.15%。其中：上划中央收入完成29.7794亿元，为年度预算的106.61%，超收1.8453亿元，较2006年增长27.20%，增收6.3676亿元；上划省级收入完成5.6213亿元，为年度预算的114.26%，超收7 016万元，较2006年增长32.17%，增收1.3683亿元；一般预算收入完成21.6203亿元，为年度预算的111.47%，超收2.2251亿元，较2006年增长33.89%，增收5.473亿元。财政收入分系统完成情况是：国税系统完成32.6288亿元，为年度预算的100.52%，超收1 681万元，比2006年增长17.79%，增收4.9291亿元；地税系统完成19亿元，为年度预算的130.03%，超收4.3885亿元，比2006年增长52.37%，增收6.53亿元；财政系统完成5.3921亿元，为年度预算的104.16%，超收2 154万元，比2006年增长48.04%，增收1.7498亿元。财政收入分级次完成情况是：市级财政总收入完成28.658亿元，为年度预算的94.97%，较2006年增长12.94%；县（区）财政总收入完成28.363亿元，为年度预算的128.50%，较2006年增长53.82%。

三、强化管理措施，提高财政支出效益

在2007年预算安排和执行中，市县财政进一步调整、优化财政支出结构，使财政资金运营更加科学合理高效。后半年，重点支出进度加快，同时追加事项也增多，为加快资金审批进度，提高财政运行效率，达到统筹兼顾、突出重点的目的，阳泉市财政改革资金审批程序，理顺业务运行程序，对资金核拨和追加事项于每周三下午通过会议研究集中审批，简化了报批程序，提高了办事效率。从2007年阳泉市全市及市级支出情况看，各级财政坚持为民理财的工作理念，着力构建“以人为本”的支出保障体系，积极统筹财力，科学安排支出，推动公共资源配置更多地向群众直接受益的方面倾斜，使财政支出结构进一步优化，事关促进经济社会发展，维护群众利益等方面的重点支出均得到较好保障，阳泉市委、市政府确定的“23件实事”及重点工作所需资金按预算足额到位，全市教育、农林水、医疗卫生、社会保障、文化体育和公共安全支出均比2006年同期实现较大幅度增长，增支额占到一般预算支出增量总额的70.12%。在保证重点支出的同时，阳泉市财政认真贯彻阳泉市委、市政府艰苦奋斗，厉行节约的要求，一方面是在预算编制中严格审核和压缩一般性支出。另一方面是在执行中加强财政资金拨付的审核把关，对重点工程坚持按进度拨款；按规定应纳入政府采购的项目，督促有关单位统一进行了集中采购；以“财政经济项目建设年”活动为主线，创新资金管理方式，着力做好项目管理、绩效评价工作，提高经济建设资金的使用效益。2007年阳泉市一般预算支出累计执行33.4609亿元，比2006年增长30.61%，增支7.8417亿元。分县区支出预算执行情况是：市级13.9721亿元，比2006年增长27.71%；平定县4.9152亿元，增长26.56%；盂县6.4103亿元，增长34.45%；郊区3.8416亿元，增长28.40%；城区1.9367亿元，增长39.81%；矿区1.5757亿元，增长44.48%；开发区8 093万元，增长44.70%。

四、落实财政政策，实现政府施政目标

积极融通和调度资金，保证重点工程建

设，2007年阳泉市级财政投入城乡建设方面的资金2.9188亿元，其中投入市政工程资金1.3767亿元，园林城市建设资金8 720万元，确保了园林城市绿化工程、桃河蓄水、公交公司搬迁改造、开发东区热源厂建设、居民采暖分户等重点建设资金的及时足额到位。拨付国债资金2 762万元，保证了城市供水、污水处理、煤炭瓦斯治理和采煤方法改革等国债项目的顺利开展。积极落实财政支农政策，保障种粮农民利益。市级及时将省下达阳泉市的种粮农民柴油、化肥等农业生产资料增支补贴1 128万元、粮食直补资金419万元，分解下达到农业县区，以“一卡通”的办法直接发放到农民手中。严格按粮食资金全封闭管理的政策，及时将市应配套的粮食风险基金486万元足额拨付到“粮食风险基金”专户。为保证国家石油价格改革顺利实施，及时发放燃油价格补贴1 112万元。按照省财政厅的统一部署，阳泉市在全市组织开展了财政支农资金规范管理年活动。积极开展财政支农资金整合试点，发挥支农资金整合效应。制定了农村义务教育经费保障机制改革实施方案，市县两级落实改革资金780.65万元。“两免一补”政策所需补贴资金全部到位，对农村义务教育阶段学生全部免除了学杂费，对农村所有寄宿制学生免除了住宿费，对困难学生给予了生活费补助。为提高企业退休人员待遇，阳泉市级财政安排资金2 100万元，增加企业退休人员统筹外生活补助，筹集3 200万元为企业离退休人员提高冬季取暖补助，补助标准从80元提高到700元。启动了市级特困企业基本医疗保险试点，市财政安排404万元补助资金，使75户困难企业职工享受到基本的医疗保险。为了保证城镇居民基本医疗保险的顺利启动，市级安排530万元资金，并与城镇特困医疗救助资金进行整合，以确保试点工作尽快实施，实现城乡医疗保障的全覆盖。2007年，阳泉市级财政还安排社区卫生服务机构人员补助及设备购置经费270万元，支持城市社区卫生服务体系建设。安排和拨付384万元，稳步推进新型农村合作医疗。市级拨付340万元资金推动乡镇卫生院和村卫生所建设和改造。此外，为兑现2007年市政府承诺为民办的23件实事，市财政全部安排了所需资金，并落实了相应的保障和管理措施。

五、深化财政改革，创新管理财政方式

2007年以来，阳泉市各级财政加强对预算编审工作的领导、组织、协调，以完善项目预算管理为重点，推进预算管理改革，取得积极进展。一是体制调整顺利进行。根据山西省有关市对县财政体制调整要求，向省政府上报了阳泉市对县财政体制调整方案，经省批准执行。完成了阳泉市全市财政供养人员统计和全市2006年政府债务统计。“乡财县管乡用”改革有序进行。3个农业县区都制定了实施方案，开展了试点工作。初步经验表明，“乡财县管乡用”财政管理方式改革对于规范乡镇收支行为、确保基层组织正常运转、巩固农村税费改革成果起到了积极作用。二是部门预算编制改革进一步深化。2007年预算编制工作按照政府收支分类改革工作的要求，按新旧两套科目进行编列，高效、圆满地完成了阳泉市的政府收支分类改革工作。三是核算审核严格细化。市级会计核算中心加强会计监督管理，严把“四关”，即票据审核关、专项资金拨付关、政府采购关、现金支出关。不合法的原始凭证坚决予以拒付，记载不完整、不准确的坚决予以退回；专项资金严格专款专用，要报批完整的审核手续方予以拨付；凡达到政府采购标准的各类商品、工程、服务等一律按政府采购手续办理，未履行的一律拒付；现金支出严格按现金支出规定办理。全年累计拒付各种不合理支出126笔，合计金额25.43万元；规范各种原始资料76笔，涉

及金额354.54万元。四是政府采购管理进一步加强。严格政府采购管理程序，采购目录内的项目一律实行集中采购，市级采购合同金额完成1.2259亿元，资金节约率为11.93%，比去年同期增长39%。

六、加强财政综合管理，全面提高理财水平

（一）认真做好“收支两条线”落实工作

抓好票据管理，强化源头控制，认真落实“凭证领票，限量购领，按月核销，交旧领新”的管理办法，确保票据“专人、专责、专账、专库”管理。完成了全市行政事业性收费票据年检。与物价部门协作，对全市行政事业性收费进行了清理整顿和核实。加强彩票公益金管理，积极争取彩票公益金支持市青少年活动中心、老年颐养中心等社会公益事业项目建设。加强了对售房款和维修基金的管理。开展了新增建设用地有偿使用费征收使用情况专项检查。

（二）全力做好企业财务及会计行业管理工作

按时完成了2006年度企业决算报表编报工作。完成了2006年度外商投资企业财务决算和地方金融企业财务决算编报。开展信用担保行业调查，加强了对信用担保行业建设的指导，着手建立市级政策性担保机构。与税务部门配合，开展了2006年度税源调查。进一步加强全市财务会计管理工作。组织开展了2007年全国会计专业技术资格考试和全省统一会计从业资格考试。抓好全市会计继续教育工作，对培训机构实施备案管理，全年共培训会计人员8 000多人次。精心组织，广泛发动，圆满完成了全国会计知识大赛第一赛程工作。组织参加了全省首届会议电算化比赛，阳泉市代表队取得优异成绩。

（三）按时完成了行政事业单位资产清查任务

在省财政厅的统一部署下，阳泉市高度重视，精心组织资产清查工作，制定了《阳泉市行政事业单位资产清查工作实施方案》，下发了《阳泉市财政局关于印发行政事业单位报表及编制说明的通知》，使此次资产清查工作有了统一明确的政策依据和详细的工作规范。全市行政事业单位资产清查878户，资产账面数39.0865亿元，清查数38.9835亿元，资产清查待处理8 998万元，资产盘盈9 880万元，占资产清查数的2.53%；财产损失1.9908亿元，占资产清查数的5.11%；负债账面数10.5286亿元，清查数10.4256亿元，负债减少1 079万元，负债清查数占总资产的26.74%；净资产及补助清查数28.5579亿元，占资产清查总额的73.26%。通过资产清查全面摸清了家底，为阳泉市今后测算切合实际的定员定额标准和编制部门预算、细化预算编制提供了基本数据，为规范和加强行政事业单位国有资产监督管理奠定了基础。

（四）认真构建财政监督体系强化监管

加强对审计意见、建议整改和落实情况的督查、督促，提出了明确的整改时限、措施和责任。对市级经费审批程序执行进行了督查，对延期答复、超期压件问题及时进行了反映和处理。着力构建财政内部监督机制，加强了对预算、国库日常业务的监督。开展了政府采购招标活动现场监督，根据政府采购有关工作规程，参与了多数竞争性谈判、询价、招标活动的现场监督，与人大、政协、公证等有关部门共同履行了对于政府采购的监督职能。全面推行行政执法责任制。出台了《阳泉市财政局行政执法过错责任追究办法》、《阳泉市财政局行政执法评议考核暂行办法》，加大了执法过错责任追究力度。

七、开展政风建设，打造廉洁高效机关

阳泉市财政局党组把党风廉政建设和反腐败工作作为推动财政部门落实科学发展观、实现依法理财、构建和谐社会、优化发展环境的政治保证，将党风廉政建设与财政业务工作一起研究、一起部署、一起检查考核，真正抓在了手上，落实到工作中。印发了《阳泉市财政局2007年党风廉政建设和反腐败工作要点》、《主要领导同志党风廉政建设工作目标责任分解》，将全年反腐倡廉工作任务和各自的职责逐一分解落实到了人头。局领导班子成员率先垂范，签字承诺廉洁自律“十不准”规定；局属各科室、事业单位第一责任人签订了“科级领导干部廉洁自律承诺书”。深入贯彻落实阳泉市委、市政府办公厅《关于开展民主评议政风行风工作的实施意见》精神，推动财政部门进一步转变职能、优化服务，促进依法理财，提高工作效能，全市财政系统深入开展了以“端正政风行风、优化发展环境”为主题的民主评议政风行风活动。机关干部深入基层走访、开展行风专项调研，广泛征求预算单位和群众的意见、建议。对服务对象反映的问题，给予高度重视，并积极认真地进行了整改和解决。深入开展了“作风建设年、狠抓落实年”学习教育活动。制定了实施方案，落实了工作机构和人员，组织学习了《中国共产党党章》和党的有关加强作风建设的重要文件和文献，市财政局作风建设领导组办公室发放了征求意见表，征集服务对象和群众对局领导班子和干部的意见建议，局领导班子、各支部召开了“加强作风建设、促进工作落实”专题民主生活会，开展了批评和自我批评，为下一步整改奠定了良好基础。机关精神文明建设、社会治安综合治理、环境整治、计划生育、工青妇工作深入开展，取得好的效果。

2007年，阳泉市财政局各项工作稳步推进，深入开展，成绩显著，但是财政工作中仍然存在诸多不容忽视的矛盾和问题：一是收入结构亟待优化。可持续发展基金征收管理中存在一些亟须解决的问题。二是财政资金供求矛盾突出，但同时存在资金使用效益不高，甚至铺张浪费现象，财政资金管理方式和绩效考核相对滞后等问题。

（阳泉市财政局供稿　冯锦玉　王　谦执笔）

长治财政

2007年，长治市各级各部门深入落实科学发展观，抓住机遇，开拓奋进，全市呈现出经济发展好中趋快、社会事业整体跟进、城乡建设日新月异、人民生活明显改善的良好局面。实现生产总值550.63亿元，比2006年增长14.3%。其中，第一产业增加值32.17亿元，增长2.3%；第二产业增加值328.15亿元，增长16.1%；第三产业增加值190.31亿元，增长13.3%。三次产业比例由上年的6.3∶58.7∶35.0调整为5.8∶59.6∶34.6。人均生产总值1.6887万元，增长13.6%。固定资产投资224.45亿元，比2006年增长22.0%。社会消费品零售总额161.88亿元，比2006年增长21.2%。其中：城市消费品零售额103.28亿元，增长22.4%；县及县以下消费品零售额49.22亿元，增长19.1%。进出口总额1.5018亿美元，比2006年增长29.3%。其中，出口5 196万美元，增长7.22%；进口9 822万美元，增长45.4%。城镇居民人均可支配收入1.24185万元，增长22.2%。农民人均纯收入4 410.49元，增长13.4%。

2007年，长治市各级财政部门在市委、市政府的正确领导和在省财政厅的指导下，综合分析财政发展面临的机遇和挑战，压力和动力，充分研究影响财政经济运行的因素，统筹考虑全国、全省财政工作会议和市委九届二次全会精神及本市财政工作实际，确定了当年全市财政工作的总体思路：坚持以科学发展观为统领，围绕实施转变发展观念，转变执政方式，转变工作作风；推进工业新型化、城镇特色化、农业产业化；全力建设实力长治、魅力长治、和谐长治的战略，继续实施稳健的财政政策，努力调整和优化财政收支结构，增强公共财政保障能力，推进财政体制改革，强化财政监督，着力支持调整经济结构和转变增长方式，支持加强资源节约和环境保护，支持加快新农村建设步伐和和谐社会建设，支持改革开放和自主创新，促进全市经济社会各项事业实现又好又快发展，以财政工作的优异成绩迎接党的十七大胜利召开。围绕既定工作目标，扎实工作，奋发进取，促进协调发展，努力改善发展环境，使财政各项工作进展顺利，保持了收入增长较快、支出趋于优化、资金效益提高、改革逐步深化、民生投入增加的良好态势，开创了全市财政科学发展、和谐发展的新局面。

综观2007年全市财政预算执行情况和财政工作，突出呈现了超预算、超同期、增收多、保障好的特点，集中体现在五个方面：一是，全市经济趋好、结构趋优、质量提高，促进了财政收入保持较快增长，收入规模不断扩大，全省排名稳步前移，全市财政总收入和一般预算收入规模位居全省第二。二是，主体税种和重点行业对税收的贡献率进一步提高，与经济发展密切相关的增值税、所得税、营业税等主体税种全部增收，占一般预算增收总额的74.48%。由于项目建设成效明显，电力、机械、煤焦等重点行业税收大幅增长，占到税收总额的81.34%。三是，经济所有制结构调整力度加大，以建立现代企业制度为标志的股份制经济主体作用进一步增强，其增收额占全市增收总额的85.6%，成为全市经济发展的中坚力量。四是，区域经济不断壮大，县级财政实力进一步增强。全市县级财政收入完成121.04亿元，比2006年增长30.98%，增收28.63亿元，剔除“两权收入”完成114.74亿元，比2006年增长36.98%，增收3.1亿元。其中，财政收入超过10亿元的县市区达6个，一般预算收入超亿元的县市区达9个，郊区、襄垣、长治县名列全省20强。五是，支出预算执行良好，重点项目得到充分保障。农业、科技（含科技三项费）、教育等法定支出足额安排，社会保障和就业、医疗卫生、环境保护等民生支出明显增多，财政支出的公共性、公平性、公益性和法治性得到良好体现，财政公共保障能力进一步提高，为全市的改革、发展和稳定做出了积极贡献。

在财政系统的努力下，2007年长治市财政局共有34项工作得到上级有关部门的表彰奖励。其中：局机关再次荣获全省财政工作目标责任制优秀单位、省级文明单位称号，荣获全省预算执行分析一等奖、部门决算一等奖、财政干部教育培训工作二等奖和企业所得税税源调查先进集体、重点产品国际竞争力调查优秀单位称号；荣获全省就业再就业先进单位、《中国财经报》财经新闻宣传先进单位、全省财政系统“春节回乡见闻”调研活动优秀组织奖。党建、妇女、青年、扶贫、综治、老干部等多项工作受到市委、市政府的表彰和奖励；作风建设在全市万人评议机关作风中名列全市社会经济管理部门第一名。

一、努力完成财政预算任务，市县实现财政收支平衡

2007年，长治各级财政部门在全市人民奋力加快工业新型化、城镇特色化、农业产业化建设步伐的同时，加大财政宏观调控力度，着力提高经济增长质量和效益，牢牢把握经济增长和财政收入形势，促进了财政收入平稳较快增长。全市财政总收入累计完成125.20亿元，为年预算的114.08%，比2006年增长23.67%，增收23.96亿元；剔除“两权”收入完成116.83亿元，比2006年增长36.75%，增收31.40亿元。其中：一般预算收入完成49.76亿元，为年预算的110.66%，增长7.87%，增收3.63亿元，剔除“两权”收入完成41.39亿元，比2006年增长44.14%。上划中央收入完成63.78亿元，为年预算的116.19%，比2006年增长36.42%，增收17.03亿元；上划省级收入完成11.67亿元，为年预算的117.84%，比2006年增长39.44%，增收3.30亿元。分部门看，国税部门完成62.62亿元，为年预算的108.81%，比2006年增长27.27%，增收13.42亿元；地税部门完成45.01亿元，为年预算的127.58%，增长51.92%，增收15.38亿元；财政部门完成17.56亿元，为年预算的103.81%，为2006年的78.39%，减收4.84亿元，减收的主要因素是“两权”收入较2006年减少。总体看，2007年全市财政收入总量扩大、增幅较高、进度较快，各县市区全部超额完成收入预算任务，创历史最好水平，有力地保障了全市各级机关事业单位正常运转和经济社会各项事业发展。

在着力提高财政收入增长质量和效益的同时，各级财政部门积极调整和优化财政支出结构，不断加快财政支出进度，努力保障各项法定支出、重点支出和关系民生的支出，使财政资金的运行和安排更加合理高效。2007年，全市一般预算支出累计执行78.88亿元，为变动预算的90.22%，比2006年增长13.01%，增支9.08亿元，剔除“两权”方面的支出，同口径增长36.54%。

2007年全市政府性基金收入完成16.77

亿元，为预算的192.32%，比2006年增长209.97%，增收11.36亿元，增幅较高的主要原因是国有土地使用权出让金收入、煤炭可持续发展基金收入等全部纳入预算管理；全市基金支出执行10.8亿元，为变动预算的44.89%，比2006年增长141.5%，增支6.33亿元。

2007年财政收支相抵，年终滚存结余9.51亿元，减去结转下年的支出8.55亿元，全市净结余9 608万元。其中：市本级净结余1328万元，县级净结余8 280万元。市本级及所属县市区当年全部实现收支平衡，略有结余。

二、加强财政宏观调控，经济发展得以强劲推动

（一）把农业发展作为促进经济又好又快发展的坚实基础，积极完善支农资金增长机制，促进了粮食增产、农民增收和农村建设

各级财政部门继续坚持健全和完善财政支农资金稳定增长机制，财政支持“三农”支出呈现了增幅攀升、进度加快的良好态势。2007年全市农林水事业支出7.24亿元，比2006年增长18.71%，有力地支持了农业产业化建设和农村经济结构调整，促进了各项支农惠农政策的落实。一是，调整和优化支农支出结构，“三农”重点支出得到保障。市财政下达推进新农村建设资金3 557万元，支持了132个重点示范村、236个重点推进村和300个市级整治村的项目建设；安排农业生产性建设、农业专业合作经济组织和农村劳动力转移培训资金1 242万元，支持了25个国家级农业标准化示范区和406个农业专业合作经济组织建设，并培训农民1.6万人；筹措预算内资金和基金5 008万元，扶持畜牧产业发展和造林绿化，增加水利设施建设投入，从财力上保障了30个基层畜牧兽医中心站、50个标准化畜牧小区、6大造林绿化工程和“民办公助”式水利项目建设。二是，努力增加农业综合开发资金投入，加快农业综合开发项目工程进度。全市投入农业综合开发资金7 735万元（其中中央和省财政投入资金3 263万元，市县财政配套资金501万元），投资总额增长38.36%，加快了中低产田改造，提高了农业综合生产能力。三是，认真落实支农惠农政策，下达粮食直补资金2 078.78万元、综合直补资金5 310.36万元、省级良种补贴资金148万元、农机具购置和能繁母猪补助资金468万元，以及退耕还林粮食补助和调运费5 283.52万元，并将其及时足额兑付到农民手中，促进了农业增效和农民增收。四是，推进支农资金整合试点工作，在认真总结潞城市试点经验的基础上，将屯留县列入试点范围，两县市整合支农资金6 755万元，集中支持本县市新农村建设，收到了整合资金的规模效应，试点经验在全省交流和推广。五是继续推进农村综合改革试点工作，下达取消农业税转移支付资金4 785万元、农村税费改革转移支付资金1.4401亿元，对保障乡村两级政权运转、减轻农民负担发挥了重要作用；拨付补助资金2 212万元，支持447个村级组织建设活动场所，确保全市村村有活动场所，加强了基层政权建设，进一步维护和促进了农民受益实实在在、农村变化日新月异，农业发展如火如荼的良好局面。

（二）把科技创新作为经济又好又快发展的根本动力，积极支持新型工业化建设，促进了产业结构优化升级和企业自主创新能力增强

各级财政不断调整财政支持经济建设的方式和重点，进一步由直接投入向间接投入转变，通过综合运用财政税收金融政策，积极发挥财政资金“四两拨千斤”的效应，以拨款补助、税收优惠、以奖代补、贴息、信用担保等方式，支持科技创新、高新技术

产业壮大、循环经济发展等，促进了经济增长方式的转变。一是，大力支持先进科技成果推广和应用。全年科技支出9 104万元，比2006年增长53.85%，增支3 155万元，其中用于潜力产品、科技创新、科技推广计划扶持的资金达到1 981万元，促进了市县两级工业农业及社会事业的技术进步。二是，大力支持中小企业发展。各级财政充分发挥政策性担保机构的作用，加大担保机构建设力度，全市财政信用担保机构进入实质性运转阶段。当年市财鑫担保有限公司为5户中小企业提供流动资金贷款担保6笔，担保金额2 350万元，并积极与省担保机构开展联动担保业务，联动担保企业2户。市县财政信用担保机构发展到11个，当年累计担保金额1.94亿元，促进了中小企业和农村经合组织发展壮大。三是，大力支持招商引资、外贸出口和对外交流与合作，拨付资金887万元，支持中部地区产品博览会、珠治会、煤博会和山西品牌节、唱响中国演唱会等各类大型活动，吸引了大量投资，培育了新的外贸出口增长点，加大了长治对外开放的步伐，增强了经济社会发展后劲。四是，积极支持推进驻市国、省属企业分离办社会工作。市级接收学校3所、教职工682名，下达经费2 320万元，减轻了企业负担。同时，落实市属国有工业企业破产补助资金，支持破产企业资产变现和职工安置，加快了国有企业改革步伐。

（三）把资源节约和环境保护作为经济协调发展的有力保障，积极支持“碧水蓝天”工程建设，促进了节能减排和生态保护

一是加大支持节能减排、环境治理工作力度。各级财政积极组织环保专项建设资金项目申报工作，争取中央和省级提高环境监测能力和治理环境污染专项补助，落实配套资金。当年全市统筹安排专项补助资金1.02亿元，支持了各县市区环境监察执法标准化建设和焦化、冶金、建材、化工等行业52个项目的污染治理。同时，进一步加强排污费使用管理，在对近3年来98个市级环保项目资金使用情况进行检查验收的同时，对当年申报的22个市级扶持项目进行了投资评审，确定了支持的重点。二是加大重大环境治理项目支持力度。当年共争取和配套资金1.58亿元，确保了采煤沉陷区治理、国家病险水库改造加固、农村地质灾害治理等三大工程的顺利实施。三是加大城市环境建设支持力度。投入资金741万元，支持城市生活垃圾无害化处理，处理率达到100%；投入资金650万元，支持城市污水处理，处理率达到67%；投入资金3 484万元，支持城市集中供热，集中供热覆盖率达到54.6%；投入城市绿化资金3 000余万元，支持城市绿化，绿化覆盖率达到45.8%，市区空气质量二级以上天数达到313天，进一步改善了市区人居环境，使魅力长治、园林长治的环境更加清新宜人。

三、发挥公共财政职能作用，各项民生支出得到有效保障

各级财政部门按照公共财政的要求，努力增加推进和谐社会建设的投入，文化、体育、计生等等各项社会事业支出均得到有效保障，社会建设的薄弱环节进一步加强，人民群众在改善民生的投入中得到更多实惠。

（一）教育事业优先发展

2007年全市教育支出16.24亿元，比2006年增长29.28%。其中：下达义务教育保障机制资金2.06亿元，农村义务教育全部纳入财政保障范围；拨付免除学生杂费资金6 787万元，免除全市50万名义务教育阶段学生杂费；落实生均公用经费1.04亿元，全市所有学校均达到和超过省定生均公用经费标准；安排农村校舍维修长效机制资金3 830万元、职业教育困难学生助学金2 309万元，足额安排远程教育、办学条件改

太原市财政局

太原市财政局党组书记、局长梁争平

梁争平局长与农民在田间亲切交谈

梁争平局长在城市建设工地调研

太原市财政局召开政协提案办理结果二次反馈座谈会

大同市财政局

大同市财政局局长董斌在企业调研

大同市预算外资金管理局被授予省级青年文明号

大同市财政支持农民技术培训

大同市财政支持城市基础设施建设（图为新建的迎宾大道）

大同市财政支持的现代化奶牛养殖企业

大同市财政局

阳泉市财政局

阳泉市市长白云（右一）在阳泉市财政局调研

阳泉市财政局召开党风廉政建设责任制考核大会，进一步推进财政系统党风廉政建设工作

阳泉市领导在财政局会计核算中心调研

阳泉市财政局

阳泉市财政局召开政风行风评议听证对话会，听取人民群众对财政工作的意见

阳泉市财政局组织迎春联欢会活跃职工文化生活

“三八节”到来之际，阳泉市财政局组织机关妇女举行体育健身活动

长治市财政局

长治市财政局党组中心组集体学习十七大精神

长治市财政局党组书记、局长车忠和（右三）在黎城县调研

长治市财政局领导慰问老党员

长治市财政局举办的“和谐财政大家园”文艺汇演

长治市财政局领导深入基层宣讲十七大精神

长治市财政局

晋城市财政局

晋城市市长王茂设在市财政局调研

晋城市财政局局长王克平调研水利建设项目

王克平局长在会计服务中心指导工作

王克平局长接待来访群众

晋城市财政系统举办篮球比赛活跃群众文体生活

晋城市财政局

朔州市财政局

朔州市财政局领导班子正在学习

朔州市财政局召开行风评议各界人士座谈会，认真听取社会各界对财政部门的建议意见

召开全市财政监督干部培训班，提高财政监督工作水平

朔州市财政局干部认真研究农村税费改革工作

忻州市财政局

忻州市财政局张高栋局长在扶贫点五台县东雷乡下庄村现场办公，解决群众实际问题

忻州市财政局领导在忻府区调研新农村建设

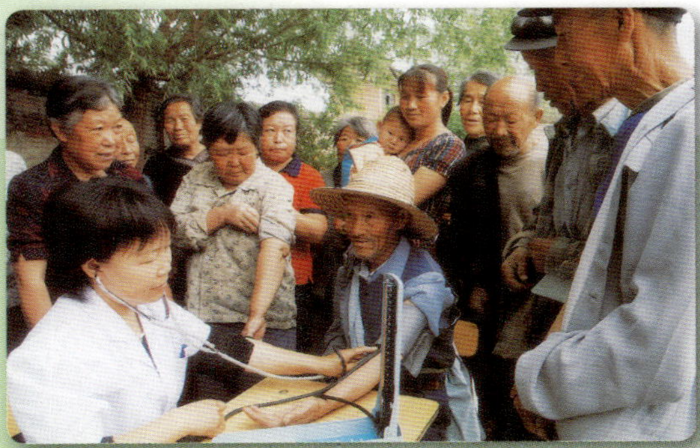

忻州市财政局组织医务人员为局扶贫点五台县东雷乡下庄村群众进行健康检查

忻州市财政局为局扶贫点五台县东雷乡下庄村打井，解决群众饮水问题

晋中市财政局

晋中市市长张璞(右一)在财政局郭绍华局长陪同下考察市政重点工程项目

晋中市财政局郭绍华局长(右二)在市政重点工程工地调研

晋中市财政局召开中层干部述职述廉报告会

晋中市财政局

晋中市太谷县农民自发为晋中市财政局赠匾

晋中市财政局在街头开展政风行风评议宣传活动

晋中市财政局开展创建青年文明号活动工作现场

吕梁市财政局

吕梁市财政局局长闫建科在基层调研

吕梁市财政局中心组认真学习十七大报告

吕梁市财政局组织全体党员赴山西武乡八路军革命纪念馆重温入党誓词，接受革命教育

吕梁市财政局举办“庆祝党的生日 创建五型财政”演讲比赛

临汾市财政局

临汾市财政局党组认真学习贯彻中共临汾市委二届三次全会精神，推进全市财政工作快速发展

临汾市财政局局长郝寒冰在襄汾县调研粮食直补工作

山西省首届会计电算化应用技能大赛临汾选拔赛会场

山西省财政厅在临汾市财政局召开淘汰落后产能调研会

运城市财政局

运城市市委常委、常务副市长张建合在市财政局调研

运城市财政局组织科室人员上街宣传依法治市，提高公民的法制观念

运城市财政局

运城市财政局党组成员集中收看十七大文件专题讲座

运城市财政积极支持老区经济发展。图为市老区促进会向市财政局赠旗

运城市财政国库支付局荣获"省级青年文明号"，省、市领导参加揭牌仪式

山西省财政信息网络中心

山西财政厅信息网络中心领导在机房研究工作。（右二，李世山主任；右三，陈忠义副主任；左一，中心副主任张杰；右一，中心总工程师刘予漳）

财政部部长助理刘红薇在信息中心调研

2007年6月，财政部“金财工程”应用支撑平台山西试点项目签字仪式在太原举行

山西省财政厅信息网络中心全体干部职工

山西省财政厅投资评审中心

山西省财政厅投资评审中心主任　李交运

山西省财政厅投资评审中心本着“为政府投资决策服务、为财政项目预算管理服务、为全省经济建设服务”的宗旨，通过专业技术的运用、服务财政预算管理和政府投资管理，为提高财政资金使用效益发挥了积极作用。中心目前基本建立起一支具有较高政治、业务素质，能胜任各类评审工作的专业评审队伍。截至2007年底，中心共对5646个本省财政投资项目和中央投资项目进行了审核，内容涉及基本建设概算、预算、结算、决算、行政事业专项支出、农业开发项目可行性分析及偿债能力分析、财政专项核查、项目绩效考评等方面。评审范围包括农业、林业、水利、交通、环保、社会保障、电力、教科文、经济建设等各个领域的财政投资项目及财政担保的国际金融组织贷款项目，累计评审金额达1561.01亿元，净核减各类不合理资金43.43亿元。

2003年被山西省劳动竞赛委员会荣记集体一等功；2006年被评为“全国财政投资评审系统先进单位”；2005年、2006年连续两年被山西省省直工委命名为“精神文明单位标兵”；2007年被评为“全省文明和谐单位标兵”。

山西省财政厅投资评审中心

2001～2007年省评审中心评审情况柱状图

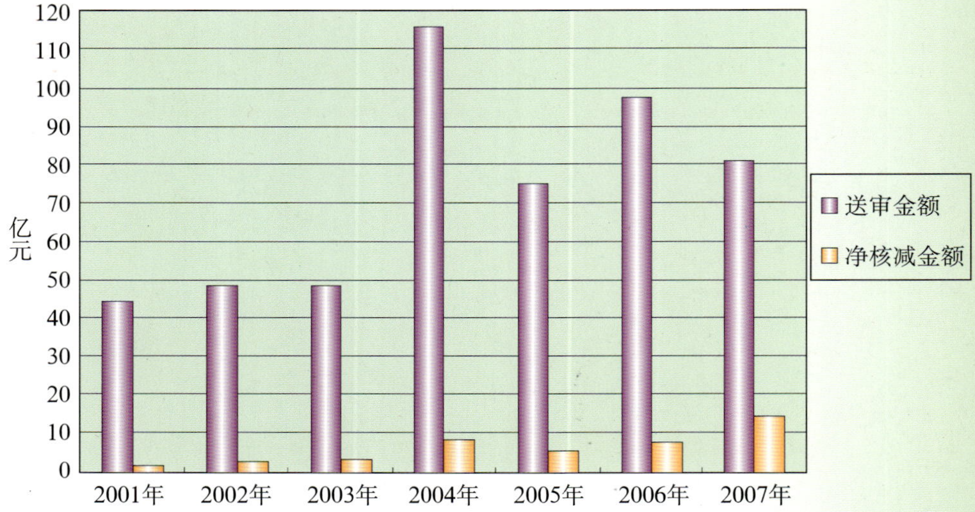

李交运主任在太原高速公路局听取项目建设情况汇报

中心工作人员查看评审资料

举办评审业务培训班提高全省财政投资评审人员业务素质

举办联谊活动，活跃中心文化生活

山西省五台山财会培训中心

山西省财政厅锦绣山庄总经理　崔太平

崔太平向省直工委文明和谐单位检查组介绍工作情况

锦绣山庄总经理崔太平（中）安排部署工作

锦绣山庄干净卫生的厨房

山西省中小企业信用担保有限公司

推动信用担保体系建设座谈会现场

山西省中小企业信用担保有限公司员工参加义务植树，种下“信用之林”

信用担保公司举办新春团拜会

山西省中小企业信用担保有限公司召开信用担保体系建设和协会第三届会员代表大会

山西省财政税务专科学校

山西财税专科学校被财政部和教育部确定为国家示范性高等职业院校。图为动员大会现场

山西财专与浙江金融职业学院签署战略合作协议，共谋发展大计

山西省财政税务专科学校

山西财专校长申长平（右二）与韩国文杉大学乔治·皮特森博士商谈教学合作事宜

设施一流的实验实训室

新建成的教学大楼

山西财专举办省情论坛，邀请省内财经专家研讨山西经济形势

善等方面资金，在促进教育公平上迈出了较大步伐。

（二）文化、体育事业全面发展和计生政策落实

全市文体、计生支出1.74亿元，其中，市县两级财政落实“文化低保”工程资金570万元，为全市835个贫困村的30万农民群众送戏、送书、送电影，丰富了边远贫困山区农民群众的文化生活；拨付文艺演出团体基础设施建设专项资金340万元、体育训练经费200万元、计生政策专项经费1 210万元等，有力支持了全市文化百花齐放、群众性体育蓬勃发展及计生政策的全面落实。

（三）支持医疗卫生服务体系建设

全市医疗卫生支出4.53亿元，比2006年增长45.38%，重点支持以推进新型农村合作医疗为重点的农村医疗卫生服务体系建设，及时足额拨付新型农村合作医疗、农民健康员和乡村医生、农民健康基金、乡镇卫生院等改善农村医疗条件资金8 363万元，农村医疗救助资金784万元，全市13个县市区和开发区的209万名农民参加了新型农村合作医疗，参合率达到88%，各项医疗制度进一步落实，促进了农村医疗卫生条件明显改善；积极支持以社区卫生服务为重点的城市医疗卫生服务体系建设，落实社区卫生服务专项资金501万元、城市医疗救助资金356万元，新型城市医疗卫生服务体系进一步健全。

（四）加大就业和再就业扶持力度

认真落实各项就业再就业财税扶持政策，落实就业和再就业补助资金1 311万元，全面落实了社会保险补贴、公益性岗位补贴和再就业培训补助等，使全市新增就业3.65万人，再就业9 965人；由市财政负担的小额贷款担保基金740万元全部足额到位，为全市53户自谋职业带头人申请到小额贷款金额708.9万元；落实“零就业”家庭人员岗位补贴及三项保险资金150万元，促进636名“零就业”家庭人员走上就业岗位，保证了就业形势的基本稳定。

（五）切实保障社会保险和社会福利、救助资金需要

拨付农村与城市低保、农村医疗救助与城市医疗救助配套资金1 538万元，提高了农村低保、城市低保标准及农村五保户供养标准，增加了城市低保对象的猪肉、副食、液化气等生活必需用品的价格补贴；分两次对全市出租车、城市公交车、农村客运车辆发放燃油价格补贴1 420.38万元，化解了因价格上涨对广大群众生产和生活带来的影响；进一步加快社会保险体系建设，共安排资金1 033万元，积极支持企业职工基本养老保险个人账户建设、企业职工基本养老保险、行政事业单位女工生育保险，促进了私营、个体和城市灵活就业人员参加基本养老保险，扩大了社会保险覆盖面；拨付农民工工资专项资金1 227万元，解决了市级政府工程拖欠农民工工资问题。此外，社会福利、优抚安置、救灾救济和残疾人事业所需要的资金均得到足额安排和有力保障。

（六）进一步落实住房分配货币化和收入分配政策

落实资金657万元，为92个行政事业单位的236名无房户和住房未达标户（离退休职工）发放了住房补贴，基本解决了全市离退休职工中无房户和住房未达标户的住房补贴问题；认真落实规范收入分配政策，制定出台了《全市规范公务员津贴补贴方案》和《市直规范公务员津贴补贴方案》（《关于印发〈全市规范公务员津贴补贴方案〉和〈市直规范公务员津贴补贴方案〉的通知》（长纪发［2007］38号），并从2007年7月1日起执行新的津贴补贴制度，确保在年底前按标准规范了各级机关公务员收入。

（七）大力支持城市特色化建设

拨付重点工程资金6.07亿元，支持市体育中心、新闻中心、六府塔、城南生态苑、机场路绿化和新区基础设施等15个项目建设，促进了长治城市功能更加完善，吸纳承载能力显著增强。

四、完善公共财政运行机制，财政发展的内在动力进一步增强

一年来，各级财政部门把深化财政体制改革和制度创新作为推进财政发展的内在动力，着力完善适应公共财政要求的运行体制和机制，各项改革取得了明显进展。

（一）财政体制改革扎实推进

根据省政府精神，2007年长治财政按照财力下移、统一规范、调整增量的原则，对财政体制进行了进一步调整。一是合理确定体制基数，重新核定了体制补助或上解基数；二是确定了新的分享比例。城镇土地使用税全部下划为县市区固定收入，市与县分享增值税、营业税、企业所得税、个人所得税、资源税5个税种，市与区（城区、郊区、开发区）分享增值税、营业税、企业所得税、个人所得税等7个税种；三是建立了新的增收返还激励机制。市对县市区的奖励办法按照省政府规定执行。新体制既符合省财政体制改革方案，又充分考虑了各级财政利益，合理解决了旧体制运行中存在的问题，全年运行平稳。

（二）财政国库管理制度改革又有新的突破

在市级所有预算内资金和政府性基金纳入国库集中支付的基础上，2007年又将市级145个单位的预算外资金全部纳入支付范围，使市直375个单位的预算内外资金全部实现了国库集中支付。同时，为适应改革需要，市财政积极推进会计集中核算向国库集中支付转轨，于年初正式成立了市财政国库支付中心，进一步理顺了财政国库管理机构和支付执行机构的关系，加快了财政预算执行进度。在深入推进市级改革的基础上，市财政积极推进县级国库集中支付改革试点工作，城区、郊区、襄垣、屯留、沁源、长治县和潞城市7个县市区开展了国库集中支付改革工作，试点县市区达到县市区总数的50%。

（三）政府采购制度更加规范

市县两级深入开展政府采购人员培训，引深治理商业贿赂工作，完善管采分离制度，促进了政府采购工作健康发展。2007年全市政府采购资金达到4.18亿元，比2006年增长22%，节约资金4 900万元，节约率为10.53%。

（四）“省直管县”等其他各项改革进展顺利

积极推进“省直管县”改革，市财政局配合省财政厅和相关县按要求完成了体制调整的相关工作，平顺、壶关、武乡3个国家重点扶贫开发县的“省直管县”财政体制开始运行；积极推进“乡财县管乡用”改革，在市财政的积极指导下，长治、襄垣、武乡、潞城等7个县市区的“乡财县管乡用”改革全面启动；积极落实“收支两条线”规定，市县两级行政事业性收费票据年检合格率均在98%以上，同时，经过年检和审核，公布了新的收费项目目录；积极推进财政投资评审工作，全年评审项目39个，评审资金达到10.04亿元；积极推进部门预算、政府收支分类等改革，各项改革均进一步深化，取得了新的成绩。

五、加强财政法治建设，财政监督和会计管理更加严格有效

（一）全面加强财政法制建设

2007年，长治各级财政深入实施《全市财政法治宣传教育第五个五年规划》，加强财政法治培训和宣传教育，进一步加强税政及关税工作，对国家现行税收优惠政策进

行梳理，编印了《现行主要税收优惠政策汇编》一书，为各级各有关部门及各类企业用好用足现行各项税收优惠政策提供了方便；完善长治市财政局行政处罚实施办法，并对行政许可项目的申报材料、承诺时限、法定程序进行了明确。

（二）全面加强财政监督

认真开展县乡财政预决算执行情况检查，共检查壶关、屯留、城区、郊区4个县区，检查面达到28.5%；各县市区检查乡镇财政43个，检查面超过25%。认真开展系统内部监督检查工作，市级检查内部机构6个，检查面达到30.1%；县级检查内部机构26个，检查面超过30%。认真开展社保资金专项检查，对全市13个县市区2005～2006年社会保障基金进行了全面检查，对查出的不规范问题，责成有关县区、单位进行了整改。

（三）全面加强会计管理

继续在全市会计领域推行和完善“和谐”、“诚信”两个会计管理评价体系，区别不同类型的会计岗位，对1.5万多名会计人员开展了继续教育培训；按照“两严”、“三公开”要求，组织5 152名会计人员进行了会计职称、从业资格及注册会计师考试；广泛动员、精心部署，成功举办了首届全市会计电算化技能大赛和有2万余人参加的会计知识大赛；高度重视，扎实工作，对80家单位和企业进行了“一法一例”检查，进一步提高了财会人员的业务素质和社会公信力。

（四）全面加强行政事业单位国有资产清查管理

各级财政部门积极探索资产管理与预算管理、财务管理相结合的新模式，确立资产管理机构，制定完善资产管理规章制度，加强督查指导，认真核实账务，全面界定债权债务，严格按照要求对全市行政事业单位国有资产基本情况进行了认真清查。据统计，市县两级共清查单位2 326户，清查资产总额65.8亿元，增加账面资产总额3.21亿元，处置资产239台（件），全面摸清了市县两级行政事业单位国有资产基本情况，为资产配置、使用、处置奠定了良好基础。

六、加强财政队伍建设，党风政风作风呈现蓬勃气象

2007年，长治各级财政继续把队伍建设放在十分重要的位置，以廉政建设、作风建设、素质建设和精神文明建设为重点，坚持不懈地狠抓干部队伍的廉政观念、作风培养和素质提升，使全市财政系统进一步呈现出了昂扬向上、锐意进取的新气象。

（一）坚持不懈加强作风建设

根据省、市安排，长治各级财政以开展“转变作风、狠抓落实”和政风行风评议活动为契机，坚持不懈加强干部职工作风建设。一是进一步加强制度建设。先后制定和完善了《长治市财政党组理论中心组学习制度》（长财党组［2007］12号）、《长治市财政局联系点工作制度》、《长治市财政局应急值班制度》，各项制度得到严格执行。二是全面推行限时办结制、首办负责制和服务承诺制。对承担的工作职责、任务进行认真清理，严格实行首办负责、服务承诺，对能够量化的工作尽可能量化，并逐条逐项提出办结的时限要求，对原来已有时限要求的，进一步缩短时限，提出了新的办理时限。三是进一步深化政务公开和行政效能监察工作。建立健全重大项目专项资金跟踪服务制度，认真落实行政效能公示制度，积极推进行政审批制度改革，对凡能够公开的事项，都通过财政信息网、政府信息网、报纸、电视等媒体介质，以及发放宣传资料、举行听证会等多种手段，向社会公开，促进了财政管理工作的制度化、公开化、法制化和透明化。四是广泛开展社会和群众监督评议活动。通过各种形式，广泛向社会各界征集意见和建议，促进了服务水平和办事效率的提高，使领导作风、思想作风、工作作风都发生了很大转变，做到了勤勤恳恳为民理财，大事小节严于律己，保持了人民公仆的本色。

（二）坚持不懈加强党风廉政建设

各级财政紧紧围绕全市经济建设和财政中心工作，认真落实党风廉政建设责任制，严格廉洁自律，深化源头治腐，圆满完成了党风廉政建设和反腐败各项工作任务。一是，认真落实党风廉政建设责任制，工作制度更加健全。进一步建立和完善“一岗双责”、“一把手”负总责、分管领导“谁主管，谁负责”的责任体系，坚持早安排、早部署，抓分解、明责任，抓落实、做承诺，进一步形成了互相联系，互相配合，互相支持，整体联动的有效机制。二是，创新党风廉政建设宣传教育形式，反腐倡廉教育更加有效。坚持把反腐倡廉宣传教育作为基础性工作常抓不懈，紧密结合财政系统党员干部思想和工作实际，创新廉政宣传教育形式，开展廉政文化进机关、廉政教育专题讲座、树立社会主义荣辱观和征集廉政格言警句等多种学习教育活动，进一步增强了干部职工的反腐倡廉意识。三是，认真落实廉洁自律各项规定，勤政廉政意识进一步增强。继续坚持“四大纪律”、“八项要求”，严格执行民主集中制，定期检查廉洁自律规定执行情况，进一步增强了党员领导干部廉政意识，提高了免疫力和执政能力。四是，创新干部选拔任用制度，干部人事工作更加规范合理。认真落实《党政领导干部选拔任用工作条例》和《公务员法》，努力做好干部的培养、选拔、管理和使用等工作，并按照“公开、公平、公正和平等、竞争、择优”的原则，通过竞职演讲、民主测评、党组成员测评、综合测评、党组决定等程序，为直属事业单位公开选拔任用了19名科级干部，进一步营造了干部职工积极进取、奋发有为的良好氛围。五是，强化行政效能监察和作风建设，财政工作质量和效益全面提升。六是，深化财政管理改革，源头治理工作取得了新的成绩。

（三）坚持不懈加强财政干部队伍素质提升

各级财政把不断提升干部队伍素质作为做好财政工作的根本性工作，树立科学的干部培训理念，开展全方位、多角度、深层次的教育培训，使广大干部的素质得到了明显提升。一是加强思想政治理论教育培训，提高了财政干部理论素养。二是加强业务知识培训，丰富了财政干部的知识储备。在做好日常培训的基础上，先后邀请财政部科研所苏明教授、省财政厅税政条法处处长张永胜、省财专申长平教授、长治市委党校李丽君教授，分别做了《财政形势与财政政策取向》、《依法行政　依法理财》、《公共财政与管理》、《财政公文写作与公文处理知识》等专题讲座，使全局干部职工补充了新知识，增长了新才干。三是加强业务技能培训，提升干部财政业务管理技能。着重开展了农村综合监管系统软件、财政供养人员软件、计算机基础知识等业务技能培训，大大提高了财政工作效率和财政管理工作的科技含量。

（四）坚持不懈加强机关精神文明建设

各级财政始终高度重视加强精神文明建设，坚持以党建带动精神文明建设，以精神文明建设带动队伍建设，充分发挥了精神文明“教育人、帮助人、引导人、团结人、塑造人”的作用。一是继续强化领导，完善机制。各级把加强党组织建设作为加强精神文明建设的重要内容，作为贯彻落实党的路线、方针、政策，推进财政改革与发展的一项大事来抓，加强领导，统筹安排；把精神文明建设列入年度工作目标考核范围，坚持做到年初有安排，年内严落实，年终细考核，并充分发挥党、政、团、妇、工等各种组织的作用，形成了全局上下齐抓共管的工作机制，确保了各项文明创建活动扎实开展。二是以人为本，以教为先。努力创建学习型机关，在全面提高党员干部队伍的思想理论水平、科学文化水平和业务水平的基础上，深入开展精神文明教育，突出精神文明建设在财政工作中的重要作用。三是引深创建，丰富载体。积极开展爱国主义教育，大力弘扬民族精神，充分利用春节、元宵节、中秋节等民族传统节日，“五一”、“五四”、“七一”等纪念日，把爱国主义教育融入到各种纪念活动中，使干部职工潜移默化地接受了爱国主义和革命传统教育，弘扬了民族文化，继承和发扬了中华民族不畏艰难、敢于胜利、无私奉献的精神。积极开展干部职工喜闻乐见、有益身心健康的文体活动。先后开展了“火红的理财年华”、庆“三八”暨“财苑巾帼建功争先”、“一财两税”羽毛球比赛、“共建和谐财政大家园”等大型文体活动，进一步激发了干部职工热爱祖国、积极向上、科学文明、团结友爱的责任感和使命感。

（长治市财政局供稿　魏学东执笔）

晋城财政

2007年，晋城市经济社会发展呈现出经济较快增长、结构不断优化、效益继续提高、民生明显改善的良好态势。全市完成生产总值416.5亿元，增长16%；规模以上工业增加值210.3亿元，增长24.1%；社会消费品零售总额115.5亿元，增长21.8%；外贸进出口总额1.56亿美元，增长110.9%；全社会固定资产投资215.5亿元，增长30.8%；城镇居民人均可支配收入1.2404万元，增长22.4%；农民人均纯收入4 450元，增长13%。在全市经济社会又好又快发展的基础上，财政系统以科学发展、和谐发展为指导，求真务实，奋力拼搏，不断研究创新生财、聚财、用财的理念和方式，全面深化财政改革，科学调整支出结构，努力提高管理水平，全方位加强队伍建设，各项工作取得了新的成绩。

全市财政总收入完成96.6526亿元，为年度计划的105.14%，剔除"两权"收入增收17.2017亿元，同口径增长21.77%；一般预算收入完成33.7333亿元，为年度预算的105.88%，增长20.25%，增收5.6821亿元。

分征收系统看，国税系统完成51.0149亿元，为年度计划的102.19%，增长20.9%，增收8.8205亿元；地税系统完成39.0498亿元，为年度计划的107.31%，增长24.17%，增收7.6001亿元；财政系统完成6.7774亿元，为年度计划的122.77%。

分预算级次看，城区财政总收入完成4.0487亿元，同口径增长20.9%；泽州县完成17.2702亿元，同口径增长10.6%；高平市完成16.7248亿元，同口径增长28.6%；阳城县完成17.6127亿元，同口径增长21.8%；陵川县完成2.041亿元，同口径增长11.3%；沁水县完成11.3186亿元，同口径增长6.4%；开发区完成1.2733亿元，同口径增长27.3%；市本级完成26.2635亿元，同口径增长28.4%。

全市一般预算支出执行54.0443亿元，同口径增长36%，增支14.1125亿元。

全年收支情况主要呈现以下特点：一是财政收入质量不断提高，财政总收入占GDP的比重达到23.19%，分别高于全国、全省2.52个和2.13个百分点。二是收入结构逐步优化，地方可用财力不断壮大，一般预算收入占财政总收入的比重由2006年的34.59%上升至35.29%，提高了0.7个百分点。三是随着财政体制调整政策落实到位，县级财政整体实力进一步增强。县级总收入规模由2006年的43.24亿元增加到2007年的70.28亿元，阳城、泽州、高平和沁水财政收入超过了10亿元。四是公共财政的服务保障功能得到加强，各项重点支出实现了应保尽保，财政促进全市经济社会又好又快发展的调控职能不断增强，促进经济与社会、城市与农村、人与自然全面协调发展的效果日渐显现。

一、全力支持经济发展，为经济和财政的发展后劲增加新动力

各级财政部门坚持科学发展理念，支持

经济结构调整和优化经济发展方式，支持科技进步与创新，努力促进国民经济和财政经济又好又快发展。

一是，进一步规范财政体制，促进县域经济快速发展。为缓解县乡财政困难，调动县级发展经济的积极性，根据省委省政府关于调整规范省市县财政体制的有关精神，晋城市财政局从大局出发，研究制发了《晋城市人民政府关于调整规范市对县（市）财政体制调整的通知》，科学合理地完成了财政体制调整工作。此次财政体制调整是扩权强县、发展县域经济的重要举措，优化了企业发展环境，促进了市县两级经济的共同发展，县级经济实力和发展后劲明显增强。

二是，积极推进企业改革。按照市政府确定的市属国有企业改革攻坚的工作思路，积极参与国有企业、城镇集体企业、乡镇集体企业等企业改革工作。为确保改革顺利推进，仅市级财政为晋钢、阳城制丝和凤凰织品三家企业拨付各项改制资金就达 2.9 亿元，确保了国有企业改革的顺利推进和社会稳定。

三是，优化融资担保服务，促进中小企业发展。全年为 53 户企业的 181 笔贷款进行了融资担保，总金额 2.6391 亿元。市中小企业担保公司成立以来四年时间，累计担保贷款金额达到 8.4754 亿元，据测算，可增加利税约 2 亿元，增加财政收入约 1.3 亿元，增加 3 000 余个就业岗位，促进了中小企业发展、拓宽了就业渠道。

四是，支持科技创新，促进经济实现又好又快发展。全年科技研发资金投入 5 089.31 万元，重点用于提升企业自主创新能力，加快形成以企业为主体的技术创新体系建设。财政资金发挥了四两拨千斤的作用，引导和激励社会资源对科技创新活动总投资达 16 亿元，项目达产达效后，可产值 9.5 亿元，新增利税 3 亿多元。

二、加大财政支农投入，新农村建设取得新推进

各级财政部门支农工作一如既往体现了力度大、措施硬的特点，继续贯彻“多予、少取、放活”的方针，支农资金投入创出历史新纪录，达到 8.45 亿元，全面落实了各项惠农政策，使广大农民得到了更多实惠。

一是，促进农业发展成效明显。拨付 1.0061 亿元落实了粮食直补、综合直补和退耕还林补助等补贴，45 万户 160 万农民从中受益，调动了农民的种粮积极性；落实了燃油补贴，确保了在燃油提价情况下，现代农机的正常作业。农业产业化生产性资金支出达 1.11 亿元，巩固和扩大了一批农业产业化基地，干鲜果、小杂粮、中药材等各类基地已初具规模。龙头企业发展成效显著，35 家市级以上龙头企业实现产值 16.4 亿元，销售收入 15.12 亿元，带动农户 13.7 万户，户均增收 1 250 元。投资 1 758 万元继续加大畜牧业扶持力度，扩大了规模优质肉猪生产、优质肉牛生产和奶牛生产的扶持范围，加大了大中型沼气建设工程及新建规模养猪户的支持力度。近三年共兑现畜牧扶持资金 5 551.81 万元，带动社会投资近 5 亿元，全市生猪和牛、羊、鸡的生产迅猛增长。为缓解全国猪肉市场供应紧张的局面做出了贡献，高平市还为此获得了全国十个养猪大县的奖励。2007 年晋城市畜牧业总产值达到 13.5 亿元，同比增长 7%，全市农民人均畜牧业纯收入将达到 300 元，比去年增长 14.1%。

二是，加大农村基础设施建设支持力度。拨付 1.9243 亿元投资于张峰水库、采煤沉陷区综合治理、东焦河水电站、村村通公路、端润路等水源工程和农村公路建设。生态家园富民工程沼气建设财政投资 1.1275 亿元，全年新发展用户 10.1039 万户，居全省第一，占全省发展总水平22.9万户的44.12%，被列为全国十个“循环农业示范市”之一。这一民心工程发挥了良好的经济效益和环境效益，全市用户每年可增收节支1.3亿元，减排二氧化碳145万吨、二氧化硫0.672万吨。抗旱防汛工程投入1 551万元，保障人民群众生命财产安全，启动各项水利设施2 180处（眼）、流动抗旱设施800余台套，开展了小水库、塘坝的除险加固维修以及河道清障清淤工作，完成了雨情、墒情、水情自动化测报系统建设。投资4 500余万元，完成了154处饮水安全工程，10.15万人的饮水不安全问题得以解决。

三是，促进农村各项事业全面进步。在加大农村教育、医疗卫生、计划生育和农村社保等工作支持力度的同时，农村其他社会事业也得以同步发展。“万村千乡市场工程”效益明显，继续落实优惠扶持政策，三年累计建设合格农家店815个，覆盖全市60%的乡镇和32.7%的行政村，吸纳农村富余劳动力3 400余人，带动社会投资4 990万元。推进农村综合改革，从有利于农村各项事业管理着眼，财政投资建立了农村综合改革信息系统，较为全面地掌握了所有农户和五保户的基本信息，所有村镇基本情况、农民负担、财政财务收支及债务信息，各县财政收支、转移支付情况信息，推动了农村综合改革。农民培训和劳动力转移成效明显，农民素质培训及劳动力转移培训支出368万元，完成农民科技培训22.01万人，是年度目标12.01万人的220.1%；完成农村劳动力转移1.0138万人。举办了农村沼气实用技术专项培训，培训技工、管理人员和专业监理人员1 734人，为“户户通”工程建设提供了人才保障和技术支撑。移民搬迁进展顺利，扶贫移民搬迁资金850万元，完成了110个自然庄1 255户5 134人的搬迁任务。文体场所建设焕发农村新面貌，晋城市农村基层文化场所建设力度逐步加大，投资770万元，完成6个乡镇文化站、10个行政村的文化中心、100个行政村文化活动广场和125个行政村篮球场建设。村级组织活动场所建设共投资707万元，涉及49个乡镇143个村，建设规模12 870平方米，实现了党员活动有阵地，农民培训有场所的目标。

三、着力促进民生改善，城乡居民生活水平得到新提升

进一步体现民生财政的理念，理“众人之财”，尽为民之责，向改善民生倾斜，让公共财政阳光照耀千家万户。

一是，城乡低保实现了应保尽保。发放城市低保金3 500万元，确保了全市3.1919万名城市低保对象的基本生活。同时，为缓解粮、油、肉等副食品价格上涨对城市低保家庭生活的影响，先后三次为每人每月合计增加了35元补助，还给予了每户24元的液化气补贴。发放农村低保金2 300万元，保障人数达5.6387万人，比上年增加7 900人，人年均补差标准由360元提高到432元。为5 043名农村五保户拨付生活补贴730万元，人均补助标准由1 000元提高到了1 200元。养老保险支出4.1566亿元，全市3.297万名离退休人员按时足额领到了养老金；为1 492名失业人员发放失业保险金1 200万元，保障标准由原来的每月390元提高到430元；对下岗职工实施了特定政策生活补助。

二是，各类优抚对象生活有了较好保障。拨出4 664.7万元抚恤金，保障了1.5856万名重点优抚对象抚恤补助和提标资金的发放；为1 433名新中国成立前入党的农村老党员和未享受离退休待遇的城镇老党员按不同标准发放了生活补贴；为困难企业177名离休干部和76名新中国成立前参加工作的退休工人发放生活补贴379.79万元。为450名离休干部、老红军二等乙级以上革命伤残军人给予医疗补助450万元。为提高残疾人生活自理和社会参与能力，财政出资实施了白内障手术、智力残疾儿童康复训练、贫困肢体残疾儿童矫治手术等康复项目助残工程。同时，为泽州县250户农村贫困残疾人的危房进行了改造。

三是，支持就业和再就业工作取得显著成绩。支出2 477.65万元进一步推进就业和再就业工作。启动了“零就业家庭”援助计划，全市符合安置条件的672户计673人全部安置就业。开展了创业和再就业培训工作，培训创业人员300名，实现了“一人创业，带动多人就业”的倍增就业效应；再就业培训人数2 044人，提升了参训人员的就业能力。拨付专项职业介绍费，为4 693人提供了职业介绍服务。为286名下岗失业人员提供了公益型岗位及社会保险补贴。实施特定政策补助957.06万元，享受生活补助1 478人。同时，4 050和4 555人员得到了妥善的安置。

四是，积极保障了救灾所需。面对先后出现的低温冷冻、持续干旱和特大暴风雨等自然灾害，拨付救灾款1 084万元，发放粮油6万余斤，救助灾民5.5万人，确保了灾区人民的正常生产生活。

四、支持社会事业发展，和谐晋城建设焕发新生机

按照建设和谐晋城要求，科学调整优化财政支出结构，控制人车、话、会等一般性支出，优先保证履行公共服务职能，加大了教育文化、医疗卫生、生态环境等薄弱环节的投入，促进了各项社会事业的协调发展。

一是，加大城乡义务教育的投入力度。投入“两免一补”资金1.429047亿元，向全市1 729所学校28.1872万名学生免除了学杂费和课本费，补助了生活费，寄宿生生活费补助标准也有了大幅提高。安排668.78万元实施对中等职业学校困难家庭学生救助。资助标准每生每年1 500元，受助学生人数达到1.0775万人。农村中小学公用经费落实5 985.86万元，农村义务教育经费保障机制逐步建立和完善。财政投入3 715万元支持了农村学校校舍维修和改造，校舍维修涉及学校427所，维修校舍面积9.01万平方米。在着力加大对农村教育倾斜力度的同时，城市教育同步推进。投入2 510.76万元集中用于中心城市学校改善办学条件，完成了一批改扩建项目，改善了中心城市的办学条件，城市孩子上学难、班容量大的问题有效缓解。

二是，保障了城乡基本医疗、公共卫生和计生事业发展。近年来，晋城市城乡卫生建设的投入不断加大，工作成效不断显现，“看病难、看病贵”现象有了明显缓解。

农村公共卫生投入3 058万元，较2006年增长2倍，实施了乡镇卫生院基础设施改造和基本医疗设备配套工程，对1 408名乡村医生进行了卫生理论及业务培训，全市116个乡镇卫生院（含分院）已有74个达标，促进晋城市国家级标准卫生院创建工作走在了全省前列。

城乡居民医疗保障得到进一步增强。全市城镇职工基本医疗保险共支出1.327亿元，补偿人数达1.482万人，参保人员的基本医疗得到保障。在全市全面推行新型农村合作医疗制度，参保农民达150.3万人，参保率达到了92.53%，支出合作医疗资金共7 289万元，补偿达6.8063万人次，其中：享受万元以上人数达210人。城乡居民大病医疗救助资金支出430万元，救助对象1 603人，人均救助水平3 188元。城市公共卫生事业进一步发展，投入4 613.55万元发展城市公共卫生事业，疾病预防控制、紧急医疗救援、医疗硬件设施等均上了新水平。为6个卫生服务中心和24个社区卫生服务站购买医疗设备63种146件，培训医护人员150名，社区卫生服务站的标准化建设走在了全省前列。支持国家卫生城市创建活动，加大资金支持力度，对3 245家门店和单位、217家废品收购站（点）、29家集贸市场进行了集中整治。

计划生育投入4 818.8万元，促进服务水平不断提高。对领证独生子女父母、退二孩指标家庭、双女绝育户家庭、丧失劳动能力父母不再生育的家庭和国家奖扶对象等六种奖励对象4.0523万人户实行了奖扶；实施长效节育措施免费技术服务16.8387万例，有效发挥了控制政策外人口出生的作用；对全市13个县、乡（镇）计生服务站进行了新建和改扩建，总面积1.19万平方米；为40个乡镇购置了B超诊断治疗仪。

三是，积极支持生态保护、环境治理和城市建设，着力改善生存环境。更加注重了生态绿化建设，全年绿化投资8 117万元，为晋城市荣获“全国绿化模范城市”荣誉称号提供了强劲的财力支持。拨付横断山地质破坏区植被恢复工程3 773万元，完成2 000亩，植树66.68万株。通道绿化投资3 035万元，完成国省道、县乡路、乡村路绿化总里程1 067公里和交通沿线荒山绿化1.5万亩；环城绿化完成8 000亩；村庄绿化继上年完成112个村庄绿化任务之后，2007年又增加了118个村；厂矿区绿化工程完成1.7万亩；城市绿化完成绿化面积108万平方米。投入1 712.9万元实施水土保持生态治理工程，新增水保治理面积2.38万亩，完成水保综合治理面积16.5万亩。农田水利灌溉工程投资800余万元，发展节水面积3.08万亩。

支持生态建设，环境保护成效更加明显。紧紧围绕争创“国家环保模范城市”的目标，投入资金1.23亿元，大力支持实施“蓝天碧水”工程，仅市级拨付市区及周边地区重点污染企业关停、搬迁资金就达3 300万元，污染源得到了有效控制，空气质量状况进一步得到了改善，全年二级以上优良天数达到了320天，在全省排名第二，较2006年增加了27天。

支持城市建设，城市功能不断完善。投资5.9705亿元，支持前进路、景西路、东南出入口、白水街、东出入口通道绿化、四期供热扩建、五期供热管网、城市生活垃圾处理工程、煤层气综合利用等项目建设。由于财政资金的到位，促进了以上工程建设的顺利实施。特别是煤层气建设更加贴近市民生活，产生了良好的社会效益，已有1 700余辆出租车及近2.6万户居民和企业用上了清洁的煤层气。

五、深化完善财政改革，财政资金运行质量有了新提高

部门预算、国库集中支付、政府采购、财政投资评审、会计集中结算和收支分类改革等各项财政改革在推进中不断得到巩固和完善，有效地促进了财政资金使用的科学化和规范化。特别是节约财政资金收到明显效果。财政投资评审全年累计评审项目222项，比2006年增加42项；评审资金总额12.7亿元，比2006年增长27.17%，增加2.7亿元；审定投资10.6亿元，比2006年增长32.6%，增加2.6亿元；审减不合理费用2.03亿元，年均审减率达到16.09%。政府采购改革完成政府采购预算4.612629亿元，采购合同额4.15018亿元，节约资金4 624.49万元，节资率为10.03%。两项改革节约财政资金共计2.49亿元，不仅发挥了节约财政资金的作用，而且推动了反腐败源头治理工作。

同时，为确保财政改革需要，进一步加大了“金财工程”建设力度，推动财政信息化建设，确保了收支分类改革和国库集中支付等改革举措的顺利实施。

六、发挥监督管理职能，市场经济秩序有了新保障

把规范管理、严格监督和建设法制财政贯穿于履行财政职能的各个方面，进一步提升了依法理财水平。

一是，财政监督职能进一步拓展。加大了对企业国有资产运行情况的监督检查力度。对山西兰花煤炭实业集团有限公司及其控股企业山西兰花科技创业股份有限公司组建10年来的股权结构、投资、分红及生产经营等情况进行了一次专项调查。通过调查基本掌握了兰花集团和兰花科创的现状、股权构成情况、收益分配情况，对外投资情况、经营情况及存在的问题，为市政府决策提供了可靠依据。

对沁水县2006年度预决算进行了检查，纠正和改进了该县预算执行中存在的问题，规范了预算收支行为，严肃了财经纪律。

全面开展“收支两条线”监督检查，加大非税收入检查力度，特别是对国有资源、国有资产有偿使用收入情况进行了检查；对培训费收入、广告收入和行政事业单位银行账户清理进行了检查；加强了行政事业性收费票据管理，对发现的违规违纪问题进行了严肃处理。

依法履行税收的监督检查职能。对全市范围内市级税源经济组织及市级税源经济参股组成股份制企业的界定工作进行了认真的调查、认定，理清了全市国、地税系统管理的1 288户市级及以上税源经济组织的资本构成，掌握了各项税费缴纳及欠缴情况。

二是，深化政务公开，接受社会监督。编制了《财政局政务公开目录及行政职权运行流程图》，在公开内容上，努力做到了全面性，对行政管理、财政资金、公共服务等事项，只要不属于党和国家机密的，都向社会进行了公开。比如，新农村沼气建设扶持资金、农业产业化补助资金和畜牧业、移民搬迁、农业补贴、种粮补贴等扶持资金等项目的扶持办法、标准等都通过电视、报纸和网站等新闻媒体向社会进行了公开。

三是，财政法制建设进一步加强。以“12. 4”法制宣传日活动为契机，集中对《预算法》、《会计法》、《采购法》以及《财政违法行为处罚处分条例》等法律进行了宣传，提高了广大群众的财政法制意识。对新的《企业所得税法》等法律制度进行了集中培训和学习，进一步提升了广大财政干部的法律意识和业务水平。

四是，行政事业单位资产管理迈出了坚实步伐。完成了全市1284个行政事业单位、社会团体的资产清查工作，占应清查单位的99%。通过资产清查工作，澄清了家底，并针对资产管理中存在的问题，出台了《市直行政事业单位固定资产处置管理办法》、《市直临时机构资产管理暂行办法》，拟定了《资产丢失赔偿办法》等制度。做到了资产管理有章可循，进一步加强了行政事业单位国有资产管理。

五是，会计基础管理全面推进。深入贯彻《会计法》，不断提高会计人员素质。认真组织了会计从业资格考试，规范了会计从业资格管理，不断壮大了会计从业队伍。进一步加强了会计人员继续教育工作，通过采取把不同层次的会计人员分别不同类型、不同程度进行培训，严把师资关等办法确保了再教育质量。全年参加继续教育会计人员1. 1047万人，比2006年增加643人。

六、强化队伍建设，党风政风作风有了新面貌

坚持以人为本的管理理念，推进干部队伍建设，财政干部的综合素质和水平有了进一步提升。

一是，开展规模空前的调研活动，提高财政干部管理水平。在全局范围开展了广泛的财政调研活动，每个科室和局属单位结合自己工作实际，通过深入调研，撰写了涉及财政管理、改革和监督各个方面的调研报告共计31篇。对在调研中发现的问题，都提出了行之有效的解决问题的建议和意见。

二是，搞好信息宣传，增进社会了解。财政信息继续在全国、全省财政系统以及市委、市政府信息系统保持了领先位次。财政宣传在较广的范围，加大了对晋城市财政管理和改革成就的宣传力度，增进了社会了解，促进了财政改革的顺利推进。

三是，创新培训形式，提高财政干部理论水平。按照《晋城市财政局2007年干部培训工作计划》要求，在创新培训方式、提高培训质量等方面做了大量工作。举办了“财政干部高级培训班”，对全市财政系统副科以上干部进行集中培训。培训内容包含了当前国际形势、宏观经济走势、公共财政改革、金融证券、国际贸易、产权制度、领导能力、社会问题、阳光心态等各个方面。开阔了干部视野，丰富了干部知识，达到了预期目的。

四是，加强政风行风建设，创优服务和环境。作为市政府确定的政风行风评议免评单位，按照“免评不免建”的原则，把政风行风评议同党风廉政建设、治理商业贿赂和纪律作风整顿有机结合起来，促进了机关作风转变，提高了办事效率，改善了服务态度，创优了发展环境。

五是，加强党风廉政建设，促进干部队伍廉洁自律。认真落实了党风廉政建设责任制。全面贯彻《实施纲要》，开展了宗旨教育、正面典型教育和警示教育活动，使财政干部职工更加牢固地树立了廉洁从政意识，时刻牢记把党和人民赋予的权利用在关心群众疾苦，替群众着想，为群众办事上。狠抓制度建设，特别是按照市纪检委要求，狠抓了领导干部职务消费公示制度的落实。强化内部监督。继续施行内部循环监督机制，强化了内部监督，实现了自我监督、自我约束、自我规范。通过开展专项整治、节日教育、发放廉政公开信、签订廉洁自律责任书、建立科级干部廉政档案等活动，在全体党员干部中严格落实“四大纪律、八项要求”，狠刹“五股歪风”，规范了财政干部廉政行为。

（晋城市财政局供稿　赵永明执笔）

朔州财政

2007年，朔州市认真贯彻落实中央和全省经济发展重大战略部署，紧紧抓住宏观经济逐步好转和能源材料价格高位运行的好时机，努力扩大对外开放、大力推进招商引资、全力促进结构调整，全市经济持续快速发展。与此同时，各级财政部门始终以科学发展观统领工作全局，培育财源、组织收入，财政总收入和一般预算收入又创历史新高。财政支出结构不断优化，保障能力显著提高。

一、财政收入实现跨越增长，重点支出得到有力保障

2007年，朔州市实现地区生产总值33.02亿元，比2006年增长15.83%；城市居民人均可支配收入实现1.1646万元，增长18.2%；农民人均纯收入实现4 353.2元，增长28.1%；全年规模以上工业增加值完成168.59亿元，增长26%；实现社会消费品零售总额81.59元，增长24.5%。财政总收入实现80.01亿元，同比增长53.05%；其中一般预算收入实现30.2亿元，同比增长61.26%。财政一般预算支出完成44.07亿元，为调整预算的96.47%，同比增长17.93%。各级财政部门大力优化支出结构，保证了经济和社会事业发展的资金需要。其中：社会保障支出同比增长27.94%，农林水支出同比增长70.31%，教育支出同比增长42.41%。医疗卫生支出同比增长60.46%。

二、预算编制改革继续推进，财政体制改革方案顺利实施

在连续八年编制部门预算的基础上，朔州财政局顺利完成了2007年市直部门预算编制工作，并于市人代会结束后一周内及时批复到市直各部门。2008年市直部门预算编制工作坚持“以人为本，和谐发展”的科学理财观，早动手、勤谋划，在提高预算标准定额、配合国库集中支付改革等方面做了新的尝试。与此同时，还积极指导各县区进行部门预算改革，多次下县区调研、考察、精心指导，各个县区全部进行了部门预算改革试点。

根据省政府晋政发［2006］45号《关于调整规范省市县财政体制和在35个重点扶贫开发县实行“省直管县”财政改革试点的通知》精神，朔州市财政局深入研究现行财政体制的新特点，针对朔州实际，积极地向上级反映意见与建议，代市政府形成了《朔州市人民政府关于调整县区财政体制和在右玉县试行省直管县财政改革试点的通知》（朔政发［2007］100号），合理调整了县区财政体制。

三、农业项目落户朔州申报有效，支农资金整合试点范围扩大

2007年，根据省财政厅要求，朔州市财政局积极进行各类农业项目的申报、筛选和论证工作。全年上报各类项目33个，争取各类投资1 201万元，其中：中央财政项目3

个，省级项目30个。这些项目对促进该市农业产业结构调整、农业和农村经济的发展，以及增加财政收入，拉动相关产业的发展和农民共同致富等方面，均起到了积极作用，将产生显著的社会、经济和生态效益。

此外，在山阴县继续开展支农资金整合试点的基础上，2007年又在应县开展了试点工作。在实际工作中，坚持“先行试点，稳步推进；因地制宜，突出重点；明确分工，协调配合”的原则，坚持以县为主推进支农资金整合，确定支农资金整合范围；以农业发展规划引导支农资金整合，以主导产业和项目打造支农资金整合的平台；建立支农资金整合直辖市工作机制，统筹安排支农资金的分配使用，取得了较好成绩，达到了预期目的。拨付支农资金整合资金300万元，增强了试点县工作的积极性。

四、“收支两条线”的规定得到贯彻，政府非税收入管理得以规范

2007年，按照省财政厅要求，朔州市财政局开展了政府非税收入项目库建设工作。并根据当地实际情况，在国家和省有关政府非税收入管理政策指导下，积极研究制定和完善政府非税收入管理政策、制度和办法，为全面启动和推进非税收入管理体制改革奠定了基础。同时，为进一步规范政府收入分配秩序，从源头上预防和治理腐败，加强政府非税收入“收支两条线”管理，市财政局下发了《关于开展2007年落实“收支两条线”规定重点检查和清理检查“小金库”工作的通知》（朔财综［2007］80号），成立了由市监委和财政局组成的专项检查领导办公室，对有关部门、单位政府非税收入管理情况进行了重点检查。

五、城乡救助体系不断完善，医疗卫生体制改革健康发展

朔州市财政局在全市范围内实施了城乡最低生活保障制度，进一步提高了保障水平，形成了动态管理下的应保尽保，较好地保障了城乡困难居民的基本生活。全市城市低保对象2.0506万户5.545万人，占非农业人口的12%，2007年上级财政共补助朔州市城市低保资金4 101.6万元，市级配套298.8万元，区县配套860.9万元，共计5 361.3万元。

农村低保坚持从实际出发、低标准、广覆盖的原则，全市享受农村低保的人数有6.1842万人，各级财政部门共落实农村低保资金2 312.3万元。

为进一步完善城乡社会救助体系，市政府以“朔政办发［2007］35号”出台了《关于进一步推进和完善城乡医疗救助制度的实施意见》，按照“突出重点、统筹兼顾、分类施救”的原则，保证全市城乡医疗救助制度平稳运行，稳步推进。全市落实各项医疗救助资金1 018万元，其中市级配套80万元，共救助城市低保对象703人，支付救助资金132万元；救助农村贫困人口3.666万人，支付救助资金762.2万元。其中资助农村五保户和农村特困户3 612人参加新型农村合作医疗，投入救助资金23.6万元，使“因病致贫”的问题得到了有效的缓解。

为了完善覆盖城乡居民的社会保障体系，让广大人民群众共享改革发展成果，市政府以“朔政办发［2007］32号”和“朔政发［2007］54号”文件出台了《关于在朔城区、平鲁区建立农村居民生活补助保障制度的实施方案的通知》和《关于对朔城区平鲁区65岁以上农村居民实行生活补助保障的办法（试行）》，本着“以民为本，为民解困”和构建和谐朔州的宗旨，从2007年7月1日起，对朔城区、平鲁区辖区内65周岁以上农村居民享受每人每月30元的生活补助。经过严格的审核对两区符合条件的65周岁以上居民3.1288万人发放生活补助费552.29万元，占两区农业人口的8.6%。所需资金由市区两级财政按5∶5的比例负担，实行市级专户专账管理，此项工作走在了全省的前列。

六、三农投入进一步加大，新农村建设资金到位

2007 年，朔州市财政局积极筹措资金，用于农村基础设施、农业综合生产能力增强和新农村建设。努力做好新农村建设规划工作，加大对小城镇规划建设的投入。继续实施“村村通”水泥（油）路和街道硬化工程，加快农村公路管养体制改革步伐。安排新农村建设的项目：农村街道硬化 890 万元；沼气建设 600 万元；青贮窖建设 3 000 万元；人畜分离工程 2 000 万元。粮食直补资金 1 477 万元，综合直补资金 4 020 万元，农村饮水 638 万元，全部拨付县区，划入了农民“一卡通”或“一折通”上。

七、农村义务教育保障稳步推进，教育事业得以健康发展

2007 年，朔州市全面贯彻落实《国务院关于深化农村义务教育经费保障机制改革的通知》精神，支持普及和巩固农村九年义务教育，完善教育投入的稳定增长机制，依法保证教育财政拨款的增长高于财政经济性收入的增长，生均教育经费逐年增长，为全面提高基础教育水平奠定了良好的基础。财政下达了 2007 年春季免学杂费、补助公用经费资金 4 620.04 万元，其中：中央补助资金 3 427.22 万元，省级补助资金 614.62 万元，市级配套资金 228.7 万元，同时市级补助了寄宿生困难补助经费 90 万元。有力地推进了农村义务教育保障机制改革的顺利进行。

八、财政评审扩大领域，资金效益有所提高

为堵塞管理漏洞，节约财政支出，规范基本建设资金管理，促进建设单位规范运作，纠正施工企业的高估冒算、套取资金等违法违规行为，有效遏制建设资金在使用上的“超标乱建、胡支乱花”现象，朔州市财政局严格按照有关规定对每个项目进行了严格的评定审核。2007 年共审核建设项目 24 个，审核投资 2.086816 亿元，核减投资 2 942.53 万元，核减率为 14%。评审范围涉及了城建、交通、农业、水利、林业、园林绿化、设备购置、维修维护、装饰装潢、会议费用等诸多领域。切实有效地维护了国家与建设单位的合法权益。

九、工作作风实现转变，自身建设迈出新步

朔州市各级财政部门把转变作风、狠抓落实的要求贯彻到工作部署中，落实到干部队伍建设中。一是加强了财政干部的政治理论教育，提高执行党的路线、方针、政策的自觉性和主动性；二是坚持“走出去”学习、“引进来”培训，大力提升财政干部运用现代财经理论、把握市场经济形势、驾驭财政经济工作的能力；三是狠抓了党风廉政建设，健全预防和惩治腐败体系，增强了拒腐防变的意识和能力；四是注重调查研究，解决实际困难；五是营造团结氛围，引导干部建立相互尊重、相互信任、相互沟通、相互支持的人际关系，创造团结干事、合作共进的工作环境；六是提高行政效能，认真落实和完善首办负责制、限时办结制、服务承诺制等制度，严肃查处行政不作为，严格执行过错追究制度，财政部门正在成为行为廉洁、办事高效、运转协调和人民群众信任满意的政府机关。

（朔州市财政局供稿　师宝忠执笔）

忻州财政

2007年，忻州市财政工作以科学发展观为统领，深入贯彻落实党的十七大精神，紧紧围绕“发展与和谐”两大主题，稳定收入增长，提升支出效益，落实财政政策，全力保障民生，经济与财政、财政与民生实现了协调共进，为全市经济建设和各项社会事业科学发展、和谐发展、跨越发展做出了贡献。

全市实现生产总值245.3亿元，增长15.5%。其中，第一产业增加值25.3亿元，增长4.7%，第二产业增加值122.7亿元，增长22.4%，第三产业增加值97.3亿元，增长11.6%。全社会固定资产投资完成96.18亿元，增长0.93%。外贸进出口总额完成1.02万美元，增长63.49%。实现社会消费零售品总额89.1亿元，增长20.69%。城镇居民人均可支配收入9 501.3元，增长17.4%。

在经济持续稳定增长的基础上，全市财政总收入完成55.16亿元，为年度预算的117.4%，比2006年增收15.4亿元，增长38.6%，全市财政一般预算收入23.18亿元，为预算的130.4%，增长33.5%。财政总收入中国税部门完成32.53亿元，增长39.7%；地税部门完成14.28亿元，增长42.7%；财政部门完成8.35亿元，增长28.66%。在收入总量增长的同时，收入质量和结构也得到进一步提升。

全市一般预算支出执行66亿元，为年度预算的85%，比2006年增长36.9%，增支17.8亿元。全市当年收支平衡略有节余，累计赤字3.2亿元，比上年减少0.4亿元。

一、依法征税治费，提升财政实力

2007年，忻州市财税部门积极培植财源税源，依法加强收入征管，努力挖掘增收潜力，财政收入总量和质量进一步提升，实现了经济增长、财政增收的良性互动。（1）收入总量实现历史突破。亿元县由上年的11个又新增五寨、神池两县，达到13个，惟岢岚县不达亿元，但增幅超过了全市平均水平。财政总收入原平市突破9亿元，保德、河曲县突破7亿元。（2）重点税源稳步壮大，比“十五”期末的2005年增加17户，并有5户超过了亿元。（3）收入质量进一步提升。从结构看，全市财政总收入占全市GDP的比重由上年的20.5%提高到22.5%，税收收入占财政总收入的比重由上年的83.7%提高到84.9%，税收收入占一般预算收入的比重由上年的62.6%提高到64%；从增幅看，稳定性明显增强，财政总收入月增幅保持在36%以上；从财力看，县级财政供养人员人均财力比上年增加1.22万元，财政管理体制财力向县级倾斜的指导思想得到体现。

全市财政收入稳定增长，主要得益于三方面因素。经济因素：全市经济平稳较快增长，经济效益不断提高，尤其是财政收入关联性较大的工业增加值、固定资产投资总额、社会消费品零售总额、企业利润等各项主要经济指标增长较快，直接带动主体税种收入快速增长。分税种看：工业增加值和社会消费品零售总额较快增长带动增值税增长28.76%，增收5.25亿元；建筑安装、房地产等第三产业的快速发展带动营业税增长30.22%，增加0.9亿元；煤、铁、铝等矿产品价格高位运行，相应拉动企业所得税增长186%，增收5.39亿元；个人收入快速增长带动个人所得税增长21.1%，增收0.47亿元。征管因素：税收征管部门坚持依法征税，实施科学化、精细化管理，不断提高收入征管效率，既保证了原有税收收入的正常增长，又通过堵塞漏洞减少收入流失，查补清欠，使收入征管效率进一步提高，促进财政收入在经济发展基础上较快增长。财政部门积极落实煤炭可持续发展基金政策，依法组织两权价款收入，强化土地有偿使用收入，努力挖掘非税收入增收潜力，也是财政增收的重要原因。体制因素：省对市县财政体制改革调动了各级发展经济、增加收入的积极性。市财政将原市直属税源的5户企业实施属地管理，省市共享税种由原来的6个减少到5个，提高县级的分享比例，一般预算收入相应增长，财政困难得到一定程度的缓解。

二、增强保障能力，推动和谐发展

忻州市着力解决就学问题。全市教育支出13.4亿元，增长37.3%，占财政支出比重达20.2%。重点推进农村义务教育经费保障机制改革，发展现代远程教育，支持农村中小学危房改造，对职业学校困难学生予以补助等。

着力解决就医问题。全市医疗卫生支出3.88亿元，增长52.2%，新型农村合作医疗由4个县扩大到10个县，参合率83%。农村医疗、城市医疗、社区医疗共同发展，疾病预防体系和群众就医条件不断改善。困难企业职工的医疗保险得到救助。

着力解决就业问题。全市就业再就业支出0.9亿元，增长23%。补贴下岗失业人员和公益性岗位，支持职业介绍所和再就业培训，安置困难企业职工，推行小额贷款财政贴息，落实了促进就业再就业的各项政策。

着力保障惠民实事。在财力有限情况下，继续集中新增财力，努力保障“十二件实事”，市本级财政保障民生支出3.28亿元，比2006年增加2亿元，对县市的配套支出0.9亿元，比2006年增加0.55亿元，落实“十二件实事”资金0.68亿元，比2006年增加0.2亿元，重点用于全市社保、医疗、教育、文体等民生领域的投入。

三、统筹城乡发展，强化发展基础

“三农”投入稳定增长。全市农林水事业支出6.8亿元，增长27%，有效促进了农业发展、农民增收和农村面貌的改善。农资综合直补、粮食直补、良种补贴、农机具购置补贴及时足额到位。对农村饮水、通路、通广播电视等与农民生活密切相关的项目建设尽力保障。县乡公路建设、农村户用沼气推广、农村劳动力转移培训、万村千乡便民店、村级组织活动场所，以及农业综合开发土地项目治理、中低产田改造支出都有了新的增长。

环保城建力度加大。全市环境保护支出3.8亿元，增长21.3%；城乡社区事务支出2.5亿元，增长53.5%。城市公共事业建设加快，道路、供水、供电、供暖、绿化、亮化等重点基础设施项目陆续建成。节能减排、生态整治等重点项目取得突破性进展。煤炭安全监控系统建成运行。有效利用国债和国拨基建资金12亿元，提升全市经济发展活力。积极落实煤炭可持续发展试点政策，市县两级征收煤炭可持续发展基金1.6亿元，为支持生态环境治理和发展接替产业，解决因煤引起的社会问题提供了财力保障。

社保体系进一步完善。全市社会保障支

出10.9亿元，增长32.9%。城市低保、农村低保、农村五保、优抚对象、企业离退休人员和企业军转干部等低收入群体的基本生活得到有效保障。养老保险、医疗保险、失业保险、工伤保险、生育保险等社会保险体系逐步建立。廉租房建设稳步推进，低收入家庭住房困难有所缓解。

文体事业不断发展。全市文体事业支出0.9亿元，增长41.4%。《黄河管子声》荣获“文华奖”，忻州摔跤节、文化产业博览会、艺术节，书法节成功举办，电视逐步实现数字化，体育场所建设及群众文体活动丰富多彩。

四、有序推进改革，增强财政活力

1. 全面落实市对县财政体制改革。以“税收属地征管、税收分享向县级倾斜”为核心的市对县财税体制改革，按既定步骤全部落实到位，改革取得阶段性成果，市与县两级企业资源整合效应初步显现。市级财力向县适度下沉，县级财力达到50.99亿元，增长45.45%，占全市财力的92%，改革目标顺利实现，有效地调动了各级增收节支的积极性。

2. 积极争取各项转移支付。积极落实孟学农省长忻州调研指示精神，紧抓省对市实行转移支付的政策机遇，在保证各项政策资金的基础上，争取省对市级的转移支付0.4亿元，有效弥补了全市公共服务保障水平。

3. 全面启动乡镇财政管理方式改革。制定“乡财县管乡用”财政管理方式改革方案，修订了乡镇财政财务管理制度，全市“乡财县管乡用”改革有序推进。

4. 从完善机制和规范操作入手，努力提高财政资金的规范性、安全性和有效性。一是编制了部门预算。预算内、外资金统一管理，实现了综合预算，根据发展需要和财力可能，基本支出定员定额管理，项目支出按轻重缓急安排，并评估绩效，控制了公用经费的过快增长，确保了新增财力主要用于保障社会稳定和改善民生支出。二是国库集中支付进一步规范。市直75个行政事业单位纳入改革范围，实现了工资直达个人账户，执收执罚单位的收入直达财政专户，政府采购资金直达供应商。对市级机关实施国库单一账户体系改革，同时稳步推进县市区改革试点。三是加强政府采购管理。政府直属的采购中心挂牌运行，政府采购实现了“采管分离”，建立起以财政为主，纪检监察、审计等共同配合的有效监督机制。政府采购规模稳定增长，效率和质量有所提高。

五、主动服务发展，造福人民群众

1. 大力支持国有企业改革。完成了代县峨口铁矿子弟学校、定襄大关山子弟学校和忻定农牧场子弟学校的接收工作，配合省财政解决了6所原轩岗矿务局托管学校和公安机构人员经费。酒厂、玻璃厂、机床厂、山西轴承厂破产预案已经被国家国资委批准，编制了云河集团、色织厂、钨丝厂、煤机厂和南白水泥厂的破产预案。对全市国有企业拖欠工资进行核实，为分步解决国有企业工资历史拖欠问题创造了条件。

2. 开展中小企业信用担保。市级财政累计为担保公司注入担保基金2 420万元，其中中小企业担保基金2 100万元、小额贷款担保基金320万元。市担保公司当年为16户企业担保1.24亿元，其中担保流动资金贷款1.17亿元、担保小额贷款460万元，担保科技项目基金250万元，有效解决了中小企业贷款难的问题，也改善了我市的信用环境。借力省担保公司，省市累计联保8 060万元，积极帮助各县市组建担保机构，定襄、静乐、偏关、五寨、岢岚开展了担保工作。

3. 支持农村信用社改革。将4 437万元中央农村信用社保值储蓄补贴、313万元省级先征后返的营业税、130 万元扶持资金及时拨付到位，市县政府安排农村信用社扶持资金 300 万元，全额返还农村信用社营业税 1 512 万元，专项用于农村信用社的改革发展。

4. 规范提高公务员津补贴。坚持“统一规范管理、科学规范项目、合理确定水平、一步规范到位、严格监督管理”的工作方针，统一归并了生活性补贴和工作性补贴，市级财政新增 3 000 万元，提高了在忻州市直机关公务员津贴补贴发放水平和标准。完成各县市区规范津贴补贴的实施方案审核批复工作。

六、强化财政监督，提高资金绩效

忻州市财政系统高度关注资金的安全性、规范性和有效性，跟踪反映重大财政政策执行情况，服务于科学决策和财政管理。

1. 加强对行政事业单位资产的管理。出台了《忻州市行政事业单位国有资产管理办法》，进行了行政事业单位国有资产清查，建立现有国有资产档案，保证了国有资产的安全有效和合理配置。

2. 财政监督检查进一步加强。加强财政监督检查，对部分县和市直部门的财政、财务收支情况，教育事业费及救灾救济资金，社会保障资金，会计信息质量和执业质量等进行了财政监督检查。针对检查出的问题，及时进行了处理和纠正，对问题较严重的单位和部门进行了处罚，并提出了整改意见。

3. 加强财政投资评审。评审范围逐步拓宽，开展了基本建设项目预算、结算、决算评审，扶贫资金、农业综合开发资金专项检查，土地开发整理项目绩效考评，政府担保的国际金融组织贷款项目评价等。评审的行业涉及市政工程、农业资金、公路交通工程、社会保障资金等，平均核减率达到 15.6%，遏制了工程结算中的损失浪费，使有限的财力发挥最大的效益。

七、加强行风建设，提升服务水平

忻州市财政系统将党风廉政建设、行政效能建设和财政工作结合起来，组织开展各种学习教育，实行定期考核评比，不断强化服务意识，积极优化政务环境，稳步提升服务效能。努力打造学习型、责任型、法治型、廉洁型、创新型、服务型的“六型”机关，积极推行建设一个好班子、培养一支好队伍、营造一个好氛围、创建一个好机制、树立一个好形象的“五个一工程”；认真践行待人热情、政务公开、办文快捷、责任落实、服务主动、行政依法、答复满意、为政清廉的“八项服务承诺”，市县财政部门在行风评议、行政效能建设、政务公开、优质服务活动中获得先进单位、文明单位。加强制度建设，创新工作机制，实现了科学管理、民主管理和法治管理。一是，建立健全岗位责任制和内部制约机制，严格责任分工、加强监督约束。二是，规范资金流转程序。资金拨付、账务处理、印鉴管理、资金调度等，一切按章办事，确保资金“零风险”。三是，严格账户管理。在强化预算单位银行账户管理基础上，财政资金专户归口国库科统一管理规范。四是，提高行政效能。加大了教育培训力度，强化干部人员管理，推进政风行风建设，健全工、青、妇组织，开展有益有趣的活动，为财政事业提供了强有力的组织保证和人才智力支持。

（忻州市财政局供稿　王沛东执笔）

晋中财政

2007年，晋中市坚持以科学发展观为指导，深入推进经济结构调整和发展方式转变，促进了全市经济社会的快速稳定发展。全市完成地区生产总值470.3亿元，比2006年增长14.7%；规模以上工业增加值184.9亿元，增长23.3%；固定资产投资283.7亿元，增长40.9%；社会消费品零售总额162.1亿元，增长22.8%。财政工作紧紧围绕市委、市政府确定的发展目标和工作重点，加强收支管理，扎实推进财政改革，全力推动财政工作的高效开展，为全市经济社会发展做出了贡献。全市财政总收入完成88.0588亿元，剔除“两权”收入，完成78.1636亿元，比2006年增长24.61%，增收15.4379亿元。其中一般预算收入完成31.1201亿元，同比增长24.18%，增收6.0598亿元。全市11个县（区、市）和开发区财政收入都实现了较大幅度的增长，11个县（区、市）财政收入均达到3亿元以上，介休、灵石、榆次3个县（区、市）达到10亿元以上。一般预算支出执行72.1064亿元，剔除“两权”价款支出后，同口径比2006年增长26.59%，增支13.3163亿元。收支相抵，当年净结余1 206万元。其中，祁县、介休、寿阳和市本级结余376万元，昔阳、左权和榆社消化赤字830万元，榆次、太谷、平遥、灵石、和顺和开发区当年收支平衡。

一、严格依法组织收入，促进了财政收入的快速稳定增长

2007年，随着宏观经济形势的进一步好转，特别是煤焦市场走出了低迷状态，推动了全市工业企业经营效益的逐步提高，招商引资和项目带动的经济效应初步显现。同时，城乡居民可支配收入的不断增加和生活观念的逐步改变，拉动了内需的扩大，消费市场稳中趋旺，从而推动了全市经济保持又好又快的发展态势，为财政收入的增长奠定了良好的基础。财政部门紧紧抓住经济发展的良好机遇，认真做好经济形势的分析研究，进一步加强与国税、地税部门的协调与合作，努力实现各项收入的应收尽收，促进全市财政收入继续保持了快速稳定的增长。

二、优化财政支出结构，支持社会事业发展和民生福祉改善

2007年，全市用于农业、教育、卫生、社保、文化的支出分别比2006年增长33.62%、22.87%、52.09%、18.62%、29.60%。全市投入资金5.83亿元，重点支持了农村户用沼气建设、街巷硬化绿化、种粮农民各项补贴以及农田水利基础设施建设等。农业综合开发项目总投资1.22亿元，惠及9个县（区、市）的10个乡镇31个行政村3.7万农业人口。全年新建沼气6.7万户，新建饮水安全工程220处，转移农村劳动力3.68万人，扶贫移民1.6万人。全市粮食总产增长9%，蔬菜和肉蛋奶总产稳居全省前列，为稳定农产品市场、保障居民供给发挥了积极的作用。全市教育支出达到12.5亿元，在落实全市教育经费的同时，确保了“两免一补”政策的落实，扩大了对寄宿生的补助标准和覆盖面，支持了中小学危房改造、布局调整、寄宿制学校建设以及高校普及、职业教育的发展。全市科技支出5 800多万元，支持了科技管理与服务、技术研究与开发以及新产品、新技术的普及应用。全市下达各级社会保障和就业资金12.7亿元，1.66万名下岗失业人员实现再就业，13.38万名城乡低保对象获得低保补助，企业养老、失业和医疗保险的参保人数分别增加6 400人、2 400人和3.29万人。全市医疗卫生支出3.6亿元，推动了新型农村合作医疗试点工作的开展，支持了城市社区和农村乡镇的卫生院建设以及城乡医疗救助等。新型农村合作医疗扩大到8个县（区、市），36所县级医疗机构、108所乡镇卫生院和1 825所村卫生所实现达标，新建社区卫生服务中心27个。

三、探索支持经济途径，为社会经济发展创造优良环境

财政部门努力发挥财税政策和资金的引导带动作用，为全市经济社会发展提供良好的基础设施和环境保障。一是大力支持信用担保体系建设，为中小企业发展提供筹融资服务。目前，市县两级13个政策性担保机构已合计筹集资本金2亿元，到2007年年底，全市共有在保企业23户，在保余额达到1.32亿元。二是积极争取上级专项资金，改善工农业发展的基础环境和基本条件。全年争取用于中央企业破产补助、国际市场开拓、中小企业技术创新、万村千乡市场工程建设等方面的专项资金达到3.1亿元。三是认真落实国债、外债政策，发挥各项资金的经济效益和社会效益。全年共争取国债资金5 720多万元，重点支持了水利设施、高新技术产业、城市基础设施、重点河湖治理等项目。利用国际金融组织和外国政府贷款近5 000万元，支持了城市管网改造、公共卫生、艾滋病防治、农村生态能源等项目的建设。四是支持环境保护和节能减排，营造可持续发展的生态环境和人居环境。全市投入环保资金1.9752亿元，大力推动节能降耗和污染治理，淘汰落后产能573.6万吨，关闭取缔污染企业665户，市城区二级以上天数达到298天。五是以市公用基础设施投资建设有限公司为平台，积极筹资引资，支持城市公用基础设施建设。截至2007年年底，市公投公司共筹措用于市政重点工程建设的各类信贷资金和财政性资金14.68亿元，实际支付8.47亿元，实施工程40余项，建设完成北部新城5条道路14.2公里，建城区道路拓通改造6公里，城市绿化面积200万平方米，铺设雨、污水管网10余公里。

四、深化财政体制改革，各项改革的综合效益得到有效发挥

财政改革以发挥各项改革的综合配套效益为目标，致力于建立健全符合实际的公共财政体制和财政运行机制。2007年，认真落实省政府出台的省市县财政体制调整方案，统一规范了市县税收共享收入范围和分享比例，积极推进和顺、左权两县“省直管县”改革试点，落实各项转移支付政策，有效调动了县级政府发展经济和增收节支的积极性。同时，部门预算、国库集中支付、政府采购等财政改革进一步深化，触角更广，范围更大，运行更加规范。市直预算单位全部实行了部门预算和国库集中支付，规范了预算编制，加速了资金周转，增强了财政资金使用的科学化和透明度，遏制了截留、挤占、挪用资金等问题的发生。2007年，市级国库集中支付的资金达到6.7亿元。政府采购规模稳步增长，2007年，全市政府采购金额达5.27亿元，比2006年增长20.39%，节约资金5 350万元。

五、发挥财政监管职能，财政管理的科学化、规范化、法制化水平进一步提高

2007年，晋中市财政系统努力发挥财

政的宏观调控和监督管理职能，为全市经济社会发展营造科学、规范、法制的财政管理秩序。认真抓好会计人员继续教育和培训管理，抓好会计队伍的职业道德教育和业务技能提高，为全市的发展创造良好的会计执法环境和财务运行秩序。参加了第三届全国会计知识大赛和全省首届会计电算化应用技能大赛总决赛，并取得了优异成绩；会计执业资格考试、技术资格考试等顺利进行。强化了对行政事业单位国有资产处置的监管，同时完成了对2 117户行政事业单位的资产清查工作，为全市国有资产的统筹使用和国有资产预算制度的建立奠定了基础。深入贯彻落实国务院《全面推进依法行政实施纲要》，不断加强财政法规制度建设，强化法制培训，推行行政执法责任制，推进了依法理财进程。进一步加强财政监督，完成了对太谷、昔阳2个县及其所属30%乡镇的财政预决算执行情况的监督检查，开展了会计信息质量检查和“一法一例”执法检查，对涉及人民群众切身利益的农业、教育、社会保障、医疗卫生等方面的资金进行了跟踪问效和专项检查。财政投资评审力度不断加大，2007年，对医疗、教育、道路交通、城市绿化、环境整治、体育设施建设等方面的48项工程项目进行了评审，决算送审资金3.45亿元，审定2.94亿元，节约财政资金5 120多万元，节约率达到14.86%。金财工程建设进入新阶段，市县两级在机房配置、人员配备、网络应用等方面都有了新的进展。财政宣传成效显著，市财政局同省市主要媒体建立了良好的合作关系，加大宣传报道力度，先后被省委办公厅、省财政厅及市委、市政府办公厅授予财政信息工作先进单位。

六、提高财政队伍素质，抓好政风行风、党风廉政和行政效能建设

2007年，晋中市财政部门以干部队伍建设为中心，加强行风建设、效能建设和廉政建设，保障了各项工作的顺利开展。

队伍建设抓素质。以培训教育提升队伍、以形式多样的活动凝聚队伍、以精神文明建设塑造队伍。市财政局坚持每月一次的中心组学习和每周一次的科室集体学习，通过参观革命圣地、警民联欢、义务植树、爱心助学等健康有益的活动进行理想信念教育。同时，全市精神文明创建活动开展得有声有色，市财政局被省文明委授予省级文明和谐单位，全市财政系统有国家级“青年文明号”1家，省级9家，市级3家，正在创建省级“青年文明号”的2家。

行风建设抓转变。全市财政系统以转变工作作风、创优服务环境为重点，切实加强政风行风建设。坚持高起点定位，高标准要求，领导带头，全员参与，精心组织，严格督查，将政风行风建设融入财政工作的方方面面，促进了各项财政工作的高效有序开展。2007年，市和11个县（区、市）财政局在政风行风评议中获得第一名。

效能建设抓提高。通过完善制度，健全机制，强化检查，切实提高工作效率和行政效能。同时，进一步推行政务公开，积极进驻政务大厅，努力为办事人员提供便捷、高效、规范的服务。

廉政建设抓教育。全市财政部门始终把党风廉政建设和反腐败工作摆在重要位置来抓，以廉政教育为切入点，通过落实党风廉政建设责任制、邀请省市领导和专家举办廉政讲座、科长以上干部述职述廉等多种形式，深入开展反腐倡廉教育，强化党纪法规意识，增强财政干部职工的使命感和责任感，提高拒腐防变能力。

（晋中市财政局供稿　张进波　张晓光执笔）

吕梁财政

2007 年，吕梁市在市委、市政府的正确领导下，全面落实科学发展观，坚持科学发展、加快发展、和谐发展，深入实施大项目、大开放、大环境“三大工程”，着力推进“双百双千”项目大会战，全面加强经济、政治、文化、社会建设，经济社会各项事业正在步入又好又快发展的轨道。地区生产总值完成 501 亿元，同比增长 14% 左右；人均地区生产总值达到 1.4 万元以上，增速为 13%。全社会固定资产投资完成 300 亿元，同比增长 47%；外贸进出口总额完成 6.5 亿美元，同比增长 27%；社会消费品零售总额完成 120 亿元，同比增长 18.8%，城镇居民可支配收入达到 1.056 万元，同比增长 14%；农民人均纯收入达到 2 770 元，同比增长 12.5%。

全市财政系统坚持以科学发展观为统领，按照“围绕一个中心，突出两个目标，实现三个倾斜，推进四项改革，提升五种能力”的工作思路，做大财政收入总量，优化财政支出结构，增强财政保障能力，深入推进财政改革，强化财政监督管理，深入开展“两年”活动，努力创建“五型财政”，着力打造“八字团队”，圆满完成了财政各项工作任务，为加快科学发展，构建和谐吕梁做出了积极的贡献。

一、围绕一个中心，推进发展方式转变，支持经济又好又快发展迈出新步伐

紧紧围绕市委、市政府“三个发展”、“三大工程”建设、“双百双千”项目大会战与和谐吕梁建设这个中心，充分运用财政手段，创造性地开展工作，有力地支持了经济发展。市级筹集 3 247 万元，支持了结构调整重点项目建设；安排科技三项费用、知名品牌、技术创新资金 1 286 万元，比 2006 年增长 35%，提高了企业自主创新能力；安排 3 787.4 万元，用于工业园区建设和煤炭行业建设；筹措中小企业信用担保体系建设资金 5 900 万元，壮大了担保实力；安排 267 万元，支持了招商引资；筹措资金 2 500 万元，支持了山西龙虎水泥有限公司改制工作；争取上级各类建设资金 15.65 亿元，支持了“双百双千”项目大会战，全市 282 个“双百双千”项目已有 259 个开工建设，75 个项目已建成投产。

二、突出两个目标，狠抓征收管理，全市财政总收入和一般预算收入实现新跨越

2007 年，面对国家宏观政策紧缩，全省煤炭可持续发展基金征收政策出台，特别是吕梁遭受环保区域限批的困难局面，各级财税部门按照市委、市政府的部署，紧紧咬住总收入突破 100 亿，一般预算收入突破 30 亿两大目标，强化征管措施，狠抓收入管理，在全市关停取缔 486 户企业的情况下，全年财政总收入达到了 105.11 亿元，同比增长 36.29%。剔除两权价款，完成 103.44 亿元，同比增长 37.35%。一般预算收入完成 38.33 亿元，同比增长 42.70%。

财政收入的主要特点：一是收入规模跃居全省第四位。2007 年在全省的排名由

2006年的第五位升至第四位。二是煤焦行业主导了财政收入。两个行业完成额与增收额分别占全市的50.17%和55.65%。三是县域财政收入规模再创新高。县级财政收入完成103.44亿元，同比增长38.64%。全市13个县（市、区）中有12个成为亿元县，孝义、柳林、汾阳、交城等4个县市收入达到了10亿元以上。四是财政运行质量明显提升。全市财政一般预算收入占财政总收入的比例达到36.5%，比2006年提高了3.2个百分点。全年财政总收入占地区生产总值比重由2006年的19%提高到21%，收入结构进一步趋向合理。

三、着力"三个倾斜"，优化支出结构，促进和谐吕梁建设取得新成效

2007年，吕梁市积极调整和优化支出结构，保证了事关人民群众切身利益的重点支出。全市财政一般预算支出累计执行75.46亿元，比2006年同期增长30.66%。全市新增财力70%以上用于民生支出，让更多的群众享受到了改革发展的成果。

1. 向"三农"倾斜，大力支持社会主义新农村建设。贯彻"多予、少取、放活"方针，以支持社会主义新农村建设为总抓手，支农资金稳定增长。"三农"支出达36.7亿元，同比增长36%，其中：市本级"三农"投入3.7亿元，比2006年增长46%。落实各类"三农"补贴资金2.77亿元，用于种粮农民直补、退耕还林补助、玉米小麦良种补贴，农机具补贴、移民建房补贴等，有力地支持了农业、农村发展。拨付农村税费改革转移支付2.56亿元，确保了农村综合改革工作顺利运行。拨付4758万元，用于土地治理中低产田改造等项目，支持了农业基础设施建设和产业化经营。按照"党委定规划、政府出菜单、各炒一盘菜、共做一桌席"的工作思路，在全市范围内开展了支农资金整合工作，把各级政府安排的"三农"资金、企事业单位和社会各界帮扶新农村建设资金及村民自筹资金全部纳入整合范围，年度整合支农资金11.14亿元，有力地推动了全市新农村建设持续、深入、健康发展。2007年，全市农业在遭受严重自然灾害的情况下，农民人均纯收入仍达到了2770元，同比增长12.5%，广大农村大灾之年无灾象，政通人和，安居乐业。

2. 向公益事业倾斜，全力服务和谐吕梁建设。一是，坚持优先发展教育。全市教育支出执行18.13亿元，增长25.87%。拨付义务教育保障经费2.85亿元，"两免一补"政策、农村中小学公用经费补助、"两区"寄宿制学校建设和中小学维修改造补助资金全面落实到位；市级拨付8 300万元，重点支持了吕梁高中、实验中学、吕梁大学建设，解决了市区中小学班容量大的问题；全市家庭困难中职学生受助范围达到了90%以上，资助2万余名学生完成了学业，对农村42所偏远学校实施了供暖工程建设，对百名优秀教师和"双百"示范学校进行了奖励。二是，大力支持医疗卫生事业发展。全市医疗卫生支出5.1亿元，同比增长35.37%。筹集拨付合作医疗资金1.1亿元，全面实施了新型农村合作医疗制度，试点县市由4个扩展到10个，参合农民达到220.75万人，参合率达到了90.5%；拨付资金975万元，为52个乡镇卫生院配置医疗设备909台（件），改善了657个村卫生所医疗条件，解决了17个社区30万人的就医困难。三是，大力支持公共文化体育设施建设。全市文化体育支出1.52亿元，同比增长32.43%。其中，筹集855万元，支持了乡镇文化站、县级图书馆建设、农村篮球场建设、农村电影"2131"工程和吕梁电视台设备改造，丰富了广大群众的文化体育生活。四是，大力支持基础设施建设，提升吕梁城市品位。拨付3.23亿元，用于沿黄公路、离碛公路、太中银铁路、吕梁机场、横泉水库移民拆迁以及209改线、柏叶口水库建设和北川东川河整治工程，进一步推动了基础设施的改善。五是，支持节能减排，推进生态文明建设。安排环保攻坚两大战役、功能区建设、水源地保护、取缔市区燃煤茶炉、完善市区集中供热工程等资金1.1亿元，促进循环经济发展，再造蓝天碧水，2007年，市区二级以上天数达到322天，比2006年增加141天，全省排名由2006年的倒数第一上升为正数第一；筹集2.07亿元，支持了市区“三山”绿化、滨河两路绿化、退耕还林、天然林保护工程和六大造林工程。六是完善社会管理体系，保障公共安全。市级拨付8 053万元，用于公安技术大楼、三所一基地、检察系统两房和法院系统两庭等重点工程建设和信访稳定工作，并改善了消防设施、武警装备。安排670万元，支持开展了强武－07和吕动－07演练活动，加强了国防后备力量建设。

3. 向困难群体倾斜，完善社会保障体系。一是，筹集城市低保补助资金8 113.2万元，比2006年增长22%，确保10.1221万名城市居民低保对象实现了应保尽保，全市低保对象人均月补差标准达到了80元，比2006年提高了19元。二是，筹集拨付农村居民最低生活补助资金2 855.2万元，比2006年增长295%，使9.7663万名农村低保对象的最低生活保障得到落实。三是，筹集拨付医疗救助资金1 440万元，救助城市医疗困难对象1 820人，农村医疗困难对象3 151人。四是，筹集拨付救灾救济资金5 345万元，比2006年增长92%，解决了79万名灾民的生活困难。五是，市级拨付廉租住房建设资金200万元，支持建设廉租住房2 500平方米，改善了特困居民住房条件。六是，拨付地质灾害治理资金2 109万元，支持20个村对地质灾害进行了集中治理，让9 230名农民住上了新建和安全的住房。七是，拨付沉陷区、棚户区治理资金1 112万元，新建住宅19.82万平方米，让5 200户1.56万人住进了新居。八是，大力支持就业再就业工作。拨付2 033.9万元，通过购买公益性岗位安排就业困难人员1 013人；解决零就业家庭人员就业4 737人，下岗失业人员再就业1.8803万人。认真落实税费减免政策，使全市1 380名下岗失业人员得到了税费减免优惠。

四、推进四项改革，创新财政管理，财政经济运行增加新动力

1. 完成了国家扶贫开发重点县“省直管县”财政管理体制试点工作。认真贯彻省政府有关文件精神，积极推进财政体制改革试点，保证了新体制从2007年1月起正常运行。新体制实施后，市级下移县级财力8 636万元。调整后的财政体制极大地调动了县级财政的增收积极性，县级财政实力进一步增强，个别县市的财力超过了市本级。

2. 继续深化了部门预算编制改革。市本级和13个县（市、区）全部实行了部门预算，超过了省财政厅规定完成70%的改革任务。另外，对全市2 164户行政事业单位实行全面的资产清查，摸清了家底，规范了管理。

3. 深入推进国库集中管理制度改革。市级国库集中支付程序进一步规范，效率进一步提高，直接支付比例达到了70%以上。县级国库集中支付改革除离石区外，其余12个县市全部推进了试点工作，孝义、中阳已将所有单位全部纳入国库集中支付的范围。

4. 继续深化政府采购管理制度改革。在实行采管分离的基础上，从完善监管入手，出台了《吕梁市市本级政府采购管理办法实施细则》等9项制度，政府采购工作步入规范化、法治化轨道。全市采购金额达3.26亿元，同比增长34.33%，节约资金4 155万元，节约率12.69%。其中，市级政府采购总额1.1亿元，同比增长93.26%，节约资金695万元，节约率5.95%。

五、提升五个能力，加强财政建设，“五型财政”创建活动取得新成果

1. 落实财政保障能力提升行动，加强责任财政建设。一是，提请市政府印发了《关于加强收入征管工作的意见》，大力强化财政收入职能，确保了全年收入目标的完成。

二是，坚持以人为本，切实履行公共财政职能，加强支出管理，努力保障民生需求。

三是，建立财政债务预警机制，积极防范和化解财政风险。摸清了全市财政债务40亿元。提请市政府印发了《吕梁市本级政府债务管理暂行办法》，有效地防范了新的债务风险，被省财政厅授予“国际金融组织贷款管理先进单位”和“外国政府贷款管理先进单位”荣誉称号。四是继续深化收支两条线和非税收入管理改革，建立了非税收入项目库。实现了三个“百分之百”目标，即：执收执罚单位百分之百实现了“收支两条线”管理；行政事业性收费和罚没收入百分之百纳入了财政管理；应缴资金百分之百及时上缴了国库或财政专户。五是加大投资评审力度，全年评审项目96项，送审金额7.53亿元，核减资金9 300.38万元，核减率达12.35%，有效地提高了投资资金效益。

2. 落实依法理财能力提升行动，加强法治财政建设。一是，大力加强法制教育。开展了《预算法》、《会计法》、《政府采购法》、《物权法》等学习教育活动；组织开展了财政系统五五普法考试，全系统参考人员达1 300人。二是，建立健全监督管理制度。制定出台了《吕梁市财政局内部监督检查工作制度》和《加强预算监督检查办法》等10余项制度，进一步规范了理财行为。三是，认真接受人大政协监督，答复和办理了人大代表议案和建议15件，政协委员提案13件。四是，加大行政事业单位财务管理力度，提请市政府印发了《关于贯彻落实发扬艰苦奋斗勤俭节约精神的通知》，推动了节约型政府建设。五是，全面落实行政执法责任制，加大了监督检查力度，确保财政资金发挥应有的效益。对498个单位进行了日常检查、专项检查和重点检查，查处各类违规金额6 419万元。其中：市财政局直接组织检查14次。针对检查情况，采取了通报批评、与14个单位领导戒免谈话等措施，强化了财政监督职能，提高了资金使用效益，规范了单位财务管理行为。市财政局被山西省确定为全省依法治理示范单位。

3. 落实财政工作效率提升行动，加强效率财政建设。突出抓了首问首办、限时办结等13项制度的落实，出台了“三禁一反”规定，狠抓纪律整顿、效能建设，市财政局行政效能建设工作受到了省行政效能领导组的表扬，作为全省的先进典型在《山西日报》和山西电视台予以通报；推动“金财工程”建设，实现了政务运转快捷、高效；推行政务公开，为服务对象印发了《吕梁市财政局政务公开指南》，接受社会监督，实行阳光理财；实施了“一会一通四强化”的抓落实工作机制，促进按时完成月份工作任务，确保全年工作目标实现，收到了显著的成效。

4. 落实廉洁自律意识提升行动，加强廉洁财政建设。认真贯彻落实教育、制度、监督并重的惩治和预防腐败实施纲要，进一步加大干部廉政教育力度，通过邀请省厅领导讲座等形式，组织开展了理想信念教育、思想道德教育、警示教育和形势教育，收到了良好效果；认真落实廉洁自律各项规定，严格执行中纪委八项禁令，制定出台了财政

干部廉洁自律十不准规定，在全局每个人都签订了廉洁自律保证书，规范了干部职工从政行为；落实党风廉政建设责任制，完善了党风廉政建设目标责任制考核方案。市财政局党组与各县市区财政局、系统各单位和本局各科室层层签订了目标责任书。创造性地开展了廉政文化建设“十个一”活动，营造了浓厚的廉洁氛围。

5. 落实财政干部素质提升行动，加强公信财政建设。按照“一年一大训一月一小训”的计划，组织干部培训23期，培训干部2 828人次；深入开展政风行风评议，防范不正之风，维护了财政部门的良好形象，市级和13个县市区在行风评议中绝大多数名列第一。市财政局年内先后获得各类奖项49项，其中：支持再就业、机关定点扶贫等5项工作受到了省委、省政府表彰；年度目标责任制考核、支持农业发展、财政宣传等15项工作受到了省财政厅表彰；支持工业经济、农村饮水工程建设和计划生育事业等21项工作受到了市委、市政府表彰。市财政局干部职工先后有46人次受到了上级部门的表彰奖励。

（吕梁市财政局供稿　杨谈文　王三伟执笔）

临汾财政

2007 年，临汾人民在市委、市政府的正确领导下，全面落实科学发展观，加快推进经济结构调整和经济发展方式转变，国民经济平稳增长，运行质量进一步提高，各项社会事业加快发展，民生继续得到有效改善，经济社会又好又快发展迈出新的步伐。全市地区生产总值完成 658.5 亿元，比 2006 年增长 10.3%。其中，第一产业增加值 34.7 亿元，增长 1.8%；第二产业增加值 429.5 亿元，增长 11.9%；第三产业增加值 194.3 亿元，增长 8.4%。三次产业增加值占全市生产总值比重分别为 5.3%、65.2% 和 29.5%。人均地区生产总值 1.5832 万元，按 2007 年平均汇率计算达到 2 081 美元。

财政工作在市委、市政府的正确领导下，在省财政厅的大力支持下，按照“控制赤字，调整结构，推进改革，增收节支”的总要求，围绕市委、市政府的经济财政发展战略和思路，推动经济结构调整和经济发展方式转变，壮大地方财力，保障重点支出，注重公共财政建设，着力支持改善民生，推进和谐社会建设，完善深化财政改革，全市财政收入实现平稳高速增长，财政实力进一步增强，为促进全市经济可持续发展和社会事业全面进步做出了应有的贡献。

全市财政总收入完成 123.48 亿元，为预算的 108.32%，比 2006 年增长 20.83%，增收 21.28 亿元。其中上划中央收入完成 65.33 亿元，为预算的 104.36%，同比增长 25.29%，增收 13.18 亿元；上划省级收入完成 11.02 亿元，为预算的 109.66%，同比增长 8.9%，增收 9 007 万元；一般预算收入完成 47.12 亿元，为预算的 113.98%，同比增长 18.02%，增收 7.19 亿元。2007 年，全市财政一般预算支出执行 90.47 亿元，为预算的 87.03%，同比增长 22.45%，全市一般预算支出的资金构成：一般预算收入 47.12 亿元，中央两税返还补助 5.16 亿元，所得税共享基数返还 7 262 万元，一般转移支付补助 11.04 亿元，农村税费改革转移支付补助 2.43 亿元，调整工资转移支付补助 10.32 亿元，缓解县乡财政困难转移支付补助 1.17 亿元，农村义务教育补助 10.09 亿元，上级专项补助 13.26 亿元，各项结算补助 4 848 万元，中央、省企事业单位下划 3 067 万元，动用上年结转 11.13 亿元，调入资金 6 957 万元，调出资金 861 万元，收支相抵，年终滚存结余 13.36 亿元，其中当年净结余 441 万元。

全市 17 个县（市、区）及两个经济开发区全部完成了年度预算任务，全市和市本级预算执行实现收支平衡，略有结余，有 4 个县消化赤字 1 254 万元。

全市政府基金收入完成 9.59 亿元，为预算的 118.68%，同比增长 180.39%；支出执行 8.18 亿元，为预算的 54.81%，同比增长 163.46%。

一、积极筹资，争取资金项目，促进全市经济发展

一是，积极贯彻落实市委市政府开展

"项目落实年、环境整治年、新农村推进年、城市建设年"活动。争取国债专项资金9 922万元，争取财政项目资金3.97亿元。主要用于环境保护、中小企业服务体系建设项目，产业技术研究开发及成果转化、土地开发整理等；争取世行、亚行和外国政府贷款项目8个，涉及资金20亿元人民币。其中，"世行城市交通示范项目"，涉及资金17.24亿元，第一批GEG增款资金600万元人民币已到位。

二是，筹措各类资金10.7亿元，用于全市城乡设施建设，主要是：病险水库加固、农村饮水安全、农村卫生服务体系、农村沼气、煤炭安全生产、108国道建设，城市集中供热、高速路引线、平阳大桥拓宽改造等市委市政府确定的重点工程项目。

三是，服务全市蓝天碧水工程建设。全市用于环境保护的财政资金5.97亿元，同比增长27.59%，其中，污染防治3.91亿元，天然林保护799万元，为全市环境治理提供有力保障。

四是，支持地方金融企业发展。各级财政拨付农村信用社改革发展扶持专项资金3 662万元；落实营业税返还信用社的政策资金3 378万元；拨付中央下达的保值贴补利息1 871万元。五是与金融机构合作力度明显加大，融资渠道进一步拓宽。2007年，全市争取开行贷款项目39个，贷款金额9.89亿元。向开行申报三项市本级城市基础建设项目，贷款额度3.67亿元，于2007年12月26日签署了合同；为中小企业担保公司申请软贷款1亿元，已达成了意向。为探索解决中小企业融资难、担保难、贷款难的问题，由财政牵头全市共成立中小企业担保公司7户，注册资金4.25亿元，其中政府出资2.72亿元，拨付风险补偿金900万元，为84户企业进行了担保，累计担保额度达24.2亿元。六是支持国有企业战略重组及结构调整破产改制等改革。积极落实中央、省、市属国有企业分离办社会职能机构57个，其中涉及学校55个，公安2个。目前已完成49个学校、2个公安机构的移交工作，争取到省财政厅补助资金4 000余万元。积极开展市属国有企业改制破产工作，国务院已批复临纺、襄纺、橡胶厂、临汾造纸厂四户企业破产方案，临汾电控厂、侯马纺织厂的政策性破产也正在积极申报。同时，市级还拨出专项破产费用2 360万元，对临纺、侯纺等拟破产企业困难职工的基本生活给予了补助。七是支持企业科技创新，全市共拨付科技资金7 464万元，同比增长44.57%，有力地促进了全市科技创新、技术引进和新产品开发。

二、注重惠农，完善支农机制，促进新农村建设

继续强化财政支农资金稳定增长机制，全市农林水事业支出7.69亿元，比2006年同期增长22.08%，增支1.38亿元，重点支持全市农业生产、农村基础设施建设和农村社会事业发展；落实惠民政策，对农民继续实行粮食、良种、农村机具购置和农业生产资料综合补贴，确保了补助标准不降低，补助范围不缩小，补贴资金达到1.81亿元，并全面推行"一卡通"，直达农民群众手中；扩大新型农村合作医疗试点范围，由2006年6个县增加到13个县，覆盖农民242万人，参保率为试点县农民的88.46%，各级财政拨付新型农村合作医疗资金1.11亿元，报销农民医疗费2 986万元，涉及参保农民32.5万人，占参保农民的13.43%。建立农村义务教育经费保障机制，拨付资金1.98亿元，全部免除所有农村义务教育阶段学生的学杂费；争取省财政资金435万元，支持商务、供销系统实施农村现代流通网络建设；市级财政拨付100万元资金，继续支持农民培训和引导农村富余劳动力向非农产业转移。

三、构建和谐，增强公共服务，促进民生不断改善

全市进一步加大公共财政体系建设，努力实现公共服务均等化。一是，积极建立完善社会保障机制，改进社保资金拨付办法，由以前年度上级财政补助专款到账后拨付，改为财政事前预拨款项，事后逐项结算，2007年全市财政共拨付社会保障和就业资金15.11亿元，同比增长28.12%，增支4.10亿元。其中：企业关闭破产补助2 418万元，就业补助5 139万元，城市居民最低生活保障补助1.24亿元，农村社会救济5 087万元。二是，支持全市医疗卫生事业发展，各级财政拨付医疗卫生资金5.28亿元，同比增长47.08%，增支1.69亿元。三是，积极落实科教兴市战略，拨付教育经费17.32亿元，比2006年同期增长34.48%，增支4.44亿元。四是，全市积极探索和实践农村养老保险制度改革，继续加大公共财政辐射农村的范围，各级财政拨出专款，对农村丧失劳动能力的老人、“五保户”、残疾人、低保人员和其他功勋村干部生活给予按月定额补助。

四、深化改革，规范运行机制，促进财政管理科学化

一是，积极开展乡财县管改革试点工作。按照省制定的“乡财县管乡用”试点改革方案要求，2007年全市试点工作由2006年的翼城和浮山两个县扩大到10个县，增加了安泽、古县、吉县、乡宁、大宁、永和、隰县、汾西八个县，并围绕“经费上划、预算统编、账户统设、集中收付、采购统办、票据统管”等项改革内容进行了试点。二是，继续深化部门预算改革。2007年市直所有部门及19个县（市、区）全部按部门预算编制方法编制了单位预算。三是，积极推进国库集中支付改革。2007年在市直所有预算单位建立了国库单一账户和操作平台及联网系统，初步实现了财政、人行、代理银行、国库支付局之间的联网，全年共办理国库集中支付业务2.2307万笔，总金额11.8亿元。在2006年襄汾、洪洞、浮山三个试点县的基础上，2007年尧都区、翼城、霍州、古县、永和、隰县、汾西等7个县（市、区）也启动了试点工作。四是，继续实施“收支两条线”改革，认真执行财政部《关于加强政府非税收入管理》的有关规定，落实了市政府关于《临汾市煤炭可持续发展基金征收使用管理实施办法》和查验补征管理办法及工作流程，将“预算外收费中心”更名为“政府非税收入征收局”，进一步促进了征收管理。全年市本级各项非税收入纳入财政专户资金8.07亿元，其中，预算外收入5.59亿元，应缴预算内收入2.47亿元。五是，继续完善“集中核算，政府采购”改革，把好财政资金支出关。市国库支付核算局全年共承办的核算、支付金额达30.67亿元，审核出各种不合规业务1 324笔，拒付金额5 623万元；政府集中采购规模进一步扩大，采购监管手段进一步加强，市政府采购中心全年共完成采购额8 037万元，比市场均价降低751万元，节约率8.54%。六是，财政投资评审改革有了新进展，认真落实了2007年市政府制定下发的《临汾市财政投资评审管理暂行办法》，成立了临汾市财政投资评审中心，全年共完成评审项目30个，评审额13.01亿元，审减额1.50亿元，核减率11.56%。七是，规范行政事业单位国有资产管理。认真开展了全市行政事业单位资产清查，积极推行资产配置审批试点，努力探索预算管理与资产管理相结合的新机制。

五、强化监管，把好资金“闸门”，促进资金运行安全

一是，强化了财政监督工作。对市直5

个单位、市局机关5个业务科室、翼城、霍州2个县级单位2006年的预（决）算编制执行情况进行了检查，对翼城、乡宁、吉县、蒲县、大宁、永和、隰县等7个县的财政专项资金使用管理进行了专项检查，对查出的违规违纪资金，根据规定做出了纠正和拿出了处理意见。

二是，加强了市直行政事业单位国有资产监督管理。对行政事业单位进行了资产清查，截至2006年12月31日，全市2 604户行政事业单位共占用资产总额85.24亿元，此次清查出资产盘盈5.20亿元，资产损失3.30亿元，

三是，进一步强化和规范会计管理和监督。以《会计法》为核心，开展了财政、会计法规宣传和会计执业资质、信息质量的检查，强化了《会计从业资格管理实施意见》、《代理记账实施意见》、《会计初级电算化考试暂行办法》的落实力度，认真组织会计电算化考试、会计从业资格、会计专业技术资格、注册会计师报名考试工作，参考人数共1.2727万人。加强了会计人员继续教育培训，共培训1.2万人，占会计持证人员的65%。组织了山西省首届会计电算化应用技能大赛临汾赛区选拔赛，组织全市会计人员参加了全国第三届会计知识大赛网上答题，各县市积极参与，特别是侯马还组织了现场比赛，取得了较好效果。

四是，推进依法理财，全面落实“五五”普法，组织开展了法制学习讲座，对市局科级以上干部、下属单位负责人、各县（市、区）法制联络员进行了《预算法》、《会计法》、《企业所得税法》、《财政违法行为处罚处分条例》等法律法规的学习培训。

六、加强管理，端正政风行风，促进行政效能提升

2007年，市财政局机关以认真开展“基层党组织集中整顿、百日作风整顿、行风评议”等活动为契机，强化了机关管理。一是，集中学习培训力度加大。从2006年9月份开始，利用一年的每周五和周六时间，对机关140名干部职工进行了5个模块26门课程32个专题共168个课时的集中学习培训。参训到课率达90%以上，结业参考率达96%，撰写体会论文270余篇，论文答辩率达85%。经过严格考核考评，131名同志成绩合格，准予结业，结业率达95%。二是，制定完善了机关内部管理。从2006年年底开始，局机关围绕财政目标任务，结合机关管理的现状，先后组织召开10多次局长办公会、局务会、座谈会进行研究，汇编、制定和完善了《市财政局机关内部管理制度》，并编印成册，局机关人手一册，每个县5~10套，为财政机关管理提供了规范的依据。使市局机关初步形成了团结和谐、积极向上、文明有序、管理规范的氛围。襄汾、安泽、侯马、乡宁、浮山、翼城、霍州、汾西等各县市财政局机关作风建设有声有色，管理进一步加强。三是，行风政风建设进一步深化。认真学习贯彻落实了以《建立教育、制度、监督并重的惩治和预防腐败体系实施纲要》，在行风评议、作风整顿中，开展了“上门索谏，真心从谏”活动，指定专人，深入196户服务单位，逐户诚恳征求意见，自觉接受监督，赢得社会广泛好评。党风廉政建设工作，做到了警钟长鸣，防微杜渐，全年全系统党员领导干部未发现有重大违犯党纪政纪的现象，得到了市纪委、市直工委的肯定。10月份，市纪委、市直工委组织党风廉政建设现场会，推荐市局进行典型经验介绍，制作电视纪实片、宣传版面。四是，财政调查和科研力度加大。2007年，组织财政科研单位，对全市煤炭产业发展现状、煤炭可持续发展基金开征机制运行情况、财政预决算执行情况及财政发展预期收入目标、项目建设提供财源情况等方面进行了调查研究，

使各项工作的针对性、有效性进一步增强。五是，深入开展精神文明创建活动，市财政局被命名为“市级文明单位”，市国库支付局获省“青年文明号”单位，获全国妇联授予的“巾帼文明岗”荣誉称号，还有不少县局获得了省、市有关部门的表彰和奖励。此外，财政宣传报道工作有声有色，2007 年全市财政系统在《中国财经报》、《山西日报》、《山西财税》、《临汾日报》、临汾电视台等新闻媒体发表各类调查报告、新闻稿件 260 篇，市局编发信息、简报 58 条，省厅采用 13 条，市委、市政府各采用 30 条。还组织编写了《财政年鉴》。文秘工作和档案管理也取得新进展，财政档案管理市局和 5 个县（市、区）达省一级，6 个县（市、区）达省二级，5 个县（市、区）达省三级。

（临汾市财政局供稿　吴　刚　石军峰执笔）

运城财政

2007年，运城市在市委、市政府的正确领导下，坚持以邓小平理论和“三个代表”重要思想为指导，认真贯彻党的十七大精神，全面落实科学发展观、积极构建和谐运城，深入推进经济结构调整，努力转变经济增长方式，坚持不懈地推进各项社会事业发展，全市经济社会呈现快速健康发展的良好态势，人民生活水平进一步提高。与此同时，各级财政部门紧紧围绕构建公共财政框架要求，狠抓增收节支，深化财政改革，规范财政管理，强化财政监督，财政收入持续稳定增长，支出规模进一步扩大，有力地促进了全市经济社会发展。

一、全市经济和社会发展概况

2007年，全市实现地区生产总值624.2亿元，比2006年增长14.0%。其中，第一产业增加值70.8亿元，增长6.7%；第二产业增加值339.9亿元，增长15.5%；第三产业增加值213.5亿元，增长13.9%。三次产业占生产总值的比重分别为11.3%、54.5%、34.2%，对经济增长的贡献率分别为5.3%、63.2%、31.5%。在第三产业中，交通运输和仓储邮政业增加值为46.7亿元，增长15.6%；批发和零售业增加值为38.6亿元，增长15.5%；房地产业增加值18.7亿元，增长9.8%。全市人均生产总值1.2407万元，按现行汇率折算，约合1 730美元。生产总值总量占全省比重为11.0%，在全省经济总量排名中居第三位。

全市农林牧渔服务业总产值呈增长态势，其中造林面积65.2万亩，退耕还林工程5.3万亩，三北防护林2.5万亩，植树990万株。全部工业完成增加值311.8亿元，比2006年增长15.4%，其中，规模以上工业增加值253.0亿元，比2006年增长18.1%，总量在全省排第四位；固定资产投资完成271.8亿元，比2006年增长22.2%，总量在全省排第三位；社会消费品零售总额214.2亿元，比2006年增长18.9%，总量在全省排第二位；外贸进出口总额10.6亿美元，比2006年增长29.5%，总量在全省排第二位；城镇居民人均可支配收入9 716.4元，比2006年增长15.5%；农民人均纯收入3 388.9元，比2006年增长11.1%。财政对科技、教育、文化、卫生和体育等重点领域的投入力度不断加大，民生得到有效改善，全市经济和社会发展取得了新成就。

二、财政收支完成情况

（一）收入完成情况

2007年，全市财政总收入完成86.3957亿元，为预算的116.09%，超收11.9771亿元，比2006年增长23.81%，增收16.6156亿元。一般预算收入完成29.0102亿元，为预算的126.83%，超收6.1362亿元，比2006年增长28.95%，增收6.5122亿元。

分级次看，永济完成6.3368亿元，同比增长119.41%，增收3.4487亿元；临猗完成2.3021亿元，同比增长32.02%，增收5 583 万元；平陆完成1.5977 亿元，同比增长29.21%，增收3 612 万元；芮城完成1.7548 亿元，同比增长24.12%，增收3 410 万元；万荣完成1.2928 亿元，同比增长23.21%，增收2 435 万元；夏县完成9 183 万元，同比增长22.92%，增收1 712 万元；稷山完成3.2723 亿元，同比增长21.32%，增收5 750 万元；新绛完成2.2957 亿元，同比增长21.31%，增收4 033 万元；河津完成40.1409 亿元，同比增长16.96%，增收5.8194 亿元；盐湖完成9.2405 亿元，同比增长16.81%，增收1.3298 亿元；闻喜完成8.2903 亿元，同比增长14.53%，增收1.0516 亿元；绛县完成2.0776 亿元，同比增长14.08%，增收2 565 万元；垣曲完成2.845 亿元，同比降低15.55%，减收5 238 万元。

分征收系统看，国税系统完成63.8085 亿元，为预算的111.75%，超收6.7089 亿元，比2006 年增长18.23%，增收9.8367 亿元；地税系统完成16.391 亿元，为预算的118.02%，超收2.5026 亿元，比2006 年增长39.22%，增收4.6177 亿元；财政系统完成6.1962 亿元，为预算的180.62%，超收2.7656 亿元，比2006 年增长53.56%，增收2.1612 亿元。

分收入项目看，其中：增值税完成9.0829 亿元，为预算的103.37%，比2006 年增长19.61%；营业税完成3.6744 亿元，为预算的103.01%，比2006 年增长18.33%；企业所得税完成4.2382 亿元，为预算的166.18%，比2006 年增长32.11%；个人所得税完成7 520 万元，为预算的101.16%，比2006 年增长8.51%；资源税完成3 569 万元，为预算的131.70%，比2006 年增长32.87%；城市维护建设税完成2.0242 亿元，为预算的109.36%，比2006 年增长5.10%；耕地占用税完成2 084 万元，为预算的140.53%，比2006 年增长109.87%；专项收入完成4.2144 亿元，为预算的206.34%，比2006 年增长77.13%。

（二）支出执行情况

全市一般预算支出执行72.2208 亿元，为预算的78.51%，比2006 年增长30.57%，增支16.9081 亿元。具体支出项目的执行情况是：一般公共服务支出12.6997 亿元，为预算的85.45%，比2006 年增长15.21%，增支1.6764 亿元；科学技术支出5 210 万元，比2006 年增长62.76%，增支2 009 万元；教育支出16.6255 亿元，比2006 年增长37.13%，增支4.502 亿元；社会保障和就业支出11.4026 亿元，比2006 年增长28.46%，增支2.5261 亿元；文化体育与传媒支出9 809 万元，为预算的91.66%，比2006 年增长11.33%，增支998 万元；交通运输支出5 966 万元，为预算的94.34%，比2006 年增长39.85%，增支1 700 万元。市本级一般预算支出执行11.594 亿元，为预算的72.88%，比2006 年增长14.63%，增支1.4794 亿元。

（三）全市财政平衡情况

2007 年，全市一般预算收入完成29.0102 亿元，返还性收入3.6169 亿元，财力性转移支付收入30.9586 亿元，专项转移支付收入13.5254 亿元，国债转贷资金上年结余1 314 万元，2006 年结余收入14.9822 亿元，调入资金1 166 万元，收入总计为92.3413 亿元。当年一般预算支出72.2208 亿元，拨付国债转贷资金1 314 万元，调出资金2 192 万元，支出总计为72.5714 亿元。收支相抵，年终滚存结余19.7699 亿元，减结转下年支出18.2764 亿元，年终累计净结余1.4935 亿元，再减去2006 年决算后的累计净结余1.3837 亿元，当年净结余1 098 万元。全市实现了收支平衡。

另外，2007 年全市财政基金预算收入

完成3.2757亿元，为预算的153.14%，超收1.1367亿元，比2006年增长47.81%，增收1.0595亿元；基金预算支出6.076亿元，为预算的62.75%，比2006年增长176.56%，增支3.879亿元。

三、财政主要工作情况

（一）做好财政体制调整，确保财政收支平稳运行

2007年，运城市调整了市对县的财政体制，这是运城市委、市政府针对财政体制运行中存在的突出矛盾和问题，按照省委、省政府的要求，认真贯彻落实科学发展观、构建和谐社会的总体要求做出的重大决策。财政体制调整的指导思想是：和谐发展，建立各级收入共同增长机制，促进各级财政良性发展，调动各级增收节支的积极性；规范体制，统一和规范市对县财政体制，合理划分收支范围，实现事权与财权统一；调整增量，通过增量调节调整各级财政的利益关系，主要目标是财力下移，充实增强县级财政实力。

调整规范市县财政体制的主要内容：一是明晰各级政府支出责任，市县财政承担市县政权机关运转经费、本辖区经济和社会事业发展支出，义务教育、社会保障维持和发展支出由省和市县承担，以市县为主。二是按属地原则划分收入，各项税收收入一律按属地原则划分，由企业所在地的县级（县级市、县，不含区）税务机关征收和管理。三是统一规范税收共享收入范围和分享比例，省市县税收收入共享范围为增值税、营业税、资源税、企业所得税、个人所得税五个税种的地方留成部分。分享比例为：省级30%，市级15%，县级55%。四是重新核定体制基数，以2006年为基期，确定市县收入上、下划基数，重新核定体制补助或上解基数，保证各级财政既得利益。五是建立增收返还机制，鼓励县级多收多得，对省确定的革命老区县，“五税”收入每年超过省政府确定的全省一般预算收入增幅的部分，省、市分享部分返还50%，其他县的省、市分享部分返还30%。同时在国家重点扶贫开发县实行“省直管县”财政管理体制改革试点，改革后，市对国家重点扶贫开发县的专项补助、一般转移支付、财力补助不低于2006年实际补助水平，并随县级上划市级收入的增长而逐步增加。

财政体制调整的配套措施：一是继续实行县级平衡和消化赤字予以奖励，同时对新增赤字县，属于享受转移支付的，按照一定比例扣减转移支付；二是在上级对县级一般转移支付中坚持“增人不增转移支付，减人不减转移支付”的原则，鼓励县级积极控制和减少财政供养人员，减轻财政负担，提高行政效率；三是积极落实中央“三奖一补”政策，努力缓解县乡财政困难；四是积极推动“乡财县管乡用”财政管理方式改革，加强财政管理，规范财政收支，消化和减轻债务，缓解财政困难。通过努力，全市财政运行平稳，财政收入持续稳定增长，财政支出结构进一步优化，为全市经济和社会各项事业发展提供了有力保障。

（二）不断加大支农力度，大力支持社会主义新农村建设

2007年，运城市财政积极调整和优化支出结构，增加对公共服务领域的投入，把财政资金向基层倾斜，向弱势群体倾斜，向薄弱环节倾斜，努力实现劳有所得、病有所医、老有所养、住有所居的目标，着力解决民生问题，促进社会公平正义，推动和谐社会建设。同时按照新农村建设的总体要求，推进新农村建设，认真落实各项支农惠农政策，继续强化财政支农资金稳定增长机制，增加投入总量，重点支持农业、农村基础设施和农村社会事业，促进农村稳定、农业发展和农民增收，全面促进“三农”工作，统筹城乡发展。

1. 不断加大支农资金投入力度。2007年全市农林水事务支出7.829亿元，比2006年增长52.64%，增支2.6999亿元，重点支持农业生产、农村基础设施建设和农村社会事业发展，涉农补贴规模不断增加、范围逐步扩大、机制日趋完善。全面推行“一卡通”，补贴资金1.9855亿元，受益农民265万人。大力支持改善基础条件，新增沼气用户4.5万户，累计达到9.3万户；建设农村安全饮水工程442处，帮助35万农村人口解决了饮水困难和饮水安全问题；农村公路改造工程完成1 401万公里；安居工程完成58.4万平方米；31万受灾群众得到妥善安置。支持农民脱贫致富，完成农民工引导性培训12万人，新转移农村劳动力8万人。

2. 不断提高支农资金使用效益。从2007年起，设立运城市支持农业发展专项资金，每年安排资金不低于1 500万元，连续三年择优筛选一批成长性好、带动性强的农业项目，予以扶持。专项资金的主要投向为特色农业基地建设项目、农产品深加工潜力项目、农业产业化做大做强项目，农业新技术、新品种、新工艺推广应用项目，以及其他涉农重点项目。项目的筛选由市发改委牵头，农业、林业、水利、畜牧、果业等主管部门负责项目筛选，筛选后的项目报市发改委审核，发改委主持召开有关部门会议研究审定后的项目报市财政局，财政局负责资金分配。专项资金实行企业化管理，成立运城市财源投资有限责任公司，隶属市财政局管理，主要职责是：负责合同签订，资金发放，资金监管，资金回收。资金投放期限为3年，到期收回，收回后的资金，按有关程序继续滚动投放。效益好的项目资金经审核可延期使用3～6年，延期资金每年回收20%。通过设立农业发展专项扶持资金，建立起财政支农资金投入稳定增长的长效机制，加快了运城现代化农业进程，促进了农业发展、农民致富、农村繁荣。

（三）充分发挥职能作用，积极促进全市经济社会事业健康发展

一是，争取各种财政资金保障发展。认真研究财税政策，通过压缩非税收入，价款收入和行政事业性收费实行预算外管理，县级收入上划市级并以专款形式下达各县以及加大清欠和查补收入力度等措施，增加了县级转移支付补助，支持了县域经济发展，同时也增加了市级财力，增强了政府宏观调控能力。2007年，市财政共争取各种转移支付补助资金26亿元，比2006年增加6.69亿元，增长34.7%，主要增加的项目是：一般性转移支付补助由7.2亿元增长到11.1亿元，绝对额增加3.9亿元，增长54.1%；缓解县乡财政困难补助1.4亿元，比2006年增加1 969万元，增长16.3%；各种专款13.5亿元，比2006年增加2.6亿元，增长23.8%。

二是，全力保障教育优先发展。全市教育支出16.6255亿元，农村义务教育阶段中小学生学杂费全部免除，国定课程教科书费从2007年秋季开始学生不再负担，提高了农村中小学教师工资保障机制，教师工资得到足额及时发放；“两免一补”专项资金1.7187亿元全部到位，受益学生达70万人；拨付农村中小学校舍维修改造资金3 533万元，校舍维修面积16.4万平方米；“两区”农村寄宿制学校建设专项资金1 983万元，建设面积2.9万平方米；中职助学金2 599万元，享受助学金的学生达3.5002万人，有力地推进了全市教育事业发展。

三是，加大融资力度积极推进城市建设。2007年落实城建资金3.27亿元，连续四年每年城建投入都在2亿元以上，中心城市基础设施建设取得重大进展，城市集中供热实现了零的突破，城东污水处理厂和生活垃圾填埋处理场开工建设，城市功能进一步完善，综合承载能力不断提升。

四是，加大投入推进“蓝天碧水工程”深入实施。2007 年全市环境保护支出 3.1664 亿元，比 2006 年增长 64.10%，增支 1.2368 亿元，中心城市空气污染综合指数下降 26.3%，二级以上天数达到 306 天，比上年增加了 82 天，各县市空气质量明显好转。

（四）不断优化支出结构，积极构建“人本”支出保障体系

一是，认真落实工资发放责任制。严格工资专户管理，2007 年全市公教人员基本工资 22.5633 亿元及时足额发放，各种津贴补贴都有不同程度增加。

二是，大力支持社会保障体系建设。2007 年全市社会保障和就业支出 11.4026 亿元，比 2006 年增长 28.46%，增支 2.5261 亿元，有力地支持了城乡社会救助体系建设，促进了社会保障制度的完善。全市 1.0885 万名农村“五保”对象全部纳入供养范围，11 万名农村特困群众和 8.5 万名城市贫困市民实行了低保。彩票公益金支出 1 695 万元，新建、改建、扩建敬老院、社区服务站 50 个，1 000 户农村贫困残疾人住进新房。

三是，大力支持公共卫生事业发展。2007 年，全市医疗卫生支出 4.558 亿元，比 2006 年增长 55.08%，增支 1.6189 亿元，支持乡村医疗卫生事业发展，推进“县乡保健院、防疫站、卫生院建设”、“农民健康工程”和“农村卫生服务体系”建设，农村公共卫生条件得到改善。全市 13 个县（市、区）都试行了新型农村合作医疗制度，参合农民 368.6 万人，参合率 87.8%。全市范围内实行了城市医疗救助和农村医疗救助，公共卫生保障水平进一步提高。

四是，努力维护社会稳定。市财政把维护社会稳定工作作为一项严肃的政治任务，摆上突出位置。“一把手”负总责，有关同志齐抓共管。充分发挥财政职能作用，优先安排财力，在解决城镇就业、扩大最低社会保障覆盖面、完善社会救助体系等民生方面加大投入，积极化解影响社会稳定的矛盾纠纷。2007 年全市公共安全支出 3.869 亿元，比 2006 年增长 30%，增支 8 929 万元，支持了各级政法机关装备建设、监所维修和严打办案等，有效地保障了广大人民群众生命财产安全，维护了社会稳定。

（五）积极推进科学理财，稳步推进公共财政体系建设

一是，部门预算改革深化。2007 年，纳入部门预算管理的单位 173 个，纳入部门预算单位的收入预算 8.9911 亿元。财政管理通过建章立制、照章办事，基本做到了规范化、制度化。财政建议市委、市政府下发了《规范公费外出学习考察和定点接待管理工作的通知》、《规范会议、接待、出国等方面管理的通知》等．对人大政协会议经费、领导干部经费、外出考察、出国费用、会议接待、车辆更新购置、税收优惠、政府承贷、新增人员列支、争取资金的费用和奖励、所有预算的安排、超收的调整都有明确规定并严格执行。预算编制坚持公共性、合法性、综合性、绩效性原则，由单位申请，业务科室提出意见，预算科根据财力情况审核汇总，局务会议研究，上报市委、市人大、市政府研究同意，人代会批准后执行。追加预算根据收入情况每年 6 月底和 12 月中旬各调整一次，具体程序是单位申请，领导审批，财政审核提出意见，市长办公会议研究决定，报人大备案。中途一律不追加预算，特殊情况先借支、后追加。专项资金的安排由单位申请，业务科室按照专项资金管理的有关规定提出意见，预算科审核，局务会议研究后执行。所有预算都要考虑到平衡、和谐，做到公开、公正、合理、透明。

二是，政府采购规模扩大。认真贯彻落实《政府采购法》，以规范政府采购行为和

深入治理政府采购领域商业贿赂为重点，按照“扩大规模、健全制度、理顺机制、促进规范、发挥功能、加强监督”的原则，深化政府采购制度改革，着重做好“扩规模、建机制、抓规范”。采购范围规模逐步扩大，全市13个县（市、区）已全部实现“管采分离”，全年共组织政府采购356次，通过政府采购的货物、工程、服务类项总预算资金3.62242亿元，比2006年增长了23.1%，合同总金额为3.22034亿元，增长了20.8%，节约资金4 020.8万元，增长了45%。管理制度和管理体系日趋健全，采购管理制度和操作行为进一步完善，依法采购、公开透明的运行机制逐步形成，全年公开招标采购1.8909亿元，占全市政府采购规模的58.7%，邀请招标采购6 570万元，占全市政府采购规模的20.4%，竞争性谈判的采购1 100万元，占全市政府采购规模3.4%，询价采购5 624.4万元，占全市政府采购规模17.5%。

三是，投资评审规程固化。运城市财政局下发了《关于加强财政专项资金评审工作的通知》，对评审范围、评审内容、评审程序进行了严格的规定，凡确定的评审项目，未经评审，不得下达计划和拨付资金。年度终了各科室要对全年的项目评审情况、绩效评价情况进行分析总结，对项目效益好的给予适当奖励，安排预算时优先考虑；对效益差的项目要进行通报批评，视其情节轻重，可给予减拨、停拨、直至追回经费、在一定期限内暂停申报专项资金项目资格等处理。对于采取隐瞒、虚报冒领等手段骗取财政资金以及由于监管不力造成损失和浪费的违规、违纪行为将依据《财政违法行为处罚处分条例》等有关规定予以处分。2007年共评审项目46个，送审金额4.5亿元，审定金额3.4亿元，审减金额1.1亿元，平均审减率24.6%，充分发挥了财政投资评审作用，切实提高了财政专项资金使用效益，建立和完善了预算绩效评价体系。

四是，国有资产清查细化。2007年，运城市财政以2006年12月31日为基准日，对全市2 219家行政事业单位、社会团体进行了资产清查和中介机构审计，5月18日汇总录入工作全部完成。全市资产账面总计63.82亿元，资产清查总计63.72亿元；负债账面总计18.21亿元，负债清查总计18.11亿元；净资产总计45.58亿元；资产盘盈总额7.26亿元；资产盘亏总额2.88亿元。通过资产清查，基本澄清了国有资产家底，规范了资产管理，同时进一步健全了资产清查制度，提高了资产管理水平。

五是，财会秩序监管强化。夯实会计基础工作，加强会计队伍建设，这是会计管理工作一项主要的职责。为此，运城市财政通过召开座谈会、专题培训等活动，进一步对《会计法》、《山西省会计管理条例》等一批会计方面的法律、法规和制度进行了全面贯彻，不断强化岗位责任，严格按照新的办法和规定承办会计事务；以学习新制度、新准则为重点，加强对初、中级会计人员的继续教育培训，努力提升会计工作水平；精心组织会计从业资格考试和会计专业技术资格考试，圆满完成了考试任务；强化对会计师事务所、资产评估事务所以及财会人员的监管力度，增强了财会人员的社会公信力，同时健全了企业财务管理，促进了企业会计信息质量的提升和财经秩序的规范。

（六）强化基层财政管理，建立县乡财政发展长效机制

一是，着力解决县乡财政困难。认真落实中央的“三奖一补”政策、省财政的增收节支激励措施，逐步加大对县级的财力性转移支付力度，同时根据省财政厅《关于开展“乡财县管乡用”财政管理方式改革试点的指导意见》要求，严格按照改革的原则和内容对盐湖区、临猗、河津、垣曲四个县进行了“乡财县管乡用”试点改革。

在此基础上，根据省财政厅《关于进一步扩大“乡财县管乡用”财政管理方式改革试点的通知》文件精神，相继对平陆、万荣两县进行试点改革。实践证明，“乡财县管乡用”财政管理方式改革对全面构建公共财政框架，加强财政管理，缓解乡镇财政困难发挥了重要作用。

二是，继续深化农村税费改革。开辟绿色通道，认真落实《国务院关于全面推进农村税费改革试点的意见》，对农村税费改革村级补助由县财政局直接分配到村，拨付到村级账户上，实行乡管村用，严禁由财政所或乡镇账户转拨；落实公示制，认真落实村务公开和财务公开，将农村税费改革村级转移支付资金在各村公示栏进行公示，并通过新闻媒体形式向社会公示；加强检查监督，继续开展专项检查，严肃查处加重农民负担的行为和案件，对农村税费改革后转移支付资金落实不到位的要坚决纠正，确保农民负担不反弹。

三是，规范农村财务制度建设。垂直管理，明确岗位职责，在县核算中心设立乡镇核算部，集中代理乡镇政府及乡直各单位的会计记账业务。账户统设，以乡镇核算为主体，实行统一核算，取消了乡镇及乡直各单位原有的所有银行账户。集中收付，减少中间环节，乡直各单位收到的预算外资金，通过乡镇信用社直接缴到“预算外资金专户”；乡镇政府及乡直各单位的人员工资，由国库直接拨到“工资专户”，打入个人存折；预算内外公用经费，由各单位提出用款计划，经财政所审核后在乡镇“支出零余额户”中支付；村级经费以及上级下达的各项专款，预算股按月将资金拨到乡镇农村会计服务中心开设的村级账户，由乡镇政府监督使用；应补给农民的各项直补款和优抚费，均由预算股通过邮政储蓄网络直接打入农户个人存折。通过努力，农村基层财务管理制度不断健全，农村基层公务接待活动逐步规范，农村财务制度建设和规范管理取得了显著成效。

四是，落实农村基层党风廉政建设。根据运城市委《关于加强农村基层党风廉政建设的实施意见》和市纪委《关于农村基层党风廉政建设工作任务的分解意见》文件要求，专门召开会议对此项工作进行安排部署，成立领导组，下设办公室。下发了《运城市财政局关于加强农村基层党风廉政建设的实施方案》、《运城市财政系统农村基层党风廉政建设工作任务的分解意见》，通过努力，确保了基层工作的正常运转，规范了财政收支行为，强化了财政监督机制，理顺了财政资金收支渠道，化解了财政风险，强化了源头治腐，遏制了违纪行为，农村基层党风廉政建设取得了显著成效。

（七）加强政风行风建设，树立财政部门良好形象

树立一个良好形象。运城市财政系统开展“内强素质、外树形象”活动，不断提高财政干部队伍整体素质，切实转变机关工作作风，提高办事效率和服务质量，同时大力提倡热情服务、文明服务，规范行政行为，严格依法办事，努力树立财政部门在群众心中的良好形象。为提高办事效率，改善服务质量，机关工作纪律严格实行“十不准”、“三牌制”（三牌制为：上班办公桌上摆放桌牌，佩戴胸卡；外出处理公务桌牌为外出办事；因私外出请假牌为请假）。坚持星期一集中办公、签到及例会制度，日常实行严格检查登记制，重大事情集体研究，每年召开一次预算单位征求意见座谈会，不断改进工作作风，改善服务质量，提高办事效率。

抓好两个公开。在转变工作作风中，运城市抓好两个公开，一是，继续抓好政务公开工作，把主要职能、承诺事项、举报电话进行全面公开，广泛接受社会和公众的监督，二是，全面公开业务办理程序，出台了

《关于加强专项资金（基金）管理的通知》，确保财政资金拨付使用的公开透明，严禁乱支乱花。

完善三项制度。一是，完善学习制度，要求全体干部、职工继续加强财政法律、法规和业务知识学习，不断提高财政干部队伍整体素质；二是，进一步完善值班制度，大厅服务台每天由一名科长值班，为来访咨询者进行解答，严格首问责任制、首办责任制、限时办结制等工作制度；三是，落实岗位制度，全体工作人员严格按照各自的岗位职责，认真做好本职工作，把各项工作完成情况做为年终考评依据。

做好四项服务。一是，为市委、市政府大局工作服务；二是，做好为领导服务工作，各项工作做到有布置、有落实、有反馈，为领导提供决策依据；三是，积极为预算单位服务；四是，通过“监督热线”，积极为社会各界群众服务。通过努力，广大财政干部职工的综合素质进一步提高，单位自身建设不断加强，连续四年被评为全市行风评议第一名和党风廉政建设先进集体。

（运城市财政局供稿　马　巍　执笔）

第六篇

山西省财政系统人员情况

山西省财政厅领导及机关各处室、厅属单位处级干部名单

一、财政厅领导

（一）厅　长：郑建国

副厅长：张秋明　石常明　王　亚

胡双明

纪检组长：岳盛林

总会计师：武　涛

副巡视员：崔春香　牛成毅

省属地方金融类企业监事会主席：高向新

（二）党组书记：郑建国

党组副书记：张秋明

党组成员：石常明　王　亚　岳盛林

胡双明　武　涛　高向新

二、厅机关各处室及厅属单位处级干部名单

（一）各处室处级干部名单

1. 办公室

主　任：常国华（2007 年 7 月任）

副主任：郭跃军

调研员：王　蓉（2007 年 7 月任）

副调研员：张　燕　赵宇峰　薛朝阳　李晓华（2007 年 7 月任）

2. 人事教育处

处　长：闫红斌

副处长：魏志华

调研员：宋继烈（2007 年 9 月退休）

副调研员：李冰芬（2007 年 7 月任）

3. 综合处

处　长：桑国平

副处长：刘国宏（2007 年 7 月任）　段　萃（2007 年 7 月任）

调研员：李　浩（2007 年 7 月任）　李月兰（2007 年 7 月任）

4. 法规税政处

处　长：张永胜

副处长：王东生（2007年7月任）

调研员：李卫平（2007年7月任）

5. 预算处

处　长：黄　庙

副处长：宋　俊　樊保明（2007年7月任）

侯丽芳（2007年7月任）

调研员：薄新伟

副调研员：范永慧（2007年7月任）

杨卫周（2007年7月任）

6. 国库处

处　长：杜　峰

副处长：郝振儒　温建栋　李宇萍（2007年7月任）

调研员：孙文选（2007年7月任）　杨八明（2007年7月任）

副调研员：李承芸（2007年7月任）

7. 行政政法处

处　长：高　晔

副处长：李爱萍（正处级，2007年7月任）　王瑞刚

贾晓萍（2007年7月任）

调研员：刘元素（2007年7月任）

副调研员：韩巧珍　邢绪生（2007年7月任）

8. 教科文处

处　长：祝晋英

副处长：李　军　马前昱　韩海峰（2007年7月任）

调研员：裴海燕（2007年7月任）

副调研员：陈新民（2007年7月任）

9. 经济建设处

处　长：孟临蛾

副处长：李继周　常锦全　张国翠（2007年7月任）

调研员：凌天强（2007年7月任）　闫慧芝（2007年7月任）

张默兰（2007年7月任）　赵乃文（2007年7月任）

副调研员：赵春明 郭前进（2007年7月任）

10. 农业处

处　长：王树红

副处长：张太生　杨振国　张晓峰（2007年7月任）

调研员：杨朝晖（2007年7月任）

副调研员：邓晓平（2007年7月任）

11. 社会保障处

处　长：赵银德
副处长：董建文（2007 年 7 月任）　侯松海（2007 年 7 月任）
调研员：杜　克　安继平（2007 年 7 月任）
副调研员：康中南（2007 年 7 月任）
12. 企业处
处　长：赵丽华
副处长：陶　克　贺晓玲（2007 年 7 月任）
调研员：刘春亮　李玉奎（2007 年 7 月任）
副调研员：张建文（2007 年 7 月任）
13. 地方金融处
处　长：史银书
副处长：马建平（正处级）　安爱根
调研员：齐广慧（2007 年 7 月任）
14. 国际处（山西省利用国际金融组织贷款管理办公室）
处　长：王彦明（2007 年 7 月任）
副处长：李海翔　刘贵川　杨国庭（2007 年 7 月任）
调研员：肖　虹（2007 年 7 月任）
副调研员：陈文丽（2007 年 7 月任）　李淑蓉（2007 年 7 月任）
15. 会计处
处　长：王　东（2007 年 7 月任）
副处长：侯树萍　安晓飞（2007 年 7 月任）
调研员：李燎红　任子凯（2007 年 7 月任）
罗　萍（2007 年 7 月任）
16. 注册会计师管理处
处　长：任　冻
副处长：张志祥
副调研员：张　平（2007 年 7 月任）　张云廷（2007 年 7 月任）
17. 政府采购管理处
处　长：琚良太
副处长：马国林　徐继忠（2007 年 7 月任）
副调研员：师跃英（2007 年 7 月任）
18. 行政事业资产管理处
处　长：刘清瑞
副处长：董宏波（2007 年 7 月任）
副调研员：范　娟（2007 年 7 月任）
19. 监督检查局
局　长：裴克存（2007 年 7 月任）
副局长：裴唐生（正处级）　姚　帅（2007 年 7 月任）
调研员：张彦平（2007 年 7 月任）　张振芳（2007 年 7 月任）

苏红英（2007 年 7 月任）

20. 农业综合开发办公室

主　任：赵建生

副主任：孙长富　任晓峰（2007 年 7 月任）

调研员：郭柏林　王艳艳（2007 年 7 月任）

副调研员：李　英（2007 年 7 月任）

21. 煤炭基金管理处

处　长：贾富元（2007 年 7 月任）

副处长：雷建华（2007 年 7 月任）　申丽枫（2007 年 7 月任）

22. 农村综合改革办公室

主　任：武灿明（2007 年 7 月任）

副主任：张军民（2007 年 7 月任）

23. 机关党委

专职副书记：赵金凤

调研员：张希信（2007 年 7 月任）

副调研员：常昱兵（2007 年 7 月任）

24. 纪检组、监察室

副组长、主任：王永福

副主任：李润璧（正处级）

副处级检查员：江洪政

25. 离退休人员管理处

处　长：王景昌

副处长：任志业

调研员：武　宇（2007 年 7 月任）

副调研员：田春茂　贾竹梅（2007 年 7 月任）

林志民（2007 年 7 月任）

（二）厅属各单位处级干部名单

1. 省财政厅派驻省属地方金融类企业监事会

主　席：高向新

正处级专职监事：王上福（2007 年 7 月任）

副处级专职监事：李旭华（2007 年 7 月任）

2. 厅机关后勤服务中心

主　任：马卫东

副主任：王林森　赵三虎

3. 省财政科学研究所

所　长：李晋中（2007 年 7 月任）

副所长：白家忠

副处级：姜　奕

4. 省财政厅信息网络中心

主　任：李世山
正处级：赵清和（2007 年 4 月退休）
副主任：陈忠义
总工程师：刘予漳
顾　问：张　杰（2007 年 7 月任）

5. 省财政厅国库支付中心
主　任：郝振儒（兼）
书　记：王新建
副主任：郭建中　刘延辉
调研员：马碧君（2007 年 7 月任）

6. 省煤炭基金稽查总队
书　记：陈　琦（2007 年 7 月任）
副总队长：杨翔峰（正处级，2007 年 7 月任）
副总队长：张俊平（2007 年 7 月任）
综合办公室主任：郭炎武（2007 年 7 月任）
业务办公室主任：张群狮（2007 年 7 月任）
支队长：张建民（2007 年 7 月任）　林建龙（2007 年 7 月任）
吕红兵（2007 年 7 月任）　赵智童（2007 年 7 月任）

7. 省注册会计师管理中心
主　任：李　刚（兼任省注册会计师注册评估师行业委员会副书记兼纪律检查委员会书记）
副主任：张新民　宋跃川（正处级）

8. 省财政实物库
主　任：徐中秋（2007 年 9 月退休）
副主任：王满顺

9. 省财政厅财经宣传中心（《中国财经报》山西记者站）
副主任兼副站长：郭　中　苗民培

10. 省会计服务中心
主　任：李旗胜

11. 厅投资评审中心
主　任：凌天强（2007 年 7 月调厅机关任调研员）
副主任：郝学民

12. 省财产评估管理中心（省资产评估协会）
主任兼秘书长：曹邑平（2007 年 7 月任）
副主任：金晓虹（兼副秘书长）

13. 省财政厅培训中心
主　任：司新山（2007 年 7 月任）
副主任：崔志忠

14. 省五台山财会培训中心

主　任：崔太平（2007年7月任）
副主任：宋志贵

15. 省会计函授学校
校　长：张春生
副校长：申荣华　尚贵林
顾　问：李兰萍（2007年7月任）

16. 省财税专科学校
书　记：张秉让
校　长：申长平
党委副书记兼纪检书记：李晋平
副校长：赵丽生　周巧红

17. 省财政会计学校
校　长：胡忠艾
书　记：王计年
副校长：王成寿　梁建新
副书记：常静惠（2007年7月任）

18. 省中小企业信用担保公司
董事长、总经理：曹晓尔
副董事长、副总经理：智计文　谭　清
专职监事：李晋敏

（三）厅派出机构领导名单

1. 省直行政财监处
处　长：翟世君（2007年7月任）
调研员：史世兴（2007年5月退休）
副调研员：张秀贞（2007年2月任）
李伟欢（2007年2月任）
古月霞（2007年2月任）

2. 省直事业财监处
处　长：赵国杰（2007年7月任）
副调研员：郭丽虹（2007年2月任）

3. 省直企业财监处
副调研员：靳跃全（2007年2月任）
李淑芳（2007年2月任）
正处级秘书：冯　岗

4. 省厅驻太原市财监处
处　长：张培竖（2007年2月任）

5. 省厅驻大同市财监处
处　长：张建勇
副调研员：张世玺（2007年3月退休）

6. 省厅驻阳泉市财监处
   副处长：李　军（主持工作，2007 年 2 月任）
   调研员：陈　凯（2007 年 2 月任）
7. 省厅驻长治市财监处
   处　长：李秋生（2007 年 2 月任）
8. 省厅驻晋城市财监处
   处　长：李吕庆（2007 年 2 月任）
9. 省厅驻朔州市财监处
   处　长：武　瑛（2007 年 2 月任）
10. 省厅驻忻州市财监处
   副处长：张　金（主持工作，2007 年 2 月任）
   曹中伟（2007 年 2 月任）
   副调研员：魏承忠（2007 年 2 月任）
11. 省厅驻晋中市财监处
   处　长：胡作林（2007 年 2 月任）
   副处长：王华山（2007 年 2 月任）
12. 省厅驻吕梁市财监处
   处　长：潘敏慎（2007 年 2 月任）
   调研员：刘学玉（2007 年 2 月任）
13. 省厅驻临汾市财监处
   处　长：李　戎（2007 年 2 月任）
   副处长：崔晓明（2007 年 2 月任）
14. 省厅驻运城市财监处
   处　长：杜　敏（2007 年 2 月任）
   副处长：韩敏康（2007 年 2 月任）

（四）各市县（市、区）财政局领导名单

1. 太原市财政局
   局　长：梁争平
   副局长：崔崇恩　牛爱玉　邢建成
   纪检组长：荣和平
   总会计师：强培东
   局党组成员：杨玉民　唐春玉
   迎泽区财政局局长：杜好林
   杏花岭区财政局局长：李晔军
   小店区财政局局长：温喜昌
   尖草坪区财政局局长：康　杰
   万柏林区财政局局长：王跃礼
   晋源区财政局局长：次文英
   清徐县财政局局长：张舒毅

阳曲县财政局局长：曹三全
古交市财政局局长：陈晋忠
娄烦县财政局局长：冯永魁
高新区财政局局长：胡彦威
经济区财政局局长：张二明
民营区财政局局长：胡　毅

2. 大同市财政局

局　长：董　斌
副局长：孙建明　尤建敏　魏继平　郭福月
纪检组长：穆润岚
总会计师：郭培新
调研员：陆有堂　张恒义
局党组成员：刘怀民　赵　升　林志平
左云县财政局局长：张　俊
广灵县财政局局长：姜正志
阳高县财政局局长：李培华
天镇县财政局局长：张福喜
灵丘县财政局局长：董保林
大同南郊区财政局局长：孙国毅
浑源县财政局局长：葛金柱
大同县财政局局长：程秀凤
大同开发区财政局局长：祁建国
大同新荣区财政局局长：苏　文
大同矿区财政局局长：王建民
大同城区财政局局长：王　吉

3. 阳泉市财政局

局　长：任美福（2007 年 8 月任）
　　　　王振国（2007 年 8 月免）
副局长：郝千文　霍续纯　孙存恩
纪检组长：米麦真
总会计师：张成宏
副调研员：夏　青
阳泉郊区财政局局长：贾成义
阳泉矿区财政局局长：张栗平
平定县财政局局长：刘同礼
盂县财政局局长：张云龙
阳泉城区财政局局长：赵美青

4. 长治市财政局

局长：车忠和

副局长：郝十周　石明利　陈根瑞
纪检组长：翟春刚
总会计师：杨富林
局党组成员：段秀平　郝玉明
平顺县财政局局长：贾文革
壶关县财政局局长：郭太国
黎城县财政局局长：张玉芳
襄垣县财政局局长：郭同斌
沁源县财政局局长：王　耀
屯留县财政局局长：罗俊保
武乡县财政局局长：程小平
沁县财政局局长：任守中
长治县财政局局长：刘志安
长治城区财政局局长：王维新
长子县财政局局长：张先堂
潞城市财政局局长：冯长虹
长治郊区财政局局长：赵晚花
长治开发区财政局局长：李安景

5. 晋城市财政局

局　长：王克平
副局长：王祥生　连建平　李建英　董海顺
总会计师：田树明
党组成员：程新启
晋城城区财政局局长：李晋亮（2007 年 10 月任）
崔国炜（2007 年 10 月免）
泽州县财政局局长：翟玮平（2007 年 7 月任）
张连富（2007 年 7 月免）
高平市财政局局长：李随胜（2007 年 12 月任）
吴敏晓（2007 年 12 月免）
阳城县财政局局长：王晚红（2007 年 7 月任）
王燕龙（2007 年 7 月免）
陵川县财政局局长：韩国珍（2007 年 7 月任）
姚爱国（2007 年 7 月免）
沁水县财政局局长：霍树宾
晋城开发区财政局局长：崔国炜（2007 年 10 月任）
刘学胜（2007 年 10 月免）

6. 朔州市财政局

局　长：高世宝
副局长：兰文增　邢幼安　康存吉　王贵明

纪检组长：王　泽
总会计师：马　永
副总会计师：王银山
局长助理：刘晓斌
朔城区财政局局长：殷培续
平鲁区财政局局长：冯海清
山阴县财政局局长：郭自更（兼）
怀仁县财政局局长：张争鸣
应县财政局局长：宋天礼（兼）
右玉县财政局局长：范玉凯

7. 忻州市财政局
局　长：张高栋
副局长：魏广才　侯肇浩
纪检组长：赵振基
总会计师：尤吉荣
调研员：郭树清
副调研员：王伟光（党组成员）　李秀廷（党组成员）　杨长生
忻府区财政局局长：柳罗伟
定襄县财政局局长：曹素香
原平县财政局局长：裴全玉（2007 年 5 月任）
张二柱（2007 年 5 月免）
五台县财政局局长：郑荣光
代县财政局局长：李玉安
繁峙县财政局局长：刘效文
宁武县财政局局长：王玉明
静乐县财政局局长：李永成
神池县财政局局长：郭　荣
五寨县财政局局长：苏成业
岢岚县财政局局长：岳永福（2007 年 7 月任）
张艾平（2007 年 7 月免）
河曲县财政局局长：赵眉才
保德县财政局局长：康文宇
偏关县财政局局长：张　锐

8. 晋中市财政局
局　长：郭绍华
副局长：郭和平　武志远
纪检组长：药艳明
副调研员：刘伟琦
榆次区财政局局长：李玉忠（2007 年 4 月任）

梁利生（2007 年 4 月免）
太谷县财政局局长：程建国
祁县财政局局长：何惠忠
平遥县财政局局长：乔金国（兼）
介休市财政局局长：张殿富
灵石县财政局局长：曹玉萍（2007 年 4 月任）
张百雄（2007 年 4 月免）
寿阳县财政局局长：李增福（2007 年 7 月任）
武贵生（2007 年 7 月免）
昔阳县财政局局长：李明科（2007 年 5 月任）
翟书棠（2007 年 5 月免）
和顺县财政局局长：赵世芳（2007 年 4 月任）
王　太（2007 年 4 月免）
左权县财政局局长：赵瑞中（2007 年 5 月任）
崔凤珍（2007 年 5 月免）
榆社县财政局局长：张建军
榆次开发区财政局局长：张治礼

9. 吕梁市财政局

局　长：阎建科
副局长：雒清治（2007 年 4 月免）　耿万林　靳　钧
王　吉（2007 年 4 月任）
纪检组长：王阳平
总会计师：魏和宁（2007 年 4 月任）
王　吉（2007 年 4 月免）
调研员：雒清治（2006 年 12 月任）
副调研员：马金娥（2007 年 6 月任）
交城县财政局局长：李玉龙
文水县财政局局长：赵志昌（2007 年 8 月任）
郭　贵（2007 年 8 月免）
汾阳市财政局局长：张冬飚
孝义市财政局局长：王士礼
离石区财政局局长：杨顺平（2007 年 8 月任）
刘德才（2007 年 8 月免）
柳林县财政局局长：马丕荣
中阳县财政局局长：张艳萍
交口县财政局局长：高如星
石楼县财政局局长：张志栋
方山县财政局局长：冯连保
临县财政局局长：李文学（2007 年 4 月任）

林建强（2007年4月免）
兴县财政局局长：高海清（2007年4月任）
贾虎信（2007年4月免）
岚县财政局局长：尹永平

10. 临汾市财政局
局　长：祁寒冰
副局长：陈文章　成凤香　姜永新
总会计师：李银平
曲沃县财政局局长：沈玉民
翼城县财政局局长：周金龙
霍州市财政局局长：王英才
古县财政局局长：李东平
侯马市财政局局长：郭天红
襄汾县财政局局长：赵楼生
洪洞县财政局局长：程延平
安泽县财政局局长：赵红兵
浮山县财政局局长：梁　创
吉县财政局局长：牛建中
乡宁县财政局局长：李建发
永和县财政局局长：毛伶秀
隰县财政局局长：王林祥
蒲县财政局局长：武建平
大宁县财政局局长：张志荣
汾西县财政局局长：贾普瑞
尧都区财政局局长：段　霞
临汾经济技术开发区财政局局长：李永祥
侯马经济技术开发区财政局局长：李　勇

11. 运城市财政局
局　长：孙太平
副局长：程广龙 曲南 张晋生 张宝安 董建民
纪检组长：王保家
总会计师：谭志民
副调研员：王开进（党组成员）　杨晓龙
盐湖区财政局局长：马秋来
永济市财政局局长：吴耀杰
芮城县财政局局长：李跃刚
临猗县财政局局长：王　斌
万荣县财政局局长：薛秀武
新绛县财政局局长：王喜明

稷山县财政局局长：张喜平
河津市财政局局长：原文龙
闻喜县财政局局长：许群狮（2007 年 7 月任）
　　　　　　　　　李宝珠（2007 年 7 月免）
夏县财政局局长：卫天亮
绛县财政局局长：李明爱（2007 年 1 月任）
　　　　　　　　史秉福（2007 年 1 月免）
平陆县财政局局长：张孝木
垣曲县财政局局长：张转运

2007 年全省财政系统干部职工情况统计表

2007 年山西省财政系统人员文化程度、专业技术职务表

项目	合计	文化程度					专业技术职务		
		研究生	本科	专科	中专	高中及以下	高级	中级	初级
合计	16 499	188	4 386	7 308	2 617	2 000	451	3 544	2 888
省厅	1 223	123	601	277	54	168	173	327	175
地市	3 301	38	1 531	1 053	263	416	183	1 066	470
县市	8 245	26	1 872	4 326	1 146	875	89	1 857	1 565
乡镇	3 730	1	382	1 652	1 154	541	6	294	678

2007 年山西省财政系统人员性别、政治面貌和年龄结构表

项目	合计	性别		政治面貌				年龄							
		男	女	党员	团员	民主党派	其他	30 岁以下	31 岁～35 岁	36 岁～40 岁	41 岁～45 岁	46 岁～50 岁	51 岁～54 岁	55 岁～59 岁	60 岁以上
合计	16 499	9 466	7 033	8 512	1 138	60	6 789	3 567	3 244	3 327	3 236	1 639	989	485	12
省厅	1 223	647	576	728	59	11	425	160	149	235	360	175	103	41	
地市	3 301	1 795	1 506	1 498	196	29	1 578	601	572	660	685	382	291	110	
县区	8 245	4 541	3 704	4 434	597	20	3 194	1 775	1 633	1 680	1 539	832	486	290	10
乡镇	3 730	2 483	1 247	1 852	286		1 592	1 031	890	752	652	250	109	44	2

第七篇

山西省财政厅 2007 年大事记

1月

1. 1日起　山西省本级预算内资金和政府性基金全部纳入国库集中支付改革范围。

2. 8日　财政厅第十九批农村工作队在厅党组成员、副厅长胡双明的带领下，赴和顺县义兴镇开展定点扶贫工作。

3. 10~16日　国务院农村综合改革工作小组检查组对山西省2005年7月~2006年10月制止乡村发生新债、农村综合改革等情况进行了检查。郑建国厅长、王亚副厅长和崔春香副巡视员分别陪同。

4. 15日　财政厅召开厅领导述职述廉大会，厅机关全体公务员、厅属单位主要负责人共162人参加。厅党组书记、厅长郑建国主持，省委考核组组长、省监委主任王俊忠同志做了重要讲话。郑厅长及厅领导班子成员分别做了述职述廉，省委考核组对厅党组领导班子及班子成员的年度工作情况和党的工作责任制落实情况进行了民主测评和考核。

5. 16日　在全省人事工作会议上，财政厅人事教育处被评为“山西省招才引智工作优秀单位”。

6. 17日　省人事厅对财政厅处级及处级以下公务员登记情况做出批复，对全厅232名符合登记条件的公务员予以登记。

7. 18日　财政厅党组成员、总会计师武涛赴山西省省级政府采购中心就政府采购效率问题进行调研。

8. 19日　财政厅召开全省国际金融组织贷赠款管理工作会议。会议总结了全省2006年国际金融组织贷赠款管理工作，对2007年工作进行了安排部署。王亚副厅长出席会议并做重要讲话。

9. 20日　中华会计函授学校工作座谈会在太原召开。财政部部长助理刘红薇、财政部干部教育中心主任戴柏华、副主任李赤及张秋明副厅长、崔春香副巡视员出席了会议。张秋明副厅长代表党组做了讲话。

10. 22日　财政厅制发《关于转发〈财政部关于开展全国行政事业单位资产清查工作的通知〉的通知》（晋财资［2007］1号）、《关于转发〈财政部关于印发（行政事业单位资产清查暂行办法）的通知〉的通知》（晋财资［2007］2号）、《关于转发〈财政部关于印发行政事业单位资产清查报表及编制说明的通知〉的通知》（晋财资［2007］3号）。全省范围内行政事业单位资产清查工作全面展开。

11. 23日　国务院批复同意山西省《关于报送山西省规范在并省直机关公务员津贴补贴实施方案的请示》（晋政［2006］57号），要求山西省认真组织实施，确保规范公务员津贴补贴工作平稳顺利进行。

12. 25日　全省财政工作会议在太原召开。全省各市、县（区）财政局，各市财监处，厅机关各处室及厅属单位有关负责人参加了会议。会议传达了全国财政工作会议和全省经济工作会议精神，总结了2006年全省财政工作，对2007年全省财政工作做出了安排部署。范堆相常务副省长到会并做重要讲话。会议期间，财政厅联合省人事厅对22个全省财政系统先进集体和22个全省财政系统先进工作者进行了表彰。

13. 29日　财政厅受省政府委托向省十届人大五次会议提交了《关于2006年全省和省本级预算执行情况及2007年全省和省本级预算草案的报告》。

14. “全省财政系统（函校希望杯）书法、绘画、摄影展”开展仪式在省会计函授学校举行。省会计函授学校校长张春生主持开展仪式。厅党组成员、副厅长石常明出席剪彩仪式并做了讲话。

15. 31日　财政厅被财政部评为“财政部2006年企业所得税税源调查工作先进单位”，连续六次受到表彰。

16. 财政部确定山西省为“全国应用支

撑平台建设试点省份”。

2月

17. 2日　财政厅在太原召开全省财政经济建设工作会议，将2007年定为财政经济建设“项目年”。省直各部门财务处长及各市财政局分管领导、科长等共计110人参加了会议。张秋明副厅长在会上做了题为《全面贯彻落实科学发展观努力推动财政经建事业又好又快发展》的讲话。

18. 财政厅召开全省行政事业单位资产清查工作会议。省直各部门、各市财政局承担资产管理工作的负责人共330多人参加了会议。会议安排部署了山西省行政事业单位资产清查工作，并对资产清查制度、报表及软件操作进行了培训。张秋明副厅长、石常明副厅长、武涛总会计师出席会议并讲话。

19. 6日　厅党组成员、纪检组长、机关党委书记岳盛林带领慰问组，前往山西永明无线电器材厂，对该厂33户特困职工进行了慰问，共带去慰问金1万元。

20. 8日　全省财政系统党风廉政建设大会在太原召开。各市财政局局长、纪检组组长、监察室主任，省财政厅驻各市财政监察处处长，厅机关全体公务员、厅属各单位主要负责人参加了会议。会议由厅党组副书记、副厅长张秋明主持。厅党组成员、副厅长石常明传达了省纪委二次全会暨全省党风廉政建设干部大会精神。厅党组成员、纪检组长岳盛林代表厅党组向大会做了报告。厅党组书记、厅长郑建国出席会议并做了重要讲话。

21. 财政厅制发《山西省财政应急保障预案》（晋财预［2007］5号），对全省财政部门为各类突发公共事件及时提供财政政策和资金支持做了规定。

22. 财政厅制发《关于对35个国家重点扶贫开发县实行省直管县财政体制改革的暂行办法》（晋财预［2007］6号），对35个国家重点扶贫开发县实行“五到县，两不变”的财政管理体制。

23. 13日　财政厅与太原市财政局在太原市青年宫联合举办了2007年新春团拜会。厅机关、厅属单位和太原市财政局全体干部职工以及离退休老同志参加了团拜会。太原市财政局局长梁争平同志主持团拜会。厅党组书记、厅长郑建国在会上做了新春致辞。省委常委、太原市委书记申维辰同志以及太原市委市政府领导出席了团拜会。

3月

24. 8日　厅妇委会组织厅机关在职和离退休全体女同志共150余人，在晋祠宾馆举办“三八妇女节”联谊会。

25. 9日　省注册评估师协会三届四次常务理事会在太原召开，厅副巡视员牛成毅出席会议并讲话。来自业内相关部门的常务理事参加了会议。

26. 财政厅召开高级会计师评委会议，有173人通过评审并取得高级会计师任职资格。

27. 财政部批复山西省《关于报请批准〈山西省煤炭可持续发展基金征收和使用管理实施办法（试行）〉的请示》（晋政函［2006］171号）及《山西省煤炭可持续发展基金征收和使用管理实施办法（试行）》，原则同意山西省上报的《请示》，要求山西省严格按照《办法》要求，做好山西省煤炭可持续发展基金的征收使用管理工作，以推动山西省煤炭工业可持续发展试点顺利开展。此办法自2007年3月1日起施行。

28. 10日　石常明副厅长、高向新主席带领厅办公室有关人员，对忻州市村镇建设、奶牛养殖、“一村一品”示范基地等项目进行了调研。

29. 13日　财政厅成立“山西省行政事业单位资产清查工作领导小组”，统一领导全省行政事业单位资产清查工作。厅党组书记、厅长郑建国担任领导组组长，张秋明副厅长、石常明副厅长、武涛总会计师担任领导组副组长。领导组下设办公室，负责全省资产清查工作的具体组织和实施。武涛总会计师兼任办公室主任。

30. 16 日　省委常委、副省长梁滨会见亚行贷款山西河川流域农业综合开发项目的项目经理丹尼斯·艾灵森一行。副厅长王亚参加了会见。

31. 全省财政支农工作会议在太原召开。省直农口分管财务工作的领导、财务处长、各市财政局分管农财工作的副局长、农业科长及有关的县财政局长、农财股长参加了会议。国家审计署驻山西特派办有关同志列席了会议。会议传达了全国农业财政工作会议精神，王亚副厅长总结了 2006 年全省财政支农工作，对 2007 年的财政支农工作进行了安排部署。会议对 2006 年度财政支农 11 个先进单位进行了表彰奖励。

32. 19 日　财政厅被省推行行政执法责任制领导组评为“全省推行行政执法责任制先进单位”，厅党组成员、副厅长胡双明被评为“全省推行行政执法责任制先进个人”。

33. 20 日　财政部刘红薇部长助理在财政部信息网络中心主任刘祝余等人的陪同下，对山西省地方财政改革与信息化建设、应用支撑平台试点工作进展情况进行了调研指导。

34. 山西省 2007 年财政社会保障工作会议在临汾市召开，胡双明副厅长出席会议并讲话。会议期间现场参观了襄汾县新型农村合作医疗情况，推广了典型经验。

35. 22 日　山西省会计管理工作会议在太原召开。会计处全体人员、注册会计师管理处和省会计服务中心负责人、各市财政局分管局领导、会计科（局）长和有关直管单位会计部门的负责人参加了会议。武涛总会计师代表厅党组做了题为《充分发挥会计职能作用，努力服务财政经济发展》的讲话。

36. 23 日　财政厅召开派出机构全体干部大会，宣布了厅党组关于派出机构干部人事调整的决定。会议由厅党组成员、纪检组长岳盛林主持，副巡视员牛成毅参加了会议。厅党组书记、厅长郑建国就加强派出机构干部队伍建设做了重要讲话。

37. 29 日　省注协召开第二届常务理事会第七次全体会议。武涛总会计师出席了会议。

38. 30 日　财政厅召集省内 25 家上市公司财务负责人和山西省企业会计准则实施工作组的各位专家就贯彻实施新的企业会计准则进行了座谈。厅党组成员、武涛总会计师参加座谈会并做了发言。

4 月

39. 2 日　财政厅制发《关于煤炭可持续发展基金收入有关预算管理问题的通知》（晋财预［2007］25 号），对煤炭可持续发展基金收入的预算级次、适用科目、缴库办法等预算管理工作做了具体的规定。

40. 4 日　财政部经济建设司张学文副司长一行对山西省煤层气民用燃气进行调研，重点了解了山西省煤层气抽采量、利用量、开发利用主体及利用方式，认真分析了不同主体抽采成本、价格等因素，并征求了地方财政部门对煤层气民用燃气补贴环节的意见。

41. 6 日　财政厅召开党建工作会议，厅机关及直属各单位党支部书记参加了会议。党组成员、纪检组长、机关党委书记岳盛林出席并讲话。

42. 25 日　省直机关劳动模范表彰大会在太原召开。厅预算处、经济建设处和投资评审中心等 3 个集体及厅办公室薛朝阳、离退休处任志业和中小企业担保有限公司曹晓尔等 3 位同志分别受到了表彰。

43. 26日 全省财政系统清理认定粮食财务挂账工作座谈会在太原召开，崔春香副巡视员参加会议并做了题为《严格制度落实责任确保国有粮食购销企业政策性挂账落实到位》的讲话。

44. 26日 财政厅召开全省财政监督检查工作会议。各市财政局分管财政监督工作的领导和监督机构负责人、厅驻各市财政监察处处长及业务骨干，以及厅监督检查局全体干部参加了会议。厅党组成员、纪检组长岳盛林出席会议并讲话，厅副巡视员、监督检查局局长牛成毅做了工作报告。会议表彰了3年来在财政监督检查工作中做出突出成绩的市级财政监督检查机构和厅驻市财政监察处；7个单位在会上介绍和交流了经验。

45. 28日 省担保公司董事长兼总经理曹晓尔被授予山西省劳动模范光荣称号，受到省委、省政府表彰。

46. 29日 《山西财政工作概览》编辑完成，共收录"山西省情简介"、"山西省财政厅简介"、"2006年财政工作亮点"、"2007年财政工作指导思想"等内容，为厅机关各项工作提供了方便。

47. 4月底 省评协完成2006年12月31日前在山西省注册执业的注册资产评估师的年检工作。应检评估师779人，实检774人。通过年检的773人，暂缓通过年检1人，未按规定参加年检的5人。

5月

48. 14日 由财政厅承办、财政部组织的"行政事业单位资产管理工作座谈会"在晋祠宾馆召开。来自公安部、农业部等13个中央部门的资产管理工作负责人，财政部行政政法司、教科文司等7个司相关人员，辽宁、山东、湖北等8个省市财政厅（局）资产管理处室负责人共62人参加了会议。财政部行政政法司张更华副司长、教科文司王家新副司长到会做了重要讲话。财政厅郑建国厅长、张秋明副厅长、武涛总会计师出席了会议。

49. 21日 财政厅召开全厅干部职工大会，厅机关全体公务员、厅属单位处级领导干部共217人参加了大会。会议就全面贯彻落实省委、省政府近一个时期以来关于加强作风建设、狠抓工作落实的一系列决策进行安排部署。会上，郑建国厅长做了《转变工作作风，狠抓工作落实，努力推动今年各项财政工作迈上新台阶》的讲话。

50. 22日 财政厅制发《关于印发规范在并省直机关公务员津贴补贴的通知等四个文件的通知》（晋纪发［2007］15号），对在并省直机关津贴补贴规范工作整体工作进行了全面的部署和安排，明确了全国统一规范前事业单位津贴补贴政策，将机关工勤人员纳入了这次津贴补贴范围，明确了各职级人员的月津贴补贴发放标准和规范的执行时间。

51. 23日 财政厅出台了《山西省财政厅关于全面推进依法行政依法理财的实施方案》。

52. 29日 财政部综合司与国务院办公厅联合调研组对山西省煤炭可持续发展基金征收情况进行了调研。省政府副秘书长李顺通、厅长郑建国、副厅长王亚及省地税局等部门的领导陪同调研。常务副省长薛延忠代表省政府向调研组汇报了山西省煤炭可持续发展基金征收情况，并就调研情况与调研组交换了意见。

53. 31日 财政厅联合省监委召开惩治和预防腐败联系会议第一次会议。省监委副主任刘蓉华、财政厅纪检组组长岳盛林出席会议并讲话。厅综合处、法规税政处、预算处、国库处、行政政法处、政府采购管理处、行政事业资产管理处主要负责同志，省监委监察综合室领导和驻厅纪检组监察室全体人员参加了会议。

54. 厅机关团委副书记、纪检组监察室

科员郝瑞朝同志被团省委评为全省优秀共青团员和新长征突击手。

6 月

55. 5 日　财政厅召开会议布置规范性文件备案检查工作。厅规范性文件备案检查领导组组长胡双明副厅长做了讲话。

56. 9 日　王亚副厅长带队深入吕梁市石楼、离石、文水、交城等地，就支农资金整合、农业综合开发等情况进行了调研，并召开了吕梁市新农村建设暨支农资金整合座谈会。

57. 12 日　在省委组织召开的省级老领导财政情况通报会上，郑建国厅长受省委委托向省级老干部全面汇报了近年来山西省财政预算执行及财政改革与发展基本情况。省级老领导对近年来山西省财政工作给予了肯定，并对今后财政工作提出了积极的建议和意见。

58. 15 日　厅机关及厅属单位 36 个工会组织进行了“博爱一日捐”募捐活动。共募捐现金 2.633 万元，并将募捐款项统一交到了捐款接受单位省红十字会。

59. 18 日　财政部国际司主办、财政厅协办的“世界银行贷款项目技援子项目管理国际研讨会”在太原召开。财政部国际司、国家发改委、铁道部外资中心、水利部外资办、农业部外资中心、卫生部贷款办、国家林业局世行中心、国务院扶贫办外资项目管理中心有关领导参加会议。厅长郑建国、副厅长王亚出席会议。会上讨论了技术知识转移的工具和知识转移中存在的问题。

60. 20 日　财政厅召开全省财政系统民主评议政风行风工作暨贯彻落实中纪委《规定》电视电话会议。会议由厅党组成员、副厅长石常明主持，厅党组全体成员出席会议。各市财政局领导班子成员、副科以上干部，厅驻各市财监处副处以上干部，厅机关全体公务员、厅属单位副处以上干部参加了会议。

61. 21 日　省委办公厅在大同市召开全省党委系统信息工作暨“同煤杯”好信息表彰会议。财政厅作为信息工作先进单位受到表彰，财政厅报送的《山西省财政大力支持企业棚户区改造和矿山沉陷区治理》等两则信息被评为“同煤杯”好信息。

62. 25～27 日　全省财政系统税政和关税工作会议在太原召开。各市财政局分管税政和关税工作的局领导、税政科长、承办税政和关税工作的人员参加了会议。财政部税政司王建凡副司长、关税司申书海副司长到会指导工作。省国税局、省地税局等单位的有关人员也应邀出席了会议。会议传达了全国财政税政工作会议和财政关税工作会议精神。胡双明副厅长做了题为《做好财政税政和关税工作促进财政经济又好又快发展》的讲话。财政部税政司王建凡副司长做了《中国税制改革与企业所得税“两法”合并》专题讲座，财政部关税司申书海副司长做了《关税调整与进口税收政策》专题讲座。会议对 2006 年企业所得税税源调查和重点产品国际竞争力调查工作的先进单位、优秀单位和先进个人进行了表彰。

63. 11 日　财政厅联合中国财经报山西记者站、山西经济日报社在山西省 12 个革命老区县对 2002～2007 年革命老区专项转移支付资金管理使用情况进行了调查采访，对革命老区专项转移支付资金在山西省实施五年取得的积极成效进行系列报道。

7 月

64. 1 日　厅机关党委组织 7 名新党员到太原解放纪念馆举行了入党宣誓。

65. 5 日　财政厅会同省劳动和社会保障厅联合出台了《关于省直机关事业单位开发后勤服务等公益性岗位安置就业困难人员就业实施办法》，决定在省直机关事业单位至少开发 1 000 个后勤服务等公益性岗位用于安置就业困难人员。

66. 10日　财政厅印发《山西省财政厅关于印发行政许可文书示范文本的通知》（晋财法［2007］14号），对受理、不予受理、准予许可、不予许可、准予变更、准予延续、撤销许可、许可送达、许可听证、听证通知等10种行政许可法律文书进行了统一规范。

67. 13日　财政厅出台《大中型水库移民后期扶持基金使用管理暂行办法》（晋财企［2007］100号）和《大中型水库移民后期扶持基金发放管理实施细则》（晋财企［2007］104号），对后期扶持基金的预算、计划和支出管理，资金的发放范围、标准、程序，资金的管理和监督等做了详细的规定。

68. 17日　财政厅与省委宣传部联合召集山西日报、山西电视台、山西广播电视台、山西经济日报、中国财经报山西记者站等省主要新闻媒体，对石楼县支农资金整合情况进行了专题采访。

69. 19日　厅团委组织厅机关及直属单位9个团支部40余名团员青年赴右玉县新农村建设试点村开展了“走进新农村社会实践调查活动”。

70. 财政厅组织厅机关享受副厅级以上待遇的离退休老同志参加省委老干部局组织的“省直老干部学习胡锦涛总书记6·25重要讲话”学习活动。

71. 20日　省担保公司召开成立七周年纪念座谈会暨2007年上半年工作总结会，省中小企业信用担保工作领导组成员、厅副巡视员崔春香出席会议。

72. 25日　受省政府委托，厅党组书记、厅长郑建国同志在省十届人大常委会第三十一次会议上做了《关于2006年省本级财政决算和2007年上半年全省预算执行情况的报告》。

73. 财政厅印发《2006～2010年全省财政干部教育培训规划》，将法制教育培训作为一项重要内容列入到干部培训规划之中。

74. 30日　为纪念建军80周年，财政厅组织全厅军转复员军人及厅机关各处室负责人到武警驻晋某部开展“爱党、爱国、爱部队”军营一日活动，听取了国防形势教育报告。

75.《山西注册会计师》创刊发行，为解决行业发展中遇到的理论、实践问题构建了行业宣传平台。

8月

76. 2日　财政厅组织厅机关全体离退休人员参加中国老龄协会、中央组织部老干部局、解放军总政干部局老干部局、中国老年报社联合举办的“迎接党的十七大和纪念建军80周年知识竞赛”活动。

77. 6日　财政厅会同省劳动和社会保障厅联合出台了《山西省省直管单位职工生育保险实施细则》，决定从2007年10月1日起，在省直管单位开始启动职工生育保险。

78. 7日　山西省“金财工程”安全一期（省级）建设项目启动会议召开。

79. 8日　全省部分市政府采购管理与改革工作座谈会在太原召开，太原、长治、大同、晋城、运城5个市的采购办主任参加了会议，分别介绍了当地政府采购改革的主要做法、经验和成就，并提出了今后政府采购改革的思路和建议。

80. 9日　全省2007年企业所得税税源调查和重点产品国际竞争力调查汇审会在晋城市召开。会议初审山西省企业所得税税源调查和重点产品国际竞争力调查户数达标，为山西省参加全国汇审工作打下了良好的基础。

81. 13日　财政厅和省地税局联合召开山西省贯彻车船税和城镇土地使用税实施办法媒体见面会，石常明副厅长、省地税局副局长张澎涌分别通报了山西省车船税和城镇土地使用税办法的出台背景、主要内容、精神实质，并就地税机关如何贯彻落实省政府的两个规章做了详细介绍。

82. 16日　财政厅与中国人民银行太原中心支行联合制发了《关于印发〈山西省财政厅预算单位公务卡推广应用实施方案〉的通知》，进一步深化和完善国库集中支付制度改革，提高财政支出透明度，加强财政资金监督，规范预算单位财务管理。

83. 财政厅会同省劳动保障厅联合下发了《关于2007年调整企业退休人员基本养老金的通知》，决定从2007年7月1日起，为2006年12月31日前办理退休、退职手续的人员（不含新中国成立前参加革命工作并符合原劳动人事部劳人险［1983］3号文件规定条件的退休老工人和“两航”起义退休人员）再次调整基本养老金，并规定于2007年8月底前将调整的基本养老金发放到退休人员手中。

84. 20日　财政厅召开干部大会，张秋明副厅长宣读了常国华等80名同志职务任免的决定，郑建国厅长做重要讲话。

85. 21日　财政厅会同省劳动和社会保障厅、省人事厅、省民政厅联合下发了《关于事业单位、民间非营利组织工作人员参加工伤保险的实施意见》，标志着山西省事业单位、民间非营利组织工伤保险全面启动。

86. 财政部在《关于2006年度企业财务会计决算工作情况的通报》中对山西省2006年度的企业财务会计决算工作给予通报表扬。

87. 24日　为化解猪肉等食品价格上涨对城市低收入家庭生活带来的影响，财政厅会同省民政厅联合下发了《关于妥善安排城市居民最低生活保障家庭生活有关问题的通知》，决定从2007年8月份开始，为城市低保对象每人每月增加不低于15元的生活补助。同时，对低保边缘家庭生活通过临时救助的方式给予救助。

88. 28日　省人事厂批准吴昊等八名同志录用为财政厅财政监察机构公务员。

89. 31日　财政厅与省纪检委、省监察委联合下发《关于印发〈关于进一步加强和规范乡镇财政财务管理工作的实施办法〉的通知》（晋财预［2007］67号），对乡镇财政银行账户的设置、财政资金支出、监管及乡镇财政管理体制改革提出了具体要求。

90. 财政厅联合省教育厅召开2007年农村中小学现代远程教育启动会，启动了大同、忻州两市的农村中小学现代远程教育工程。副厅长石常明出席会议。

9月

91. 1日　全省财政系统组织开展“为百姓理财向人民交账——2003年以来山西省财政支持民生情况回顾”系列宣传报道活动。

92. 2日　亚洲开发银行与财政厅签署了技援赠款协议，批准向山西省小城镇建设示范项目提供50万美元的技援赠款。

93. 6日　财政厅出台了《山西省财政厅财政授权支付监督管理办法》，为财政实施监督检查提供了政策依据和操作规范。

94. 7日　财政厅成立了“山西省财政厅档案工作领导组”。郑建国厅长任领导组组长，石常明副厅长任副组长，厅办公室主任常国华同志任领导组办公室主任。

95. 10日　全国财政系统2008年关税调整方案地方预备会在湖南省长沙市召开，山西省作为关税工作先进单位进行了经验介绍。

96. 11日　财政厅印发了《山西省财政厅关于重大行政处罚决定备案工作的通知》（晋财法［2007］16号），对重大行政处罚决定备案工作进行了统一部署。

97. 13日　郑建国厅长向孟学农代省长汇报了近年来山西省财政二作的相关情况。

98. 17日　财政厅完成了对办公楼外立

面及夜景照明装修工程，同时更换了办公楼电话和监控线路。

99. 19 日　2007 年度注册资产评估师后续教育培训班在太原举办，全省 239 名中国注册资产评估师按照规定完成了本年度脱产性后续培训任务。

100. 20 日　财政厅组织召开华北、东北地区预算会计研究会（学会）理论研讨会首届四次会议，会议就财政管理的热点、难点问题进行了深入的研讨和交流。石常明副厅长出席会议并讲话，郑建国厅长、胡双明副厅长到会看望了全国预算会计研究会人员和部分省市参会人员。

101. 财政厅下发《关于核定省对市及省对省直管县财政体制基数的通知》（晋财预［2007］68 号），将测定的省对市及省对省直管县财政体制返还基数通知各市和省直管县。

102. 23 日　厅机关合唱团在省直机关"喜迎十七大，颂歌献给党"歌咏比赛中荣获了金奖第二名的好成绩。

103. 25 日　财政厅下发《关于做好省级预算单位公务卡试点前期准备工作的通知》（晋财库［2007］24 号），首批试点单位确定为省公安厅、省财政厅、省财政厅国库支付中心。

10 月

104. 19 日　财政厅组织全体离退休老同志举办了"九九重阳"老年座谈会，张秋明副厅长在会上通报了全省财政收支情况，郑建国厅长解答了老同志关心的问题。

105. 21 日　财政厅举办"财政转移支付制度创新研究"全国财政协作课题第二次研讨会，牛成毅副巡视员参加了会议。

106. 29 日　财政厅与中国人民银行太原中心支行联合制订了《省级财政资金电子收支清算业务管理办法》，加快了山西省财税库银横向联网工作步伐。

107. 财政厅在省财税专科学校分两期举行了全省财政法制专题培训，郑建国厅长做了题为《以过硬的法治能力加速推进法治财政建设进程》的重要讲话，各市财政局分管财政法制工作的领导、法制税政科长和业务骨干，厅机关全体公务员、厅属事业单位负责人及厅驻各市财监处负责人共 280 人参加了本次培训。胡双明副厅长做了培训小结。

11 月

108. 1 日　《山西财政行政执法手册》由山西人民出版社正式出版。

109. 2 日　财政厅下发《关于进一步推进和深化财政国库管理制度改革有关工作的通知》（晋财库［2007］31 号），对全省财政国库管理制度改革工作提出了进一步推进和深化的要求。

110. 4 日　财政厅举办全省第二次会计从业资格考试，全省 2.588 万人参加了此次考试。

111. 6 日　孟学农代省长在晋祠宾馆会见了来访的亚行行长黑田东彦一行，郑建国厅长、王亚副厅长参加了会见。

112. 8 日　省政府在太原市召开全省城市社区卫生工作现场会，胡双明副厅长参会并做了发言，要求全省各级财政部门要建立稳定的城市社区卫生服务筹资和投入机制，切实保障社区公共卫生服务经费，努力推进社区卫生事业取得积极进步。

113. 14 日　财政厅举办《山西财税》与财政宣传工作座谈会，石常明副厅长到会并做了重要讲话，牛成毅副巡视员参会并对《山西财税》与财政宣传工作提出了要求，厅办公室主任常国华同志主持会议并做了总结发言。

114. 23 日　2007 年全省财政决算工作会议在吕梁市召开，会议回顾总结了近几年山西省财政决算工作取得的成绩和存在的问题，表彰了 2006 年度财政总决算和部门决算先进单位，讨论了2007年省对市、市对省直管县年终结算办法。胡双明副厅长参加会议并讲话。

115. 28日　财政厅与中国人民银行太原中心支行联合制发了《省级预算单位公务卡管理暂行办法》（晋财库［2007］33号），标志着山西省公务卡试点工作正式启动。

116. 30日　财政厅完成省直行政事业单位房屋出租出借及租赁办公用房核查工作，并形成了《省级行政事业单位资产清查暨出租出借专项核查工作报告》，基本摸清了省直行政事业单位资产出租出借现状。

117. 29日　财政厅下发《关于下达2007年提高农村五保户供养补助标准转移支付的通知》（晋财预［2007］98号），同时会同省劳动与社会保障厅、省民政厅联合下发了《关于调整企业离退休人员冬季取暖补贴有关问题的通知》（晋劳社厅发［2007］139号）、《关于提高城市居民最低生活保障标准的通知》（晋民字［2007］158号）、《关于提高农村居民最低生活保障补助标准的通知》（晋民字［2007］159号）和《关于提高农村五保供养补助标准的通知》（晋民字［2007］160号），提高了相关社会保障补助标准。

118. 30日　财政厅与省民政厅、省劳动与社会保障厅在太原市召开了全省落实提高部分社会保障标准工作会议，薛延忠常务副省长到会并做了重要讲话。

12月

119. 2日　全省支农资金整合经验交流会议在吕梁市召开，会议总结交流了支农资金整合工作经验，安排布置了下一阶段支农资金整合工作。王亚副厅长出席会议并做重要讲话。

120. 3日　财政厅举行“山西省省级财政资金电子收支清算系统”启动仪式，胡双明副厅长、人民银行太原中心支行刘满生副行长到会并讲话。

121. 4日　财政厅召开全省企业财务会计决算布置培训会议，石常明副厅长到会并讲话。

122. 6日　省评协召开三届五次常务理事会，牛成毅副巡视员到会并讲话，会议选举曹邑平同志为省评协秘书长。

123. 11日　财政厅下发《关于启用新版“山西省罚没票据”的通知》（晋财预［2007］99号），将新票据管理方式由原来的“逐年延用”改为“年票制”，新版票据从2008年1月1日启用。

124. 13日　省政府与中央收入分配制度改革实施情况重点检查组召开省直机关津贴补贴规范实施情况见面会，郑建国厅长、王亚副厅长参加会议，王亚副厅长向检查组做了专题汇报。

125. 15日　财政厅举办离退休人员书画、摄影、技能展览，98位离退休老同志分别展出了他们的作品。

126. 24日　财政厅下发《关于下达提高村级管理费补助标准转移支付资金的通知》（晋财预［2007］110号），决定从2007年起将农村村级管理费补助标准由村均3万元提高到4万元。

127. 26日　财政厅制发《关于表彰全省行政事业单位资产清查先进单位和先进个人的通报》（晋财资［2007］147号），对2007年全省行政事业单位资产清查中做出突出成绩的59个先进单位和253名先进个人进行了表彰。同时，山西省在财政部关于表彰2007年全国行政事业单位资产清查先进单位（地方财政）的评比活动中被评为“全国行政事业单位资产清查工作先进单位”并荣获一等奖。

128. 27日　财政部表彰财政厅为2006年度全国财政系统干部教育培训工作先进单位。

附录

财经统计资料

2007年山西省财政一般预算收支决算总表（之一）

单位：万元

预算科目	2007年调整预算数	2007年决算数	决算为预算%	2006年决算数	2007年决算为上年%	预算科目	2007年调整预算数	2007年决算数	决算为预算%	2006年决算数	2007年决算为上年%
一、税收收入	3 841 921	4 305 002	112.05	3 305 085	130.25	一、一般公共服务	2 368 787	2 100 764	88.69	2 877 203	73.01
增值税	1 406 904	1 461 136	103.85	1 188 365	122.95	二、外交					
营业税	877 924	950 788	108.30	744 806	127.66	三、国防	18 333	18 051	98.46	16 089	112.19
企业所得税	633 333	843 466	133.18	527 204	159.99	四、公共安全	765 829	706 119	92.20	560 091	126.07
企业所得税退税						五、教育	2 093 695	1 812 182	86.55	1 388 746	130.49
个人所得税	177 983	207 426	116.54	156 988	132.13	六、科学技术	164 385	157 971	96.10	90 320	174.90
资源税	227 992	258 857	113.54	203 968	126.91	七、文化体育与传媒	282 580	268 075	94.87	142 238	188.47
固定资产投资方向调节税	85	109	128.24	1	10 900.00	八、社会保障和就业	1 999 540	1 828 223	91.43	1 371 602	133.29
城市维护建设税	268 864	298 619	111.07	256 610	116.37	九、医疗卫生	588 923	520 956	88.46	361 601	144.07
房产税	79 550	85 946	108.04	77 599	110.76	十、环境保护	616 310	433 796	70.39	317 938	136.44
印花税	40 907	52 408	128.11	39 577	132.42	十一、城乡社区事务	685 300	625 721	91.31	456 942	136.94
城镇土地使用税	60 422	57 295	94.82	50 608	113.21	十二、农林水事务	924 040	845 355	91.48	639 313	132.23
土地增值税	4 723	11 311	239.49	4 241	266.71	十三、交通运输	318 630	281 527	88.36	221 158	127.30
车船税	3 914	3 081	78.72	3 271	94.19	十四、工业商业金融等事务	713 751	591 516	82.87	489 792	120.77
耕地占用税	15 011	17 933	119.47	12 442	144.13	十五、其他支出	943 144	308 972	32.76	222 665	138.76
契税	43 755	55 753	127.42	38 885	143.38						
烟叶税	190	874	460.00	520	168.08						
其他税收收入	364										
二、非税收入	1 192 450	1 673 868	140.37	2 528 667	66.20						
专项收入	614 280	960 966	156.44	1 969 464	48.79						
行政事业性收费收入	320 339	370 527	115.67	277 300	133.52						
罚没收入	201 801	252 054	124.90	218 823	115.19						
国有资本经营收入	-13 097	2 254	-17.21	14 129	15.95						
国有资源（资产）有偿使用收入	3 684	52 793	1 433.03	24 359	216.73						
其他收入	65 443	35 274	53.90	24 392	144.61						
本年收入合计	5 034 371	5 978 870	118.76	5 833 752	102.49	本年支出合计	12 483 247	10 499 228	84.11	9 155 698	114.67

2007 年山西省财政一般预算收支决算总表（之二）

单位：万元

预 算 科 目	决算数	预 算 科 目	决算数
本年收入小计	5 978 870	本年支出小计	10 499 228
返还性收入	885 221	财政性转移支付	71 456
增值税和消费税税收返还收入	766 597	体制上解支出	70 318
所得税基数返还收入	118 624	出口退税专项上解支出	1 138
财力性转移支付收入	1 959 627	专项转移支付	14 762
体制补助收入		专项上解支出	14 762
一般性转移支付补助收入	661 200	计划单列市上解省支出	
民族地区转移支付补助收入			
调整工资转移支付补助收入	883 199		
农村义务教育补助收入	73 724		
农村税费改革补助收入	143 109		
缓解县乡困难转移支付补助收入	77 377		
结算补助收入	22 803		
企事业单位预算划转补助收入	88 215		
其他财力性转移支付收入	10 000		
专项转移支付收入	2 189 020		
专项补助收入	1 984 253		
增发国债补助收入	204 767		
省补助计划单列市收入		增设预算周转金	32 801
国债转贷收入	9 170	拨付国债转贷资金数	12 187
国债转贷资金上年结余	4 185	国债转贷资金结余	1 168
国债转贷转补助			
上年结余	1 491 584	调出资金	21 276
调入资金	88 324	年终结余	1 953 123
1. 政府性基金调入	68 738	其中：本级	715 246
2. 预算外调入	8 394	减：结转下年的支出	1 808 727
3. 其他调入	11 192	其中：本级	664 153
		净结余	144 396
		其中：本级	51 093
总 计	12 606 001	总 计	12 606 001

2007年山西省财政一般预算收入明细表

单位：万元

预 算 科 目	2006年决算数	2007年决算数	决算为上年%
一般预算收入合计	5 833 752	5 978 870	2.49
一、税收收入	3 305 085	4 305 002	30.25
增值税	1 188 365	1 461 136	22.95
国有企业增值税	202 080	228 749	13.20
集体企业增值税	123 536	110 947	-10.19
股份制企业增值税	624 857	823 656	31.82
联营企业增值税	3 844	3 572	-7.08
港澳台和外商投资企业增值税	54 481	77 365	42.00
私营企业增值税	132 765	167 094	25.86
其他增值税	29 191	38 233	30.98
增值税税款滞纳金、罚款收入	6 720	6 467	-3.76
福利企业增值税退税	-16 284	-18 127	11.32
软件集成电路增值税退税	-281	-437	55.52
三线搬迁增值税退税	-142	-418	194.37
民贸企业增值税退税			
宣传文化单位增值税退税	-1 334	-634	-52.47
森工综合利用增值税退税		-103	
其他增值税退税	-6 342	-8 727	37.61
免抵调增增值税	35 274	33 499	-5.03
营业税	744 806	950 788	27.66
金融保险业营业税（地方）	112 687	162 297	44.02
一般营业税	631 015	787 365	24.78
营业税税款滞纳金、罚款收入	1 104	1 126	1.99
营业税退税			
企业所得税	527 204	843 466	59.99
国有冶金工业所得税	1 101	2 801	154.41
国有有色金属工业所得税			
国有煤炭工业所得税	35 042	44 813	27.88
国有电力工业所得税	9 143	19 658	115.01
国有石油和化学工业所得税	260	503	93.46
国有机械工业所得税	95	-2	-102.11

续表

预　算　科　目	2006 年决算数	2007 年决算数	决算为上年%
国有汽车工业所得税			
国有核工业所得税	6	7	16.67
国有航空工业所得税			
国有航天工业所得税	148	186	25.68
国有电子工业所得税	9	10	400.00
国有兵器工业所得税	11	5	-54.55
国有船舶工业所得税			
国有建筑材料工业所得税	3		-100.00
国有烟草企业所得税	10 550	15 885	50.57
国有纺织企业所得税	11	24	118.18
国有铁道企业所得税	95	466	390.53
国有交通企业所得税	1 385	7 021	406.93
国有民航企业所得税			
国有外贸企业所得税	2		-100.00
国有银行所得税	1		-100.00
国有非银行金融企业所得税	60	48	-20.00
国有保险企业所得税	3	11	266.67
国有文教企业所得税	1 543	704	-54.37
国有水产企业所得税			
国有森林工业企业所得税			
国有电信企业所得税	474	555	17.09
国有农垦企业所得税			
其他国有企业所得税	41 304	53 361	29.19
集体企业所得税	77 816	71 689	-7.87
股份制企业所得税	257 249	549 488	113.60
联营企业所得税	885	4 583	417.85
港澳台和外商投资企业所得税	67 410	43 325	-35.73
私营企业所得税	17 216	19 258	11.86
其他企业所得税	2 376	4 710	98.23
企业所得税税款滞纳金、罚款收入	3 013	4 357	44.61
企业所得税退税			

续表

预 算 科 目	2006 年决算数	2007 年决算数	决算为上年%
个人所得税	156 988	207 426	32. 13
其中：利息所得税	53 807	62 344	15. 87
资源税	203 968	258 857	26. 91
固定资产投资方向调节税	1	109	10 800. 00
城市维护建设税	256 610	298 619	16. 37
房产税	77 599	85 946	10. 76
印花税	39 577	52 408	32. 42
证券交易印花税			
其他印花税	38 943	51 809	33. 04
印花税税款滞纳金、罚款收入	634	599	-5. 52
城镇土地使用税	50 608	57 295	13. 21
土地增值税	4 241	11 311	166. 71
车船税	3 271	3 081	-5. 81
耕地占用税	12 442	17 933	44. 13
契税	38 885	55 753	43. 38
烟叶税	520	874	68. 08
其他税收收入			
二、非税收入	2 528 667	1 673 868	-33. 80
专项收入	1 969 464	960 966	-51. 21
排污费收入	138 057	250 861	81. 71
水资源费收入	23 005	25 698	11. 71
教育费附加收入	133 817	179 862	34. 41
矿产资源补偿费收入	27 785	36 291	30. 61
探矿权、采矿权使用费及价款收入	1 606 966	424 581	-73. 58
内河航道养护费收入			
公路运输管理费收入	39 834	43 673	9. 64
水路运输管理费收入			
场外核应急准备收入			
其他专项收入			
行政事业性收费收入	277 500	370 527	33. 52
公安行政事业性收费收入	42 902	64 161	49. 55

续表

预 算 科 目	2006 年决算数	2007 年决算数	决算为上年%
法院行政事业性收费收入	20 641	20 115	-2.55
司法行政事业性收费收入	311	555	78.46
外交行政事业性收费收入		80	
工商行政事业性收费收入	20 002	30 723	53.60
商贸行政事业性收费收入	8 611	16 076	86.69
财政行政事业性收费收入	1 471	2 219	50.85
税务行政事业性收费收入	9	9	
审计行政事业性收费收入		191	
人口和计划生育行政事业性收费收入	11 924	15 210	27.56
人事部门行政事业性收费收入	4 186	4 800	14.67
外专局行政事业性收费收入			
保密行政事业性收费收入			
质量监督检验检疫行政事业性收费收入	5 079	6 947	36.78
出版行政事业性收费收入	18	72	300.00
安全生产行政事业性收费收入	529	26 923	4 989.41
档案行政事业性收费收入		7	
贸促会行政事业性收费收入			
宗教行政事业性收费收入			
人防办行政事业性收费收入	6 927	5 826	-15.89
文化行政事业性收费收入	42	21	-50.00
教育行政事业性收费收入	116	92	-20.69
科技行政事业性收费收入			
体育行政事业性收费收入		2	
发展与改革（物价）行政事业性收费收入	16	7 132	44 475.00
统计行政事业性收费收入		39	
国土资源行政事业性收费收入	28 988	39 077	34.80
建设行政事业性收费收入	44 505	53 548	20.32
知识产权行政事业性收费收入			
环保行政事业性收费收入	6 760	12 900	90.83
旅游行政事业性收费收入		116	
海洋行政事业性收费收入			

续表

预 算 科 目	2006年决算数	2007年决算数	决算为上年%
测绘行政事业性收费收入		104	
烟草行政事业性收费收入			
民航行政事业性收费收入			
交通行政事业性收费收入	2 909	7 174	146.61
信息产业行政事业性收费收入	345	400	15.94
农业行政事业性收费收入	1 562	1 792	14.72
林业行政事业性收费收入	789	1 295	64.13
水利行政事业性收费收入	11 725	17 843	52.18
卫生行政事业性收费收入	6 472	8 161	26.10
食品药品监督行政事业性收费收入	451	545	20.84
民政行政事业性收费收入	278	414	48.92
劳动保障行政事业性收费收入	554	1 343	142.42
电力市场监管行政事业性收费收入			
仲裁委行政事业性收费收入			
监察行政事业性收费收入		25	
外文局行政事业性收费收入			
其他行政事业性收费收入	49 378	24 590	-50.20
罚没收入	218 823	252 054	15.19
一般罚没收入	218 345	252 656	15.71
公安罚没收入	78 842	72 821	-7.64
检察院罚没收入	7 280	7 158	-1.68
法院罚没收入	3 650	5 108	39.95
工商罚没收入	7 029	8 868	26.16
新闻出版罚没收入		13	
技术监督罚没收入	4 423	4 694	6.13
税务部门罚没收入	469	2 071	341.58
海关罚没收入	25	30	20.00
食品药品监督罚没收入	2 011	1 865	-7.26
卫生罚没收入	275	390	41.82
检验检疫罚没收入		1	
证监会罚没收入			

续表

预　算　科　目	2006年决算数	2007年决算数	决算为上年%
保监会罚没收入			
交通罚没收入	17 861	25 414	42.29
铁道罚没收入		6	
审计罚没收入	1 356	8 594	533.78
渔政罚没收入			
其他一般罚没收入	95 124	115 623	21.55
缉毒罚没收入	492	598	21.54
罚没收入退库	-14	-1 200	8 471.43
国有资本经营收入	14 129	2 254	-84.05
国有资本投资收益	33 602	13 279	-60.48
国有企业计划亏损补贴	-24 026	-30 721	27.87
产权转让收入	4 553	19 696	332.59
国有资本经营收益退库			
国有资源（资产）有偿使用收入	24 359	52 793	116.73
海域使用金收入			
场地和矿区使用费收入	4		-100.00
专项储备物资销售收入			
利息收入	24 355	50 700	108.17
非经营性国有资产出租收入		439	
出租车经营权有偿出让和转让收入		171	
其他国有资源（资产）有偿使用收入		1 483	
其他收入	24 392	35 274	44.61
捐赠收入	150	2 284	1 422.67
基本建设收入	190		-100.00
其他收入	24 052	32 990	37.16

2007 年山西省一般预算收入分市明细表

单位：万元

预算科目	全省收入合计	省本级	地市小计	太原市	大同市	阳泉市	长治市	晋城市	朔州市	忻州市	晋中市	吕梁市	临汾市	运城市
一般预算收入合计	5 978 870	1 584 525	4 394 345	884 170	367 060	216 204	497 506	340 783	302 023	231 768	410 153	383 317	471 259	290 102
税收收入	4 305 002	1 193 394	3 111 608	737 495	258 479	162 283	321 904	273 009	209 660	148 263	214 990	242 254	315 131	228 140
增值税	1 461 136	438 341	1 022 795	191 380	88 525	51 845	98 606	78 303	75 085	43 724	73 315	107 120	124 063	90 829
国内增值税	1 461 136	438 341	1 022 795	191 380	88 525	51 845	98 606	78 303	75 085	43 724	73 315	107 120	124 063	90 829
国有企业增值税	228 749	68 624	160 125	30 446	28 256	7 808	11 630	9 406	21 024	11 027	5 151	11 957	12 784	10 636
集体企业增值税	110 947	33 284	77 663	5 150	12 065	4 636	7 990	5 783	7 948	1 829	5 530	12 310	9 882	4 540
股份制企业增值税	823 656	247 096	576 560	95 471	32 469	36 346	73 520	46 978	33 103	24 849	52 722	49 272	83 813	48 017
联营企业增值税	3 572	1 072	2 500	28	238	25	875	503		52	259	234	286	
港澳台和外商投资企业增值税	77 365	23 209	54 156	8 093	4 577	982	714	10 050	3 881	78	6 084	8 003	4 293	7 401
私营企业增值税	167 094	50 129	116 965	42 690	4 616	1 327	1 480	4 069	5 467	2 325	2 069	21 478	10 354	21 090
其他增值税	38 233	11 469	26 764	4 229	1 635	1 807	2 081	964	1 977	2 443	1 953	3 912	3 053	2 710
增值税税款滞纳金、罚款收入	6 467	1 941	4 526	693	445	100	302	273	124	158	480	855	705	391
福利企业增值税退税	−18 127	−5 438	−12 689	−1 178	−180	−863	−284	−511	−78	−537	−2 384	−1 353	−1 885	−3 436
软件集成电路增值税退税	−437	−131	−306	−305							−1			
三线搬迁增值税退税	−418	−125	−293	−3				−9					−246	−35
民贸企业增值税退税														
宣传文化单位增值税退税	−634	−190	−444	−154	−20		−25	−9		−23	−15	−68	−50	−80
森工综合利用增值税退税	−103	−31	−72											−72
其他增值税退税	−8 727	−2 617	−6 110	−1 356	−801	−1 079	−181	−488	−321	−10	−81	−102	−169	−1 522
免抵调增增值税	33 499	10 049	23 450	7 576	5 225	756	504	1 294	1 960	1 533	1 548	622	1 243	1 189
营业税	950 788	345 968	604 820	186 071	48 776	31 341	55 432	39 918	26 063	29 953	56 419	35 835	58 268	36 744

续表

预算科目	全省收入合计	省本级	地市小计	太原市	大同市	阳泉市	长治市	晋城市	朔州市	忻州市	晋中市	吕梁市	临汾市	运城市
企业所得税	843 466	269 200	574 266	148 439	29 407	27 008	83 230	76 776	39 984	28 020	24 379	33 653	40 988	42 382
企业所得税退税														
个人所得税	207 426	62 228	145 198	36 514	15 682	8 152	17 085	12 364	6 568	8 183	11 104	8 161	13 865	7 520
资源税	258 857	77 657	181 200	11 651	17 593	12 817	17 867	20 576	28 384	17 142	8 573	23 000	20 028	3 569
固定资产投资方向调节税	109		109				85						24	
城市维护建设税	298 619		298 619	78 844	33 920	14 717	25 645	22 945	22 594	8 721	19 181	19 499	32 311	20 242
房产税	85 946		85 946	26 161	7 119	6 185	5 319	6 274	3 117	3 058	6 288	3 380	7 481	11 564
印花税	52 408		52 408	16 226	5 394	3 232	4 242	3 027	2 407	1 432	3 543	3 169	5 653	4 083
城镇土地使用税	57 295		57 295	12 412	5 797	2 973	6 645	6 911	2 061	1 978	5 484	3 858	3 968	5 208
土地增值税	11 311		11 311	3 042	696	424	978	882	128	916	1 222	620	1 437	966
车船税	3 081		3 081	274	119	367	473	761	41	118	460	93	188	187
耕地占用税	17 933		17 933	3 870	859	282	2 153	1 017	844	1 426	1 170	1 504	2 724	2 084
契税	55 753		55 753	22 611	4 592	2 940	3 957	3 255	2 384	3 592	3 852	2 362	3 922	2 286
烟叶税	874		874				187						211	476
其他税收收入														
非税收入	1 673 868	391 131	1 282 737	146 675	108 581	53 921	175 602	67 774	92 363	83 505	195 163	141 063	156 128	61 962
专项收入	960 966	227 669	733 297	84 076	63 933	25 063	132 010	28 289	37 958	40 971	128 551	70 423	79 879	42 144
排污费收入	250 861	41 913	208 948	29 603	6 221	3 734	23 474	5 528	5 515	11 295	16 127	36 757	44 608	26 086
水资源费收入	25 698	4 997	20 701	1 756	1 581	1 173	2 538	2 039	922	2 028	1 268	2 138	2 461	2 797
教育费附加收入	179 862		179 862	36 197	17 073	9 159	17 995	13 517	15 482	9 247	11 151	13 663	24 420	11 958
矿产资源补偿费收入	36 291	15 884	20 407	1 257	2 921	1 141	4 369	3 760	2 883	794	1 053	1 134	959	136
探矿权、采矿权使用费及价款收入	424 581	121 202	303 379	15 263	36 137	9 856	83 634	3 445	13 156	17 607	98 952	16 731	7 431	1 167

续表

预算科目	全省收入合计	省本级	地市小计	太原市	大同市	阳泉市	长治市	晋城市	朔州市	忻州市	晋中市	吕梁市	临汾市	运城市
内河航道养护费收入														
公路运输管理费收入	43 673	43 673												
水路运输管理费收入														
场外核应急准备收入														
其他专项收入														
行政事业性收费收入	370 527	118 536	251 991	43 077	21 222	11 891	22 122	17 741	19 800	19 729	30 658	30 637	30 858	4 256
公安行政事业性收费收入	64 161	32 348	31 813	5 246	4 304	810	2 939	2 078	1 928	2 381	3 242	3 807	4 856	222
法院行政事业性收费收入	20 115	5 043	15 072	4 614	941	911	1 653	369	462	783	1 632	932	2 477	298
司法行政事业性收费收入	555	2	553	10	163	62	4	6		33	106	40	128	1
外交行政事业性收费收入	80	80												
工商行政事业性收费收入	30 723	30 669	54		5					2		1	46	
商贸行政事业性收费收入	16 076	15 106	970		48	4	198	646		5	3	19	43	4
财政行政事业性收费收入	2 219	1 389	830	448	82	73	8	38	2	23	10	35	108	3
税务行政事业性收费收入	9		9		1				5		3			
审计行政事业性收费收入	191	7	184			2				182				
人口和计划生育行政事业性收费收入	15 210		15 210	1 333	1 001	539	1 328	2 111	460	824	3 222	1 833	1 202	1 357
人事部门行政事业性收费收入	4 800	2 588	2 212	441	102	161	192	286	54	190	162	358	254	12
外专局行政事业性收费收入														
保密行政事业性收费收入														
质量监督检验检疫行政事业性收费收入	6 947	6 942	5							5				
出版行政事业性收费收入	72	20	52	1	33	1	11						6	

续表

预算科目	全省收入合计	省本级	地市小计	太原市	大同市	阳泉市	长治市	晋城市	朔州市	忻州市	晋中市	吕梁市	临汾市	运城市
安全生产行政事业性收费收入	26 923		26 923	270	601	2 297	3 530	3 463	3 171	376	2 272	7 333	3 608	2
档案行政事业性收费收入	7		7	1				1			4		1	
贸促会行政事业性收费收入														
宗教行政事业性收费收入														
人防办行政事业性收费收入	5 826	517	5 309	1 880	760	696	472	247	240	97	250	33	583	51
文化行政事业性收费收入	21		21			5				3		5	6	2
教育行政事业性收费收入	92		92		12		24			33		7	11	5
科技行政事业性收费收入														
体育行政事业性收费收入	2		2								1		1	
发展与改革（物价）行政事业性收费收入	7 132	6 224	908	34	21	18	77	124	20	290	44	177	94	9
统计行政事业性收费收入	39	11	28	2			2				9	15		
国土资源行政事业性收费收入	39 077	439	38 638	6 122	1 598	526	4 206	2 086	4 433	2 726	6 033	5 509	4 101	1 298
建设行政事业性收费收入	53 548	829	52 719	14 368	5 148	3 704	3 385	2 200	1 867	6 318	5 693	3 916	5 598	522
知识产权行政事业性收费收入														
环保行政事业性收费收入	12 900	3 622	9 278	1 097	250	298	338	520	494	493	2 100	1 630	1 989	69
旅游行政事业性收费收入	116	116												
海洋行政事业性收费收入														
测绘行政事业性收费收入	104	84	20							10			10	
烟草行政事业性收费收入														
民航行政事业性收费收入														
交通行政事业性收费收入	7 174	4 563	2 611	331	53	107	194		12	88	870	1	955	
信息产业行政事业性收费收入	400	400												

续表

预算科目	全省收入合计	省本级	地市小计	太原市	大同市	阳泉市	长治市	晋城市	朔州市	忻州市	晋中市	吕梁市	临汾市	运城市
农业行政事业性收费收入	1 792	22	1 770	249	98	64	226	79	72	115	252	249	295	71
林业行政事业性收费收入	1 295	38	1 257	228	9	40	177	58	41	47	85	453	118	1
水利行政事业性收费收入	17 843	2 391	15 452	3 129	644	432	1 471	546	86	1 852	713	3 195	3 228	156
卫生行政事业性收费收入	8 161	831	7 330	2 613	470	581	667	189	84	605	744	588	694	165
食品药品监督行政事业性收费收入	545	437	108		12			13	18	21		3	41	
民政行政事业性收费收入	414	173	241	12	27	27	16	12	2	7	15	90	26	7
劳动保障行政事业性收费收入	1 343		1 343	35	377	132	76	253	43	38	24	283	81	1
电力市场监管行政事业性收费收入														
仲裁委行政事业性收费收入														
编办行政事业性收费收入														
党校行政事业性收费收入														
监察行政事业性收费收入	25		25							25				
外文局行政事业性收费收入														
国资委行政事业性收费收入														
其他行政事业性收费收入	24 590	3 645	20 945	613	4 462	401	928	2 416	6 306	2 157	3 169	125	368	
罚没收入	252 054	30 819	221 235	22 351	18 586	5 939	17 635	14 267	12 441	20 969	27 995	28 336	39 339	13 377
一般罚没收入	252 656	30 225	222 431	22 351	18 586	5 939	17 635	14 267	12 441	20 968	27 995	28 336	40 539	13 374
公安罚没收入	72 821	6 027	66 794	5 712	9 341	2 862	2 208	954	4 818	8 809	13 216	4 621	9 334	4 919

续表

预算科目	全省收入合计	省本级	地市小计	太原市	大同市	阳泉市	长治市	晋城市	朔州市	忻州市	晋中市	吕梁市	临汾市	运城市
检察院罚没收入	7 158	600	6 558	914	114	135	568	561	82	955	882	1 109	819	419
法院罚没收入	5 108	3	5 105	1 088	38	389	229	479	338	223	825	399	696	401
工商罚没收入	8 868	8 746	122								105	10		7
新闻出版罚没收入	13		13				13							
技术监督罚没收入	4 694	4 652	42							42				
税务部门罚没收入	2 071		2 071	334	69	10	389	388	21	76	365	70	171	178
海关罚没收入	30	30												
食品药品监督罚没收入	1 865	1 849	16				1	1				8	1	5
卫生罚没收入	390	19	371	36		10	148	42	4	18	12	19	35	47
检验检疫罚没收入	1		1	1										
证监会罚没收入														
保监会罚没收入														
交通罚没收入	25 414	33	25 381	3 196	665	1 108	2 152	2 391	179	4 092	2 281	6 227	1 796	1 294
铁道罚没收入	6	6												
审计罚没收入	8 594	289	8 305	212	3 128	10	734	779	129	538	981	188	1 422	184
渔政罚没收入														
其他一般罚没收入	115 623	7 971	107 652	10 858	5 231	1 415	11 193	8 672	6 870	6 215	9 328	15 685	26 265	5 920
缉毒罚没收入	598	594	4							1				3
罚没收入退库	-1 200		-1 200										-1 200	
国有资本经营收入	2 254	-15 770	18 024	-12 249	2 662	2 840	1 681	4 691	60	512	5 714	8 362	3 720	31

续表

预算科目	全省收入合计	省本级	地市小计	太原市	大同市	阳泉市	长治市	晋城市	朔州市	忻州市	晋中市	吕梁市	临汾市	运城市
国有资本投资收益	13 279		13 279		1 510	810	692	4 691		10	3 184	1 459	900	23
国有企业计划亏损补贴	-30 721	-15 770	-14 951	-12 280	-905	-870			-896					
产权转让收入	19 696		19 696	31	2 057	2 900	989		956	502	2 530	6 903	2 820	8
国有资本经营收益退库														
国有资源（资产）有偿使用收入	52 793	29 784	23 009	3 316	2 178	1 303	2 020	2 786	2 206	1 214	1 367	2 243	2 244	2 132
海域使用金收入														
场地和矿区使用费收入														
专项储备物资销售收入														
利息收入	50 700	29 784	20 916	3 028	2 172	743	2 017	2 756	1 376	1 148	1 184	2 239	2 121	2 132
国库存款利息收入	32 851	13 260	19 591	2 571	1 851	508	2 017	2 665	1 309	1 106	1 106	2 233	2 093	2 132
有价证券利息收入														
其他利息收入	17 849	16 524	1 325	457	321	235		91	67	42	78	6	28	
非经营性国有资产出租收入	439		439	275	2	57		30		1	22	2	50	
出租车经营权有偿出让和转让收入	171		171							10	161			
其他国有资源（资产）有偿使用收入	1 483		1 483	13	4	503	3		830	55		2	73	
其他收入	35 274	93	35 181	6 104		6 885	134		19 898	110	878	1 062	88	22
捐赠收入	2 284		2 284			271			1 795		87	131		
基本建设收入														
其他收入	32 990	93	32 897	6 104		6 614	134		18 103	110	791	931	88	22

2007年山西省一般预算支出分市明细表

单位：万元

预算科目	全省支出合计	省本级	地市小计	太原市	大同市	阳泉市	长治市	晋城市	朔州市	忻州市	晋中市	吕梁市	临汾市	运城市
一般预算支出合计	10 499 228	2 728 834	7 770 394	1 156 529	745 717	335 191	788 776	540 495	441 174	659 877	721 064	754 600	904 763	722 208
一般公共服务	2 100 764	514 591	1 586 173	146 420	151 435	73 143	220 787	105 011	90 889	147 327	197 754	153 005	173 405	126 997
人大事务	53 476	11 256	42 220	4 892	3 878	2 053	5 067	3 715	2 247	3 559	2 491	4 217	5 646	4 455
政协事务	31 308	3 154	28 154	3 294	2 396	1 235	3 469	2 269	1 365	2 373	1 826	3 280	3 855	2 792
政府办公厅（室）及相关机构事务	476 654	50 507	426 147	38 015	40 622	16 494	47 631	29 659	21 963	48 952	31 698	53 251	57 566	40 296
发展与改革事务	46 720	6 904	39 816	4 698	4 006	2 895	4 852	3 197	2 032	3 965	2 509	3 830	4 127	3 705
统计信息事务	23 455	3 215	20 240	1 576	1 901	1 356	1 957	2 634	1 341	1 740	1 369	1 876	2 274	2 216
财政事务	101 240	14 952	86 288	7 511	10 117	3 559	9 684	4 752	6 216	8 225	7 509	8 683	10 560	9 472
税收事务	159 248	102 027	57 221	16 729	3 618	7 225	5 602	4 623	1 160	3 179	5 045	5 469	1 884	2 687
审计事务	22 513	2 013	20 500	1 593	2 048	1 009	2 747	1 781	1 552	1 912	1 704	1 551	2 291	2 312
海关事务	2 406	300	2 106					48	2 000			18	40	
人事事务	34 938	11 957	22 981	2 482	3 272	774	2 827	2 304	809	2 110	2 054	2 017	2 355	1 977
纪检监察事务	29 844	3 389	26 455	2 746	2 379	1 319	2 490	2 061	1 334	2 346	1 910	2 640	3 263	3 967
人口与计划生育事务	86 200	7 393	78 807	6 579	6 844	4 033	7 788	6 670	4 117	5 740	8 769	8 508	9 983	9 776
商贸事务	38 749	7 378	31 371	3 798	2 645	2 272	3 165	2 336	2 830	2 538	1 841	3 094	2 695	4 157
知识产权事务	476	400	76	76										
工商行政管理事务	73 740	72 292	1 448	157	38	46	217	434	25	12	160	261	90	8
食品和药品监督管理事务	19 960	19 006	954	82	25	40	32	117	45	22	39	415	100	37
质量技术监督与检验检疫事务	30 093	29 351	742	238	39	25	81	77	3	1	27	83	43	125
国土资源事务	557 239	122 145	435 094	24 055	43 009	17 569	93 323	19 439	20 393	34 748	109 637	29 717	30 817	12 387
海洋管理事务														
测绘事务	3 503	2 890	613				113		406				94	

续表

预算科目	全省支出合计	省本级	地市小计	太原市	大同市	阳泉市	长治市	晋城市	朔州市	忻州市	晋中市	吕梁市	临汾市	运城市
地震事务	5 431	1 295	4 136	630	504	195	282	226	298	268	289	160	651	633
气象事务	6 771	1 616	5 155	326	518	306	457	439	774	182	448	450	588	667
民族事务	235	186	49			21		19			1		8	
宗教事务	2 437	813	1 624	323	179	43	291	67	83	158	65	123	156	136
港澳台侨事务	1 212	336	876	159	78	6	32	108		90	52	123	75	153
档案事务	8 717	1 361	7 356	704	874	365	810	465	417	604	466	929	1 056	666
共产党事务	216 405	23 515	192 890	19 522	17 946	8 131	21 452	14 582	15 863	19 000	13 340	16 443	27 002	19 609
民主党派及工商联事务	8 153	2 472	5 681	1 119	515	370	438	178	306	439	299	272	979	766
群众团体事务	32 646	7 162	25 484	3 302	2 977	1 524	3 895	1 586	2 024	1 725	1 534	2 968	2 345	1 604
国债事务	6 939	3 074	3 865	572			1 483					974	836	
其他一般公共服务支出	20 056	2 232	17 824	1 242	1 007	278	602	1 225	1 286	3 439	2 672	1 653	2 026	2 394
外交														
国防	18 051	9 637	8 414	2 597	1 220	776		398	843	601	762	865		352
预备役部队	2 812	1 160	1 652	451	625	261			182	67	48	4		14
民兵	6 152	3 433	2 719	1 315	128	183		148	211	90	367	266		11
其他国防支出	9 087	5 044	4 043	831	467	332		250	450	444	347	595		327
公共安全	706 119	169 958	536 161	97 576	59 539	24 707	50 442	36 202	30 402	39 082	42 272	45 440	71 809	38 690
武装警察	35 343	5 076	30 267	7 285	3 827	1 505	2 642	2 089	2 194	975	1 474	4 388	3 471	417
公安	413 136	65 688	347 448	67 459	39 245	13 868	30 165	22 388	19 070	26 336	29 182	26 506	48 383	24 846
国家安全	7 298	6 624	674	103	90	50	175	160	10		16	50		20
检察	68 786	9 027	59 759	8 246	5 487	3 319	6 433	4 531	3 684	4 464	3 968	6 136	8 220	5 271

续表

预算科目	全省支出合计	省本级	地市小计	太原市	大同市	阳泉市	长治市	晋城市	朔州市	忻州市	晋中市	吕梁市	临汾市	运城市
法院	87 753	15 059	72 694	10 743	6 506	4 380	8 569	5 707	3 900	5 209	6 152	6 175	9 127	6 226
司法	24 223	3 734	20 489	1 826	2 690	1 009	2 427	1 208	1 380	1 982	1 413	2 136	2 551	1 867
监狱	50 798	50 793	5											5
劳教	17 798	13 627	4 171	1 914	1 686	571								
国家保密	728	330	398					29	164		67	48	52	38
缉私警察														
其他公安安全支出	256		256		8	5	31	90		116		1	5	
教育	1 812 182	238 546	1 573 636	199 543	156 559	71 346	162 429	108 766	90 212	133 523	125 159	186 591	173 253	166 255
教育管理事务	41 183	3 672	37 511	2 885	3 152	2 104	4 455	2 013	4 631	3 480	1 774	3 887	3 460	5 670
普通教育	1 362 203	174 337	1 187 866	135 611	116 851	51 548	119 673	82 747	65 438	105 542	100 591	149 265	131 183	129 417
职业教育	173 891	52 984	120 907	17 959	15 132	6 012	14 956	5 760	9 747	10 216	8 181	9 848	11 246	11 850
成人教育	2 497	1 128	1 369	189	104	90	75	71	56	174	49	283	103	175
广播电视教育	4 521	797	3 724	1 336	511	356	136	319	247	84	72	314	219	130
留学教育	1 197	1 197												
特殊教育	5 782	25	5 757	1 444	825	257	588	394	378	328	358	510	439	236
教师进修及干部继续教育	34 913	4 382	30 531	4 246	2 866	1 821	4 552	1 317	1 820	2 794	1 386	4 299	2 883	2 547
教育附加及基金支出	165 300		165 300	33 548	14 067	8 985	17 340	16 145	7 704	8 395	11 396	12 671	22 472	12 577
其他教育支出	20 695	24	20 671	2 325	3 051	173	654		191	2 510	1 352	5 514	1 248	3 653
科学技术	157 971	66 645	91 326	34 608	6 159	4 401	9 014	7 115	3 456	4 657	5 866	3 400	7 440	5 210
科学技术管理事务	10 878	1 795	9 083	1 314	996	439	845	606	715	654	446	1 268	1 060	740
基础研究	2 275	996	1 279	503	106		17		232	250	56	10	105	

续表

预算科目	全省支出合计	省本级	地市小计	太原市	大同市	阳泉市	长治市	晋城市	朔州市	忻州市	晋中市	吕梁市	临汾市	运城市
应用研究	24 685	10 982	13 703	11 383	503	45	802	475		208		53	230	4
技术研究与开发	93 403	39 685	53 718	19 233	2 638	3 170	6 659	4 898	2 051	1 799	4 672	1 199	4 431	2 968
科技条件与服务	5 269	3 563	1 706	111	382	332	114	253		178	11	250	17	58
社会科学	1 992	1 336	656	312	33		48		41		55	3	126	38
科学技术普及	7 854	2 068	5 786	1 634	833	344	250	559	244	390	381	408	425	318
科技交流与合作	1 054	675	379	7	357	10			5					
其他科学技术支出	10 561	5 545	5 016	111	311	61	279	324	168	1 178	245	209	1 046	1 084
文化体育与传媒	268 075	126 131	141 944	17 859	12 143	8 840	17 447	10 298	16 687	9 320	9 041	15 249	15 251	9 809
文化	101 153	39 470	61 683	6 112	5 243	5 516	7 191	4 676	8 762	3 781	3 867	6 199	6 400	3 936
文物	28 571	12 912	15 659	2 342	1 129	142	1 023	731	2 718	400	573	2 518	2 489	1 594
体育	70 153	49 742	20 411	5 488	2 008	557	4 354	1 104	686	1 287	1 676	1 170	834	1 247
广播影视	50 700	15 859	34 841	2 680	3 178	2 213	3 852	3 022	2 215	3 400	2 390	4 604	4 553	2 734
新闻出版	8 832	1 727	7 105	738	468	343	993	730	2 250	368	220	677	49	269
其他文化体育与传媒支出	8 666	6 421	2 245	499	117	69	34	35	56	84	315	81	926	29
社会保障和就业	1 828 223	618 364	1 209 859	221 695	126 388	54 239	85 328	106 053	40 150	109 349	126 741	72 279	153 611	114 026
社会保障和就业管理事务	56 246	6 988	49 258	8 130	3 991	2 682	3 573	3 547	3 381	4 465	3 883	5 049	5 608	4 949
民政管理事务	27 493	2 127	25 366	6 306	2 010	1 444	2 235	1 198	1 123	2 633	1 664	1 913	3 010	1 830
财政对社会保险基金的补助	451 147	152 735	298 412	81 651	29 356	17 676	26 387	10 630	8 937	23 239	33 523	17 744	30 523	18 746
财政对基本养老保险基金的补助	433 635	152 735	280 900	81 312	26 549	15 978	25 590	10 323	7 983	20 188	33 236	14 039	27 639	18 063
财政对失业保险基金的补助	1 696		1 696	10	30	252			85	515			779	25

续表

预算科目	全省支出合计	省本级	地市小计	太原市	大同市	阳泉市	长治市	晋城市	朔州市	忻州市	晋中市	吕梁市	临汾市	运城市
财政对基本医疗保险基金的补助	5 438		5 438	137	415	980	40		787	2 182		45	275	577
财政对工伤保险基金的补助	37		37							37				
财政对生育保险基金的补助	429		429				153		82	180		10	4	
财政对其他社会保险基金的补助	9 912		9 912	192	2 362	466	604	307		137	287	3 650	1 826	81
行政事业单位离退休	476 333	148 433	327 900	35 863	13 270	5 634	14 569	30 101	5 728	36 257	53 342	11 853	72 275	49 008
企业改革补助	331 931	273 245	58 686	3 535	1 497	2 480	5 169	39 000	1 976	51	1 563	917	2 418	80
就业补助	112 247	9 319	102 928	32 442	14 962	8 956	5 504	3 763	2 144	8 638	7 214	6 938	5 140	7 227
抚恤	69 894	3 823	66 071	5 116	4 794	2 169	6 723	5 832	3 596	8 452	7 276	6 507	7 353	8 253
退役安置	30 200	3 326	26 874	8 556	2 264	841	2 290	817	524	1 836	2 494	1 321	3 636	2 295
社会福利	7 440	257	7 183	1 966	1 265	305	948	402	198	440	469	546	254	390
残疾人事业	9 823	1 508	8 315	741	876	423	909	658	458	627	699	650	1 119	1 155
城市居民最低生活保障	102 147		102 147	14 260	21 794	4 486	6 045	3 571	5 525	9 484	6 213	8 300	12 447	10 022
其他城镇社会救济	3 016		3 016	677	537	208	56	134	34	211	280	126	601	152
自然灾害生活救助	26 565	200	26 365	891	2 823	741	1 959	1 220	1 123	3 913	2 223	4 459	2 878	4 135
红十字事业	763	133	630	76	158	27	17	109	4	35	54		116	34
农村最低生活保障	21 528		21 528	3 003	2 981	861	2 353	2 161	1 013	1 672	2 124	1 779	1 853	1 728
其他农村社会救济	30 313		30 313	2 064	2 029	1 499	2 997	1 555	3 806	3 793	1 972	4 170	3 227	3 201
其他社会保障和就业支出	71 137	16 270	54 867	16 418	21 781	3 807	3 594	1 355	580	3 603	1 748	7	1 153	821
医疗卫生	520 956	83 456	437 500	56 118	40 266	18 737	45 341	30 178	22 333	38 774	36 113	50 931	53 129	45 580

续表

预 算 科 目	全省支出合计	省本级	地市小计	太原市	大同市	阳泉市	长治市	晋城市	朔州市	忻州市	晋中市	吕梁市	临汾市	运城市
医疗卫生管理事务	25 963	1 000	24 963	3 169	2 764	821	3 267	1 944	2 063	2 946	1 314	2 075	2 305	2 295
医疗服务	110 201	13 555	96 646	8 716	14 941	3 109	10 403	5 359	6 891	9 635	4 877	16 310	9 107	7 298
社区卫生服务	9 394	1 277	8 117	2 989	721	945	558	910	448	409	404	242	381	110
医疗保障	233 379	39 523	193 856	30 888	11 929	8 783	17 669	12 646	8 047	14 787	16 001	18 424	28 837	25 845
疾病预防控制	42 574	10 029	32 545	3 971	2 764	1 474	2 815	2 332	1 809	2 390	6 032	2 796	3 216	2 946
卫生监督	13 509	2 688	10 821	1 456	1 584	620	1 310	679	342	863	834	828	1 336	969
妇幼保健	17 009	1 104	15 905	1 191	1 452	626	2 117	1 382	634	1 701	1 199	2 007	2 082	1 514
农村卫生	61 745	12 553	49 192	3 244	3 440	2 272	6 738	4 563	1 867	5 368	4 900	7 877	5 626	3 297
中医药	1 800	1 239	561	120	120	2	132	40		25	35		1	86
其他医疗卫生支出	5 382	488	4 894	374	551	85	332	323	232	650	517	372	238	1 220
环境保护	433 796	74 702	359 094	45 904	33 412	13 913	35 332	16 753	19 793	37 665	22 933	42 222	59 503	31 664
环境保护管理事务	22 437	1 023	21 414	1 160	1 636	779	1 881	2 071	1 268	1 947	1 358	2 798	4 231	2 285
环境监测与监察	25 995	6 995	19 000	3 767	1 894	1 182	1 694	1 583	782	1 373	1 926	1 157	2 706	936
污染防治	231 480	32 759	198 721	33 217	13 095	8 854	25 678	9 799	5 393	11 717	10 436	20 486	39 386	20 660
自然生态保护	3 783	1 947	1 836	940		714	22	45		6	51	16	5	37
天然林保护	14 381	11 057	3 324	303			196	305	125	434	264	506	800	391
退耕还林	118 754	6 221	112 533	6 517	16 703	2 356	5 789	2 950	12 225	21 526	7 480	17 259	12 375	7 353
风沙荒漠治理	14 760	14 700	60		60									
退牧还草														
已垦草原退耕还草														
其他环境保护支出	2 206		2 206		24	28	72			662	1 418			2
城乡社区事务	625 721	14 478	611 243	202 158	42 562	26 594	43 045	26 026	37 132	25 287	44 558	58 812	58 646	46 423
城乡社区管理事务	90 274	3 099	87 175	27 045	8 557	3 350	4 853	4 766	4 135	5 829	5 887	6 069	11 465	5 219
城乡社区规划与管理	22 495	366	22 129	9 159	742	812	3 268	636	439	373	1 484	1 186	1 295	2 735

续表

预算科目	全省支出合计	省本级	地市小计	太原市	大同市	阳泉市	长治市	晋城市	朔州市	忻州市	晋中市	吕梁市	临汾市	运城市
城乡社区公共设施	372 470	9 885	362 585	108 940	18 981	14 507	22 727	11 607	27 068	15 476	30 117	41 600	35 719	35 843
城乡社区住宅	7 182	368	6 814	733	1 099	804	797	35	396	69	829	339	1 640	73
城乡社区环境卫生	116 713		116 713	54 264	12 588	5 580	10 985	8 187	3 366	2 849	5 166	5 177	6 545	2 006
建设市场管理与监督	2 883	40	2 843	5	150	553	79	718	90	60	319	431	392	46
其他城乡社区事务支出	13 704	720	12 984	2 012	445	988	336	77	1 638	631	756	4 010	1 590	501
农林水事务	845 355	190 508	654 847	56 873	57 241	17 448	72 404	51 622	50 511	67 564	56 062	69 331	77 501	78 290
农业	425 918	83 146	342 772	31 024	28 303	10 688	42 072	32 966	31 168	31 987	31 920	30 905	34 175	37 564
林业	97 529	18 338	79 191	7 078	8 478	2 143	6 076	7 579	7 341	6 912	7 078	7 609	11 270	7 627
水利	185 218	73 580	111 638	15 020	10 128	3 691	12 716	6 879	6 577	11 706	8 302	11 523	13 401	11 695
南水北调														
扶贫	71 985	8 667	63 318	2 026	6 292	105	5 663	1 830	1 999	13 213	4 395	13 444	9 912	4 439
农业综合开发	61 230	6 747	54 483	1 725	4 035	554	4 786	2 368	3 084	3 726	4 292	4 945	8 723	16 245
其他农林水事务支出	3 475	30	3 445		5	267	1 091		342	20	75	905	20	720
交通运输	281 527	189 700	91 827	10 646	12 180	2 548	9 442	5 106	7 370	9 336	8 541	8 824	11 868	5 966
公路水路运输	249 081	172 778	76 303	9 920	4 293	2 548	5 922	4 762	7 332	9 177	7 564	7 813	11 173	5 799
铁路运输	10 947	9 872	1 075	406	76		82	20	5	158	30	248	9	41
民用航空运输	17 149	7 050	10 099	200	6 411		3 438							50
其他交通运输支出	4 350		4 350	120	1 400			324	33	1	947	763	686	76
工业商业金融等事务	591 516	340 642	250 874	50 702	19 663	10 180	26 102	22 076	20 320	15 922	18 895	22 192	29 637	15 185
采掘业	26 919	16 008	10 911	208	514		1 646	509	3 041	1 079	203	870	2 837	4
制造业	13 193	6 508	6 685	897	496	247	1 976	617	900	55	344	587	397	169

续表

预算科目	全省支出合计	省本级	地市小计	太原市	大同市	阳泉市	长治市	晋城市	朔州市	忻州市	晋中市	吕梁市	临汾市	运城市
建筑业	330	100	230			180	8	5			24	5	8	
电力	196	30	166				16	9	98			42	1	
信息产业	4 707	4 567	140				12	50		11				67
旅游业	14 725	5 257	9 468	696	493	436	1 743	1 077	569	685	878	417	936	1 538
涉外发展	17 541	6 720	10 821	7 105	420	454	350	557	320	372	313	300	250	380
粮油事务	177 480	133 595	43 885	6 009	4 461	1 876	4 081	2 385	2 457	4 733	4 002	2 942	6 865	4 074
商业流通事务	43 691	26 593	17 098	1 954	2 590	665	2 265	1 679	1 183	1 137	871	1 785	1 941	1 028
物资储备	1 239	40	1 199	6	72	123	348	17	67	39	56	111	90	270
金融业	66 325	40 892	25 433	4 292	784	434	3 105	1 024	1 065	2 800	4 005	2 873	3 725	1 326
烟草事务	107		107	21			5		13		2	7	3	56
安全生产	86 673	41 422	45 251	6 991	4 360	2 069	3 368	5 752	6 139	1 220	4 573	4 962	4 644	1 173
国有资产监管	7 567	1 555	6 012	654	784	963	444	462	240	704	117	840	544	260
中小企业事务	33 854	7 624	26 230	2 925	1 316	1 315	2 338	3 303	3 210	1 184	1 146	2 190	5 057	2 246
可再生资源														
能源节约利用	15 900	15 850	50				50							
石油价格改革财政补贴	20 282	456	19 826	6 794	2 165	1 129	1 392	696	587	1 021	1 531	522	1 914	2 075
其他工业商业金融等事务支出	60 787	33 425	27 362	12 150	1 208	289	2 955	3 934	431	882	830	3 739	425	519
其他支出	308 972	91 476	217 496	13 830	26 950	8 319	11 663	14 891	11 076	21 470	26 367	25 459	19 710	37 761
住房改革支出	23 938	2 454	21 484	930	498	634	377	1 245	1 354	2 816	3 759	8	8 175	1 688
预留调资支出	9 911		9 911	4 118							570	5 223		
其他支出	275 123	89 022	186 101	8 782	26 452	7 685	11 286	13 646	9 722	18 654	22 038	20 228	11 535	36 073

1994～2007年全省财政总收入分县（市、区）情况表

单位：万元

地区	1994年		1995年		1996年		1997年		1998年		1999年		2000年	
	财政总收入	排队	财政总收入	排队	财政总收入	排队	财政总收入	排队	财政总收入	排队	财政总收入	排队	财政总收入	排队
全省合计	995 658		1 293 837		1 501 524		1 639 934		1 821 668		1 815 460		1 945 545	
省本级	283 899		359 610		374 554		418 053		452 360		420 427		475 734	
市、县级总计	711 759		934 227		1 126 970		1 221 881		1 369 308		1 395 033		1 469 811	
市本级合计	202 070		269 274		304 272		313 382		383 224		388 922		404 842	
县级合计	509 689		664 953		822 698		908 499		986 084		1 006 111		1 064 969	
太原市小计	159 773		213 154		245 195		250 878		281 244		299 879		311 341	
本级	85 223		119 153		135 601		131 498		159 175		170 331		176 032	
县级小计	74 550		94 001		109 594		119 380		122 069		129 548		135 309	
清徐县	8 413	12	11 087	14	12 152	16	14 228	16	15 921	14	17 231	13	16 282	14
阳曲县	2 341	72	2 924	76	3 280	84	3 949	82	4 302	83	4 482	82	4 631	85
娄烦县*	1 722	90	1 861	101	1 740	104	1 543	107	1 650	109	1 700	111	1 848	110
古交市	6 808	22	8 887	24	10 418	25	11 538	28	12 418	29	10 139	36	10 929	36
小店区									14 174	18	14 701	18	15 126	18
尖草坪区									11 825	33	12 433	25	13 818	22
迎泽区									22 731	5	23 588	3	23 772	6
杏花岭区									19 142	8	19 814	8	19 016	12
万柏林区									13 906	20	14 842	17	16 204	15
晋源区									6 000	63	5 813	69	6 127	67
太原高新区											4 805	80	7 556	53
太原经济区														
太原民营区														
大同市小计	86 365		110 338		134 507		142 426		159 234		146 259		149 956	
本级	42 638		52 081		61 325		58 630		70 783		64 327		66 509	
县级小计	43 727		58 257		73 182		83 796		88 451		81 932		83 447	
大同城区	6 363	27	7 638	30	10 017	31	11 032	32	11 707	34	10 641	35	11 287	35
大同矿区	2 729	62	3 366	73	4 331	69	5 211	67	5 423	69	5 169	75	5 802	70

续表

地区	2001年		2002年		2003年		2004年		2005年		2006年		2007年	
	财政总收入	排队	财政总收入	排队	财政总收入	排队	财政总收入	排队	财政总收入	排队	财政总收入	排队	财政总收入	排队
全省合计	2 295 400		2 924 268		3 795 930		5 362 659		7 581 168		10 481 656		12 005 356	
省本级	598 712		114 613		132 403		290 692		457 688		1 040 128		500 966	
市、县级总计	1 696 688		2 809 655		3 663 527		5 071 967		7 123 480		9 441 528		11 504 390	
市本级合计	461 866		1 225 463		1 513 607		1 649 342		2 208 217		2 991 156		3 092 480	
县级合计	1 234 822		1 584 192		2 149 920		3 422 625		4 915 263		6 450 372		8 411 910	
太原市小计	351 634		729 749		916 232		1 201 736		1 630 473		1 921 901		2 404 002	
本级	189 303		505 079		613 195		744 050		988 262		1 188 937		1 472 580	
县级小计	162 331		224 670		303 037		457 686		642 211		732 964		931 422	
清徐县	18 127	16	23 748	18	31 121	21	76 795	6	148 339	5	128 668	9	146 065	15
阳曲县	5 475	82	6 795	84	10 140	81	13 142	82	17 107	83	20 765	84	33 311	77
娄烦县＊	2 141	111	3 008	110	6 029	99	13 203	81	26 286	65	31 712	71	40 158	69
古交市	14 515	28	22 158	19	41 348	8	75 022	7	90 372	10	105 614	15	121 606	22
小店区	18 794	15	27 487	14	37 118	13	47 237	23	60 917	29	75 735	33	100 475	30
尖草坪区	15 831	24	20 672	24	25 153	27	32 092	38	39 660	46	48 397	51	59 326	55
迎泽区	27 894	3	38 213	3	44 977	6	57 506	12	71 380	20	77 588	31	98 017	31
杏花岭区	22 144	12	30 078	9	37 702	12	46 325	24	60 644	30	75 663	34	85 032	37
万柏林区	19 307	14	25 110	17	31 835	19	41 245	29	52 956	34	60 163	38	70 049	47
晋源区	6 772	70	8 843	67	11 542	71	16 124	74	20 561	76	21 970	83	33 324	76
太原高新区	11 331	43	18 558	29	26 072	25	34 978	33	41 855	42	51 403	46	74 303	43
太原经济区							4 017	117	12 134	97	35 286	60	57 952	56
太原民营区													11 804	114
大同市小计	167 693		294 254		362 226		456 149		619 887		751 502		930 441	
本级	76 870		179 123		216 493		267 906		336 809		421 490		470 061	
县级小计	90 823		115 131		145 733		188 243		283 078		330 012		460 380	
大同城区	12 257	38	14 713	42	17 260	45	20 461	58	27 405	63	35 581	58	47 401	60
大同矿区	5 899	76	6 545	86	8 058	88	10 541	92	13 761	89	17 778	87	21 591	95

续表

地区	1994年		1995年		1996年		1997年		1998年		1999年		2000年	
	财政总收入	排队	财政总收入	排队	财政总收入	排队	财政总收入	排队	财政总收入	排队	财政总收入	排队	财政总收入	排队
大同南郊区	11 455	9	15 547	6	19 471	7	22 411	5	24 297	3	23 122	5	23 725	7
大同新荣区	4 504	38	5 888	42	7 507	41	10 024	34	9 158	42	7 061	54	5 296	79
左云县	6 968	21	9 552	20	11 332	20	13 008	19	13 907	19	10 006	40	10 363	40
阳高县*	1 985	82	2 574	85	3 445	80	3 886	83	4 306	82	4 237	87	3 455	95
天镇县*	836	107	1 233	108	1 568	107	1 829	105	1 969	106	2 171	105	2 562	104
广灵县*	1 630	93	2 212	95	2 659	95	2 808	95	2 915	99	3 032	97	3 302	100
灵丘县*	1 593	96	2 268	94	2 723	92	2 868	93	3 067	96	2 918	99	3 245	101
浑源县*	2 633	64	3 555	67	4 585	66	4 549	75	5 027	74	4 887	78	5 303	78
大同县	3 031	58	4 424	54	5 544	54	6 170	56	6 675	56	7 239	52	7 420	54
大同开发区											1 449	114	1 687	114
阳泉市小计	47 093		61 541		72 090		77 984		81 584		78 811		80 567	
本级	17 918		23 499		27 562		28 529		32 320		30 044		30 953	
县级小计	29 175		38 042		44 528		49 455		49 264		48 767		49 614	
平定县	8 363	13	10 425	16	11 925	17	13 141	18	13 217	25	12 203	29	12 697	28
盂县	7 171	19	9 548	21	11 481	19	12 863	21	13 237	24	13 240	22	13 269	25
阳泉郊区	8 145	14	11 068	15	12 979	14	14 294	15	13 011	27	11 007	33	11 568	33
阳泉城区	3 445	50	4 383	55	5 119	59	5 733	58	6 297	60	6 421	59	6 718	64
阳泉矿区	2 051	78	2 618	84	3 024	89	3 424	88	3 502	91	3 927	90	3 982	91
阳泉开发区											1 969	108	1 380	117
长治市小计	67 132		89 190		108 032		125 107		140 106		140 581		150 475	
本级	33 649		39 871		41 686		51 367		58 671		59 247		63 817	
县级小计	33 483		49 319		66 346		73 740		81 435		81 334		86 658	
长治县	4 645	36	6 673	35	8 777	35	9 638	40	10 429	36	10 088	39	10 237	42
潞城市	4 518	37	7 478	31	10 320	27	12 312	24	13 240	23	12 471	24	13 144	26
屯留县	1 381	100	2 155	96	2 565	97	2 672	97	3 267	94	3 632	93	4 144	89

续表

地区	2001年		2002年		2003年		2004年		2005年		2006年		2007年	
	财政总收入	排队	财政总收入	排队	财政总收入	排队	财政总收入	排队	财政总收入	排队	财政总收入	排队	财政总收入	排队
大同南郊区	25 783	7	30 048	10	37 084	14	45 702	25	71 593	19	94 225	21	127 115	20
大同新荣区	6 141	75	9 156	64	13 278	63	19 728	61	30 510	53	30 546	72	36 156	72
左云县	12 176	40	15 976	38	21 740	35	31 587	39	56 942	33	61 677	37	104 928	28
阳高县*	2 992	104	4 322	102	6 561	93	8 255	100	9 078	106	8 010	115	10 068	117
天镇县*	2 553	108	3 175	109	3 262	117	2 613	121	3 502	122	3 856	125	5 458	125
广灵县*	3 574	101	4 363	100	5 062	106	4 659	114	5 827	117	6 407	117	8 062	122
灵丘县*	3 766	98	6 108	90	10 019	85	16 572	73	20 475	77	23 293	81	32 018	79
浑源县*	4 716	89	5 774	93	6 420	96	6 795	105	8 126	110	10 080	108	17 209	100
大同县	7 560	62	8 924	66	9 042	86	11 518	88	23 032	72	22 544	82	28 000	84
大同开发区	3 406	102	6 027	91	7 947	90	9 812	94	12 827	93	16 015	91	22 374	94
阳泉市小计	89 063		167 037		204 521		274 519		371 214		438 092		570 210	
本级	35 179		99 752		123 176		162 088		214 183		253 473		286 581	
县级小计	53 884		67 285		81 345		112 431		157 031		184 619		283 629	
平定县	13 833	32	17 005	34	20 026	41	25 268	45	31 911	50	32 675	68	78 318	40
盂县	14 230	30	18 994	28	24 258	31	40 302	30	64 925	26	80 209	29	102 492	29
阳泉郊区	12 447	36	15 018	40	17 869	44	23 077	50	28 800	58	33 245	67	43 616	66
阳泉城区	7 374	63	8 801	69	10 131	82	12 150	86	15 028	87	18 247	86	26 326	86
阳泉矿区	4 324	94	5 406	98	6 560	94	8 466	97	11 780	99	14 143	96	24 348	87
阳泉开发区	1 676	114	2 061	117	2 501	120	3 168	120	4 587	120	6 100	121	8 529	119
长治市小计	179 127		257 921		366 011		510 092		713 898		1 012 351		1 251 925	
本级	74 690		118 114		151 263		12 367		13 797		88 254		41 521	
县级小计	104 437		139 807		214 748		497 725		700 101		924 097		1 210 404	
长治县	12 308	37	17 214	33	24 024	32	35 800	31	60 055	31	106 264	14	140 375	16
潞城市	14 671	27	20 116	27	30 242	23	50 488	20	72 288	18	90 788	24	120 009	24
屯留县	5 319	83	8 500	70	13 660	60	19 009	63	27 460	62	41 527	54	62 053	52

续表

地区	1994年		1995年		1996年		1997年		1998年		1999年		2000年	
	财政总收入	排队	财政总收入	排队	财政总收入	排队	财政总收入	排队	财政总收入	排队	财政总收入	排队	财政总收入	排队
长子县	2 034	80	2 816	80	4 022	77	4 306	77	4 801	77	4 991	77	5 169	80
壶关县*	1 624	94	2 304	90	3 056	88	3 391	89	4 230	86	4 318	85	4 669	83
平顺县*	1 339	102	1 383	103	1 652	106	1 631	106	1 845	107	2 008	107	2 198	107
黎城县	3 071	55	4 156	59	5 100	60	5 769	57	6 428	58	6 071	67	7 019	61
武乡县*	1 841	84	2 508	87	3 101	87	3 224	90	3 782	88	3 784	91	4 117	90
襄垣县	3 933	46	5 560	44	8 145	36	10 016	35	10 968	35	11 699	32	11 992	31
沁县	1 520	98	2 054	98	2 680	94	2 840	94	3 062	97	2 834	100	2 918	102
沁源县	2 398	71	3 519	68	4 968	62	5 228	66	5 191	73	4 025	88	4 317	87
长治城区	2 302	74	3 674	65	4 669	65	5 160	70	5 955	64	6 179	66	6 727	63
长治郊区	2 877	60	5 039	49	7 291	44	7 553	49	8 237	47	7 591	50	8 028	50
长治高新技术开发区											1 643	112	1 979	108
晋城市小计	41 113		58 211		73 463		86 510		101 567		110 320		115 512	
本级	12 085		17 115		20 228		22 346		28 711		30 623		33 102	
县级小计	29 028		41 096		53 235		64 164		72 856		79 697		82 410	
高平市	5 835	29	8 225	26	10 696	24	12 846	22	14 484	17	15 877	16	15 181	17
阳城县	7 148	20	10 035	18	12 827	15	15 538	12	17 692	12	19 447	9	21 145	9
沁水县	2 595	66	3 442	72	4 319	70	5 048	72	5 935	66	6 726	56	7 225	56
陵川县	1 929	83	2 809	81	4 067	76	4 948	73	5 548	68	5 248	74	5 420	76
泽州县	8 105	16	11 809	12	15 657	10	18 901	8	21 456	7	23 800	2	24 293	4
晋城城区	3 416	51	4 776	52	5 669	53	6 883	52	7 741	50	8 599	45	9 146	45
晋城开发区														
朔州市合计	39 161		48 010		56 157		59 335		64 118		61 509		64 625	
本级	4 180		5 740		6 458		5 059		8 303		7 302		8 410	
县级小计	34 981		42 270		49 699		54 276		55 815		54 207		56 215	
朔城区	13 337	6	15 500	7	17 723	8	17 460	10	17 500	13	16 063	15	16 165	16

续表

地区	2001 年		2002 年		2003 年		2004 年		2005 年		2006 年		2007 年	
	财政总收入	排队	财政总收入	排队	财政总收入	排队	财政总收入	排队	财政总收入	排队	财政总收入	排队	财政总收入	排队
长子县	6 188	74	7 600	77	10 104	84	14 530	78	19 059	79	33 938	63	44 308	65
壶关县*	6 239	72	8 254	73	14 009	58	21 507	55	25 155	69	33 764	64	35 188	74
平顺县*	2 516	109	3 528	107	6 146	98	10 068	93	12 108	98	13 078	99	15 098	105
黎城县	8 728	54	10 042	58	13 666	59	20 008	60	23 111	71	24 918	78	27 658	85
武乡县*	4 852	88	7 216	79	11 804	70	16 770	71	26 137	66	40 199	55	64 795	48
襄垣县	13 699	33	18 458	31	25 293	26	42 569	26	72 571	17	93 969	22	169 467	7
沁县	3 628	99	4 358	101	5 841	101	6 635	106	6 026	114	6 150	120	8 127	121
沁源县	5 811	77	7 035	81	15 626	49	33 264	35	50 196	37	80 108	30	91 194	35
长治城区	8 044	58	9 901	59	12 017	68	56 080	14	73 275	16	87 448	26	110 198	26
长治郊区	9 671	50	13 789	45	27 503	24	121 665	3	157 800	4	180 209	5	200 818	4
长治高新技术开发区	2 763	106	3 796	103	4 813	107	49 332	21	74 860	15	91 737	23	121 116	23
晋城市小计	139 205		222 868		302 226		430 941		616 693		1 034 912		965 529	
本级	45 291		90 856		125 215		170 745		267 851		412 300		262 635	
县级小计	93 914		132 012		177 011		260 196		348 842		622 612		702 894	
高平市	17 816	17	26 063	16	36 341	17	61 518	11	91 689	9	174 038	6	167 248	8
阳城县	25 538	8	40 616	2	54 450	3	66 388	10	86 187	12	186 988	4	176 128	5
沁水县	9 043	52	14 243	44	20 123	39	35 498	32	51 425	36	100 449	19	113 186	25
陵川县	5 612	80	7 589	78	10 259	79	14 364	79	17 259	82	24 547	79	20 410	97
泽洲县	25 251	9	28 713	12	36 950	16	55 211	15	26 563	64	86 518	27	172 702	6
晋城城区	10 654	48	13 161	49	15 557	51	20 612	57	67 704	23	40 070	56	40 487	68
晋城开发区			1 627	120	3 331	116	6 605	107	8 015	111	10 002	110	12 733	113
朔州市合计	72 423		124 218		147 123		212 990		350 533		595 922		800 166	
本级	10 537		41 217		48 371		79 666		120 730		210 012		351 672	
县级小计	61 886		83 001		98 752		133 324		229 803		385 910		448 494	
朔城区	17 146	18	20 869	22	24 695	29	33 200	36	48 802	38	54 700	40	76 054	42

续表

地区	1994年		1995年		1996年		1997年		1998年		1999年		2000年	
	财政总收入	排队	财政总收入	排队	财政总收入	排队	财政总收入	排队	财政总收入	排队	财政总收入	排队	财政总收入	排队
平鲁区	4 415	41	5 497	46	6 413	48	7 746	47	8 902	45	9 596	44	9 799	43
山阴县	4 484	39	5 725	43	6 767	47	7 612	48	7 972	49	6 792	55	7 378	55
怀仁县	9 608	10	11 593	13	13 534	13	14 835	14	13 512	22	14 011	20	14 920	19
应县	2 339	73	3 089	75	4 183	74	5 376	62	6 543	57	6 203	65	5 904	69
右玉县*	798	109	866	109	1 079	110	1 247	111	1 386	110	1 330	117	1 714	113
朔州开发区											212	126	335	126
忻州市小计	38 522		50 062		60 518		67 284		76 407		73 762		75 593	
本级	4 645		6 487		7 539		4 708		8 433		7 304		7 339	
县级小计	33 877		43 575		52 979		62 576		67 974		66 458		68 254	
五台县*	1 793	88	2 273	93	3 321	83	3 953	81	4 133	87	4 294	86	4 488	86
静乐县*	667	112	788	111	1 067	111	1 265	110	1 367	111	1 358	115	1 516	115
河曲县*	1 586	97	2 050	99	2 820	91	3 644	85	4 240	85	4 491	81	4 941	81
神池县*	985	105	1 325	106	2 059	99	2 583	98	3 125	95	3 683	92	3 667	92
五寨县*	1 107	104	1 417	102	1 696	105	1 943	104	2 018	104	1 634	113	1 746	112
繁峙县*	2 486	69	2 724	82	2 418	98	2 743	96	2 922	98	2 972	98	3 427	96
岢岚县*	596	113	770	112	950	112	1 030	113	1 076	114	1 028	119	1 173	119
偏关县*	1 734	89	2 528	86	3 188	85	3 193	91	3 423	92	3 192	95	3 313	99
代县*	2 270	75	2 874	77	3 167	86	3 560	86	3 773	89	3 496	94	3 618	93
原平市	7 472	18	10 002	19	11 230	21	13 264	17	13 657	21	11 823	31	12 553	29
忻府区	5 443	33	6 875	33	8 887	34	10 876	33	11 997	31	13 250	21	12 218	30
定襄县	2 627	65	3 589	66	4 462	67	5 211	68	5 941	65	6 345	62	6 699	65
宁武县*	3 065	56	4 079	60	5 011	61	6 211	55	6 937	54	6 345	63	5 580	74
保德县*	2 046	79	2 281	92	2 703	93	3 100	92	3 365	93	2 547	101	3 315	98
忻州开发区														
晋中市小计	61 084		81 305		100 249		108 187		115 562		114 466		120 696	

续表

地区	2001年		2002年		2003年		2004年		2005年		2006年		2007年	
	财政总收入	排队	财政总收入	排队	财政总收入	排队	财政总收入	排队	财政总收入	排队	财政总收入	排队	财政总收入	排队
平鲁区	12 156	41	20 207	26	24 372	30	30 949	40	46 924	40	102 918	18	70 847	46
山阴县	8 267	55	11 045	55	13 622	61	25 008	46	52 135	35	100 219	20	135 958	17
怀仁县	16 474	21	20 224	25	23 342	34	30 217	42	63 032	28	104 384	17	131 721	18
应县	5 659	79	7 000	83	7 658	91	7 070	104	8 187	109	10 020	109	13 068	111
右玉县*	1 830	113	3 003	111	3 999	111	5 228	112	8 227	108	10 589	106	16 609	101
朔州开发区	354	127	653	127	1 064	125	1 652	126	2 496	125	3 080	127	4 237	128
忻州市小计	80 304		120 454		152 832		202 258		307 867		397 865		551 620	
本级	7 417		23 328		28 273		35 036		46 272		64 530		41 706	
县级小计	72 887		97 126		124 559		167 222		261 595		333 335		509 914	
五台县*	4 525	91	6 385	88	6 551	95	8 457	98	10 285	101	12 180	101	17 915	99
静乐县*	1 619	116	2 443	115	4 553	109	8 054	101	10 017	102	10 348	107	14 668	108
河曲县*	5 154	85	8 286	72	10 560	76	17 383	67	36 306	48	49 188	49	70 970	45
神池县*	4 284	96	2 932	112	3 435	114	3 847	118	5 221	119	6 287	118	10 542	116
五寨县*	1 676	115	2 608	114	3 451	113	4 072	116	5 424	118	8 357	114	11 405	115
繁峙县*	3 973	97	4 507	99	6 006	100	10 588	91	16 068	85	20 698	85	28 238	83
岢岚县*	1 169	121	1 536	121	2 002	121	2 489	122	3 200	123	4 085	123	5 866	124
偏关县*	3 595	100	3 645	106	4 214	110	6 480	108	9 188	105	13 518	97	22 666	93
代县*	4 368	93	7 191	80	10 509	77	14 592	77	30 188	55	33 631	65	46 000	62
原平市	11 993	42	16 272	37	20 641	37	24 067	48	30 560	52	43 502	53	93 054	34
忻府区	12 986	34	16 665	36	18 589	42	21 647	54	24 316	70	27 733	76	47 858	59
定襄县	7 047	67	9 033	65	10 215	80	11 393	89	13 600	90	16 000	92	23 300	90
宁武县*	6 194	73	9 260	62	12 305	66	17 152	68	28 201	60	33 313	66	38 122	71
保德县*	4 304	95	6 363	89	11 528	72	17 001	69	39 021	47	54 495	41	76 164	41
忻州开发区													3 146	131
晋中市小计	138 465		193 773		248 571		354 418		525 501		797 966		880 588	

续表

地区	1994年		1995年		1996年		1997年		1998年		1999年		2000年	
	财政总收入	排队	财政总收入	排队	财政总收入	排队	财政总收入	排队	财政总收入	排队	财政总收入	排队	财政总收入	排队
本级	-1 505		-452		343		-1 846		2 335		2 153		2 164	
县级小计	62 589		81 757		99 906		110 033		113 227		112 313		118 532	
榆次区	18 342	3	22 606	2	26 779	2	26 873	3	26 659	2	23 380	4	24 195	5
太谷县	4 856	34	6 305	38	7 507	42	8 298	44	9 012	44	9 660	43	10 453	39
祁县	4 088	44	5 092	48	6 226	50	7 001	51	7 454	52	7 895	47	9 024	47
平遥县	4 451	40	6 292	39	8 032	38	10 014	36	10 032	40	10 104	38	10 834	37
介休市	11 916	7	14 823	8	16 916	9	17 728	9	17 762	11	17 883	11	19 141	11
灵石县	6 409	26	8 534	25	10 225	28	11 554	27	12 244	30	12 251	28	12 850	27
寿阳县	4 233	43	5 500	45	7 006	45	8 158	45	8 768	46	7 203	53	7 648	52
昔阳县	2 850	61	3 720	63	4 397	68	5 287	65	5 224	72	5 357	72	5 683	72
和顺县*	1 840	85	2 337	89	3 000	90	3 511	87	3 732	90	4 012	89	4 308	88
左权县*	1 988	81	2 829	79	3 541	79	4 147	79	4 262	84	4 451	83	4 851	82
榆社县	1 616	95	3 719	64	6 277	49	7 462	50	8 078	48	7 882	48	7 070	59
晋中开发区											2 235	103	2 475	106
吕梁市小计	58 101		64 322		76 629		83 735		90 386		92 386		100 401	
本级	110		422		845		-1 760		1 172		1 637		1 117	
县级小计	57 991		63 900		75 784		85 495		89 214		90 749		99 284	
兴县*	1 721	91	2 134	97	1 786	103	1 974	103	1 993	105	1 733	110	1 755	111
岚县*	1 136	103	1 325	107	1 283	108	1 398	109	1 219	112	1 340	116	1 432	116
交城县	3 703	49	4 782	51	5 164	57	5 564	60	6 135	62	6 452	58	7 039	60
文水县	5 668	30	6 490	37	7 450	43	7 935	46	7 568	51	8 369	46	9 032	46
汾阳市	23 341	1	18 163	4	24 259	4	26 610	4	22 124	6	22 556	7	24 523	3
孝义市	8 784	11	12 070	11	13 724	12	15 245	13	17 877	10	16 826	14	17 375	13
柳林县	3 359	52	5 031	50	5 971	51	8 894	41	12 449	28	12 755	23	14 378	21
中阳县*	1 840	86	2 693	83	3 420	81	4 174	78	4 675	79	5 137	76	6 029	68

续表

地区	2001 年		2002 年		2003 年		2004 年		2005 年		2006 年		2007 年	
	财政总收入	排队	财政总收入	排队	财政总收入	排队	财政总收入	排队	财政总收入	排队	财政总收入	排队	财政总收入	排队
本级	3 281		29 694		24 738		48 048		64 889		105 417		62 969	
县级小计	135 184		164 079		223 833		306 370		460 612		692 549		817 619	
榆次区	26 872	6	32 284	7	40 912	9	50 502	19	66 423	24	90 503	25	131 204	19
太谷县	11 320	44	13 488	47	15 566	50	18 686	65	22 518	73	28 166	75	35 816	73
祁县	10 719	46	13 391	48	17 022	47	20 141	59	25 236	68	28 683	74	34 044	75
平遥县	12 232	39	14 391	43	20 048	40	23 118	49	31 219	51	52 219	44	52 774	57
介休市	24 780	10	29 142	11	40 812	10	68 181	9	88 019	11	112 230	11	165 669	9
灵石县	13 988	31	16 741	35	25 095	28	41 437	28	100 988	7	150 120	7	150 549	13
寿阳县	8 218	56	10 443	57	14 088	57	18 888	64	30 456	54	57 753	39	72 344	44
昔阳县	6 503	71	7 672	76	10 113	83	13 120	83	17 683	81	34 669	61	30 329	80
和顺县*	4 698	90	5 466	96	8 028	89	12 046	87	17 071	84	53 023	42	30 098	81
左权县*	5 608	81	6 680	85	11 300	74	14 018	80	20 056	78	35 476	59	46 399	61
榆社县	7 091	66	8 829	68	13 531	62	16 636	72	27 779	61	32 489	69	44 788	64
晋中开发区	3 155	103	5 552	95	7 318	92	9 597	95	13 164	91	17 218	89	23 605	89
吕梁市小计	117 045		163 312		231 916		376 999		600 830		771 241		1 051 137	
本级	1 741		10 945		18 942		32 290		26 702		61 050		19 879	
县级小计	115 304		152 367		212 974		344 709		574 128		710 191		1 031 258	
兴县*	2 013	112	2 677	113	3 434	115	4 863	113	7 523	112	11 734	103	16 106	103
岚县*	1 469	118	2 073	116	2 877	118	4 571	115	7 190	113	9 161	113	13 128	110
交城县	8 209	57	11 726	52	15 410	52	24 441	47	40 405	44	52 203	45	107 283	27
文水县	10 324	49	12 561	51	15 879	48	21 671	53	28 599	59	29 150	73	44 916	63
汾阳市	27 704	5	36 661	5	45 254	5	57 076	13	84 972	14	105 094	16	158 387	12
孝义市	20 042	13	27 647	13	46 017	4	92 761	4	176 174	2	216 629	2	286 007	2
柳林县	16 681	20	20 887	21	31 262	20	51 918	18	85 755	13	110 064	12	163 022	11
中阳县*	8 027	60	11 107	54	15 132	53	25 555	44	40 154	45	49 100	50	63 161	51

续表

地区	1994 年		1995 年		1996 年		1997 年		1998 年		1999 年		2000 年	
	财政总收入	排队	财政总收入	排队	财政总收入	排队	财政总收入	排队	财政总收入	排队	财政总收入	排队	财政总收入	排队
石楼县*	340	117	468	116	452	117	573	117	558	118	484	123	549	124
交口县	2 458	70	3 452	70	3 937	78	4 143	80	4 754	78	4 373	84	4 666	84
临县*	1 834	87	2 287	91	2 572	96	2 549	99	2 583	101	2 208	104	2 584	103
方山县*	772	110	803	110	885	114	910	114	883	115	866	121	1 100	120
离石市	3 035	57	4 202	58	4 881	64	5 526	61	6 396	59	7 650	49	8 822	48
临汾市小计	59 990		80 578		100 114		109 607		126 187		133 988		149 265	
本级	1 877		620		-717		-4 625		2 489		4 563		3 909	
县级小计	58 113		79 958		100 831		114 232		123 698		129 425		145 356	
尧都区	16 261	4	20 660	3	25 484	3	28 169	2	31 495	1	36 956	1	41 623	1
侯马市	5 924	28	7 472	32	10 018	30	11 409	29	11 970	32	12 290	26	13 660	24
曲沃县	3 245	54	4 340	56	5 386	55	5 706	59	6 258	61	6 398	61	7 169	57
翼城县	4 731	35	6 557	36	7 836	39	10 012	37	10 036	39	9 705	41	10 588	38
襄汾县	3 911	47	5 912	41	7 657	40	8 504	42	9 139	43	9 680	42	11 518	34
洪洞县	8 135	15	12 518	10	15 030	11	16 783	11	18 095	9	17 962	12	20 172	10
霍州市	6 425	25	8 899	23	10 734	23	12 168	25	13 069	26	11 991	30	11 637	32
古县	869	106	1 347	104	1 970	100	2 358	100	2 669	100	3 048	96	3 388	97
安泽县	486	114	534	115	1 193	109	1 466	108	1 742	108	2 122	106	2 489	105
浮山县	1 369	101	1 897	100	1 831	101	2 134	101	2 298	102	2 464	102	3 464	94
吉县*	463	115	571	114	745	115	762	115	771	116	951	120	1 031	121
乡宁县	2 885	59	4 207	57	5 888	52	6 694	53	7 271	53	6 643	57	7 844	51
蒲县	1 388	99	2 352	88	3 364	82	3 880	84	4 500	81	4 869	79	5 601	73
大宁县*	366	116	432	117	589	116	671	116	694	117	724	122	801	122
永和县*	111	118	196	118	376	118	426	118	411	119	407	124	401	125
隰县*	711	111	731	113	923	113	1 053	112	1 141	113	1 176	118	1 292	118

续表

地区	2001 年		2002 年		2003 年		2004 年		2005 年		2006 年		2007 年	
	财政总收入	排队	财政总收入	排队	财政总收入	排队	财政总收入	排队	财政总收入	排队	财政总收入	排队	财政总收入	排队
石楼县*	503	125	950	124	966	127	1 323	127	1 869	127	2 038	130	3 388	129
交口县	5 282	84	7 005	82	11 037	75	17 632	66	25 844	67	32 208	70	42 584	67
临县*	2 463	110	3 513	108	4 708	108	7 200	103	10 006	103	12 048	102	18 753	98
方山县*	1 383	120	1 919	119	2 561	119	3 537	119	6 023	115	10 644	105	16 517	102
离石市	11 204	45	13 641	46	18 437	43	32 161	37	59 614	32	70 118	36	98 006	32
临汾市小计	187 777		262 185		372 191		588 628		830 466		1 021 975		1 234 815	
本级	3 200		54 977		68 377		16 770		34 307		40 111		42 561	
县级小计	184 577		207 208		303 814		571 858		796 159		981 864		1 192 254	
尧都区	49 196	1	37 747	4	57 776	2	129 935	2	159 441	3	189 244	3	220 693	3
侯马市	15 501	25	15 905	39	20 415	38	30 755	41	42 438	41	49 711	48	61 060	54
曲沃县	7 868	61	9 506	60	13 220	64	21 013	56	30 089	56	38 288	57	50 572	58
翼城县	12 518	35	14 995	41	23 499	33	34 137	34	63 803	27	77 350	32	83 973	38
襄汾县	15 036	26	20 691	23	36 965	15	70 368	8	100 505	8	112 265	10	150 006	14
洪洞县	24 208	11	32 515	6	39 383	11	84 488	5	110 271	6	132 070	8	164 735	10
霍州市	15 965	23	21 503	20	21 639	36	52 116	17	70 164	21	82 800	28	94 850	33
古县	4 447	92	5 438	97	12 002	69	22 005	52	30 008	57	44 086	52	63 366	50
安泽县	2 985	105	3 668	105	5 113	105	8 618	96	12 600	95	16 020	90	24 038	88
浮山县	7 309	64	9 222	63	14 180	56	25 616	43	32 567	49	34 346	62	40 078	70
吉县*	1 004	122	1 049	123	1 293	123	1 762	125	2 487	126	2 655	129	3 259	130
乡宁县	14 267	29	17 710	32	30 513	22	48 590	22	68 595	22	108 463	13	122 022	21
蒲县	6 924	69	7 922	75	14 305	55	22 338	51	40 529	43	52 926	43	61 750	53
大宁县*	808	123	919	125	1 119	124	1 168	128	1 303	128	1 462	131	2 185	133
永和县*	400	126	461	128	601	128	782	129	916	129	1 089	132	1 165	134
隰县*	1 386	119	1 507	122	1 823	122	2 277	123	3 013	124	4 078	124	4 873	127

续表

地区	1994年		1995年		1996年		1997年		1998年		1999年		2000年	
	财政总收入	排队	财政总收入	排队	财政总收入	排队	财政总收入	排队	财政总收入	排队	财政总收入	排队	财政总收入	排队
汾西县*	833	108	1 333	105	1 807	102	2 037	102	2 139	103	1 805	109	1 926	109
临汾开发区											234	125	752	123
侯马开发区														
运城市小计	53 425		77 516		100 016		110 828		132 913		143 072		151 380	
本级	1 250		4 738		3 402		2 073		10 832		11 391		11 490	
县级小计	52 175		72 778		96 614		108 755		122 081		131 681		139 890	
盐湖区	11 490	8	13 921	9	20 021	5	20 427	7	23 448	4	22 995	6	24 900	2
永济市	5 519	32	7 684	29	10 077	29	11 175	31	14 761	16	14 126	19	14 612	20
芮城县	3 753	48	5 266	47	6 843	46	8 488	43	10 069	38	10 718	34	9 346	44
临猗县	4 410	42	6 682	34	9 119	33	10 008	38	10 028	41	10 136	37	10 266	41
绛县	2 571	67	3 449	71	5 162	58	6 476	54	6 829	55	7 562	51	8 151	49
河津市	5 612	31	7 816	28	10 336	26	12 150	26	15 779	15	18 542	10	21 745	8
新绛县	3 342	53	4 643	53	5 269	56	5 314	63	5 242	71	6 217	64	7 122	58
垣曲县	2 716	63	3 479	69	4 161	75	5 191	69	5 024	75	6 036	68	6 512	66
闻喜县	4 049	45	6 008	40	8 068	37	10 003	39	10 369	37	12 288	27	13 802	23
万荣县	2 260	76	3 795	62	4 233	71	5 063	71	5 247	70	5 689	70	5 790	71
稷山县	2 562	68	3 972	61	4 894	63	5 296	64	5 870	67	6 406	60	6 747	62
平陆县*	2 259	77	3 197	74	4 205	73	4 795	74	4 813	76	5 610	71	5 558	75
夏县	1 632	92	2 866	78	4 226	72	4 369	76	4 602	80	5 356	73	5 339	77
运城经济技术开发区														
风陵渡开发区														
华信开发区														

续表

地区	2001 年		2002 年		2003 年		2004 年		2005 年		2006 年		2007 年	
	财政总收入	排队	财政总收入	排队	财政总收入	排队	财政总收入	排队	财政总收入	排队	财政总收入	排队	财政总收入	排队
汾西县*	2 575	107	3 678	104	5 480	104	8 395	99	11 013	100	13 320	98	14 823	106
临汾开发区	1 567	117	1 998	118	3 458	112	5 620	111	12 413	96	15 424	94	20 451	96
侯马开发区	613	124	774	126	1 030	126	1 875	124	4 004	121	6 267	119	8 355	120
运城市小计	173 952		273 884		359 678		463 237		556 118		697 801		863 957	
本级	14 357		72 378		95 564		80 376		94 415		145 582		40 315	
县级小计	159 595		201 506		264 114		382 861		461 703		552 219		823 642	
盐湖区	27 877	4	31 149	8	35 447	18	42 556	27	48 444	39	50 949	47	87 429	36
永济市	16 329	22	18 490	30	17 209	46	19 548	62	21 068	75	24 388	80	63 368	49
芮城县	9 210	51	10 889	56	12 208	67	12 210	85	12 693	94	9 815	111	14 794	107
临猗县	10 698	47	12 688	50	15 115	54	15 933	76	13 884	88	15 536	93	23 022	91
绛县	8 745	53	11 690	53	12 775	65	16 859	70	18 696	80	12 949	100	14 461	109
河津市	31 782	2	45 979	1	80 912	1	163 918	1	207 552	1	273 218	1	401 411	1
新绛县	7 121	65	8 368	71	11 335	73	13 112	84	15 173	86	17 501	88	22 957	92
垣曲县	8 035	59	9 384	61	8 583	87	10 725	90	13 047	92	14 691	95	28 450	82
闻喜县	17 118	19	26 500	15	42 394	7	52 670	16	65 850	25	70 137	35	82 905	39
万荣县	5 677	78	6 524	87	6 270	97	7 246	102	8 388	107	9 188	112	12 929	112
稷山县	7 023	68	8 246	74	10 354	78	16 029	75	21 775	74	25 432	77	32 725	78
平陆县*	5 051	86	6 003	92	5 821	102	6 285	109	9 294	104	11 293	104	15 978	104
夏县	4 929	87	5 596	94	5 691	103	5 770	110	5 839	116	6 519	116	9 183	118
运城经济技术开发区											3 479	126	4 976	126
风陵渡开发区											2 993	128	2 747	132
华信开发区											4 131	122	6 307	123

注：1. 省级收入中不包括各市上划收入。

2. 县名后标记＊的为省直管县。

2007 年山西省地（市）县级财政一般预算收支及平衡情况表

单位：万元

地　　区	山西省	山西省本级	山西省地市合计	太原市	太原市本级	太原市区县合计	清徐县	阳曲县
收入总计	12 606 001	3 442 419	9 163 582	1 329 358	677 445	651 913	82 258	42 154
本年收入	5 978 870	1 584 525	4 394 345	884 170	508 226	375 944	49 003	14 450
返还性收入	885 221	404 392	480 829	63 523	9 031	54 492	9 759	2 179
增值税和消费税税收返还	766 597	299 581	467 016	87 582	41 097	46 485	8 445	1 610
所得税基数返还	118 624	104 811	13 813	-24 059	-32 066	8 007	1 314	569
财力性转移支付收入	1 959 627	-49 608	2 009 235	84 152	13 194	70 958	7 275	8 572
体制补助		-3 380	3 380		-1 585	1 585		428
一般性转移支付补助	661 200	-211 310	872 510	9 038		9 038	445	3 213
民族地区转移支付补助								
调整工资转移支付补助	883 199	122 562	760 637	60 621	23 032	37 589	4 672	3 488
农村义务教育补助	73 724	-3 200	76 924	3 552		3 552	971	367
农村税费改革补助	143 109	-84 385	227 494	7 686	-555	8 241	1 846	1 231
缓解县乡困难转移支付补助	77 377	9 767	67 610	347		347	78	74
结算补助	22 803	87 824	-65 021	-32 694	-27 107	-5 587	-773	-229
企事业单位预算划转补助	88 215	44 774	43 441	18 602	2 409	16 193	36	
其他财力性转移支付	10 000	-12 260	22 260	17 000	17 000			
专项转移支付	2 189 020	853 103	1 335 917	206 694	75 168	131 526	16 490	16 457
省补助计划单列市收入								
上年结余	1 491 584	620 837	870 747	73 873	55 040	18 833	-269	496
调入资金	88 324	20 000	68 324	16 946	16 786	160		
国债转贷收入、上年结余及转补助数	13 355	9 170	4 185					
支出总计	10 652 878	2 727 173	7 925 705	1 235 493	601 984	633 509	81 561	40 338
本年支出	10 499 228	2 728 834	7 770 394	1 156 529	563 029	593 500	78 326	40 338
财力性转移支付	71 456	-55 593	127 049	70 337	32 393	37 944	2 880	
体制上解	70 318	-56 731	127 049	70 337	32 393	37 944	2 880	
出口退税专项上解	1 138	1 138						
专项上解	14 762	14 762						
计划单列市上解省								
增设预算周转金	32 801	30 000	2 801					
调出资金	21 276		21 276	8 627	6 562	2 065	355	
国债转贷拨付数及年终结余	13 355	9 170	4 185					
年终结余	1 953 123	715 246	1 237 877	93 865	75 461	18 404	697	1 816
其中：净结余	144 396	51 093	93 303	31 957	31 319	638	39	27
总人口数（万人）	3 392		3 392	357		357	30	14
国内生产总值（万元）	56 962 195		56 962 195	11 915 006		11 915 006	817 776	135 000
财政供养人口（人）	1 512 089.00	194 528.00	117 561.00	121 665.00	51 580.00	70 085.00	7 881.00	5 488.00
总人口数与财政供养人口比率	4.46		3.88	3.41		1.96	2.63	3.92

续表

地　　区	娄烦县*	古交市	小店区	尖草坪区	迎泽区	杏花岭区	万柏林区	晋源区	太原高新区
收入总计	48 153	62 455	74 383	49 958	64 488	75 317	61 937	30 888	27 143
本年收入	19 296	40 366	49 069	26 202	44 607	41 293	30 599	14 096	21 930
返还性收入	881	3 302	3 442	5 776	7 926	8 176	7 501	2 101	3 997
增值税和消费税税收返还	1 061	4 232	4 354	4 721	6 229	5 594	6 111	1 663	2 465
所得税基数返还	-180	-930	-912	1 055	1 697	2 582	1 390	438	1 532
财力性转移支付收入	8 180	7 709	5 086	4 918	3 586	7 841	8 547	4 060	-517
体制补助	1 157								
一般性转移支付补助	1 742	347	421	328	452	444	284	1 362	
民族地区转移支付补助									
调整工资转移支付补助	3 617	3 776	4 351	3 187	4 817	4 689	3 003	1 977	12
农村义务教育补助	340	486	416	306	52	80	186	348	
农村税费改革补助	1 105	938	755	726	168	277	479	673	8
缓解县乡困难转移支付补助	54	54	17	34	34	-5	-9	16	
结算补助	39	-638	-1 720	-1 366	-1 937	-958	-2 372	-762	-537
企事业单位预算划转补助	126	2 746	846	1 703		3 314	6 976	446	
其他财力性转移支付									
专项转移支付	18 918	9 474	13 350	10 165	9 589	13 738	11 695	8 803	456
省补助计划单列市收入									
上年结余	878	1 604	3 436	2 897	-1 220	4 109	3 595	1 828	1 277
调入资金						160			
国债转贷收入、上年结余及转补助数									
支出总计	47 508	60 808	70 723	46 026	65 494	73 725	59 576	29 408	26 043
本年支出	47 236	58 404	66 053	42 032	54 621	68 624	52 491	28 593	24 483
财力性转移支付		2 404	4 670	3 433	10 196	4 901	7 085	815	1 560
体制上解		2 404	4 670	3 433	10 196	4 901	7 085	815	1 560
出口退税专项上解									
专项上解									
计划单列市上解省									
增设预算周转金									
调出资金	272			561	677	200			
国债转贷拨付数及年终结余									
年终结余	645	1 647	3 660	3 932	-1 006	1 592	2 361	1 480	1 100
其中：净结余	83	36	15	780	-1 325	8	761	45	7
总人口数（万人）	14	21	51	35	52	56	55	19	9
国内生产总值（万元）	93 000	358 300	1 560 000	299 235	2 064 305	1 585 470	1 964 000	450 242	2 250 000
财政供养人口（人）	5 430.00	7 166.00	8 057.00	6 773.00	7 802.00	10 816.00	5 856.00	4 052.00	416.00
总人口数与财政供养人口比率	3.88	3.41	1.58	1.94	1.50	1.93	1.06	2.13	0.46

续表

地　　区	太原经济区	太原民营区	大同市	大同市本级	大同市区县合　计	大同城区	大同矿区	大同南郊区	大同新荣区
收入总计	27 844	4 935	897 570	348 090	549 480	56 320	35 729	64 291	26 567
本年收入	21 274	3 759	367 060	227 031	140 029	11 966	5 500	33 029	6 356
返还性收入	-548		49 142	5 463	43 679	7 212	3 499	14 570	4 174
增值税和消费税税收返还			45 372	21 145	24 227	3 589	1 612	6 419	2 221
所得税基数返还	-548		3 770	-15 682	19 452	3 623	1 887	8 151	1 953
财力性转移支付收入	5 701		223 269	57 811	165 458	12 311	7 972	2 912	6 753
体制补助				-1 664	1 664				
一般性转移支付补助			116 796	25 631	91 165	8 888	6 780	1 444	3 133
民族地区转移支付补助									
调整工资转移支付补助			80 760	24 372	56 388	5 123	2 741	3 915	2 941
农村义务教育补助			5 773	-329	6 102	10		708	220
农村税费改革补助	35		16 075	-278	16 353			1 542	1 030
缓解县乡困难转移支付补助			5 841		5 841	20		187	74
结算补助	5 666		-9 627	3 721	-13 348	-3 023	-1 549	-4 884	-645
企事业单位预算划转补助			4 651	3 358	1 293	1 293			
其他财力性转移支付			3 000	3 000					
专项转移支付	1 215	1 176	157 436	44 725	112 711	15 660	9 918	7 625	5 161
省补助计划单列市收入									
上年结余	202		98 298	13 060	85 238	8 566	8 840	5 755	4 123
调入资金			2 005		2 005	605		400	
国债转贷收入、上年结余及转补助数			360		360				
支出总计	27 484	4 815	775 444	317 910	457 534	48 210	26 918	58 007	22 348
本年支出	27 484	4 815	745 717	305 375	440 342	46 750	25 639	48 076	20 720
财力性转移支付			28 020	11 188	16 832	1 460	1 279	9 931	1 628
体制上解			28 020	11 188	16 832	1 460	1 279	9 931	1 628
出口退税专项上解									
专项上解									
计划单列市上解省									
增设预算周转金									
调出资金			1 347	1 347					
国债转贷拨付数及年终结余			360		360				
年终结余	360	120	122 126	30 180	91 946	8 110	8 811	6 284	4 219
其中：净结余	162		-9 912	-290	-9 622		80		-32
总人口数（万人）	1		301		301	57	48	27	10
国内生产总值（万元）	337 678		4 175 093		4 175 093	1 823 050	79 275	904 727	160 692
财政供养人口（人）	270.00	78.00	130 518.00	41 879.00	88 639.00	9 381.00	4 175.00	8 980.00	5 249.00
总人口数与财政供养人口比率	2.70		4.34		2.94	1.65	0.87	3.33	5 25

续表

地　　区	左云县	阳高县*	天镇县*	广灵县*	灵丘县*	浑源县*	大同县	大同开发区	阳泉市
收入总计	68 925	54 378	44 863	41 468	51 108	64 771	30 859	10 201	376 446
本年收入	44 423	3 388	2 126	2 386	9 621	8 044	6 818	6 372	216 204
返还性收入	3 531	1 292	1 028	1 641	459	2 352	2 474	1 447	25 106
增值税和消费税税收返还	3 496	1 119	460	1 007	572	1 780	1 686	266	27 250
所得税基数返还	35	173	568	634	-113	572	788	1 181	-2 144
财力性转移支付收入	7 786	23 560	22 253	20 256	20 631	27 745	13 436	-157	62 940
体制补助		170	684	150	660				
一般性转移支付补助	2 093	13 338	12 145	10 637	10 326	15 178	7 203		27 405
民族地区转移支付补助									
调整工资转移支付补助	3 749	7 111	6 251	6 008	6 268	8 157	4 096	28	27 661
农村义务教育补助	574	908	728	594	830	984	546		2 160
农村税费改革补助	1 405	2 454	1 974	1 504	2 046	2 860	1 495	43	6 842
缓解县乡困难转移支付补助	136	697	649	1 704	636	820	918		726
结算补助	-171	-1 118	-178	-341	-135	-254	-822	-228	-3 513
企事业单位预算划转补助									1 659
其他财力性转移支付									
专项转移支付	8 828	13 438	10 838	8 289	8 692	13 574	8 427	2 261	57 636
省补助计划单列市收入									
上年结余	3 557	12 700	8 618	8 896	11 345	13 056	-496	278	9 402
调入资金	800						200		4 841
国债转贷收入、上年结余及转补助数					360				317
支出总计	65 780	42 082	34 595	33 313	39 090	46 709	30 558	9 924	354 148
本年支出	63 246	42 082	34 595	33 313	38 730	46 709	30 558	9 924	335 191
财力性转移支付	2 534								17 180
体制上解	2 534								17 180
出口退税专项上解									
专项上解									
计划单列市上解省									
增设预算周转金									
调出资金									1 460
国债转贷拨付数及年终结余					360				317
年终结余	3 145	12 296	10 268	8 155	12 018	18 062	301	277	22 298
其中：净结余	538		-727	-2 407	-78	-125	-6 871		2 036
总人口数（万人）	15	28	22	18	23	35	17	1	130
国内生产总值（万元）	240 000	97 506	86 100	82 000	180 835	163 000	126 908	231 000	2 651 100
财政供养人口（人）	7 083.00	9 744.00	7 776.00	8 244 .00	8 479.00	11 826.00	6 865.00	837.00	53 334.00
总人口数与财政供养人口比率	4.72	3.48	3.53	4.58	3.69	3.38	4.04	8.37	4.10

续表

地　　区	阳泉市本级	阳泉市区县合计	平定县	盂县	阳泉郊区	阳泉城区	阳泉矿区	阳泉开发区	长治市
收入总计	156 191	220 255	58 566	69 417	44 647	22 000	17 246	8 379	902 657
本年收入	108 881	107 319	24 713	37 443	17 276	12 548	11 135	4 204	497 506
返还性收入	6 139	18 967	-323	7 532	6 345	3 076	1 757	580	57 763
增值税和消费税税收返还	11 102	16 148	3 947	4 278	4 820	1 730	1 026	347	52 765
所得税基数返还	-4 963	2 819	-4 270	3 254	1 525	1 346	731	233	4 998
财力性转移支付收入	13 342	49 598	18 412	13 000	13 494	2 080	601	2 011	163 724
体制补助									
一般性转移支付补助	8 400	19 005	8 669	2 725	7 374	167	70		61 040
民族地区转移支付补助									
调整工资转移支付补助	6 052	21 609	7 077	6 920	5 098	1 836	660	18	67 990
农村义务教育补助	-130	2 290	860	906	518	6			7 961
农村税费改革补助	-428	7 270	2 761	3 006	1 492			11	21 782
缓解县乡困难转移支付补助		726	169	168	86	169	134		4 353
结算补助	-2 211	-1 302	-1 124	-725	-1 074	-98	-263	1 982	-2 108
企事业单位预算划转补助	1 659								2 706
其他财力性转移支付									
专项转移支付	22 956	34 680	9 750	9 117	7 503	3 818	3 044	1 448	111 590
省补助计划单列市收入									
上年结余	4 352	5 050	1 814	2 289	-156	354	652	97	71 592
调入资金	200	4 641	4 200	36	185	124	57	39	21
国债转贷收入、上年结余及转补助数	317								461
支出总计	141 030	213 118	54 290	68 110	43 894	21 776	16 776	8 272	792 236
本年支出	139 664	195 527	49 152	64 302	38 416	19 367	16 197	8 093	788 776
财力性转移支付	-29	17 209	5 138	3 808	5 478	2 273	370	142	
体制上解	-29	17 209	5 138	3 808	5 478	2 273	370	142	
出口退税专项上解									
专项上解									
计划单列市上解省									
增设预算周转金									900
调出资金	1 078	382				136	209	37	2 099
国债转贷拨付数及年终结余	317								461
年终结余	15 161	7 137	4 276	1 307	753	224	470	107	110 421
其中：净结余	11 384	-9 348	-3 277		-6 117	16		30	24 961
总人口数（万人）		130	33	29	23	19	23	3	327
国内生产总值（万元）		2 651 100	232 925	384 945	352 500	826 658	810 000	44 072	5 378 803
财政供养人口（人）	13 359.00	39 975.00	10 824.00	11 695.00	8 064.00	3 869.00	5 049.00	474.00	119 007.00
总人口数与财政供养人口比率		3.08	3.28	4.03	3.51	2.04	2.20	1.58	3.64

续表

地　区	长治市本级	长治市区县合计	长治县	潞城市	屯留县	长子县	壶关县*	平顺县*	黎城县
收入总计	237 046	665 611	69 915	53 809	53 848	55 501	52 650	35 592	30 179
本年收入	175 387	322 119	42 359	36 291	23 343	16 421	11 116	4 657	8 153
返还性收入	13 622	44 141	5 224	4 172	1 493	1 952	2 377	965	3 677
增值税和消费税税收返还	7 244	45 521	3 489	5 493	1 072	1 141	1 394	757	1 831
所得税基数返还	6 378	-1 380	1 735	-1 321	421	811	983	208	1 846
财力性转移支付收入	31 525	132 199	7 377	3 329	13 788	20 229	19 106	16 015	9 753
体制补助	-2 910	2 910			500	500	470	500	
一般性转移支付补助	10 000	51 040	427	332	3 902	9 307	8 035	7 378	4 464
民族地区转移支付补助									
调整工资转移支付补助	8 884	59 106	5 071	3 278	5 084	5 843	6 462	4 933	3 847
农村义务教育补助	-2 076	10 037	840	715	873	1 013	1 017	604	512
农村税费改革补助	-935	22 717	1 722	1 306	2 036	2 526	2 589	1 687	1 425
缓解县乡困难转移支付补助		4 353	120	80	1 145	987	106	313	136
结算补助	19 856	-21 964	-803	-2 382	-322	-417	-193		-631
企事业单位预算划转补助	2 706								
其他财力性转移支付	-4 000	4 000			570	470	620	600	
专项转移支付	2 645	108 945	9 070	7 944	8 288	8 988	12 818	8 023	8 280
省补助计划单列市收入									
上年结余	13 867	57 725	5 885	2 073	6 936	7 911	7 233	5 932	316
调入资金		21							
国债转贷收入、上年结余及转补助数		461							
支出总计	200 116	592 120	61 637	50 693	44 739	46 652	45 443	29 193	27 905
本年支出	199 624	589 152	61 237	49 794	44 739	46 652	45 443	29 159	27 845
财力性转移支付	-1 715	1 715	400	440					60
体制上解	-1 715	1 715	400	440					60
出口退税专项上解									
专项上解									
计划单列市上解省									
增设预算周转金	700	200							
调出资金	1 507	592		459				34	
国债转贷拨付数及年终结余		461							
年终结余	36 930	73 491	8 278	3 116	9 109	8 849	7 207	6 399	2 274
其中：净结余	16 681	8 280	6 423	492	64	26	60	16	88
总人口数（万人）		327	33	22	26	35	29	17	16
国内生产总值（万元）		5 378 803	510 083	565 163	323 041	238 112	258 354	81 209	185 100
财政供养人口（人）	21 275.00	97 732.00	8 700.00	7 709.00	7 944.00	9 170.00	9 208.00	6 887.00	6 839.00
总人口数与财政供养人口比率		2.99	2.64	3.50	3.06	2.62	3.18	4.05	4.27

续表

地　　区	武乡县*	襄垣县	沁县	沁源县	长治城区	长治郊区	长治高新区	晋城市	晋城市本级
收入总计	56 218	84 158	40 954	60 932	25 797	39 226	6 832	572 448	189 606
本年收入	23 671	65 075	4 380	39 987	15 459	24 195	7 012	340 783	134 067
返还性收入	1 965	1 882	1 310	2 463	4 943	12 636	-918	31 063	28 192
增值税和消费税税收返还	1 412	4 611	726	1 730	6 486	15 379		24 413	8 026
所得税基数返还	553	-2 729	584	733	-1 543	-2 743	-918	6 650	20 166
财力性转移支付收入	14 587	6 554	18 394	8 900	-296	-5 769	232	77 181	4 576
体制补助	470		470						-350
一般性转移支付补助	5 198	398	9 612	1 489	235	263		20 473	1 550
民族地区转移支付补助									
调整工资转移支付补助	5 427	4 218	5 035	4 500	2 522	2 868	18	38 432	4 106
农村义务教育补助	726	723	673	543	948	789	61	4 931	-299
农村税费改革补助	2 438	2 318	1 902	1 602	191	949	26	15 839	-599
缓解县乡困难转移支付补助	94	1 052	125	110	-7	92		2 626	
结算补助	-306	-2 155	-123	156	-4 185	-10 730	127	-5 492	168
企事业单位预算划转补助								372	
其他财力性转移支付	540		700	500					
专项转移支付	10 529	7 953	8 557	6 776	4 626	6 695	398	61 705	-2 955
省补助计划单列市收入									
上年结余	5 466	2 233	8 292	2 806	1 065	1 469	108	35 488	25 726
调入资金			21					26 228	
国债转贷收入、上年结余及转补助数		461							
支出总计	48 698	78 482	30 848	58 337	25 201	37 724	6 568	546 688	176 185
本年支出	48 698	77 671	30 818	58 268	24 801	37 559	6 468	540 495	177 989
财力性转移支付		350			200	165	100	4 604	-3 190
体制上解		350			200	165	100	4 604	-3 190
出口退税专项上解									
专项上解									
计划单列市上解省									
增设预算周转金					200				
调出资金			30	69				1 589	1 386
国债转贷拨付数及年终结余		461							
年终结余	7 520	5 676	10 106	2 595	596	1 502	264	25 760	13 421
其中：净结余	5	528	20	5	88	220	245	6 360	6 312
总人口数（万人）	20	26	18	16	38	30	1	222	
国内生产总值（万元）	208 838	874 336	77 438	290 912	852 203	902 446	11 568	3 856 525	
财政供养人口（人）	7 577.00	8 531.00	6 215.00	7 076.00	5 568.00	5 968.00	340.00	76 660.00	11 238.00
总人口数与财政供养人口比率	3.79	3.28	3.45	4.42	1.47	1.99	3.40	3.45	

续表

地　区	晋城市区县合计	阳城县	高平市	沁水县	陵川县	晋城城区	泽州县	晋城开发区	朔州市
收入总计	382 842	77 790	80 571	52 054	44 942	41 264	82 386	3 835	548 786
本年收入	206 716	43 650	46 972	32 720	7 227	20 936	50 232	4 979	302 023
返还性收入	2 871	6 359	5 623	-7 332	2 270	3 085	-7 048	-86	17 459
增值税和消费税税收返还	16 387	4 768	3 568	1 458	1 222	1 842	3 379	150	18 069
所得税基数返还	-13 516	1 591	2 055	-8 790	1 048	1 243	-10 427	-236	-610
财力性转移支付收入	72 605	11 900	11 803	7 874	20 402	7 366	14 945	-1 685	99 797
体制补助	350			160	190				
一般性转移支付补助	18 923	628	537	827	10 078	4 542	2 311		44 804
民族地区转移支付补助									
调整工资转移支付补助	34 326	6 451	6 150	5 258	6 077	3 609	6 773	8	35 447
农村义务教育补助	5 230	1 196	1 080	563	698	224	1 466	3	4 042
农村税费改革补助	16 438	3 041	3 062	1 804	2 642	552	5 322	15	12 481
缓解县乡困难转移支付补助	2 626	106	734	94	836		856		3 110
结算补助	-5 660	478	240	-832	-119	-1 561	-1 995	-1 871	-3 050
企事业单位预算划转补助	372						212	160	2 963
其他财力性转移支付									
专项转移支付	64 660	10 718	12 719	9 097	10 209	8 895	12 611	411	67 001
省补助计划单列市收入									
上年结余	9 762	2 157	1 289	350	3 834	982	934	216	58 263
调入资金	26 228	3 006	2 165	9 345	1 000		10 712		4 163
国债转贷收入、上年结余及转补助数									80
支出总计	370 503	76 141	77 707	52 009	39 547	39 898	81 548	3 653	444 995
本年支出	362 506	73 526	75 486	52 009	39 547	39 083	79 202	3 653	441 174
财力性转移支付	7 794	2 615	2 221			815	2 143		1 347
体制上解	7 794	2 615	2 221			815	2 143		1 347
出口退税专项上解									
专项上解									
计划单列市上解省									
增设预算周转金									1 901
调出资金	203						203		493
国债转贷拨付数及年终结余									80
年终结余	12 339	1 649	2 864	45	5 395	1 366	838	182	103 791
其中：净结余	48		1	7	20	20			18 659
总人口数（万人）	222	39	48	22	27	30	53	3	152
国内生产总值（万元）	3 856 525	840 000	940 000	528 600	175 200	275 956	1 028 569	68 200	3 231 931
财政供养人口（人）	65 422.00	14 079.00	11 740.00	8 749.00	8 510.00	6 814.00	15 305.00	225.00	63 948.00
总人口数与财政供养人口比率	2.95	3.61	2.45	3.98	3.15	2.27	2.89	0.75	4.21

续表

地区	朔州市本级	朔州市区县合计	朔城区	平鲁县	山阴县	怀仁县	应县	右玉县*	朔州开发区
收入总计	150 885	397 901	78 986	51 903	86 956	81 474	55 612	35 897	7 073
本年收入	138 703	163 320	28 988	28 866	47 595	43 641	5 636	6 140	2 454
返还性收入	-13 296	30 755	9 968	5 578	4 894	7 158	1 993	1 120	44
增值税和消费税税收返还	1 907	16 162	4 919	2 390	3 088	4 094	1 019	578	74
所得税基数返还	-15 203	14 593	5 049	3 188	1 806	3 064	974	542	-30
财力性转移支付收入	10 978	88 819	16 151	5 347	14 058	13 819	25 103	14 209	132
体制补助	-2 917	2 917					1 301	1 616	
一般性转移支付补助	5 000	39 804	8 167	374	6 488	3 460	14 468	6 847	
民族地区转移支付补助									
调整工资转移支付补助	2 946	32 501	7 159	4 540	5 598	5 459	5 550	4 191	4
农村义务教育补助	4 042								
农村税费改革补助	-339	12 820	2 345	2 031	2 070	1 798	2 702	1 788	86
缓解县乡困难转移支付补助	-500	3 610	74	77	60	2 571	683	145	
结算补助	628	-3 678	-1 594	-1 675	-209	-263	399	-378	42
企事业单位预算划转补助	2 118	845			51	794			
其他财力性转移支付									
专项转移支付	-805	67 806	13 748	8 953	13 768	8 674	12 019	10 505	139
省补助计划单列市收入									
上年结余	15 305	42 958	10 131	3 079	6 641	8 182	10 861	3 923	141
调入资金		4 163							4 163
国债转贷收入、上年结余及转补助数		80		80					
支出总计	104 522	340 473	65 114	47 892	76 571	72 261	42 245	29 317	7 073
本年支出	113 032	328 142	60 427	46 612	73 459	69 009	42 245	29 317	7 073
财力性转移支付	-9 411	10 758	3 687	1 200	3 112	2 759			
体制上解	-9 411	10 758	3 687	1 200	3 112	2 759			
出口退税专项上解									
专项上解									
计划单列市上解省									
增设预算周转金	901	1 000	1 000						
调出资金		493				493			
国债转贷拨付数及年终结余		80		80					
年终结余	46 363	57 428	13 872	4 011	10 385	9 213	13 367	6 580	
其中：净结余	10 535	8 124	1 732	88	120	6 158	26		
总人口数（万人）		152	41	19	22	30	29	11	
国内生产总值（万元）		3 231 931	822 566	839 563	552 034	744 989	136 061	136 718	
财政供养人口（人）	7 461.00	56 487.00	13 146.00	7 695.00	8 933.00	11 297.00	8 604.00	5 358.00	1 454.00
总人口数与财政供养人口比率		3.72	3.21	4.05	4.06	3.77	2.97	4.87	

续表

地　　区	忻州市	忻州市本级	忻州市区县合计	五台县*	静乐县*	河曲县*	神池县*	五寨县*	繁峙县*
收入总计	765 446	107 297	658 149	60 473	49 094	51 293	27 622	36 240	56 491
本年收入	231 768	60 748	171 020	8 926	7 167	23 813	3 424	4 566	10 243
返还性收入	29 084	-4 377	33 461	1 882	965	2 429	2 071	608	1 826
增值税和消费税税收返还	24 238	2 873	21 365	903	441	1 558	665	241	1 098
所得税基数返还	4 846	-7 250	12 096	979	524	871	1 406	367	728
财力性转移支付收入	276 531	44 610	231 921	28 574	18 362	11 859	14 009	15 972	18 857
体制补助	1 280	1 280							
一般性转移支付补助	126 831	20 727	106 104	13 021	8 666	3 978	6 611	7 724	9 832
民族地区转移支付补助									
调整工资转移支付补助	87 863	8 990	78 873	8 137	5 226	5 362	3 933	4 751	6 103
农村义务教育补助	8 054	-947	9 001	1 054	660	524	382	428	1 040
农村税费改革补助	31 383	-100	31 483	3 785	2 118	1 681	1 448	1 490	2 440
缓解县乡困难转移支付补助	12 641		12 641	2 165	588	644	1 312	1 330	126
结算补助	5 893	12 400	-6 507	412	1 104	-330	323	249	-684
企事业单位预算划转补助	326		326						
其他财力性转移支付	2 260	2 260							
专项转移支付	157 896	17 097	140 799	14 605	9 500	8 586	6 605	7 339	12 203
省补助计划单列市收入									
上年结余	68 547	-10 781	79 328	5 486	13 100	4 606	1 513	7 755	13 362
调入资金	1 500		1 500	1 000					
国债转贷收入、上年结余及转补助数	120		120						
支出总计	660 654	80 316	580 338	53 339	35 076	46 782	25 015	28 870	42 297
本年支出	659 877	87 309	572 568	53 339	35 033	46 538	25 015	28 838	42 242
财力性转移支付		-6 993	6 993						
体制上解		-6 993	6 993						
出口退税专项上解									
专项上解									
计划单列市上解省									
增设预算周转金									
调出资金	657		657		43	244		32	55
国债转贷拨付数及年终结余	120		120						
年终结余	104 792	26 981	77 811	7 134	14 018	4 511	2 607	7 370	14 194
其中：净结余	-11 495	-1 158	-10 337	-4 213	4 767	1 288	-4 057	600	3 463
总人口数（万人）	306		306	35	16	14	11	11	26
国内生产总值（万元）	2 625 532		2 625 532	142 436	84 144	307 132	53 051	60 445	155 300
财政供养人口（人）	133 884.00	13 504.00	120 380.00	12 310.00	7 112.00	7 719.00	5 582.00	7 163.00	8 626.00
总人口数与财政供养人口比率	4.38		3.93	3.52	4.45	5.51	5.07	6.51	3.32

续表

地　　区	岢岚县*	偏关县*	代县*	原平市	忻府区	定襄县	宁武县*	保德县*	忻州开发区
收入总计	38 604	34 708	46 902	77 545	49 461	30 872	48 455	49 361	1 028
本年收入	2 225	6 734	16 391	30 049	14 043	7 394	12 137	22 912	996
返还性收入	545	746	860	6 862	6 588	2 661	2 887	2 599	-68
增值税和消费税税收返还	314	565	2 222	4 776	3 067	1 776	1 595	2 144	
所得税基数返还	231	181	-1 362	2 086	3 521	885	1 292	455	-68
财力性转移支付收入	15 434	13 624	13 029	24 965	20 265	14 216	12 827	9 958	-30
体制补助									
一般性转移支付补助	7 745	6 413	5 092	12 465	9 862	7 145	5 117	2 433	
民族地区转移支付补助									
调整工资转移支付补助	4 308	4 697	5 502	8 346	7 357	4 846	5 176	5 129	
农村义务教育补助	324	475	641	883	771	541	566	712	
农村税费改革补助	1 222	1 476	2 613	3 725	3 699	1 860	2 144	1 782	
缓解县乡困难转移支付补助	1 196	1 261	119	994	883	918	488	617	
结算补助	639	-698	-989	-1 663	-2 348	-1 113	-664	-715	-30
企事业单位预算划转补助			51	215	41	19			
其他财力性转移支付									
专项转移支付	8 866	8 695	10 318	12 416	15 364	8 555	9 097	8 520	130
省补助计划单列市收入									
上年结余	11 534	4 409	6 304	3 253	-6 799	-2 074	11 507	5 372	
调入资金		500							
国债转贷收入、上年结余及转补助数						120			
支出总计	30 315	31 731	38 161	69 948	59 813	33 443	37 668	46 852	1 028
本年支出	30 286	31 731	38 161	65 589	58 080	32 800	37 116	46 772	1 028
财力性转移支付				4 359	1 733	439	462		
体制上解				4 359	1 733	439	462		
出口退税专项上解									
专项上解									
计划单列市上解省									
增设预算周转金									
调出资金	29					84	90	80	
国债转贷拨付数及年终结余						120			
年终结余	8 289	2 977	8 741	7 597	-10 352	-2 571	10 787	2 509	
其中：净结余	3 260		2 930	-4 803	-11 972	-4 822	1 713	1 509	
总人口数（万人）	8	12	21	48	52	21	16	15	
国内生产总值（万元）	54 299	115 000	214 300	440 377	394 402	201 204	150 052	253 390	
财政供养人口（人）	6 213.00	6 630.00	7 695.00	13 613.00	12 554.00	8 617.00	8 148.00	8 275.00	123.00
总人口数与财政供养人口比率	7.77	5.53	3.66	2.84	2.41	4.10	5.09	5.52	

续表

地　区	晋中市	晋中市本级	晋中市区县合计	榆次区	太谷县	祁县	平遥县	介休市	灵石县
收入总计	833 804	126 400	707 404	94 152	53 256	43 899	80 995	96 563	76 256
本年收入	410 153	100 211	309 942	46 525	12 991	12 088	19 120	62 008	55 320
返还性收入	50 309	3 737	46 572	5 398	4 519	4 731	4 567	9 501	5 546
增值税和消费税税收返还	40 145	3 217	36 928	6 424	3 127	3 020	2 874	8 059	5 077
所得税基数返还	10 164	520	9 644	-1 026	1 392	1 711	1 693	1 442	469
财力性转移支付收入	189 669	4 911	184 758	26 276	17 546	14 758	29 907	9 632	7 167
体制补助									
一般性转移支付补助	93 859	10 000	83 859	13 871	8 538	6 399	15 381	506	388
民族地区转移支付补助									
调整工资转移支付补助	69 051	5 346	63 705	8 915	5 402	5 645	8 434	5 752	4 154
农村义务教育补助	6 771	-126	6 897	557	733	684	1 564	726	755
农村税费改革补助	23 208	-551	23 759	2 212	2 316	1 840	3 700	2 421	2 075
缓解县乡困难转移支付补助	2 434		2 434	34	86	74	126	134	80
结算补助	-8 634	-9 758	1 124	-1 731	67	116	702	-65	-285
企事业单位预算划转补助	2 980		2 980	2 418	404			158	
其他财力性转移支付									
专项转移支付	118 413	-1 267	119 680	20 592	12 667	9 041	17 101	11 759	7 447
省补助计划单列市收入									
上年结余	62 811	16 698	46 113	-4 639	5 533	3 281	10 200	3 663	776
调入资金	2 249	2 110	139						
国债转贷收入、上年结余及转补助数	200		200				100		
支出总计	728 289	92 817	635 472	97 749	47 148	39 050	66 965	90 393	70 415
本年支出	721 064	117 913	603 151	83 041	44 525	37 569	65 319	83 884	67 871
财力性转移支付	5 561	-25 096	30 657	14 433	2 623	1 481	1 234	6 509	2 169
体制上解	5 561	-25 096	30 657	14 433	2 623	1 481	1 234	6 509	2 169
出口退税专项上解									
专项上解									
计划单列市上解省									
增设预算周转金									
调出资金	1 464		1 464	275			312		375
国债转贷拨付数及年终结余	200		200				100		
年终结余	105 515	33 583	71 932	-3 597	6 108	4 849	14 030	6 170	5 841
其中：净结余	-12 241	7 645	-19 886	-13 758		55	-2 148	86	
总人口数（万人）	315		315	55	29	26	49	38	25
国内生产总值（万元）	4 766 856		4 766 856	926 111	389 000	343 052	458 000	919 453	655 156
财政供养人口（人）	117 781.00	13 277.00	104 504.00	14 060.00	9 030.00	9 127.00	13 674.00	11 922.00	9 034.00
总人口数与财政供养人口比率	3.74		3.32	2.56	3.11	3.51	2.79	3.14	3.61

续表

地　区	寿阳县	昔阳县	和顺县*	左权县*	榆社县	晋中开发区	吕梁市	吕梁市本级	吕梁市区县合计
收入总计	69 605	47 863	42 878	56 615	32 372	12 950	952 283	131 390	820 893
本年收入	33 611	10 619	11 051	23 996	13 002	9 611	383 317	64 401	318 916
返还性收入	2 906	2 524	1 971	2 339	1 716	854	62 276	17 797	44 479
增值税和消费税税收返还	1 878	1 560	1 157	1 385	1 694	673	59 453	6 256	53 197
所得税基数返还	1 028	964	814	954	22	181	2 823	11 541	-8 718
财力性转移支付收入	17 192	19 341	15 966	16 289	9 971	713	243 320	24 115	219 205
体制补助							2 100	-260	2 360
一般性转移支付补助	7 752	9 955	8 781	8 571	3 674	43	101 707	9 760	91 947
民族地区转移支付补助									
调整工资转移支付补助	5 296	5 617	4 766	5 316	3 878	530	89 442	7 792	81 650
农村义务教育补助		546	379	478	403	72	11 235	-657	11 892
农村税费改革补助	2 182	2 360	1 468	1 470	1 523	192	28 779	-90	28 869
缓解县乡困难转移支付补助	1 534	106	66	26	168		8 832		8 832
结算补助	428	757	506	428	325	-124	930	7 275	-6 345
企事业单位预算划转补助							295	295	
其他财力性转移支付									
专项转移支付	8 582	7 797	8 442	8 464	6 737	1 051	129 627	-4 298	133 925
省补助计划单列市收入									
上年结余	7 314	7 582	5 448	5 427	946	582	131 350	29 230	102 120
调入资金						139	2 248		2 248
国债转贷收入、上年结余及转补助数				100			145	145	
支出总计	60 400	37 771	34 934	48 883	29 353	12 411	755 232	78 179	677 053
本年支出	59 731	37 126	34 804	48 783	29 180	11 318	754 600	98 304	656 296
财力性转移支付	669	551				988		-20 270	20 270
体制上解	669	551				988		-20 270	20 270
出口退税专项上解									
专项上解									
计划单列市上解省									
增设预算周转金									
调出资金		94	130		173	105	487		487
国债转贷拨付数及年终结余				100			145	145	
年终结余	9 205	10 092	7 944	7 732	3 019	539	197 051	53 211	143 840
其中：净结余	98	-798		-960	-2 461		6 660	12 917	-6 257
总人口数（万人）	21	24	14	16	14	4	358		358
国内生产总值（万元）	290 000	168 917	140 075	171 248	213 272	92 572	4 971 443		4 971 443
财政供养人口（人）	8 610.00	8 054.00	7 056.00	7 028.00	6 025.00	884.00	152 604.00	13 623.00	138 981.00
总人口数与财政供养人口比率	4.10	3.36	5.04	4.39	4.30	2.21	4.26		3.88

续表

地　区	兴县*	岚县*	交城县	文水县	汾阳市	孝义市	柳林县	中阳县*	石楼县*
收入总计	58 114	40 698	66 889	64 527	83 191	120 208	78 151	41 367	39 672
本年收入	5 767	5 251	31 522	12 413	38 148	91 475	50 875	21 492	1 828
返还性收入	866	464	3 775	5 470	23 502	2 409	1 049	1 864	228
增值税和消费税税收返还	782	455	3 777	4 696	25 156	7 443	2 440	1 745	232
所得税基数返还	84	9	-2	774	-1 654	-5 034	-1 391	119	-4
财力性转移支付收入	27 025	16 282	15 471	24 555	12 962	12 255	10 897	7 443	15 668
体制补助	450	400							380
一般性转移支付补助	14 884	8 365	6 617	11 661	3 367	923	507	1 342	8 182
民族地区转移支付补助									
调整工资转移支付补助	6 916	4 763	5 892	8 250	7 394	8 310	6 452	4 025	3 973
农村义务教育补助	1 033	554	773	1 484	997	982	1 423	629	455
农村税费改革补助	2 851	1 688	1 631	2 896	3 193	2 937	2 146	997	1 188
缓解县乡困难转移支付补助	686	373	831	1 087	96	269	1 184	649	1 132
结算补助	205	139	-273	-823	-2 085	-1 166	-815	-199	358
企事业单位预算划转补助									
其他财力性转移支付									
专项转移支付	12 212	9 745	9 887	10 602	10 617	8 714	9 046	8 956	10 644
省补助计划单列市收入									
上年结余	12 244	8 956	6 234	11 487	-2 136	5 333	6 284	1 612	11 304
调入资金					98	22			
国债转贷收入、上年结余及转补助数									
支出总计	42 302	29 667	58 547	50 657	84 913	106 345	67 136	38 525	23 657
本年支出	42 302	29 667	58 391	50 263	68 108	103 624	67 136	38 526	23 657
财力性转移支付			156	394	16 805	2 721			
体制上解			156	394	16 805	2 721			
出口退税专项上解									
专项上解									
计划单列市上解省									
增设预算周转金									
调出资金									
国债转贷拨付数及年终结余									
年终结余	15 812	11 031	8 342	13 870	-1 722	13 863	11 015	2 841	16 015
其中：净结余	7			16	-6 600	161	10	9	40
总人口数（万人）	31	18	22	42	41	45	32	14	11
国内生产总值（万元）	84 000	92 189	380 000	261 000	528 000	1 350 000	618 000	307 679	27 500
财政供养人口（人）	10 250.00	7 365.00	10 018.00	14 740.00	11 352.00	17 096.00	13 119.00	7 380.00	5 859.00
总人口数与财政供养人口比率	3.31	4.09	4.55	3.51	2.77	3.80	4.10	5.27	5.33

续表

地　　区	交口县	临县*	方山县*	离石区	临汾市	临汾市本级	临汾市区县合计	尧都区	侯马市
收入总计	31 563	98 817	40 259	57 437	1 054 705	179 731	874 974	111 050	56 596
本年收入	15 658	8 670	5 502	30 315	471 259	110 880	360 379	61 431	21 544
返还性收入	2 009	863	616	1 364	58 935	32 387	26 548	12 834	4 440
增值税和消费税税收返还	1 973	828	835	2 835	51 673	18 905	32 768	5 019	3 363
所得税基数返还	36	35	-219	-1 471	7 262	13 482	-6 220	7 815	1 077
财力性转移支付收入	7 255	43 378	15 354	10 660	272 400	9 722	262 678	20 659	15 513
体制补助		800	330			-9 819	9 819		
一般性转移支付补助	2 347	20 999	7 367	5 386	120 431	10 016	110 415	8 835	7 248
民族地区转移支付补助									
调整工资转移支付补助	3 844	11 885	4 277	5 669	103 271	8 122	95 149	9 393	5 624
农村义务教育补助	478	2 126	534	424	10 099	-595	10 694	1 117	226
农村税费改革补助	891	5 433	1 373	1 645	24 333	-708	25 041	2 753	827
缓解县乡困难转移支付补助	18	1 253	1 187	67	11 771		11 771	126	709
结算补助	-323	882	286	-2 531	-244	7 061	-7 305	-2 340	-1 033
企事业单位预算划转补助					2 739	-655	3 394	425	1 662
其他财力性转移支付						-3 700	3 700	350	250
专项转移支付	4 294	22 619	9 105	7 484	132 665	1 885	130 780	14 261	8 499
省补助计划单列市收入									
上年结余	2 347	23 287	9 682	5 486	111 301	19 574	91 727	1 807	6 051
调入资金				2 128	6 957	4 883	2 074		549
国债转贷收入、上年结余及转补助数					1 188	400	788	58	
支出总计	28 524	72 612	29 024	45 143	906 812	147 435	759 377	101 348	48 913
本年支出	28 524	72 612	29 024	44 462	904 763	157 856	746 907	96 727	46 043
财力性转移支付				194		-10 821	10 821	4 618	2 900
体制上解				194		-10 821	10 821	4 618	2 900
出口退税专项上解									
专项上解								-55	-30
计划单列市上解省									
增设预算周转金									
调出资金				487	861		861		
国债转贷拨付数及年终结余					1 188	400	788	58	
年终结余	3 039	26 205	11 235	12 294	147 893	32 296	115 597	9 702	7 683
其中：净结余	80	12		8	14 717	14 294	423		
总人口数（万人）	11	51	14	26	421		421	75	24
国内生产总值（万元）	250 450	631 635	67 991	372 999	7 095 982		7 095 982	1 501 542	500 000
财政供养人口（人）	6 153.00	17 742.00	6 962.00	10 945.00	172 994.00	14 633.00	158 361.00	19 374.00	10 792.00
总人口数与财政供养人口比率	5.59	3.48	4.97	4.21	4 11		3.76	2.58	4.50

续表

地　区	曲沃县	翼城县	襄汾县	洪洞县	霍州市	古县	安泽县	浮山县	吉县*
收入总计	49 323	60 044	79 102	97 434	47 941	35 693	33 291	30 413	33 689
本年收入	13 822	28 291	43 949	43 513	30 022	16 951	9 499	11 021	2 241
返还性收入	3 177	1 853	1 183	343	-576	-351	239	1 147	137
增值税和消费税税收返还	3 984	2 758	3 280	4 096	2 023	1 002	532	1 201	106
所得税基数返还	-807	-905	-2 097	-3 753	-2 599	-1 353	-293	-54	31
财力性转移支付收入	17 268	15 822	19 630	30 314	12 300	9 598	12 045	9 959	15 815
体制补助				1 200		700	908	300	1 379
一般性转移支付补助	8 233	4 787	4 803	10 622	4 523	4 091	5 520	3 743	8 720
民族地区转移支付补助									
调整工资转移支付补助	6 413	7 647	8 352	10 876	5 143	3 729	3 790	4 446	4 007
农村义务教育补助	699	792	1 441	2 191	507	299	267	341	372
农村税费改革补助	1 614	2 061	3 387	4 416	1 400	718	738	1 245	793
缓解县乡困难转移支付补助	798	891	2 322	2 037	55	368	887	100	129
结算补助	-489	-668	-725	-1 593	-674	-357	-208	-257	-85
企事业单位预算划转补助		212		245	821		3	26	
其他财力性转移支付		100	50	320	525	50	140	15	500
专项转移支付	7 822	8 491	10 331	13 277	5 504	4 877	6 137	5 430	7 456
省补助计划单列市收入									
上年结余	6 964	5 537	2 484	9 927	691	4 618	5 371	2 706	8 040
调入资金			1 525						
国债转贷收入、上年结余及转补助数	270	50		60				150	
支出总计	41 192	54 276	75 308	84 286	43 704	31 584	27 985	27 235	24 969
本年支出	40 162	53 926	75 008	83 543	42 923	31 584	27 985	27 050	24 955
财力性转移支付	760	300	300		781				
体制上解	760	300	300		781				
出口退税专项上解									
专项上解									
计划单列市上解省									
增设预算周转金									
调出资金				683				35	14
国债转贷拨付数及年终结余	270	50		60				150	
年终结余	8 131	5 768	3 794	13 148	4 237	4 109	5 306	3 178	8 720
其中：净结余	10	329	66		-1 000			27	62
总人口数（万人）	24	32	50	74	29	9	8	13	11
国内生产总值（万元）	456 236	510 147	911 371	922 016	460 725	346 205	157 691	218 883	68 089
财政供养人口（人）	9 587.00	12 701.00	15 268.00	19 068.00	9 829.00	5 242.00	5.928.00	6 504.00	5 470.00
总人口数与财政供养人口比率	3.99	3.97	3.05	2.58	3.39	5.82	7.41	5.00	4.97

续表

地　　区	乡宁县	蒲县	大宁县*	永和县*	隰县*	汾西县*	临汾开发区	侯马开发区	运城市
收入总计	56 086	40 517	27 784	25 789	36 680	39 588	9 828	4 126	930 079
本年收入	36 775	21 077	949	684	2 036	7 443	6 336	2 795	290 102
返还性收入	76	27	331	82	433	398	542	233	36 169
增值税和消费税税收返还	2 303	1 349	190	59	371	538	384	210	36 056
所得税基数返还	-2 227	-1 322	141	23	62	-140	158	23	113
财力性转移支付收入	8 783	9 120	14 124	12 273	18 590	18 031	2 159	675	316 252
体制补助		500	1 200	1 090	1 152	1 390			
一般性转移支付补助	2 545	3 489	7 080	6 142	10 231	9 803			150 126
民族地区转移支付补助									
调整工资转移支付补助	4 703	4 107	3 895	3 254	5 004	4 727	37	2	100 099
农村义务教育补助	787	358	225	198	351	496	27		12 346
农村税费改革补助	1 250	682	610	580	692	1 209	66		39 086
缓解县乡困难转移支付补助	80	359	1 100	644	682	484			14 929
结算补助	-582	-475	-236	-35	-72	-178	2 029	673	-6 482
企事业单位预算划转补助									6 148
其他财力性转移支付		100	250	400	550	100			
专项转移支付	7 678	5 007	5 207	5 857	7 439	6 648	468	391	135 254
省补助计划单列市收入									
上年结余	2 674	5 286	7 073	6 893	8 182	7 068	323	32	149 822
调入资金									1 166
国债转贷收入、上年结余及转补助数	100		100						1 314
支出总计	51 871	35 044	20 556	19 780	27 292	31 315	8 596	4 123	725 714
本年支出	50 642	35 044	20 456	19 780	27 292	31 315	8 410	4 062	722 208
财力性转移支付	1 000						131	31	
体制上解	1 000						131	31	
出口退税专项上解									
专项上解							55	30	
计划单列市上解省									
增设预算周转金									
调出资金	129								2 192
国债转贷拨付数及年终结余	100		100						1 314
年终结余	4 215	5 473	7 228	6 009	9 388	8 273	1 232	3	204 365
其中：净结余		54	48	-235		223	839		21 601
总人口数（万人）	23	10	6	6	10	14	3		503
国内生产总值（万元）	388 870	176 800	27 000	24 024	63 101	158 182	118 500	86 600	6 293 924
财政供养人口（人）	8 186.00	6 820.00	5 208.00	4 365.00	6 961.00	6 567.00	408.00	8 300	175 166.00
总人口数与财政供养人口比率	3.56	6.82	8.68	7.28	6.96	4.69	1.36		3.48

续表

地　区	运城市本级	运城市区县合计	盐湖区	永济市	芮城县	临猗县	绛县	河津市	新绛县
收入总计	153 629	776 450	75 620	64 440	50 307	60 956	49 113	108 869	46 539
本年收入	70 246	219 856	20 158	18 426	3 509	7 863	4 338	103 467	7 574
返还性收入	30 722	5 447	10 523	185	2 535	1 922	2 334	-23 889	1 682
增值税和消费税税收返还	1 395	34 661	7 653	3 761	2 371	1 774	1 785	4 185	2 039
所得税基数返还	29 327	-29 214	2 870	-3 576	164	148	549	-28 074	-357
财力性转移支付收入	17 396	298 856	23 448	23 776	26 074	30 232	23 045	11 882	21 952
体制补助	-2 347	2 347							
一般性转移支付补助	10 000	140 126	10 055	10 656	13 070	13 110	13 146	556	11 662
民族地区转移支付补助									
调整工资转移支付补助	8 410	91 689	9 360	7 330	7 182	8 364	6 666	6 657	6 258
农村义务教育补助	-724	13 070	880	951	1 180	1 511	641	867	1 054
农村税费改革补助	-1 342	40 428	3 948	3 541	3 210	6 925	2 135	1 711	2 465
缓解县乡困难转移支付补助		14 929	638	1 122	1 115	1 082	570	361	1 338
结算补助	1 686	-8 168	-1 433	-918	317	-760	-113	-1 375	-825
企事业单位预算划转补助	1 713	4 435		1 094				3 105	
其他财力性转移支付									
专项转移支付	3 645	131 609	13 388	12 670	9 639	11 365	10 314	7 446	7 136
省补助计划单列市收入									
上年结余	30 306	119 516	8 103	8 637	8 550	9 572	9 082	9 949	8 195
调入资金		1 166		746		2		14	
国债转贷收入、上年结余及转补助数	1 314								
支出总计	103 816	621 898	65 206	53 410	38 592	49 570	37 413	91 593	36 648
本年支出	115 940	606 268	58 671	51 205	38 427	49 020	37 413	88 248	36 340
财力性转移支付	-14 043	14 043	6 535	2 205	165	550		2 100	263
体制上解	-14 043	14 043	6 535	2 205	165	550		2 100	263
出口退税专项上解									
专项上解									
计划单列市上解省									
增设预算周转金									
调出资金	605	1 587						1 245	45
国债转贷拨付数及年终结余	1 314								
年终结余	49 813	154 552	10 414	11 030	11 715	11 386	11 700	17 276	9 891
其中：净结余	19 698	1 903	44	31	32	18	208	50	65
总人口数（万人）		503	65	44	39	56	28	39	32
国内生产总值（万元）		6 293 924	785 112	575 000	320 000	472 000	267 720	1 900 000	290 972
财政供养人口（人）	17 084.00	158 082.00	15 849.00	13 081.00	11 638.00	14 887.00	10 856.00	14 929.00	10 654.00
总人口数与财政供养人口比率		3.14	2.44	2.97	2.98	2.66	3.88	3.83	3.33

续表

地　　区	垣曲县	闻喜县	万荣县	稷山县	平陆县*	夏县	运城经济技术开发区	风陵渡开发区	华信开发区
收入总计	45 578	59 245	56 959	51 763	47 904	51 454	4 236	1 935	1 532
本年收入	6 692	21 133	4 299	10 136	4 772	3 298	2 333	988	870
返还性收入	910	3 000	811	1 141	892	801	1 444	620	536
增值税和消费税税收返还	1 997	3 991	867	1 826	1 177	730	50	312	143
所得税基数返还	-1 087	-991	-56	-685	-285	71	1 394	308	393
财力性转移支付收入	20 414	15 967	30 807	23 206	21 568	26 324	-26	180	7
体制补助			807	258	409	873			
一般性转移支付补助	10 162	4 942	15 476	11 847	10 629	14 815			
民族地区转移支付补助									
调整工资转移支付补助	6 217	7 021	7 813	6 197	5 675	6 700	56	185	8
农村义务教育补助	814	1 082	1 215	1 070	878	927			
农村税费改革补助	1 910	3 009	3 990	2 611	2 400	2 573			
缓解县乡困难转移支付补助	1 470	387	2 124	1 877	1 956	889			
结算补助	-159	-710	-618	-654	-379	-453	-82	-5	-1
企事业单位预算划转补助		236							
其他财力性转移支付									
专项转移支付	8 780	12 639	9 938	7 004	11 601	8 938	485	147	119
省补助计划单列市收入									
上年结余	8 782	6 152	11 104	10 276	9 071	12 043			
调入资金		354				50			
国债转贷收入、上年结余及转补助数									
支出总计	36 036	49 352	43 407	37 140	38 268	37 560	4 236	1 935	1 532
本年支出	35 958	48 646	43 407	36 949	38 268	37 532	2 717	1 935	1 532
财力性转移支付		706					1 519		
体制上解		706					1 519		
出口退税专项上解									
专项上解									
计划单列市上解省									
增设预算周转金									
调出资金	78			191		28			
国债转贷拨付数及年终结余									
年终结余	9 542	9 893	13 552	14 623	9 636	13 894			
其中：净结余	148	79	18	268		942			
总人口数（万人）	23	39	43	34	25	36			
国内生产总值（万元）	216 837	686 352	254 000	275 000	133 431	117 500			
财政供养人口（人）	10 355.00	12 565.00	12 950.00	9 840.00	9 293.00	10 706.00	132.00	231.00	116.00
总人口数与财政供养人口比率	4.50	3.22	3.01	2.89	3.72	2.97			

注：1. 2007 年山西省地区生产总值数据来源于 2007 年山西省财政总决算。

2. 省直管县名称后标记＊。

2007 年度山西省预算外财政专户资金收支决算总表

单位：万元

科目名称	决算数	科目名称	决算数
一、彩票资金收入	82 154	一、一般公共服务	96 730
二、行政事业性收费收入	1 158 308	二、外交	
三、国有资源（资产）有偿使用收入	29 438	三、国防	59
四、其他收入	180 589	四、公共安全	17 258
其中：主管部门集中收入	13 475	五、教育	466 227
乡镇自筹收入	24 052	六、科学技术	280
		七、文化体育与传媒	48 556
		八、社会保障和就业	20 285
		九、医疗卫生	21 723
		十、环境保护	3 526
		十一、城乡社区事务	91 836
		十二、农林水事务	15 071
		十三、交通运输	472 967
		十四、工业商业金融等事务	33 127
		十五、其他支出	29 514
本年收入合计	1 450 489	本年支出合计	1 317 159
上级补助收入	5 866	上解上级支出	48 440
其中：彩票公益金上级补助收入	5 866	其中：彩票公益金上解上级支出	48 440
省补助计划单列市收入		计划单列市上解省支出	
上年结余	528 345	政府调剂资金	8 396
		1. 调入一般预算	8 394
		2. 调入政府性基金	2
		年终结余	610 705
		其中：本级	291 623
总计	1 984 700	总计	1 984 700

2007年山西省国民经济主要指标

指　　标	单　位	2007年	比上年增减%
一、年末人口总数	万人	3 392.58	0.533
二、地区生产总值	亿元	5 696.2	14.20
第一产业增加值	亿元	313.0	0.10
第二产业增加值	亿元	3 394.7	17.90
第三产业增加值	亿元	1 988.5	10.50
人均生产总值（人民币）	元	16 835.0	
人均生产总值（美元）	美元	2 213.0	
三、农业生产			
1. 农作物播种面积	公顷	3 851 000	0.70
2. 粮食产量	万吨	1 037.1	-3.40
3. 棉花产量	万吨	11.5	-2.30
4. 油料产量	万吨	18.0	-6.40
四、工业生产			
1. 工业增加值（规模以上）	亿元	2 682.0	21.00
其中：轻工业	亿元	137.3	15.30
重工业	亿元	2 544.8	21.30
其中：国有及国有控股企业	亿元	1 423.5	19.50
其中：集体企业	亿元	146.0	18.50
股份制企业	亿元	1 896.0	22.40
外商及港澳台投资企业	亿元	138.8	26.60
其中：私营企业	亿元	409.6	22.40
2. 原煤产量	万吨	57 057.0	9.50
3. 焦炭产量	万吨	9 723.0	13.40
4. 发电量	亿千瓦时	9 443.0	13.60
5. 粗钢产量	万吨	2 503.0	28.20
6. 钢材产量	万吨	2 093.0	25.10
五、进出口贸易总额	亿美元	115.7	74.60
六、城镇新增就业人员	万人	45.3	
七、城镇居民人均可支配收入	元	11 565.0	15.30
八、农民人均纯收入	元	3 665.7	15.20
九、全社会固定资产投资	亿元	2 927.2	26.10
十、社会消费品零售总额	亿元	1 914.1	18.60
十一、铁路货物发送量	亿吨	6.0	11.50
十二、公路运送货物量	亿吨	8.2	4.60
十三、原煤外调量	亿吨	5.4	15.00
十四、电力外调量	亿千瓦小时	462.6	7.00

注：本表数据来源于2007年山西统计公报。

1994～2007 年财政收入与 GDP 增长情况表

单位：亿元

项　　目	1993 年	1994 年		1995 年		1996 年		1997 年		1998 年		1999 年		2000 年	
		金额	增长%	金额	增长%	金额	增长%	金额	增长%	金额	增长%	金额	增长%	金额	增长%
国内生产总值	704.63	853.77	21.17	1 034.48	21.17	1 226.02	18.52	1 381.13	12.65	1 486.08	7.60	1 506.78	1.39	1 643.81	9.09
财政总收入	77.01	99.57	29.29	129.38	29.94	150.15	16.05	167.88	11.81	182.17	8.51	181.55	-0.34	194.55	9.23
占 GDP%	10.93	11.66	6.71	12.51	7.24	12.25	-2.08	12.16	-0.75	12.26	0.85	12.05	-1.71	11.84	-1.77
与 GDP 弹性系数			1.38		1.41		0.87		0.93		1.12				1.01
一般预算收入	37.92	53.82	41.93	72.21	34.17	84.17	16.56	96.70	14.89	104.19	7.75	109.18	4.79	114.48	8.26
占 GDP%	5.38	6.30	17.14	6.98	10.73	6.87	-1.65	7.00	1.98	7.01	0.14	7.25	3.35	6.96	-3.89
与 GDP 弹性系数			1.98		1.61		0.89		1.18		1.02		3.44		0.91
上划中央收入	39.09	45.74	17.01	57.18	25.01	65.98	15.39	71.18	7.88	77.97	9.54	72.37	-7.18	80.08	10.65
占 GDP%	5.55	5.36	-3.42	5.23	-2.43	5.05	-3.44	4.81	-4.75	4.85	0.83	4.44	-8.45	4.55	2.70
与 GDP 弹性系数			0.80		1.18		0.83		0.62		1.26				1.17

续表

项目	2001年		2002年		2003年		2004年		2005年		2006年		2007年	
	金额	增长%	金额	增长%	金额	增长%	金额	增长%	金额	增长%	金额	增长%	金额	增长%
国内生产总值	1 780.00	8.29	2 017.54	10.80	2.456.59	13.20	3 042.40	14.10	4 121.18	12.50	4.746.50	11.80	5 696.20	14.20
财政总收入	229.54	17.99	292.43	20.00	379.59	29.77	536.27	41.28	758.12	41.37	1 048.17	38.26	1 200.54	14.54
占GDP%	12.90	8.96	14.49		15.45		17.63		18.40		22.08		21.08	
与GDP弹性系数		2.17		1.85		2.26		2.93		3.31		3.24		1.02
一般预算收入	132.76	15.97	150.82	21.41	186.05	26.92	256.36	37.79	368.34	43.68	583.38	58.38	597.89	2.49
占GDP%	7.46	7.10	7.48		7.57		8.43		8.94		12.29		10.50	
与GDP弹性系数		1.93		1.98		2.04		2.68		3.49		4.95		0.18
上划中央收入	96.78	20.85	141.61	46.32	193.54	36.67	279.90	44.62	389.77	39.25	464.79	19.25	602.65	29.66
占GDP%	5.45	19.52	7.07		7.88		9.20		9.46		9.79		10.58	
与GDP弹性系数		2.52		4.29		2.78		3.16		3.14		1.63		2.09

注：(1) 此表“国内生产总值”一栏1993~2003年各年数据根据《山西统计年鉴》调整。

(2) 2004年、2005年、2006年、2007年“国内生产总值”及其增幅根据当年山西统计公报填列。

(3) 2000年、2002年和2003年总收入、一般预算收入增长幅度为同口径比较，2004~2007年总收入、一般预算收入增长幅度为自然口径比较。

2000～2007年山西省分市财政供养人员统计表

单位：人

地市名称	2000年	2001年	2002年	2003年	2004年	2005年	2006年	2007年
全省合计	1 292 626	1 326 709	1 365 550	1 394 955	1 414 307	1 443 934	1 482 988	1 512 089
省级	169 647	168 588	181 847	186 334	185 377	191 823	194 210	194 528
地市小计	1 122 979	1 158 121	1 183 703	1 208 621	1 228 930	1 252 111	1 288 778	1 317 561
太原市	102 825	104 332	107 948	109 902	111 315	113 555	116 692	121 665
大同市	110 763	115 090	117 585	119 957	121 882	124 460	127 744	130 518
阳泉市	44 248	45 627	46 422	46 978	46 763	47 631	51 156	53 334
长治市	104 048	106 763	108 317	110 004	112 391	113 435	116 305	119 007
晋城市	64 439	66 515	68 186	69 536	70 865	73 157	75 537	76 660
朔州市	51 718	53 701	54 016	55 746	57 008	57 809	60 841	63 948
忻州市	116 087	118 982	121 909	124 231	126 605	128 924	131 175	133 884
晋中市	103 352	104 269	106 348	108 165	110 973	111 701	115 550	117 781
吕梁市	125 559	131 029	134 502	139 213	143 640	148 211	152 342	152 604
临汾市	149 419	155 260	158 383	160 807	163 182	165 411	168 282	172 994
运城市	150 521	156 553	160 087	164 082	164 306	167 817	173 154	175 166

1994～2007 年山西省财政平衡情况表

单位：万元

年份	全省		省级		市县级	
	滚存结余	净结余	滚存结余	净结余	滚存结余	净结余
1994	94 497	-67 682	72 343	-40 009	22 154	-63 673
1995	100 453	-65 323	61 399	-6 285	39 054	-59 038
1996	105 337	-60 811	52 678	-6 549	52 659	-54 262
1997	103 184	-55 362	46 790	-6 040	56 394	-49 322
1998	132 468	-52 382	54 076	450	78 392	-52 832
1999	211 677	-62 779	124 163	4 444	87 514	-67 223
2000	228 148	-105 384	174 378	2 857	53 770	-108 241
2001	319 026	-122 118	259 033	24 372	60 606	-145 877
2002	392 925	-133 102	327 211	25 515	65 714	-158 617
2003	298 091	-131 932	222 871	32 380	75 220	-164 312
2004	618 147	105 587	361 476	95 522	256 671	10 065
2005	818 129	148 906	328 025	82 783	490 104	66 123
2006	1 447 900	154 926	589 213	50 064	858 687	104 862
2007	1 953 123	144 396	715 246	51 093	1 237 877	93 303

注：以上数据为上报决算数。

1994～2007 年非税收入与一般预算收入增长情况对比表

单位：万元

年份	一般预算收入	增长%	非税收入					占地方收入%	非税收入拉动一般预算收入增长%
			小计	行政性收费及罚没收入	国土收入	专项收入	其他收入		
1994	538 224	41.93	80 618	28 194	5 558	29 002	17 864	14.98	5.36
1995	722 064	34.17	149 838	54 957	47 979	34 785	12 117	20.75	12.86
1996	841 716	16.56	167 190	69 725	49 108	35 236	13 121	19.86	2.40
1997	967 020	14.89	179 782	85 502	32 368	38 889	23 023	18.59	1.50
1998	1 041 941	7.75	187 549	94 294	31 751	38 566	22 938	18	0.80
1999	1 091 785	4.79	212 833	109 026	34 370	48 788	20 649	19.49	2.43
2000	1 144 762	8.26	184 469	113 152		50 817	20 500	16.11	-2.60
2001	1 327 618	15.97	222 565	141 173		59 673	21 719	16.76	3.33
2002	1 508 245	21.41	270 569	177 661		75 808	17 100	17.94	3.62
2003	1 860 547	26.92	390 405	257 750		109 097	23 558	20.98	7.95
2004	2 563 634	37.79	641 472	340 254		278 083	23 135	25.02	13.49
2005	3 683 437	43.68	942 282	433 651		480 872	27 759	25.58	11.73
2006	5 833 752	58.38	2 528 667	496 323		1 969 464	62 880	43.35	43.07
2007	5 978 870	2.49	1 673 868	622 581		960 966	90 321	28.00	-14.65

注：1. 2000 年、2002 年、2003 年的增幅为同口径，2004～2007 年的增幅为自然口径。

2. 本表非税收入指一般预算收入中的非税收入。

1994～2007 年山西省主要行业上缴财政收入情况统计表

单位：万元

行　业	1994 年		1995 年		1996 年		1997 年	
	金　额	占财政总收入 %	金　额	占财政总收入 %	金　额	占财政总收入 %	金　额	占财政总收入 %
财政总收入	995 658		1 293 779		1 501 524		1 682 007	
1. 煤炭行业税收	217 905	21.89	320 968	24.81	382 405	25.47	400 494	23.81
其中：煤炭	209 464	21.04	303 399	23.45	356 035	23.71	367 393	21.84
焦炭	8 441	0.85	17 569	1.36	26 370	1.76	33 101	1.97
2. 冶金行业税收	99 128	9.96	120 033	9.28	73 176	4.87	76 245	4.53
3. 有色金属行业税收	11 732	1.18	24 032	1.86	28 101	1.87	35 563	2.11
4. 电力行业税收	73 909	7.42	87 340	6.75	69 172	4.61	126 019	7.49
5. 机械行业税收	25 426	2.55	34 037	2.63	32 575	2.17	29 677	1.76
6. 化工行业税收	24 546	2.47	33 127	2.56	41 659	2.77	37 116	2.21
7. 建材行业税收	15 249	1.53	17 529	1.35	18 894	1.26	18 697	1.11
8. 轻纺行业税收	56 121	5.64	54 283	4.20	62 159	4.14	65 023	3.87

续表

行业	1998 年		1999 年		2000 年		2001 年		2002 年	
	金额	占财政总收入 %	金额	占财政总收入 %	金额	占财政总收入 %	金额	占财政总收入 %	金额	占财政总收入 %
财政总收入	1 821 668		1 815 460		1 945 545		2 295 400		2 924 268	
1. 煤炭行业税收	422 408	23. 19	348 461	19. 19	392 661	20. 18	535 657	23. 34	658 526	22. 52
其中：煤炭	383 500	21. 05	309 489	17. 05	340 863	17. 52	454 863	19. 82	556 542	19. 03
焦炭	38 908	2. 14	38 972	2. 15	51 798	2. 66	80 794	3. 52	101 984	3. 49
2. 冶金行业税收	75 416	4. 14	83 389	4. 59	94 942	4. 88	124 226	5. 41	174 123	5. 95
3. 有色金属行业税收	41 205	2. 26	45 147	2. 49	67 288	3. 46	52 912	2. 31	63 247	2. 16
4. 电力行业税收	139 310	7. 65	127 471	7. 02	142 858	7. 34	202 434	8. 82	223 833	7. 65
5. 机械行业税收	28 208	1. 55	27 254	1. 50	53 268	2. 74	40 858	1. 78	58 815	2. 01
6. 化工行业税收	43 753	2. 40	38 698	2. 13	46 736	2. 40	58 556	2. 55	73 904	2. 53
7. 建材行业税收	22 066	1. 21	21 030	1. 16	20 138	1. 04	28 270	1. 23	31 272	1. 07
8. 轻纺行业税收	65 493	3. 60	66 715	3. 67	70 580	3. 63	53 691	2. 34	90 627	3. 10

续表

行业	2003年		2004年		2005年		2006年		2007年	
	金额	占财政总收入%	金额	占财政总收入%	金额	占财政总收入%	金额	占财政总收入%	金额	占财政总收入%
财政总收入	3 795 930		5 362 659		7 581 168		10 481 656		12 005 356	
1. 煤炭行业税收	942 279	24. 82	1 698 947	31. 68	2 707 939	35. 72	3 140 313	29. 96	4 068 766	33. 89
其中：煤炭	730 454	19. 24	1 276 668	23. 81	2 128 299	28. 07	2 601 066	24. 82	3 238 014	26. 97
焦炭	211 825	5. 58	422 279	7. 87	579 640	7. 65	539 247	5. 14	830 752	6. 92
2. 冶金行业税收	283 153	7. 46	452 144	8. 43	569 667	7. 51	585 636	5. 59	878 578	7. 32
3. 有色金属行业税收	102 286	2. 69	136 596	2. 55	156 053	2. 06	277 299	2. 65	361 855	3. 01
4. 电力行业税收	304 298	8. 02	390 940	7. 29	473 100	6. 24	619 942	5. 91	793 937	6. 61
5. 机械行业税收	57 368	1. 51	83 040	1. 55	117 103	1. 54	160 482	1. 53	172 207	1. 43
6. 化工行业税收	84 911	2. 24	104 070	1. 94	126 455	1. 67	140 547	1. 34	179 882	1. 50
7. 建材行业税收	40 646	1. 07	67 059	1. 25	82 769	1. 09	102 525	0. 98	109 374	0. 91
8. 轻纺行业税收	99 264	2. 62	118 065	2. 20	127 347	1. 68	142 703	1. 36	179 418	1. 49

注：此表“煤炭税收”根据税务年报调整，新增了焦炭行业缴纳的增值税、所得税。

1994～2007年山西省税收收入分经济类型比重表

单位：万元

项目	1994年		1995年		1996年		1997年	
	收入	比重%	收入	比重%	收入	比重%	收入	比重%
合计	912 313	100.00	1 178 702	100.00	1 261 653	100.00	1 471 715	100.00
国有经济	596 086	65.34	725 299	61.53	723 470	57.34	867 805	58.97
集体经济	209 228	22.93	305 490	25.92	341 696	27.08	356 978	24.26
私营经济	5 150	0.56	13 478	1.14	18 400	1.46	24 183	1.64
个体经济	66 163	7.25	88 838	7.54	94 531	7.49	108 577	7.37
联营经济	272	0.03	758	0.06	1 675	0.13	2 457	0.17
股份制经济	18 870	2.07	24 318	2.06	49 931	3.96	74 563	5.07
外商投资经济	6 188	0.68	9 417	0.80	20 160	1.60	23 060	1.57
港澳台投资经济	7 851	0.86	10 214	0.87	11 316	0.90	12 821	0.87
其他经济	2 505	0.27	890	0.08	474	0.04	1 271	0.08
附列资料：乡镇企业	77 802	8.53	187 405	15.90	191 380	15.17	268 622	18.25

续表

项目	1998年		1999年		2000年		2001年		2002年	
	收入	比重%	收入	比重%	收入	比重%	收入	比重%	收入	比重%
合计	1 625 172	100.00	1 616 611	100.00	1 658 976	100.00	2 234 558	100.00	2 637 048	100.00
国有经济	934 211	57.48	805 552	49.83	750 679	45.25	857 847	38.39	957 114	36.29
集体经济	340 401	20.95	317 991	19.67	283 338	17.08	313 894	14.05	350 279	13.28
私营经济	38 708	2.38	49 234	3.05	73 693	4.44	105 563	4.72	143 976	5.46
个体经济	145 636	8.96	155 758	9.63	213 585	12.87	238 971	10.69	260 479	9.88
联营经济	6 020	0.37	3 803	0.24	2 814	0.17	3 555	0.16	3 602	0.14
股份制经济	115 778	7.12	238 034	14.72	289 026	17.42	617 838	27.65	785 207	29.78
外商投资经济	31 823	1.96	25 943	1.60	22 086	1.33	68 725	3.08	106 798	4.05
港澳台投资经济	12 595	0.77	15 820	0.98	22 556	1.36	25 993	1.16	25 360	0.96
其他经济			4 476	0.28	1 199	0.07	2 162	0.10	4 233	0.16
附列资料：乡镇企业	296 297	18.23	257 216	15.91	290 855	17.53	314 501	14.07	384 012	14.56

续表

项目	2003年		2004年		2005年		2006年		2007年	
	收入	比重%	收入	比重%	收入	比重%	收入	比重%	收入	比重%
合计	3 401 288	100.00	4 783 400	100.00	6 843 555	100.00	8 229 707	100.00	10 739 488	100.00
国有经济	996 968	29.31	1 138 271	23.80	1 426 577	20.85	1 629 125	19.80	1 828 778	17.03
集体经济	425 939	12.52	563 870	11.79	720 823	10.53	818 942	9.95	718 464	6.69
私营经济	232 069	6.82	411 002	8.59	608 972	8.90	663 364	8.06	813 124	7.57
个体经济	279 648	8.22	334 974	7.00	396 505	5.79	434 041	5.27	464 479	4.33
联营经济	4 698	0.14	5 999	0.13	12 143	0.18	18 678	0.23	29 939	0.28
股份制经济	1 239 152	36.43	2 057 846	43.02	3 301 664	48.24	4 122 210	50.09	6 251 676	58.21
外商投资经济	189 050	5.56	212 658	4.45	256 350	3.75	403 470	4.90	434 615	4.05
港澳台投资经济	26 011	0.76	44 762	0.94	95 030	1.39	100 028	1.22	119 703	1.11
其他经济	7 753	0.24	14 018	0.29	25 491	0.37	39 849	0.48	78 610	0.73
附列资料：乡镇企业	599 084	17.61	875 570	18.30	1 107 407	16.18	1 187 286	14.43	1 380 924	12.86

注：①2001及以后年度为税收收入数，2000及以前年度为工商税收数。

②2001及以后年度国税系统收入不包括出口退税，2000及以前年度包括出口退税。

2007 年山西省税收收入分产业统计年报表

单位：万元

项　　目	合　　计	第一产业	第二产业					
			小　计	采　掘　业	其中：煤炭	制　造　业	电力、燃气及水的生产和供应业	建筑业
税收收入合计	10 739 488	310	7 663 935	3 266 783	3 048 321	3 119 573	909 214	368 365
国税	7 313 414	3	5 593 189	2 057 446	1 917 826	2 726 627	802 836	6 280
地税	3 426 074	307	2 070 746	1 209 337	1 130 495	392 946	106 378	362 085
1. 增值税	5 877 147		4 952 133	1 971 960	1 838 367	2 317 551	662 622	
2. 消费税	101 326		98 922			98 922		
3. 营业税	1 008 326		292 549					292 549
国税								
地税	1 008 326		292 549					292 549
4. 企业所得税	2 231 545	17	1 410 286	828 831	808 169	392 022	165 446	23 987
国税	945 005	3	369 646	76 166	70 287	161 762	126 296	5 422
地税	1 286 540	14	1 040 640	752 665	737 882	230 260	39 150	18 565
5. 外商投资企业和外国企业所得税（国税）	108 507		46 925	9 320	9 172	22 829	13 918	858
6. 个人所得税	518 573	247	178 889	98 895	85 858	36 093	18 311	25 590
国税	155 866							
地税	362 707	247	178 889	98 895	85 858	36 093	18 311	25 590
7. 资源税	258 855		256 149	250 040	206 220	5 296	746	67
8. 固定资产投资方向调节税								
9. 城市维护建设税	298 618	15	189 324	73 823	68 255	65 772	32 432	17 297
10. 房产和城市房地产税	85 945	4	44 423	10 917	10 442	23 055	7 984	2 467
11. 印花税	52 407	19	28 149	9 408	8 719	13 509	2 323	2 909
12. 城镇土地使用税	57 297	8	39 040	13 291	12 853	18 464	5 310	1 975
13. 土地增值税	11 311		957	115	115	150	90	602
14. 车船税	3 084		368	183	151	89	32	64
15. 车辆购置税								
16. 屠宰税								
17. 宴席税								
18. 燃油税								
19. 其他各税	126 547		125 821			125 821		
国税	125 563		125 563			125 563		
地税	984		258			258		

续表

项目	第三产业									
	小计	交通运输、仓储及邮政业	批发和零售业	金融业	信息传输、计算机服务和软件业	住宿和餐饮业	文化体育和娱乐业	租赁和商务服务业	房地产业	其他行业
税收收入合计	3 075 243	571 707	1 284 354	304 700	114 281	70 476	7 721	219 920	138 242	363 842
国税	1 720 222	261 290	1 111 918	98 312	55 384	2 533	25	3 657	5 799	181 304
地税	1 355 021	310 417	172 436	206 388	58 897	67 943	7 696	216 263	132 443	182 538
1. 增值税	925 014		906 382							18 632
2. 消费税	2 404		2 404							
3. 营业税	715 777	164 826		162 313	45 915	48 353	4 447	130 204	97 498	62 221
国税										
地税	715 777	164 826		162 313	45 915	48 353	4 447	130 204	97 498	62 221
4. 企业所得税	821 242	331 752	278 18	98 312	1 754	5 728	478	42 017	15 853	47 168
国税	575 356	260 310	201 855	98 312	1 244	429	24	3 364	3 083	6 735
地税	245 886	71 442	76 325		510	5 299	454	38 653	12 770	40 433
5. 外商投资企业和外国企业所得税（国税）	61 582	980	1 277		54 140	2 104	1	293	2 716	71
6. 个人所得税	339 437	46 185	31 521	27 463	8 394	7 126	1 412	21 520	1 854	193 962
国税	155 866									155 866
地税	183 571	46 185	31 521	27 463	8 394	7 126	1 412	21 520	1 854	38 096
7. 资源税	2 706	245	1 165					7		1 289
8. 固定资产投资方向调节税										
9. 城市维护建设税	109 279	15 371	39 688	8 488	726	4 247	878	12 504	5 370	22 007
10. 房产和城市房地产税	41 518	2 219	9 757	5 309	2 788	2 325	363	7 329	2 565	8 863
11. 印花税	24 239	6 870	7 419	1 895	302	123	73	2 408	1 292	3 857
12. 城镇土地使用税	18 249	1 684	5 626	895	254	468	67	3 446	1 431	4 378
13. 土地增值税	10 354	4	431	9	1	1		125	9 657	126
14. 车船使用和牌照税	2 716	1 571	90	16	7	1	2	37	6	986
15. 车辆购置税										
16. 屠宰税										
17. 宴席税										
18. 燃油税										
19. 其他各税	726		414					30		282
国税										
地税	726		414					30		282

2007 年山西省税收收入分企业类型统计年报总表

单位：万元

项 目	合 计	内资企业								港澳台投资企业	外商投资企业	个体经营	附列资料：乡镇企业
		小 计	国有企业	集体企业	股份合作企业	联营企业	股份公司	私营企业	其他企业				
合 计	10 739 488	9 720 591	1 828 778	718 464	27 165	29 939	6 224 511	813 124	78 610	119 703	434 615	464 579	1 380 924
1. 增值税	6 002 696	5 520 381	1 063 491	382 960	21 558	13 812	3 350 427	687 319	814	100 354	261 264	120 697	986 086
2. 消费税	101 340	98 520	6 662	686	30		90 376	766		1 308	1 410	102	504
3. 营业税	1 008 326	862 170	175 164	69 293	2 270	226	548 301	33 611	33 305	5 509	45 990	94 657	62 233
国税系统													
地税系统	1 008 326	862 170	175 164	69 293	2 270	226	548 301	33 611	33 305	5 509	45 990	94 657	62 233
4. 企业所得税	2 231 545	2 231 545	365 732	175 592	1 344	12 501	1 618 476	48 205	9 695				209 302
国税系统	945 005	945 005	163 673	3 101	16	5	754 959	23 192	59				14 387
地税系统	1 286 540	1 286 540	202 059	172 491	1 328	12 496	863 517	25 013	9 636				194 915
5. 外商投资和外国企业所得税	108 507									9 685	98 822		411
6. 个人所得税	518 573	274 597	67 343	18 111	860	460	154 008	13 573	20 242	1 064	15 345	227 567	35 986
国税系统	155 866											155 866	
地税系统	362 707	274 597	67 343	18 111	860	460	154 008	13 573	20 242	1 064	15 345	71 701	35 986
7. 资源税	258 855	249 119	38 722	42 880	257	2 286	151 919	12 029	1 026	222	3 562	5 952	42 384
8. 固定资产投资方向调节税	110	109	24						85			1	85
9. 城市维护建设税	298 618	287 754	63 013	17 645	529	431	187 586	11 588	6 962		23	10 841	28 502
10. 房产和城市房地产税	85 945	78 357	23 642	5 028	124	100	44 787	1 903	2 773	674	4 692	2 222	4 350
11. 印花税	52 407	48 318	8 152	3 137	86	49	33 723	1 924	1 247	707	2 474	908	5 485
12. 城镇土地使用税	57 297	56 158	15 028	2 895	64	71	34 673	1 481	1 946	47	644	448	4 978
13. 土地增值税	11 311	10 635	920	89			8 836	648	142	130	378	168	293
14. 车船税	3 084	2 241	365	138	43	3	1 242	77	373	3	11	829	325
15. 烟叶税	874	687	520	10			157					187	
各企业类型税收占总税收比重%	100	91	17	7			58	8	1	1	4	4	

2007 年山西省增值税分企业类型统计年报表

单位：万元

项目	合计	内资企业								港澳台投资企业	外商投资企业	个体经营
		小计	国有企业	集体企业	股份合作企业	联营企业	股份公司	私营企业	其他企业			
一、增值税收入	6 002 696	5 520 381	1 063 491	382 960	21 558	13 812	3 350 427	687 319	814	100 354	261 264	120 697
（一）国内增值税	5 877 147	5 394 832	937 942	382 960	21 558	13 812	3 350 427	687 319	814	100 354	261 264	120 697
1. 制造业	2 308 416	2 067 495	46 857	43 609	13 691	112	1 599 683	363 525	18	93 294	131 496	16 131
（1）烟草制品业	19 384	19 384	1 900				17 484					
其中：卷烟	19 384	19 384	1 900				17 484					
烟叶												
（2）饮料制造业	25 104	20 815	1 193	239			18 830	553		1 485	2 789	15
酒	18 465	17 859	1 178	130			16 542	9		233	372	1
①白酒	15 934	15 933	465	130			15 335	3				1
②黄酒	1	1					1					
③啤酒	2 236	1 853	713				1 140			11	372	
④其他酒	294	72					66	6		222		
酒精	160	156					149	7				4
饮料	6 478	2 799	15	109			2 139	536		1 252	2 417	10
茶	1	1						1				
（3）食品加工及制造业	18 092	13 309	581	69	4		9 475	3 180		850	3 726	207
其中：糖	188	188					188					
（4）纺织业	7 933	7 504	909	587	4		5 669	335		33	353	43
（5）造纸及纸制品业	3 407	3 016	74	491	145		1 230	1 076		6	272	113
其中：机制纸及纸板	1 008	970	55	47	132		357	379			24	14
（6）纺织服装、皮革及其他制品业	2 823	2 040	420	322	4		897	397		343	396	44
其中：纺织服装	2 505	1 748	414	273	4		787	270		343	394	20
皮革、毛皮	174	171	1	29			73	68			2	1
（7）家具制造业	604	475	30	61	6		160	218		13		116

续表

项　　目	合　计	内资企业							港澳台投资企业	外商投资企业	个体经营
		小　计	国有企业	集体企业	股份合作企业	联营企业	股份公司	私营企业	其他企业			
(8) 石油加工、炼焦及核燃料业	831 938	739 316	2 361	3 180	9 921		509 310	214 544		43 159	49 370	93
其中：成品油	1 186	479		422			43	14			707	
(9) 化学原料及化学制品业	140 432	135 891	5 740	2 315	830	19	115 596	11 391		189	3 872	480
其中：肥料	18 588	18 476	18	4			18 187	267			109	3
农药	117	117	17	24			54	22				
化妆品	1 088	19						19			1 069	
(10) 医药制造业	31 743	22 657	472	34	2		20 973	1 176		2 017	7 069	
(11) 橡胶制品业	6 608	3 270	397	273	31		1 800	769		2 254	1 040	44
其中：轮胎	3	1						1		2		
(12) 非金属矿物制品业	98 379	88 588	4 854	6 480	541	25	57 377	19 311		1 165	4 193	4 433
其中：水泥	23 359	23 121	1 837	1 838	254		17 067	2 125		126		112
水泥制品	6 004	5 831	783	191	14	25	2 796	2 022				173
玻璃及制品	12 249	10 529	40	79	13		7 365	3 032		862	670	188
(13) 黑色金属冶炼及延压加工业	583 489	548 333	1 619	6 312	65	24	494 031	46 282		31 812	1 628	1 716
其中：钢坯、钢材	360 607	328 817		1 502			316 158	11 157		31 783		7
(14) 有色金属冶炼及延压加工业	235 409	228 884	412	678			205 196	22 598		4 503	1 971	51
(15) 通用设备制造业	91 527	80 542	5 184	5 374	824	1	53 468	15 691		419	8 605	1 961
(16) 专用设备制造业	31 712	24 995	3 096	1 524	585		17 194	2 596		1 407	4 692	618
(17) 交通运输设备制造业	39 248	30 252	10 173	1 618	100	5	17 162	1 194		879	7 626	491
其中：汽车	822	717	50	12			598	57			7	98
摩托车												
飞机												
(18) 电气机械及器材制造业	9 825	8 046	534	584	434		5 250	1 244		127	1 587	65
其中：电机	1 608	1 567	22		3		1 516	26			32	9
家用电器	52	16	9				3	4		18	13	5

项目	合计	内资企业 小计	国有企业	集体企业	股份合作企业	联营企业	股份公司	私营企业	其他企业	港澳台投资企业	外商投资企业	个体经营
电线、电缆	1 167	1 152	148	26			821	157		13		2
（19）电子通信设备制造业	25 893	3 096	256	39	8	17	1 667	1 109		320	22 462	15
其中：通信设备	22 928	619	119	24	8	17	122	329		75	22 224	10
电子计算机	780	769	18				607	144		5	6	
家用视听设备	394									238	156	
（20）其他制造业	104 866	87 082	6 652	13 429	187	21	46 914	19 861	18	2 313	9 845	5 626
其中：贵重首饰	397	397					393	4				
2. 采矿业	1 966 851	1 895 478	318 723	270 042	3 249	13 539	1 119 696	170 229		2 098	60 993	8 282
（1）煤炭开采和洗选业	1 834 551	1 769 709	309 803	261 523	3 031	13 397	1 042 012	139 943		1 059	60 903	2 880
（2）石油和天然气开采业	133	133	133									
（3）黑色金属矿采选业	110 567	106 073	8 443	4 498	198	75	67 540	25 319		417		4 077
（4）有色金属矿采选业	15 617	15 320	5	3 198		66	8 663	3 388			54	243
（5）非金属矿采选业	4 618	3 182	323	750		1	1 175	933		622	36	778
（6）其他采矿业	1 365	1 061	16	73	20		306	646				304
3. 电力、燃气及水的生产和供应业	661 992	599 208	322 336	1 237	1 138		270 260	4 111	126	2 910	59 827	47
其中：发电	393 757	331 975	67 212	973	1 105		259 365	3 320		1 955	59 827	
供电	249 457	249 457	245 571	4	25		3 804		53			
4. 批发和零售业	901 507	803 741	245 163	64 482	3 065	80	346 549	143 762	640	648	6 876	90 242
（1）批发业	724 047	704 959	234 606	59 040	2 810	64	297 401	110 398	640	491	3 055	15 542
其中：烟草	57 000	57 000	57 000									
煤炭	461 611	457 825	163 972	53 202	2 376	26	193 243	45 006			1 691	2 095
成品油	36 013	35 928	3 929	1 041	258		29 407	1 293				85
汽车	4 889	4 708	19	56	1	31	2 530	2 071				181
家用电器	3 064	2 833	9	51	1		1 337	1 435		80	20	131
（2）零售业	177 460	98 782	10 557	5 442	255	16	49 148	33 364		157	3 821	74 700
5. 其他行业	12 378	5 009	2 205	192	20		1 264	1 317	11	11	1 498	5 860
6. 税款滞纳金、罚款收入	26 003	23 901	2 658	3 398	395	81	12 975	4 375	19	1 393	574	135
（二）进口货物增值税	125 549	125 549	125 549									
二、出口货物退增值税	-231 569	-159 356	-33 070	-1 370	-100		-88 484	-36 332		-6 998	-65 215	
附列资料：炼焦	830 752	738 837	2 361	2 758	9 921		509 267	214 530		43 159	48 663	93

2007 年山西省消费税分企业类型统计年报表

单位：万元

项目	合计	内资企业								港澳台投资企业	外商投资企业	个体经营
		小计	国有企业	集体企业	股份合作企业	联营企业	股份公司	私营企业	其他企业			
一、消费税收入	101 340	98 520	6 662	686	30		90 376	766		1 308	1 410	102
（一）国内消费税	101 326	98 506	6 661	686	30		90 363	766		1 308	1 410	102
1. 饮料制造业	39 997	38 753	3 041	580	1		35 090	41		207	1 027	10
（1）酒	39 358	38 117	3 041	534	1		34 510	31		207	1 027	7
白酒	34 863	34 856	1 888	534	1		32416	17				7
黄酒	1	1					1					
啤酒	3 526	2 499	953				1 545	1			1 027	
其他酒	968	761	200				548	13		207		
（2）酒精	639	636		46			580	10				3
2. 烟草制品业	57 426	57 426	3 600				53 826					
（1）卷烟	57 426	57 426	3 600				53 826					
（2）雪茄烟												
（3）烟丝												
3. 交通运输设备制造业	83	83					83					
（1）小汽车	83	83					83					
乘用车												
中轻型商用客车	83	83					83					
（2）摩托车												
4. 石油加工业	138	13		8			3	2			125	

续表

项目	合计	内资企业								港澳台投资企业	外商投资企业	个体经营
		小计	国有企业	集体企业	股份合作企业	联营企业	股份公司	私营企业	其他企业			
（1）汽油												
（2）柴油												
（3）石脑油												
（4）溶剂油												
（5）润滑油	138	13		8			3	2			125	
（6）燃料油												
（7）航空煤油												
5. 其他	3 636	2 185	20	97	29		1 317	722		1 101	258	92
（1）贵重首饰	2 404	2 056	6	62			1 302	686			258	90
（2）化妆品												
（3）汽车轮胎	1 101									1 101		
（4）鞭炮焰火	131	129	14	35	29		15	36				2
（5）高尔夫球及球具												
（6）高档手表												
（7）游艇												
（8）木制一次性筷子												
（9）实木地板												
6. 税款滞纳金、罚款收入	46	46		1			44	1				
（二）进口消费品消费税	14	14	1				13					
二、出口消费品退消费税	-421	-421	-173				-248					

2007年山西省营业税分企业类型统计年报表

单位：万元

项目	合计	内资企业								港澳台投资企业	外商投资企业	个体经营
		小计	国有企业	集体企业	股份合作企业	联营企业	股份公司	私营企业	其他企业			
合计	1 008 326	862 170	175 164	69 293	2 270	226	548 301	33 611	33 305	5 509	45 990	94 657
一、交通运输、仓储及邮政业	164 797	137 439	20 318	5 999	180	69	104 830	4 008	2 035	25	2 849	24 484
（一）交通运输业	159 842	132 556	17 106	5 839	177	68	103 383	3 992	1 991	25	2 849	24 412
1. 铁路运输	68 046	68 046	7 972	12	3		60 059					
2. 道路运输	73 936	53 362	6 871	4 561	162	43	36 867	3 267	1 591	25	27	20 522
其中：公路货物运输	47 458	33 747	3 949	2 418	106	43	24 565	2 446	220	25	24	13 662
3. 管道运输	784	784					784					
4. 水上运输	13	10	1				8	1				3
其中：内河货物运输	3	1	1									2
5. 航空运输	4 363	1 566	224				1 342				2 797	
6. 公共交通	2 938	2 386	719	253			1 094	314	6			552
7. 装卸搬运	9 762	6 402	1 319	1 013	12	25	3 229	410	394		25	3 335
（二）仓储业	1 229	1 157	309	160	3	1	624	16	44			72
（三）邮政业	3 726	3 726	2 903				823					
二、建筑业	292 478	248 570	66 678	20 145	850	67	141 895	7 876	11 059	579	2 052	41 277
其中：建筑、安装	226 428	197 820	55 639	16 699	731	52	112 206	4 750	7 743	570	1 638	26 400
三、金融业	162 307	162 305	22 122	29 003	435	7	110 718	10	10		2	
1. 银行	122 047	122 047	20 371	20 136	435		81 105					
2. 证券	4 329	4 329	362	56			3 911					
3. 保险	21 838	21 838	175				21 663					
4. 其他金融	14 093	14 091	1 214	8 811		7	4 039	10	10		2	

续表

项目	合计	内资企业								港澳台投资企业	外商投资企业	个体经营
		小计	国有企业	集体企业	股份合作企业	联营企业	股份公司	私营企业	其他企业			
四、信息传输、计算机服务和软件业	45 914	11 469	4 272	24	26		6 697	55	395	2 999	31 369	77
其中：电信	44 521	10 914	4 264		26		6 235		389	2 564	30 991	52
五、住宿和餐饮业	48 348	35 062	6 396	1 579	52	5	20 984	5 368	678	625	2 832	9 829
1. 住宿	11 377	10 104	3 238	713	27		5 141	793	192	253	210	810
2. 餐饮	36 971	24 958	3 158	866	25	5	15 843	4 575	486	372	2 622	9 019
六、文化、体育和娱乐业	4 444	3 863	740	266	2		1 791	348	716	20	4	557
1. 文化体育	3 381	3 104	726	251	1		1 294	149	683		1	276
2. 娱乐	1 063	759	14	15	1		497	199	33	20	3	281
七、租赁和商务服务业	129 803	115 309	31 206	6 892	617	33	65 899	4 127	6 535	727	3 331	10 436
1. 租赁	17 254	15 031	4 773	818	19	9	8 751	207	454	59	426	1 738
2. 旅游	701	618	54	30	10		487	32	5			83
3. 广告	4 398	4 342	2 511	24			1 421	147	239			56
4. 转让经济权益	226	167	81	58			27		1		47	12
5. 其他商务服务	107 224	95 151	23 787	5 962	588	24	55 213	3 741	5 836	668	2 858	8 547
八、房地产业	97 390	90 338	9 339	3 026	14	30	67 626	7 472	2 831	264	2 997	3 791
1. 销售不动产	91 469	85 127	8 090	2 712	6		64 663	7 226	2 430	255	2 965	3 122
2. 转让土地使用权	737	628	131	1			385	104	7			109
3. 房屋租赁	5 184	4 583	1 118	313	8	30	2 578	142	394	9	32	560
九、教育和卫生	237	213	17	16	3		60	57	60	4	5	15
十、其他行业	61 479	56 535	13 979	2 251	88	13	27 010	4 259	8 935	266	543	4 135
十一、税款滞纳金、罚款收入	1 129	1 067	97	92	3	2	791	31	51		6	56

2007 年山西省企业所得税分企业类型统计年报表

单位：万元

项　　目	合　计	国有企业	集体企业	股份合作企业	联营企业	股份公司	私营企业	其他企业
合　　计	2 231 545	365 732	175 592	1 344	12 501	1 618 476	48 205	9 695
国税	945 005	163 673	3 101	16	5	754 959	23 192	59
地税	1 286 540	202 059	172 491	1 328	12 496	863 517	25 013	9 636
一、制造业	390 363	11 054	5 847	149	1	359 243	13 794	275
国税	160 430	2 381	1 344	2		152 646	4 057	
地税	230 002	8 673	4 503	147	1	206 657	9 746	275
1. 烟草制品业	3 506	4				3 502		
国税	3 502					3 502		
地税	4	4						
其中：卷烟（国税）	3 502					3 502		
2. 饮料制品业	20 640	22	4			20 542		3
国税	69					60	9	
地税	20 571	22	4			20 542		3
其中：酒	7					2	5	
国税	5						5	
地税	2					2		
3. 纺织业	2 100	57	2			2 016	25	
国税	47					23	24	
地税	2 053	57	2			1 993	1	
4. 石油加工、炼焦及核燃料业	36 987	14	1			30 044	6 928	
国税	10 186					8 140	2 046	
地税	26 801	14	1			21 904	4 882	
其中：成品油	3					3		
国税	3					3		
地税								
5. 化学原料及化学制品业	31 741	1 258	280	5		29 668	530	
国税	10 094	1 204	2			8 714	174	

续表

项　　目	合　计	国有企业	集体企业	股份合作企业	联营企业	股份公司	私营企业	其他企业
地税	21 647	54	278	5		20 954	356	
6. 非金属矿物制品业	5 415	454	1 010			3 433	496	22
国税	2 463	244	823			1 165	231	
地税	2 952	210	187			2 268	265	22
其中：建筑材料	1 234	254	9			751	202	18
国税	966	244	3			619	100	
地税	268	10	6			132	102	18
7. 黑色金属冶炼及延压加工业	149 872	7 204	2 240			138 550	1 756	122
国税	25 307	30	471			24 616	190	
地税	124 565	7 174	1 769			113 934	1 566	122
8. 有色金属冶炼及延压加工业	100 390	188	26	1		99 720	455	
国税	93 516	5				93 085	426	
地税	6 874	183	26	1		6 635	29	
9. 设备制造业	9 637	538	454	8		7 844	793	
国税	5 258	621	6			4 303	328	
地税	4 379	-83	448	8		3 541	465	
10. 电子通信设备制造业	681	34	32			450	165	
国税	465	27				276	162	
地税	216	7	32			174	3	
11. 其他行业	29 463	1 281	1 798	135	1	23 474	2 646	128
国税	9 523	250	42	2		8 762	467	
地税	19 940	1 031	1 756	133	1	14 712	2 179	128
二、采矿业	823 891	114 760	145 429	405	12 412	539 929	9 114	1 842
国税	74 998	5 810	1 424	2		63 364	4 398	
地税	748 893	108 950	144 005	403	12 412	476 565	4 716	1 842
1. 原油								
其中：海洋石油								

续表

项　　目	合　计	国有企业	集体企业	股份合作企业	联营企业	股份公司	私营企业	其他企业
2. 天然气（地税）	49	6				38	2	3
其中：海洋天然气								
3. 煤炭（地税）	734 162	108 676	142 202	374	12 410	467 319	1 848	1 333
4. 其他	89 680	6 078	3 227	31	2	72 572	7 264	506
国税	74 998	5 810	1 424	2		63 364	4 398	
地税	14 682	268	1 803	29	2	9 208	2 866	506
三、电力、煤气和水的生产和供应业	165 093	47 125	282	242		116 278	1 152	14
国税	125 980	42 898	58	2		81 904	1 106	12
地税	39 113	4 227	224	240		34 374	46	2
其中：电力	150 723	46 334	220	237		102 815	1 103	14
国税	124 668	42 852	58			80 645	1 101	12
地税	26 055	3 482	162	237		22 170	2	2
四、建筑业	23 845	5 068	3 665	72	6	14 089	679	266
国税	5 320	1 831				3 355	134	
地税	18 525	3 237	3 665	72	6	10 734	545	266
其中：建筑安装	14 840	3 933	2 129	54	5	8 358	253	108
国税	3 961	1 824				2 089	48	
地税	10 879	2 109	2 129	54	5	6 269	205	108
五、交通运输、仓储及邮政业	331 483	19 426	3 312	112	3	307 851	628	151
国税	260 224	196				260 024	4	
地税	71 259	19 230	3 312	112	3	47 827	624	151
1. 交通运输业	331 131	19 198	3 312	112	3	307 735	624	147
国税	260 025	93				259 928	4	
地税	71 106	19 105	3 312	112	3	47 807	620	147
其中：铁路运输	258 019	602				257 417		
国税	257 368	19				257 349		
地税	651	583				68		

续表

项　　目	合　计	国有企业	集体企业	股份合作企业	联营企业	股份公司	私营企业	其他企业
2. 仓储业	303	183				112	4	4
国税	155	59				96		
地税	148	124				16	4	4
3. 邮政业	49	45				4		
国税	44	44						
地税	5	1				4		
六、批发和零售业	277 869	127 240	4 902	9	6	132 961	12 541	210
国税	201 704	101 843	124	3		89 460	10 274	
地税	76 165	25 397	4 778	6	6	43 501	2 267	210
七、金融业（国税）	97 610	2 966	3			94 636	5	
1. 银行（国税）	43 946	840	3			43 103		
其中：国有商业及政策性银行（国税）	840	840						
2. 证券（国税）	42 571	1 977				40 594		
3. 保险（国税）	337	30				307		
4. 其他金融（国税）	10 756	119				10 632	5	
八、信息传输、计算机服务和软件业	1 725	1 190	4	6		463	52	10
国税	1 219	1 152				40	27	
地税	506	38	4	6		423	25	10
1. 电信	1 236	1 184		6		20	18	8
国税	1 188	1 152				18	18	
地税	48	32		6		2		8
2. 计算机及软件服务	489	6	4			443	34	2
国税	31					22	9	
地税	458	6	4			421	25	2
3. 其他（地税）								
九、住宿和餐饮业	5 700	604	465	7	8	3 786	812	18
国税	406	7	3	7		137	252	

续表

项目	合计	国有企业	集体企业	股份合作企业	联营企业	股份公司	私营企业	其他企业
地税	5 294	597	462		8	3 649	560	18
1. 住宿	1 478	139	225		4	1 032	75	3
国税	97	2				62	33	
地税	1 381	137	225		4	970	42	3
2. 餐饮	4 222	465	240	7	4	2 754	737	15
国税	309	5	3	7		75	219	
地税	3 913	460	237		4	2 679	518	15
十、文化、体育和娱乐业	477	133	81			164	42	57
国税	24	18				2	4	
地税	453	115	81			162	38	57
其中：娱乐	57	21	10			2	24	
国税	24	18				2	4	
地税	33	3	10				20	
十一、租赁和商务服务业	42 073	14 984	1 581	320		23 415	281	1 492
国税	3 526	1 028	16			2 303	179	
地税	38 547	13 956	1 565	320		21 112	102	1 492
十二、房地产业	15 804	973	113			8 422	5 523	773
国税	3 085					1 916	1 169	
地税	12 719	973	113			6 506	4 354	773
十三、其他行业	45 087	18 935	7 002	19	5	12 298	2 265	4 563
国税	6 209	3 113	68		5	2 655	329	39
地税	38 878	15 822	6 934	19		9 643	1 936	4 524
十四、税款滞纳金、罚款收入	10 456	1 274	2 906	3	60	4 881	1 308	24
国税	4 270	430	61			2 517	1 254	8
地税	6 186	844	2 845	3	60	2 364	54	16

2007年山西省个人所得税分项目统计年报表

单位：万元

项目	合计		其中：			
	纳税人数（人次）	税额	港澳台同胞		外国人	
			纳税人数（人次）	税额	纳税人数（人次）	税额
合计		518 573		1 895		
1. 工资、薪金所得	943 235	219 940	729	1 741	1 761	2 926
2. 个体工商户生产、经营所得	852 072	96 003	594	66	589	55
3. 企事业单位承包、承租经营所得	6 967	6 422				
4. 劳务报酬所得	105 102	5 531	5	3	12	38
5. 稿酬所得	181	45				
6. 特许使用费所得	7	8				
7. 利息、股息、红利所得	105 068 929	183 884	6	75	6	75
国税	105 038 954	155 866				
地税	29 975	28 018	6	75	6	75
其中：储蓄存款利息所得（国税）	105 038 954	155 866				
8. 财产租赁所得	234	217				
9. 财产转让所得	687	2 041				
10. 偶然所得	3 497	2 369	1	10	1	10
11. 其他所得		710				
12. 税款滞纳金、罚款收入	29 841	1 403				

2007 年山西省资源税分企业类型统计年报表

单位：万元

项目	合计	内资企业								港澳台投资企业	外商投资企业	个体经营
		小计	国有企业	集体企业	股份合作企业	联营企业	股份公司	私营企业	其他企业			
合计	258 855	249 119	38 722	42 880	257	2 286	151 919	12 029	1 026	222	3 562	5 952
1. 原油												
2. 天然气												
3. 煤炭	207 690	203 998	32 985	40 415	170	1 789	125 150	2 621	868	103	3 087	502
4. 其他非金属矿原矿	5 143	4 741	870	1 024	51		2 585	180	31	19	57	326
其中：石灰石	2 464	2 302	158	308			1 743	65	28		8	154
5. 黑色金属矿原矿	34 650	30 895	3 888	660	12	105	17 859	8 306	65	100	396	3 259
其中：铁矿石	33 754	30 188	3 888	651	12	105	17 175	8 292	65	100	396	3 070
6. 有色金属矿原矿	10 439	8 587	701	483	24	388	6 036	898	57		5	1 847
7. 盐												
8. 矿泉水、地下水												
9. 其他	472	454	206	66			178	1	3			18
10. 税款滞纳金、罚款收入	461	444	72	232		4	111	23	2		17	

1994～2007 年全国各省一般预算收支情况表

单位：亿元

地区	1994年				1995年							
	收入情况		支出情况		收入情况				支出情况			
	数额	总量排序	数额	总量排序	数额	增幅%	总量排序	增幅排序	数额	增幅%	总量排序	增幅排序
合计	2 311.60		3 929.63		2 985.57	29.16			4 828.33	22.87		
北京	45.85	21	98.53	17	115.26	151.38	11	1	154.40	56.70	15	1
天津	50.15	19	72.32	25	61.90	23.43	21	20	93.33	29.05	24	5
河北	95.22	7	160.84	9	119.95	25.97	8	15	191.18	18.86	9	16
山西	53.82	17	89.23	21	72.21	34.17	18	3	112.89	26.52	19	7
内蒙古	36.30	23	92.82	19	43.70	20.39	23	25	102.18	10.08	22	29
辽宁	153.67	3	223.58	3	184.37	19.98	3	26	273.83	22.48	4	12
吉林	51.27	18	104.59	16	63.28	23.43	20	21	120.90	15.59	18	21
黑龙江	84.66	12	142.40	12	101.31	19.67	13	27	174.61	22.62	11	11
上海	169.62	2	190.84	7	219.56	29.44	2	8	260.00	36.24	5	3
江苏	136.62	4	200.17	6	172.64	26.37	5	14	253.49	26.64	6	6
浙江	94.63	8	153.03	10	116.82	23.45	10	19	180.29	17.81	10	19
安徽	54.68	16	93.28	18	83.83	53.31	16	2	135.88	45.67	17	2
福建	91.94	10	137.73	13	117.37	27.66	9	12	171.58	24.58	13	10
江西	49.29	20	92.03	20	64.13	30.11	19	7	110.34	19.90	20	15
山东	134.66	6	218.77	4	179.00	32.93	4	6	275.87	26.10	3	9
河南	93.35	9	169.62	8	124.63	33.51	7	4	207.28	22.20	8	13
湖北	77.46	13	137.20	14	99.69	28.70	14	9	162.43	18.39	14	18
湖南	85.89	11	151.49	11	108.16	25.93	12	16	173.94	14.82	12	25
广东	298.70	1	416.83	1	382.34	28.00	1	11	525.63	26.10	1	8
广西	62.26	15	124.93	15	79.44	27.59	17	13	140.59	12.54	16	27
海南	27.53	27	40.01	27	28.53	3.63	27	29	42.39	5.95	27	30
重庆												
四川	135.99	5	237.39	2	167.07	22.85	6	22	277.72	16.99	2	20
贵州	31.24	24	74.23	23	38.80	24.20	24	18	85.33	14.95	25	24
云南	76.70	14	203.73	5	98.35	28.23	15	10	235.10	15.40	7	22
西藏	5.54	30	30.30	28	2.15	-61.19	30	30	34.87	15.08	28	23
陕西	42.60	22	85.52	22	51.30	20.42	22	24	102.69	20.08	21	14
甘肃	29.08	25	72.38	24	33.92	16.64	26	28	81.39	12.45	26	28
青海	7.01	29	25.36	29	8.60	22.68	29	23	28.80	13.56	29	26
宁夏	7.17	28	19.38	30	8.98	25.24	28	17	23.00	18.68	30	17
新疆	28.70	26	71.10	26	38.28	33.38	25	5	96.40	35.58	23	4

续表

地区	1996年								1997年							
	收入情况				支出情况				收入情况				支出情况			
	数额	增幅%	总量排序	增幅排序	数额	增幅%	总量排序	增幅排序	数额	增幅%	总量排序	增幅排序	数额	增幅%	总量排序	增幅排序
合计	3 746.91	25.50			5 786.28	19.84			4 263.20	13.78			6 562.74	13.42		
北京	150.90	30.92	9	7	187.45	21.41	15	10	182.32	20.82	7	3	236.39	26.11	11	1
天津	79.04	27.69	19	12	113.21	21.30	24	11	89.91	13.75	19	14	122.78	8.45	24	22
河北	151.78	26.54	8	14	231.90	21.30	9	12	176.07	16.00	8	6	270.46	16.63	9	4
山西	84.17	16.56	9	25	133.18	17.97	19	19	92.81	10.26	18	22	143.51	7.76	20	24
内蒙古	57.26	31.03	23	6	126.38	23.68	21	6	66.08	15.40	23	8	142.91	13.08	21	15
辽宁	211.69	14.82	5	26	314.78	14.95	5	24	228.16	7.78	5	26	340.63	8.21	5	23
吉林	76.39	20.72	21	21	145.53	20.37	18	13	82.85	8.46	21	24	167.75	15.27	18	7
黑龙江	126.88	25.24	14	17	208.88	19.63	12	14	136.16	7.31	16	27	220.38	5.51	15	28
上海	280.47	27.74	2	11	333.18	28.15	3	4	332.47	18.54	2	5	408.81	22.70	2	2
江苏	223.17	29.27	4	9	310.94	22.66	6	8	255.59	14.53	4	12	364.36	17.18	4	3
浙江	139.63	19.53	11	24	213.71	18.54	11	18	157.33	12.68	11	19	240.16	12.38	10	16
安徽	114.59	36.69	16	2	178.71	31.52	16	1	140.52	22.63	13	1	207.24	15.96	16	5
福建	142.12	21.09	10	20	200.31	16.74	13	21	162.91	14.63	10	10	224.36	12.01	13	18
江西	77.09	20.21	20	23	131.85	19.49	20	15	88.44	14.72	20	9	150.16	13.89	19	10
山东	241.67	35.01	3	3	358.98	30.13	2	2	290.40	20.16	3	4	407.79	13.60	3	11
河南	162.06	30.03	7	8	255.29	23.16	8	7	185.73	14.61	6	11	284.37	11.39	7	20
湖北	124.51	24.90	15	19	197.44	21.55	14	9	139.89	12.35	14	20	223.70	13.30	14	13
湖南	130.36	20.53	12	22	217.74	25.18	10	5	137.16	5.22	15	28	230.82	6.01	12	26
广东	479.45	25.40	1	16	601.23	14.38	1	25	543.95	13.45	1	15	682.66	13.54	1	12
广西	90.51	13.94	17	27	157.01	11.68	17	28	99.16	9.56	17	23	170.83	8.80	17	21
海南	30.70	7.61	27	30	45.16	6.53	27	29	30.87	0.55	28	29	47.84	5.93	28	27
重庆									172.90		9		275.10		8	
四川	209.01	25.10	6	18	326.73	17.65	4	20	59.31	-71.62	24	30	101.01	-69.08	27	30
贵州	49.46	27.47	24	13	99.58	16.70	25	22	55.88	12.98	25	17	111.83	12.30	25	17
云南	130.01	32.19	13	4	270.40	15.01	7	23	150.42	15.70	12	7	313.20	15.83	6	6
西藏	2.44	13.49	30	28	36.85	5.68	28	30	2.95	20.90	31	2	38.20	3.66	29	29
陕西	67.60	31.77	22	5	121.79	18.60	22	17	76.55	13.24	22	16	137.72	13.08	22	14
甘肃	43.38	27.89	26	10	90.95	11.75	26	27	46.91	8.14	27	25	104.30	14.68	26	8
青海	9.58	11.40	29	29	32.71	13.58	29	26	10.92	13.99	30	13	36.47	11.49	30	19
宁夏	12.68	41.20	28	1	29.52	28.35	30	3	14.07	10.96	29	21	33.63	13.92	31	9
新疆	48.31	26.20	25	15	114.89	19.18	23	16	54.52	12.85	26	18	123.35	7.36	23	25

续表

地区	1998年								1999年							
	收入情况				支出情况				收入情况				支出情况			
	数额	增幅%	总量排序	增幅排序	数额	增幅%	总量排序	增幅排序	数额	增幅%	总量排序	增幅排序	数额	增幅%	总量排序	增幅排序
合计	4 983.95	16.91			7 672.58	16.91			5 594.87	12.26			8 991.14	17.19		
北京	229.45	25.85	6	4	280.68	18.74	11	12	281.37	22.63	5	3	355.19	26.55	9	3
天津	101.40	12.78	19	25	137.93	12.34	24	28	112.81	11.25	18	12	157.41	14.12	25	21
河北	206.76	17.43	8	13	301.55	11.50	9	29	223.28	7.99	9	22	350.80	16.33	10	18
山西	104.19	12.26	18	26	164.41	14.56	22	24	109.18	4.79	19	30	185.34	12.73	22	28
内蒙古	77.67	17.54	23	12	170.31	19.17	20	10	86.57	11.46	23	11	199.80	17.32	21	16
辽宁	264.62	15.98	5	17	390.29	14.58	5	23	279.64	5.68	6	29	457.90	17.32	5	15
吉林	93.64	13.02	21	24	190.10	13.32	18	27	101.28	8.16	22	20	234.62	23.42	17	6
黑龙江	157.27	15.50	15	18	259.42	17.71	14	16	170.13	8.18	15	19	339.03	30.69	12	1
上海	380.70	14.51	2	21	470.05	14.98	3	21	419.95	10.31	2	15	533.54	13.51	3	24
江苏	296.58	16.04	4	16	424.90	16.62	4	19	343.36	15.77	4	5	484.65	14.06	4	22
浙江	198.10	25.91	9	3	286.81	19.42	10	9	245.47	23.91	7	2	344.04	19.95	11	8
安徽	159.19	13.29	14	23	242.07	16.81	16	17	174.29	9.49	13	16	288.06	19.00	15	10
福建	187.92	15.35	11	19	254.87	13.60	15	26	208.92	11.17	11	13	279.24	9.56	16	30
江西	97.16	9.86	20	29	175.26	16.72	19	18	105.14	8.21	21	18	207.83	18.58	19	12
山东	352.39	21.35	3	7	487.82	19.63	2	8	404.48	14.78	3	7	550.00	12.75	2	27
河南	208.20	12.10	7	27	323.63	13.81	7	25	223.35	7.28	8	25	384.32	18.75	6	11
湖北	168.95	20.77	12	8	280.12	25.22	12	3	194.44	15.09	12	6	336.46	20.11	13	7
湖南	156.77	14.30	16	22	273.64	18.55	13	14	166.50	6.21	16	27	313.12	14.43	14	20
广东	640.75	17.80	1	11	825.61	20.94	1	4	766.19	19.58	1	4	965.90	16.99	1	17
广西	119.67	20.68	17	9	198.36	16.12	17	20	133.56	11.61	17	10	224.98	13.42	18	25
海南	33.67	9.07	28	30	54.91	14.78	28	22	36.14	7.34	28	24	56.78	3.41	28	31
重庆	71.13	-58.86	24	31	125.76	-54.29	26	31	76.73	7.87	24	23	150.24	19.47	26	9
四川	197.29	232.64	10	1	320.93	217.72	8	1	211.48	7.19	10	26	363.50	13.26	8	26
贵州	65.34	16.93	26	15	133.09	19.01	25	11	74.26	13.65	25	9	170.72	28.27	23	2
云南	168.23	11.84	13	28	328.00	4.73	6	30	172.67	2.64	14	31	378.05	15.26	7	19
西藏	3.64	23.39	31	5	45.32	18.64	29	13	4.57	25.55	31	1	53.25	17.50	30	14
陕西	93.33	21.92	22	6	166.20	20.68	21	6	106.40	14.00	20	8	206.52	24.26	20	5
甘肃	54.03	15.18	27	20	125.34	20.17	27	7	58.37	8.03	27	21	147.79	17.91	27	13
青海	12.77	16.94	30	14	44.09	20.89	31	5	14.17	10.96	30	14	55.72	26.38	29	4
宁夏	17.75	26.15	29	2	45.12	34.17	30	2	18.84	6.14	29	28	49.53	9.77	31	29
新疆	65.39	19.94	25	10	145.99	18.35	23	15	71.31	9.05	26	17	166.28	13.90	24	23

续表

地区	2000年								2001年							
	收入情况				支出情况				收入情况				支出情况			
	数额	增幅%	总量排序	增幅排序	数额	增幅%	总量排序	增幅排序	数额	增幅%	总量排序	增幅排序	数额	增幅%	总量排序	增幅排序
合计	6 406.06	14.50			10 454.28	16.27			7 803.30	21.81			13 134.56	25.64		
北京	345.00	22.61	5	3	433.00	21.91	8	11	454.17	31.64	6	3	559.11	29.12	8	10
天津	133.61	18.44	18	5	187.05	18.83	27	12	163.64	22.48	18	9	234.67	25.46	27	15
河北	248.76	11.41	8	13	415.54	18.45	10	13	283.50	13.97	8	24	514.18	23.74	9	21
山西	114.48	4.85	20	28	255.06	37.62	21	1	132.76	15.97	20	20	289.50	13.50	21	31
内蒙古	95.03	9.77	23	20	247.27	23.76	20	7	99.43	4.63	25	31	319.26	29.11	20	11
辽宁	295.63	5.72	7	26	518.08	13.14	5	20	370.44	25.31	7	7	635.43	22.65	5	25
吉林	103.83	2.52	22	31	260.67	11.10	18	27	121.10	16.63	22	18	326.43	25.23	19	17
黑龙江	185.34	8.94	13	21	381.87	12.64	12	22	213.64	15.27	13	22	478.27	2S.24	13	16
上海	485.38	15.58	2	8	608.56	14.06	3	19	609.47	25.57	2	6	708.14	16.36	4	28
江苏	448.31	30.57	4	2	591.28	22.00	4	10	572.15	27.62	4	4	729.64	23.40	3	22
浙江	342.77	39.64	6	1	431.30	25.36	9	4	500.69	46.07	5	1	597.30	38.49	6	4
安徽	178.72	2.54	15	30	323.47	12.08	16	24	192.18	7.53	15	29	403.80	24.83	15	19
福建	234.11	12.06	10	12	324.18	16.09	15	15	274.28	17.16	9	16	373.19	15.12	16	29
江西	111.55	6.10	21	25	223.47	7.53	22	31	131.98	18.31	21	14	283.71	26.96	22	13
山东	463.68	14.64	3	10	613.08	11.47	2	26	573.18	23.62	3	8	753.78	22.95	2	24
河南	246.47	10.35	9	17	445.53	15.93	7	16	267.75	8.63	11	27	508.58	14.15	10	30
湖北	214.35	10.24	12	18	368.77	9.60	13	29	231.94	8.21	12	28	484.40	31.36	12	9
湖南	177.04	6.33	16	24	347.83	11.09	14	28	205.41	16.02	14	19	431.70	24.11	14	20
广东	910.56	18.84	1	4	1 080.32	11.85	1	25	1 160.51	27.45	1	5	1 321.33	22.31	1	26
广西	147.05	10.10	17	19	258.49	14.89	19	17	178.67	21.50	17	11	351.65	36.04	17	7
海南	39.20	8.47	28	22	64.12	12.93	29	21	43.77	11.66	28	26	78.94	23.11	31	23
重庆	87.24	13.70	24	11	187.64	24.89	26	5	106.12	21.64	23	10	237.55	26.60	25	14
四川	233.86	10.58	11	15	452.00	24.35	6	6	271.12	15.93	10	21	594.10	31.44	7	8
贵州	85.23	14.77	25	9	201.57	18.07	23	14	99.75	17.04	24	17	275.20	36.53	23	6
云南	180.75	4.68	14	29	414.11	9.54	11	30	191.28	5.83	16	30	496.43	19.88	11	27
西藏	5.38	17.72	31	6	59.97	12.62	31	23	6.11	13.57	31	25	104.57	74.37	28	1
陕西	114.97	8.05	19	23	271.76	31.59	17	2	135.81	18.13	19	15	350.05	28.81	18	12
甘肃	61.28	4.99	27	27	188.23	27.36	25	3	69.95	14.15	27	23	235.46	25.09	26	18
青海	16.58	17.00	30	7	68.26	22.51	28	9	19.82	19.54	30	13	101.30	48.40	29	3
宁夏	20.82	10.51	29	16	60.84	22.83	30	8	27.57	32.42	29	2	93.58	53.81	30	2
新疆	79.07	10.88	26	14	190.95	14.84	24	18	95.09	20.26	26	12	263.32	37.90	24	5